To Flor, with love

PHILIPPINEN
ABENTEUER-HANDBUCH

Roland Hanewald

JENS PETERS
PUBLIKATIONEN

INFORMATIONEN
AUS ERSTER HAND

2. aktualisierte Auflage 1996

ISBN 3-923821-20-4

Erschienen im Verlag *Jens Peters Publikationen*

Verantwortlich für den Inhalt *Roland Hanewald*

Layout *Jens Peters*
Umschlaggestaltung *Hans Ott*
Karten und Skizzen *Jens Peters*
Bergreliefs *Francisco Cajucom*
Illustrationen *René Aquino, Laureano Casem Jr., Nemesio B. Diego Jr., Ruben Manalang, Severino Reyes*

Fotos *Roland Hanewald*, *A. Michael Jones* (2), *Merle Shepard* (4), *Roel Tan-Torres* (2)

Printed in Singapore

Alle Angaben ohne Gewähr
Unverbindliche Preisempfehlung: 44,00 DM

Das *Philippinen Abenteuer-Handbuch* ist erhältlich

1. durch den Buchhandel
2. gegen Voreinsendung von 44,00 DM auf das Konto Jens Peters, Kto.-Nr. 4282 35-108 Postbank NL Berlin (BLZ 100 100 10)
3. gegen Scheck/Geld (44,00 DM) an die Vertriebsadresse

Vertrieb:
Jens Peters Publikationen
Osterholzer Dorfstraße 45
D-28307 B r e m e n

Zu diesem Handbuch

Vor über einer Dekade schrieb ich die erste Fassung dieses Buches. Ich will meine damalige Einleitung im großen und ganzen im Wortlaut wiedergeben, denn am seinerzeit Gesagten hat sich in bezug auf die Philippinen seither so gut wie nichts geändert.

»Es ist schwierig,« schrieb ich 1983, »den schlüpfrigen Begriff des Abenteuers in eine allgemeingültige Fassung zu bringen, denn das Thema muß zwangsläufig subjektiv angegangen werden. Für den einen ist die Reise über die Grenzen seiner Heimatprovinz hinaus bereits ein abenteuerlicher Lebenshöhepunkt, der andere sieht seinen Drang nach Gefahr und ihrer Bewältigung erst befriedigt, wenn es am Rande der bekannten Welt um Kopf und Kragen geht. Dem nächsten steht der Sinn vielleicht nach der erfolgreichen Erfüllung einer selbstgestellten Aufgabe.«

Diese kurze Betrachtung ergibt bereits eine Anzahl von Schlüsselwörtern, die das Wesen des Abenteuers ausmachen: Höhepunkte, Gefahrenbewältigung, Aufgaben, Erfolg. Der wahre Abenteurer empfände keine besondere Genugtuung, unterstellt ihm John Steinbeck, »wenn er in San Francisco die Market Street bei Rotlicht überquerte und dabei unter die Räder käme.« Er möchte, daß sein Erlebnis - zumindest für ihn selbst - ein sinnvolles ist.

An den kosmetischen Fassaden touristischer Karawansereien zieht der Abenteurer dieses Zeitalters unbeeindruckt vorbei oder gesteht ihnen bestenfalls Zweckfunktionen zu, derer er sich ohne Enthusiasmus bedient. Es käme ihm nicht in den Sinn, den halben Globus zu umrunden, um in einem Hotelpool seine Seligkeit zu finden. Und er würde sich auf Wasserskiern oder dem Surfbrett inmitten einer Schar um ihren Broterwerb ringender Fischer in alberner, peinlicher Weise deplaziert vorkommen. Ihm ist bewußt, wie abstoßend protzig sich die prunkvolle Motoryacht auf der Reede eines armseligen Tropendörfchens ausmacht und wie penetrant der im klimatisierten Bus anrollende Fototourist in der anspruchslosen Welt naturnaher Bergvölker wirkt.

Wer die Philippinen »erabenteuern« will, muß Abstand halten zu den urbanen Siedlungsräumen, den Highways, den Zentralen organisierten touristischen Geschehens. Anhänger der diversen kommerziell und industriell gesteuerten Freizeitgestaltungsarten werden ihre Ansprüche auf Sensationen und Rekorde in diesem Buch deshalb nicht erfüllt finden. Was aber nicht heißt, daß der Erlebnishungrige aus irgendwelchen puristischen Überlegungen heraus völlig auf moderne Gerätschaften verzichten sollte. Im Gegenteil: Erst die Technik macht heute manches Abenteuer möglich, und dieses Buch macht auch sattsam Gebrauch von ihr. Allerdings nur von der »sanften« Variante.

Ganz bewußt wendet sich dieses Buch auch davon ab, das Abenteuer in eine organisierte Form zu zwängen. Ganz ohne den unabenteuerlichen Begriff der Organisation wird man aber leider nicht auskommen. Denn ohne diese stehen am Ende eines noch so verheißungsvoll begonnenen Unternehmens Mißerfolg und Enttäuschung - dicke Minusposten im Sinne der eingänglichen Definition.

Was in diesem Buch beschrieben wird, ist ein Potential, mit dem der Leser, die Leserin, verfahren können, wie es ihnen behagt. Kapitel lassen sich kombinieren, Vorschläge variieren. Mit den Schwierigkeiten vor Ort, die sich unweigerlich zwischen Planung und Realität schieben, muß man dann selber fertigwerden. Ihre Bewältigung ist ja gerade das, was im Gegensatz zur einklagefähigen »Beeinträchtigung des Urlaubsgenusses« den Reiz des Abenteuers ausmacht. Von einem echten Abenteurer wird man auch kein Gewinsel wegen einer zu harten Lagerstatt hören. Eher Kommentare wie diesen: »Eine elende Schinderei war's. Aber ich wollte keine Sekunde davon missen - um keinen Preis der Welt...!«

In vieler Hinsicht trifft ein solcher Kommentar auch auf die fast 25 Jahre zu, die ich auf den Philippinen verbracht habe. Trotz Herandämmerns eines unsagbar öden Zeitalters, in dem jeder Filipino ein Automobil besitzt (und es auch selber fahren muß), passiv in die Röhre schaut und sich bei McDonald's verpflegt, gibt es auch heute noch unendlich viel zu erleben und zu entdecken in diesem fernen, lockenden Land am Rande des Pazifischen Ozeans. Man muß es nur richtig anpacken. Möge dieses Buch eine kleine Hilfe dabei sein!

Roland Hanewald

Der Autor

Roland Hanewald, Jahrgang 1942, fuhr lange Zeit als Handelsmarineoffizier auf allen Weltmeeren zur See und bereiste besonders intensiv die Tropenregionen beider Hemisphären. Im kalten Deutschland hielt er es immer nur wenige Wochen aus. Es war ihm zu eng; umgeben von Wohlstands- und Vollkaskomentalität fehlten ihm das gesunde Verhältnis zur Natur und die angemessene Portion Abenteuer und Risiko, die für ihn die Würze ist in einem unabhängigen und von Reiselust geprägtem Leben auf eigene Faust. 1968 wanderte er aus. Er entschied sich für die geliebten Tropen. Am Rande der Südsee, auf den Philippinen mit ihren über 7.000 Inseln, siedelte er sich an.
Es folgten Stationen als Bergungstaucher, Expeditionsleiter und schließlich Fotojournalist und Schriftsteller. Inzwischen sind von Roland Hanewald 18 Bücher und über 250 Fotoreportagen erschienen, teils in den führenden Magazinen der Welt.
Der Autor wechselt seinen Aufenthalt heute turnusmäßig zwischen Deutschland und den Philippinen, in beiden Ländern von der Warte des anderen aus beobachtend, vergleichend und bewertend. Damit wird die Praxis deutscher »Filipinologen« fortgeführt, die

in der zweiten Hälfte des 19. Jahrhunderts in hoher Blüte stand, aber nach dem Ersten Weltkrieg zum Erliegen kam.
Der Archipel der Philippinen, befindet Hanewald, hat auch heute, da uns das 21. Jahrhundert ins Haus steht, für die Erlebniswilligen und Anpassungsfähigen unserer Breiten um keinen Deut an Faszination verloren.

Inhalt

Reisetips 13
Ausrüstung 13
Kleidung 13
Ernährung 14
Gesundheit 16
  Nützliches Vokabular 17
  Reiseapotheke 18
Fotografie 19
  Kamera 19
  Filme 20
Karten 20
Kommunikation 21
Konflikte 22
Preise 23
  Wechselkurse 24
Transport 24
  Schiffsreisen 24
    Nützliches Vokabular 25
  Flüge 26
  Überlandfahrten 26
    Busterminals in Manila 29
    Nützliches Vokabular 30
Unterkunft 30
  Nützliches Vokabular 31
Wetter 32
  Taifune 34

Birdwatching 37
Die philippinische Vogelwelt 37
Expeditionen ins Vogelreich 38
Ein paar lohnende Ziele 41
  Nahe Manila 41
  Palawan 41
  Mindanao 42
Nützliches Vokabular 44

Dschungelexpeditionen 45
Was ist Dschungel eigentlich? 47
Dschungelexploration -wozu? 49
Unterwegs in philippinischen
  Urwäldern 53
  Gefahren 54
    Blutegel 55
    Dornen 55
    Großtiere 56
    Klaustrophobie 56
    Kontaktgifte 56
    Krabbeltiere 57
    Krokodile 57
    Moskitos 57
    Schlangen 58
Nützliches Vokabular 59

Fliegen 61
Geflogen werden 61
Fliegen lernen 64
  Privat Pilot Course 65
  Commercial Pilot Course 65
  Instrument Rating Course 65
Selbst fliegen 65
Wetter 66
Flugplätze 67
Navigatorische Hilfsmittel 67
Wartung 68
Der Notfall 68
Nützliches Vokabular 70

Galeonenwracksuche 71
Geschichtliche Zusammenhänge 71
Die Galeonen 73
Die Route 74
Die Verluste 75
Suche und Erkennung 88
Das Gesetz 90
Nützliches Vokabular 90

Goldsuche 92
Gold auf den Philippinen 94
Geologische Detailbeschreibungen 94
  Agusan und Surigao del Norte 95
  Bikol-Region 96
  Camp Angelo 98
  Hinoba-an 99
  Mindoro und Umgebung 99
  Nordpalawan 100
  Ostmindanao 101
  San Ildefonso Peninsula 102
  Zamboanga del Sur 103
  Zentralkordilleren 103
Gold und seine Geologie 104
Geländekunde 107
Goldsucher-Technologie 108
Die Praxis 110
Das Gesetz 111
Goldsuche - einmal anders 111
Nützliches Vokabular 113

Hochseefischen 114
Hochseefischarten; Fangmethoden 116
Makrele 116
Barrakuda 117
Bonito 117
Tarpon 118
Dorade 118
Schwertfisch 119
Marlin 120
Haie 121
Jackfisch 125
Spanische Makrele 125
Thunfisch 126
Wissenswertes für Hochseeangler 127
Hunderfadenlinie 127
Bootswahl 127
Angelgeschirr 127
Wahrnehmung 127
Flossenformen 128
Nützliches Vokabular 128

Höhlenforschen 130
Höhlen auf den Philippinen 131
Abra 131
Agusan del Norte 131
Albay 131
Banton 131
Bohol 131
Cagayan 135
Camarines Norte 135
Camarines Sur 136
Catanduanes 136
Coron 136
Cotabato 137
Marinduque 137
Masbate 137
Mindoro 137
Palawan 137
Rizal 142
Samar 142
Sorsogon 143
Surigao 143
Zamboanga del Sur 143
Wissenswertes für Höhlenforscher 144
Aberglaube 144
Ausrüstung 144
Gefahren 144
Unterwasserexploration 146
Nützliches Vokabular 146

Island Hopping 148
Ein Querschnitt durch die philippinische Inselwelt 148
Alabat 150
Bayagnan 150
Calauit 150
Camasusu 152
Camiguin 152
Catanduanes 153
Coron 154
Cuyo 155
Dumaran 156
Higatangan 156
Homonhon 156
Limasawa 157
Linapacan 157
Lubang 158
Maripipi 159
Pan de Azucar 159
Polillo 160
Rapu Rapu 160
Romblon 161
Santo Niño 161
Semirara 162
Sibuyan 162
Siquijor 163
Talampulan 164
Verde 164
Ein paar insulare Besonderheiten 165
Wie man ein Boot mietet 166
Nützliches Vokabular 166

Kampieren 167
Kleine Tips für den Camper 167
Philippinische Camperküche 169
Getränke 179
Abwasch 180
Nützliches Vokabular 180

Klettern 183
Zehn einladende Berge 184
Apo 184
Banahaw 188
Cleopatra Needle 191
Guiting-Guiting 192
Halcon 194
Kanlaon 196
Madja-as 198
Makiling 199

Mayon 200
Pulog 203
In extremis 206
Kleine Tips für Bergfans 206
Nützliches Vokabular 207

Mineraliensuche 209
Edelsteine 210
Halbedelsteine 210
Andere Mineralien 213
Mineraliensuche und das Gesetz 217
Nützliches Vokabular 218

Muschelsuche 219
Was Muschelsucher beachten sollten 220
Lokale Vorkommen 220
Suchmethoden 230
Eine brauchbare Adresse 232
Die größte Perle der Welt 232
Nützliches Vokabular 233

Naturvolkkontakte 234
»Edle Wilde«? 235
Philippinische Naturvölker 238
Negrito 238
Bergstämme Nordluzons 239
Mangyanen 240
Palawanvölker 241
Bergstämme Mindanaos 243
Moslemvölker 245
Nackte Tatsachen 246
Besuchscharakter 247
Kommunikation 247
Gastgeschenke 247
Benimmregeln 248
Gefahren 249
Nützliches Vokabular 249

Robinsonade 251
Kriterien 251
Zeitwahl 251
Wasser 252
Nahrung 252
Das richtige Konzept 253
Ein paar Robinson-Inseln - kritisch betrachtet 253
Alibatan 253
Apo 254
Araceli Islands 254
Camago und Saddle 255
Capitancillo 255
Coron 257
Cresta de Gallo 257
Guyam 257
Isla Rosa 257
Malahibomanok 258
Nagubat 259
Panagatan 259
Quinamanuca 261
Sombrero 261
Talacanen 261
Nützliches Vokabular 261

Segeln 263
Warnung 263
Wissenswertes für Fahrtensegler 264
Bootsbau 264
Ein- und Ausklarierung 265
Hafen- und Ankerwache 266
Yachtclubs 266
Mannschaftsrekrutierung 266
Navigation 266
Piraterie 267
Regatten 267
Reparaturen und Ausrüstung 267
Seehandbücher 267
Seekarten 267
Seglerwelle 268
Verproviantierung 268
Ein paar Tricks für die Kombüse 268
Wetterberichte und Taifunwarnungen 269
Ein Taifun zieht heran! 271
Taifunzufluchthäfen rund um Luzon 274
Nützliches Vokabular 276
1. für den Notfall 276
2. für den Normalgebrauch 277

Survival 278
Philippinische Survivalpflanzen - eine Auswahl 278
Survivalnahrung aus dem Meer 296
Wassergewinnung aus Pflanzen 300
Nützliches Vokabular 301
Spezielles »Kokosvokabular« 301

Tauchen 302
Warnung 303
Tauchgründe 303
Subic 304
Scarborough 306
Batangas 306
Um Puerto Galera 307
Gewässer um Marinduque 308
Apo Reef 308
Inseln SW von Mindoro 310
Semirara-Archipel 310
Boracay 310
Calamianes 312
Inseln N und NO von Palawan 313
Bacuit-Archipel 314
Cuyo-Archipel 315
Arena, Cagayan und Cavili 317
Dangerous Ground 317
Inseln südlich von Palawan 321
Tubbataha-Riff 321
Sulu-Archipel 324
Balicasag und Pamilacan 324
Um Cebu 325
Riffe in der Sibuyan Sea 328
Embocadero 329
Ostküste Luzon 329
Gefahren in philippinischen Gewässern 329
Stichwort Natriumcyanid 330
Wissenwertes für Taucher 337
Dekompressionskammern 337
Expeditionen 337
Reviergrenzen 338
Tauchbasen 338
Tauchgeräte 339
Tauchsaison 339
Tauchscheinerwerb 339
Tauchvereine 339
Tauchzeit 339
Unterwasserjagd 339
Nützliches Vokabular 340
Pflanzen und Tiere 340
Vokabular für Taucher 340

Trekking 341
Luzon-Ostküstentrek 341
Mindanao-Trek 349
Mindoro-Trek 350
Palawan-Trek 354
Vorsicht, Krokodile! 360
Wissenswertes für den Trekking-Fan 360
Nützliches Vokabular 363

Vulkanerkundung 364
Die philippinischen Vulkane 364
Smith 366
Babuyan Claro 366
Didicas 366
Camiguin 367
Cagua 367
Santo Tomás 368
Pinatubo 368
Banahaw 369
Taal 369
Mayon 371
Bulusan 373
Mahagnao 373
Kanlaon 374
Hibok-Hibok 374
Calayo 375
Ragang 376
Bud Dajo 376
Iriga 376
Verhalten bei vulkanischen Eruptionen 376
Nützliches Vokabular 377

Wrackexploration 379
Die Wracks 380
Nützliches Vokabular 394

Literatur 395
Index - Ortsregister 400
Index - Sachwortverzeichnis 406
Bücher, Shops und Informationen 409

Reisetips

Ausrüstung

Wenig ist noch zuviel. Was ich auf meinen oft monatelangen Reisen im philippinischen Archipel an Ausrüstung mitgenommen habe, ist in Lauf der Jahre immer weniger geworden. Nicht nur, weil ich meine Treks großenteils zu Fuß machte - da wird man, was das Gepäck angeht, gerade in den Tropen sehr gewichtsbewußt. Die reine Erfahrung lehrte aber auch, wie vieles überflüssig war. Dieser Erkenntnis fielen zuerst schwere Stiefel zum Opfer, dann sperrige Objekte wie Zeltstangen (Äste tun vor Ort den gleichen Dienst). Zuletzt flog sogar die Armbanduhr raus - für was ist in der Wildnis ein Zeitanzeiger gut? Hinzu kam später allerdings ein wasserdichter Alu-Koffer für meine Kameras; nach mehreren durch Salzwasser ruinierten Fotoapparaten fand ich ihn trotz seiner Eckigkeit unverzichtbar. Auch ein Schirm gegen den Regen und vor allem die hautkrebsträchtige Sonne muß heute unbedingt dabei sein. Folgende Ausrüstung erscheint mir optimal:

Rucksack* (Tagalog: *bákpak*)
Regen-/Sonnenschirm* (*páyong*)
Leichtzelt (maximal 3 kg)* (*tólda*)
Moskitonetz* (*kulambó*)
Schaumgummi- (2 cm) oder Flechtmatte* (*baníg*)
leichtes Laken (*kúmot*)
Kartenmaterial* (*mgá mápa*)
Machete* (*iták*)
Frottee-Schweißtuch* (2 Stck., statt Handtuch) (*face towel*)
Kaffeekessel (*kalintadór*)
Kochtopf (*kaldéro*)
Armeekoch- und Eßgeschirr
Taucherbrille
Schnorchel
Toilettenartikel/Makeup (wenig)
Toilettenpapier (1 Rolle)
Plastiktüte
Einkaufsnetz
Taschenlampe
Signalpfeife (Plastik)
Reiseführer
Sprachbuch
Notizbuch/Schreiber

*) Diese Artikel (und natürlich den Kleinkram) erhält man günstiger auf den Philippinen.

Kleidung

Man sollte genügend Kleidung dabei haben, um mindestens alle zwei Tage, gegebenenfalls nach erfolgter Wäsche, die ganze Garnitur wechseln zu können. Nichts bringt Philippinenbesucher bei den Einheimischen mehr in Mißkredit als dreckiges Zeug und übler Körpergeruch. Cory Aquino ließ ausländischen Journalisten früher einmal ausrichten, sie möchten doch bitte nur gut geduscht auf Pressekonferenzen erscheinen, oder gar nicht. Mit der öffentlichen Sauberkeit mag manches im Argen liegen, mit der *persönlichen* nimmt man es peinlichst genau.

Ein Overdress ist dagegen schon lange nicht mehr nötig. Daß Shorts auf Reisen (auch für Frauen) im heißen Klima schon optimal sind, erkennen heute selbst konservative Filipinos an. Vorziehen sollte man weite und lange (fast bis zum Knie reichende) Modelle in dunkleren Farben als weiß. Shorts empfehlen sich für Männer und Frauen (plus Top) aber auch am Strand, gern etwas knapperen Zuschnitts, doch bitte keine Eierbecher-Badehosen oder Mini-Bikinis. Diese Art von Kluft - »zehn Gramm pro Zentner« - verletzt unvermindert die Gefühle und kann vor-

nehmlich in moslemischen Gebieten zu massiven Reaktionen führen.
Khakihemden sind wegen ihres neutralen Aussehens sehr praktisch. Mit T-Shirts ist man überall fast immer akzeptabel angezogen. Empfehlenswert: zwei dunkle, die nicht immer gleich dreckig aussehen und zwei weiße, die Moskitos weniger Appetit machen. Tragt keine Kleidung, die Armeeuniformen ähnelt, damit Waffenträger nicht mißtrauisch werden.
Für die Füße sind Sportschuhe gut, die mehr aus Leinen als aus Gummi oder Plastik bestehen, jedoch eine solide Sohle haben sollten. Dicke *(knee-tube)* Baumwollsocken verhindern, daß Suppe in den Schuhen steht, drei Paar sollte man mitnehmen. Die allgegenwärtigen Badelatschen *(sinélas)* sind äußerst praktisch, obwohl die meisten Mitteleuropäer damit zuerst nicht fertig werden. Ruhig ein bißchen üben, dann geht man bald damit auf Wanderschaft!
Ganz unten im Rucksack sollten noch stecken: Ein Pullover, denn es kann auf den Philippinen, vor allem in den Bergen, ganz schön kalt werden. Und etwas halbwegs Formales, bitte. Wer zu Gast ist, darf nicht wie ein Vagabund dahergestrichen kommen. Besonders auf philippinischen Ämtern ist man da sehr empfindlich. Die Immigrationsbehörde läßt verlottert aussehende Weiße gar nicht erst ein.
Man kann sich ausgezeichnet auf den zahlreichen Märkten Manilas mit Kleidung und Schuhen eindecken, vornehmlich in Quiapo. Auch europäische Größen sind in den letzten Jahren häufig geworden (Exportausschuß); die Preise betragen zum Teil nur ein Zehntel des Heimatniveaus.

Ernährung

Kein Mensch verhungert auf den Philippinen. Doch es wird sich auch in massiver Weise fehl- oder schlecht ernährt. Die resultierenden Mangelerscheinungen können zu Überanfälligkeit für Krankheiten führen, tödlichen mitunter. Regierungsseitig, in den Schulen beginnend, werden erhebliche Anstrengungen unternommen, die Filipinos zu gesunden Ernährungsweisen zu erziehen. Aber oft ist's vergebliche Liebesmüh. Cola, schon zum Frühstück, erscheint vielen Ländlern als die wahre Manna, dazu am besten Wattebrot ohne jegliche Nährstoffe. Schweinefleisch, vor Fett triefend, setzt sich landesweit (außer bei den Moslemen) gegenüber dem seltener werdenden Fisch durch, mit Gefäßkrankheiten im Gefolge. »High blood«, wie die Filipinos sagen, grassiert als Volksseuche. Das ist eben der Fortschritt.
Ironischerweise ist dieser, wie auch sonst vielerorts, eine eklatante Rückentwicklung. Den Filipinos zu Zeiten Magellans und selbst unter der kolonialen Herrschaft Spaniens ging es gesundheitlich viel besser als heute. Und sie bewohnten, noch relativ klein an der Zahl, ein »Schlaraffenland« (so der deutsche Ethnologe Fedor Jagor im vorigen Jahrhundert), das sie mit allem Lebensnotwendigen im Überfluß belieferte. Das Elend begann erst in jüngster Zeit, genauer nach dem Zweiten Weltkrieg mit der Verwestlichung und vor allem Amerikanisierung der Nahrung. Plötzlich lösten pappiges Weißbrot, fettige Hamburger und klebrige Zuckerwässer großindustrieller Fertigung die zuvor unmittelbar der Natur entlehnten, altehrwürdigen Gerichte ab. Überdies gelang es dem Gesäusel der westlichen Werbung, dem üblen Zeug auch noch erstrebens- und beneidenswerte Eigenschaften anzudichten. Heute sind Wabbelbrot und Dosenblech auf dem Tisch Statussymbole, vitamingeladene Köstlichkeiten wie die Süßkartoffel »Armeleutenahrung«. Und im Gefolge der unaufhaltsamen

Devitalisierung der Nahrung treten auch auf den Philippinen die sogenannten Zivilisationsleiden in Erscheinung, an denen die Industriegesellschaften immer mehr kranken. Die Drugstores in den Städten sind stets gedrängt voll mit Leuten, denen es offensichtlich nicht gutgeht.
Zusätzlich schuld an der Misere sind neuzeitliche Probleme, die sich auf globale Ebene zurückverfolgen lassen. Um überhaupt existieren zu können, muß Mang Pinoy, der Durchschnittsfilipino, vormals Selbstverständliches gegen hartes Bares aufgeben. Viele Produkte, die einst seine Tafel zierten, gehen jetzt in den Export oder zumindest in die Großstädte mit ihrer höheren Kaufkraft. Auf dem Land bleibt oftmals nichts außer *junk food*, die aus den Städten zurückströmt. Laßt gute Sitten nicht von bösen Beispielen verderben. Wenn Ihr Euch gesund, schmackhaft und dazu billig ernähren wollt, dann folgt den Ratschlägen in diesem Buch. Wo immer passend, sind Anleitungen in den jeweiligen Kapiteln gegeben.
Wichtig: Frische Lebensmittel findet man nur auf Märkten. Für Restaurants gilt: Sie werden in Richtung Land immer spärlicher, und bald findet man gar keine mehr. In den letzten Oasen, bevor die Wildnis endgültig beginnt, sollte man sich hinreichend eindecken, um Engpässe zu vermeiden. Weil man nun aber keinen Fisch oder Schweinebauch tagelang unbeschadet durch die tropische Hitze schleppen kann, muß man notgedrungen auf Konserven ausweichen. Da ist einige Sachkenntnis allerdings ganz nützlich.
Es tut mir leid: Philippinische Konserven kann ich nicht empfehlen, nicht eine einzige. Entweder ist der Inhalt fragwürdig, oder der Geschmack. Das beginnt schon mit der künstlich zusammengekleisterten Dosenmilch. Selbst Einheimische ziehen über Blechmampf trotz aller Statussymbolik oft heimlich die Nasen kraus. Dagegen gibt es eine Anzahl ganz vorzüglicher Tütensuppen. Weltweit kenne ich keine bessere als die säuerliche Sinigang-Suppe aus Tamarinden und Seetang. Brot, vergeßt's. Das übliche Toastbrot besteht aus Watte und Chemikalien. Recht eßbar und fast überall erhältlich, zudem leicht und unverderblich sind sogenannte Soda Crackers; ihr Nährwert ist jedoch gering. Es gibt aber einige alternative Konserven, die ich empfehlen kann. Dazu gehören:

- *Kimchi* - koreanisches »Sauerkraut« im Glas, sehr schmackhaft (scharf) und bekömmlich. Erhältlich in Korea-Restaurants im Untergeschoß der großen Supermärkte in Makati (z.B. Landmark, Shoemart).
- *Pi don* - »hundertjährige« Eier. Innen fast schwarz, aber keineswegs faul, sondern von fester Konsistenz und wie pikanter Camembert schmekkend. In Original-Lehmpackung unzerbrechlich und unbegrenzt haltbar. Prima zu Kimchi oder mit Sojasauce, Essig und frischem Ingwer. Landesweit in China-Shops.
- *Trockenmangos* - Vitaminspritze, aber recht teuer. Und man kann nicht aufhören, wenn man einmal zu essen beginnt. In Supermärkten und Touristenläden großer Anbaugebiete (z.B. in Cebu).
- *Trockenfisch* (oder *-squid)* - Überall verfügbare unverwüstliche Proteinquelle. Nachteil: Nicht jedermanns Geschmack, außerdem müssen eine Pfanne und Öl her.

Und so macht man sie selber: Fische reinigen, waschen und der Länge nach halbieren. 30 Minuten in konzentrierte Salzlake einlegen, danach grobes Salz einreiben und zwei Tage lang eng zusammenpacken. Zum Trocknen am ersten Tag in den Schatten legen, dann nach und nach, bis zu zwei Wochen, mehr in die pralle Sonne (stets unter einem Moskitonetz, der Fliegen wegen). Trocken und luftig verstauen. Vor dem Verzehr gegebenenfalls ein paar Stunden lang wässern und die Salzlake abgießen.

- *Dörrfleisch (tápa)* - nicht so ganz berauschend wie Fisch, aber ganz toll, wenn's von Obelixens Wildschwein kommt.
- *Quaker Oats* - Haferflocken in praktischer Dose. Vorzüglicher Energiespender. Lassen sich trocken oder mit etwas Wasser ungekocht muffeln. Gut auch mit Milchpulver, braunem Zucker, Rosinen, Erdnüssen, alles jeweils und/oder.
- *Chimichurri* - eine prima Sauce aus Argentinien, die man selbst zubereiten und überallhin mitnehmen kann:

  6 zerkl. Knoblauchzehen
  4 TL Öl
  ½ Tasse Essig
  ½ Tasse abgekochtes Wasser
  1 TL schwarzer Pfeffer
  6 TL Oregano
  1 TL Cayenne-Pfeffer

Alles gut mischen und in ein verschließbares Glas geben. Die Sauce hält sich fast unbegrenzt und läßt sich vielseitig einsetzen.

Diverse weitere Empfehlungen im weiteren Buchverlauf.

Trinken

Ein Wort zum Wasser. Im weitaus größten Teil des Landes ist die Versorgung immer noch sehr unzureichend. Citywasser dürfte allgemein in Ordnung sein, schließlich leben Millionen damit. Vom Hahn sollte man es allerdings auch nicht trinken, sondern es, wie alles Wasser aus fragwürdigen Quellen, lieber abgekocht (als Kaffee/Tee) oder chemisch aufbereitet zu sich nehmen. Ganz besondere Vorsicht vor Wassereis - Erreger werden durch Kälte nicht abgetötet! (Industrielles Speiseeis ist okay).

In Plastiktüten umgefüllte Softdrinks, eine landesweite Unsitte, sollte man ablehnen. Nach Berichten von Verbraucherorganisationen werden durch die Synthetik Schadstoffe freigesetzt. Außerdem - wohin mit der schlappen Resthülle? Haltet Euch bestenfalls an Kokosnüsse, Tees und Barako, den (im Gegensatz zu den Pulverprodukten) ausgezeichneten philippinischen Bohnenkaffee. (Getränke in Kapitel »Kampieren«). Industrielle Drinks (Bier, Colas) sind hinsichtlich ihrer hygienischen Eigenschaften unverdächtig.

Gesundheit

Manche Tropenreisende sehen sich von tausend Gefahren umgeben, lassen sich voll Giftstoffe gegen existierende und imaginäre Krankheiten pumpen und rufen nach dem Physikus, sowie das leiseste Zipperlein zwickt. Andererseits werden reale Gefahren mißachtet oder verdrängt.

Man sollte ein paar Grundkenntnisse der Diagnostik mitbringen, um entscheiden zu können, ob und wann ein Arzt aufgesucht werden sollte oder ob eine symptomatische Selbstbehandlung genügt, wenn eine Gesundheitsstörung eintritt. (Ich darf an dieser Stelle auf *Das Tropenbuch* aus meiner Feder verweisen, das einen umfangreichen Informationsteil zu dieser Thematik enthält). Nie sollte man sich scheuen (oft erlebt!), einen einheimischen Arzt zu konsultieren. Weshalb sollte das Fachwissen philippinischer Doktoren dem unsrigen jahrzehnteweit nachstehen? Allerdings sind die staatlichen Krankenhäuser und provinziellen Privatpraxen oft mehr als bescheiden ausgerüstet - kein Geld. Das berühmte philippinische Improvisationstalent muß hier für manchen Fehlposten aufkommen. Natürlich sollte man aber stets die komplexe insulare Geographie in Überlegungen hinsichtlich der

Erreichbarkeit des nächsten Arztes einbeziehen.
Bei kleineren Problemen könnt Ihr gezielt im Drugstore fragen. Belästigt die staatlichen Doktoren nicht mit Kleinkram; die haben mehr als genug zu tun, schon weil die Behandlung kostenlos ist. (Medikamente allerdings nicht). Dem Hokuspokus ländlicher »Wunderheiler« sollte man sehr kritisch gegenüberstehen, es gibt aber ausgesprochen tüchtige Chiropraktiker und Kräuterweiblein. Viele Probleme lassen sich auch mit naturheilkundlichen Kenntnissen aus der Welt schaffen. Einzelheiten dazu in einigen der nachstehenden Kapitel.

Nützliches Vokabular
Ich fühle mich nicht wohl.
Masamá ang pakíramdám ko.
Ich glaube, ich bin krank.
Párang maysakít akó.
Wo ist der (das) nächste Arzt (Krankenhaus)?
Saán ang pinakámalápit na doktór (ospitál)?
Würden Sie mich bitte dorthin begleiten?
Puéde bang samáhan ninyó akó doón?
Bitte bringen Sie mich zu jemand, der englisch spricht.
Pakí dalá ninyó akó sa isáng marúnong magsalitá ng inglés.

Malaria

Was dräut nun vornehmlich an Krankheiten in diesem tropischen Land? Immer steht bei Aufzählung gesundheitlicher Gefahren die *Malaria* an erster Stelle. In der Tat ist dieses von Moskitos übertragene Leiden auf den Philippinen weit verbreitet, selbst in Manila gibt es Fälle. Vor allem macht auch die schöne Insel Palawan insofern von sich reden. Philippinische Doktoren wiegeln indes ab - alles halb so schlimm. Zwar gibt es auf Palawan viele Malariapatienten, mitunter auch Todesfälle, diese vornehmlich durch *Malaria tropica*, die gefährlichste Art und (nach dem Erreger) vor Ort nur als »Falciparum« bekannt. Die Insulaner neigen jedoch dazu, jede kleine Erkältung, jedes grippale Erscheinungsbild als Malaria einzuordnen und damit die Statistik gewaltig zu überfrachten. Gleichzeitig werden auch, sowie die Nase läuft, sofort Malariamittel genommen, die in jedem Bonbonladen erhältlich sind.

Der erneute Vormarsch der Malaria in den Tropen und die Zunahme von Resistenzen ist nicht zuletzt diesem (weltweit gepflegten) Brauchtum zu verdanken. Auch Touristen mit Überdosen von Medikamenten im Blut haben dazu beigetragen. Um dieser Entwicklung nicht weiteren Vorschub zu leisten, empfehlen manche Fachinstanzen heute das Mitführen von sogenannten Standby-Präparaten *(Halfan)* für den Notfall, die nur eingesetzt werden, wenn es tatsächlich zu einer Malaria kommt und dann verläßlich wirken. Vorteil: Keine Resistenzen, einmalige Verabreichung, kaum Nebenwirkungen. Als echter Pferdefuß erscheint aber, daß man die Krankheit erst auf sich zukommen und dann auch noch verläßlich diagnostizieren muß. Deshalb ist man bis auf weiteres bestimmt am besten mit prophylaktischen Maßnahmen bedient. Für die sogenannte B-Zone, in der die Philippinen liegen, werden folgende Medikamente empfohlen:
Einmal wöchentlich (unzerkaut nach dem Essen) zwei Tabletten (à 150 mg Base) *Chloroquin*, und zwar ab eine Woche vor Einreise und vier weitere Wochen nach Rückkehr. Zusätzlich einmal täglich je zwei Tabletten *Proguanil*. Die beiden Mittel sind während Schwangerschaft und Stillzeit unbedenklich sowie auch für Kinder geeignet.
Hinweis: Diese Empfehlung ist bei Drucklegung des Buches zwar aktuell,

aber nicht auf Dauer bindend. Es können sich ständig neue Situationen auf dem Gebiet der Malaria entwickeln, und andere Medikamente sind dann angesagt. Vor der Reise den Hausarzt konsultieren und/oder die telefonischen Durchsagen des Tropeninstituts checken (z.B. Berlin 030/19723)!
In nicht sehr ferner Zukunft wird man auch mehr von einer *Impfprophylaxe* hören, die ein kolumbianischer Arzt unlängst entwickelt hat. Ein paar Jahre dürfte es aber noch dauern, bis sich dieser unscheinbare und bescheidene Drittweltmediziner mit seinem Billigpräparat gegen die Macht der internationalen Pharmakonzerne durchgesetzt hat - falls überhaupt jemals.
Am besten läßt man sich aber gar nicht erst stechen und führt deshalb immer ein Insektenmittel und ein Moskitonetz mit.

Bilharziose

Eine ernstzunehmende Gesundheitsbedrohung geht auch von der *Bilharziose* (oder *Schistosomiasis)* aus, die bislang etwa die südlichen zwei Drittel des Landes in Besitz genommen hat. Es handelt sich um eine Wurmkrankheit, die durch kleine Süßwasserschnecken *(Oncomelania quadrasi)* übertragen wird und Blase und Leber angreift. Die winzigen Erreger werden durch die Haut aufgenommen, gewöhnlich beim Baden oder Waten in flachen, stehenden Gewässern. In einem dahinbrausenden Dschungelfluß ist nichts zu befürchten (selbst wenn man dort Schnecken sehen sollte). Gleichermaßen wird die Krankheit nicht über getrunkenes Wasser ausgelöst. Ein Zeichen für Befall ist unter anderem Blut im Urin.
Wer Angst vor Bilharziose hat, sollte bei Rückkehr eine Stuhluntersuchung vornehmen lassen. Zur Behandlung stehen wirksame Mittel *(Praziquantel)* zur Verfügung.

Eosionophilie

Eine andere gefährliche parasitär verursachte Krankheit ist die sogenannte *Eosionophilie.* Bei Entwicklung von asthma- oder bronchitisartigen Symptomen nach Rückkehr aus den Tropen sollte man an diese Möglichkeit denken und den untersuchenden Arzt darauf aufmerksam machen.

Cholera u.a.

Eine Vorbeugung gegen *Cholera* habe ich nie erwägenswert gefunden; sie wird bei der Einreise auch nicht verlangt. Gegen *Typhus* sollte man sich eventuell feien, weil es so schön einfach ist (Schluckimpfung).
Zu vorbeugenden Maßnahmen gegen *Hepatitis A* und *Hepatitis B* rate ich dringend an.
Eine Schutzimpfung gegen *Tetanus* sollte jeder abenteuerlich Engagierte eigentlich weltweit in Betracht ziehen. Auch gegen *Tollwut* kann man sich heute impfen lassen. *It's up to you.*

Reiseapotheke

Was ich mitnehme, paßt bequem in eine Hosentasche. Als viel wichtiger als alle Apothekenware erachte ich die Fähigkeit, durch richtige Lebensweise (nicht zuletzt auch Ernährung) gesund und durch geschicktes Verhalten unverletzt zu bleiben.
Nützlich finde ich Aspirin (etwa 25mal so billig wie in Europa), Pflaster und elementares Verbandszeug, außerdem *Off!,* ein sehr potentes (aber arg giftiges) Einreibemittel gegen Insekten (die in Europa unter diesem Namen vertriebene Lotion ist nach Herstellerangaben etwas anders zusammengesetzt als die philippinische und auch nur bedingt oder gar nicht gegen die dortigen Moskitostämme wirksam), Zinkoxidsalbe gegen verbrannte Haut und an Instrumenten eine zusammenklappbare Schere und eine Pinzette mit scharfen Spitzen.

Sonnenöle verwende ich selten, sondern sorge mittels Schirm für Schatten bzw. halte mich an die australische Weisheit: *»Between eleven and three, slip under a tree!«* Philippinisches Kokosöl (Herstellung: siehe Kapitel »Survival«) ist allerdings ausgesprochen angenehm auf der Haut, die durch die Applikation vor schädlicher Austrocknung bewahrt wird, und es bleibt auch im Wasser haften.

Frauen sollten an ihre Pille denken. Sie ist auf den Philippinen zwar ohne weiteres rezeptfrei zu haben, doch es gibt mehrere, verschieden verträgliche Marken. Binden sind selbst im kleinsten Urwaldladen zu haben, Tampons dagegen nur in Drugstores größerer Städte und Touristenzentren.

Weiterhin empfehlenswert: *Bonamine* gegen Seekrankheit, *Neozep* gegen Entzündungen des Gehörgangs (für Taucher).

Fotografie

Abenteuer bedeutet Farbe, Bewegung, Action. Es wäre jammerschade, diese Abläufe nicht im Bild festzuhalten. Eine sinnvoll aufgezogene Fotosafari kann sogar ein großartiges Abenteuer in sich sein.

Die Motivfülle, die ein (nicht nur ethnisch) farbiges Land wie die Philippinen anzubieten hat, lädt die Kamera geradezu ein, sich kräftig zu betätigen. Filipinos lassen sich ausgesprochen gerne fotografieren - was ja keineswegs überall auf der Welt selbstverständlich ist - und stehen dann stocksteif da. Laßt Eure »Objekte« bei Porträtaufnahmen möglichst durch einen Partner ablenken, sonst geraten die Bilder zu hölzern.

Kamera

Ausrüstung: Wer mehr als nur »knipsen« will, kommt mit einem Billigapparat nicht aus. Eine Spiegelreflexkamera mit mehreren Wechselobjektiven sollte es dann schon sein. Großartig ist's, wenn man die ganze Palette vom Fischauge bis zum 300 Millimeter-Tele mitführen kann. Ein Weitwinkelobjektiv von 25 Millimeter und ein Zoom bis etwa 160 Millimeter werden jedoch den meisten Anforderungen gerecht. Letzteres ist vor allem nützlich, um unbemerkt natürliche Gesichter aufnehmen zu können *(»stolen shots«)*. Nützlich ist eine Verschlußautomatik; Autofokus ist entbehrlich. Polfilter frischen Farben auf, eliminieren Blendeffekte. Wer ernsthaft fotografieren will, kommt auch ohne ein solides Stativ nicht aus. Das wiegt zwar mindestens zwei Kilo, aber schwankt nicht im Wind. Reservebatterien nicht vergessen!

Transport: Auf langen Reisen ist ein wasser- und schlagfestes Behältnis für die Kamera so gut wie unverzichtbar. Wer sie einer kräftigen Dosis Seewasser, Salzluft, Staub oder Sand aussetzt, macht Schrott aus ihr. Die Probleme hat man zwar nicht mit Unterwasserkameras. Dafür muß man aber einige andere Nachteile hinnehmen, vor allem einen Mangel an Vielseitigkeit.

Statt eines aufwendigen Koffers kann man natürlich auch auf Plastikkanister, unter Umständen sogar auf Keksdosen aus Blech ausweichen.

Reparaturen der meisten Kameratypen können in den großen Shops in Manila erledigt werden. (Gelbe Seiten checken). Die Preise sind niedriger als in Europa, wenn auch nicht ein Mehrfaches. Man muß allerdings mit erheblichen Wartezeiten (bis zu einem Monat) rechnen. Schenkt den Beteuerungen laienhafter Bastler in der Provinz, sie seien »Spezialisten«, keinen Glauben. Die bauen Eure Kamera auseinander und kriegen sie nie wieder
men.

Filme

Auswahl: Filme hoher Empfindlichkeit lassen bekanntlich kürzere Belichtungszeiten zu; die Gefahr des Verwackelns ist dann geringer und die Tiefenschärfe größer. Mit einem Lichtwert von 400 ASA kann man kaum noch etwas vermurksen. Allerdings eignen sich Filme dieser Empfindlichkeit zum oberen Ende hin immer weniger für feinkörnige Reproduktionen - eine Erwägung, die aber fast nur für Profis von Interesse ist. Ob man Dias oder Prints fertigen will, hängt von der persönlichen Präferenz ab. Zu bedenken ist, daß man von Dias immer noch Papierabzüge machen kann, umgekehrt geht's aber nicht. Profi-Fotografen machen praktisch nur Dias.
Ich selbst verwende vorzugsweise Kodachrome 25 und 64, finde die Elite-Filme von Kodak aber auch recht gut. Insbesondere der Elite 200 kommt vielen praktischen Anforderungen entgegen. Agfachrome ist ein weiterer empfehlenswerter Film. Er bringt noch im Schatten Farben hervor, die andere Filme nicht mehr packen. Fujichrome eignet sich ausgesprochen gut für alles, was mit See und Wasser zu tun hat.
Fast alle bekannten Filme sind auf den Philippinen erhältlich, Kodachromes allerdings nicht. Letztere können dort auch nicht entwickelt werden. Die Preise sind in etwa die gleichen wie in Deutschland. Auf das Verfallsdatum achten!

Transport: Die Röntgenanlagen zur Untersuchung von Fluggepäck sind nach meinen langjährigen Erfahrungen an allen Punkten der Route Westeuropa-Philippinen filmsicher. Auch von Flugplätzen innerhalb des Landes kann ich insofern nichts Nachteiliges berichten. Das Mitführen der Filme im Handgepäck bringt insofern keinen Nutzen, denn auch dieses wird durch die Anlagen geschleust. Einziger Vorteil: Das Handgepäck geht nicht so leicht verloren.

Aufbewahrung: Filme mögen heißes und insbesondere feuchtes Klima überhaupt nicht, und je länger sie demselben ausgesetzt sind, desto eher nehmen sie Schaden, der von Schlieren im Bild bis zur vollständigen Zerstörung des Films reicht. Wann immer möglich, sind Filme im Kühlschrank aufzubewahren. Das (wenige) Kondensat, das bei der Entnahme entsteht, wiegt alle Nachteile weit auf. Eine sogenannte Kühltasche bringt auf Reisen nichts, denn sie kann ja gar nicht permanent kühl gehalten werden. Besser ist da schon ein Päckchen mit Silika-Gel im Kamerakoffer. Dadurch wird die Luftfeuchtigkeit minimiert. (Den Stoff wieder »trockenrösten«, wenn er bei Sättigung blau anläuft). Die Chemikalie kann notfalls auch durch Reis ersetzt werden, welcher stark hygroskopisch (wasseraufsaugend) ist. Den Reis dafür in fettfreier Pfanne braun rösten. Wenn er wabbelig wird, hat er seinen Zweck erfüllt und muß ersetzt werden.

Entwicklung: Belichtete Filme sollten so rasch wie möglich entwickelt werden, da sich sonst das latente Bild verändern kann. (Ein paar Wochen Liegezeit unter normalen Lagerverhältnissen machen allerdings kaum etwas aus). Diaentwicklung ist auf den Philippinen nur in einigen Großstädten möglich, Farbprints kann hingegen jede Klitsche handhaben.

Karten

Ohne detailliertes Kartenmaterial läßt sich ein Land nicht erschließen, und auf abenteuerliche Art schon gar nicht. Gelände-, See-, Übersichts- und andere Karten unterschiedlicher Maßstäbe erhaltet Ihr in großer Auswahl bei *Namria*, 421 Barraca Street, San Nicolas,

Manila. Weitere *Namria Map Sales Offices* gibt es in Makati (Lawton Avenue, Fort Bonifacio), Cebu City (J. King Building, Magallanes Street), Davao (APL Building, Airport Road/Ecke Sasa), Iloilo City (Sarabia Manor Building, General Luna Street) und Legaspi (Legaspi Supermarket).
Hinweise auf das jeweils relevante Kartenmaterial sind in den einzelnen Kapiteln gegeben:

Flugkarten: Siehe Kapitel »Fliegen«.
Geländekarten: Siehe Kapitel »Klettern« und »Trekking«.
Geologische Karten: Siehe Hinweis Kapitel »Goldsuche« und Übersicht Kapitel »Mineraliensuche«.
Seekarten: Siehe Kapitel »Segeln«.

Kommunikation

Wir wollen zunächst ein und für allemal klarstellen, daß auf den Philippinen nicht spanisch gesprochen wird. (Nur ein sehr geringer, meist spanischblütiger Bevölkerungsteil bedient sich dieser Sprache). Es trifft auch nicht zu, daß die philippinischen Regionalidiome »kreolisierte« Ableger des Spanischen sind. Zwar hat einiges an entsprechendem Fremdvokabular, vor allem das numerische System und die Zeitzählung, Eingang gefunden. Doch davon abgesehen sind die Sprachen der Filipinos boden- und eigenständiger Natur, großenteils ziemlich komplex strukturiert und fest im malaiio-polynesischen Sprachraum verwurzelt.
Ab und zu begegnet man noch der stolzen Eigenanmaßung, »die drittgrößte englischsprachige Nation der Welt« zu sein. Doch damit ist es nicht mehr weit her. Zwar beherrschen alle Filipinos höherer Schulbildung, und das sind nicht wenige, Englisch gut bis sehr gut - in den großen Tageszeitungen, allesamt englisch verfaßt, nachzuverfolgen. Im Zeichen eines gefestigten Nationalbewußtseins nach dem endgültigen Abstreifen alter kolonialer Bande verliert die englische Sprache auf den Philippinen jedoch an Bedeutung.

Tagalog (amtlich: Filipino) ist die Universalsprache des Landes und eint die zahlreichen regionalen Idiome, die sich zum Teil sehr stark voneinander unterscheiden. Sie hat seit 1937 nationalen Charakter und wird seit 1978 an allen Schulen gelehrt. Zwar versteht sie schon wegen des chronologischen Sachverhalts nicht jedermann. Doch zumindest für die schulbesuchende Generation ist Tagalog die *lingua franca*.
Mit keiner anderen Sprache kommt man weiter auf den Philippinen. Der abenteuerlich engagierte Reisende sollte deshalb unbedingt einen Grundstock an Tagalog mitbringen, denn gerade dort, wo es ihn hinzieht, wird am allerwenigsten Englisch gesprochen.
Die meisten Kapitel dieses Buches geben deshalb eine textbezogene Kurzanleitung in Gestalt eines Frage- und Antwortspielchens. Wenn sich auch anfangs kein direkter Dialog durchführen läßt, sind die meisten Fragen so verfaßt, daß sie sich durch *óo* = »ja«, *hindí* = »nein«, *mayroón* = »gibt es« oder *walá* = »gibt es nicht« bzw. durch einen Fingerzeig oder eine Zahlenangabe beantworten lassen.
Die Aussprache ähnelt in etwa der deutschen. Abweichend: Mehrfachvokale werden getrennt ausgesprochen: *ma-a-á-ri, ná-is, po-ók.* Das I nähert sich stark dem E. Das R ist rollend, das S scharf. W = U. Y vor Vokalen = J, sonst wie I. Bindewort *ng* = *nang,* Pluralindikator *mgá* = *mangá.* Die Akzente geben die syllabische Betonung an; sie werden in der Schriftsprache nicht mitgeschrieben. Wenn's zu Beginn noch arg holpert, kann man auch mit dem Finger auf einen Satz zeigen, um sich verständlich zu machen.

Nehmt dieses Buch mit ins Feld, und versucht Euer Vokabular auszudehnen. Jede kleine Bemühung, Euch in der Landessprache verständlich zu machen, bringt Euch seitens der Filipinos größte Sympathien ein.

Konflikte

Wer die Philippinen durchstreift, kommt mit allen Arten von Menschen in Berührung, lieben und nicht so lieben. In einem Goldsuchercamp wird man andere Verhältnisse vorfinden als im Fünfsternehotel, eine Horde Haifischfänger sind keine Sängerknaben.
Man muß diesen Komplex jedoch in seinen richtigen Proportionen sehen. Von einer »landesweiten Problematik«, die mitunter in Nachrichtentexten erscheint, kann überhaupt keine Rede sein. Daß hinter jedem Busch Räuber und Banditen lauern, entspricht nicht den Tatsachen. Und denjenigen, die da noch sind, geht die neue Regierung jetzt ganz schön energisch zu Leibe.
Gelegenheit macht Diebe, das Milieu zeitigt milieugerechte Umstände. Laßt solche Gelegenheiten und Umstände also gar nicht erst entstehen. Geht Konfrontationen aus dem Weg. Als Ausländer ragt Ihr aus der Menge heraus und erregt Aufmerksamkeit. Nehmt nicht an Trinkgelagen mit Einheimischen teil. Spiegelt als Ausflucht religiöse Verbote oder eine Krankheit vor. Bezechte Filipinos kühlen gern ihren Mut an einem hilflos erscheinenden Fremden. Haltet auch unbedingt weite Distanz zu besoffenen Waffenträgern!
Wichtig bei einem Konfrontationsdialog ist immer, daß für das Gegenüber kein »Gesichtsverlust« eintritt. Das heißt, der andere darf nicht beleidigt, beschämt oder in Verlegenheit gebracht werden. Wenn gar noch von Unbeteiligten über ihn gelacht wird, brennt ihm vielleicht die Sicherung durch. Ausländer, die sich da im Ton vergriffen haben, sind auf den Philippinen schon aus den nichtigsten Anlässen umgebracht worden. Die meisten Kerlchen sind kleiner als vierschrötige Europäer, aber zumeist wendiger und obendrein manchmal mit einem Ballermann gerüstet, gegen den es keine Chance gibt.
Solche Situationen, und man kann ihnen nicht immer völlig entgehen, erfordern ruhige Höflichkeit und diplomatisches Geschick. Cool bleiben und möglichst bald verschwinden ist die beste Politik.
Gerne wird, wenn einem Ausländer einmal etwas zugestoßen ist, der NPA *(New People's Army),* also »den Rebellen«, der Schwarze Peter zugeschoben. Immer völlig fälschlich. Die NPA war vor noch nicht langer Zeit auf den Philippinen ein unübersehbarer politischer Faktor, straff und streng nach ideologischen Richtlinien organisiert und mit Marx und Mao im Wappen. Das ist vorbei. Daß man mit Mao keinen Hund mehr hinter dem Ofen hervorlockt, weiß man auch in den wenigen verbliebenen Kadern, die weiterhin mehr oder minder verborgen ihr Dasein fristen.
Die NPA hat noch nie etwas gegen harmlose Philippinenreisende gehabt, nur weil diese Ausländer waren. Heute stehen eh ganz andere Aufgaben an. So ist man unter anderem auf der ökologischen Schiene sehr rührig und greift unter dem Motto *»Thou shalt not Stihl!«* hier und dort schon mal massiv ein, wo immer noch illegal abgeholzt wird. Um ein eindrückliches Zeichen zu setzen, wurde Anfang 1994 ein Holzmagnat auf Mindoro mit einer Kettensäge der (deutschen) Marke *Stihl* von Aktivisten durchgesägt. Zur Rechten sah man wie zur Linken - fast wird mit diesem Spruch die jüngste Ideologie der NPA verkörpert!
Ein gleiches gilt heute für die MNLF, die *Moro National Liberation Front*

im Süden des Landes. Seit es den Philippinen immer besser geht, gibt es auch dort so recht nichts mehr zu »befreien«. Konfliktauslösende Hitzköpfe wird es im heißen Süden aber immer wieder geben: auf lange Sicht darf man dort noch keine »zahmen« Verhältnisse erwarten. Das ist eben »Adventure Country« mit allen seinen Vorzügen und Nachteilen.

Preise

Nach wie vor sind die Philippinen ein Billigland. Insbesondere Dienstleistungen sind zu einem Bruchteil des hiesigen Preises zu haben; ein Haarschnitt kostet (in der Provinz) gerade eine Mark. Wenn einem Ausländer, nicht eben selten, schon mal der doppelte Preis für einen Dienst abgeknöpft wird, so steckt in der Regel gar keine Heimtücke dahinter. Der Fremde ist halt »reich«, sonst hätte er sich die weite Reise ja nicht leisten können. Und daß ein »Reicher« mehr löhnt als andere, wird in vielen nicht industriellen Gesellschaftsstrukturen als ganz normal angesehen. Dieserart geschieht halt eine soziale Umschichtung ohne staatliche Eingriffe.

Freigebigkeit ja, Abzocken nein. Es ist nicht erforderlich, von sich selbst aus die Preise in die Höhe zu treiben. Filipinos in Europa erhalten auch keine automatischen Rabatte. Zudem wird in vielen Fällen ohnehin eine überhöhte Forderung gestellt und dann geradezu *erwartet*, daß ein lustiges Feilschen losbricht.

Wenn zum Beispiel für eine Bergführung ein Preis genannt wird, der schon europäischem Niveau entspricht, so kann man sicher sein, geleimt zu werden, sofern man jetzt nicht energisch mit dem Herunterhandeln beginnt. Auch sollte man der Unsitte entgegenwirken, US-Dollar berechnet zu bekommen, indem man darauf hinweist, daß der Peso die gesetzliche Währung des Landes ist.

In den ländlichen Philippinen (die der Abenteuerreisende vorwiegend besucht) ist ein monatliches Einkommen von 6.000 P, also 200 P am Tag, schon sehr gutes Geld. Bietet man einem Guide das Anderthalbfache dieses Tagessatzes, macht er bereits einen ordentlichen Schnitt. Verlangt er, was nicht unüblich ist, 2.000 P oder mehr, so liegt diese Forderung außerhalb jeder Relation und darf nicht akzeptiert werden. Das Schaubild verschiebt sich natürlich stark nach oben, wenn Gerätschaften, Ausrüstung, Proviant oder Transportmittel gestellt werden. Doch auch da gilt es auf dem Teppich zu bleiben. Normalerweise kommt man fast immer bei der Hälfte des geforderten Preises an. Auf jeden Fall sollte das Endergebnis stets deutlich unter dem vergleichbaren europäischen Level liegen.

Kommerzielle Unternehmen lassen dagegen kaum mit sich handeln. Europäer bevorzugen Festpreise zumeist, denn die entsprechen ihrer Wesensart. Dafür dürfen sie dann auch mehr hinblättern, vielfach in die Taschen ausländischer Operateure. Mit mindestens 2.000 P pro Tag muß man schon auf einem Tauchexpeditionsboot rechnen, bei freier Verpflegung und freiem Tauchen ist das aber immer noch ein ziviler Preis. (Weitere Preise zum Thema »Tauchen« im entsprechenden Kapitel).

Wer sich Clubs und Vereinigungen anschließt (in einigen Kapiteln genannt), wird dort stets auf das fairste Angebot stoßen. Denn deren Mitglieder sind in der Regel nicht profitorientiert, sondern betreiben ihre Aktivitäten aus Spaß an der Sache und lassen auch Ausländer daran teilhaben. Vorsicht ist geboten bei Auskünften von amtlichen Stellen. Dort wird nämlich nur mäßig verdient und deshalb oft

preistreibend mit dem Fremdenführergewerbe gekunkelt.
Siehe auch Kapitel »Island Hopping«: *Wie man ein Boot mietet.*

Wechselkurse

Stand: August 1995 (1 US$ = 1,47 DM).
1 US$ = 25,45 P; 1 DM = 17,45 P.

Transport

Achtung, aufpassen: Nicht während der Oster- und Weihnachtszeit reisen, sondern vorher eine Basis suchen, in der man sich einigeln kann. Alle Verkehrsmittel sind dann nämlich brechend voll, und die meisten Großunfälle passieren dann. An den Hauptfeiertagen bewegt sich überhaupt nichts.

Schiffsreisen

Alle größeren Häfen der Philippinen haben Fährverbindung mit Manila und zum Teil untereinander. Auf diesen Routen eilen schmucke Dampfer hin und her - manche allerdings weniger schmuck. Viele sind, wenn man genau hinsieht, eher böse Rostlauben. Und auf ihnen herrschen haarsträubende Zustände: Qualvolle Enge, minimale Bequemlichkeit, jede Menge Dreck, mieses Essen, Lärm und Gestank.
Nun, auch das ist Teil des Abenteuers; wir sind nicht auf einer Bermuda-Kreuzfahrt. Bedenkt aber auch, wenn Ihr Euch einem abenteuerlichen Kahn anvertraut, daß keine Versicherung, keine Lebensrettungsgesellschaft ihre schützende Hand über Eure Unternehmung legt. Seht Euch schon auf der Pier den Pott genauer an. Handelt es sich um ein Uraltmodell, offenbar kurz vorm Auseinanderfallen? Hat er (oft gesehen!) richtige Löcher in der Haut? Vergammelte Rettungsboote - oder gar keine? Drängen sich Tausende von Passagieren an Deck? Dann ändert Eure Pläne, laßt den Zossen ohne Euch abdampfen. Die Todesfahrt der *Doña Paz* im Dezember 1987 forderte 3.132 Opfer - zusätzlich war mangelnde Qualifikation der Schiffsführung schuld. Stets aufs Neue passiert etwas, und immer wieder ist die Zahl der Ertrunkenen bedrückend hoch, nicht zuletzt aufgrund fehlender oder nicht einsatzfähiger Rettungsmittel.
Natürlich ist ein Unglück der Ausnahmefall. Schon die enorm vielen Schiffsbewegungen innerhalb des Archipels verweisen die prozentuale Möglichkeit einer Havarie in den tiefsten Keller der Statistik. Aber rechnet damit. Laßt Euch nicht im Schlaf überraschen!
Mitnehmen: Schaumgummimatte, Trinkwasser, Notproviant, Toilettenpapier. Auch das Mitführen einer aufblasbaren Schwimmweste empfiehlt sich. Sie wiegt kaum etwas und läßt sich zudem als Kissen benutzen.

Abseits der von Großfähren bedienten Routen ist man auf das *bangká* angewiesen, das wir der Einfachheit halber mal zum »Banka« verdeutschen wollen. Bankas, mit Bambusauslegern versehene Boote, gibt es in allen Größenordnungen: vom Einmannkanu bis zur Arche für 100 Passagiere und mehr.
Kleine Motorbankas nennt man auch *pumpboats,* weil sie von Pumpenmotoren angetrieben werden. Sie sind schnell, leicht, wenig empfindlich gegen Grundberührung und somit ideale Flachwasserfahrzeuge, die sich in Küstennähe gut einsetzen lassen. Für den Hochseebetrieb sind sie allerdings nur bedingt tauglich. Das mindeste zu erwartende Ärgernis auf (offenen) Bankas ist, daß man gewaltig naßgespritzt wird (Gepäck schützen!), das schlimmste Geschick, daß man mit ihnen absäuft.
Vielfach wird geglaubt, ein Banka könne wegen seiner Ausleger gar nicht kentern. Und ob es das kann! Schneidet ein Ausleger erst einmal unter, ist

die ganze Stabilität schlagartig dahin; das Boot kippt um. Und dies gilt für auslegerversehene Fahrzeuge jeglicher Größe. Wenn bei schwerer See die Maschine aussetzt - ein sehr übliches Vorkommnis - und das Boot quertreibt, verlegt man sich am besten aufs Beten. Bankas sind alljährlich für den Seemannstod vieler Fischer verantwortlich, und mancher Tourist hätte sich ihnen besser auch nicht anvertraut. Ich habe nach einigen suchen müssen, die die philippinischen Wetterelemente *unter-* und die Seetüchtigkeit der Bankas *über*schätzt hatten.
Dennoch gilt: Je größer, je besser. Das Hauptproblem der Pumpboote ist die notorische Unzuverlässigkeit ihrer Motoren. Die Seefahrer - wir wollen hoffen, daß sie immer nüchtern sind - können virtuos mit ihren Booten umgehen. Eine Sturmfahrt mit dem Banka ist ein berauschendes Erlebnis - sofern die klapprige Maschine nicht stehen bleibt. Bei den Dieselmotoren größerer Einheiten ist diese Wahrscheinlichkeit geringer.
Ob groß, ob klein: furchtbar unbequem sind sie alle und, sofern es sich um Fähren handelt, zumeist entsetzlich überladen. Die meisten Motorbankas auf amtlich genehmigten Linien haben Lizenzen für elf Passagiere; das Zehnfache und mehr wird gewöhnlich geladen. Das geht natürlich auch ein wenig auf Kosten der Stabilität. Möglichst sollte man (auch bei gutem Wetter) unter solchen Bedingungen nicht auf eine Fahrt gehen, die länger als etwa sechs Stunden dauert. Umgeben von würgenden Passagieren, pieselnden Kleinkindern und Wolken von Abgas dürfte den meisten europäischen Bankeros wohl schon ein Bruchteil davon reichen.
Gefahren lauern nicht nur auf See, sondern auch in der Peripherie der Hafenstädte. Denn dort treibt sich immer allerlei Volk herum, das nicht zu den feinsten Schichten der philippinischen Gesellschaft gehört. Stauer, Träger, *Istambays* (Handlanger auf *Standby* nach irgendeinem Job) sind durchweg ein rüder Haufen, der mit viel Spektakel den Reisenden (und vor allem den unbedarften und gutgläubigen Kleininsulaner) einzuschüchtern und um einen Nebenverdienst anzuzapfen bemüht ist. Setzt Euch in diesem Terrain resolut durch, und achtet auf Euer Gepäck! Fragen in bezug auf Abfahrtzeiten, Fahrpreise usw. richtet Ihr am besten an die *Philippine Port Authority* (in größeren Häfen) oder an die *Coast Guard,* die in jedem Küstenkaff vertreten ist. Lieber zwei- als einmal fragen! Und zieht auch Auskünfte unter Euren prospektiven Mitpassagieren ein, die ja in der Tat im gleichen Boot sitzen. Im Kuddelmuddel des Hafengeschehens kann man sich gar nicht mit genügend Informationen versorgen!

Nützliches Vokabular

Wohin fahrt ihr? Fahrt ihr nach ......?
Saán kayó púpunta? Púpunta ba kayó sa ......?
Kann ich mitfahren?
Puéde ba akóng sumáma sa inyó?
Fährt irgendein Fahrzeug von hier nach ......?
Mayroón bang sasakyán patúngong .....?
Wann fahrt ihr los (weiter)? Heute noch? Oder morgen?
Kailán kayó áalis (magpapatúloy)? Ngayón ding áraw na itó? O búkas?
Sehr früh am Morgen. Heute Abend. Später. Kommt auf die Flut (Ebbe) an.
Madalíng áraw. Ngayóng gabí. Mamayá. Depénde sa lakí (káti) ng dágat.
Können Sie mich nach .... mitnehmen?
Puéde ba ninyó akóng dalhín sa ......?
Legen Sie einen Zwischenstopp in ...... ein? Wie lange?
Kayó ba'y hihintó sa ...... ? Gaáno katagál?
Wann ungefähr fährt das Boot (Schiff) nach ...... ab?

Mgá anóng óras umáalis ang bangkáng (barkóng) patúngo sa ......?
Wohin fährt das Boot dort?
Saán papuntá ang bangkáng iyón?
Gibt es eine verläßliche Verbindung von hier nach ......?
Mayroón bang mabúting koneksyón magmulá díto hanggáng ......?
Wie heißt das Boot (Schiff), das nach ...... fährt?
Anó'ng pangálan ng bangkáng (barkóng) papuntá sa ......?
Was kostet die Überfahrt nach ......?
Magkáno ang pamasáhe sa ......?
Ist das der reguläre Preis? Geht's auch billiger?
Iyán bang regulár na pamasáhe? Maaári bang bawásan ang báyad?
Wo ist die nächste Bootsanlegestelle?
Saán ang pinakámalápit na daúngan?
Fahren Jeepneys dorthin? Mit welchem Destinationsschild?
Mayroón bang mgá dyip na pumúpunta doón? Saán ang kaniláng distinasyón?
Kann ich während der Reise an Bord schlafen?
Mayroón kayá akóng matutulúgan hábang nása biyáhe?
Servieren Sie unterwegs etwas zu essen?
Nagbíbigay ba kayó ng pagkáin hábang nása biyáhe?
Sind Sie der Bootseigner/-fahrer (Kapitän)?
Kayó ba ang bangkéro (kapitán)?
Wann gedenken Sie, in ...... anzukommen?
Kailán ang ináasahán ninyóng pagdatíng nátin sa ......?
Kommt aufs Wetter an.
Depénde sa panahón.
Nicht nötig! (Falls jemand nach dem Gepäck greift). Verschwinde!
Hindí na kailángan! Alís d'yán!

Flüge

Siehe Kapitel »Fliegen«.

Überlandfahrten

Der Überlandverkehr wird auf den Philippinen vorwiegend von Jeepneys und Fernbussen bestritten. *Jeepneys* sind auf Kleinbusformat umgebaute Jeeps, ursprünglich mal aus Armeebeständen, jetzt aber schon längst nicht mehr. Bunt verziert und bemalt, stänkernd und eng, zumeist von rüden Fahrern chauffiert, rollen sie in führender Position dem chaotischen philippinischen Verkehrsgeschehen voran. Sie haben diesen Rang zu Recht inne. Denn sie sind - trotz allem - treue Arbeitspferde, die immer und überall zur Stelle zu sein scheinen und den Reisenden verläßlich bis in das letzte Dschungelnest befördern.

Jeepneys werden überwiegend auf Nebenstrecken bis zu etwa 100 Kilometer eingesetzt - dann ist's aber auch genug. Der europäische Einsachtziger kriecht praktisch auf allen Vieren in dieses Vehikel hinein und läßt sich dort mit vielen Mitleidenden auf einer von zwei Längspritschen nieder. Auf provinziellen Routen nimmt man nicht selten auf dem Dach Platz, was zumindest bei trockenem Wetter auch vorzuziehen ist. Denn wer in dem engen Passagierschlauch hockt, sieht nichts von der Umwelt, und eine Fahrt durch schönes Gelände ist eine Fehlinvestition. Wenn man schon nicht auf dem Dach sitzen kann (weil es verboten und Polizei in der Nähe ist), sollte man zumindest unbedingt versuchen, den rechten Vordersitz zu ergattern. Falls dieser besetzt ist, hilft manchmal ein Hinweis, daß man als ausländischer Besucher doch etwas von der Gegend sehen möchte. Filipinos haben dafür großes Verständnis.

Busse rangieren von abenteuerlichen Eigenkonstruktionen bis zu klimatisierten Schlachtkreuzern - *For Tourists Only.* Rechten Komfort bieten sie alle nicht. Im einen wird das Statussymbol Klimaanlage so weit aufgedreht, bis sich das Innere in einen Eiskeller verwandelt - Schnupfen garantiert! Im anderen herrschen Mief und Enge, aber immerhin kann man das Fenster öffnen. Zumindest ist in Bussen mehr Platz als in Jeepneys - wenn auch die Sitze keineswegs für europäische Hintern konstruiert sind! Auf den Philippinen teilen sich drei Passagiere den Platz, der in Deutschland kaum für zwei reichen würde. Zieht im Bus deswegen Zweierreihen (auf die *wirklich* nur maximal zwei Personen passen) den Dreiern vor, wo man schon mal zu viert sitzt. Verzichtet auch auf die attraktiv breit erscheinende Hinterbank - dort drängt man sich nämlich zusammen, bis keine Briefmarke mehr dazwischenpaßt.

Große Gesellschaften (nachstehend aufgezählt) bieten einen halbwegs fahrplangerechten Service an. Bei kleineren Unternehmen und Einheiten ist man da weniger pingelig. Da muß man warten, bis das Fahrzeug voll ist, und zwar bis auf den letzten Quadratzentimeter. Auf Nebenstrecken kann das stundenlang dauern, weit draußen in der Walachei sogar Tage. Dagegen hilft kein Protest: Mit einem halbvollen Gefährt ist kein Geschäft zu machen. Wenn Ihr mault, wird man Euch nahelegen, entweder völlig auf den Dienst zu verzichten, oder aber den Leerraum zu bezahlen. Am besten, man reserviert sich beim Fahrer die Sitze und treibt in der Zwischenzeit noch etwas Gescheites, statt stundenlang in der Karre zu warten.

Unbedingt bedenken: Weil nur mit voller Ladung gefahren wird, kann man außerhalb der Terminals fast nie mehr zusteigen. Deshalb muß man sich an den Ausgangspunkt der Route - das heißt in die Städte - begeben, um einen Sitzplatz zu ergattern. Dazu ist unter Umständen eine Extratour erforderlich, doch da hilft nichts: Ist das Fahrzeug erst einmal voll und im Rollen, wird man unterwegs nicht mitgenommen.

Pannen sind normal. Man kann von Glück sagen, wenn's beim Plattfuß bleibt und der Motor nicht stirbt. Manches vorsintflutliche Gefährt, nur von Bindedraht und Heftpflaster zusammengehalten, schafft es nur mit Not und vielem guten Zureden von einem Terminal zum anderen.

Aber wie! Fahrer von Touristenbussen haben Anweisung, schön vorsichtig zu chauffieren, damit die zartfühlenden ausländischen Passagiere sich nicht ängstigen. Die Typen, die das Fußvolk befördern, sind von derartigen Skrupeln verschont. Da wird auf die Tube gedrückt, was sie hergibt. Trotzdem: Einmal ratternd und schüttelnd mit 100 Sachen in den dunklen Schlauch einer Dschungelstraße hineinzustürzen - das muß man miterlebt haben! Seid beruhigt: Die Jungs verstehen ihren Job, wie die niedrige philippinische Unfallstatistik beweist.

Im Laufe der letzten Jahre haben Filipinos offenbar gelernt, sich artig in eine Warteschlange einzureihen. Allerdings nur im Stadtverkehr. In den Überlandterminals geht es weiterhin ganz schön rüde zu. *First come, first served,* ist die Devise. Auch Ihr müßt dort bis auf weiteres ein wenig von Euren Ellenbogen Gebrauch machen - sonst bleibt Ihr auf der Straße stehen.

Die *Fahrpreise* für alle öffentlichen Verkehrsmittel sind staatlich festgelegt. In Bussen und Jeepneys wird (im Gegensatz zu Taxis) auch so gut wie nie geschummelt. (Wenn Ihr im Zweifel seid, könnt Ihr immer Euren Sitznachbarn nach dem richtigen Preis fragen). Anders ist die Situation, wenn Ihr das Fahrzeug für eine Sondertour mietet. Dann muß der Preis zäh ausgehandelt werden, wobei Ihr niemals den Eindruck erwecken dürft, auf das Gefährt angewiesen zu sein. Versucht Distanz, Passagierkapazität, regulären Fahrpreis und natürlich auch einen angemessenen Profit in eine Relation zu

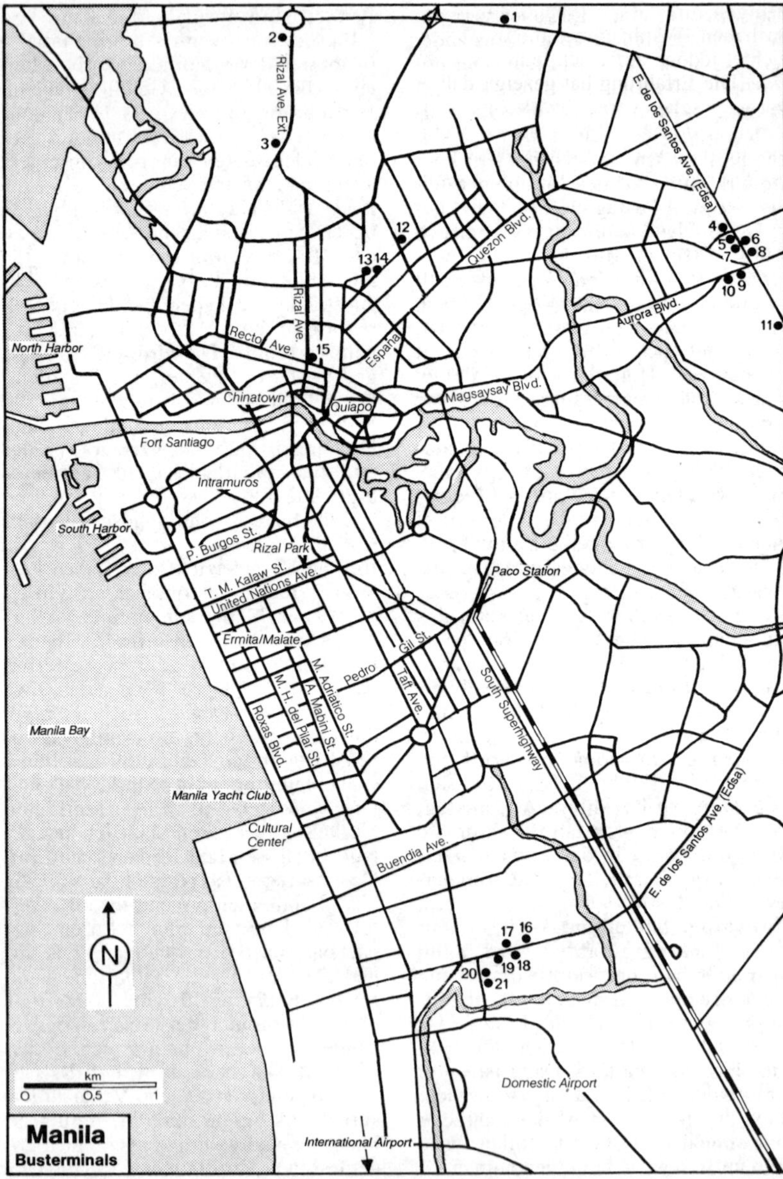

Manila
Busterminals
Rizal Ave. Ext.
E. de los Santos Ave. (Edsa)
Quezon Blvd.
Aurora Blvd.
Rizal Ave.
Recto Ave.
España
North Harbor
Chinatown
Quiapo
Magsaysay Blvd.
Fort Santiago
Intramuros
South Harbor
P. Burgos St.
Rizal Park
Paco Station
T. M. Kalaw St.
United Nations Ave.
Ermita/Malate
Pedro Gil St.
M. Adriatico St.
A. Mabini St.
M. H. del Pilar St.
Roxas Blvd.
Taft Ave.
South Superhighway
Manila Bay
Manila Yacht Club
Cultural Center
Buendia Ave.
Domestic Airport
International Airport
km
0 0,5 1
N
1
2
3
4
5
6
7
8
9
10
11
12
13
14
15
16
17
18
19
20
21

bringen, um eine Verhandlungsbasis zu haben. Wann immer möglich, verzichtet jedoch auf einen teuren *special ride.* Die Erfahrung hat gezeigt, daß er nur ganz selten wirklich vonnöten ist. Einen *Leihwagen* empfehle ich nicht, jedenfalls nicht für Selbstfahrer. Der Hauptgrund: Wer einen Unfall baut, vielleicht gar jemanden totfährt, hat mit blutiger Selbstjustiz zu rechnen. Auch wenn man »im Recht« war. Wenn's erst einmal passiert ist, will das kein Mensch mehr wissen.

Busterminals in Manila
Ein Kernproblem für viele Reisende ist, erst einmal aus dem Moloch Manila herauszukommen. Die Busbahnhöfe sind nämlich je nach Linie weit im Stadtgebiet verteilt.
Hier ein Überblick mit Destinationen. (Die Nummern vor den Busgesellschaften beziehen sich auf die nebenstehende Karte »Manila Busterminals«):

6 ***Baliwag Transit*** *(1)*
33 Edsa, Cubao, Quezon City.
Busse nach Norden: Aparri, Baliwag, Bulacan-Provinz, San Jose, Tuguegarao.
3 Baliwag Transit *(2)*
199 Rizal Avenue Extension/2nd Avenue, Grace Park, Caloocan City.
Busse nach Norden: Baliwag, Bulacan-Provinz, San Jose.
16 ***BLTB***
Edsa, Pasay City.
Busse nach fast allen größeren Destinationen auf Luzon südlich von Manila.
11 ***City Trans***
Edsa, Cubao, Quezon City.
Busse nach Norden und NW: Alaminos, Baguio, Dagupan, Lingayen.
4 ***Dagupan Bus***
New York Street, Cubao, Quezon City.
Busse nach Norden: Baguio, Dagupan, Lingayen.
9 ***Dangwa Tranco*** *(1)*
822 Aurora Boulevard/Ecke Driod Street, Quezon City.
Busse nach Norden: Baguio, Banaue.
13 ***Dangwa Tranco*** *(2)*
1600 Dimasalang, Sampaloc.
Busse nach Norden: Baguio.
14 ***Farinas Trans***
M. dela Fuente Street/Ecke Laong Laan, Sampaloc.
Busse nach Norden: Laoag, Vigan.
20 ***Five Star***
Aurora Boulevard (Tramo), Pasay City.
Busse nach Norden und NW: Bolinao, Cabanatuan, Dagupan.
18 ***Inland Trailways***
Edsa, Pasay City.
Busse nach Süden: Lucena, Bikol-Provinzen.
21 ***J.B. Bicol Express Line***
Aurora Boulevard (Tramo), Pasay City.
Busse nach Süden: Lucena, Bikol-Provinzen.
10 ***Partas***
Aurora Boulevard, Quezon City.
Busse nach Norden: Laoag, San Fernando (La Union), Vigan.
1 ***Philippine Rabbit*** *(1)*
1240 Edsa, Quezon City.
Busse nach Norden: Bangued, Laoag, San Fernando (La Union), Vigan.
15 ***Philippine Rabbit*** *(2)*
819 Oroquieta, Santa Cruz.
Busse nach Norden und NW: Angeles, Baguio, Balanga, Mariveles, San Fernando (Pampanga), Tarlac.
19 ***Philtranco***
Edsa, Pasay City.
Busse nach Süden: Alle bedeutenderen Orte der Bikol-Provinzen, Hauptorte auf Samar, Tacloban, Surigao und Davao auf Mindanao (gut drei Tage, davor sei gewarnt!).
8 ***Superlines***
670 Edsa, Quezon City.
Busse nach Süden: Provinzen Quezon bis Camarines Norte.

12 ***Times Transit*** *(1)*
79 Halcon Street, Quezon City.
Busse nach Norden: Bangued, Laoag, San Fernando (La Union), Vigan.
5 ***Times Transit*** *(2)*
Edsa, Cubao, Quezon City.
Busse nach Norden: Bangued, Laoag, San Fernando (La Union), Vigan.
2 ***Victory Liner*** *(1)*
713 Rizal Avenue Extension, Caloocan City.
Busse nach Norden und NW: Alaminos, Baguio, Dagupan, Iba, Mariveles, Olongapo.
7 ***Victory Liner*** *(2)*
Edsa, Cubao, Quezon City.
Busse nach Norden und NW: Baguio, Dagupan, Iba, Olongapo.
17 ***Victory Liner*** *(3)*
651 Edsa, Pasay City.
Busse nach Norden und NW: Baguio, Dagupan, Iba, Olongapo.

Nützliches Vokabular
Halt!
Pára! (Zischen oder Pfeifen tut's gewöhnlich auch).
Bitte an der nächsten Ecke (Brücke) halten! Dort drüben!
Pakí hintó sa súsunod na kánto (tuláy). Sa kabilá!
Schaffner, ich möchte in (an der Abzweigung nach).....aussteigen!
Konduktór, akó'y bábaba sa (crossing patúngong).....!
Bitte geben Sie mir Bescheid, wenn wir dort ankommen.
Sabíhin ninyó sa ákin pagdatíng nátin doón.
Wohin fährt dieser Bus?
Saán patúngo itóng bus?
Fahren Sie über.....? Fahren Sie direkt nach.....?
Dádaan ba kayó sa.....? Dirétso ba kayó sa.....?
Schaffner, Sie haben sich versehen!
Konduktór, nagkámali kayó!
Sie schulden mir noch das Wechselgeld.
Kúlang pa ang áking suklí.
Ist dieser Sitzplatz noch frei?
May nakaupó na ba sa upuáng itó?
Könnte ich am Fenster sitzen?
Maaári kayá akóng umupó sa may bintána?
Könnte ich vielleicht hier vorne sitzen?
Maaári po ba akóng maupó díto sa unahán?
Hinten sind noch Plätze frei.
Mayroón pa namáng bakánte sa likód.
Könnten wir vielleicht die Plätze tauschen?
Maaári po ba táyong magpalít ng upuán?
Ich würde während der Jeepneyfahrt gern ein paar Fotos machen.
Gustó kong mangúha ng larávan hábang tumátakbo ang dyip.
Bitte öffnen (schließen) Sie das Fenster!
Pakí buksán (sarhán) ninyó ang bintána!
Wollen Sie bitte etwas weiterrücken?
Puéde bang pakiúrong ng kauntí?
Kann ich mein Gepäck hier unterbringen?
Maaári ko bang ilagáy ang áking bagáhe díto?
Was ist los? Haben wir einen Platten? Ist der Motor hin?
Anó'ng probléma? Naplát? Nasiráan táyo?
Kann ich Ihr Fahrzeug mieten?
Puéde bang maálkila ang inyóng sasakyán?
Was kostet eine Sondertour nach .....?
Magkáno isáng 'special trip' patúngo sa.....?
Das ist zuviel. Können wir uns auf ..... Pesos einigen?
Masyádong mahál. Puéde bang ..... píso na lang?
Okay, laßt uns fahren!
Síge, táyo na!

Unterkunft

Mehr als jeder andere Philippinenbesucher ist der Abenteuerreisende auf unkonventionelle Unterkünfte angewiesen. Er begibt sich in die unbewohnte

Wildnis und kann dort keine bequeme Herberge erwarten; er spielt Robinson, was schon mal gar nicht möglich wäre, wenn sich ein Stück weiter eine Hotelanlage erhebt.
In den meisten Fällen verweist dieses Buch auf das Zelt und widmet ihm auch ein komplettes separates Kapitel (»Kampieren«). Oft genug wird man jedoch versuchen müssen, eine private dörfliche Bleibe zu finden, und dann kann es heikel werden. Mit dem Umstand, daß die Filipinos zu den gastfreundlichsten Völkern der Erde gehören, daß es im ländlichen Bereich des Archipels nach wie vor eine Selbstverständlichkeit darstellt, einen völlig Fremden bei sich aufzunehmen, ist von westlichen Schlitzohren jede Menge Schindluder getrieben worden. Man ließ sich großzügig einladen, speiste vom Feinsten und zog ohne die geringste Gegenleistung weiter, sagte kaum mal »danke«. Im nächsten Travellertreff gab man dann vielleicht den Geheimtip zum besten, einem Gaunerzinken gleich, daß im Dorf X bei der Familie Y eine Herberge zum Nulltarif existierte.
Ich hoffe, in früheren Schriften dieser Entwicklung keinen Vorschub geleistet und statt dessen zwischen in echter Not befindlichen Reisenden und miesen Abkochern sorgfältig differenziert zu haben. Denn wer in einem Taifun eine Bleibe finden muß, mit wrackem Boot irgendwo antreibt, nach Tagen in der Wildnis völlig geschafft in ein Dorf stolpert - der braucht sich nicht lange Fragen zu stellen, ob es auch schicklich und moralisch sei, irgendwo anzuklopfen. Dem tun sich Tür und Tor ganz von selber auf.
Die politische Hierarchie des philippinischen Dorfes beginnt mit dem *barángay captain,* dem Dorfvorsteher oder, wie es sehr oft der Fall ist, der *capitána* (-vorsteherin). An diese Person sollte sich ein Unterkunftssuchender zunächst wenden und wird dort Rat und Tat erhalten. Dazu ist der Captain sogar verpflichtet. Aufzunehmen braucht er den »Antragsteller« aber keineswegs, obwohl er nicht selten eine spontane Einladung aussprechen wird. Um jedoch auch in diesem Fall jeglichen Mißbrauch im Keim zu ersticken, möchte ich die Anregung geben, den Captain die Entscheidung treffen zu lassen, den »Obdachlosen« einer der ärmsten Familien des Dorfes zuzuteilen - und dieser damit sozusagen ein kleines Fest zu bereiten.
Dazu kann man sich eines kleinen, ganz legitimen Tricks bedienen. Nämlich indem man sich *vor* dem Besuch beim Captain aus welchen Quellen auch immer für eine mehrköpfige Familie mit feinen Sachen eindeckt. Dann tut sich die Frage auf: Wohin damit? Darauf wird der Captain schon eine Antwort finden. Dieserart wechselt kein Bargeld den Besitzer, denn das würde zu Gesichtsverlust führen und sogar als beleidigend empfunden werden.

Nützliches Vokabular

Ich heiße ..... und komme aus D (A, CH).
Akó po ay si ..... Túgu-Alemántya (Aústriya, Switzerland) po akó.

Ich komme aus ..... Morgen will ich nach.....weiter.
Gáling po akó sa ..... Tútuloy akó búkas sa ......

Ich möchte, wenn möglich, hier eine Nacht lang bleiben.
Kung maaári po sána ay náis ko pong makitulóy ng isáng gabí.

Ich würde gern ein paar Tage in diesem Dorf bleiben.
Náis ko pong makitulóy ng mgá iláng áraw díto sa báryo.

Ließe sich hier vielleicht eine private Übernachtung finden?
Mayroón po kayá akóng pag-ása na makakúha ng matutuluyáng báhay na pribádo?

Ich stelle überhaupt keine Ansprüche.
Hindí po akó mapilí.
Ich brauche nur ein Dach und eine Schlafmatte (ein Moskitonetz).
Ang kailángan ko po lámang ay isáng bubóng at isáng baníg (kulambó).
Sehen Sie - ich habe diese Eßwaren eingekauft.
Tíngnan po ninyó itóng mgá pagkáin na binilí ko.
Sie müssen bald verarbeitet werden.
Dápat na maihandá agád ang mgá itó.
Ich möchte sie mit meinen prospektiven Wirtsleuten teilen.
Náis ko pong makabahági sa pagkáing itó ang may báhay na tutuluyán ko.
Vielen Dank für all Ihre Hilfe.
Marámi pong salámat sa lahát ng inyóng túlong.

Wer diesen Text aufmerksam mit anderen vergleicht, bemerkt die Häufigkeit der Wörtchen *po* und *pong*. Es handelt sich um Höflichkeitpartikeln, die man sich bei Allerweltsdialogen sparen kann, die aber in eine respektvolle Anrede stets eingebaut sein müssen. (Für Sprachanfänger: Einfach jeden Satz mit *po* beenden). Der Respekt gebietet in dieser Situation auch, daß man als Mann nicht etwa mit einer »leichten« Begleiterin im Schlepptau aufkreuzt oder als Frau spärlichst bekleidet in Erscheinung tritt. Solcherart habt Ihr nirgendwo die geringste Chance einer privaten Aufnahme. Versucht's gar nicht erst; Ihr bringt nur die Angesprochenen in arge Verlegenheit und baut eigenes Prestige ab!
Wenn Ihr Euch auf dem Lande einer Behausung nähert, so ruft schon aus einiger Distanz: *»Táo po!«* Wörtlich heißt das »Mensch, bitte!« und bedeutet: »Ist jemand zu Hause?« Es ist ausgesprochen rüde und wird trotz lächelnder Mienen als ungezogen und tölpelhaft angesehen, wenn man in eine Hütte, und sei sie noch so primitiv, einfach unangemeldet hineinstolpert. Immer Schuhe aus, schon bevor man die Veranda betritt! Das gesamte Häuschen stellt einen Wohnbereich dar, den man so reinlich wie möglich zu halten bemüht ist - auch wenn sich darunter Schweine im Dreck wälzen.

Wetter

Reisebroschüren teilen den jährlichen Wetterverlauf auf den Philippinen zumeist schlicht in »Trocken- und Regenzeit« ein. Doch damit macht man es sich zu einfach. Das philippinische Wettergeschehen ist viel komplexer - Gott sei Dank. Denn der Trekking-Fan möchte es möglichst kühl haben, dem Taucher hingegen behagen Höchsttemperaturen. Der Segler hätte gern eine steife Brise, die dem Bootsfahrer überhaupt nicht ins Konzept passen würde. Keiner wünscht sich Regen - doch der Goldsucher kann mit einem trockengefallenen Flußbett nichts anfangen. Und so weiter.
Den abrupten Wechsel zwischen Trokken- und Regenzeit gibt es nur im Westen der Philippinen. Der Unterschied ist dort eklatant: Von November bis Mai fällt in manchen Jahren kein einziger Regentropfen. Doch dann beginnt es zu schütten, was der Himmel hergibt. Baguio gehört mit durchschnittlichen 4.598 Millimeter Niederschlag zu den regenreichsten Orten der Welt.
Keineswegs platzt es nun aber überall im philippinischen Westen am gleichen Tag los. Es gibt auch dort diverse klimatische Mischformen, und die Sonne scheint auch weiterhin. Doch das Wetter wird veränderlich, und der Regen nimmt zu. Und das mit wenig Variation im Jahr ungefähr ab den folgenden Zeitpunkten:

11.-15. Mai: Calamianes, Cuyo, Südmindoro, Baguio;
16.-20. Mai: Fast ganz Palawan;
21.-25. Mai: Zambales-Küste;

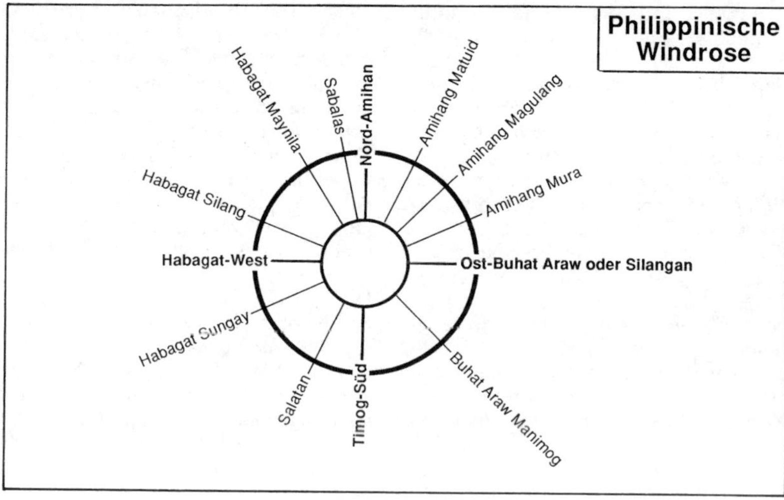

26.-30. Mai: Westteil Negros/Panay, Manila, Nordluzon (Pangasinan bis Batanes).

Südwestmonsun

Die oben genannten Zeitpunkte bestimmen das Einsetzen des Südwestmonsuns *(habágat)*, der dann mit einer durchschnittlichen Windstärke von 5 Bft. bis etwa Anfang September durchbläst. Er kann zwischenzeitlich tagelang einschlafen, oder aber bis zu 8 Bft. auffrischen. An der philippinischen Westküste steht dann eine eklige See. Außerdem ist es innerhalb des genannten Zeit- und geographischen Raums überwiegend schwül - unangenehm für viele Europäer.

Nordostmonsun

Gegen November baut sich über dem nordasiatischen Festland ein massives Hochdruckgebiet auf (bis zu 1.080 Hektopascal, Weltrekord) und leitet den Nordostmonsun *(amíhan)* ein, der die gesamten Philippinen beeinflußt.

Auch Taifune treten in dieser Saison noch ziemlich häufig auf. Sie sind aufgrund des gewaltigen Druckgefälles zumeist stärker als früher im Jahr und schlagen, durch das Hoch abgedrängt, südlichere Kurse ein.

Der Nordost ist der stetigste der Monsune. Er kann wochenlang mit Stärken bis zu 8 Bft. durchwehen, zudem hinter die nordpazifische Winterdünung fassen und dieserart an der gesamten Ostküste sehr rauhe Seeverhältnisse erzeugen. Von Dezember bis Februar bläst es am härtesten, dann legt sich der Amihan von Norden her allmählich. Im Südteil der Philippinen (Davao-Golf, Celebes-See, Sulu-See und Südchinesisches Meer) kann es jedoch noch bis in den Mai hineinwehen.

Der Pazifikküste beschert der Nordost gleichzeitig satt Regen - deshalb ist es dort so grün. Mindestens je einen Monat um die Jahreswende herum sollte man sich diesen Landstrich deshalb lieber nicht zum Ziel nehmen. Vor allem die Provinzen Camarines Norte,

Ostsamar und Surigao haben dann Landunter. Surigao hält (gleich nach Sulawesi) den südostasiatischen Niederschlagsrekord, Baras auf Catanduanes den für die ohnehin schon recht nasse Bikol-Region. Gleichzeitig sinken die Temperaturen im Einzugbereich des Amihan in fühlbarem Maß. Während das philippinische Jahresmittel bei 27 Grad Celsius liegt, fällt das Thermometer im Dezember und Januar nachts manchmal auf 18 Grad. Der Februar ist der relativ kühlste Monat. In Manila wurden schon einmal 13 Grad gemessen - Kälterekord!
Das klingt für Anreisende aus unseren Breiten zwar noch sehr komfortabel. Zum Schwimmen und Tauchen ist es dann aber schon zu ungemütlich. Vielerorts wird es jedoch bereits im Februar merklich ruhiger und wärmer. Und im März beginnt fast überall der Sommer. Der heißeste Monat mit Durchschnittstemperaturen von 28 Grad ist der Mai. Extreme, die über diesen Wert hinausgehen, sind indes selten. Dafür sorgen die relativ gleichmäßige Verteilung von Land und See innerhalb des Archipels und die dadurch entstehenden frischen Morgen- und Abendbrisen.

Taifune

Im Verlauf der heißesten Monate um die Jahresmitte brauen sich in der energiegeladenen ozeanischen Wetterküche östlich des Landes Tiefdruckwirbel zusammen, die oft zu Taifunen *(bagyó)* anwachsen und generellen Kurs auf die Philippinen nehmen. Taifune (= »großer Wind« auf chinesisch) sind Superstürme mit enormen Windgeschwindigkeiten (an die 300 km/h) und gewaltigen einhergehenden Regenfällen (pro Druckgebilde mitunter mehr als die Halbjahresmenge der alten Bundesrepublik Deutschland). Der annähernd mittig in ihrer Zugbahn gelegene philippinische Archipel stellt diesen apokalyptischen Reitern kein rückgratbrechendes Festlandsmassiv entgegen, sondern nur ein schütteres insulares Bollwerk, das die Taifune kaum zu schwächen vermag. Folglich gehen auf den Philippinen alljährlich Hunderte von Menschenleben und Millionen an Sachwerten durch Taifune verloren. Viele dieser Verluste sind allein Überschwemmungen und Erdrutschen anzulasten, also reinen Sekundäreffekten.
Der Hauptmonat der Taifune ist der September. Ein alter Seemannsspruch sagt: *»September - remember!«*, und da ist viel Wahres dran. Den Nachtrag *»October - all over!«* braucht man sich allerdings nicht zu merken. Denn nicht nur haut's im Oktober meistens noch viel mächtiger drein als im Vormonat, sondern das ganze Jahr über läßt sich mit Irrläufern rechnen, die nicht in das klassische (der Karibik entlehnte) September/Oktober-Schema passen. In den Jahresmitteln der letzten Dekade lagen die Philippinen im jährlichen Einflußbereich von 27 tropischen Tiefdrucksystemen - mehr denn je und vielleicht ein weiteres Zeichen zunehmender Erderwärmung. Und alle paar Jahre gibt es auch einen »Taifun mit dem Silberauge«, einen Killersturm, von dem man noch generationenlang im Flüsterton spricht. Vornehmlich im Osten des Landes lassen sich hier und da Lokalitäten bestaunen, die noch nach Jahren aussehen, als hätte eine Riesenfaust in sie hineingeschlagen.

Anzeichen für die Annäherung eines Taifuns an die Philippinen

Jeder Abenteuerreisende sollte sich darauf verstehen, einen anrückenden tropischen Sturm oder Taifun an Veränderungen des allgemeinen Wettergeschehens zu erkennen, um eine Unternehmung rechtzeitig ab- oder unterbrechen zu können. Da man nicht ständig alle möglichen Hilfsgeräte wie Barome-

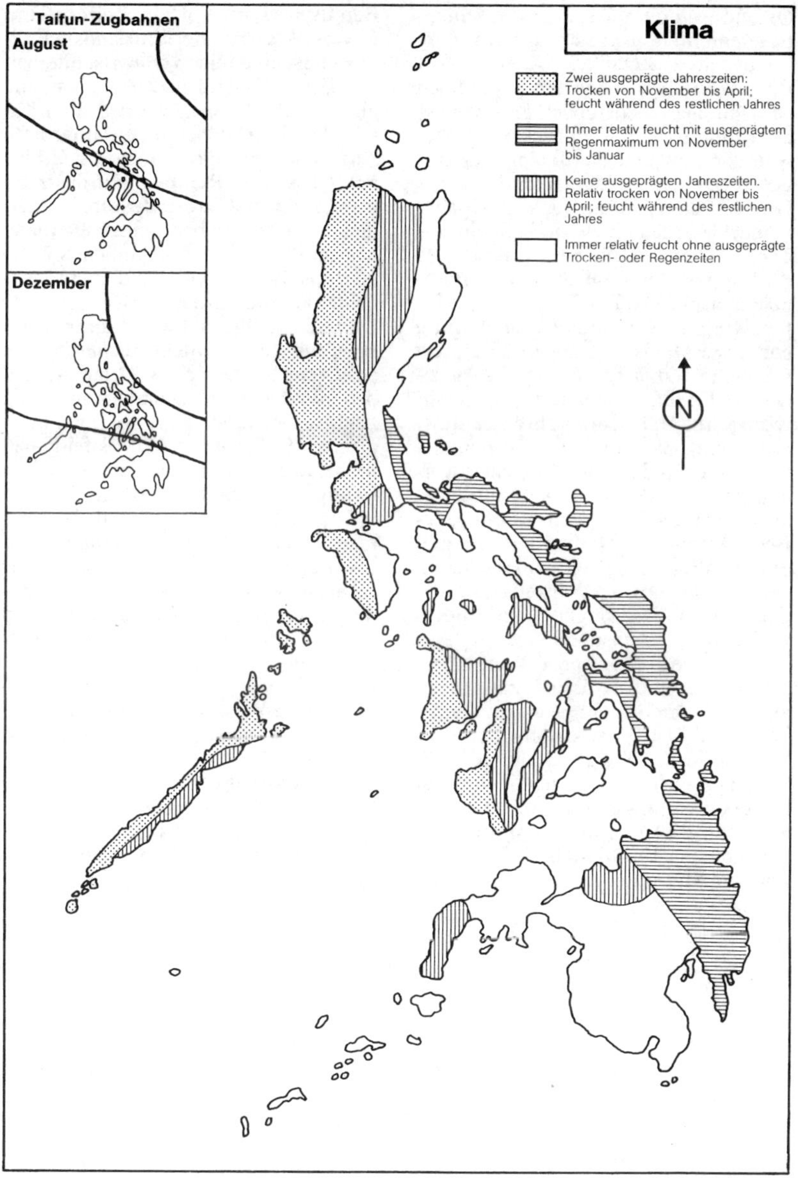
Taifun-Zugbahnen
August
Dezember
Klima
Zwei ausgeprägte Jahreszeiten: Trocken von November bis April; feucht während des restlichen Jahres
Immer relativ feucht mit ausgeprägtem Regenmaximum von November bis Januar
Keine ausgeprägten Jahreszeiten. Relativ trocken von November bis April; feucht während des restlichen Jahres
Immer relativ feucht ohne ausgeprägte Trocken- oder Regenzeiten
N

ter und Radios mit sich herumschleppen kann, muß man sich an elementare Beobachtungstechniken halten.
Ein Sturm kommt auf den Philippinen (fast) immer aus östlichen Richtungen. Der Wind um ein Tiefdrucksystem bewegt sich auf der Nordhalbkugel entgegen des Uhrzeigersinns (und ein paar Grad auf das Zentrum zu, was wir aber vernachlässigen können). Steht ein solches System im Pazifik querab der Philippinen, erzeugt es also vorwiegend nördliche Winde über dem Archipel, die sich bei seiner Annäherung stetig verstärken. Eine unverändert nördliche Windrichtung ist ein Anzeichen dafür, daß der Sturm in ungefähr weiter auf den Beobachter zuläuft. Langsames Westdrehen kennzeichnet ein Abbiegen des Zentrums nach Norden; ein schneller Westsprung deutet auf eine Passage unweit nördlich des Beobachters hin. Drehen auf Ost gibt eine südliche Zugbahn zu erkennen, zumeist eine ungute Konstellation.
Die Verhältnisse liegen etwas anders während der Monsunmonate. Stetiges Verstärken des NO-Monsuns auf Windstärke acht und darüber hinaus weist auf das »Hinterfassen« eines Sturms hin. Analog hierzu kommt der SW-Monsun, durch die gegenläufige Luftströmung aufgehoben, gewöhnlich für ein bis zwei Tage zum Stillstand, bevor sich die nördlichen Winde des Tiefs durchsetzen: Die berühmte Ruhe vor dem Sturm.
Bereits weit im Vorfeld eines Orkans gibt es Warnsignale. Eines der auffälligsten ist eine ungewöhnliche Klarheit des Himmels und damit verbundene gute Sicht. Beim weiteren Näherrükken des Sturmfeldes tritt als nächstes Anzeichen ein dünner, hoher Cirrus auf, der sich in Richtung auf das Zentrum zu einem Cirrostratusschleier verdichtet, sich auch bei Sonnenuntergang hält und später oft in Altostratus übergeht. Ein blutigroter Abendhimmel verheißt nie etwas Gutes.
Und schließlich ist auch Regen, der nicht ins jahreszeitliche Wetterkonzept paßt, ein untrügliches Kennzeichen, daß etwas faul ist. Denn Niederschlag geht, wie erwähnt, stets mit einem tropischen Tiefdruck einher. Es fehlt also nicht an Signalen; man muß sie nur richtig zu interpretieren wissen.
Ist der Wirbler erst einmal da, muß man, je nach seiner Ausdehnung, zwei bis drei Tage lang mit Schlechtwetter rechnen. Man achte darauf, nicht gerade auf einer einsamen Insel oder im Gebirge kalt erwischt zu werden, sondern suche die Nähe solider menschlicher Behausungen auf. Und einen Proviant- und Wasservorrat anlegen, falls es dick kommen sollte!

Verhaltensmaßnahmen für Reisende im Bereich tropischer Stürme sind, wo immer relevant, in den jeweiligen Kapiteln gegeben. Siehe besonders auch »Segeln«.

Birdwatching

Wenn man das Tal des Aninoan-Flusses westlich von Puerto Galera auf Mindoro emporsteigt, dann klingt es aus den dichten Dschungeln beiderseits des brausenden Wasserlaufs manchmal so heraus:

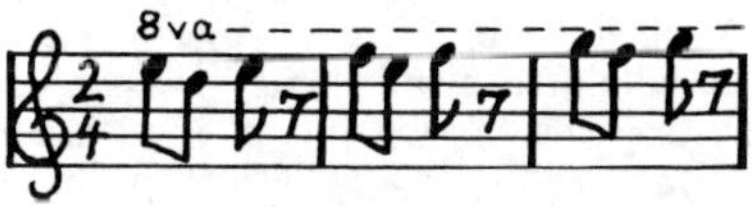

Die eigentümliche Tonfolge ist die Kennung des *Cacomantis merulinus,* einer unscheinbaren Kuckucksart, die auf den Philippinen überall dort anzutreffen ist, wo einiger Waldbestand existiert. Fast auf allen größeren Inseln des Archipels vernahm ich das einprägsame Signal, selbst mitten in Palawans Hauptstadt Puerto Princesa.

Was ich lediglich aufzeichnenswert interessant fand, hätte einem Anhänger des Birdwatching gewiß leuchtende Augen beschert und ihn eilig zu Feldstecher und Kamera greifen lassen. Denn die Beobachtung oder gar fotografische Erfassung einer seltenen Vogelart würde ihm die Erfüllung geheimster Wünsche bedeutet haben. Die Zahl der Vogelbeobachter, die mit Fernglas, Fotoapparat und Tonbandgerät das Leben der Vogelwelt überwachen und studieren, ist Legion.

Sind sie belächelnswerte Sonderlinge, verwässerte Ornithologen? Oder gar - *Abenteurer?*

Im Sinne der eingänglich gegebenen Definition des Abenteurers durchaus dieses. Birdwatcher sind in erster Linie Naturliebhaber, die die Konfrontation mit der Wildnis nicht scheuen, ja dieselbe suchen, ohne sich an den Mühen und Strapazen zu stoßen, die zwischen ihnen und ihrer singulären Zielsetzung liegen mögen.

Die Philippinen belohnen sie reichlich dafür. Über 500 verschiedene Vogelarten bevölkern den Archipel. Etwa 165 sind endemisch, also im Lande beheimatet. Manche gehören zu den seltensten der Erde, so der riesige und im Aussterben begriffene Philippinische Adler.

Eine Zeitlang hatte ich gezögert, Birdwatching überhaupt in dieses Buch aufzunehmen. Dann begann ich im Gefolge entsprechend engagierter Leute zu reisen, zu fotografieren, und stellte fest: Birdwatching *ist* Abenteuer! Die Sache kann sogar zur Leidenschaft werden...!

Die philippinische Vogelwelt

In der Mangrove keift lauthals der Eisvogel. (Eine unglückliche Bezeichnung, die sich auf die eisblaue Gefiederfarbe der Hauptart bezieht. Weitaus zutreffender ist das englische *kingfisher).* Im Bambusdickicht »kiaut« die Golddrossel, *kiaw* auf Philippinisch. Von Palmenkronen testet der *Coleto* unser Gehör auf Empfindlichkeit für metallische Höchsttöne. Mehrere Arten von Wildtauben gurren im Grün. Das Geschrei von Sittichen zerreißt schrill den Dschungelmorgen. In anklagendem Falsett beschwert sich der Strandläufer über einen gleichnamigen Menschling...

So in etwa hört sich die elementare Geräuschkulisse an, die den ornithologischen Neuling auf den Philippinen empfängt. Sehen wird er zunächst wenig, dank einer ungezähmten Flora. Die eingangs erwähnten über 500 Arten (genau: 541) sind für ein insulares Land eine ganze Menge, doch sie sind überwiegend weit verteilt. Die eigenwillige Topographie des philippinischen Archipels sorgt für kräftige Di-

Philippinischer Eisvogel
(Halcyon chloris collaris)

versifizierung. Viele Vogelarten haben ihren eigenen, sozusagen höchst privaten Lebensraum. Das beginnt mit dem stolzen Philippinischen Adler, den man bis vor kurzem noch offiziell »affenfressend« *(Pithecophaga jeffreyi)* nannte, was sich dann aber als nur bedingt zutreffend erwies und zu einer Umbenennung führte. Und das endet mit dem kosmopolitischen Spatzen. Beide haben Lebensräume, die kaum unterschiedlicher sein könnten: Der eine die unzugänglichen Dschungel Ostmindanaos, der andere die platzvollen Metropolen des Landes. Andere Arten sind nur auf kleinstem Raum zuhause. Wieder weitere reisen an. Im Winter gibt es Besuch aus China, Japan, selbst Sibirien und Alaska.

Es würde zu weit führen, die philippinische Vogelwelt hier im einzelnen klassifizieren und katalogisieren zu wollen. Dafür gibt es Spezialliteratur, auf die im Anhang hingewiesen wird. Völlig unwahrscheinlich ist es auch nicht, noch die eine oder andere unbekannte Art zu entdecken. 1928 befand Roy Dickerson, ein Ornithologe von hohem Rang, daß man das Vogelbuch der Philippinen jetzt wohl schließen könnte. Doch nirgendwo auf der Welt wurden noch nach dem Zweiten Weltkrieg derart viele neue Arten gefunden wie auf den Philippinen.

Die Ratschläge, die dieses Kapitel gibt, werden nicht immer vor Enttäuschungen bewahren. Der Himmel über den Philippinen ist schon lange nicht mehr von Vogelschwingen verdunkelt. Zwar kann man die allgemeine Situation keineswegs desperat nennen, doch Bevölkerungsdruck und Umweltverseuchung haben ihren Tribut gefordert. Für viele Arten steht die Uhr auf fünf vor zwölf. Auch hat menschliche Ignoranz auf ihrem einfachsten Nenner mitunter katastrophale Folgen für die Vogelwelt gehabt. 1982 gab es auf der Apo-Insel bei Mindoro fast keine Vögel mehr, nachdem die damals dort eingesetzten Leuchtturmwärter leichtfertigerweise Katzen eingeschleppt hatten. Jetzt, die Katzen sind weg, herrscht wieder reges Treiben auf Apo, nach dem »Nullpunkt« faszinierend zu betrachten. Auf der »Vogelinsel« Ursula flattert kaum noch etwas, nachdem man dort ausgerechnet Militär zum Schutz der Vögel stationiert hatte. Die *Marines* veranstalteten ein fröhliches Zielschießen auf dem für sie tödlich langweiligen Eiland. Den Rest besorgten Ratten und Plünderer. Riesige Lücken in der Vogelpopulation entstehen landesweit auch durch Knaben, die nur so zum Spaß mit Gummischleudern auf die Piepmätze anlegen. Vereinzelt ist die Problematik in den Dörfern erkannt worden, und Lehrer, sogar Pastoren, machen Front gegen die juvenile Vogeljagd. Auf Camiguin ist sie offiziell verboten. Nur: Wer auf den Philippinen hält sich schon an Ge- und Verbote...

Expeditionen ins Vogelreich

Die niederen Spatzen einmal ausgenommen, wird man Vögel auf den Philippinen vor allem dort finden, wo der Mensch nicht zu sehen ist: Auf weltfernen Inseln, in unzugänglichen Wäl-

Tubbataha hat Ursula Island den Rang als Vogelparadies abgelaufen

dern, auf luftiger Bergeshöh. Am Mt. Iraya auf der im hohen Norden gelegenen Insel Batan traf ich auf geradezu ideale Verhältnisse für den Vogelfreund - und stieß in tiefster Bergwildnis prompt auf Dr. Robert Kennedy, den wohl ersten Fachmann in Sachen philippinischen Gefieders. Er steckte bis über die Ohren in Arbeit und bewies somit, daß es selbst in einem kleinen Flecken wie Batan noch vieles zu erkunden und zu erforschen gibt.

Wie stellt man's an, auf eigene Faust auf ornithologische Explorationstour zu gehen? Wichtig ist zu bedenken: Je mehr Vögel, desto weniger Englisch. In Richtung Wildnis nimmt die Zahl der Studierten merklich ab. Es ist ohnehin wenig zweckversprechend, mit Vogelnamen oder -bildern in einem entlegenen Weiler hausieren zu gehen. Alles wird sich dann nämlich auf die Beine machen, um dem verrückten Fremden seine Wünsche zu erfüllen. Das mag aus reiner Zuvorkommenheit geschehen und keine Belastung der Reisekasse nach sich ziehen. Nur: Solch ein Aufmarsch und stille Vogelbeobachtung vertragen einander nicht so recht...

Da ist es klüger, zumal als Anfänger, sich Materiekennern anzuschließen - schon um überhaupt einmal das Auge zu trainieren. Schnell wird sich nämlich zeigen: Der Oldtimer sieht alles, der Neuling nichts. Vergeblich wird er, der Neuling, sich bemühen, im Blätterdach des Dschungels etwas Gefiedertes zu erkennen, während der ausgefuchste Birdwatcher schon längst sein Okular auf ein festes Ziel ausgerichtet hat. Die gängige Observationstechnik außerhalb einsehbarer Areale wie See und Strand besteht daher aus scharfer

Teures Gefieder ist in westlichen Wohnstuben unverändert gefragt. Auf den Philippinen scheint sich farbenfrohes exotisches Getier, billig überdies, zur Mitnahme geradezu anzubieten. *Don't!* Das Washingtoner Artenschutzabkommen wird weltweit schon lange nicht mehr als Jokus, entsprechende Vergehen nicht als Kavaliersdelikt angesehen. Für die illegale Einfuhr von tropischem Gefieder, tot oder lebendig, kann es bei Ankunft in Europa bis zu fünf Jahre Knast geben. Günstiger geht's auf den Philippinen aus, weil Ausländer immer noch einige Narrenfreiheit haben. Das Mitgenommene wird spätestens am Flugplatz in Manila konfisziert, manchmal (siehe unten) aber schon viel eher.

Beobachtung des grünen Baldachins, bis sich irgendwo eine Bewegung des Blätterwerks zeigt, auf die sich das Fernglas dann konzentriert.

Um Kontakt mit Gleichgesinnten zu erhalten, sollten Vogelfreunde bei einer Visite der Philippinen Verbindung mit der *Haribon Society* aufnehmen. Die Gesellschaft *(hári* = König, *íbon* = Vogel) ist der berühmten amerikanischen *Audubon Society* nachempfunden und dürfte die rührigste (und manchmal auch rabiateste) Vereinigung von Naturschützern im Lande sein. Nicht nur der Vogelbelange nehmen sich die »Hariboner« an, sondern sie engagieren sich generell für die philippinische Umwelt - vielerorts mit vorzeigenswertem Erfolg.

Im Haribon-Büro (340 F. Villamor Street, San Juan, Metro Manila, Tel. 784179 und 7136077) kann man sich über die Arbeit der Gruppe informieren, Antworten auf Umweltfragen erhalten und mitunter auch an ornithologischen Ausflügen teilnehmen. Jedes Jahr finden Expeditionen nach Beobachtungsgebieten statt, und manchmal sind solche Juwelen dabei wie das Tubbataha-Riff, die Batanes, der Kanlaon-Vulkan oder die Adlerhorste von Mindanao. Ein Wochenendtrip in die Vogelgebiete um Manila (siehe unten) ist aber jederzeit drin!

Ungleich schwieriger als die bloße Beobachtung der Vogelwelt ist es, dieselbe zu fotografieren. Die flatterhaften Objekte, durchweg weitaus scheuer als unsere heimischen Vögel, denken gar nicht daran, geduldig für ein Porträt zu posieren. Der Vogelfotograf muß deshalb ein wahrer Geduldsengel sein. Sorgfältige, unter Umständen tagelange Beobachtung kann eventuell zum Aufspüren einer Niststätte führen und über eine getarnte Annäherung wirklich lebendige Bilder erbringen. Eine der elementarsten Voraussetzungen für gute Fotos ist auch, daß man sich mit dem Flieger auf etwa gleicher horizontaler Ebene befindet. Beim Schuß nach oben gibt's nur mäßig interessantes Bauchfleisch zu sehen, es sei denn, man will die eindrucksvolle Flügelspanne eines besonders großen Exemplars demonstrieren.

Das Werkzeug des Birdwatchers ist auf der ganzen Welt das gleiche: Ein starkes Fernglas, eine Kamera mit einem Teleobjektiv von mindestens 200 Millimeter Brennweite plus Stativ, dazu eventuell ein Kassettenrecorder und gegebenenfalls ein Nachschlagewerk, um das Eräugte noch vor Ort zu identifizieren. (Siehe Literaturhinweise im Anhang).

Die Praxis seriöser Vogelbeobachter besteht übrigens darin, daß man jeweils zu zweit ins Feld zieht. Eine erspähte Art darf man sich »gutschreiben«, wenn der Begleiter diese ebenfalls gesehen und identifiziert und den Sachverhalt bestätigt hat. Schummeln gilt nicht - wer wollte auch sich selbst betrügen?

Ein paar lohnende Ziele

Nahe Manila

Mit Basis Manila lassen sich mehrere interessante Tagesausflüge ins Birdland unternehmen. Ausgezeichnetes »Birding« mit einem optimalen täglichen Beobachtungsdurchschnitt von etwa 35 Arten läßt sich im Quezon National Park, am Mt. Makiling und am Mt. Banahaw durchführen, der letztere Berg ist besonders reizvoll. Die Hariboner machen oft Touren nach diesen drei Zielen, außerdem in die einst vom Pinatubo-Ausbruch verwüsteten Provinzen nördlich Manilas, um dort das allmähliche Wiederentstehen der Vogelwelt zu beobachten. Auch ein Abstecher nach Mindoro lohnt sich. Trotz vieler Unkenrufe gibt es selbst in Puerto Galera, dem Fährterminal, noch jede Menge ökologisch heilen Terrains. Rohrweihen schweben über der schönen Hafenbucht, und kolibriartige *sunbirds* besuchen den Gast mitten im Ort. Weiter feldein erwartet den Kenner ausgesprochen rares Gefieder an den Hängen des Mt. Halcon (siehe Kapitel »Klettern«) und am Lake Naujan an der Ostküste.

Palawan

Durchweg weist jede größere Dschungelregion des Archipels außer dem »üblichen« Federwild eine oder mehrere endemische Arten auf. Ein besonders großer Reichtum an solchen herrscht auf der Insel Palawan. Engagierte Vogelfreunde sollten auf einen Besuch dieser faszinierenden Inselprovinz nicht verzichten.

An der bewußten Ursula-Insel können sie allerdings guten Gewissens vorbeisteuern. Einst, noch nicht lange her, gaben sich dort mindestens 150.000 Vögel, zusammengesetzt aus etwa 20 Arten, ein tägliches Stelldichein. In allen touristischen Schriften über die Philippinen wurde die Vogelinsel in den höchsten Tönen besungen. Vorbei. Ich selbst hatte auf Palawan schon soviel Ungutes über Ursula gehört, daß ich gar nicht erst hinfuhr. Im Frühjahr 1994 fragte ich eine befreundete Ärztin, die das Eiland besucht hatte, wie viele Vögel sie dort gesehen hätte. »Vier« antwortete sie...

Auf Ursula ist für den Birdwatcher also nichts mehr zu holen. Ein ähnliches Schicksal hat Minasawa Cay im Polillo-Archipel erlitten, von dem sich Vogelfreunde Anfang der 80er Jahre noch viel versprachen. Die meisten der überlebenden Vögel Ursulas sind nach Tubbataha in der Mitte der Sulu-See abgewandert und haben auf den dortigen Riffen und Bänken zu weiterem Umfang des bereits bestehenden Vogelparadieses beigetragen. Doch auch dieses hat mit Schwierigkeiten zu kämpfen. Mehr zu Tubbataha und dessen brüchigem Status als Naturreservat in Kapitel »Tauchen«.

Nichtsdestoweniger ist auf dem Hauptland von Palawan natürlich viel mehr Gefieder anzutreffen, als das kleine Ursula-Eiland jemals bieten konnte. Wie eingangs vermerkt, zwitschert es sogar mitten in der Provinzhauptstadt

> Die herrliche Insel Palawan hat auf den Philippinen einen ganz speziellen Status in bezug auf *Wildlife*. Keine Pflanze, kein Tier darf von dort ohne Sondergenehmigung ausgeführt werden. Die Wächter am Airport und in den Häfen haben ihre Anordnungen und sind höflich aber bestimmt: Das Gepäck wird durchwühlt, und alles Ungesetzliche wird beschlagnahmt. Versucht's gar nicht erst, bitte. Und vor allem: Schimpft nicht herum. Ihr macht doch nur einen Narren aus Euch selbst und tragt zu weiterem Imageabbau ausländischer Besucher bei.

Puerto Princesa fröhlich dahin. Im Zeichen eines gerade auf Palawan stark gestiegenen ökologischen Bewußtseins können sich die kleinen Flieger neue Überlebenschancen ausrechnen, immer noch nicht viele, aber mehr als bisher.
Einer, der sich besonders für Palawans Vögel einsetzt, ist Teddy de Peralta, den wir im Kapitel »Dschungelexpeditionen« genauer kennenlernen werden. Auf Teddys liebevoll im Urzustand belassener »Farm« bei Narra gibt's jede Menge wildes Geflügel zu sehen. Zudem ist sein Vater Doming ein bekannter Vogelmaler, der Palawans seltene Arten mit genial-naivem Pinselstrich aquarelliert.
Weniger die Vögel selbst als deren Produkte kann man auf der zu Palawan gehörigen Insel Coron im Norden des Archipels bestaunen. Auf diesem faszinierenden Eiland stellen Sammler vom Stamm der Tagbanua den Nestern einer Seeschwalbenart nach, die in Höhlen auf den senkrechten Hängen ihrem Brutgeschäft nachgeht. Wir werden diesen tollkühnen Kletterern in den folgenden Kapiteln noch ein paarmal begegnen. An dieser Stelle sei Vogelfreunden nur beruhigend versichert, daß auf Coron kein ökologischer Raubbau getrieben wird. Die Nester - es handelt sich um die berühmten eßbaren und heute extrem teuer bezahlten Exemplare - werden nämlich schon seit Menschengedenken auf Coron »geerntet«. Zwischen Sammler und Vogel hat sich eine von selbstauferlegten Schonzeiten abhängige symbiotische Beziehung entwickelt, die der zum Haushuhn gleicht. Die auf der Insel ansässigen Tagbanua wollen sich nicht den Ast absägen, auf dem sie sitzen. Das Funktionieren der Relation ist schon daran erkennbar, daß die *Salangane* - so heißt die bewußte Schwalbe - auf Coron keineswegs vom Aussterben bedroht ist, sondern, im Gegenteil, weiterhin bei guter Gesundheit ist und das begehrte *nido* (»Nest« auf spanisch) liefert.

Die Salanganen-Schwalbe sammelt während der Nestbausaison von März bis Mai am Rand des Meeres ihr Baumaterial in Gestalt bestimmter Seetangarten und pappt diese mit ihrem alkalischen Speichel - von Liebhabern der Schwalbennestsuppe diskret als »vorverdautes Protein« bezeichnet - zu einem schalenartigen Gebilde zusammen, das alsbald austrocknet und sich verhärtet. Diese Konstruktion, im Rohzustand unscheinbar und alles andere als appetitlich, ist Corons »weißes Gold«. Die Nester werden gesammelt und von allen Verunreinigungen befreit. Übrig bleibt ein cremigweißes Geflecht, das schon über 3.000,- DM pro Kilo (erste Handelsklasse) kostet, bevor es den Endverbraucher überhaupt erreicht - ganz schön schon für die Philippinen. Unverarbeitet besitzt das Nest etwa den lieblichen Eigenschmack eines Bierdeckels. Erst in der legendären Suppe beginnt der kostbare Stoff aufzublühen, dann aber auch mächtig beeindruckend. Zubereitung siehe Kapitel »Island Hopping«: *Coron*.

Mindanao

Mehr als 5.000 Exemplare des herrlichen Philippinen-Adlers schwebten noch in den 50er Jahren über der großen Südinsel. Heute sind es allenfalls 300. Weniger als 50 ergab die letzte dortige Kopfzählung (1993).
Nicht, daß auf das prachtvolle Tier verschärft Jagd gemacht würde. Doch der Mensch, ständig mehr werdend, drängt unerbittlich in die ursprünglichen Lebensräume des Adlers, zerstört und verwüstet sie. Es gibt indes eine kleine Hoffnung.

Schon 1969, drei Jahre vor seinem Tod, hatte sich der berühmte Charles A. Lindbergh in bescheidenem Verzicht auf eigene Lorbeeren für den »nobelsten aller Flieger« stark gemacht. Die Haribon Society zog nach, mit dem Ergebnis, daß die Mitglieder zu Marcos' Zeiten nach gängiger Praxis zu »Kommunisten« erklärt wurden. Zwar fand der damalige Präsident viele markige Worte zur vorgeblichen Rettung des zum Nationalvogel erhobenen Adlers. Doch an einem Fundus und an Taten mangelte es. Zu Beginn der 80er Jahre entstand im Alleingang des Amerikaners Ron Krupa ein zunächst belächeltes Einmannprojekt. Bei Baracatan am Abhang des Mt. Apo gründete er das *Eagle Camp,* in dem sich die Vögel durch Sichtblenden auf kurze Distanz (100 Meter) beobachten ließen. Auf diese Weise sollte auf die besondere Problematik hinsichtlich dieses dem Aussterben nahen Tieres aufmerksam gemacht werden und durch Ökotourismus etwas Geld in die Kasse fließen.

Das Projekt erwies sich als sehr erfolgreich, zumal es auch gelang, Adler im Camp zu züchten und sie so der Nachwelt zu erhalten. Der erste Nachwuchs wurde *Pagkakaisa* (in etwa: »Harmonie«) getauft, der zweite *Pag-Asa* (»Hoffnung«).

Nicht zu unrecht. Das Eagle Camp existiert weiterhin. Es überstand die kritischen letzten Jahre des Marcos-Regimes, als gerade im Bereich des Apo blindlings drauflosgeholzt wurde, scheinbar nur aufgrund wohlwollender Protektion durch die NPA. (Also *doch* Kommunisten!) Man hat heute den Spieß umgedreht. Anstatt bestehende Horste mühsam vor dem Zugriff von Nest- und Landräubern geheimzuhalten, werden Belohnungen für Neuentdeckungen ausgelobt. Dieserart können die Nester überwacht und besonders gefährdete Vögel eingefangen und

Philippinischer Adler
(Pithecophaga jeffreyi)

im Camp aufgezogen werden. Das Programm *»Adopt an Eagle«* hat weltweit Zuspruch gefunden - für 500 US-Dollar ist das Überleben eines Adlers ein ganzes Jahr lang gesichert. Sogar solche elitären Institutionen wie die *National Geographic Society* und die Frankfurter Zoologische Gesellschaft sind beim Philippinischen Adler mit vertreten. Der Adler lebt also. Informationen zu ihm gibt es bei den Haribonern und beim Tourist Office in Davao, wo sich auch Besuchstermine erfragen lassen. Nur einer blieb auf der Strecke. Nach zehnjähriger erfolgreicher Tätigkeit mit den Adlern wurde Ron Krupa von Fachleuten jegliche wissenschaftliche Qualifikation als Ornithologe abgesprochen. Er ist inzwischen verbittert in die Staaten zurückgekehrt. *Muß* man wirklich studierter Eierzähler sein, um Adler zu lieben...?

Nützliches Vokabular

Vogel/Vögel *ibon/mgá ibon*
(Regionale Namen, oft poetischer und bei weitem zutreffender als die meist strohtrockenen und mitunter irreführenden wissenschaftlichen Bezeichnungen, können aufgrund der Vielzahl von Inselsprachen in diesem Kapitel nicht gegeben werden. Es kann jedoch faszinierend sein, einen - übersetzten - einheimischen Vogelnamen zu protokollieren. Eine entsprechende vokabularische Anleitung ist deshalb nebenstehend gegeben).
Ich interessiere mich für die Vogelbeobachtung.
Mahílig akóng manoód ng mgá íbon.
Gibt es viele Vögel in dieser Gegend?
Marámi bang mgá íbon sa lugár na itó?
Sehen Sie sich dieses Bild an.
Tíngnan po ninyó itóng larâwan.
Haben sie einen Vogel dieser Art hier schon einmal gesehen? Oder wo?
May nakikíta ba kayóng íbon na ganitó díto? O saán?
Können Sie mir die Stelle zeigen, wo es die meisten Vögel gibt?
Maaári ba ninyóng itúro sa ákin kung saán lugár ang may pinakámarámíng íbon?
Gibt es hier auch Adler?
Mayroón ba dítong mgá láwin din?
Kann mich jemand zu ihnen hinführen?
Mayroón ba dítong táong makapagtutúro sa lugár nilá?
Wie wird dieser Vogel hier genannt?
Anó ang táwag sa íbon na itó?
Was heißt das auf englisch?
Anó ang kahúlugan sa inglés?
Schießt nicht mit dem Gewehr (der Gummischleuder) auf Vögel!
Huwág kayóng bumaríl (magtiradór) ng mgá íbon!
Sie sind nützlich für euch.
Itó'y kapakí-pakinábang pára sa inyó.
Macht keinen Lärm!
Huwág kayóng maíngay!

Dschungelexpeditionen

Es gab einmal eine Zeit, da bedeckte dichter Dschungel die Inseln des philippinischen Archipels vom Saum ihrer Küsten bis hinauf in die unwirtlichsten Bergregionen. Nur die höchsten Gipfel staken aus dem grünen Teppich hervor. Unter dem Blätterdach der Baumgiganten tummelten sich elefantenartige Kreaturen und das prähistorische Nashorn; Großechsen wie das Stegodon und das Riesenkrokodil bewohnten die Gewässer. Anderes Getier belebte in Hülle und Fülle diese wilde Welt, die ihre pralle Existenz den warmen, feuchten Monsunen und der fruchtbaren Asche ihrer Vulkane verdankte.
Dann kam der Mensch. Jahrtausendelang fügte er sich in vollkommener Harmonie in diese biblischen Gefilde ein. Einigen wenigen seiner Gattung gelang es sogar, den Gleichklang mit der Natur in unser Zeitalter hinüberzuretten. Sie zählen heute zu den seltensten Exemplaren des Menschengeschlechts: Brüder und Schwestern, denen das Dach des Dschungels weiterhin das Haus bedeutet, für die die Zeit stehenblieb. In Kapitel »Naturvolkkontakte« werden wir mehr über sie hören.
Doch die Mehrzahl schlug aus der Art. Der Dschungel mußte weichen, und er wich immer schneller. Unter spanischer Ägide wurden die Wälder des Archipels kaum angekratzt. Zwar dienten die edlen Hölzer zur Konstruktion der großen Galeonen, doch die Bautätigkeit war insgesamt eher bescheiden, und überdies wurden die Schiffe auch in China, Indochina und sogar in Siam auf Stapel gelegt. Ein totaler Raubbau am Wald, wie ihn die Spanier in ihrer Heimat für schiffbauliche Zwecke betrieben und ein Karstland hinterließen, fand auf den Philippinen nicht statt.
Die Amerikaner bedienten sich ungenierter, doch von großflächigem Kahlschlag konnte auch unter ihrer Herrschaft nicht die Rede sein. Unmittelbar vor dem Zweiten Weltkrieg waren riesige Areale des Landes immer noch waldbedeckt. Erst als die Filipinos selber Herr im Haus waren, fing die Plünderung so richtig an.
Ironischerweise sind die Philippinen eines der wenigen Länder der Erde mit einer in der Verfassung verankerten Ökoklausel. Der Wald ist Eigentum der Nation und darf nicht angetastet werden. So steht es auf dem Papier. Nur: Gesetze niederschreiben und sie auch einzuhalten sind in dieser Nation stets zwei verschiedene Dinge gewesen.
Nachdem das Land 1946 in die endgültige Unabhängigkeit entlassen wurde, ging es mit dem Dschungel immer schneller bergab. In den 50er Jahren waren mindestens noch drei Viertel der Gesamtlandmasse von 30 Millionen Hektar waldbestanden. Im Gefolge politischen Verfalls stürzten sich jetzt gierige Dorfschulzen, machttrunkene Bürgermeister und skrupellose Geschäftemacher auf die wehrlos daliegende Beute. Innerhalb kurzer Frist (1972) war der Bestand primären Urwaldes auf die Hälfte der Fläche dezimiert, 1988 stand noch etwa ein Viertel. Heute ist, alles hochgerechnet, bestenfalls noch ein Zehntel des Landes mit wirklich urwüchsigem Dschungel bedeckt, und auch mit dem liebäugeln kommerzielle Interessenten.
Nicht nur ist eben diesen die betrübliche Entwicklung anzulasten, obwohl die Holzindustrie fraglos den größten Anteil an der Orgie der Zerstörung hatte. Es ist auch die schiere Zahl der Menschen, seit der Jahrhundertwende auf ein Zehnfaches gewachsen, die so

Cleverer T-Shirt-Aufdruck verrät gesteigertes Umweltbewußtsein

viel Unheil über die heile Welt des Urwaldes brachte - und weiterhin bringt. Nachdem man heute - endlich - den kommerziellen Kahlschlag einigermaßen unter Kontrolle gebracht hat, nicht zuletzt mangels verbleibender Masse, machen die *kainginéros* (Brandroder) und illegalen Kleinholzer lustig weiter. Ihnen fällt der Wald endgültig zum Opfer. Denn der Brandroder geht nicht selektiv vor; in seinem Gefolge bleibt nichts als nackte Erde, und selbst die nicht lange.

Doch wollen *wir*, die Erfinder des Wortes »Waldsterben« und dessen Initiatoren, einen anklagenden Zeigefinger heben - etwa weil man uns auf den Philippinen der »Erholungsgebiete« beraubt, die es bei uns schon lange nicht mehr gibt? Sollen wir das hungrige Bäuerlein, das sich einen Kartoffelacker aus dem Urwald hackt, mit Unflat bewerfen, uns aber gleichzeitig an der Bulette laben, die von Weidegründen stammt, auf denen einst der Urwald grünte? Und haben wir es jemals besser gemacht?

Bis ins 15. Jahrhundert kann man in deutschen Landen Szenen zurückverfolgen, die den heutigen auf den Philippinen ähneln: Massiver Raubbau am Wald, bis selbst kein Brennholz mehr da war. Achtmal soviel Holz wie heute wurde im deutschen Mittelalter verbraucht. Und wer war für den Kahlschlag des Tropenholzes in diesem Jahrhundert verantwortlich? Die Industrieländer vor allem. Allein das gesamte Bahnschwellennetz des Deutschen Reiches war aus den tropischen Baumriesen gefertigt, denen wir heute nachtrauern.

Schuldzuweisungen und Lamentieren sind in diesem Stadium ohnehin sinnlos. Helfen können jetzt nur konzertierte Aktionen.

Was ist Dschungel eigentlich?

Die meisten Menschen haben nur eine sehr vage Vorstellung, um was es sich bei diesem Wort eigentlich handelt. Dschungel ist auch lediglich ein exotisches Fremdwort für Urwald: Baumbestandenes Gelände, in dessen Struktur der Mensch nicht eingegriffen hat. Viel treffender wäre die Schreibweise »Ur-Wald«, denn dieser Wald aller Wälder hat seinen Ursprung bereits im uralten Tertiär. Im klimastabilen Tropengürtel überstand er unversehrt anderthalb Millionen Jahre Erdgeschichte mit allen dazugehörigen klimatischen Turbulenzen. Das machte ihn überlebensfähig wie kein anderes Ökosystem. Heute zählt der Dschungel zu den wenigen übriggebliebenen Lebensräumen auf der Erde, in denen die Eigengesetzlichkeiten der Evolution noch volle Gültigkeit haben: Urwald ist stärkste, artenreichste Natur, die sich aus sich selbst heraus gestaltet und entwickelt. *Urwald ist Leben.*

Auf den ersten Blick hat man diesen Eindruck nicht. Vom Flugzeug aus erscheint der Dschungel als eintöniges, undurchdringliches Dickicht, das dem Besucher feindselig zu signalisieren scheint: Bleib draußen, du gehörst hier nicht hinein! Der Begriff der »Grünen Hölle« wurde von Eindringlingen geprägt, die weder physisch noch psychisch in diesen uralten, heilen Organismus paßten. Keinem philippinischen Waldbewohner käme es in den Sinn, seine friedliche, kerngesunde grüne Umwelt als »höllisch« zu bezeichnen; das Wort würde ihm aber wohl sofort beim Besuch einer Großstadt wie Manila (oder Frankfurt) einfallen.

Fast jedermann stellt sich den Dschungel als verfilztes, unbezwingbares Vegetationsgewirr vor. Weit gefehlt. Bei Wald dieser Beschreibung handelt es sich um sogenannten sekundären, das heißt abgeholzten und wieder nachgewachsenen Dschungel, auf den das Wort Urwald in seiner originären Bedeutung überhaupt nicht mehr zutrifft. Primärer Urwald dagegen gleicht einer Parklandschaft: Kaum Dickicht. Fast keine Hindernisse. Außer dem Stammwerk als solchem kaum Unterholz. Nur ein paar Zentimeter Laub auf dem Boden. Weder Moder noch eine entsprechende stickige Atmosphäre.

> *»The state shall protect and advance the right of the people to a balanced and healthful ecology in accord with the rhythm and harmony of nature.« - Philippine Constitution Sec. 16, Article II Declaration of Principles*

Auf mächtige Brettwurzeln gestützt streben gewaltige Stämme kerzengerade in den Himmel, um in 30 und mehr Metern Höhe ein zusammenhängendes, schirmartiges Blätterdach zu bilden. In diesem luftigen und lichtdurchlässigen oberen Stockwerk des bis zu fünfgeschossigen Baues organisiert sich der größte Teil des Urwaldlebens. Dort halten sich vornehmlich Vögel und anderes agiles Kleingetier auf, von dem aus der Froschperspektive wenig zu erkennen ist. Für eine wirksame Abschirmung sorgt die Mitteletage, die aus den verschlungenen Kronen kleinerer Bäume bis etwa 15 Meter Höhe besteht und die zahlreiche weitere Dschungeltiere beherbergt. Als Verbindungsbahn sorgt ein enges Geflecht aus Lianen und anderen Schlingpflanzen, die bis zum Boden reichen. Doch ganz unten ist nicht mehr viel los. Das wenige Sonnenlicht, das bis ganz hinunterreicht, bringt nur mehr Kümmerliches hervor: Ein paar Farne, Moose, Pilze.

Der uralte Boden selbst ist ausgelaugt, und die seitlich ausladenden Wurzeln der Bäume erreichen nicht das frische, unverwitterte und mineralstoffreiche Muttergestein in der Tiefe. Die starke Humusschicht, die sich durch den jährlichen Laubabwurf in unseren heimischen Wäldern heranbildet, entsteht im Urwald nicht. Hitze und Feuchtigkeit führen mit Hilfe von Mikroorganismen zu sehr starker und schneller Zersetzung der dünnen Blattstreu und aller anderen Biostoffe. Was dennoch liegen bleibt, spült schon bald der Regen weg. Kaum Nährboden, kaum Licht. Wovon lebt denn dieser Wald mit seiner einzigartigen üppigen Vegetation überhaupt?

Da er weniger im Boden als oberhalb davon existieren kann, hat er einen Wachstumsmechanismus optimaler Wirtschaftlichkeit entwickelt. Oben im Kronendach seiner Bäume fängt er die Sonnenenergie ein, die über die Photosynthese in Traubenzucker umgewandelt wird, einen der Grundstoffe des Lebens. Am Boden pflegen die Bäume eine rege Lebensgemeinschaft mit Bakterien und Pilzen, die organische Substanz benötigen und imstande sind, mineralische Nährstoffe aus abgefallenen Blättern und Ästen direkt in die Wurzeln zu leiten. Dazwischen füllen tausende Arten von Pflanzen, Tieren und anderen Organismen jedes Stück Lebensraum, erfassen Sterbendes noch im Fallen und strömen es zurück zum Blätterdach. Lebendes und Totes bilden ein Ganzes. Der Wald lebt aus sich selbst: Perfektes Recycling.

Global gesehen ist dieses Ökosystem die Lunge unserer Erde. Von den tropischen Urwäldern wird der meiste Sauerstoff erzeugt, das meiste Kohlendioxid in der Luft abgebaut. Ohne diese Vorgänge treten weltweit die lebensfeindlichen Klimaveränderungen ein, die die Menschheit in jüngster Zeit endlich ernsthaft zu beunruhigen beginnen. Wie empfindlich das System ist, geht schon aus seiner Beschreibung hervor. Wir tun also gut daran, es nicht zu stören.

So sollte man denken. Die Wirklichkeit sieht anders aus, wie wir zu Eingang des Kapitels gesehen haben. Zwar hat sich das Tempo der Zerstörung eindrucksvoll verringert, doch zerstört wird weiterhin. Die philippinischen Wälder schwinden jetzt nur langsamer: Hier ein Hektar durch den reichen Sägemühlenbesitzer, nicht selten chinesischer Nationalität, der doch nur »Arbeitsplätze erhalten will«. Dort ein Hektar durch den armen Kainginero, der doch nur seine acht Kinder durchbringen muß. Das summt sich: Insgesamt gehen pro Jahr mindestens 100.000 Hektar dieserart verloren. Bis in die jüngste Vergangenheit war es auch üblich, Naturschützer, die sich querlegten, auf landesweit bewährte Art einfach abzuknallen. Mehrere mutige Priester (!) und Ökoaktivisten ließen noch während der Amtsperiode Cory Aquinos ihr Leben.

Seit Fidel Ramos 1992 an die Macht kam, hat sich einiges geändert. Die Erhaltung der insularen Natur stand ganz oben auf der Prioritätsliste seiner Regierungserklärung, wenn auch vielleicht nicht ganz aus eigener Einsicht: Die Weltbank hatte gedroht, den Kredithahn dichtzudrehen, wenn es so weiterginge. Trotzdem hätte sich mit alleinigem Schalten und Walten der Zentralregierung aber wohl wenig geändert. Statt dessen haben sich in den 90er Jahren überall im Lande private Ökoinitiativen herangebildet, die in zunehmendem Maße bestimmend eingreifen. Von Kirchenkanzeln werden die Werte der Mutter Natur gepriesen, Umweltsünder verdammt. Studenten gehen für den Wald auf die Barrikaden. Selbst die NPA, siehe Kapitel »Reisetips«, schwimmt mit den ihr eigenen rabiaten Methoden auf der grünen Welle mit. Aufklärung tut ebenfalls not. Am Rande des Urwaldes muß

Neuaufforstung - gut und schön, immerhin etwas. Doch das in 1½ Millionen Jahren evolvierte, ungeheuer komplexe Ökosystem Dschungel läßt sich dieserart nur im Ansatz von Menschenhand nachkonstruieren. »Herrlich ist die Forstpartie, es wächst der Wald auch ohne sie...« - dieser Spottvers auf die »Hofnarren in Grün« (*Spiegel*) trifft auf die philippinischen Forstwirte genauso zu wie auf die hiesigen. Vorsicht vor Leuten, Managern insbesondere, die den Wald als Kapital sehen! Laßt Euch auch nicht von flinken Lobbyisten die Laus in den Pelz setzen, daß der Urwald so mir nichts, dir nichts wieder nachwächst. Die gewaltige Artenvielfalt und die natürliche Auslese sind schon gar nicht mal nachvollziehbar. Um nur einen vagen Abklatsch urwüchsigen Dschungels wiederherzustellen, muß man 400 bis 1.000 Jahre warten, vorausgesetzt zudem, daß keine weiteren menschlichen Eingriffe stattfinden. Sekundärer Dschungel bringt nur kurzlebige, verfilzte Monokulturen hervor. Bewirtschaftet man den dünnen Urwaldboden systemlos, bleibt bald gar nichts mehr übrig. Ein paar Regengüsse schwemmen das bißchen Erde bis auf den nackten Felsen hinweg: Ende von 1½ Millionen Jahren Entwicklungsgeschichte.

brandrodenden Kleinbauern überhaupt erst einmal nahegebracht werden, was sie mit ihrem Tun anrichten - kaum einem ist es bewußt. Außerdem wird vielerorts mit Hochdruck neu angepflanzt, man hat die Forschung intensiviert und Samenbänke gegründet. Vielleicht besteht erstmalig Anlaß zu guter Hoffnung, daß der philippinische Wald doch noch - oder wieder - ein paar Chancen hat.

Dschungelexploration - wozu?

Die billigste Antwort wäre: Um die Urwälder noch einmal in all ihrer Grandiosität kennenzulernen, bevor sie in abseh- und errechenbarer Zeit ohnehin vom Erdboden verschwinden. Aber so leicht wollen wir es uns nicht machen. Wie vorstehend ausgeführt, geht das Thema Urwald uns alle an. Wer sich schon in einem tropischen Land aufhält, sollte sich nach Möglichkeit unmittelbar mit der Materie befassen, indem er vor Ort Studien treibt, Vergleiche zieht und sich so seine eigene Meinung zur Sache heranbildet.

Dazu gibt es auf den Philippinen trotz der beschriebenen ernsten Problematik weiterhin Gelegenheit. An den Hängen mancher Vulkane existieren mehr Baumarten als in den riesigen Vereinigten Staaten. Im ganzen Archipel gibt es etwa 7.500 endemische, das heißt nur dort vorkommende Pflanzen. Expeditionen in die Bergwelt der Sierra Madre auf Luzon, in die Küstenwälder Mindanaos und Palawans sind nach wie vor herrliche Erlebnisse.

Was aber steht noch, was ist erhalten geblieben auf den Philippinen? Im Jahr 1992 gab es erstmalig einen dahingehenden Konsens, zehn große Nationalparks im Land zu etablieren, das heißt, praktisch den gesamten Restbestand primären Urwaldes unter strengsten Schutz und internationale Aufsicht zu stellen. Damit wurde ein älteres Konzept abgelöst, in dem von vornherein nichts gestimmt hatte. In den letzten 20 Jahren wurde der Status der meisten zu geschützten Reservaten erklärten Waldgebiete nämlich derart flagrant vergewaltigt, daß weltweites Entsetzen, aber auch Hohn und Spott die Folge war, nachdem sich die ganze Tragweite des Geschehens nach Marcos' Fall offenbarte.

So etwas möchte man offenbar nicht noch einmal erleben; deshalb redet man

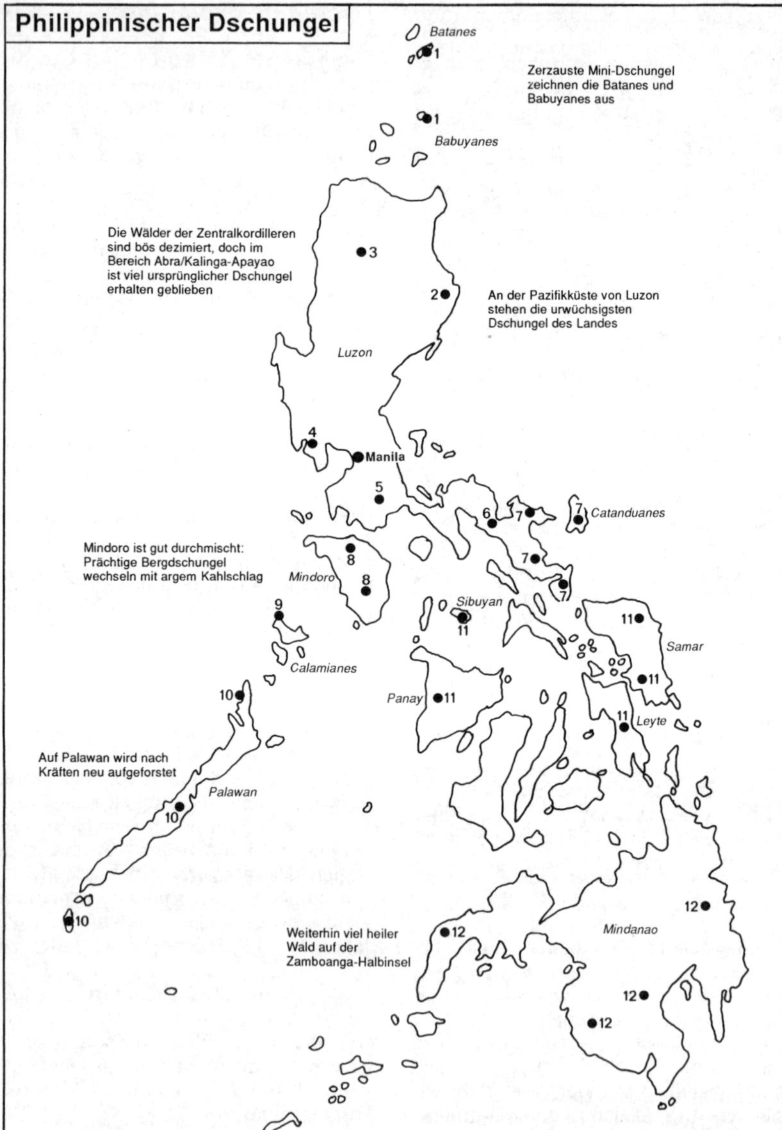
Philippinischer Dschungel
Batanes
1
Zerzauste Mini-Dschungel zeichnen die Batanes und Babuyanes aus
1
Babuyanes
Die Wälder der Zentralkordilleren sind bös dezimiert, doch im Bereich Abra/Kalinga-Apayao ist viel ursprünglicher Dschungel erhalten geblieben
3
2
An der Pazifikküste von Luzon stehen die urwüchsigsten Dschungel des Landes
Luzon
4
Manila
5
6
7
7
Catanduanes
7
7
Mindoro ist gut durchmischt: Prächtige Bergdschungel wechseln mit argem Kahlschlag
Mindoro
8
8
9
Sibuyan
11
11
Samar
Calamianes
11
10
Panay
11
11
Leyte
Auf Palawan wird nach Kräften neu aufgeforstet
Palawan
10
10
12
Weiterhin viel heiler Wald auf der Zamboanga-Halbinsel
12
Mindanao
12
12

jetzt Tacheles. Trotzdem möchte ich die Höhe- und Tiefpunkte philippinischer Dschungel n. M. (nach Marcos) hier lieber aus eigener Anschauung präsentieren, und zwar auf einer Reise von Nord nach Süd:

1 Batanes und Babuyanes
Schöner Wald vor allem auf den Inseln Batan und Babuyan Claro.

2 Sierra Madre
(Seeseitige) Osthänge weisen zum Teil den prächtigsten Wald des Landes auf. Daß 200.000 Hektar urwüchsigsten und artenreichsten Dschungels im Umfeld von Palanan zu einem streng geschützten Nationalpark gemacht werden, steht fest; mehrere internationale Institutionen steuern hierzu aktiv bei. Die Westhänge der Sierra Madre sind dagegen großenteils völlig verwüstet.

3 Bergregionen Nordluzons
Unterschiedlich. Weiterhin viel Wald im Bereich Abra und Kalinga-Apayao; in Richtung Süden wird's nach und nach weniger.

4 Zambales
Nach wie vor im Urzustand ist das Dschungelgebiet im einstigen Marinestützpunkt Subic Bay. Ansonsten wurde in diesem Landesbereich viel Wald bei der Eruption des Pinatubo zerstört.

5 Quezon/Laguna
Gut erhaltene Bestände am Mt. Makiling und Mt. Banahaw (siehe Kapitel »Klettern«). Der kleine Quezon National Park zwischen Lucena und Atimonan ist erfreulich lebendig geblieben, obwohl in diesem Bereich Kalkbrennereien (Brennstoff: Holz!) in Betrieb sind.

6 Camarines Norte/Sur
Der sogenannte Bicol National Park existiert nicht mehr - er nennt sich aber immer noch so. Nirgendwo im Lande wurde ein Waldgebiet, 1974 noch prächtig anzuschauen, so rigoros abgeholzt wie dieses. Kaum ein Baum ist dort verblieben, selbst das Unterholz wurde zu Grillkohle verarbeitet.

7 Bikol-Region
Schöner Urwald im Innern von Catanduanes und im Nordteil der Caramoan-Halbinsel, einiger am Mt. Mayon und viel Grün am Mt. Bulusan in Sorsogon.

8 Mindoro
Weiterhin erfreuliche Anblicke entlang der Nordküste (auch unmittelbar um Puerto Galera); viel intaktes Gelände um die beiden höchsten Berge Halcon und Baco. Ansonsten aber nach Süden hin rasch trostlos werdend. Im Bereich Roxas-Bulalacao gibt's schon richtige Wüsteneien. NPA-Aktivisten im Verbund mit Mangyanen erreichen womöglich, daß jetzt endgültig Schluß mit der Abholzerei gemacht wird.

9 Calamianes
Große Teile Busuangas wurden zu Marcos' Zeiten kahlgeschlagen, um die Yulo King's Ranch als größte Rinderfarm Asiens zu installieren. Als damit Schluß war, blieb der überwiegende Teil der Insel als Brachland liegen. Streckenweise erholt sich die Natur wieder. Sehenswert: Calauit (siehe Kapitel »Island Hopping«). Auf Coron wächst nur Buschdschungel, aber von faszinierender Artenvielfalt. Culion, die »Leprainsel«, ist zum größten Teil urwaldfrei. Dafür wurden schon kurz nach der Jahrhundertwende inselweit Obstbäume, vor allem Mango und Kaschu, angebaut; immerhin eine nachahmenswerte Alternative. Auf Linapacan steht weiterhin einiger schöner, alter Wald.

10 Palawan
Der Norden hat seine Unschuld verloren, aber es gibt vor allem entlang der

Westküste (siehe Kapitel »Trekking«) und auf den Inseln des Bacuit-Archipels weiterhin viel Ansprechendes zu sehen. Im Mittelteil (Bereich Puerto Princesa) wird geradezu hyperaktiv Ökologie betrieben. Das bergige Rückgrat von dort bis Narra weist einige der herrlichsten Dschungel der Philippinen auf. Südlich von Quezon steht viel Wald, aber es wird auch viel brandgerodet. Den äußersten Süden (in etwa ab Brooke's Point/Bataraza) hat man überwiegend bös kahlgewirtschaftet. Balabac, die südwestlichste größere Insel des Landes, ist dagegen noch wundervoll wild. Allerdings ist es nicht leicht, den Status dort aufrechtzuerhalten. *»Log smuggling«* (nach Sabah) wird geradezu als Volkssport empfunden und der permanente Clinch mit Küstenwärtern als eine Art lustiges Rennen, das man, der schnellen *Kumpits* wegen, meist gewinnt. Dem gegenüber die gute Nachricht: Die Provinz Palawan setzt Hunderte von Millionen von Pesos für die Wiederaufforstung ein, um den alten Status wieder herzustellen.

11 Visayas

Nur auf Sibuyan steht nennenswerter Urwald, dafür aber viel davon. Der Mt. Guiting-Guiting (siehe Kapitel »Klettern«) beeindruckt. Auf Panay sind die Westküste und die Mittelgebirge bewaldet. Masbate ist erschreckend, fast vollkommen kahl. Dort hatte zwei Jahrzehnte lang lokalpolitisches Viehbaronat das Sagen - wildester Osten. Samar und Leyte wurden in den 70er und 80er Jahren vom Marcos-Clan offenbar als Selbstbedienungsläden angesehen. Dennoch stehen einige sehr schöne Waldgebiete im Nordosten und Südwesten Samars und im Mittelteil und Süden der Insel Leyte. Cebu und Bohol sind annähernd vollständig verwüstet. Negros hat im Westen noch einigen ansehnlichen Waldbestand; es wird auch intensiv neu angepflanzt.

12 Mindanao

Himmelhoch jauchzend, zu Tode betrübt. Wer in Butuan auf Mindanao anlandet, erkennt schon an den zahlreichen Flößen aus dicken Stämmen, die den Agusan River hinabgeschleppt werden, was dort läuft. Ansehnlich viel Wald steht noch entlang der Ostküste, obwohl in Bislig die größte Holzhackerindustrie des Landes beheimatet ist und dort in weitem Umkreis trotz vollmundiger Beteuerungen, daß man doch eher Heger als Jäger sei, für eindrucksvollen Kahlschlag gesorgt hat. Südlich davon gibt es diverse sehr intakte Gebiete, die sich um den Mt. Apo bei Davao und weiter nach Süden fortsetzen. Auch die Cotabato-Provinzen und Maguindanao weisen vor allem zur Seeseite hin stellenweise prächtige Bestände auf. Besonders schön bewaldet sind auch große Teile der Westküste der Zamboanga-Halbinsel bis hinauf nach Dapitan.

Baumfarne sind typisch
für philippinische Dschungel

Unterwegs in philippinischen Urwäldern

Der eigentliche (hochstämmige) Dschungel beginnt wie schon zu Urzeiten unmittelbar am Ufer des Meeres. Ab etwa 1.000 Meter Höhe ändert sich die Vegetation jedoch in zunehmendem Maße. Dort steht der sogenannte Regenwald, der diesen Namen trägt, weil er von der Feuchtigkeit der Wolken zehrt, in denen er sich oft befindet. Bis auf etwa 2.000 Meter zieht sich dieser Märchenwald mit seinen Lianen, Moosen, Baumfarnen und Orchideen empor. Kurz oberhalb dieses Bereichs endet der Urwald und geht in der philippinischen Bergwelt in niedrige Gehölze, Rhododendren und Baumheiden über. Nachstehend ein paar Stichworte, um unsere Explorationstour bis zu dieser Grenze etwas leichter zu machen.

Trekking

Große Teile der archipelagischen Dschungel werden von Trails durchzogen, den »Highways« der Waldbewohner, oftmals nur mit kundigem Auge zu erkennen. Gebot Nr. 1: Immer auf dem Trail bleiben! Ein Schritt ins Grüne, und die Welt sieht ganz anders aus. Ein paar weitere, und man hat sich verirrt - bitterer Ernst! Wer einen Trail verläßt, sollte ein paar Markierungen in der Vegetation anlegen, um zurückzufinden. Deshalb die Machete nicht vergessen!

Sich mittels dieser quer durch den Urwald zu hauen, wie es in Klischees immer wieder zu sehen ist, empfiehlt sich allerdings nicht. Erstens gibt es gar nicht soviel zu hauen, und zweitens werden auf diese Weise nur unnötige Ökoschäden angerichtet. Überhaupt sollte man sich auf längeren Treks lieber einem Guide anvertrauen, je »wilder«, je besser. Kein Mensch kennt sich in der philippinischen Dschungelwildnis besser aus als deren Bewohner. Wer einmal eine richtige Waldläuferlehre durchmachen möchte, dem empfehle ich einen Besuch bei Teddy de Peralta in Malatgao bei Narra auf Palawan. (Reicht auch als Postadresse; Anmeldung bitte). Teddy nimmt Euch auf und zu einigen der schönsten Treks der gesamten Philippinen mit. Es kostet etwas, natürlich, aber nicht die Welt. Und bitte nicht maulen, falls das Bett (sprich blattgepolsterter Dschungelboden) zu hart ist. Teddy möchte möglichst nicht allzu softe Typen mit von der Partie haben.

Dschungeltouren unter sachkundiger Leitung sind auch in Subic Bay im Angebot. Dort wurden zu Zeiten der amerikanischen Belegung der Base in einem 7.500 Hektar großen, in voller Urwüchsigkeit erhaltenen Urwaldkomplex Marineinfanteristen in der Kunst des Überlebens und in *jungle warfare* gedrillt. Die damaligen Ausbilder, kleinwüchsige, lederzähe Ranger vom Stamm der Aeta-Negrito, führen heute die Programme durch, die nach wie vor Survivalpraktiken, allerdings nicht die kriegerischen Elemente beinhalten. (Standardtricks: Wie man Reis im Bambusrohr kocht oder Fischfallen anfertigt). Nicht teuer: Mit etwa 250 P ist man (in der Gruppe) dabei.

Nahrungssuche

Wiederholt ist mir zu Ohren gekommen, daß selbsternannte Dschungelexplorateure aus der westlichen Welt an Urwaldbewohner mit dem Wunsch herantraten, sie wollten unbedingt einmal Schlangen oder die großen Monitor-Eidechsen probieren. Ein solches Gericht, befanden sie offenbar, gehörte halt zum Pauschalabenteuer. Daß jemand ausgerechnet diese seltenen, zum Teil im Aussterben begriffenen Tiere jedoch ohne Not unbedingt auf dem Speiseplan zu sehen verlangt, ist wohl ein Gipfel kulinarischer Perversion. Man wollte wohl daheim damit prah-

len, »Schlange jefressen« zu haben. Geht es nicht auch ein bißchen schonender und anspruchsloser?
Machen wir also vegetarisch weiter. Doch für den, der da glaubt, in philippinischen Urwäldern erwarte ihn ein wahrer Garten Eden, ein früchtestrotzendes Gewächshaus, für den liegt ebenfalls eine herbe Botschaft bereit. Der Dschungel hat nämlich gerade für den Zivilisationsmenschen denkbar wenig Eßbares zu bieten. Was er produziert, muß auch allzuoft mit der Tierwelt geteilt werden. Affen, Vögel, Wildschweine und andere Tiere haben nicht selten die gleichen Präferenzen wie der nahrungssuchende Mensch, dem sie an erforderlicher Geschicklichkeit zudem weit überlegen sind.
Drei Möglichkeiten bleiben dem Dschungelwanderer demnach, seinen Hunger zu stillen:
1. Er führt alles Erforderliche in konzentrierter Form mit.
2. Er nimmt am Speiseplan der von ihm besuchten Naturvölker teil, ohne aber, siehe oben, Sonderwünsche zu äußern. Gegessen wird dann, was auf den Tisch kommt. Köstlich ist der wilde Honig des Dschungels, die Shrimps aus den Bergbächen, der halbwilde Reis, der auf den Lichtungen angebaut wird, dazu die eine oder andere Frucht, wunderlich uneinstufbar entfernten Geschmacks. Anderes wird man nicht so toll finden. Geröstetes Mausrehbaby wurde mir einmal (von Moslemen auf Balabac) angeboten. Zum Heulen war mir da zumute. Außerdem kann man eine Einladung zum Dschungeldinner gewiß nicht immer als gegeben voraussetzen. Ich habe rührende Beispiele der Gastfreundschaft unter Menschen erlebt, die man »Primitive« nennt, mich dann aber auch wieder lange Tage auf mich selbst gestellt gefunden. Im Urwald ist man sich immer zuerst selbst der nächste.
3. Er verläßt sich auf seine Survivalkenntnisse. Ein späteres Kapitel dieses Buches gibt insofern Schützenhilfe, doch es ist notwendigerweise in seinem Umfang beschränkt. So wurde auf Baumfrüchte, deren es im Dschungel nicht wenige gibt, weitgehend verzichtet. Grund: Bäume sind schwer voneinander zu unterscheiden, schon wegen ihrer immensen Artenvielfalt. Außerdem sind sie verflixt schwer zu erklettern. Waldläufer sollten zumindest lernen, Yams zu identifizieren, die in der Wildnis häufig vorkommen und das gängige Grundnahrungsmittel der Naturvölker sind. Dazu gibt es in Kapitel »Survival« mehrere Anleitungen.
Es empfiehlt sich vielleicht, als bestes System alle drei Möglichkeiten zu kombinieren. Nehmt einiges an Notproviant mit und geht mit einem Sachkenner auf Survivaltour. Dann werdet Ihr feststellen, daß es wirklich sehr, sehr schwer ist, im Dschungel zu verhungern.

Übernachtung

Es dunkelt früh im ohnehin schon schattigen Urwald. Am Osthang eines Berges wird es bereits gegen 16 Uhr schummerig, zwei Stunden später bricht überall jäh die Nacht herein. Man tut gut daran, rechtzeitig für die Vorbereitung des Nachtlagers zu sorgen. Wenn es erst einmal stockfinster ist, kriegt man fast nur noch Hickhack zustande. Was bei der Errichtung des Lagers zu beachten ist, steht in Kapitel »Kampieren«. Die Angehörigen der philippinischen Bergstämme verachten neumodisches Zeug wie Zelte und Moskitonetze. Ihnen genügt ein warmes Lagerfeuer und, wenn Regen fällt, eine schnell geflochtene Schutzwand aus großflächigen Blättern. Schaut Euch einmal an, wie man so etwas macht.

Gefahren

Es trifft keineswegs zu, daß der Dschungel vor allen möglichen gefährlichen

Ungeheuern strotzt. Das Moment einer Bedrohung, selten genug überhaupt existent, ist eher subtil. Hier ein paar Hinweise:

Blutegel: Gebietsweise und saisonal beschränkt können Egel eine arge Plage sein. Manche Arten leben im Wasser und haften sich schwimmenden Lebewesen (mit Einschluß von menschlichen) an. *Hirudinaria manillensis* und *H. javanica* kommen der Fachliteratur zufolge in philippinischen Dschungelflüssen vor und sollen besonders auf Palawan häufig sein. Mir ist dort jedoch bislang kein einziger begegnet. Eine Gefahr sind die Tiere ohnehin nicht. Wer Angst vor ihnen hat, ist durch Kleidung hinreichend geschützt.
Unangenehmer sind einige kleine (bis 15 Millimeter), fadendünne Arten, die (in örtlich sehr begrenztem Umfang) in klaren Bergbächen auftreten und sich in Mund und Nase trinkender Tiere einschleusen. Ein Befall äußerst sich durch Nasenbluten. Nehmt Euer Trinkwasser deshalb immer genau unter die Lupe und kocht es ab.
Riesenegel (bis 30 Zentimeter) leben im Erdboden höherer Lagen; sie sind für den Menschen harmlos.
Weitaus übler sind in der Vegetation lebende Blutegel. Mindestens drei Arten kommen auf den Philippinen vor *(Haemadipsa picta, H. sylvestris* und *H. zeylanica),* und zwar fast ausnahmslos in primärem Dschungel und Hochwald bis 1.800 Meter. Die letztere Art findet sich mitunter in großen Schwärmen. Haemadipsae nehmen mit Vorliebe Positionen im Blattwerk entlang häufig benutzter Pfade ein und haften sich dem Wanderer mit großer Geschicklichkeit an. Der Biß der beiden erstgenannten Arten ist schmerzhaft, doch der von *H. zeylanica* ist kaum zu spüren. Bevor der Betroffene den Biß überhaupt registriert, ist das Tier bereits zum Platzen vollgesogen und läßt sich gesättigt fallen. Erst dann bemerkt man einen leichten Schmerz. Die Wunde, obwohl winzig, läßt aufgrund eines injizierten Antikoagulationsmittels das Blut reichlich fließen. Schnell ist die Kleidung blutgetränkt, und der Hiker sieht aus wie nach einer schweren Schlacht.
Daß Egel vorsätzlich das Blattwerk erklimmen, um sich auf einen arglosen Warmblütler herabfallen zu lassen, daß sie vom Boden aus seine Knöchel anspringen, sind Mythen. Wenn ihnen genügend Zeit gelassen wird, sind sie jedoch in der Lage, sich in eine Position zu bewegen, von der sie ihr Opfer leicht erreichen können, und sei es von oben. Manche Arten können mit Leichtigkeit Textilien durchraspeln; gegen *H. zeylanica* ist Kleidung jedoch ein fast vollkommener Schutz. Insektenmittel sind nur bedingt wirksam. Philippinische Waldläufer schlagen das Einreiben von Schuhen und Kleidung mit gewöhnlicher Seife vor. Manche nehmen auch Motorenöl und sehen dann aus wie Automechaniker nach der Schicht.
Reißt einen Blutegel niemals im ersten Schrecken ab! Teile des Beißapparats können in der Wunde zurückbleiben und zu schweren Entzündungen führen. Betupft den Wurm mit einem bren-nenden Streichholz oder bestreut ihn mit Salz, um ihn zum Loslassen zu bewegen. Bisse von Landegeln übertragen keine Krankheiten. Doch die Wunden jucken mitunter tagelang und verführen zum Kratzen, was unweigerlich Infektionen nach sich zieht. Eine Antijuckreizsalbe in der Dschungelapotheke tut deshalb gute Dienste.
Glücklicherweise sind Egel wasserabhängige Tiere. Die Möglichkeit, in der Trockenzeit auf Vorkommen zu stoßen, ist so gut wie ausgeschlossen.

Dornen *(tiník)*: Die Vorstellung, daß der Urwald ein einziges Dornenge-

Viele Dschungelpflanzen wie diese Rattanpalme sind defensiv vorzüglich ausgerüstet

strüpp sei, entspricht Gott sei Dank nicht den Tatsachen. Ausgesprochen fies sind jedoch die Dornen der Rattanpalme *(Calamus* sp.), deren Lianen primären Dschungel oft über weitere Areale hinweg durchziehen. Immer, wenn man sich auf einem Abhang an die Vegetation klammern muß, scheint Calamus verläßlich zur Stelle zu sein. Die Dornen, bis zu zwölf Zentimeter lang und nadelspitz, können eine Hand durchdringen. Also aufpassen, wo man hingreift!

Großtiere sind als Gefahrenmoment kaum der Rede wert. Nur Wildschweine, an denen in philippinischen Urwäldern kein Mangel ist, können sich (wenn sie Junge im Gefolge haben) einmal angriffslustig gebärden. Dann müßt Ihr halt den nächsten Baum erklimmen. Im Dschungel gibt's ja genug davon.

Klaustrophobie: Für einen zu krankhafter Angst vor umschlossenen Räumen neigenden Menschen können auf einer Dschungeltour die schlimmsten Alpträume wahr werden. Prüft Euch und Eure Partner immer erst auf dieses Problem und brecht einen Trek notfalls ab.

Kontaktgifte: Wenn Ihr auf der Flucht vor der Wildsau schon einen Baum erklimmt, so richtet es so ein, daß es nicht gerade der javanische Gift- oder Upasbaum ist. Selbiger ist auf den Philippinen relativ weit verbreitet (Batanes, Cagayan, Guimaras, Kalinga-Apayao, Mindanao, Mindoro), wenn auch nirgendwo ausgesprochen häufig. *Antiaris toxicaria* scheidet aus seiner angeschnittenen Rinde einen intensiv giftigen Milchsaft aus, der an der Luft schnell kristallisiert und in diesem Zustand Antiarin genannt wird. Durch die Haut aufgenommen führt Antiarin schon in winzigen Dosen zum Tod durch Herzlähmung. Ein wahrer Hauch von nur 0,009 Milligramm tötet bereits einen Laborfrosch!

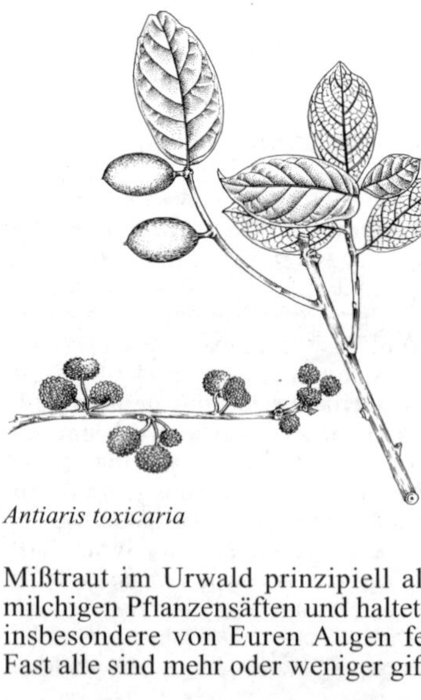

Antiaris toxicaria

Mißtraut im Urwald prinzipiell allen milchigen Pflanzensäften und haltet sie insbesondere von Euren Augen fern. Fast alle sind mehr oder weniger giftig.

Abrus precatorius

Ein wahrer Wolf im Schafspelz ist auch *Abrus precatorius,* ein unauffälliger Strauch an Flußufern und lichten Stellen im Dschungel. Aus den trockenen Samenkapseln fallen attraktiv schwarzrot gemusterte Hülsenfrüchte und bieten sich am Boden als farbenfrohes, mitnehmenswertes Urwaldsouvenir an. Laßt sie liegen. *Abrus*-Samen, auch als »Paternoster-Erbsen« bekannt, weil man früher Rosenkränze aus ihnen herstellte, enthalten Abrin, eines der schwersten bekannten Kontaktgifte. Schon Bruchteile eines Milli gramms dieser Substanz, über einen Kratzer durch die Haut aufgenommen, vermögen einen Menschen zu töten.

Es gibt auch einige Gewächse, die zwar nicht gerade tödlich sind, aber doch bös zwicken können. Zu diesen gehört ein Grüppchen von Pflanzen, die auf den Philippinen unter dem Sammelnamen *lipa* bekannt sind. Die großblättrige Lipa (oder *ligás, Semecarpus cuneiformis)*, endemisch auf den Philippinen, wächst vor allem im Vorfeld des Dschungels oder an Flußläufen im Urwald. Der kleine, bis zwölf Meter hohe Baum läßt sich anhand seiner flächigen, der Tabakpflanze ähnlichen Blätter einigermaßen leicht identifizieren - am besten jedoch durch einen Probekontakt, der mit dem mit einer Brennessel vergleichbar ist. Lipa-Blätter sind mit feinen Nesselhärchen besetzt; vor allem die Berührung des Blattrandes kann intensive Schmerzen erzeugen.

Unauffälliger, aber weitaus bösartiger ist die langblättrige Lipa *(Laportea* oder *Urtica* spp.), ein gleichfalls endemischer Strauch oder kleiner Baum. Die tief violettgrünen Blätter dieser Pflanze weisen an ihrer Unterseite einen regelrechten weißen Pelz aus Nesselzellen auf, die es in sich haben. Sie enthalten ein mit der heimischen Brennnessel verwandtes Gift, jedoch in neunzigfacher Konzentration. Der von einem angestoßenen Blatt abgelöste Nesselstaub, ja selbst der vom Baum herabtropfende Regen, gibt dem Dschungelwanderer das Gefühl, ein plötzliches Säurebad zu nehmen.

Glücklicherweise ist die Pflanze außerordentlich selten. Ich selbst habe sie jahrelang vergeblich gesucht und erhielt auch nur einmal (in der Sierra Madre von Quezon) einen Hinweis auf ihre Existenz.

Erste Hilfe: Paste aus Holzasche und Wasser.

Krabbeltiere: Zu erwähnen seien vor allem Skorpione und Tausendfüßer. Beide sind durchaus existent im Dschungel und können, falls sie sich »betreten« fühlen, ganz fürchterlich zwicken. Nicht unbedingt tödlich, aber zum Heulen schmerzhaft. Gegenrezept: Schuhe, Kleidung, Zelt stets auf Kriechgetier untersuchen. Eisern stillhalten, wenn es krabbelt.

Krokodile: Kein spezifisches Dschungelproblem. Siehe Kapitel »Trekking«.

Moskitos sind eigentlich das gefährlichste Getier im Urwald. In manchen Gebieten (so auf Palawan, wo über 50 Arten zu Hause sind) treten Moskitos häufiger auf als in anderen. Außer in

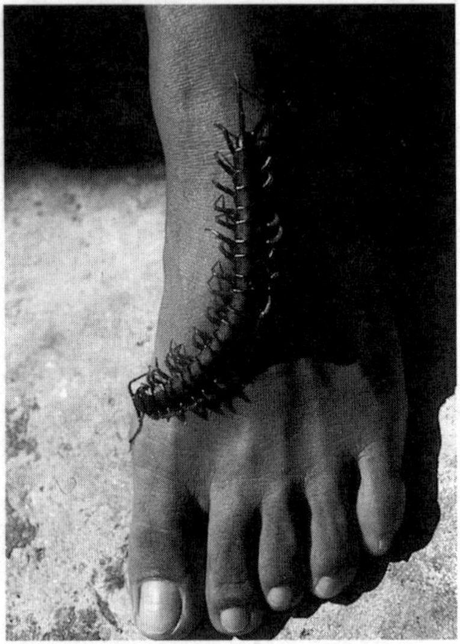

Tausendfüßer. Da hilft nur eines: stillhalten

höheren Lagen (ab mindestens 600 Meter) läßt sich kaum irgendwo in bewaldeten Gebieten ein Plätzchen ohne die Plagegeister finden. Landesweit gibt es nicht weniger als 260 Arten und Unterarten.

Zur Regenzeit sind Moskitos weitaus verbreiteter als in der trockenen Saison. Völlig ohne geht's aber offenbar nie. Nicht nur sind die Plagegeister, wie es scheint, stets blutgierig; viele Arten können auch ausgesprochen unangenehm zustechen. Manche Menschen reagieren auf den Stich allergisch, doch die eigentliche Gefahr liegt in der Möglichkeit einer Malariaübertragung. Keineswegs sind alle Moskitoarten mit dieser Krankheit infiziert, keineswegs überträgt jeder Stich auch prompt Malaria. Doch man sollte sich zu schützen wissen (siehe Kapitel »Reisetips«).

Am Tage bewahrt ein Einreibemittel *(Off!)* einigermaßen verläßlich vor Aggressionen. (Natürliches Insektizid: Siehe *Kakawati* in Kapitel »Survival«). Wirksam ist auch die Herabsetzung der Hauttemperatur durch ein gelegentliches Bad oder Besprengen mit kühlem Wasser. Tragt möglichst helle Kleidung; dunkle zieht Moskitos an. Und versucht Euren Schweißausstoß zu mindern, indem Ihr Euch nicht überanstrengt. Moskitos mögen heiße, schweißige Haut besonders gern.

Nachts seid Ihr am sichersten unter einem Moskitonetz aufgehoben. Etwaige Löcher vernähen oder verkleben; die Viecher finden jede Öffnung! Wer kein Zelt oder Moskitonetz besitzt, sollte ein schwach rauchendes Feuer entfachen. Er wird dann zwar geräuchert, aber nicht gestochen.

Schlangen gibt es fast überall im philippinischen Archipel und natürlich erst recht im Dschungel. Nur etwa 15 Arten, ein geringer Anteil der Gesamtzahl, gelten als gefährlich giftig.

Relativ zahlreich (im Vergleich zu anderen Arten) sind Kobras (Brillenschlangen). Die große Königskobra *(Ophiophagus hannah)*, bis zu 4,50 Meter lang und laut Literaturangaben »aggressiv und deshalb sehr gefürchtet«, ist allerdings außerordentlich rar geworden. Normalerweise ernährt sich *O. hannah* von anderen Schlangen. Angriffe auf Menschen stehen zu Buch, aber nur von in die Enge getriebenen Exemplaren. In jüngerer Zeit (1991) ist mir lediglich eine Attacke zu Ohren gekommen (auf Samar), die wahrscheinlich einer Königskobra zuzuschreiben war. Eine Dörflerin hatte im Dunklen auf die Schlange getreten, die ihr daraufhin ins Gesicht sprang und zubiß. Die Frau starb.

Die kleinere (bis zwei Meter) indische Kobra *(Naja naja)* ist vergleichsweise häufiger, und entsprechend zahlreichere Zusammenstöße mit Menschen kommen vor. Praktisch alle, von denen ich hörte, ereigneten sich in Reisfeldern. Kein Wunder; dort wird ja immer und überall barfuß und ohne Bodensicht gelaufen. Stiefel und dicke Socken bieten einen annähernd perfekten Schutz. Zuschnappende Kobras und Korallenschlangen (die zur gleichen Familie - *Elapidae* - gehören) müssen ihre sehr kurzen Giftzähne nämlich mit einer mehrere Sekunden lang dauernden Kaubewegung eingraben. Es ist offensichtlich, daß die Schlangen nicht dafür ausgerüstet sind, den Menschen als »Beute« anzugehen. Stets sind Bisse eine Reaktion auf einen unbedachten Tritt.

Ein gleiches gilt für Grubenottern, so genannt wegen einer grubenartigen Vertiefung zwischen Nasenloch und Auge. Grubenottern haben einen relativ kurzen und dicken Körper und einen dreieckigen Kopf mit einer furchterregenden Injektionsapparatur. Doch auch sie machen von diesen Waffen einem Menschen gegenüber nur in der Defensive Gebrauch.

Die Bedrohung durch Giftschlangen wird immer wieder überschätzt, und noch mehr die durch Schlangen, die *nicht* giftig sind. Das trifft vor allem zu für den gewaltigen Python *(Python reticulatis),* der in Südostasien respektable 7,50 Meter erreicht und somit als durchaus furchteinflößendes Wesen eingestuft werden darf. Doch die große Würgeschlange hat mit Menschen wenig im Sinn. Auf den Philippinen ist bislang nur eine Handvoll von Attacken belegt, wahrscheinlich alle provoziert. Hier und da hält man sich Pythons wie Haushunde; sie werden auch genau so zahm.

Doch die Schlange kann auch anders. Ein Freund von mir wollte auf der Insel Lubang einem verletzten (überfahrenen) Python hilfreich beistehen und versuchte, das Tier von der Straße zu schleppen. Doch der Patient mißverstand seine lauteren Absichten, schnappte wie ein Hund w wütend zu und brachte ihm mehrere schwere Wunden bei. Pythons können gewaltig beißen.

Bei Giftschlangenbiß: Ruhig zu bleiben versuchen, so schnell stirbt's sich nicht! Wer den Nerv dazu hat, sollte die Wunde sofort erweitern und aussaugen. Gebissenen Körperteil niedrig lagern. Eintauchen in sehr heißes Wasser hilft bei manchen Giften (nicht bei Kobras). Körper warm und ruhig halten. Kreislauf stützen (starken Kaffee trinken). Gegebenenfalls künstliche Beatmung, Herzmassage durch Helfer. Nach ärztlicher Hilfe ausschauen, aber den Verletzten dafür nicht alleinlassen.

Achtung: Alle - ich wiederhole: *alle* - einheimischen Kräutlein, Wundermittel und geheimen Tinkturen gegen Schlangenbiß sind wertlos und machen die Sache unter Umständen nur noch schlimmer.

Nützliches Vokabular

Dschungel
Gúbat
Wald(gebiet) im Sinne eines regionalen oder abgesteckten Areals
Kagubátan

Pflanzen und Tiere in diesem Kapitel

Abrus precatorius	*sága*
Affe	*unggóy, matsíng*
Bachshrimp	*hípong tubúng*
Baum	*púno, púnungkáhoy*
Blutegel	*lintá*
Farn	*pakó*
Kobra	*kóbra, ulupóng*
Krokodil	*buwáya*
Liane	*báging*
Monitor-Eidechse	*bayáwak*
Moos	*lúmot*
Moskito	*lamók*
Orchidee	*orkídya*

Pilz	*kabutí*
Python	*sawá*
Rattan	*uháy*
Schlange	*áhas*
Semecarpus cuneiformis	*ligás, lípa*
Upasbaum	*dálit, ípo*
Wildschwein	*báboy damó*

Weiteres verwandtes Vokabular in den Kapiteln »Kampieren«, »Klettern«, »Survival« und »Trekking«.

Fliegen

Die Philippinen und das Flugzeug gehören zusammen wie Topf und Dekkel. Große Teile des Landes konnten erst erschlossen werden, als man nach dem Zweiten Weltkrieg ernsthaft mit der Fliegerei begann. Noch heute läßt sich mancher abgelegene Ort nur aus der Luft erreichen. Missionare und Geologen landen »auf dem Hosenboden« im Schlamm erschreckend primitiver Dschungelpisten, von winzigen Eilanden erhebt sich nach ein paar Metern Anlauf brummelnd die »gute, alte« Douglas DC-3. Und gelegentlich verschwindet auch mal so ein Maschinchen auf Nimmerwiedersehen in dichten Urwäldern oder in der See...
Man stelle sich das philippinische Fluggeschehen indes nicht, analog zum Straßenverkehr, als chaotische Szene vor, in der sich tollkühne Bruchpiloten in uralten Klapperkisten nach Herzenslust austoben. In den Lüften herrscht strengste Reglementierung. Die Hürden, die Maschine und Pilot zu bewältigen haben, bevor sie überhaupt in Bewegung geraten dürfen, sind die gleichen wie in Braunschweig oder Washington.
Wie mehr als 160 andere Nationen gehören die Philippinen der *International Civil Aviation Organization (ICAO,* ausgesprochen Ei-käy-o) an, die das Flugwesen weltweit in geordnete Bahnen lenkt und den Globus in über 300 sogenannte *Flight Information Regions (FIRs)* teilt. Die FIR Manila umfaßt den gesamten Archipel einschließlich benachbarter Meeresgebiete von der Mitte des Südchinesischen Meeres bis weit in den Pazifik hinein. Alles, was sich in diesem Bereich in der Luft bewegt, ist genau erfaßt und unterliegt präzisen Flugplänen. Es geht ja auch gar nicht anders. Wenn kommerzieller, militärischer und privater Flugverkehr sich selbst in einem so abenteuerlichen Land wie den Philippinen nicht an strenge Regeln zu halten hätten, würde es viel öfter mal Schlagzeilen von dort geben als ohnehin schon...

Geflogen werden

Philippine Airlines (PAL) hat im Land nahezu ein Monopol. (Es gibt noch ein paar kleinere Carrier, die zum Teil recht gut im Geschäft sind). PAL ist im wesentlichen eine sehr verläßliche Airline mit sorgfältig gewarteten Maschinen und wachen Piloten in den Cockpits. (In einer Anzahl zu Buch stehender haariger Situationen reagierten PAL-Piloten vorbildlich und in jeder Beziehung höchstem internationalem Standard entsprechend). Daß demgegenüber PAL gerne als *Plane Always Late* interpretiert wird, hat allerdings auch seine Berechtigung. Viele Flugplätze können nur im Sichtflug angesteuert werden, und wenn es »dick« ist, muß gewartet oder umgekehrt werden. Ein Risiko wird nicht eingegangen. Das ist manchmal ärgerlich für den Passagier, aber seine Sicherheit ist zumindest garantiert.
Ein gleiches gilt landesweit für Anti-Hijackmaßnahmen. Alles Gepäck wird durchleuchtet und durchsucht, gefährlich Erscheinendes ausgesondert. Wenn es dabei eventuell ein wenig überspitzt zugehen mag, z.B. die böse Nagelschere auf den Waffenindex gesetzt wird, so grinst Euch eins darüber und macht mit. Alles Bedrohliche wird eingezogen. Das sieht zwar martialisch aus, aber Ihr erhaltet Eure Gerätschaften am Zielort garantiert wieder. Keine Angst also um das kostbare Tauchermesser.
Was PAL in jüngster Zeit viel mehr zu schaffen macht als Sicherheitsfragen

Treues, doch seltener werdendes Arbeitspferd: DC 3

und zu einigen - hoffentlich vorübergehenden - Krankheitssymptomen führt, ist paradoxerweise der zunehmende Wohlstand der Filipinos. Die Mobilität der insularen Bevölkerung ist ausgeprägter denn je, und die Leute haben offenbar auch mehr Geld. Wer es sich leisten kann, verzichtet auf das langsame und unbequeme Passagierschiff und fliegt lieber. Außerdem spuken die vielen Toten der fast alljährlichen Fährunglücke bestimmt in manchen Köpfen herum. Als Folge sind die meisten Flüge innerhalb des Landes oft überbucht, das gilt besonders für Manila-Puerto Princesa/Palawan. Wenn man sich das enggewirkte Netz der bestehenden PAL-Inlandsflüge (siehe Karte) einmal betrachtet, wird man zu der Ansicht kommen, daß eine Schmerzgrenze hier schon bald erreicht sein muß. Trotzdem fehlen Flugverbindungen noch an allen Ecken und Enden; die bestehenden Frequenzen reichen gegenüber der Nachfrage einfach nicht aus.

Das Fliegen auf den Philippinen ist billig, jedenfalls für unsere Verhältnisse. Das gilt ebenfalls für Privatmaschinen. Wer es eilig, vielleicht sogar eine Reisegruppe im Schlepptau hat, kann ein Flugzeug recht preisgünstig chartern. Vier-, Sechs- und Achtsitzer werden angeboten, sogar eine dicke DC-3 für 32 Passagiere ist zu haben, und auch Hubschrauber werden stundenweise vermietet.

Die Chartergesellschaften haben sich rund um den Domestic Airport angesiedelt. Am besten, man ruft zuerst an (Gelbe Seiten: *Aircraft Charter Rental & Leasing Service)* und informiert sich über das Preisgefüge. Ein Anhaltspunkt: Die Preise liegen unter der Hälfte des mitteleuropäischen Niveaus.

Drei bekannte Chartergesellschaften in Manila sind:

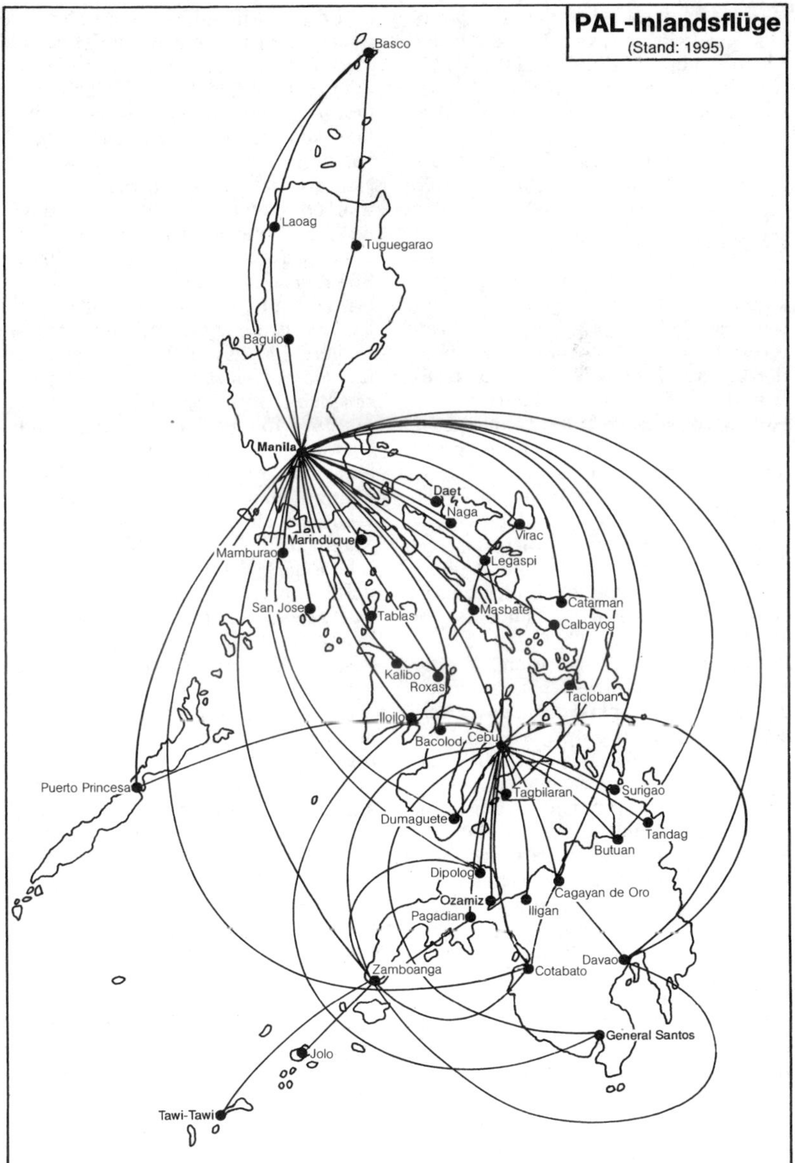
PAL-Inlandsflüge
(Stand: 1995)
Basco
Laoag
Tuguegarao
Baguio
Manila
Daet
Naga
Virac
Marinduque
Mamburao
Legaspi
San Jose
Tablas
Masbate
Catarman
Calbayog
Kalibo
Roxas
Tacloban
Iloilo
Bacolod
Cebu
Puerto Princesa
Tagbilaran
Surigao
Dumaguete
Tandag
Butuan
Dipolog
Cagayan de Oro
Ozamiz
Iligan
Pagadian
Davao
Zamboanga
Cotabato
General Santos
Jolo
Tawi-Tawi

Aerolift, Domestic Terminal II, Domestic Road, Pasay City, Tel. 8126711, Flugplatzbüro: 8312267, Fax: 8190385;
Air Link International Airways, Domestic Road, Pasay City, Tel. 8333875, Fax: 8333891;
A. Soriano Aviation, Andrews Avenue, Pasay City, Tel. 8315380, Fax: 8333853.

Fliegen lernen

Ausländer können bei Erfüllung bestimmter Voraussetzungen auf philippinischen Schulen Flugkurse absolvieren und einen Flugschein erwerben, der aufgrund gegenseitiger Staatsabkommen auch im Heimatland des Absolventen Gültigkeit hat. Von dieser Möglichkeit machen gegenwärtig vor allem viele Flugschüler aus den Golfstaaten Gebrauch, denn das Instruktionsniveau philippinischer Einrichtungen ist bekannt hoch und die Preise zivil. Die Flugschulen sind jetzt überwiegend im Besitz von Linktrainern, so daß auch Trockenübungen nichts im Weg steht.

Was allerdings die Preise angeht: Sie *waren* mal recht zivil. Heute erreichen sie fast den europäischen Level. Aus *preislichen* Überlegungen auf den Philippinen den Flugschein zu machen, ist also schon wegen der weiteren Nebenkosten gar nicht drin. Und es gibt noch einen anderen dicken Haken: Die philippinische Lizenz in Europa »umschreiben« zu lassen, ist wegen zahlloser Hemmnisse fast unmöglich. (Einigermaßen reibungslos ginge es nur ab, wenn man hierzulande auch mit einer philippinisch registrierten Maschine aufkreuzen würde). Wenn ich Interessenten in diesem Kapitel den Erwerb des dortigen Flugscheins schmackhaft mache, so habe ich Flugbegeisterte im Visier, die auf den Philippinen das Handwerk aus naheliegenden Gründen lernen möchten: Die (relativ) weitaus geringere Verkehrsdichte als in Europa und die stabileren Wetterverhältnisse (siehe unten) erlauben eine streßfreie Lernatmosphäre. Meistert man erst einmal die unter diesen Verhältnissen erworbenen elementaren Flugtechniken, kann man später nach und nach auf immer schwierigere Übungsszenarien übergehen. Aus diesen Gründen trainiert auch die Lufthansa ihre angehenden Piloten in der Wüste von Arizona, wo an 363 Tagen im Jahr die Sonne scheint.

Gemeinsame Voraussetzung für alle Lehrgangsteilnehmer ist eine Mindestkörpergröße von 1,70 Meter und absolute Gesundheit mit Einschluß tadellosen Seh-, Hör- und Farbenunterscheidungsvermögens. Die amtsärztliche Untersuchung wird von der CAA (siehe unten) vorgenommen. Es ist jedoch empfehlenswert, sich bereits daheim voruntersuchen zu lassen, damit es in Manila dann keine unliebsame Überraschung gibt, denn mit Extrawürsten ist dort nicht zu rechnen.

Fortgeschrittene englische Sprachkenntnisse sind ein Muß, da sich die gesamte Kommunikation auf Englisch abwickelt.

Interessenten können ihre Teilnahme an einem Lehrgang brieflich arrangieren. Die Schule schickt dann einen Aufnahmebescheid zu, mit dem ein spezielles Studentenvisum beantragt werden kann. Eine Kursusteilnahme ist jedoch auch mit Touristenvisum möglich. Der Club oder die Schule besorgt dann für ein nominales Aufgeld die nötigen Ausnahmegenehmigungen. Diese Methode dürfte vorzuziehen sein, damit sich vollkommene Neulinge im Lande zunächst ein wenig auf touristischer Ebene orientieren können. Assistenz wird auch bei der Suche nach einer preiswerten Wohngelegenheit geleistet. Vielfach kommt ein ausländischer Besucher jedoch schnell bei einem seiner philippinischen Mitschüler unter.

Wer in Manila fliegen lernen möchte, sollte sich zunächst an zwei Stellen wenden:
1. den *Philippine Aeroclub,* eine private Vereinigung von Fliegern (Liberty Aviation Hangar am Domestic Airport) und
2. die *Civil Aeronautics Administration (CAA*, gegenüber vom Domestic Airport).
Im Aeroclub erhält man alle für den privaten Gebrauch nötigen Informationen, bei der CAA die amtlichen Auskünfte, jeweils auf dem neuesten Stand.

Flugschulen in Manila

Albatross Foundation Academy, 632 Shaw Boulevard, Mandaluyong, Tel. 791478;
International Aviation School, Domestic Road, Pasay City, Tel. 833875;
PATS College of Aeronautics, Domestic Road, Pasay City, Tel. 8334746.

Kosten (untere Grenze)
Bodenlehrgang (90 Std.) 4.500 P (etwa 260,- DM); 50 Flugstunden 90.000 P (etwa 5.200,- DM); Nebenkosten (Bücher usw.) 5.650 P (etwa 325,- DM). Preise (November 1994) von:
Cheries Flying School, Dumaguete City Airport, Negros Oriental, Tel. 2254747.

Die folgenden Kurse werden angeboten

Private Pilot Course

Lehrgang für Schüler ohne bisherige Flugerfahrung. Mindestalter: 16 Jahre. Lehrgangsdauer: etwa vier Monate, davon 1½-2 Monate Bodentraining (insgesamt 102 Stunden), fünf Stunden Linktraining und 40-45 Flugstunden, davon 15 mit Lehrer. Der Lehrgang kann für Leute mit schnellem Auffassungsvermögen auf die Hälfte gerafft, bei Zeitmangel auch auf zwei Jahre (unter voller Anrechnung der jeweiligen Kursanteile) gestreckt werden.

Commercial Pilot Course

Lehrgang für angehende Berufspiloten. Mindestalter: 18 Jahre. Voraussetzung für Teilnahme: Gültige Lizenz als Privatpilot. Lehrgangsdauer: etwa 4½ Monate, davon 2-2½ Monate Bodentraining, zehn Stunden Linktraining und 150 Flugstunden (100 solo). Auch dieser Lehrgang kann (außer den Flugstunden) verkürzt oder aufgespalten werden.

Instrument Rating Course

Blindfluglehrgang. Mindestalter: 21 Jahre. Voraussetzung für Teilnahme: *Commercial License* oder *Private License* (mit 150 geloggten Flugstunden). Lehrgangsdauer: etwa 2 Monate (verkürzbar), davon 1-1½ Monate Bodentraining, 20 Stunden Linktraining und 20 Blindflugstunden auf Zweimotmaschinen.

Selbst fliegen

Kein großes Problem. Wer keinen philippinischen Flugschein besitzt, kann sich denjenigen eines Vertragslandes (so auch den deutschen) umschreiben lassen. Dafür ist wiederum die CAA zuständig, wo man Deutsche (im Gegensatz zu Amerikanern) ausgesprochen gerne sieht und zuvorkommend behandelt. Auf Antrag wird eine *Temporary License* ausgestellt, mit der der Bewerber zehn Solostunden plus einen Checkout-Flug absolvieren muß, bevor ihm der reguläre Flugschein ausgehändigt wird.
Maschinen kann man sich in den Clubs und bei den zahlreichen kleinen Flugunternehmen im Umkreis des Domestic Airport leihen. Um Neulinge mit den örtlichen Gegebenheiten vertraut zu machen, geben die Gesellschaften

schon mal einen erfahrenen Piloten mit auf die ersten Trips - gratis und franko, sicherlich aber nicht zuletzt von Sorge um das teure Fluggerät bewegt.

Wetter

Der überwiegende Teil des philippinischen Fluggeschehens wickelt sich nach VFR *(Visual Flight Rules* = Sichtflugregeln) ab. Das heißt, der Flieger faßt geographische Ziele ins Auge und vergleicht sie mit seiner Karte - eine herrlich einfache Prozedur im Land der 7.000 Inseln, die kartengleich im Blickfeld dahingestreckt liegen! Gelegentlich sieht man auch einmal eine Maschine entlang einer Landstraße dahinbrummen. Warum auch nicht - manchmal läßt das Wetter gar keine Alternative. Der philippinische Archipel liegt nämlich keineswegs unter einem ewig blauen Firmament, wie sich mancher vielleicht eine »typisch tropische« Landschaft vorstellt. Unten ein Überblick über die durchschnittliche jährliche Bewölkungsdichte in Okta (= Achtel).

Eine relativ starke Bewölkung ist nicht nur ein Effekt der Monsune zu den entsprechenden Jahreszeiten, sondern auch der sogenannten intertropischen Konvergenzzone (ITCZ), eines breiten Bandes niedrigen Luftdrucks, das in etwa dem »Hitzeäquator« folgt und somit ungefähr von Ost nach West ausgerichtet ist. Die ITCZ, im Fliegerjargon *»itchy«* genannt, wabert im Lauf des Jahres auf und ab: Im Winter liegt sie weit im Süden, erreicht im April und Mai den Mittelteil des Landes und gegen August den Norden. Im Gefolge der Mischzone entstehen Kumulonimbus-Ambosse und -türme sowie Gewitter, denen man, wie jeder Flieger weiß, besser aus dem Weg geht. Dicke Wolken entstehen auch auf den Luvseiten der Gebirgsketten, die an vielen Stellen des Landes lokale Wetterscheiden bilden. Meteorologie ist auf den Philippinen daher ein sehr wichtiges Studienfach, das der Flieger aus dem Effeff beherrschen muß.

Letztlich ist auch das örtliche Wetter (in Flugfeldnähe) von größter Bedeutung. Manila hat insofern keinen guten Ruf. Während der Trockenperiode bauen Dunst und Smog dort häufig eine undurchsichtige Glocke auf; in der Regenzeit kommt es oft zu heftigen Gewittern. Mitunter müssen Piloten, wenn Manila für VFR dicht macht, auf einen Nachbarflugplatz ausweichen. Die Wahl fällt dann meist auf das nahegelegene Airfield in Canlubang.

Pre-flight weather, eine allgemeine Übersicht, gibt es nur in Manila. Die Voraussagen sind jedoch ziemlich dürftig. Wer einen längeren Stremel fliegen muß, sollte sich während des Fluges möglichst viele Auskünfte über das Routenwetter *(in-flight weather)* verschaffen.

Monat	J	F	M	A	M	J	J	A	S	O	N	D
Aparri	5	4	4	3	4	4	5	5	5	4	5	6
Manila	5	4	4	4	5	6	6	6	6	6	6	5
Legaspi	6	6	6	6	5	6	7	7	7	6	7	7
Cebu City	6	6	5	6	5	7	7	6	6	6	6	5
Puerto Princesa	5	5	5	6	6	6	6	6	6	6	6	6
Surigao	7	7	7	7	6	6	6	6	6	7	7	7
Davao	6	5	5	6	6	6	6	6	6	6	6	6
Zamboanga	5	5	5	5	6	6	6	6	6	6	6	5

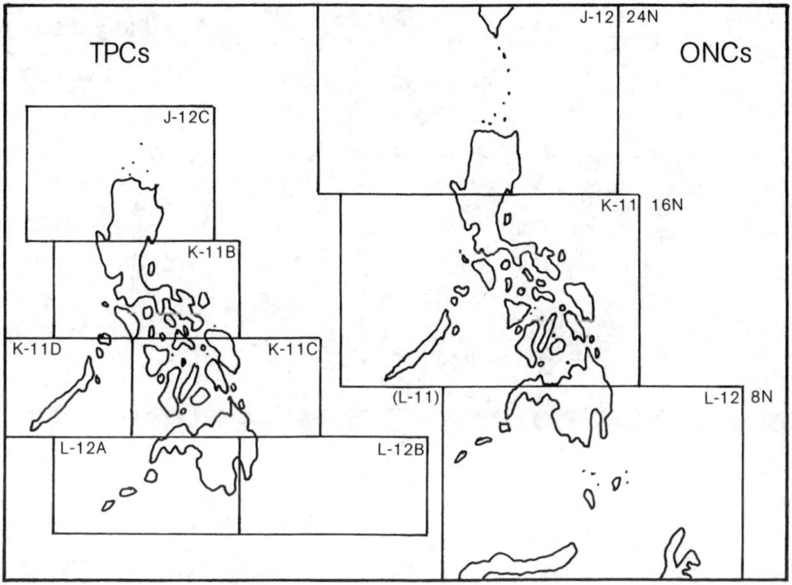

Die letzte Formalität ist das Einreichen des *flight plan* (nur auf größeren Flugplätzen), der fast automatisch genehmigt wird, und dann heißt es: *»Up, up and away...!«*

Flugplätze

Dem insularen Charakter des Landes entsprechend, gibt es massenhaft Flugplätze. Jedes Inselchen, das auf sich hält, hat einen. Außerhalb der kommerziellen Airports handelt es sich jedoch vorwiegend um unbefestigte Gras- oder Schotterpisten ohne Tower, Funk und Auftankmöglichkeit. Bei den meisten muß man überhaupt erst einmal im Tiefflug über den Runway brummen, um etwaige grasende Tiere (einschließlich ihrer Hirten) zu verscheuchen.

Für einen Tagestrip ab Manila bieten sich die Ziel- bzw. Ausweichflugplätze auf der Karte der nächsten Seite an. Sie entsprechen dem Stand bei Drucklegung des Buches. Flieger auf den Philippinen erhalten laufend die fälligen Korrekturen (NOTAM), um diese Übersicht auf den neuesten Stand bringen zu können.

Navigatorische Hilfsmittel

Alle nötigen Unterlagen, Kartenmaterial usw. erhält man bei *Aeronautical Information Service* (Bureau of Air Transportation, Ninoy Aquino International Airport, Manila 3102). Clubs, Schulen und CAA helfen ebenfalls weiter.

Schön sind die *Tactical Pilotage Charts (TPCs)* im Maßstab 1 : 500.000 und *Operational Navigation Charts (ONCs*, 1 : 1.000.000). Vor allem die letzteren geben unter anderem herrliche Wanddekorationen ab.

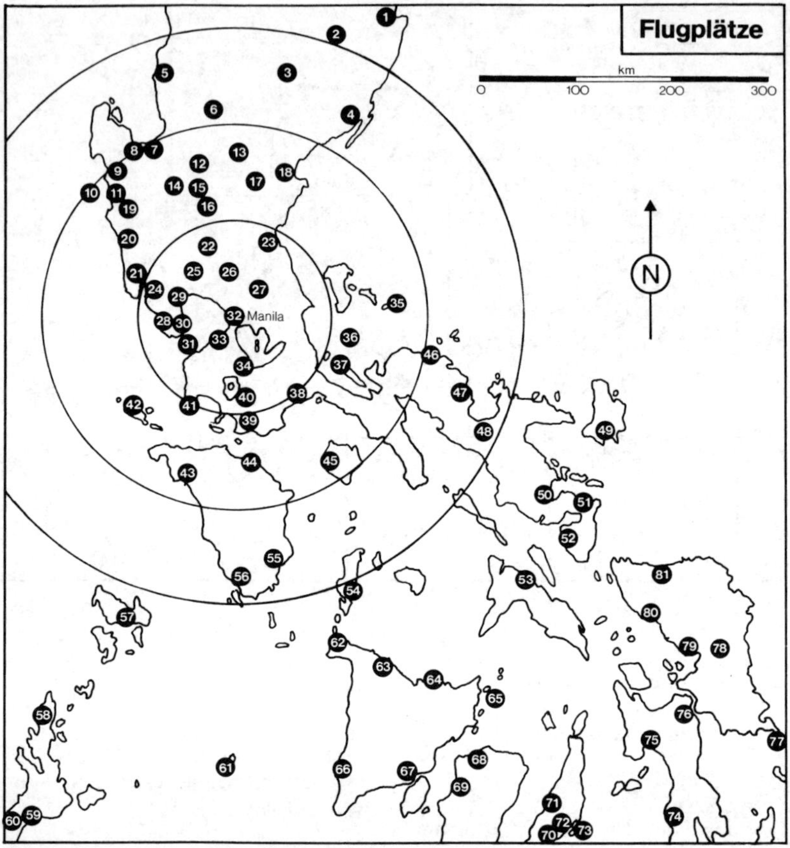

Wartung

Man mag, wie eingangs vermerkt, geneigt sein, die Verhältnisse auf philippinischen Straßen auf die Lüfte zu übertragen und dort rostige, von Bindedraht zusammengehaltene Kisten erwarten. Das ist glücklicherweise nicht der Fall. Die Wartung ist, im Gegenteil, überaus sorgfältig und fachmännisch, zudem strengstens überwacht. Viele ausländische Airlines lassen ihre Maschinen in Manila warten.

Der Notfall

Mit der Möglichkeit, einmal in eine Notsituation zu geraten, muß der Flieger stets rechnen. Geht es um eine Bruchlandung nicht herum, kann man zumindest schwachen Trost in der Gewißheit schöpfen, daß nach einem überfälligen oder vermißten Flugzeug intensiv gesucht wird. Seit die Amerikaner das Land verlassen haben, ist die Hilfsmaschinerie jedoch nicht mehr so gut organisiert wie früher.

1 Palanan
2 Cauayan
3 Bagabag
4 Sierra Madre
5 San Fernando
6 Baguio
7 Lingayen
8 Dicabasan
9 Barlo
10 Hermana Mayor
11 Naulo AS
12 Rosales
13 Hernajos
14 Acoje
15 Paniqui
16 Alto
17 UPRP
18 Baler
19 Poon-Coto
20 Iba
21 Castillejos
22 Clark AB
23 Ibonan
24 Cubi
25 Basa AB
26 Plaridel
27 Minuyan
28 Long Beach
29 Samal
30 Lamao
31 Corregidor
32 Manila Int'l
33 Sangley NAS
34 Canlubang
35 Jomalig
36 Balesin
37 Alabat
38 Lucena
39 Caltex/Shell
40 Fernando AB
41 Calatagan
42 Lubang
43 Mamburao
44 Calapan
45 Gasan
46 Larap
47 Daet
48 Naga
49 Virac
50 Legaspi
51 Bacon
52 Bulan
53 Masbate
54 Tablas
55 Mansalay
56 San Jose
57 Tulbuan
58 El Nido
59 Del Pilar
60 San Vicente
61 Cuyo
62 Caticlan
63 Kalibo
64 Roxas
65 Sicogon
66 San Jose de Buenavista
67 Iloilo
68 Vicmico
69 Bacolod
70 Lutopan
71 Sangi
72 Cebu-Lahug
73 Mactan Int'l
74 Hilongos
75 Ormoc
76 Tacloban
77 Guiuan
78 Bagacay
79 Catbalogan
80 Calbayog
81 Catarman

Im allgemeinen gilt die Devise, in der Nähe des abgestürzten Flugzeugs zu bleiben und auf Hilfe zu warten: Dies trifft natürlich besonders zu, wenn das Funkgerät noch intakt ist und man auf der Notfrequenz (121,5 MHz) einen *Mayday*-Ruf absetzen kann. Ein Flugzeug, das an einem dschungelbedeckten Berghang einen Crash baut, verschwindet jedoch von der Erdoberfläche und wird vielleicht nie gefunden. Wer in einer solchen Situation mit dem Leben davonkommt und Hilfe benötigt, sollte versuchen, sich durch Rauch- oder Blinkzeichen bemerkbar zu machen. Ideal wäre das Auslegen des Buchstabens V (»Brauche Hilfe«) von mindestens 2,50 Meter Seitenlänge an auffälliger Stelle. Im Dschungel wohl nicht ganz einfach. Vielleicht wird aber zumindest ein unfreiwilliger Aufenthalt im Urwald durch die Kapitel »Dschungelexpeditionen« und »Survival« ein ganz kleines bißchen erleichtert.

Nützliches Vokabular

Ich bin mit meinem Flugzeug abgestürzt und benötige Hilfe für meine Mitpassagiere.
Nagkrás ang eropláno ko at kailángan ko ng túlong pára sa áking mgá kasámang pasahéro.
Bitte führen Sie mich zur nächstgelegenen Polizeistation.
Pakitúro ninyó sa ákin ang pinakámalápit na himpílan ng pulísya.

Galeonenwracksuche

Genau 250 Jahre dauerte der Galeonenhandel zwischen Spaniens einziger asiatischer Kolonie und ihrem Gegenstück auf der ostpazifischen Seite, Mexiko mit seinem schwülen Seehafen Acapulco. Von dort fanden die Schätze des Orients ihren Weg zu den reichen Inlandsmärkten »Neu-Spaniens«, wie Mexiko damals genannt wurde, oder sie wurden nach den südamerikanischen Besitzungen bzw. dem Mutterland selbst weiterverschifft. Auf den Rückweg ging bares Silber - in Dimensionen von durchschnittlich zwei Millionen blanken Münzen pro Reise.

Über 40 Galeonen - mindestens 26 allein in den Gewässern des philippinischen Archipels, davon 15 mit Silber beladene - gingen im Verlauf der pazifischen Handelsepoche verloren, und mit ihnen Tausende von Menschenleben und Millionen an Reichtümern. Märchenhafte ungehobene Schätze liegen bis auf den heutigen Tag über die Meeresgründe der Inselgruppe verstreut. Manche scheinen zum Greifen nahe. Sind sie es wirklich - *greifbar?*

Die Lage von rund der Hälfte der nachstehend aufgezählten Galeonenwracks konnte nach jahrzehntelangen Recherchen soweit eingeengt werden, um vor Ort Suchaktionen in einem annehmbar begrenzten Radius zuzulassen. Angesichts eines Minimums an auswertbaren Anhaltspunkten auf eine lange, mühevolle Suche zu gehen, erscheint auf den ersten Blick natürlich wenig sinnvoll. Außerdem muß man sich logischerweise stets vor Augen halten, daß andere, gewiß nicht Dümmere, vielleicht schon viele Male ihr Glück versucht haben. Und dennoch: Gerade die Obskurität eines von der Natur bis zur Unkenntlichkeit eingeebneten Schiffsgrabes hat entscheidend dazu beigetragen, daß die meisten Galeonenwracks bis heute unentdeckt blieben. Erst in unserem Zeitalter rücken neue Untersuchungsmethoden und die besten technischen Gerätschaften, die es je gab, einen sensationellen Fund wieder in den Bereich des Möglichen.

Was immer man finden mag - der Reiz des Abenteuers liegt in der *Suche.* Die detektivische Kleinarbeit des Spurenzusammentragens, die Expeditionen zu den letzten Winkeln der Welt, die Atmosphäre echter Aufgabe und Mission, die Entbehrungen und Gefahren vor Ort: Das ist das Abenteuer, gegen welches eine etwaige anschließende Bergungsaktion zu einem kommerziellen Akt verblaßt.

Geschichtliche Zusammenhänge

Der erste (so gut wie unbekannte) Europäer, der seinen Fuß auf den Boden heutigen philippinischen Geschichtsverständnisses setzte, war der Portugiese *Francisco Serrao.* Die Insel war Mindanao, und das Jahr war 1512. Neun Jahre später fügte die epochale Entdeckungsreise seines Landsmannes Fernao Magalhaes, in spanischen Diensten und besser bekannt unter seinem hispanisierten Namen *Ferdinand Magellan,* die Philippinen der Weltkarte zu. 1521, im Entdeckungsjahr, verhauchte der große Magellan in einer kleinlichen Lokalfehde auf Mactan sein Leben. Doch der Magellansche Geist lebte fort, und die erste Weltumsegelung wurde erfolgreich zu Ende geführt. Was die kleine *Victoria* 1522 in Sevilla anlandete, brachte die Kosten für die aufwendige Expedition um ein Vielfaches wieder ein und entfachte Spaniens Interesse an den fernen Inseln vollends. Trotzdem sollte noch fast ein halbes Jahrhundert vergehen, bevor man sich zu entsprechenden Taten aufraffte. Im Jahre 1559 ordnete Philipp II. an, den Archipel, der jetzt seinen Namen trug, der Krone anzugliedern. Die Kolonialgeschichte der Philippinen beginnt mit dem 27. April 1565, als eine Flotte von fünf Fahrzeugen mit 400 Mann an Bord vor Bohol aufkreuzte und die Inseln feierlich in Beschlag nahm. Spaniens einsamer asiatischer Vorposten war damit gegründet.

Die anschließende *Conquísta* unter dem Befehlshaber der winzigen Streitmacht, *Miguel López de Legaspi,* vollzog sich kurz und relativ schmerzlos. Noch im gleichen Jahr galten die Philippinen als gesichert, noch im gleichen Jahr überquerte die erste warenbeladene Galeone, die *San Pablo,* den Pazifik in Richtung Mexiko und leitete damit ein Vierteljahrtausend überaus einträglichen Handels zwischen Ost und West ein. (Die *San Pablo* ging auch als erstes Schiff der Route - 1568 auf den Marianen - verloren). Über die nächsten 250 Jahre hinweg, nur von Krieg und Vorgängen höherer Gewalt unterbrochen, wurde mit selten abweichender Regelmäßigkeit eine jährliche Galeone auf den weiten, gefahrvollen Weg geschickt, und legendäre Reichtümer wechselten ihre Besitzer.

Mit Legaspis Tod im Jahre 1572 war die Eroberung des Archipels so gut wie abgeschlossen, und Manila war die Hauptstadt. Auf den rustikalen Philippinen gab es im Gegensatz zum reichen Südamerika außer ein bißchen Gold und einigen »Kolonialwaren« indes nicht viel zu holen. Es war China, auf das die Spanier damals ihre Aufmerksamkeit richteten. Das sagenhafte Kaiserreich muß ihnen wie ein riesiger, wohlgefüllter Supermarkt erschienen sein, in dem es alles zu günstigen Preisen zu kaufen gab.

Der Kontakt war eher durch Zufall zustandegekommen. Im Jahre 1569 hatte ein spanisches Schiff die Überlebenden von zwei chinesischen Handelsdschunken gerettet, die in der Batangas-Bucht im Sturm untergegangen waren. Nicht nur hatte der Statthalter in Manila die Schiffbrüchigen überaus zuvorkommend behandelt. Er hatte ihnen sogar ein neues Schiff geschenkt, mit dem sie nach China zurückkehren konnten. Die Geretteten waren derart dankbar, daß sie im Folgejahr mit einer Dschunke voller reicher Geschenke in Manila aufkreuzten. Den Spaniern gingen die Augen über - hier boten sich ungeahnte Möglichkeiten! Schon kurz nach Legaspis Tod gedieh der Handel mit China deshalb zu voller Blüte und war 1576 in großem Stil fest etabliert. Die Nachfrage der Neureichen in Mexiko nach den Luxusgütern des Orients »war annähernd so unbegrenzt wie die Kapazität der Chinesen, dieselben anzuliefern«, heißt es in einem zeitgenössischen Bericht - eine geradezu perfekte kommerzielle Basis mit enormem Verdienstpotential für alle Beteiligten.

Die Reichtümer, die die jährliche Galeone über den Pazifik schleppte, waren in der Tat enorm. Hin - nach Mexiko - gingen Seidenstoffe, erlesene Porzellane, goldene Objekte jeglicher Beschreibung, Perlen, Elfenbein und Edelsteine; kurz alles Wertvolle, das die westpazifische Region und ihr unermeßliches, hochkultiviertes asiatisches Hinterland anzubieten hatten. Zurück ging das glänzende, gemünzte Silber Südamerikas, das bei den Chinesen sehr bald außerordentliche Popularität genoß und zur gängigen Währung in ganz Ostasien wurde. Gewiß ist auch, daß die Ladungen oft die Eintragungen in den drögen Frachtbriefen um ein Vielfaches übertrafen. Das Soll wurde auf dem Papier artig erfüllt, doch in Wirklichkeit wurde fast immer mehr - und teurere - Ladung befördert, als es die Erlasse des weit entfernten Königs zuließen.

Nur wenn Kriegs- und andere Notzeiten über die Kolonie hereinbrachen,

wenn die jährliche Galeone nicht eintraf, ging es den Manileños schlecht, denn außer Handeln hatte man ja nichts gelernt. Wem es hingegen gleichbleibend gut und immer besser ging, war der Klerus unter seinen befähigten Führern, die ihre ständig wachsenden Reichtümer zusammenzuhalten verstanden. Die kirchliche Hierarchie stellte folglich auch das dominierende Element auf den Inseln dar - bis in die jüngste Neuzeit. Klerikale Fortschrittsfeindlichkeit, Charakteristikum der katholischen Kirche, die von jeher Orthodoxie über Industrie zu stellen pflegte, war denn auch der Hauptgrund für die Vernachlässigung der Produktionskapazitäten des Archipels. Erst unter der aufgeschlossenen Herrschaft Karl III. in der zweiten Hälfte des 18. Jahrhunderts bahnte sich ein Wandel an. Jetzt gewann die wirtschaftliche Erschließung der Inseln endlich Vorrang gegenüber dem Status quo, unter dem die Philippinen lediglich eine Außenhandelsstation zwischen China und Mexiko und ein Vorposten des Vatikans in Asien gewesen waren. Der Schwung, den die revolutionären Kräfte in das knarrende Getriebe der kolonialen Ökonomien brachte, ging nie ganz verloren.
Gleichzeitig leitete die neue Welle das Ende der komfortablen alten Tage des Galeonenhandels ein. Die Kolonie begann sich von Mexiko zu lösen, um sich auf eigene Füße zu stellen. Und schließlich wurde die Route beendet. Im Jahre 1815 verließ die letzte Galeone Acapulco, um die Endreise zu ihrem Heimathafen Manila anzutreten. Ihren Bug schmückte der unsterbliche Name Magellans.
Und nur noch 83 Jahre verblieben Spanien auf den Philippinen.

Die Galeonen

Es fällt heute schwer, die spanischen Galeonen der damaligen Zeit einem bestimmten Schiffstypus zuzuordnen, denn es existieren erheblich voneinander abweichende Beschreibungen und nur wenige Abbildungen, auch diese divergierend. In ihrer allgemeinen Form, der Stärke ihrer Planken und der Höhe ihrer Aufbauten glichen die Galeonen den hansischen Koggen, in ihrer Länge eher Galeeren, die ihnen auch den Namen gaben. Ihre Bemastung bestand, wie bei der Kogge, aus drei Masten, sofern das Schiff nicht sehr groß war. Bei höherer Tonnage errichtete man hinter dem Besanmast noch einen zweiten solchen, nur um das stolze Wort »Viermaster« anbringen zu können, gleich wenn man einem artigen Auto heute einen Spoiler verpaßt, um es »wichtig« aussehen zu lassen. Typisch war die Hochbordigkeit, die als solche das augenfälligste klassifizierende Merkmal darstellte. Der halbmondförmige Längsschnitt mit seinem überhohen Vor- und Achterkastell und die daraus resultierende Topplastigkeit wurden durch eine außerordentliche Breite des Rumpfes ausgeglichen, bei manchen Schiffen in abnorm plumpem Verhältnis zur Länge. So konnte die Kenterstabilität der buchstäblich bis zur Halskrause mit Ladung und Bewaffnung vollgepackten Fahrzeuge einigermaßen gewahrt werden. Vollkommen war indes auch diese Bauweise keineswegs. Einige Galeonen legten sich bereits an den Kais von Cavite auf die Seite, nachdem man sie sträflich überladen hatte. Andere, nicht gering an der Zahl, gingen aus dem gleichen Grund zweifellos gänzlich verloren. Außerdem beinhalteten die unausgewogenen Formen Abstriche an Geschwindigkeit und Manövrierbarkeit, Ursache weiterer Verluste. Die Engländer, Erzfeinde Spaniens, mokierten sich wiederholt über die ungefügen Kähne. Als ihnen aber 1762 die riesige *Santísima Trinidad* als Kriegsbeute in die Hände fiel, gab es

Anlaß zu bewunderndem Staunen. Die reich beladene Galeone, gigantisch für ihre Zeit, verdrängte 2.000 Tonnen, und an ihren aus besten philippinischen Hölzern gefügten Planken prallten britische Breitseiten annähernd wirkungslos ab.

Die Route

Die Kurse der philippinischen Galeonen wurden von globalen Wind- und Strömungsverhältnissen bestimmt. Bis zu 30 Grad Breitenunterschied trennten die westliche und die östliche Route, und auf diesen Kursen vollzogen sich die Reisen unter völlig anderen Bedingungen. Westwärts hatte man es am leichtesten, zumindest auf den ersten drei Vierteln. Der erdumspannende Passatgürtel überwiegend östlicher Winde bis zu etwa 20 Grad beiderseits des Äquators war bereits im Frühstadium spanischer Explorationstätigkeit ein bekannter Faktor. Passate trieben Magellans *Victoria* den Philippinen entgegen, und auf ihren steten Schwingen fand auch 250 Jahre lang die Rückreise der Galeonen nach Manila statt, in Gewässern, die *muy pacificos,* so friedlich waren, daß man gleich den ganzen Ozean nach ihnen benannte.
Weiter im Westen wurde es jedoch schnell weniger pazifisch. Nachdem die Galeonen von Acapulco auf den 10. bis 11. Breitengrad hinabgestoßen waren und nach ein paar Wochen gemächlichen Dahingleitens in Guam Station gemacht hatten, vergrößerte sich die Wahrscheinlichkeit um ein Mehrfaches, jenseits des 140. Längengrades in böses Wetter zu geraten. Zwar hatte man auch in Hinsicht auf die vernichtenden Taifune vieles an Erkenntnissen gewonnen und versuchte tunlichst, die tödlichen Wirbelstürme jahreszeitlich zu vermeiden. Doch es gab auch Quertreiber unter den Zyklonen, die völlig unvermutet auftraten, und anderen vermochte man nicht zu entkommen, weil man sich verspätet hatte und mitten in die Hauptsaison geriet. Viele Galeonenverluste gehen auf das Konto von Taifunen, andere auf jenes des tobenden Nordostmonsuns. Im Bereich des Embocadero, wie man die Straße von San Bernardino zwischen Luzon und Samar damals nannte und in der sich die Elemente trichterartig zusammendrängen, häuften sich dann auch die Unglücksmeldungen. Die Karte zeigt, wie dicht an dicht die Wracks dort liegen.
Die Ostroute war weitaus strapaziöser. Um von Manila nach Mexiko zu gelangen, mußte man in die Westwindtrift der 30er und 40er Breiten vorstoßen, in unberechenbare Gewässer am Rande der bekannten Welt und in Regionen des schlimmsten vorstellbaren Wettergeschehens. Für die Route, die heute ein Frachter in zwölf Tagen bewältigt, ein Flieger in gleich vielen Stunden, benötigten die Galeonen damals bis zu zwölf grausame Monate.
Auch auf Ostkurs stellten der Embocadero und seine verschlungenen Ansteuerungen eines der größten Hindernisse dar, das die Verlustzahlen um mehrere Einheiten erhöhte. Jahrzehntelang debattierte man, ob eine alternative Route nördlich von Luzon nicht die bessere Lösung sei. Aber als die dortigen, ewig stürmischen Bashis ihre ersten Opfer forderten, nahm man schließlich die Meerenge mit ihrer kochenden Strömung und taifunträchtigen Umgebung als das kleinere Übel hin. Dort zumindest befand sich in nahem Umkreis Land, an das man sich gegebenenfalls retten konnte. Oben im Norden war alles leer.
Der anschließende Großkreiskurs in Richtung Nordost führte die Galeonen durch Meeresstriche, in denen sich ein dräuendes Superlativ an das andere reihte. In der Philippinen-See östlich von Luzon wurde mit 34 Metern die

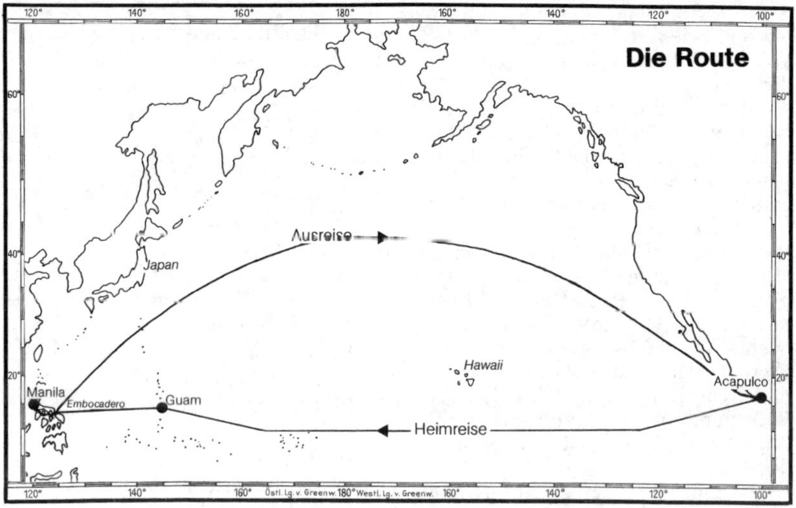

höchste Welle, mit 890 Hektopascal der tiefste Luftdruck der Welt gemessen. Die Windgeschwindigkeiten der Taifune suchen ihresgleichen auf Erden. Einige Tagesreisen weiter, im Seegebiet südlich Japans, glauben Schwarzseher so etwas wie ein fernöstliches Bermuda-Dreieck auszumachen. Nicht ganz zu Unrecht vielleicht. Wenn auch - hier wie dort - jedes auf übersinnlichem Irrglauben aufgebaute Argument logisch entkräftet werden kann, so ist doch die Vielzahl gemeinsamer Merkmale augenfällig. Fast zwangsläufig wurden mehrere Galeonen dort deshalb zu Totalverlusten.

Die grauen Weiten des Nordpazifischen Ozeans schlossen sich an, gewaltige Wasserwüsten und zugleich die härteste Etappe für die zerbrechlichen Schiffchen. Denn dort jagen sich die Stürme nach kurzer Sommerpause in endloser Folge, rollen riesige Seen, angetrieben von Tiefdruckgebieten der Größe Europas, über Tausende von Meilen ungebrochen dahin. Wer mit den Verlustziffern vertraut ist, die noch heute von lapidaren Naturgebilden wie dem »aleutischen Tief« gefordert werden, der weiß, welche Schrecken die spanischen Seefahrer seinerzeit auf ihrem langen Trek begleiteten. Manche Besatzungen kamen halbtot im Hafen an. Doch wenn die Galeone unter dem Donner der Geschütze und zu den Klängen des Tedeums in die Bucht von Acapulco glitt, waren Strapazen, Not und Elend nach typischer Seemannsart spontan vergessen. Gott hatte seine schützende Hand über Schiff und Mannschaft gelegt, und er würde dies auch wieder tun. Manche Seeleute fuhren ihr Lebenlang zwischen den Philippinen und Mexiko hin und her...

Die Verluste

Die Kartennummern sind diejenigen philippinischer Seekarten. Siehe Kapitel »Reisetips«: *Karten.*

1 Espíritu Santo 1576

Den Anfang auf den Philippinen machte die von Acapulco heimkehrende

Espíritu Santo, die, »beladen mit Silber und Priestern«, am 26. April 1576 von einem derart wütenden Taifun auf die Küste von Catanduanes geworfen wurde, daß nur noch ein Häufchen Kleinholz von ihr übrig blieb. Alle Personen an Bord, über 100 insgesamt, fanden den Seemannstod, und rund 2,5 Millionen Stücke gemünzten Silbers versanken in den Fluten.

Wo genau, läßt sich nicht mehr rekonstruieren. Schon kurz nach dem Unglück fand sich eine spanische Kommission vor Ort ein und klaubte nur noch »ein paar Brote, Käselaiber, Bücher, Seekarten und Stiefel« auf. Der in diesem Bericht aufgeführte Ort wird *Sión* genannt, und auch von einem Fluß dieses Namens (Rio de Sión) ist die Rede.

Heute gibt es weder einen Ort noch Fluß Sión, doch ein Dörfchen namens Sioron im Mittelteil der Ostküste könnte ein heißer Tip sein. Auch ein Fluß existiert nahe des Dorfes, vielleicht ist aber auch der unferne Gigmoto River gemeint, der etwas voluminöser ist. Der ganze riffstarrende Bereich von Macalanhag Island bis zur Küste unmittelbar nördlich von Sioron ist für jemanden, der die *Espíritu Santo* finden möchte, jedenfalls die Stelle, wo er mit der Suche anzusetzen hat.

In den Annalen von Catanduanes ist auch eine andere Version verzeichnet. Dieser Historie zufolge ereignete sich das Unglück bei Kap Nagumbuaya, dem Südostzipfel der Insel, und es gab sogar einen Überlebenden, den Pater Diego de Herrera, der sich anschließend missionarisch betätigte und schließlich den Märtyrertod starb, als den Einheimischen das Predigen lästig wurde. Dies soll, wenn man dieser Geschichte Glauben schenken will, im nahen Batalay geschehen sein, wo heute ein Kreuz an den Vorfall gemahnt und als nationales Heiligtum Touristen und Pilger anzieht.

1 Espiritu Santo
2 San Juanillo
3 San Gerónimo
4 San Diego
5 Santo Tomás
6 San Antonio
7 Nuestra Señora de la Vida
8 San Nicolás
9 San Ambrosio
10 San Luis
11 Nuestra Señora de Buena Esperanza
12 Encarnación I
13 San Antonio de Padua
14 Encarnación II
15 San Francisco Xavier I
16 Santa Rosa de Lima
17 Santo Cristo de Burgos I
18 San José
19 San Francisco Xavier II
20 Santo Cristo Burgos II
21 San Cristóbal
22 Pilar
23 San Pedro
24 Magallanes
25 San Andrés I
26 San Andrés II

Nagumbuaya (örtlich Nangangang Buaya) heißt wörtlich übersetzt »Krokodilsrachen«, womit sehr treffend das Vorland der Locot-Bucht beschrieben ist, das sie 140 Meter hoch sägezähnig überragt. Davor dehnt sich die Pinta, ein wilder, steiniger Strand, der zum offenen Pazifik hin in ein Korallenriff ausläuft, auf dem ständig die Brandung brüllt. Etwas inland liegt das Dorf Bote in tiefem Ufergrün. Dort wissen die Ältesten, daß »vor langer Zeit« einmal ein spanisches Schiff an dieser Küste verlorengegangen war...

Möglich wär's. Aber um die *Espíritu Santo* wird es sich nicht gehandelt ha-

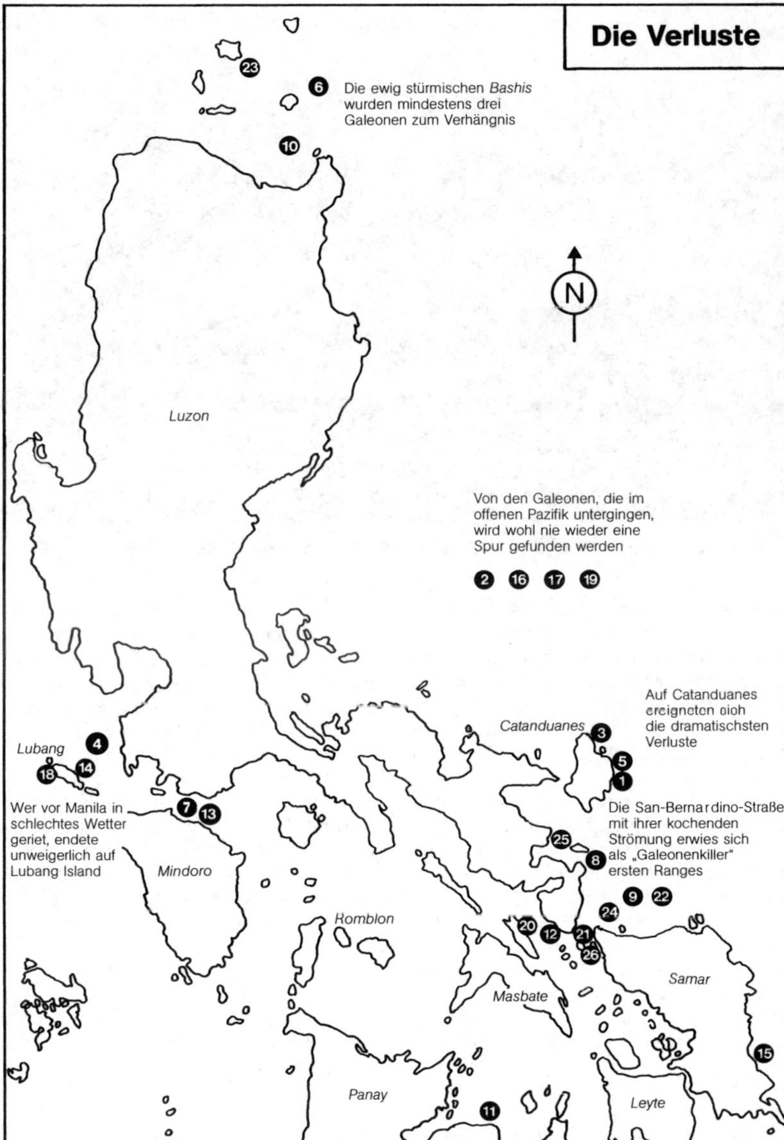
Die Verluste
Die ewig stürmischen *Bashis* wurden mindestens drei Galeonen zum Verhängnis
23
6
10
N
Luzon
Von den Galeonen, die im offenen Pazifik untergingen, wird wohl nie wieder eine Spur gefunden werden
2 16 17 19
Auf Catanduanes ereigneten sich die dramatischsten Verluste
Catanduanes
3
5
1
Lubang
4
18
14
Wer vor Manila in schlechtes Wetter geriet, endete unweigerlich auf Lubang Island
7
13
Mindoro
Die San-Bernardino-Straße mit ihrer kochenden Strömung erwies sich als „Galeonenkiller" ersten Ranges
25
8
9
22
24
Romblon
20
12
21
26
Samar
Masbate
15
Panay
Leyte
11
Negros
Cebu

Die Klippen an der Ostküste von Catanduanes forderten besonders viele Opfer

ben. Dazu gibt es zu wenige Übereinstimmungen mit dem Bericht des Kapitänleutnants Juan de Sardonil (Original in den *Archivos de las Indias* in Sevilla; Katalognummer I-I-2/24). Wer auf Catanduanes auf Wracksuche gehen will, sollte ohnehin erst lange in Archiven kramen, bevor er sich in der Brandung des gar nicht so pazifischen Ozeans eine blutige Nase holt...
(Im Frühjahr 1996 sollen erste offizielle Explorationsarbeiten vor Ort beginnen, zu denen auch der Autor eingeladen ist).
Karten: 4222, 4269.

2 San Juanillo 1578
Die Kleinausgabe der *San Juan* ging auf der Reise von Manila nach Acapulco spurlos verschollen. Keine Anhaltspunkte.

3 San Gerónimo 1600
Die schicksalhafte Story dieser Galeone, ebenfalls ein Opfer der Insel Catanduanes, könnte mit der gleichen Tinte geschrieben sein wie die der *Espíritu Santo.* Schon 1567 machte eine Vorgängerin dieses Namens durch eine Meuterei von sich reden, gegen deren Dramatik die Ereignisse auf der *Bounty* verblassen. Im Jahre 1600 trat die zweite *San Gerónimo* ihre letzte Reise an. Im Geleit der *Santa Margarita* durchlief sie, unterwegs von Manila nach Mexiko, eine Serie haarsträubender Stürme bis auf den 38. Breitengrad, wo die beiden Galeonen auseinander- und letztlich zurückgetrieben wurden. Gleich der *Santa Margarita,* die auf den Marianen zu Bruch ging, versuchte die *San Gerónimo,* nach Manila zurückzukehren. Auf den Klippen von Catanduanes war die Reise zu Ende. Acht Personen, »einschließlich einer Frau«, überlebten die Katastrophe.
Geschichtliche Anhaltspunkte auf die Überreste der *San Gerónimo* gibt es so gut wie keine. Ein winziger Hinweis

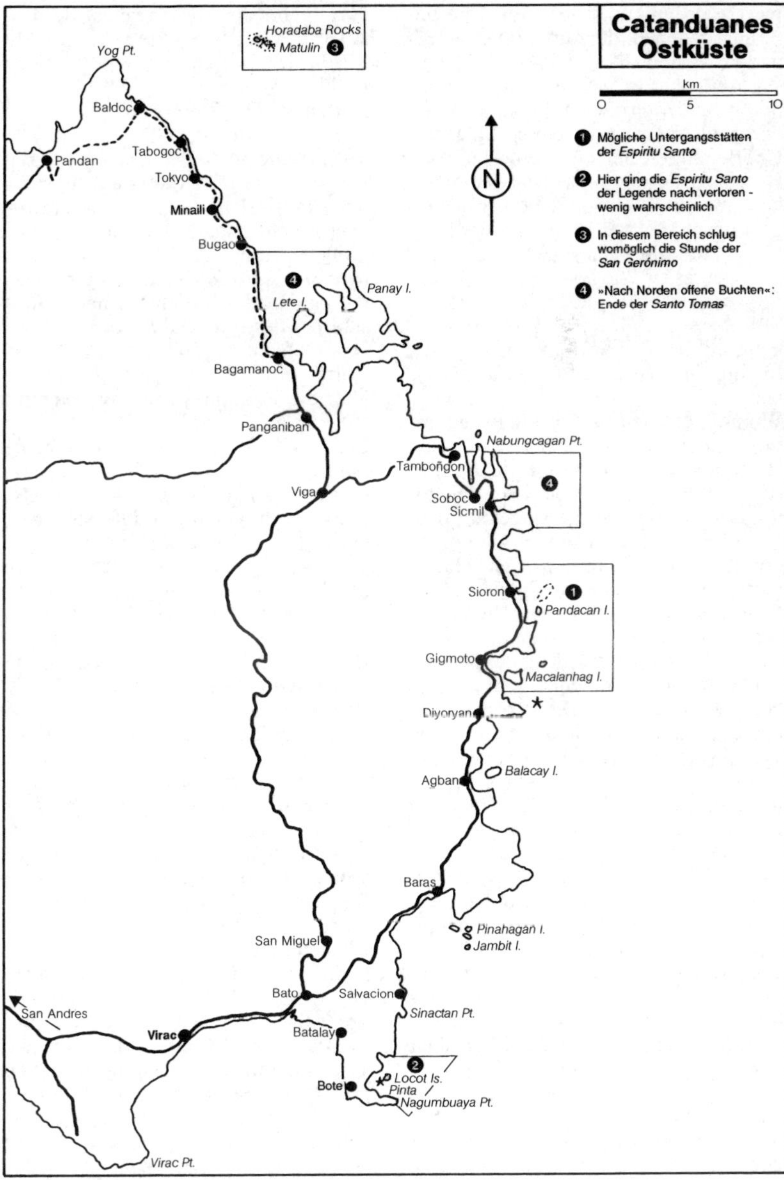
Catanduanes
Ostküste
km
0
5
10
1 Mögliche Untergangsstätten der Espiritu Santo
2 Hier ging die Espiritu Santo der Legende nach verloren - wenig wahrscheinlich
3 In diesem Bereich schlug womöglich die Stunde der San Gerónimo
4 »Nach Norden offene Buchten«: Ende der Santo Tomas
N
Horadaba Rocks
Matulin 3
Yog Pt.
Baldoc
Pandan
Tabogoc
Tokyo
Minaili
Bugao
4
Lete I.
Panay I.
Bagamanoc
Panganiban
Nabungcagan Pt.
Tamboñgon
Viga
Soboc
Sicmil
4
Sioron
1
Pandacan I.
Gigmoto
Macalanhag I.
Diyoryan
Agban
Balacay I.
Baras
Pinahagan I.
Jambit I.
San Miguel
Bato
Salvacion
Sinactan Pt.
San Andres
Virac
Batalay
2
Locot Is.
Pinta
Nagumbuaya Pt.
Bote
Virac Pt.

wird allerdings in einer alten Überlieferung gegeben, derzufolge die Galeone *vor* Catanduanes von ihrem Schicksal ereilt wurde, während in allen anderen Schriften die Präposition »auf« verwendet wird. Von rein spekulativen Überlegungen her könnte deshalb die Horadaba-Felsengruppe vor der Nordküste der Insel als Unglücksort in Frage kommen. Und noch ein weiterer Umstand sollte den Wracksucher aufhorchen lassen. *La hora daba* heißt auf Spanisch in etwa: »Die Stunde schlug...« Sollte sie auf dieser tückischen Riffkette mit dem ungewöhnlichen Namen für die *San Gerónimo* geschlagen haben?

Womöglich bleibt diese Frage für immer unbeantwortet. Der Hauptfelsen Horadaba und die durch ein flaches Riff mit ihm verbundene Klippe Matulin, die wie eine riesige Kugel auf dem Meer liegt, befinden sich in schreckenerregend exponierter Position: Genau mittig in der Schneise der meisten Taifune. Sie sind überdies fast die Hälfte des Jahres monsunumbraust und liegen als vorderstes Bollwerk nach Tausenden von Meilen offenen Wassers im Weg der haushohen Dünung des winterlichen Nordpazifiks. An manchen Tagen verschwindet der 30 Meter hohe Höcker völlig unter tobenden Gischtmassen, und das Toben der Brandung ist dann bis zum vier Seemeilen entfernten Festland zu hören.

Bei ruhigem Wetter kann man im Westen anlanden. Die Felsen werden gelegentlich von Fischern der Nordostküste aufgesucht, die dort auf die Unterwasserjagd gehen oder Vogeleier sammeln, denn die Klippen sind von großen Schwärmen von Seevögeln bevölkert. Die See um Horadaba ist glasklar und die Unterwasserszene lebendig. Vor allem Schlangen sind häufig, und auch Haie und große Schildkröten treten in Erscheinung. Was immer, falls überhaupt dort, von der *San Gerónimo* übrig geblieben ist, dürfte auf der Leeseite der Klippen liegen, von der Macht der Taifune verstreut wie Konfetti im Wind.

Karten: 4222, 4269.

4 San Diego 1600

Am 14. Dezember 1600 fand außerhalb der Manila-Bucht eine denkwürdige Seeschlacht statt. Teilnehmer waren die große Galeone *San Diego* und die kleinere *San Bartolome,* auf der Gegenseite standen die holländischen Kriegsschiffe *Mauritius* und *Eendracht.*

Das Gefecht begann in der Nähe von Corregidor und zog sich nach und nach über die Limbones-Bucht in Richtung auf Fortune Island hin. Nordöstlich der Insel sank die *San Diego,* welche die *Mauritius* in scharfem Duell engagiert hatte, plötzlich »wie ein Brocken Marmor« - womöglich weil ihre Stückpforten volliefen. Die *Eendracht* wurde von der *San Bartolome* bei Lubang aufgebracht, und die *Mauritius* segelte zur ersten niederländischen Weltumrundung weiter.

Bis vor kurzem war die Position des San-Diego-Wracks von Rätseln und Legenden umwoben gewesen; in der Limbones-Bucht entdeckte Artefakte wurden diesem Schiff (auch noch in der Erstausgabe dieses Buches) zugeschrieben. Dann begann im Jahre 1991 eine französische Gruppe in Kooperation mit dem Nationalmuseum intensive Explorationsarbeiten im Bereich der Insel Fortune. Anfang 1992 wurden die Taucher 900 Meter nordöstlich des Eilands fündig. In 50 Meter Tiefe stießen sie auf einen drei Meter hohen Hügel. Er enthielt das Grab der *San Diego.* Aus ihm wurden im Lauf eines Jahres über 34.000 Fundstücke, zum Teil von hohem archäologischen Wert, geborgen. Es war eine der gelungensten und gründlichsten jemals durchgeführten Bergungsoperationen dieser Art.

Die geborgenen Artefakte reisen seither als ambulante Ausstellung um die Welt.
Sehenswert auch: Ein ständiger Display im Nationalmuseum in Manila.
Weniger sehenswert: Ein »Museum« in einer schrecklich verkitschten und total mißlungenen Nachbildung der *San Diego* auf Fortune Island.

5 Santo Tomás 1601

Das Schicksal der vorerwähnten *Santa Margarita* paßt annähernd fugenlos in die dramatischen Abläufe des damaligen Geschehens hinein. Nach acht Monaten auf See steuerte die schwer havarierte Galeone die Marianen an und strandete schließlich vor einer Insel des Archipels. Von 260 Personen waren noch 50 am Leben, und etwa 35 wurden letzten Endes von den Insulanern halbtot an Land gezerrt. Der Rest ertrank oder wurde bei der Plünderung der Galeone erschlagen.
Als die westwärts segelnde *Santo Tomás* im Jahr darauf auf den Marianen Station machte, kamen fünf Überlebende der *Santa Margarita* an Bord und baten um die Mitnahme weiterer 26, die in der Nähe lebten. Der Kommandant der Galeone lehnte es jedoch ab, seine Reise zu verzögern und setzte trotz flehentlicher Bitten die Fahrt fort. Von den 26 war nur noch ein Rest von fünf Personen am Leben, als die *Jesús María,* selbst in Seenot, 1602 auf den Marianen Zuflucht suchte.
Die Leiden der ersteren fünf Überlebenden der *Santa Margarita* waren auch nach ihrem Umstieg auf die *Santo Tomás* noch nicht zu Ende. Vor dem Embocadero geriet die Galeone in schweres Wetter und schließlich in einer Bucht an der Ostküste von Catanduanes auf Grund und zu Bruch. Wenn auch der Verlust von Menschen und Ladung vermieden werden konnte, mußte das Schiff als solches aufgegeben werden, und die nimmermüde Brandung des Pazifiks schlug es alsbald vollends in Stücke.
Schätze sind aus dem Wrack der *Santo Tomás* also nicht mehr zu holen. Dennoch dürfte an ihrer Wrackstätte noch manches wertvolle Artefakt auf dem Meeresboden ruhen, das eine Suche interessant machen könnte. Wo genau die Reste dieser Galeone ruhen, ist allerdings trotz der gelungenen Bergungsaktion nicht überliefert. Eine Quelle führt den Ort Baras an, versieht die Angabe aber mit einem Fragezeichen. Wahrscheinlicher als die Calapadan Bay, an der Baras liegt, ist in der Tat auch eine nach N oder NO offene Bucht, denn die Galeone fand sich laut Originalbericht »von nördlichen Winden in die Riffe gedrängt«. Es ist auch von einer Ensenada (Bucht) von »Catamban« die Rede, aber der letztere Name läßt sich heute nicht mehr identifizieren, und man ist auf Spekulationen angewiesen.
Sollte es vor Bagamanoc gewesen sein, wo ich 1980 unter allem möglichen Gerümpel ein uraltes Schiffsgeschütz freilegte? Oder bei Nabungcagan Point am Eingang zur Bocana-Bucht, deren Name auf Versunkenes hindeutet?
Erreichbarkeit der Catanduanes-Galeonen: An der Ostküste führt eine rumplige Straße entlang, die ein- bis zweimal am Tag ab Virac von Jeepneys bedient wird. Nach Bote/Pinta: Ab Bato zu Fuß. Überhaupt ist man mit Schusters Rappen am besten dran. Siehe auch Kapitel »Island Hopping«: *Catanduanes*.
Beste Monate: 3-7.
Karten: 4222, 4269.

6 San Antonio 1603

Nach den ersten drei Verlusten hatte man offenbar gelernt, an der gefährlichen Insel Catanduanes vorbeizusteuern, denn im gesamten folgenden Verlauf des Galeonenhandels ereignete sich dort kein einziges (bescheinigtes)

Unglück mehr. Der nächste Verlust fand im Norden der Philippinen statt - und er war einer der empfindlichsten. Als die *San Antonio* im Jahre 1603 als Geleitschiff im Gefolge der *Nuestra Señora de los Remedios* von Manila ihre lange Reise antrat, war der Zustand ihrer verrotteten Planken bereits aktenkundig. Aber man sah scheinbar keinen Anlaß, wegen einer solchen Bagatelle das Unternehmen abzubrechen. Im Gegenteil: Nicht nur beförderte die *almiranta riquísima* die bisher reichste Ladung aller Galeonen, sondern viele der prominentesten Bürger Manilas und ihre Familien vertrauten dem Schiff Leib und Seele an, »um den Problemen der Stadt zu entfliehen« - Manila lag nach einem blutigen chinesischen Aufstand großenteils in Schutt und Asche. Beide Galeonen gerieten auf 34 Grad Nord in schwere Stürme und kehrten schließlich hart angeschlagen um. Doch die *San Antonio* schaffte den Rückweg nicht. An einer unbekannten Stelle des Großen Ozeans wurde sie mit Mann und Maus von der See verschluckt.

Eine winzige Möglichkeit existiert allerdings, durch die Launen des Zufalls geführt eines Tages doch noch auf die Überreste dieser reichen Galeone zu stoßen. Kurz nachdem die *Remedios* wieder in Manila eingetroffen war, trieben auf den Babuyan-Inseln und an der Nordküste von Luzon nämlich Wrackteile an, die ohne Zweifel von der *San Antonio* stammten. Man kann folgern, daß diese Reste der Galeone keineswegs in der relativ kurzen Zwischenzeit aus den 30er Breiten hätten hinuntertreiben können, sondern daß sich der Schiffbruch unmittelbar im Bereich der Babuyanes ereignet haben mußte.

Viel Spaß bei der Wracksuche! Die Batanes und Babuyanes zwischen Luzon und Taiwan haben in etwa Wetterverhältnisse wie an der Westküste Irlands. Einige der Inseln sind selbst in der Gutwettersaison schwer erreichbar. Klein wie die Eilande sind - ihr Abenteuerpotential ist allerdings ganz groß!
Beste Monate: 4-6.
Karten: 4204-6, 4228-9, 4279.

7 Nuestra Señora de la Vida 1620

Wegen eines schmählichen Navigationsfehlers lief diese Galeone kurz nach der Abreise von Manila auf ein Riff vor Verde Island und mußte der See überlassen werden. Zwar war der Schiffbruch der Señora keine Katastrophe größeren Ausmaßes, denn jedermann an Bord konnte sich an das nahe Land retten, und ein Großteil der Ladung wurde auch geborgen. Nur einer überlebte den Vorfall nicht: Den unglückseligen *piloto,* dessen Steuermannskünste versagt hatten, knüpften die wütenden Passagiere prompt an der nächsten Palme auf.

Das wenige von diesem Wrack Erhaltene liegt vor dem Dorf Siirin an der Ostküste von Verde in ein paar Metern Tiefe. Ein langgezogenes Riff fällt bei Ebbe trocken und gibt einen guten Anhaltspunkt. Leider haben - vornehmlich ausländische - Taucher aus Puerto Galera die Señora bis auf die Haut gefleddert, so daß nur noch ein paar dünne Konturen erkennbar sind. Ein Besuch der Wrackstätte lohnt eigentlich nur, um das suchende Auge an eben diesem Wenigen zu trainieren.
Erreichbarkeit: Tägliches Boot ab Batangas. Organisierte Tauchtouren ab Sabang (Puerto Galera).
Beste Monate: Fast ganzjährig.
Karte: 4214.

8 San Nicolás 1621

Über das Schicksal dieser stolzen Galeone, die sich im Jahre 1620 bei der Ansteuerung des Embocadero noch ruhmreich gegen eine feindliche niederländische Übermacht zu behaupten wußte, liegt aus dem folgenden Jahr

nur die lapidare Meldung vor, daß sie »auf der Ausreise« mit 330 Personen an Bord verlorenging.
Ob das Unglück auf hoher See stattfand oder in bergungsträchtiger Küstennähe, ist heute nicht mehr ergründbar. Bekannt ist lediglich, daß 1621 das Jahr der intensivsten Blockade Manilas durch eine kombinierte Seemacht von Engländern und Holländern war und daß die Galeone ihre letzte Reise mit großer Wahrscheinlichkeit von einem Hafen an der Ostküste der Philippinen aus antrat. In Notzeiten wie diesen war es Routine, daß die rechtzeitig gewarnten Galeonen versteckte Buchten im Osten anliefen und dort auf Schleichpfaden beladen und versorgt wurden. Bewährte Schlupfwinkel dieser Beschreibung waren vor allem Sisiran im heutigen Camarines Sur und Palapag auf Samar.
Das Wrack der *San Nicolás* liegt daher möglicherweise in bikolanischen Gewässern; vielleicht hat es die Gräberstätte um Catanduanes um eine weitere, undokumentierte Beigabe bereichert. Falls überhaupt jemals, wird der Zufall es finden. Einengend in Betracht kommen jedenfalls die Nordküste der Caramoan-Halbinsel, Catanduanes, die Inseln östlich von Albay und die Pazifikseite des Embocadero.

9 San Ambrosio 1639

Die Angaben über diese Acapulco-Galeone sind außerordentlich vage und beschränken sich auf die Nachricht, daß sie an der Ostküste von Luzon verlorenging. Man ist auf Mutmaßungen angewiesen. Der wahrscheinlichste Bereich ist der eben bei der *San Nicolás* geschilderte.
Beste Monate (beide Galeonen): 4-9.
Karte: 4222.

10 San Luis 1646

Auch das Informationsmaterial über diese Galeone ist denkbar dürftig. In alten Dokumenten heißt es lediglich, daß die *San Luis* ein Opfer der Cagayan-Küste oder, spezifischer, »der Felsen von Cagayan« wurde. Falls es mit dieser Einschränkung seine Richtigkeit hat, begrenzt sich das in Frage kommende Teilstück der Nordküste von Luzon auf den Abschnitt westlich von Claveria, vielleicht auch auf das Inselchen Palaui im Osten; überall sonst findet man Sandstrand, Dünen und Marsch. Vielleicht sind aber auch die Babuyanes, allesamt Felseninseln, gemeint. Jedenfalls ist der Heilige Ludwig dort mit dem Heiligen Antonius in guter Gesellschaft, und das gleiche Kartenmaterial gilt für beide.

Aufmerksame Leser dürften bemerkt haben, daß bislang schon drei Stätten, an denen Galeonenwracks liegen könnten, einen verräterischen Gleichklang zeigen: Sioron, Siirin, Sisiran. Ein wichtiger Fingerzeig? Nicht unbedingt. Die Endung *Vokal + n* steht überall auf den Philippinen für eine Lokalität. *Sioron* ist folglich ein Ort, an dem es einen *»sior«* gibt, womöglich eine Fischart. *Sisid*, andererseits, heißt in weiten Teilen des Landes »tauchen«. Vielleicht ist die Bedeutung aller drei Stätten dieselbe: »Der Ort, an dem getaucht wird« - aber nicht unbedingt nach versunkenen Galeonen.

11 Nuestra Señora de Buena Esperanza 1647

»In der Nähe von Negros« gesunken. Die Galeone befand sich offenbar auf einer Reise innerhalb der Philippinen und gehört deshalb nicht zu den »klassischen« Schatzschiffen.

12 Encarnación I 1649

Mit dieser Galeone verbindet mich eines der witzigsten Erlebnisse als ehe-

maliger Bergungstaucher. Im Jahre 1968 hatten einheimische Wracksucher vor Bulan in der Provinz Sorsogon in 42 Meter Tiefe die Reste eines alten Schiffes gefunden. Das Nationalmuseum sandte ein Marinefahrzeug aus, um das Wrack, das man für jenes der ersten *Encarnación* hielt, zu untersuchen, und ich war damals mit von der Partie.
Das Tauchen im Embocadero mit bis zu acht Knoten Strömung war kein Honigschlecken. Die Strömung riß auch immer wieder den alten Minensucher los, der uns als Tauchtender diente, und es gab manchmal gefährliche Momente. Als bessere Verankerung wurde schließlich ein großer Stahlbetonklotz auf dem Wrack versenkt. Danach gestaltete sich das Tauchen etwas angenehmer, und das völlig versandete Derelikt konnte bald als englisches Schiff aus der zweiten Hälfte des vorigen Jahrhunderts identifiziert werden, was zum Abbruch der Arbeiten führte.
Fast 20 Jahre danach stieß eine andere, amerikanisch geführte Tauchexpedition auf diese Wrackstätte. Ein fast im Sand vergrabenes, dick bewachsenes kantiges Objekt sorgte für gewaltige Aufregung. Der »Tresor« der *Encarnación!* Unter enormen Mühen wurde der Klotz an Land geschafft und aufgehämmert. Doch er enthielt keinen Schatz. Später lernte ich den Leiter dieses Teams zufällig kennen und erzählte ihm den Sachverhalt. Er mußte lachen, obwohl ihm damals, wie er gestand, zum Heulen zumute gewesen war. Denn nicht nur hatte der ganze Aufwand viel, viel Geld gekostet. Ferdinand Marcos, seinerzeit noch Präsident, war den Bergern sauer gesinnt. Auch er, Freund alles Schönen und Teuren, hatte sich auf den Schatz der *Encarnación* gespitzt - und dann diese Blamage!
Im besten Falle wäre eh kein Silber in der Kiste gewesen. Die *Encarnación* war tatsächlich bei Bulan zum Havaristen geworden, wie weitere Nachforschungen ergaben. Doch ihre Silberladung konnte zur Gänze abgeborgen werden.
Bei dem fraglichen Wrack handelt es sich, britischen Quellen zufolge, um das Dampfschiff *Taurida,* 1874 in Liverpool erbaut und von 875 Bruttoregistertonnen. Es liegt immer noch da.
Karte: 4219.

13 San Antonio de Padua 1649

Hier fehlen sämtliche Details. Der einzige Hinweis ist, daß die Galeone »bei Mindoro« gesunken war. Von den Tauchshops in Puerto Galera wird dieses »Galeonenwrack« gern als solches vermarktet. Doch wo dieser Heilige Antonius wirklich liegt, bleibt bis auf weiteres im Dunkel der spanischen Kolonialgeschichte verborgen.

14 Encarnación II 1651

Gleich der (nachstehend beschriebenen) *San José* ging auch die zweite *Encarnación* zeitgenössischen Berichten zufolge auf der Insel Lubang verloren. Wo genau, ist nicht bekannt (obwohl man in Puerto Galera den todsicheren Geheimtip hat). Vielleicht ist das Wrack sogar mit der vermeintlichen *San José* identisch, vielleicht gehört ein 1981 bei Talinas im Ostteil von Lubang gefundener (und seither verschollener) riesiger Anker zu dieser Galeone? Auch bei Balikias östlich vom Inselhauptort Tilik scheinen sehr alte Wrackteile zu liegen. Überhaupt ist Lubang für den Wracksucher ein höchst vielversprechendes Pflaster...
Weiteres zu Lubang: Siehe *San José*.

15 San Francisco Xavier I 1655

Bei Borongan (Ostsamar) auf Grund gelaufen und verlorengegangen. Die Ladung konnte größtenteils gerettet werden, doch viele Artefakte dürften noch existieren. Ich versuchte 1990,

ohne Erfolg, vor Ort von Fischern und Koryphäen der Heimatgeschichte Aufschlüsse zu erhalten. Überhaupt abweisendes Küstenterrain: Schwer brandungsexponiert, viel Mangrove, unübersichtlich. Jede Menge Schwierigkeiten. Abenteuer.
Erreichbarkeit: Borongan hat Busverbindung mit den Hauptorten in Westsamar.
Beste Monate: 4-7.
Karte: 4422.

16 Santa Rosa de Lima 1679

Nach vagen Spuren auf hoher See durch Feuer an Bord gesunken. Keine weiteren Anhaltspunkte.

17 Santo Cristo de Burgos I 1693

Monatelang wurde beiderseits des Pazifischen Ozeans nach dieser Galeone Ausschau gehalten, nachdem sie 1693 von Manila abgesegelt und spurlos verschwunden war.
Schließlich trieben Wrackteile auf den Marianen an und ließen erste Schlüsse zu. Kurz darauf erstatteten zwei Überlebende der Galeone Bericht, denen es nach einer schier unendlichen, von Kannibalismus, Wahnsinn und Tod überschatteten Horrorfahrt im Beiboot gelungen war, die Philippinen nahe des heutigen Real (Provinz Quezon) wieder zu erreichen. Der schlimmste Alptraum aller Galeonenfahrer war wahr geworden: Feuer an Bord, und der Segler war brennend gesunken...
Die Reste der Santo Cristo dürften an einer der tiefsten Stellen der Weltmeere liegen, mit Sicherheit für immer.

18 San José 1694

Ein Jahr nach dieser epischen Tragödie geriet die - für damalige Verhältnisse - riesige *San José* beim Auslaufen aus der Manila-Bucht in der Nacht des 3. Juli in einen Sturm und wurde auf den Riffen der Insel Lubang in tausend Stücke geschlagen. Über 400 Menschen ertranken, und eine der wertvollsten Ladungen, die ein spanisches Schiff je befördert hatte, fiel der See

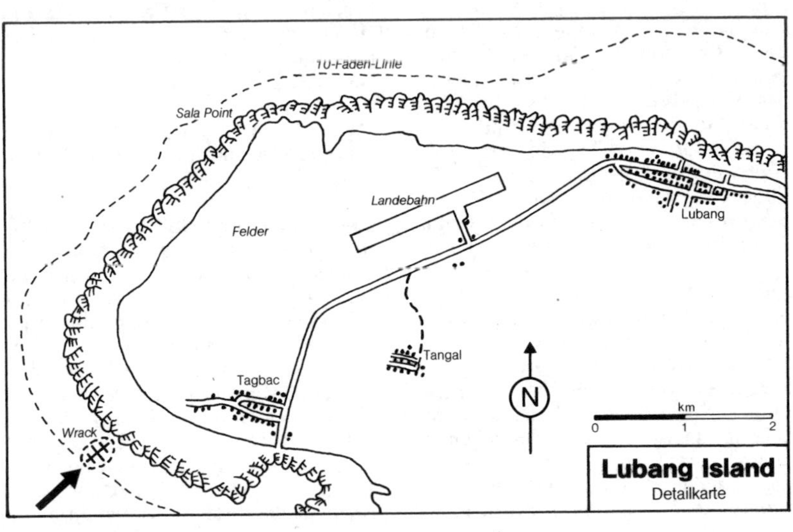

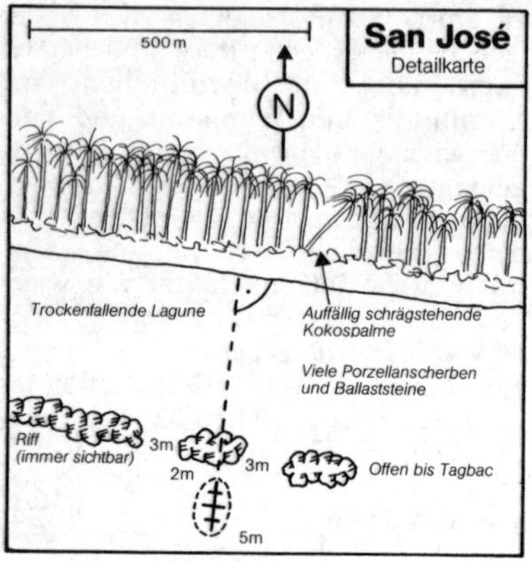

zum Opfer. »Keine größere und reichere Galeone befuhr jemals die Meere,« beklagte der Chronist Casimiro Díaz den Verlust, »denn die Reichtümer, die sie mitführte, waren schier unglaublich...«
Völlig korallenüberkrustete Wrackreste unmittelbar unterhalb der Westspitze von Lubang stellen mit großer Wahrscheinlichkeit die Grabstätte der *San José* dar. Keine philippinische Galeone liegt in schönerer, würdigerer Umgebung, keine ist auch leichter erreichbar. Vor einem blendend weißen, palmenbestandenen Südseestrand westlich des Örtchens Tagbac dehnt sich eine weite, bei Ebbe trockenliegende Lagune, die ein flaches Saumriff gegen das oftmals wütende Südchinesische Meer abschirmt. Bis heute liegen im seichten Wasser dieser Lagune, ja selbst am Strand, immer wieder Scherben blauweißen Mingporzellans und weisen dem Wracksucher den Weg.
Den Weg wohin - das ist allerdings die Frage. In lediglich fünf Metern Tiefe unmittelbar vor dem Riff und somit auch in Reichweite von Schnorcheltauchern liegen braune Steine, die offenbar nicht in die Landschaft gehören - *Ballast*steine? Zwei Geschütze wurden Ende der 80er Jahre aus der Koralle gehämmert, auch, dem Hörensagen nach, diverses Goldenes. Desgleichen wurde in tieferem Wasser ein Anker entdeckt und geborgen.
Doch das Thema *San José* ist damit noch längst nicht abgehakt. Berichte existieren, nach denen die Galeone keineswegs ihre Schätze, heute bequem abgreifbar, in flache Lagunen geschüttet hatte. Bei Winden von Sturmstärke aus wechselnden Richtungen war sie womöglich zunächst mit einem mächtigen Rums auf die Riffe von Lubang gekracht und entzweigebrochen. Eine Hälfte ging auf hoher See unter - *wie* hoch, ist unbekannt -, die andere in seichten Küstengewässern. Welche Hälfte auch die sagenhaften Schätze enthielt, ist weiterhin ungeklärt.
Das an den Strand geschwemmte Porzellan deutet auf Ufernähe des Wracks hin. Wer weiß - vielleicht liegen die unglaublichstem Pretiosen noch in brusttiefem Wasser vor der Insel, und irgendein Tourist stolpert eines Tages ganz zufällig über sie...
Erreichbarkeit: Siehe Kapitel »Island Hopping«: *Lubang*.
Beste Monate: 11-5.
Karte: 4338.

19 San Francisco Xavier II 1705

Auf der Reise nach Mexiko im Pazifik verschollen.

20 Santo Cristo de Burgos II 1726

Auf Ticao gestrandet. Während sich Mannschaft und Passagiere retten konnten, gingen die Galeone und ihre für Acapulco bestimmte Ladung mysteriöserweise in Flammen auf: Ein offensichtlicher Versicherungsschwindel, weil nur Totalverluste ersetzt wurden.
In den 80er Jahren stieß ein Explorationsteam auf Wrackreste, die zunächst der Santo Cristo zugeschrieben wurden, jedoch, wie sich später erwies, zu einem anderen alten, vielleicht sogar

spanischen Schiff gehörten. Zum zweiten Mal wurde, nunmehr in der Neuzeit, gemogelt; die damalige Expedition fälschte Fundstücke, um sich weiterer Finanzierung zu vergewissern. Viel dürfte von dieser Galeone ohnehin nicht mehr übrig sein. Wer trotzdem suchen will, wird Ticao, vor allem im Westen, vom herrlichen Terrain her überaus ansprechend finden.
Erreichbarkeit: Mehrere tägliche Boote ab Bulan (Sorsogon).
Beste Monate: 3-6.
Karten: 4219, 4454.

21 San Cristóbal 1735

Acapulco-Galeone. Das Schiff fiel dem gefürchteten Calantas-Riff in der Straße von San Bernardino zum Opfer, doch die Silberladung konnte geborgen werden - nicht gänzlich, schränken manche historische Quellen allerdings ein.
Der Meeresboden um das Inselchen Calantas war mit Wrackresten aller Art buchstäblich bepflastert, als ich dort zum letzten Mal tauchte - vor immerhin 25 Jahren! Das soll nicht heißen, daß inzwischen alles abgeräumt wurde, denn vieles war und ist für den Laien als Wrackteil gar nicht erkennbar. Faszinierend das glasklare Wasser, wodurch trotz fetzender Strömung jeder Tauchgang wahrhaft zu einem mitreißenden Erlebnis wird.
Erreichbarkeit: Mit gemietetem Boot ab Matnog (Sorsogon).
Beste Monate: 3-6.
Karte: 4258.

22 Pilar 1750

Als die *Pilar* den Hafen von Cavite verließ, war sie bereits leck wie ein Sieb. Doch ihr Kommandant tönte: »Nach Acapulco oder zur Hölle!«
Wrackteile, die später an der Ostküste antrieben, gaben Kunde davon, daß die Galeone irgendwo von der Philippinen-See aus den Weg zur letzteren Destination angetreten hatte.

23 San Pedro 1782

Auf der Reise nach Mexiko »nördlich von Luzon« verlorengegangen: keine weiteren Anhaltspunkte. Vielleicht ein ähnliches Schicksal wie das der *San Luis.*

24 Magallanes 1793

Ein weiteres Opfer des Calantas-Riffs. Literaturquellen sprechen nur von »einem Verlust«. Falls die Ladung erhalten blieb, dürfte sie weit verstreut sein.

25 San Andrés I 1797

Nach zeitgeschichtlichen Unterlagen ging diese Galeone »an der Küste von Albay« verloren. Diese schloß damals jedoch die heutige Provinz Sorsogon, also den gesamten Südostzipfel Luzons mit ein. Es ist daher nicht unwahrscheinlich, daß auch dieses Schiff im Bereich des Embocadero zu Schaden kam, womöglich, um einen besonders gefährlichen Küstenabschnitt zu spezifizieren, an dem 60 Seemeilen langen Saumriff entlang der Pazifikseite Sorsogons.
Lange Zeit wurde vermutet, daß das sogenannte »Buhatan-Wrack«, 1966 vor dem Dörfchen dieses Namens in der Nähe von Santo Domingo (Albay) entdeckt, mit dieser Galeone identisch sein könnte. Was Ende der 60er Jahre jedoch aus diesem Wrack zutagegefördert wurde, läßt auf ein moderneres Schiff schließen. Von den wenigen verbliebenen Wrackresten ist heute so gut wie nichts mehr zu sehen.

26 San Andrés II 1798

»Als die *San Andrés* 1798 auf den Naranjos strandete, konnten sich Mannschaft und Passagiere retten, doch die Ladung ging verloren.« So steht es in den Annalen.
Die mitten im Embocadero gelegenen Naranjos (»Apfelsinen-Inseln«) tragen diesen Namen, weil von ihnen aus die Galeonen auf Aus- und Heimreise mit

Südfrüchten versorgt wurden. Auf welcher von ihnen die *San Andrés* zu Schaden kam, ist leicht zu erraten: Es gibt ein Eiland dieses Namens.
Schön ist's dort, fast schon Südsee. Doch Taucher und Schwimmer dürfen nie die reißende Strömung des Embocadero vergessen, um sich nicht plötzlich im offenen Pazifik wiederzufinden.
Erreichbarkeit: Der Hauptort der Insel, Maragat, hat Verbindung mit Matnog.
Beste Monate: 3-6.
Karte: 4219.

Suche und Erkennung

Bevor die Suche vor Ort beginnt, müssen wir noch lange in der Theorie verweilen. Literatur und Seekarten wollen studiert, Archive durchforstet, Hypothesen aufgestellt sein. Und schließlich erhalten wir, nachdem wir geduldig Steinchen für Steinchen zusammengesetzt haben, vielleicht einen kompletten Überblick. Dort könnte, sollte, *müßte* das Wrack eigentlich liegen...
Bevor wir jedoch ins nasse Element eintauchen, mag sich ein Blick in die lokale Szene als lohnend erweisen. Zwar ist das wenige, das der Volksmund zu berichten weiß, gerade auf den Philippinen stets dermaßen mit Legende, Aberglauben und Selbstersonnenem durchsetzt, daß sich selten genug etwas damit anfangen läßt. Typischerweise wird auch jedes unter Wasser gefundene Objekt, und sei es so moderner Herkunft wie ein versunkener Außenborder, erbarmungslos einer »Galeone« zugeordnet. Doch manchmal ergeben örtliche geographische Bezeichnungen wertvolle Hinweise. So ist der Ortsname *Salvacion* (= Rettung, Erlösung) häufig auf den Philippinen anzutreffen. Und obwohl ihm vielfach ein religiöser Sachverhalt zugrundeliegt, läßt sich mitunter die geglückte Landung einer schiffbrüchigen Crew zurückverfolgen. In der bikolanischen Sprache Südluzons heißt *sinactán* »verletzen, Schaden zufügen«. Ein Kap dieses Namens findet sich nahe der vermuteten Unglücksstelle der *Espíritu Santo* auf Catanduanes - vielleicht kein bloßer Zufall. Über *la hora daba* - »die Stunde schlug« - sprachen wir schon; dies ist womöglich ein ganz massiver Hinweis. Und daß der zweiten *San Andrés* eine Insel zum Schicksal wurde, die dann nach ihr benannt wurde, klingt im Zusammenhang auch irgendwie logisch.
Manch einer, der sich die Wracksuche nicht gerade zum täglichen Brot erkoren hat, malt sich eine versunkene Galeone gern nach Hollywoodmanier aus: Pittoresk, weil noch weitgehend intakt, mit leichter Schlagseite auf weißsandigem Boden ruhend; hier und dort liegt ein Schatzkistchen verlockend zum Zugreifen bereit, bealgte Takelage wabert durch das Zwielicht, und in den leeren Fensterhöhlen wohnt das Grauen...
Nichts könnte weiter von der Realität entfernt sein. Der überwiegende Teil der verlorengegangenen Galeonen wurde von Stürmen buchstäblich zu Kleinholz zerschlagen. Und was noch einigermaßen unversehrt geblieben war, versank in den Fluten und wurde bald von Sand überhäuft und von Korallen durchwuchert. Bohrwürmer zerwabten wie Käsemaden das Holz, elektrolytische Prozesse dezimierten die Metalle, und mechanische Kräfte zerlegten alles noch halbwegs Intakte in seine letzten Bestandteile. Schon wenige Tage nach dem Schiffbruch beginnt dieses große Nivellieren, das sich dann über Jahrhunderte hinweg fortsetzt. Die Spuren, die heute noch auf ein Galeonenwrack hindeuten, sind mitunter mikroskopisch.
Was erhalten blieb, war zwar alles wahrhaft Schwere, Unverrückbare, wie die riesigen Anker, mit denen die Se-

gelschiffe der damaligen Zeit ausgestattet waren. (Wohlgemerkt nicht die Anker*ketten!* Diese kamen erst gegen Ende der Galeonenära zum Einsatz). Es ist jedoch nicht sehr sinnvoll, eine gesunkene Galeone heutzutage nur anhand ihrer Anker lokalisieren zu wollen. Auffällige Objekte dieser Art wurden von den tauchgewandten Filipinos schon vor Jahrhunderten aus der Tiefe gefischt, entweder im Auftrag der spanischen Oberhoheit oder in eigener Regie für ein privates Recycling. Die Dinge, wonach Ausschau zu halten ist, sind vielmehr unscheinbarer Natur. So gibt eine gerade Linie auf dem Meeresboden oder im bunten Gewölk eines Korallenriffs Aufschluß über etwas Menschengemachtes; die Geradlinigkeit ist der Natur fremd. Ein mächtiger Kielbalken, als solcher gar nicht mehr existierend, hat vielleicht den Wuchs der Koralle beeinflußt. Seltsame Ausbuchtungen im ebenen Gelände? Halb vergrabene Kanonen womöglich, deren bleierne Schwere mancher sturmbedrängten Galeone zum endgültigen Verhängnis wurde. Steine, die nicht ins umgebende Bild passen? Dem Wissenden signalisieren die profanen Brocken, daß sie aus dem Kielraum einer Galeone stammen könnten. Die relativ leicht beladenen Silbertransportschiffe glichen ihre Topplastigkeit nämlich mit diesem Ballast aus.

Ein Wrack ist gefunden! Doch ob es sich nun wirklich um eine spanische Galeone handelt oder um ein völlig anderes Fahrzeug - darüber geben erst lange Bergungsarbeiten und wissenschaftliche Untersuchungen Auskunft. Versteht sich, daß nicht nur Galeonen auf den Philippinen zu Bruch gingen! Tausende von chinesischen Dschunken und malaiischen Prauen, japanischen und europäischen Seglern vergangener Jahrhunderte liegen auf dem Seeboden des Archipels, die wenigsten von ihnen

Ballaststeine markieren das Galeonengrab

entdeckt, ganz zu schweigen von gehoben. Millionen und Abermillionen warten noch auf ihren Finder!

Wenn in den letzten Jahren öfter einmal von spektakulären Hebungen die Rede gewesen ist, so sind diese vornehmlich auf immer mehr verfeinerte Explorationsmethoden mit modernster Technik zurückzuführen. Per Zufall wird kaum noch ein Wrack gefunden. Teure Elektronik macht möglich, was vor kurzem noch undenkbar war. Superpräzise Sonargeräte geben kleinste Erhebungen auf dem Meeresgrund getreulich wieder - dieserart wurde die *San Diego* gefunden. Magnetometer, empfindlicher denn je, zeigen große Eisenteile wie Anker und Kanonen zumindest bis in ertauchbare Tiefen an. Zukünftige, rechnergekoppelte Generationen solcher Detektionsmaschinerie werden wahrscheinlich genaue Abbilder von dem geben, was da unten

liegt, und Unterseerobotern die weitere Arbeit überlassen...
Doch der Technik sind Grenzen gesetzt, die paradoxerweise nicht in der Tiefe liegen, sondern im flachen Wasser. Was tief nach unten sank, auf weichem, brandungsfernem Sandboden zur Ruhe kam, das blieb auch vielfach völlig heil. Aus dieser stillen Zone wurde jahrhundertealtes fragiles Porzellan geborgen, das wie frisch hergestellt aussah. Weiter oben jedoch tobt die See, webt die Koralle unermüdlich an einem dicken Grabtuch, das sich nach ihrem Tod zu hartem Stein verfestigt. Einzementiert in fußdicken Beton liegen manche Schätze - nur ein paar Meter unter dem Meeresspiegel, aber wahrscheinlich auf ewig.

Das Gesetz

Jedermann kann sich im Bereich der Philippinen nach Herzenslust auf die Suche nach Galeonenwracks machen, ohne gegen irgendwelche Gesetze zu verstoßen. Sowie er etwas *findet,* ist jedoch sofort der Teufel los. Nicht nur meldet sich dann flugs die philippinische Regierung, in diesem Falle vertreten durch das Nationalmuseum, sondern auch alle erdenklichen Trittbrettfahrer, amtlich oder nicht, und Horden von Abenteurern, die sich auf die Schnelle einen Silberling verdienen möchten. Ganz klar, daß auf die heimliche, also illegale Tour überhaupt nichts läuft. Wenn man den todsicheren Tip an Euch heranträgt, so lehnt wissend lächelnd ab. Das Unvermögen, sich selber die goldene Nase zu verdienen, ist in einer solchen Offerte ja hinreichend reflektiert.
Bergungsunternehmen, gerade was die alten Galeonen angeht, kosten Millionen von Dollar, und der Ausgang ist stets ungewiß. Selbst eine höchst erfolgreich verlaufene Aktion wie die der *San Diego* brachte zwar archäologisch überaus wertvolles Material ein, aber kaum etwas an lachendem Bargeld kam zutage. Indes: Wer in 30 Meter Tiefe vor der Insel Babuyan Grande ein goldenes Kruzifix findet, das mit größter Wahrscheinlichkeit der *San Antonio* des Jahres 1603 zuzuordnen ist, der wende sich ans Nationalmuseum (Fr. Gabriel Casal, Direktor) oder gegebenenfalls direkt an den Autor, der die Meldung in die richtigen Kanäle schleusen wird...
Ist eine historische Wrackstätte erst einmal etabliert, dürfen Außenstehende auf ihr nicht tauchen. Zwar wird man keinem Besucher eine Sightseeing-Tour versagen, aber die Anwesenheit von Fremden kann von den örtlichen Behörden leicht als illegale Schatzsucherei aufgefaßt werden. Das führt eventuell zu Ärger. Wer ein bekanntes historisches Wrack explorieren und fotografieren möchte, sollte immer erst im Nationalmuseum vorsprechen. Man kann nie wissen - vielleicht ergibt sich sogar mal eine Möglichkeit, mit amtlichem Plazet bei der einen oder anderen Expedition mitzumischen, wie ich es früher auch oft genug tat.

Nützliches Vokabular

Ich interessiere mich für die Geschichte gesunkener Schiffe.
Mahílig akó sa kasaysáyan ng mgá lumubóg na barkó.
Haben Sie irgend etwas von alten Schiffswracks in dieser Gegend gehört?
Mayroón ba kayóng alám tungkól sa mgá lumubóg o nawásak na barkó sa lugár na itó?
Wissen die alten Leute hier von etwas?
May alám kayá ang mgá matatandá díto?
Ist hier schon einmal etwas Ungewöhnliches unter Wasser gefunden worden?
Mayroón bang katakatakáng bágay na nakúha búhat sa ilálim ng dágat díto?

Um was handelt es sich?
Anóng kláseng bágay iyón?
Wie steht's mit alten Ankern? Kanonen? Holz? Porzellanscherben?
Mgá lúmang ángkla? Mgá kanyón? Káhoy? Mgá baság na piráso ng porselána?
Wo ist die Stelle? Kann mich jemand dort hinführen?
Saáng lugár? Mayroón ba dítong táong makákapagtúro sa ákin ng lugár na iyón?
Brauchen wir ein Boot?
Kailángan ba nátin ng bangká?
Müssen wir dort tauchen? Wie tief ist es dort?
Ang pagsísid ba'y kinákailángan? Anó ang lálim doón?
Was verlangen Sie für einen Trip dorthin und zurück?
Magkáno ang híhingin ninyóng báyad sa isáng biyáhe doón at pabalík?
Okay, laßt uns fahren!
Síge, táyo na!

Goldsuche

Balítok, buláuan, gintó, mas, oséntа - ein jedes dieser so verschiedenartig klingenden philippinischen Wörter bedeutet dasselbe: Gold!
Hätten die spanischen Kolonisierer ein wenig auf das unverwandte Vokabular geachtet, so wäre ihnen sicher aufgegangen, daß im ganzen Archipel Quellen des edlen Metalls existieren mußten. Sie waren aber vollzeitlich mit ihrem Galeonenhandel beschäftigt und verdienten wohl gut genug daran, um diese potentielle Pfründe vernachlässigen zu können. Goldsuchend im Dschungel und im Gebirge herumzustapfen, lag ihnen ohnehin wenig, und glänzende Paläste zum Ausräumen gab es auf den Philippinen nicht. Zudem waren sie bei ihrer ersten Goldsuche in den Zentralkordilleren auf sehr feindselige Bergbewohner gestoßen und hatten die Lust am Prospektieren schnell verloren.
Tatsächlich weist aber fast jede größere Insel im Archipel stattliche Goldvorkommen auf. Spitzenreiter ist Luzon mit seinen berühmten Goldfeldern in Camarines Norte und eben der Cordillera Central, deren Schätze den Konquistadoren entgangen waren. Dort und in anderen bedeutenden Abbaugebieten geht man dem Erz direkt zuleibe oder gewinnt Gold als Nebenprodukt bei der Kupferverhüttung. Es sind denn auch diese industriellen Produktionsziffern, die in die Statistik eingehen und den Philippinen insofern eine eindrucksvolle Position verschaffen.
Das wahre Potential ist damit jedoch längst nicht ausgeschöpft. Auch zum heutigen Zeitpunkt ist die geologische Erforschung des Landes nur unvollständig vollzogen, das bislang Kartierte noch ziemlich groben Rasters. Zwar liegt diverses ausgezeichnetes Kartenmaterial vor. Doch allein die schwierigen topographischen Verhältnisse der insularen Bergwelt haben eine Wiedergabe der wahren Verhältnisse nicht immer möglich gemacht.
Dadurch erklären sich auch die spektakulären Zufallsfunde, die vor allem in den letzten zehn Jahren gemacht wurden. Jedenfalls steht dem Besucher der Philippinen, der aus Spaß an der Sache auf eine private Explorationstour ausziehen und ein paar Gramm »selbst erarbeitetes« Gold mit nach Hause bringen möchte, auch weiterhin ein riesiges Areal für seinen Forscherdrang offen.
Wiederum sei auch in diesem Kapitel das Abenteuer der *Suche* betont und nicht das der anschließenden kommerziellen Ausbeutung einer Fundstätte, obwohl ein solches Tun unter gewissen Voraussetzungen im Bereich der gesetzlich zulässigen Möglichkeiten liegt. Wieviel wichtiger als die singuläre Zielsetzung der Bereicherung ist indes das freie Leben, in dem die Natur die Gesetze vorgibt, der Fluß die Arbeitsstelle ist, und die Sonne, nicht die Uhr, den Tagesablauf bestimmt!
Natürlich sollte der Goldsucher aber auch solide Kenntnisse der geologischen Grundbegriffe sein eigen nennen, um seine Energie und seine Gerätschaften sinnvoll einsetzen zu können. Denn wenn der Einsatz nicht von geringstem Erfolg gekrönt ist, bekommt das Abenteuer bald einen faden Geschmack.
Wenn ich Euch in diesem Kapitel in die Geheimnisse der Goldgeologie einführe, so dürft Ihr viele Tips erwarten - aber keine Geheimtips! Leute, die Gold suchen, sind traditionell ein verschlossener Haufen. Doch niemandem steht etwas im Wege, in die Wildnis zu gehen und mit einem ganz privaten Geheimtip zurückzukehren!

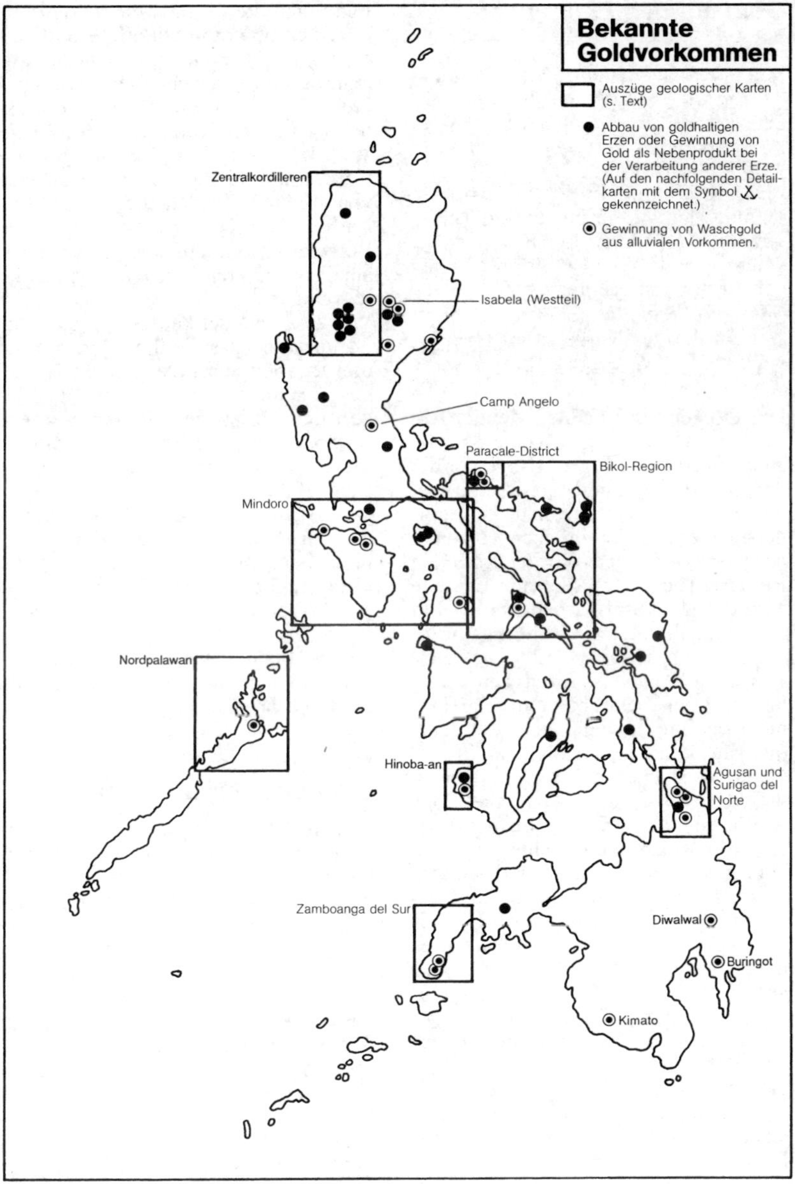
Bekannte Goldvorkommen
Auszüge geologischer Karten (s. Text)
Abbau von goldhaltigen Erzen oder Gewinnung von Gold als Nebenprodukt bei der Verarbeitung anderer Erze. (Auf den nachfolgenden Detailkarten mit dem Symbol ⚒ gekennzeichnet.)
Gewinnung von Waschgold aus alluvialen Vorkommen.
Zentralkordilleren
Isabela (Westteil)
Camp Angelo
Paracale-District
Bikol-Region
Mindoro
Nordpalawan
Hinoba-an
Agusan und Surigao del Norte
Zamboanga del Sur
Diwalwal
Buringot
Kimato

Gold auf den Philippinen

La magior abundantia q sia in questo ysola e de oro mi mostrorono certj valori facendomi segno que in q'lli era tanto horo como li sui capilly...
Das Hauptprodukt der Insel(n) ist Gold. Man zeigte mir einige Täler und gab mir durch Zeichen zu verstehen, daß es dort Gold gäbe wie Haare auf dem Kopfe...
Antonio Pigafetta
Chronist Magellans

Die Existenz des gelben Metalls läßt sich bis in die Frühgeschichte des Archipels zurückverfolgen. Lange vor der Ankunft der Spanier gab es eine Bevölkerung, die sich mit manchem goldenen Zierat zu schmücken verstand, darunter, zum Entsetzen der frommen Eroberer, penisvergrößernde Objekte aus dem edlen Stoff! Auch wurde Gold im Tauschhandel als Zahlungsmittel benutzt und schon vor über tausend Jahren zu kleinen Kunstwerken verarbeitet, deren Schönheit und Raffinement sich im internationalen Vergleich durchaus sehen lassen können.
Natürlich stachen den Kolonialherren diese Gegenstände ins Auge, und flugs wurde eine allgemeine Abgabepflicht für die kostbare Kommodität erhoben. Wie eingangs erwähnt, blieb das wahre Ausmaß der philippinischen Goldvorkommen den Besatzern jedoch glücklicherweise verborgen. Somit kam es nicht zu den blutigen Goldrauschexzessen Süd- und Mittelamerikas, und die Fördertätigkeit hielt sich unter der Ägide Spaniens in relativ bescheidenem Rahmen.
Die systematische Erschließung und Ausbeutung der philippinischen Goldvorkommen begann erst unter amerikanischer Herrschaft. Heute liegt das Land unter den zehn weltgrößten Produzenten etwa im Mittelfeld und fördert, alles zusammengenommen, alljährlich eine gut bemessene Waggonladung reinen Goldes. Doch das ist noch lange nicht das Gesamtbild. In Wahrheit liegt die Goldgewinnung weitaus höher. Dazu tragen Tausende von »Freischaffenden« bei, die in Flüssen und Bächen der archipelagischen Bergwelt mit Goldpfannen und Waschanlagen hantieren. Manche legal, andere weniger.
Wie zu Zeiten der kalifornischen »Forty-niner« ist das Treiben der meisten dieser Abenteurer von einem Hauch des Geheimnisses umwoben. Nur gelegentlich platzt mal einer mit seiner Entdeckung heraus. Und dann gibt es dicke Zeitungsschlagzeilen und einen Run auf die Hügel...
Der Grund für diesen scheinbaren Anachronismus ist die vorerwähnte unvollständige Exploration und die Unzugänglichkeit des Innern vieler Inseln. Doch der Prozeß wird mit Riesenschritten vorangetrieben. Lange Zeit bleibt dem abenteuernden Goldsucher nicht mehr. Dann wird er auch zum Anachronismus.

Geologische Detailbeschreibungen

Es gereicht mir zu großer persönlicher Genugtuung, daß in manchen Gebieten, die ich in der 1983er Erstauflage dieses Buches nach dem Studium geologischer Karten als »potentiell goldführend« aufgelistet hatte, inzwischen mit glänzendem Erfolg nach dem gelben Stoff gegraben worden ist. Ach, hätte ich doch selbst rechtzeitig den Spaten dort angesetzt, die Pfanne geschwungen! Keine Bücher würde ich mehr schreiben, nur noch der Muße frönen...
Im Nachhinein weiß es jeder Goldgräber und -spekulant natürlich besser.

Aber es bleibt unumstößlich, daß das Vorhandensein möglichst detaillierter geologischer Karten die wichtigste Grundlage für eine sinnvolle Explorations- und Schürftour ist. Wer auf gut Glück drauflosgräbt, hat wenig Aussicht, etwas Goldenes zu finden.
Landesweites Kartenmaterial kann man beim *Bureau of Mines* beziehen, das wiederum dem *Department of Natural Resources* in Quezon City angeschlossen ist. Die Detailkarten dieses Kapitels erfüllen jedoch ihren Zweck durchaus. Auf genaue Maßstabgerechtigkeit kommt es im Feld ohnehin nicht an.
Die gepunkteten Gebiete kennzeichnen primär den sogenannten *Basement Complex* aus Metamorphiten. Diese Zone selbst »erzeugt« kein Gold, doch an Intrusionen von Eruptivgesteinen in ihrem Bereich besteht überall die Möglichkeit, auf Vorkommen zu stoßen. Wo immer erkennbar, hat man diese Gebiete geologisch erfaßt; Vererzungen sind dort am häufigsten. Ähnliche Formationen können aber auch an vielen anderen Stellen innerhalb des gepunkteten Bereichs existieren, und ein Goldpotential ist dort (mit Einschluß ausfließender Gewässer) stets zu vergegenwärtigen.
Gleichfalls relativ hoch ist das Potential bei Intrusionen von Eruptivgesteinen in sogenannte undifferenzierte Zonen. Dies ist vor allem in den Zentralgebirgen Nordluzons der Fall, die von Tiefengesteinen neogenen Zeitalters durchdrungen sind. Dabei wurden an vielen Stellen Gangstöcke, Lagergänge und Dome gebildet, alle mehr oder weniger erzführend. Da diese Zonen in Sicht auf mögliche Goldvorkommen mit dem Basement Complex vergleichbar sind, wurden sie in das Punktraster einbezogen. Auch dort ist natürlich den Randgebieten und den ausfließenden Gewässern Beachtung zu schenken.

Agusan und Surigao del Norte
Man sagt, daß Mindanao in Surigao beginnt. In der Tat ist Surigao eine sehr lebhafte Stadt und hat sich in der jüngsten Vergangenheit stürmisch entwikkelt. Dazu haben nicht zuletzt die vielen Erzlagerstätten beigetragen, die es dort gibt: Nickel, Chrom, Eisen - womöglich das weltgrößte Vorkommen - und ansehnliche Quantitäten von Gold.
Kommerziell abgebaut wird Gold in Mabini, Placer, Siana, Sison, Tinabingan und neuerdings Mapawa. Doch kleine Claimeigner und »Wildcatter« gibt es überall. Zentren hektischer Wühlarbeit sind die Orte Mat-i und Togonan im Südosten von Surigao, wo mindestens 2.000 Freischaffende Schaufeln und Pfannen schwingen. Mat-i erreicht man von Surigao aus mit dem Jeepney in 15 Minuten, Togonan liegt noch ein Stückchen weiter. Es gibt auch ein geheimnisumwittertes Vorkommen am Mt. Panlabao rund 35 Kilometer südöstlich von Jabonga am Lake Mainit. Ende der 70er Jahre stie-

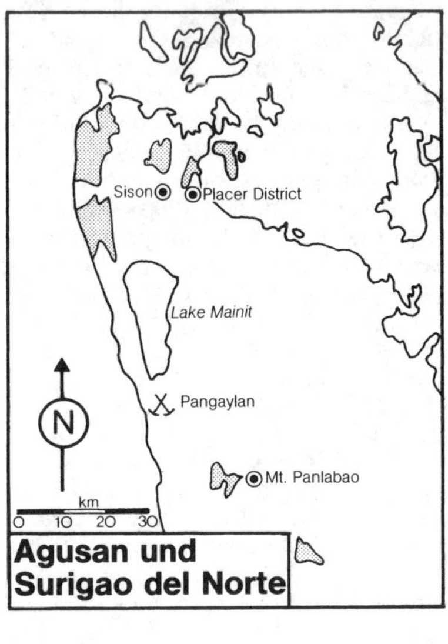

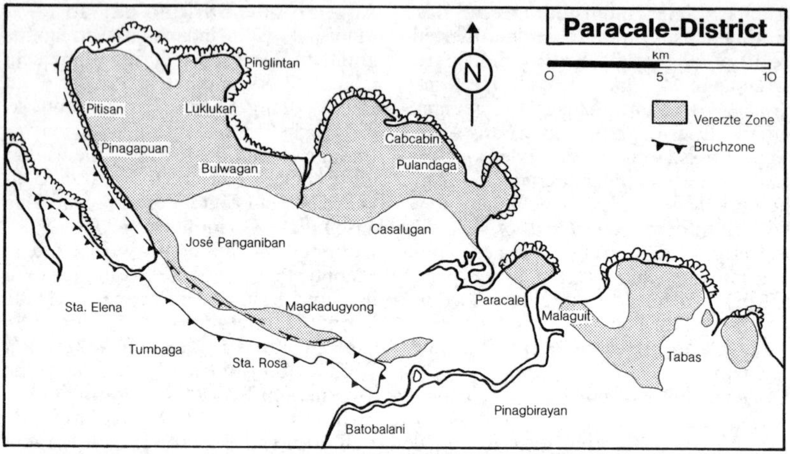

ßen Jäger dort auf einen nuggetführenden Bergbach - doch dann hörte man nichts mehr. Vielleicht mal nachsehen...?
Die Küste südlich von Surigao wird schon hinter Placer sehr einsam. Auf halbem Weg nach Tandag liegt der Mt. Legaspi, 1.200 Meter hoch, an dem sich die holprige Trasse entlangwindet. Der Berg scheint aus reinem Eisenerz zu bestehen, und Gold gibt es zweifellos auch. Darauf weisen die zahllosen Stolleneingänge hin, die die Hänge wie Kaninchenbauten durchsetzen. Oder sollte schon alles abgegrast sein? Jedenfalls war 1991 am ganzen Berg kein Mensch in Sicht.
Achtung: Starke Regenfälle von Dezember bis Februar!

Bikol-Region

Geschichtliche Überlieferungen belegen, daß die Gewinnung von Gold in der Bikol-Region schon zu vorspanischen Zeiten intensiv betrieben wurde. »Gold von den Philippinen« bedeutete vor allem Gold aus Camarines Norte. Chinesische Händler nahmen den edlen Stoff schon im 15. und 16. Jahrhundert gern für ihre Waren entgegen. Eine der ersten Maßnahmen der einrückenden Spanier war die Unterwerfung der Bikol-Provinzen und die Aneignung der Fundstätten von Paracale und Mambulao. Man beschränkte sich bei der Ausbeutung der Minen jedoch darauf, einen Tribut von den Einheimischen einzutreiben, denen es offensichtlich sehr gut ging. »Sie besitzen Vorräte in Hülle und Fülle,« schrieb Guido de Lavezares 1573 an den fernen König von Spanien und fügte geheimnisvoll hinzu: »Und viele Goldminen...«
Doch der Goldabbau in diesen Minen war mühsam und blieb bis ins 20. Jahrhundert hinein auch ziemlich unwirtschaftlich. Erst in den 30er Jahren brachten die Amerikaner einige Betriebsamkeit in die abgelegene Gegend, und unmittelbar vor dem Krieg blühte das verstaubte Goldgräbernest Paracale zu ungeahnter Prosperität auf. 1940 wurden philippinenweit noch 34 *Tonnen* reinen Goldes abgebaut. Dann kam der Krieg, und der Goldpreis fiel. Nachdem noch ein paar halbherzige Versuche gemacht wurden, den Abbau

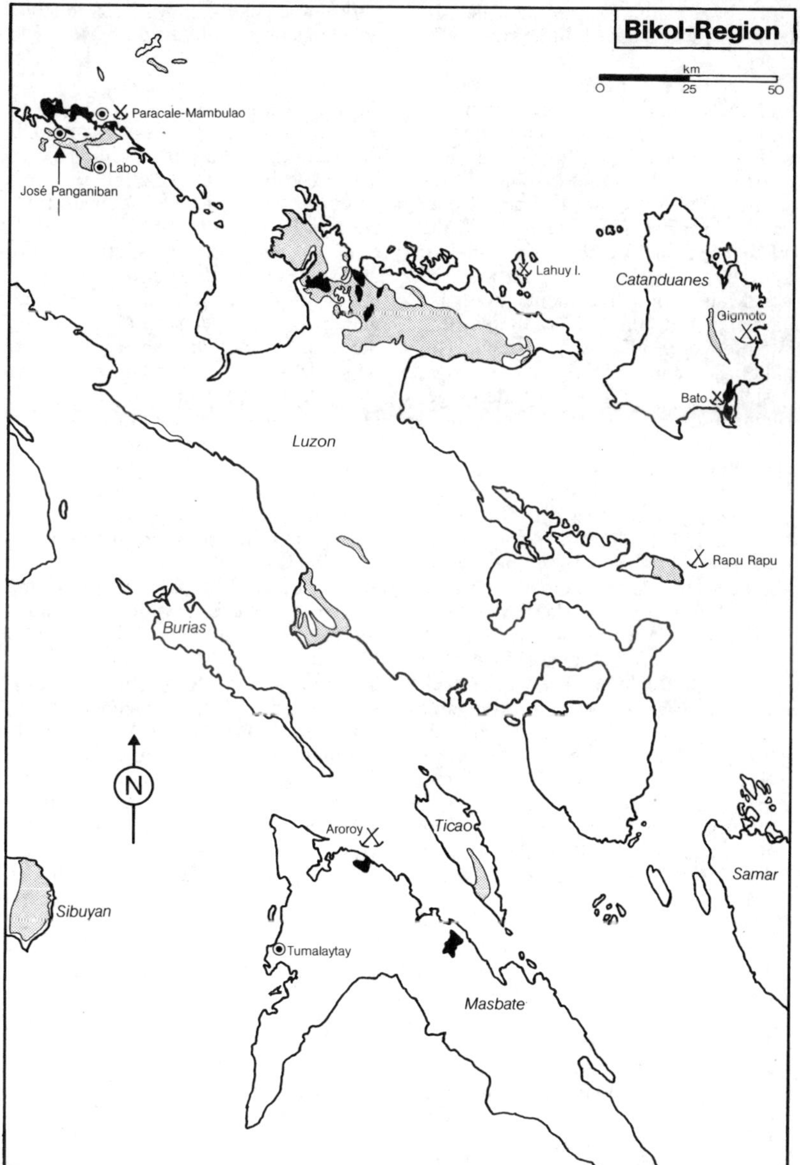
Bikol-Region
km
0
25
50
Paracale-Mambulao
Labo
José Panganiban
Lahuy I.
Catanduanes
Gigmoto
Bato
Luzon
Rapu Rapu
Burias
N
Aroroy
Ticao
Samar
Sibuyan
Tumalaytay
Masbate

aufrechtzuerhalten, legte man die Minen still; die Sache lohnte sich nicht mehr.
Bis vor kurzem dämmerten Paracale und seine Goldfelder in provinzieller Obskurität dahin. Dann kam der gewaltige Aufschwung des Goldpreises in den 70er Jahren und brachte das erstarrte Getriebe wieder in Gang. Heute geht es auf den Hügeln um Paracale, an den vielen Flüßchen und Bächen und sogar am Highway (bei km 315 von Manila) quirliger denn je zu. Da hantieren Jung und Alt, Männlein und Weiblein, mit allen erdenklichen Behältern, da wird geschaufelt, gegraben, gesiebt und - wie in alten Zeiten - geflucht und gejubelt, reich gelebt und arm gestorben.
Der Weg zu einem *kabúd* - Claim auf bikolanisch - scheint hier und da mit Gold gepflastert zu sein. Der Sand schimmert rötlichgelb in der Sonne; immer wieder sprühen metallene Funken aus dem Boden, ziehen sich gleißende Adern in Wasserläufen entlang. Das meiste davon ist Pyrit, dennoch kann nach einem Tag im Feld Erkleckliches zurückbleiben. Den Minenarbeitern und Goldsuchern (darunter auch einige weiße Gesichter) in Paracale geht es wieder gut. Abends fließen im Beerhouse die Getränke in Strömen, werden die Funde des Tages immer gewaltiger. Da kommt es dann auch schnell zum Streit und zum Griff nach dem Messer - Bikolanos sind als besonders hitzköpfig bekannt.
Ruhiger geworden ist es im Westen der Insel Masbate, seit die einst ergiebigen Minen von Aroroy erschöpft sind. In den zahlreichen Bächen zwischen San Isidro und Tumalaytay wird allerdings immer noch nach Restbeständen gesucht. Mitunter erfolgreich, wie es scheint. Denn auch dort, auf Masbate, gerät man sich über einen Claim oft und gern mal in die Haare...
Wer sich über die bikolanischen Goldvorkommen näher informieren möchte, wende sich an das *Bureau of Mines* in Daet.

Camp Angelo

Vor dem Krieg gruben Amerikaner dort nach Gold. Dann geriet die Mine in Vergessenheit. Der Dschungel überwucherte die Waschanlagen und die winzige Landepiste.
1979 erinnerte sich ein Agta-Negrito, daß sein Vater oder Großvater irgend etwas mit der damaligen Sache zu tun gehabt hatte. Er begann an derselben Stelle nach Gold zu graben - und wurde sofort fündig. Prompt setzte wieder einmal ein gewaltiger Rush ein.
Die Lokalität: Am oberen Tanay River, lediglich 70 Kilometer (Luftlinie) von Manila entfernt. Der letzte Jeepneyhalt ist im Barrio Santa Ines (Rizal), dann geht's noch gut einen Tag zu Fuß weiter in Richtung auf den Mt. Angelo (1.315 m).
Zu Beginn der 80er Jahre war in Camp Angelo der Bär los; wilder war's auch im Wilden Westen nie. Filipinos aller Stämme waren dort vertreten und arbeiteten Seite an Seite. Igoroten gruben Stollen in die umgebenden Hügel, Manileños konstruierten Waschrinnen, Dumagat lieferten erjagtes Wild an. Sogar eine »Bar« entstand in kürzester Frist, zu Ehren des einstigen Landestreifens »Landing« genannt. Abends wurde dort auf den Tischen getanzt, mit Goldstaub für den Gin gezahlt, den man auf Wasserbüffeln herangekarrt hatte. Und jeden Tag gab es mindestens einen Toten...
Die Funde sind heute dünn geworden, die Landing verwaist. Doch kaum hatte sich - so gegen 1983 - ein Hauch von Zivilisation in Camp Angelo bemerkbar gemacht, als anderthalb Tagesreisen weiter nördlich, am oberen Umiray River, erneut ein Goldlager entdeckt wurde. Schon ging das Spiel wieder von vorn los.

Und so geht es immer weiter. Die Kette der Goldfunde zieht sich in den westlichen Tälern des Küstengebirges Sierra Madre durch die Provinzen Bulacan, Nueva Ecija, Quirino bis hinauf nach Isabela und Cagayan fort. Für Generationen von Diggern und Abenteurern wird dort noch etwas zu holen sein.

Hinoba-an

Im Dezember 1982 sickerten die ersten Meldungen durch: Im Südwesten von Negros gibt es Gold, viel Gold. Und als dann im Januar die Sensation Schlagzeilen machte, daß ein Filipino an einem einzigen Tag angeblich Gold im Wert von 23.000 Pesos erbuddelt hatte, erlebte das verschlafene Provinznest Hinoba-an einen wahren Goldrush. Über 20.000 Digger suchten ihr Glück an einem 17 Kilometer langen Abschnitt des Bacuyongan Rivers. Und viele fanden es tatsächlich. Andere mußten den Rausch mit ihrem Leben bezahlen. Bereits zwei Monate nach Beginn des großen Runs wurden 17 Opfer gemeldet, durch Erdrutsche lebendig begraben oder beim Streit um Claims erschlagen.

Das beste Geschäft am Ende des Regenbogens machten wie üblich die Aufkäufer, Zubringer und Versorger, die das Dörfchen Nauhang etwas nördlich von Hinoba-an in einen quirligen Umschlagplatz mit Wildwestcharakter verwandelten. Dann, nachdem fast schon frühkalifornische Verhältnisse eingetreten waren und das ganze Gelände einer zerklüfteten Wüste glich, griff die Regierung ein. Mittlerweile hatte man nämlich amtliche Probebohrungen bis auf 300 Meter angestellt und war zu einem Ergebnis gekommen, das alle Erwartungen übertraf. Unter der Region Hinoba-an liegt offenbar ein gewaltiger Batholith. Auf zehn Millionen Tonnen Gestein mit einem Goldgehalt von drei Gramm pro

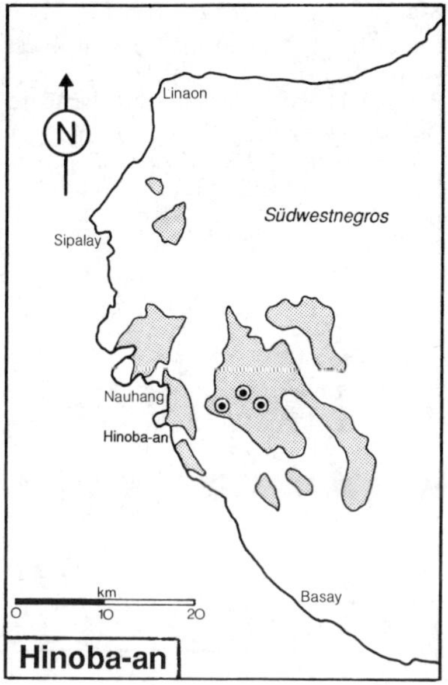

Tonne schätzte man das Vorkommen, das heute staatlicherseits ausgebeutet wird.

Also »aus« für den abenteuernden Digger? Wer weiß? Die Karte von Südnegros weist noch einige weitere bunte Kleckse auf, die das große Glück verheißen mögen...

Mindoro und Umgebung

Nomen est omen. Mindoro leitet sich ab vom spanischen *mina de oro* = Goldmine. Zwar hat Mindoro nie mit spektakulären Funden von sich reden gemacht, doch es läppert sich. An der Nordküste der Insel gibt es kaum einen Wasserlauf, der Gold nicht in irgendeiner Form mit sich führte, vorwiegend allerdings als hauchfeinen, sehr arbeitsintensiven Staub. Sogar ein paar Kilometer südlich des Touristenmekkas Puerto Galera wird aus Gebirgsbächen Gold gefördert. Clevere (deut-

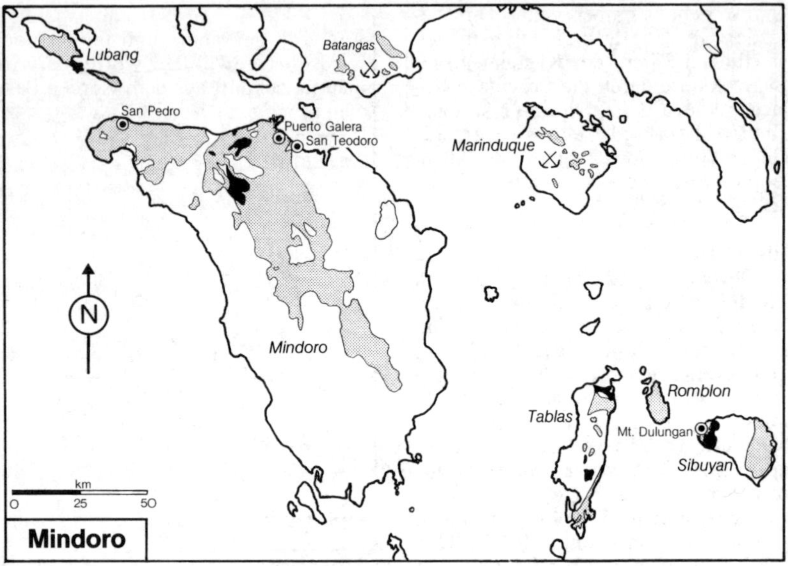

sche) Manager machten sich in den frühen 80er Jahren dort die Abenteuerlust ihrer Kunden zunutze und luden zu Expeditionen an Flußläufe, die sie zuvor sorgfältig mit ein paar Mininuggets gespickt hatten.
Und dennoch. In den Bergen westlich von San Teodoro erarbeiten mehrköpfige Mangyanenteams durchschnittlich 1.000 Pesos pro Tag aus einem Pothole - ganz schönes Geld für die Philippinen. Im Jeepney von Puerto Galera nach Calapan schwatzen Marktweiber lässig über Produktionsziffern, wechseln kleine Nuggets den Besitzer. Geringe Mengen Gold werden auch in den Flüssen der Gemeinden Abra de Ilog (Sitio San Pedro am Nordabhang des Mt. Calavite), Baco, Binaybay, Bongabong und Magasawan Tubig gefördert - überall gerade so viel, daß sich ein kommerzieller Einsatz nicht lohnt. Fast alle Vorkommen werden von Mangyanen bewirtschaftet, bei denen man schon mal mitmachen kann. Ein ideales Betätigungsfeld für den Amateurprospektor!
Im weiteren Umfeld Mindoros existiert Gold in Südbatangas und auf Marinduque; potentielle Vorkommen gibt es im Ostteil von Lubang und an mehreren Stellen im Romblon-Archipel, darunter vornehmlich auf Sibuyan.

Nordpalawan

Auch zu Ausgang dieses Jahrhunderts bleibt Palawan eine der relativ wenig erforschten Inseln des philippinischen Archipels. Und das geht ganz besonders die insulare Geologie an!
Ein ungefährer Überblick besteht jedoch. Mancherorts werden Erze mit gutem Erfolg abgegraben, so in Rio Tuba im tiefen Süden, wo in großem Stil Nickel gefördert und nach Japan verschifft wird. Der »zuständige« Mt. Matalingahan ist ein einziger riesiger Erzklotz, und interessante Mineralien las-

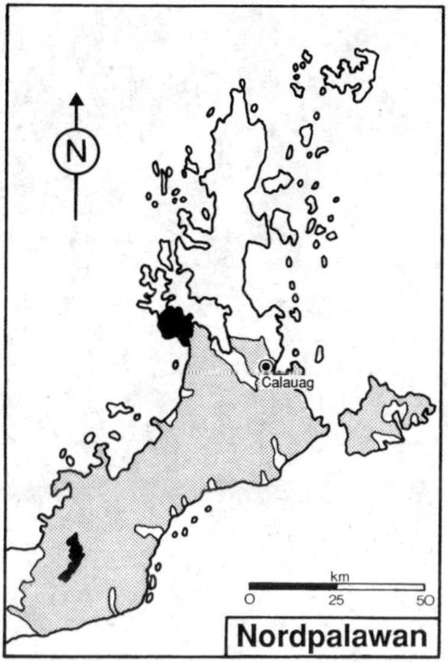

sen sich dort finden. Die geologische Struktur der Gegend schließt Gold aber so gut wie gänzlich aus.
Der Norden Palawans ist insofern ergiebiger. Neuerdings jedenfalls. Dort trafen meine Voraussagen voll ins Schwarze. In der ersten Ausgabe dieses Buches stand nämlich zu lesen: »Vorkommen von Gold sind bisher nicht bekannt, aber die Wahrscheinlichkeit ihrer Existenz ist hoch. Geologisch ähnelt der Aufbau der besprochenen Region stark dem Nordteil Mindoros: Überwiegender *Basement Complex* mit örtlichen Durchbrüchen von alten Eruptivgesteinen. Ein hohes Potential existiert vor allem in der Nähe der Cleopatra Needle und am Mt. Capoas. Andere, noch nicht erfaßte Gebiete dieser Beschreibung existieren mit Sicherheit an weiteren Stellen des zentralen Berglandes...«
In der Tat. 1991 wurde längs der Straße auf halben Wege zwischen Roxas und Taytay in einem Bachbett sehr erfolgreich gegraben, und immer noch wird dort gewühlt. Zweifellos wird man in Zukunft aus dem Norden Palawans noch einiges hören.

Ostmindanao

Die Erstauflage dieses Buches ging gerade in den Druck, als in der Nähe von Moncayo, etwa 120 Kilometer nördlich von Davao, ein bombiger Goldfund getätigt wurde. Innerhalb kurzer Frist bevölkerte sich die abgelegene Bergregion am oberen Tagum River mit über 75.000 Abenteurern - ungefähr so viele wie zu Tagen des kalifornischen Goldrauschs, aber eben auf kleinstem Raum. Das konnte kaum gut ausgehen.
»Mt. Saudi-Diwalwal« tauften sie den etwa 1.200 Meter hohen Berg, der bald aussah wie ein Schweizerkäse: *Saudi,* weil er Geld versprach, *Diwalwal,* weil er fürchterliche Knochenarbeit verhieß. »Hängende Zunge« bedeutet das Wort im philippinischen Slang. Mindestens 15 Kilo reines Gold schaufelten die Digger täglich aus einem verzweigten Schacht- und Tunnelsystem, das sich völlig ungesichert tief durch das Innere des Berges zog.
Doch die reiche Beute hatte ihren Preis. Nicht nur blieb, von einigen wenigen Glücklichen abgesehen, unter dem Strich für den einzelnen ein lächerlich geringer Posten übrig. Hunderte von Männern verloren auch ihr Leben bei Tunneleinbrüchen und in Erdrutschen. Rettungsversuche wurden gar nicht erst gestartet. Und sollte man die Opfer etwa noch beisetzen? Erstens war das Gold wichtiger als ein paar namenlose Dahergelaufene, und zweitens waren sie ja eh schon begraben. Das Treiben nahm endgültig wüste Züge an, als Ferdinand Marcos im Februar 1986 entthront wurde und das Land verließ. Mangels jeglicher Regierungskontrolle mischten jetzt Armeeangehörige, kom-

Einfache Goldwaschanlage in tiefer Dschungelwildnis

munistische NPAs, Moro-Fighter und Kriminelle am Saudi-Diwalwal mit und trieben die Verlustzahlen weiterhin eindrucksvoll in die Höhe. Schwere Regenfälle, eine Spezialität der Region, führten überdies zum Zusammenbruch jeglicher Hygiene, mit tödlichen Krankheiten im unmittelbaren Gefolge.

Wer sich angesichts dieser Verhältnisse zum Werfen des Handtuchs veranlaßt sah, kein Stück vom Kuchen abbekommen oder seine Gewinne verspielt hatte, versuchte sein Glück aufs Neue in der Nachbarschaft. In den Black Mountains im Hinterland von Pantukan, Davao City gegenüber an der Ostseite des Golfs gelegen, war 1983, kurz nach dem Fund von Monkayo, ein weiteres sagenhaftes Goldland entdeckt worden. Dort, bei Boringot, etwa 35 Kilometer landein, schwärmten schon bald 50.000 Miner über die dschungelbestandenen Berge. Leichter hatten sie es auch in den Black Mountains nicht. Um überhaupt nach Boringot zu gelangen, mußten sie allein mehrmals »Wegezoll« bezahlen: An diverse Uniformierte, an Mansaka-Stammesleute, an Holzkonzessionäre. Und natürlich forderten auch die Tunnelsysteme die üblichen Opfer. Im großen und ganzen ging es in Boringot jedoch etwas zivilisierter zu als am Diwalwal. Es gelang den Minern später sogar, sich zu organisieren und ein ganz brauchbares Verteilersystem zu entwickeln.

Inzwischen ist an beiden Orten relative Ruhe eingekehrt. Aber wann und wo bricht es wieder los? Der explosive Verlauf der Dinge in Diwalwal und Boringot ist urtypisch für die Philippinen. Unbedarfte *Tenderfeet* sollten darauf achten, beim nächsten Ausbruch nicht in die Gefahrenzone zu geraten.

San Ildefonso Peninsula

Die genannte Halbinsel hängt wie ein Wurmfortsatz an der Ostflanke Lu-

zons; sie ist Bestandteil der Provinz Aurora.
Zum Festland hin schließt die bergige und bewaldete San Ildefonso den Casiguran-Sund ein, eine lange und schmale Bucht, an deren oberem Ende ein gleichnamiges Städtchen liegt. Ein paar Kilometer östlich davon windet sich ein Bach die Berge hinab; ein schmaler Pfad zieht sich seinen Verlauf entlang und kreuzt ihn mehrere Male.
Folgt man diesem Pfad, so hört man bald das Klirren von Schaufeln und anderen Gerätschaften im dichten Wald. An einem Abhang im Dschungel reiht sich ein Pothole ans andere, graben schlammbedeckte Wildcatter unter Felsen und tiefen Baumwurzeln und wuchten schwere Eimer ins Freie. Mit sehenswerten Ergebnissen. Jede Pfanne »zeigt Farbe«, meistens sogar Nuggets von der Größe eines Reiskorns. Hat die San Ildefonso, 30 Kilometer lang und geologisch kaum erforscht, vielleicht auch an anderer Stelle so etwas zu bieten? Denkbar wär's schon...
Ausgangspunkt ist die Stadt Baler, die mit Manila Busverbindung hat.

Zamboanga del Sur

Das gesamte gebirgige und dicht bewaldete Rückgrat der Zamboanga-Halbinsel im Südwesten Mindanaos besteht aus Basiskomplexgesteinen und ist somit stark »goldhöffig«, wie der Fachmann sagt. Aktiv abgebaut wird Gold bei Curuan und Bungaiao an der Morogolfküste und bei Mahayag im Mittelteil der Provinz. 1980 stand die Region im Blickpunkt nationalen Interesses, als Tausende von »wilden« Goldsuchern über die Flußläufe des Curuan-Bungaiao-Gebietes herfielen, die bereits mit den Claims einer großen Minengesellschaft belegt waren. Die Eindringlinge, die sich daraus nichts machten, wurden schließlich mit Militärgewalt vertrieben.

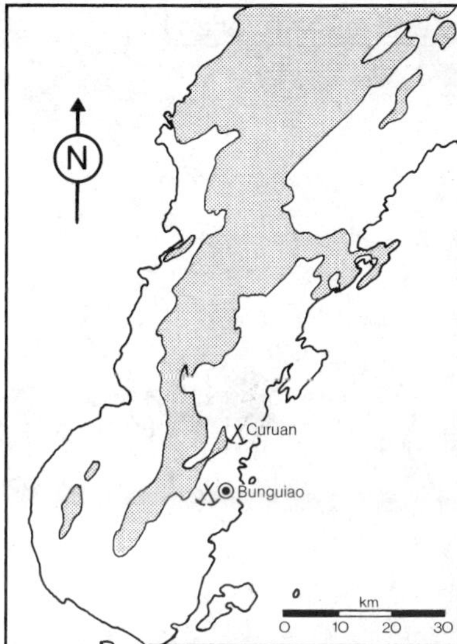

Zamboanga del Sur

Die unwegsame und immer noch weitgehend unerschlossene Provinz mit ihren herrlichen Dschungeln und wilden Wasserläufen ist nicht nur gold-, sondern auch sehr abenteuerhöffig. Daß die Wälder noch so intakt sind, hat nämlich einen ganz bestimmten Grund. Viele Jahre lang hatten dort Aufständische verschiedener Couleur das Sagen, und ließen keinen Holzschlag zu. Wirklich befriedet ist die Region immer noch nicht ganz. Wer sich dort etwas Gold erabenteuern möchte, erkundige sich zunächst einmal bei den Behörden in Zamboanga City diskret nach dem neuesten Stand der Dinge.

Zentralkordilleren

Aus den zentralen Gebirgen Luzons förderten die Igoroten schon längst Gold, bevor die spanische Kolonialmacht überhaupt ihre Existenz erahnte.

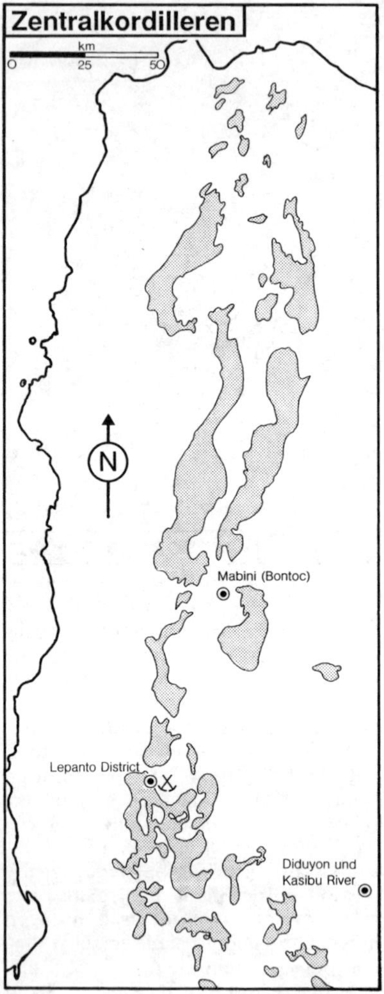

1634 stellte eine Vorhut der Konquistadoren staunend fest, daß dort eine regelrechte Industrie betrieben wurde. Ein Bein an Deck bekamen sie aber nicht, denn die Igoroten konnten verteufelt gut mit der Kopfaxt umgehen.

Die Schürftätigkeit ist seither weitaus intensiver geworden. Heute werden die meisten Lagerstätten industriell ausgebeutet. Die Provinz Benguet gilt als größter Goldlieferant des Landes.
Bekannte Vorkommen befinden sich bei Boneng, Gumatdang, Lepanto, Padcal, Sangillo, Suyok, Tuba und Tublay sowie bei Mainit in der Mountain Province. Das gesamte Gelände nordöstlich von Baguio ist goldträchtig. Deshalb sieht man dort an manchen Stellen schon mal Goldwaschanlagen in den Wasserläufen oder einen Angehörigen der Bergstämme mit der Goldpfanne hantieren. Erhebliche Aufregung gab es in den 70er Jahren, als am Diduyon und Kasibu in Nueva Vizcaya Funde von scheinbar glorreichen Proportionen gemacht wurden. Innerhalb kurzer Zeit wimmelte das kaum zugängliche Gelände wie ein Ameisenhaufen von Glücksrittern, dann, wie üblich, wurde es wieder still um das Eldorado.
Doch wer weiß, wo sich die nächste Goldgrube auftut? Große Teile der Zentralkordilleren sind nur dünn erforscht. Die Provinzen Abra und Kalinga-Apayao im Norden gelten immer noch als gefährliches Niemandsland, in das seit vielen Jahren kein Geologe den Fuß gesetzt hat. Dort wartet das Abenteuer - aber in ganz schön geballter Form.

Gold und seine Geologie

Während Gold in seiner verarbeiteten Endform für jedermann ein Begriff ist, sieht kaum jemand das Metall einmal so, wie die Natur es schuf. Man hat zwar schon etwas von »Goldadern« raunen gehört, aber damit erschöpfen sich die Kenntnisse...
In kleinster Form, als Isotop, existiert Gold, zusammen mit anderen Elementen, annähernd überall auf der Erde. Sogar unser Körper enthält eine Prise

davon. Es ist jedoch unsagbar fein verteilt: Aus einem Kubikkilometer Seewasser mit einem Gewicht von einer Milliarde Tonnen ließen sich (mit ungeheurem technischen Aufwand) gerade einige wenige Gramm extrahieren. Um billiger davonzukommen, müssen wir die Konzentrationsprozesse der Natur überlassen - und die leistet insofern Erstaunliches.

Typischerweise beginnen diese Vorgänge mit einem magmatischen Durchbruch aus der Tiefe in die Oberflächengesteine - ein alltägliches Vorkommnis unter unseren Füßen und besonders häufig dort, wo sich, wie im Kellergeschoß der Philippinen, kontinentale Driftplatten ständig aneinanderreiben. Hitze und chemische Einwirkungen setzen dabei Gase und Flüssigkeiten in großen Mengen frei. Diese Substanzen enthalten Gold und andere Elemente in der beschriebenen feinen Verteilung, aber weil die Prozesse sich ständig wiederholen, wird sozusagen immer wieder »nachgefüllt«. Man schätzt, daß bislang gerade zehn Prozent allen Goldes der Erde durch Menschenhand abgebaut worden sind - und selbst die gehen ja nicht verloren, sondern finden immer wieder neue Kreisläufe.

Mitunter erreicht das Magma die Erdoberfläche und wird dort ausgestoßen, wobei das begleitende hydrothermale Lösungskonzentrat verpufft. (Vulkanasche und Lava enthalten deshalb, wohlgemerkt, auch so gut wie kein Gold). Anders gestalten sich die Vorgänge, wenn, was viel öfter geschieht, die Magmasäule auf dem Weg nach oben steckenbleibt und schließlich zu erkalten beginnt. Die heißen Gase und Flüssigkeiten, die unter höchstem Druck bis in die feinsten Spalten und Ritzen des umliegenden Gesteins gepreßt worden waren, kühlen jetzt ebenfalls ab und schlagen kristalline Kondensate nieder. Ein *Gangstock* oder *Eruptivgang* (falls sehr groß: *Batholith)*

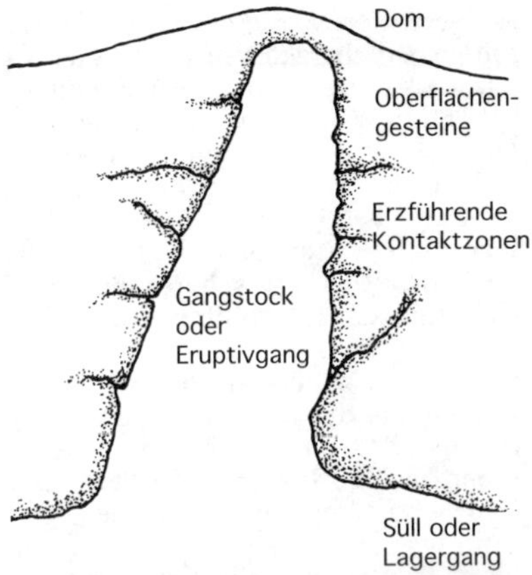

hat sich gebildet, entlang dessen *Kontaktzonen* mit dem umgebenden Gestein Ablagerungen von Metallen und anderen Substanzen entstanden sind, darunter - keineswegs immer - auch von Gold.

Der Untertageabbau von goldhaltigem Gestein findet tief unten entlang der erzhaltigen Umgebung der Eruptiv- und Lagergänge statt, deren Lage man zuvor durch aufwendige Explorationsmethoden festgestellt hatte. Wer da nicht mithalten kann, muß den nächsten Schritt wiederum Mutter Natur überlassen. Indem er nämlich an der Oberfläche nach Stellen Ausschau hält, an denen jahrhunderttausendelange Umwälz- und Abtragungsprozesse die Tiefengesteine freilegten. Viele Berge der Neuzeit sind die Überreste uralter eruptiver Tätigkeit in der Tiefe. Im Gebirge ist deshalb auch die Wahrscheinlichkeit am größten, auf wertvolle Metalle und Mineralien zu stoßen.

Im dortigen Gestein finden sich die bewußten Adern: Bänder, vielfach aus Quarz, mit einer Erznaht. Selbige besteht nun aber in den wenigsten Fällen - manchmal schon - aus reinem Gold. Viel häufiger ist Eisen, und das gewöhnlich in Form von Eisensulfit. Dieses verwittert wiederum zu Eisenoxid mit seinen charakteristischen braunroten Roststreifen. Obschon von enttäuschender Profanität, geben sie dem Goldsucher einen wertvollen Hinweis darauf, daß er sich auf der richtigen Spur befindet. Denn Gold tritt in Adern fast immer zusammen mit Eisen auf. Ist kein »Rost« zu sehen, kann man sich zumeist die Mühe weiteren Suchens ersparen.

Bei der Verwitterung von Eisensulfit zu Eisenoxid wird schweflige Säure frei, die ihrerseits dazu beiträgt, andere metallische Elemente, Kupfer zum Beispiel, aufzulösen und aus dem Gestein herauszuschwemmen. Am Ende dieses Vorgangs bleibt das nichtlösliche Gold als einziges Metall in der Ader zurück - natürlich aber nur, wenn es sich schon von vornherein darin befunden hatte.

Den nächsten Schritt, nämlich die Arbeit des Extrahierens aus der Ader, lassen wir wiederum die Natur tun. Liegt ein Erzband erst einmal frei, gehen chemische und mechanische Kräfte an ihm zu Werk, tragen es allmählich ab und waschen die in ihm enthaltenen Erze zu Tal. Dort, in den Wasserläufen unterhalb der Erzzone, kommt es dann zu einem erneuten Konzentrationsprozeß, mit dem wir uns gleich noch eingehend beschäftigen werden.

Vorerst ist von entscheidender Wichtigkeit, Gesteine nach ihrem geologischen Alter als potentiell goldführend bestimmen zu können, und wenn schon nicht im Feld, dann zumindest auf der Karte. Wie erwähnt, kommen eruptive Auswürfe keineswegs in Betracht, und auch im Korallenkalk brauchen wir offensichtlich keine Zeit zu verschwenden. Um einige elementare Kenntnisse der Erdgeschichte kommt der Goldsucher nicht herum. Was er im mindesten kennen sollte, sind die schweren, kompakten Durchbruchgesteine hohen Alters: Basalte, Gabbro, Quarz- und Granodiorite, Dazite und Quarzmonzonite, deren Vorkommen er den geologischen Karten entnehmen kann.

Unmittelbar brauchen ihn diese harten Nüsse jedoch nicht zu schrecken, denn es ist nicht Sinn der Sache, die Spitzhacke auf sie anzusetzen. Ihm dient das Vorhandensein geologisch alter Eruptivgesteine lediglich zur Beantwortung der Frage, ob sich im Bereich einer aus diesen Mineralien bestehenden Berg- oder Hügelregion vielleicht wertvolle Metalle befinden. Auf dem Umwege der »sekundären Anreicherung« können dann neue Lagerstätten entstanden sein, die ihrerseits eine Untersuchung wert sind. Das Knacken der Gesteine besorgen schon die Elemente. Sie zerlegen den Fels, und sei er noch so hart, mit subtilen (doch in den Tropen ganz besonders tiefgreifenden) Auflöseprozessen in nie endender Kleinarbeit zu Sand und Staub. Falls Gold im Gestein steckt, wird es auf diesem Wege ebenfalls allmählich freigelegt und von Regen, Wind und Schwerkraft zu Tal getrieben, bis es schließlich in irgendeinem Wasserloch zu einem vorübergehenden Stillstand kommt.

Doch die Reise ist hier noch längst nicht zu Ende. Im Gegenteil, an dieser Stelle gerät die Sache eigentlich erst richtig in Bewegung. Man sollte annehmen, daß Gold mit seiner fast 20mal höheren Dichte im Wasser wie ein Geschoß zu Boden sinkt. Das trifft im Prinzip schon zu, aber nur in stehendem Wasser. In der Natur haben wir es aber ja mit ständigen Bewegungsabläufen zu tun. Ein gemächlich mit 1 km/Std. dahinplätscherndes Bächlein vermag bereits Kies von Erbsengröße mit sich zu führen. Bei 10 km/Std. wirbeln Steine vom Format einer Kegelkugel scheinbar schwerelos dahin. Und bei 40 km/Std. geraten Brocken von einer Tonne Gewicht all-

mählich ins Rollen - das alles, versteht sich, von der Wassermenge und Topographie abhängig.
Aber nicht nur das. Eine Eigenart natürlichen Goldes ist, daß es in kleinster Form winzige Schuppen bildet, die im Wasser ganz andere Bewegungen vollführen als sphärische Objekte. Ein solches Schüppchen ist im wilden Sturzbach kaum mehr als eine Schneeflocke im Sturm, die im Verband mit vielen anderen Partikelchen flußab taumelt. Bis irgendwo ein Hindernis den tollen Tanz unterbricht und die Reise zu Ende ist, vielleicht für ein paar Tage, vielleicht für ein paar Jahrtausende. Andere Teilchen gleichen Ursprungs gesellen sich hinzu; eine neue Lagerstätte baut sich auf, um ein Vielfaches reicher und konzentrierter als das Herkunftsgestein. Diese sogenannte alluviale Lagerstätte ist das Endziel des Goldsuchers, denn nur dort vermag er seine bescheidenen Werkzeuge lohnend einzusetzen.

Geländekunde

Die Erfüllung geologischer Voraussetzungen und das Auffinden eines geeignet erscheinenden Wasserlaufs sind noch lange keine Gewähr dafür, daß sich die Gerätschaften des drauflos-werkelnden Goldsuchers jetzt auch mit dem begehrten Stoff füllen. Selbst in einem bekannt goldführenden Fluß muß man wissen, wo man anzusetzen hat, um nicht Tage oder Wochen härtester Arbeit für ein Nullergebnis zu vertun.
Die Suche nach Gold beginnt dort, wo sich die Geschwindigkeit des Wassers verringert. Dort lagern sich die bislang mitgewirbelten Teilchen erstmals ab, die spezifisch schweren goldenen ganz zuunterst. Eine Sand- oder Kiesbank im Fluß weist den Goldsucher immer darauf hin, daß an dieser Stelle ein solcher Prozeß stattfindet (oder stattgefunden hat). Mancher legendäre Fund in vergangenen Zeiten begann am Fuß einer solchen Bank. *Placer* heißt auf spanisch »Sandbank«, und mit *placer mining* bezeichnet man im Englischen eine entsprechende Abbautätigkeit.
Ablagerungen dieser Beschreibung findet man meistens, wo der Fluß sich verbreitert. Doch die Regel ist das nicht. Wer einmal einen Blick auf einen dahinrauschenden Gebirgsbach geworfen hat, wird erkennen, daß Stauungen im Bachbett eher selten sind, daß das Wasser aber trotzdem nicht überall gleich schnell voranfließt. Der Goldsucher muß deshalb lernen, seinen Fluß zu »lesen«, das heißt, Geschwindigkeitsverminderungen des Wassers auch an anderen Stellen zu finden, um gezielt vorgehen zu können.
In der horizontalen Ebene verlangsamt sich das Wasser an Flußkrümmungen, und zwar auf der Innenseite der Kurve. Am Ufer hinter der Biegung mit dem kleinsten Radius findet deshalb die intensivste Ablagerung statt. Die nachstehende Abbildung zeigt das Prinzip dieser Vorgänge. In den gepunkteten Feldern erfolgt maximale Ablagerung.

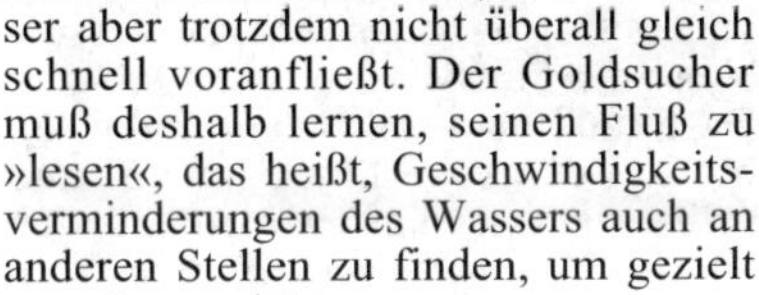

Die Sog- und Druckwirkung des Wassers bewirkt das gleiche in der vertikalen Ebene. In der Strömung mitgeführte Objekte werden durch Verwirbelungen vor und hinter Hindernissen im Flußlauf nach ganz bestimmten Prinzipien deponiert, grundsätzlich aber immer dort, wo das Wasser langsamer fließt. Und dort müssen wir auch mit unseren Suchmethoden ansetzen: An einer Stelle im Fluß, an welcher selbst unter gewaltsamen Verhältnissen eine

Ablagerung vor und hinter Hindernissen

Ablagerung durch natürliche Gradierung

gewisse Verlangsamung der Vorgänge zu erwarten ist. Und dort wiederum möglichst weit unten - vorzugsweise unmittelbar über dem nackten Felsenboden des Flußbettes.

Dazu muß man sich schon mal einen Meter oder zwei hinabgraben, und selbst dann ist der Erfolg natürlich ungewiß. Doch *wenn* der Fluß Gold führt, dann dort am ehesten. Deshalb sollte man auf diese Methode nicht verzichten, allein der Feststellung wegen, ob ein Weitermachen überhaupt lohnt. Das bedeutet in der Praxis eine Menge Arbeit. Aber sie kann ertragreich sein. Sachkenner graben sich von Loch zu Loch flußaufwärts und ziehen anhand der entnommenen Proben Schlüsse daraus, ob sie sich der ursprünglichen Lagerstätte entgegenbewegen oder auf der falschen Fährte sind. Dieses *potholing* genannte Verfahren setzt selbstverständlich einiges an Erfahrung voraus.

Potholing ist keineswegs auf den wassergefüllten Flußlauf beschränkt. Im Gegenteil: Zwar bewirkt das Wasser die Anhäufung von Ablagerungen und ist somit für den Gesamtprozeß unverzichtbar. Doch unterliegt sein Verlauf ja ständigen Veränderungen. Das ursprüngliche »alte« Bett eines Flusses befindet sich womöglich an einer ganz anderen Stelle wie das gegenwärtige; es ist vielleicht völlig eingeebnet oder unter Gesteinsmassen und Vegetation verborgen. Funde von gloriosen Proportionen sind von Goldsuchern gemacht worden, denen es gelang, uralte, längst wasserlose Flußbetten als solche zu identifizieren und dort die Schaufel anzusetzen. Ein geschultes Auge entdeckt in einem solchen »Wadi« auch einen Bruch im Gestein, der seinerzeit dem Wasser eine Art Schwelle entgegenstellte. Dort, am Fuß dieser natürlichen Goldfalle, wartet der Jackpot. Aber man muß halt, wie gesagt, schon einen trainierten Blick dafür haben.

Goldsucher-Technologie

Für den Amateurgoldsucher haben sich die Werkzeuge und Extraktionsmethoden seit 1849, dem Jahr des großen Goldrausches in Kalifornien, kaum geändert. Sein wichtigstes Utensil ist nach wie vor die gute alte *Goldpfanne,* die dereinst aus schwerem Metall gehämmert war, doch heute dankenswerterweise leichten Imitationen aus Hartplastik Platz gemacht hat. Es gibt ausgeklügelte Konstruktionen mit Fangrillen und ähnlichen Raffinessen, doch eine flache Waschschüssel tut es unter Umständen auch und ist zehnmal billiger. Durchaus geeignet ist ein Wok, die chinesische Pfanne, die zudem den Vorteil bietet, daß man nach der Arbeit in ihr seine Mahlzeit bereiten kann.

Hat man vor Ort eine versprechend aussehende Stelle im Fluß entdeckt, so geht der Wasch- und Konzentrationsprozeß wie folgt vor sich:

Die Goldpfanne wird zu drei Vierteln mit Material gefüllt und unter Wasser vorsichtig in kreisende Bewegung gesetzt. Ganz leichte Bestandteile schweben bereits nach dem ersten Eintauchen davon; schwere Steinbrocken sortieren wir per Hand aus. Die Rotations- und Schüttelbewegungen werden darauf mit leichter Schräglage der Pfanne fortgesetzt. Dabei sammelt sich das spezifisch schwere Material am Boden, und das leichte fließt nach und nach über den Rand und wird davongetragen. Zuletzt bleibt nur noch eine Klei-

nigkeit übrig - etwa ein Löffelvoll. Langsam jetzt.
Der Bodensatz besteht überwiegend aus schwarzem Magnetitsand oder Eisenverbindungen in anderer Form, schweren Stoffen halt. Die Trennung von den wertvolleren Bestandteilen des Konzentrats wird mit einem *Magneten* vorgenommen, ebenfalls einem wichtigen Goldsucherutensil. Zweckmäßigerweise wickelt man den Magneten in eine Plastiktüte, damit sich die Eisenpartikel leichter entfernen lassen.
Das verbleibende Konzentrat enthält nunmehr schwere, nichtmagnetische Materialien und hoffentlich auch etwas Gold, das wir in einem späteren Prozeß separat abtrennen werden. Vorerst einmal müssen wir uns noch mit der Frage beschäftigen, wie wir das Gold in der Pfanne überhaupt als solches erkennen.
Ein geschickter Goldschürfer kann mit seiner Pfanne noch wirtschaftlich Partikel erwaschen, die mit dem bloßen Auge nicht mehr wahrnehmbar sind, sondern eine starke Lupe erfordern - die mithin ebenfalls ins Gepäck gehört. Gute Dienste tut auch eine Pinzette mit sehr feinen Spitzen, um ein gelegentlich sichtbares Teilchen aus dem Konglomerat herauszupicken, bevor es verlorengeht. *Pepitas,* kleine Nuggets, sind auf vielen philippinischen Lagerstätten durchaus nicht unüblich. Ich selbst besitze einige von respektabler Maiskorngröße aus den Goldfeldern von Camarines Norte. Schwerere Kaliber sind zwar nicht an der Tagesordnung, aber stellenweise keineswegs etwas Ungewöhnliches.
Es ist jedoch nicht alles Gold, was glänzt - das wird der Neuling im Feld zu seinem Leidwesen schnell erfahren. Einige der häufigsten und unwillkommensten Beimischungen in seiner Goldpfanne sind Eisen- und Kupferpyrite oder Glimmer, letzterer schon dem Namen nach ein Stoff trügerischer Erscheinung. Alle sind ziemlich schwere Materialien, die sich bevorzugt ganz unten in der Pfanne ablagern und den Unerfahrenen mit ihrem Glanz an der Nase herumführen. Im englischen Sprachgebrauch heißt das falsche Glitzerzeug deshalb treffend *fool's gold:* »Narrengold«.
Trotz ihrer Ähnlichkeit mit der einzig wahren Manna weisen Pyrite und Glimmer einige wesentliche Merkmale auf, die sie leicht identifizierbar machen. Sie sind im Gegensatz zu Gold harte, brüchige Materialien, die unter Druck zu Pulver zerkrümeln und selbst unter dem weichen Fingernagel in einen funkelnden Partikelregen zerspringen, bzw. einen Schmierstreifen hinter sich lassen. Gold hingegen ist extrem dehn- und verformbar - bis auf den zehntausendsten Teil eines Millimeters! Es läßt sich von Stahl aufspießen, ohne zu zerbrechen - man erinnere sich auch, daß man früher einmal Goldmünzen durch einen Biß auf ihre Echtheit prüfte.
Am Ende eines arbeitserfüllten Tages steht die endgültige Konzentration des angehäuften Materials mittels des nochmalig eingesetzten Magneten und letztlich mit Quecksilber. Die sogenannte Amalgamierung sollte man aber tunlichst nicht im Feld vornehmen, sondern an einer Stelle nachvollziehen, an der der Umwelt ein Kontakt mit dem teuflisch giftigen Stoff erspart bleibt.
Quecksilber hat die Eigenschaft, sich mit Gold zu einer innigen, aber zugleich unschwer wieder zu lösenden Verbindung zu verknüpfen; man kann fast sagen, daß es Gold »anzieht«. Deshalb wurde das seltsame Element einstmals als wahrer Wunderstoff angesehen - nun, eigentlich immer noch. Ein Goldsucher, der seine Pfanne mit Quecksilber auskleidet, macht die Erfahrung, daß das Objekt seiner Begierde praktisch daran kleben bleibt, wäh-

rend alles andere abgestoßen wird. Quecksilber ist so etwas wie ein Goldmagnet.
Ein hemmungsloser Einsatz der üblen Substanz ist deshalb gängige Praxis in tropischen Goldländern - mit den entsprechenden schweren ökologischen Schäden im Gefolge. Quecksilber ist selbst in kleinsten Dosierungen allem Organischen gegenüber ungemein schädlich. Brasilien machte insofern von sich reden, aber auch die Philippinen. Dort verdienten bei jedem Rush vor allem Chinesen das ganz große Geld, indem sie Quecksilber teuer verund Gold billig aufkauften.
Allerdings kann man Quecksilber auch »sauber« zum Einsatz bringen. Man benötigt für dieses Verfahren ein Tuch aus sehr feinmaschigem Stoff (Chamois) und ein Glasgefäß mit weiter Öffnung. Das Restkonzentrat wird im Verhältnis 1:1 mit dem Quecksilber zu einem dicken Brei verrührt und in das gut durchnäßte Tuch gefüllt. Sinn dieser Maßnahme ist eine möglichst innige Verbindung des Quecksilbers mit den in der Mischung enthaltenen Goldpartikeln. Als nächsten Schritt hängt man den Beutel über Nacht in das Glas, um den größten Teil des teuren Quecksilbers abtropfen zu lassen und zurückzugewinnen. Was im Tuch verbleibt, ist ein Amalgam aus etwas Quecksilber und fast reinem Gold, das jetzt nur noch erhitzt werden muß, um die unerwünschte Restbeimischung zu entfernen. (Vorsicht: Dabei entstehen tödlich gefährliche Dämpfe!) Dann das Endresultat: Ein gleißender Klumpen, Lohn der langen Mühe...

Die Praxis

Die vorstehend dargestellten Verhältnisse sind Idealbedingungen, die man vor Ort selten antreffen wird. Gewiß macht es großen Spaß, in einem klaren Gebirgsbach die Goldpfanne zu schwenken, doch in der Realität geht es viel mühsamer und vor allem drekkiger zu. Keineswegs liegt das Gold überall zum Aufsammeln bereit am Flußufer, sondern es muß meistens, wie bereits geschildert, aus der Tiefe gegraben und zum Konzentrieren ans Wasser herangeführt werden.
Wollte man diese Aufgabe nur mit der Goldpfanne bewältigen, wäre das Ergebnis sehr mager. Der professionelle Digger setzt deshalb eine simple Waschanlage ein, die *sluice box,* die ihm mehrere Arbeitsgänge abnimmt. Es handelt sich um einen länglichen, offenen Holztrog mit einem Sieb am oberen Ende und einem Lattenrost in der »Schleuse«. Darunter liegt eine Lage Jutesack oder ein anderer rauher Stoff.
An solch einer Anlage wird gewöhnlich im Team von mindestens drei Mann gearbeitet. Einer fördert mit Schaufel und Eimer den Dreck aus dem Pothole, der nächste schafft den Eimer zur Box und leert ihn dort aus, ein weiterer füllt Wasser ein und überwacht den Konzentrationsvorgang. Das Sieb sortiert alles Gestein von mehr als etwa Erbsengröße aus, sonst wäre die Anlage schnell verschlissen. Im Lattenrost sammeln sich die Goldkörnchen an, und im Jutegewebe bleiben die ganz kleinen Partikel hängen.
In regelmäßigen Abständen wird die Box ausgeleert und der Inhalt in die Pfanne gefüllt, in der dann die endgültige Konzentration vorgenommen wird.
Oft ist es aus verschiedenen Gründen nicht möglich, Wasser ständig durch diese Anlage laufen zu lassen. Der »Sluice Operator« schöpft vorhandenes Wasser deshalb immer wieder nach und steht dann bald in einem Schlammloch und sieht aus wie ein Erdmännchen. Aber auch das gehört eben zum Abenteuer - sonst können wir uns gleich daheim vor den Fernseher hocken!

Das Gesetz

Wenn von Gold die Rede ist, vermeinen viele Leute offenbar, in einen rechtsfreien Raum zu geraten. Manche, die ich kannte, fanden nicht das Geringste dabei, mit einem Touristenvisum und einem transportablen Saugbagger ausgerüstet in ein fremdes Land zu reisen, um dort die Bodenschätze abzugraben. Man stelle sich vor, ein Ausländer begönne in den Alpen zu wühlen. Die GSG9 würde es wahrscheinlich auf den Plan rufen!
Wahr ist allerdings, daß die Goldgräberszene seit eh und je eine Eigendynamik besitzt, die ein gutes Stückchen jenseits von *Law and Order* liegt. Das gilt auch ganz besonders für die Philippinen, wie die vorstehenden Einzelberichte zeigen. Zumindest im Frühstadium, wenn sich alles auf ein neues Vorkommen stürzt, regiert das Faustrecht. Ein paar Tote mehr oder weniger - na, wenn schon.
Und dennoch. Die Digger sind überall auf der Welt rauhe Burschen, dann aber auch wieder die herzlichsten. Kein philippinischer Goldgräber, der es sich nehmen ließe, einen reichen Fund gebührend und im großen Gästekreis zu feiern. Und wenn der goldene Segen am Morgen verrauscht ist - *bahala na:* was soll's? Es gibt ja noch mehr davon!
Wenn Ihr in diese Kreise geratet, kann es leicht passieren, daß man Euch - vielleicht auf einen kleinen Wink hin (siehe nachstehendes Vokabular) - zum Mitmachen einlädt. Das ist eine große Geste, die man zu schätzen wissen sollte. Immerhin kann es um ganz beträchtliche Werte gehen. Dies ist auch die beste Methode, sich in das Geschehen einzuklinken. Denn der philippinische Staat, verständlich genug, hält nicht viel von ausländischen Besuchern, die sich auf seine Kosten bereichern wollen. Der Fremde, der einem einheimischen Claimowner jedoch bei der Arbeit »hilft«, ihm vielleicht wichtige Gerätschaften (mit Einschluß des bewußten Saugbaggers) zur Verfügung stellt - nun, so ganz legal handelt der zwar auch nicht, aber darüber läßt sich schon hinwegsehen. Immerhin leistet er ja einen gewissen Beitrag. (Für Ausländer mit Residenzstatus gelten andere Regeln; sie haben fast die gleichen Rechte wie Filipinos).
Die philippinischen Behörden haben selbstverständlich das Recht, einem illegal hantierenden fremden Goldsucher das Handwerk zu legen, und sie werden auch Gebrauch davon machen. Der Mann wird verhaftet, seine Geräte beschlagnahmt. Das ist aber noch das kleinere Übel gegenüber den Folgen, die entstehen können, wenn der Ausländer einheimischen Diggern ihre Anteile abspenstig macht oder, sei es aus reiner Unwissenheit, in ihren Claims herumstreunt. Dann kommt das Faustrecht wieder zur Geltung. Der Goldsucher kann von Glück sagen, wenn man anschließend nicht nach *ihm* suchen muß...
Deswegen: Teamwork ist die Devise!

Goldsuche - einmal anders

Weshalb Gold mühsam aus der Natur schürfen, wenn man es auch in Gestalt bereits verarbeiteter Schmuckstücke, in Barren- und in Münzform haben kann? Diese Frage hat sich der *Homo sapiens* wahrscheinlich schon gestellt, seit ihm Gold als Metall bekannt war.
Und das war ziemlich früh. Goldene Ornamente zierten bereits die Bewohner der Stadt Ur, eine der ältesten Siedlungen der Menschheit. Pharao Tutenchamons Sarkophag bestand aus massivem Gold, über eine Tonne schwer. König Gyges von Lydien im heutigen Griechenland gab gegen 650 v. Chr. die ersten Goldmünzen heraus, spanische Eroberer schaufelten in Südame-

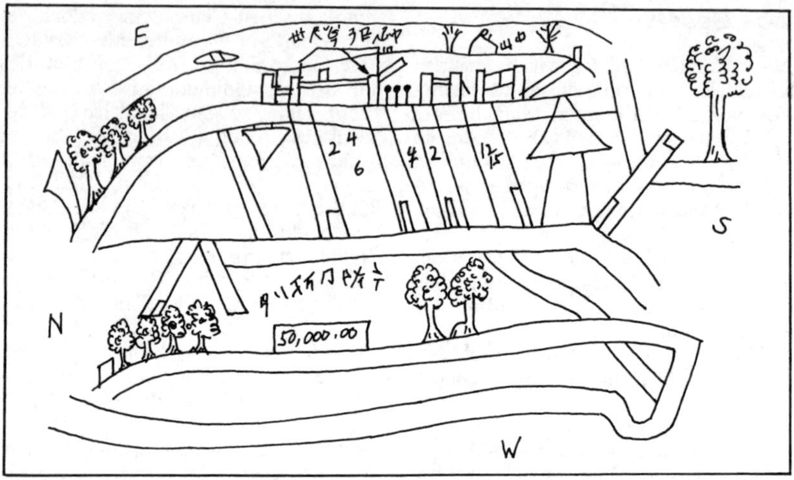

Typische gefälschte Schatzkarte

rika den Stoff wie Dreck zusammen und schickten ihn heimwärts. Mehr als 3.000 *Tonnen* allein gingen ihnen im Verlauf der *Conquísta* so ganz nebenbei verloren.

Märchenhafte Funde sind auch auf den Philippinen gemacht worden. Schon immer war es dort Usus gewesen, VIPs wie Inselfürsten, Häuptlingen und Rajahs mittels kostbarer Grabbeigaben die jenseitige Existenz zu versüßen. Insbesondere im Mittel- und Südteil des Archipels zeigte man sich sehr freigebig. Einer der phantastischsten Schätze dieser Art wurde 1981 durch puren Zufall bei Straßenarbeiten in San Miguel bei Tandag in der Provinz Surigao del Sur freigelegt. Fast 30 Kilogramm herrlicher goldener Schmuckstücke kamen ans Tageslicht. Wunderschöne goldene Objekte aus dem ersten Jahrtausend n. Chr. wurden auch um Butuan gefunden; vieles mehr im gesamten visayischen Raum. Sogar das Touristenzentrum Puerto Galera ist insofern ergiebig. Als bei einem Taifun in den 70er Jahren ein Stück Straße weggerissen wurde, blitzte es golden aus der Erde. Eine wahre Stampede war die Folge...

Wenig Wunder nimmt es daher, daß auf den Philippinen auf Schritt und Tritt nach vergrabenen Schätzen gesucht wird, daß das Tun schon richtige manische Züge angenommen hat. Ferdinand Marcos war einer, der, wie wir heute wissen, für Gold viel übrig hatte. Er schickte philippinenweit ihm ergebene Ortungsteams ins Feld, um nach solchen Schätzen zu forschen. Selbst die philippinische historische Wissenschaft hatte er zu seinen willfährigen Knechten gemacht.

Was im Gefolge dieser Expeditionen wirklich in seinen privaten Schatullen landete, ist bislang unbekannt. Eines ist heute indes sicher. Der legendäre Schatz des japanischen Admirals Tomoyuki Yamashita, den selbiger auf dem Rückzug aus Südostasien auf den Philippinen versteckt haben soll, hat niemals existiert. Perfide, berechnend, fuchshaft schlau wie Marcos war, hatte er schon zu einem frühen Zeitpunkt seines Regimes weltweit das Gerücht gestreut, er habe Teile dieses auf einen Wert von 240 Milliarden Mark bezifferten Schatzes aus privater Initiative entdeckt und an sich gebracht. Dadurch wollte er von dem Umstand ablenken, daß er in Wahrheit die philippinische Staatskasse geplündert hatte - so einfach ist das.

● Weiterhin existieren heutzutage massenweise sogenannte japanische Schatzkarten, die unbedarften Goldsuchern für teures Geld angeboten werden. Sie sind allesamt gefälscht - fallt nicht darauf herein!

Daß es indes »richtige« Goldschätze gibt - daran besteht überhaupt kein Zweifel. Der von San Miguel war mindestens annähernd sieben Millionen Mark wert, andere noch nicht aufgefundene ein Vielfaches mehr.
Nach der gewaltigen Beute des Piraten Limahong wird immer noch gesucht (siehe Kapitel »Wrackexploration«). William Kidd, der englische Freibeuter, soll auf Balabac Island etwas vergraben haben. Vielleicht auch nicht, aber immerhin wurde dort Erstaunliches gefunden (auch Kapitel »Wrackexploration«).

Nützliches Vokabular

Gold. Ist dies Gold?
Gintó. Itó ba'y gintó?
Wird Gold in dieser Gegend (diesem Fluß) gefunden?
Mayroón bang gintó na nakukúha sa lugár (ílog) na itó?
Wo? Können Sie mir die Stelle zeigen?
Saán? Maaári ba ninyóng itúro sa ákin ang lugár?
Wie sieht das Gold dort aus?
Anó'ng itsúra ng gintó doón?
Wie Steine (= Erz)? Wie Staub? Sehr fein? Nuggets?
Párang bató? Párang alikabók? Pínung-píno? Mgá pepíta?
Liegt es an der Oberfläche?
Nakikíta ba iyón sa ibábaw?
Oder muß man sich hinabgraben? Wie tief?
O kailángang maghúkay pailálim? Gaáno kalálim?
Ist es flußaufwärts (flußabwärts)?
Itó ba'y pasalungá (paágos) sa ílog?
Sind Goldsucher dort tätig?
Mayroón ba doóng mgá prospéktor?
Sind Sie derjenige mit Anspruch auf diesen Claim?
Kayó ba ang may-ári ng claim na itó?
Ich interessiere mich für die Goldsuche.
Mahílig akóng mag-próspek.
Kann ich mit Ihnen auf Ihrem Claim zusammenarbeiten?
Maaári ba akóng tumúlong sa clain ninyóng itó?
Ich stelle Ihnen diese Maschine zur Verfügung.
Gamítin ninyó itóng mákina ko.
Auf welcher Basis können wir uns einigen?
Pap'ánong hatián ang náis ninyó?
Wollen wir 50-50 mit meiner (unserer) Ausbeute machen?
Gustó ba ninyóng kalaháti ng makukúha ko (nátin)?
Kann ich dies mitnehmen?
Maaári ko bang dalhín itó?
Wir haben heute gut was geschafft.
Magandá ang resúlta ng áraw na itó.
Kommt, laßt uns einen trinken!
Haliká, uminóm táyo!

Hochseefischen

In einem generell auf die Themen Naturschutz und Artenerhaltung ausgerichteten Buch ein Kapitel zu finden, das sich mit dem Fangen und Töten eines Tieres befaßt, mag zunächst abstoßen und befremden. Nicht ohne Berechtigung hatte Meereskundler und -kenner Jacques Cousteau vor einigen Jahren die zum »Spaß« und »Sport« betriebene Jagd auf die Großfische der hohen See als »pervers« abqualifiziert. Aus gutem Grund auch ist in manchen Ländern der Erde, so in Australien, Südafrika und den USA, die sogenannte Sportfischerei stark eingeschränkt worden, nachdem die Bestände mancher Großfischarten in besorgniserregendem Maße abgenommen hatten.
Doch gemach. Hier soll von etwas ganz anderem als feuchtfröhlicher Freizeitgestaltung, kleinlicher Rekordsucht und albernen Trophäen im Rauchsalon die Rede sein.
Die tiefen, warmen Gewässer rund um den philippinischen Archipel wimmeln von maritimem Großgetier. Allein die Thunfischerträge des Landes zählen zu den größten der Welt. Doch nur wenige Thun- und andere Großfische erreichen heimische Märkte. Exporterlöse, Devisen sind vorrangiger. Oder aber der Fisch wird in großem Stil industriell verarbeitet. Wie es den Filipinos gelingt, auf dem Wege über die Konserve aus dem leckeren Fisch ein derart unschmackhaftes Produkt herzustellen, ist mir schleierhaft. Aber sie schaffen es. Frischer Hochseefisch ist dagegen ziemlich rar und wird immer seltener und teurer. Schuld daran ist unter anderem illegaler Raubbau durch fremde Flotten. Japaner, Koreaner und Taiwanesen machen sich unverfroren in philippinischen Hoheitsgewässern breit und räumen die Bestände mit riesigen Netzen ab. Manchmal sieht man konfiszierte ausländische Trawler in den Häfen liegen, so in Puerto Galera. Doch bei denen handelt es sich nur, sozusagen, um die Spitze des Eisberges. Manilas kleine Navy und Coast Guard kommt gegen die vielen Wilderer nicht an. Einige Uniformierte mischen sogar auf der anderen Seite mit.
Wäre man zumindest so klug, die hochseetüchtigen und gut ausgerüsteten beschlagnahmten Fahrzeuge jetzt für eigene Zwecke einzusetzen! Doch nein, man läßt sie verrotten, vertraut lieber den gewohnten, außerordentlich unpraktischen Großbankas und kehrt mit vergleichsweise bescheidenen Fängen heim. Da Filipinos aber nicht auf ihr heißgeliebtes Meeresprotein verzichten wollen, ist die Konsequenz, daß die ohnehin schon total überanspruchten Küstengewässer und Korallenriffe mehr denn je leergefischt werden. Und zwar mit Methoden, deren Folgen Generationen von Filipinos noch spüren werden (siehe dazu auch Kapitel »Tauchen«). Ein privates Labor, das auf dem Markt von Puerto Princesa die Fische untersucht, berichtete mir (Anfang 1994), daß mehr als die Hälfte des Angebots Spuren des Giftes Natriumcyanid aufwies.
Zwar wird die Jagd auf den Hochseefisch auch von dörflichen Kleinfischern intensiv betrieben. Im Regelfall jedoch mit winzigen Bötchen beschränkter Reichweite, die eine substantielle Beute kaum aufzunehmen in der Lage sind. Oft finden solche Fangfahrten noch unter Segel statt. Für motorisierte Touren fehlt das Geld.
Das bringt der Besucher mit. Nicht nur kann er eine ausgedehnte Expedition finanzieren, er kann auch auf die Beute verzichten - denn was soll er mit einem zentnerschweren Fisch anstellen? Dieserart werden zwei Fliegen mit einer

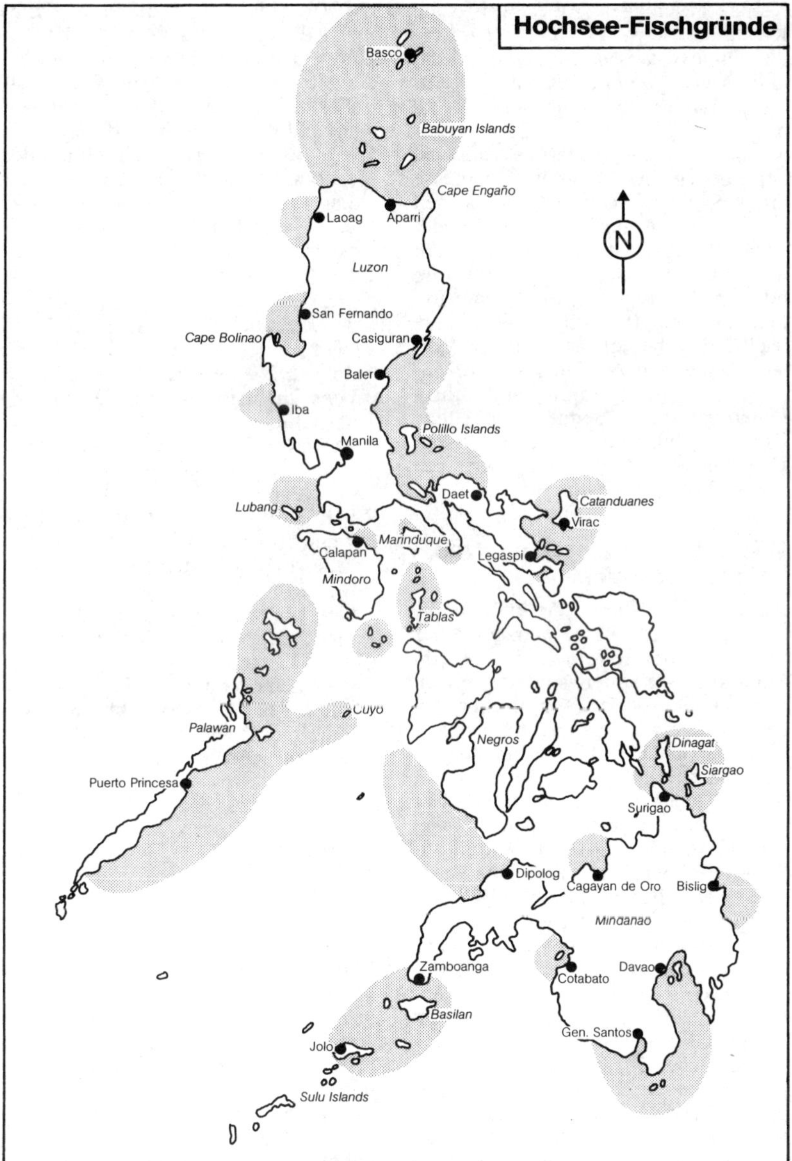
Hochsee-Fischgründe
Basco
Babuyan Islands
Cape Engaño
Laoag
Aparri
N
Luzon
San Fernando
Cape Bolinao
Casiguran
Baler
Iba
Polillo Islands
Manila
Daet
Catanduanes
Lubang
Virac
Marinduque
Calapan
Legaspi
Mindoro
Tablas
Cuyo
Palawan
Negros
Dinagat
Siargao
Puerto Princesa
Surigao
Dipolog
Cagayan de Oro
Bislig
Mindanao
Zamboanga
Cotabato
Davao
Basilan
Gen. Santos
Jolo
Sulu Islands

Klappe geschlagen: Eine touristische Kleinindustrie wird ins Leben gerufen, die einiges Bares in die Kasse bringt, und es gibt, wenn alles gut geht, für viele Münder etwas Substantielles zu essen.
Keiner Erwähnung bedarf es wohl, daß auf einer solchen Fangreise Erlebnisse und Abenteuer im Vordergrund stehen werden. Wer Action fotografieren oder filmen möchte, ist in der Gesellschaft der zähen Burschen, die dem *pating* oder *malasugi* im klapprigen Auslegerboot lediglich mit der Handleine nachstellen, bestens aufgehoben. Voraussetzung sind Ausdauer - denn Motorbankas sind bekanntlich mächtig unbequem - und Geduld: Nicht jede Fangfahrt führt auch zu einem Fang. Und Mut: Rauhe See und großer Fisch sind nichts für Zaghafte.

Wichtige Hochseefischarten; Fangmethoden

Rund zwei Dutzend Arten von Fischen, die für einen Hochseefischer von »kommerziellem Interesse« im Sinne dieses Kapitels sind, bewohnen den Seeraum des philippinischen Archipels. Die wichtigsten sind nachstehend in einigen Details beschrieben.
Um Identifizierungen zu erleichtern, wurden außer den philippinischen Namen auch die englischen und die wissenschaftlichen angeführt. Wie in anderen Sachbereichen zu beobachten, gibt es ganz besonders in der Welt der Fische eine sinnverwirrende Anzahl lokaler Benennungen und terminologischer Überschneidungen. Die hier verzeichneten Namen sind jedoch die landesweit gebräuchlichsten und dürften fast überall verstanden werden.
Ein ähnliches gilt für die aufgeführten Fangmethoden. Zwar ist das Grundprinzip für die meisten Fischarten relativ uniform. Aber jeder Fischer hat natürlich seine höchst private, unfehlbare Geheimstrategie (die Ihr um Himmelswillen nicht kritisieren dürft!).
Und grinst nicht überlegen, wenn ein Angeltag mal leer ausgeht. Euer Gastgeber verliert dann nämlich das Gesicht und ist in seinem Dorf bis in alle Ewigkeit blamiert. (Teilnehmendes Vokabular am Ende des Kapitels).
Wenn Ihr glaubt, es besser machen zu können, so nehmt Euer eigenes Angelgeschirr mit auf die Tour und beweist es!

● Auch nach diesen Ausführungen wird manch einer weiterhin die Hochseeangelei »pervers« und unmenschlich finden. Mit dieser Geisteshaltung wollen wir keinen Hader haben. Hochseefisch, gleich auf welche Art erbeutet, hat aber schon manchem Schiffbrüchigen auf dramatische Weise das Leben gerettet. Nicht nur ist das Fleisch aller nachstehend aufgeführten Fischarten ohne weiteres roh eßbar; es enthält auch (ganz besonders die Augen) überlebenswichtige Süßwasseranteile. Vielleicht bewahrt dieses Wissen den einen oder anderen Philippinenfahrer, dessen Bötchen mit verrecktem Motor in der Wasserwüste treibt, vor dem sicheren Tod.

Alumáhan

Makrele
Mackerel
Scombridae u. a.

Makrelen gibt es in allen philippinischen Gewässern. Sie treten zumeist in großen Schwärmen auf und sind nicht selten in unmittelbarer Ufernähe an Steilküsten und rasch abfallenden Stränden zu finden. Besonders begehrt sind die (separat beschriebene) Spanische Makrele von bis zu 50 Kilogramm Gewicht sowie die Fleckmakrelen *Cybi-*

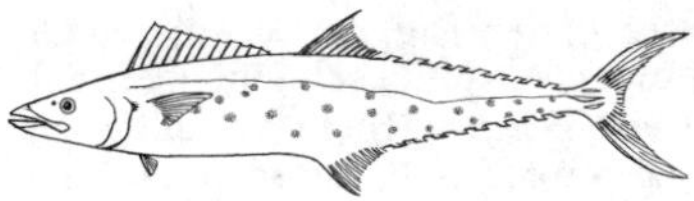

Alumahan
(Cybium queenslandicus)

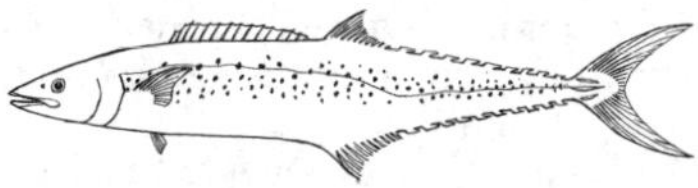

Alumahan
(Sawara niphonia)

um queenslandicus und *Sawara niphonia,* beide bis zu 18 Kilogramm schwer. Beste Fangmethode: Langsame Schleppangel mit Blinker oder Federbusch.
Das Fleisch tropischer Makrelen ist vorzüglich zu essen, gebraten jedoch etwas trocken. Ausgezeichnet als Fischfrikadelle oder als japanisches Teriyaki:
Fisch schuppen, ausnehmen, waschen und abtupfen. Quer in 4 Stücke schneiden, mindestens 30 Min. in folgende Marinade einlegen: ¼ Tasse Sojasauce, ¼ Tasse Sake (gegebenenfalls ein kleiner Schuß Bier), 1 TL brauner Zuk-ker, 2 TL frischer gehackter Ingwer. Auf Holzkohle grillen, dabei mehrmals mit der Marinade bestreichen. Gut mit geriebenem Rettich/Sojasauce oder Gurkensalat.

Barakúda
Barrakuda
Barracuda
Sphyraena barracuda

Barrakudas finden sich vor allem in tiefen Buchten und an Riffkanten. Exemplare von über einem Meter Länge und 30 Kilogramm Gewicht treten manchmal in Erscheinung, sind jedoch eher selten. Größen von rund 80 Zentimeter Länge sind auf den Philippinen normal, als Einzelgänger und in riesigen Schwärmen.
Der Fisch reagiert vorzugsweise auf alles Blinkende, und eine entsprechend bestückte Angel tut gute Dienste. Bessere Erfolgsaussichten hat man mit lebenden Köderfischen oder Plastiksquids bzw. Federbüschen. Barrakudas am Haken reagieren verschieden: Manche liefern einen langen, zähen Kampf, andere sinken schnell dahin. Doch noch im Boot schnappen sie wild um sich - Vorsicht also!

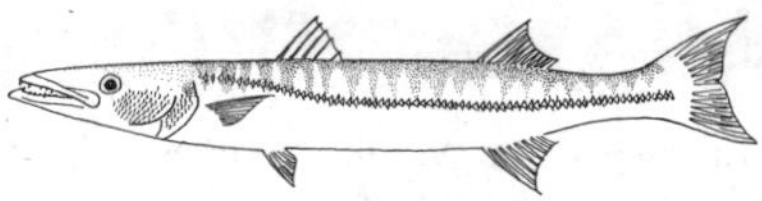

Barakuda
(Sphyraena barracuda)

Das Fleisch des Barrakudas ist nicht von besonders hoher Qualität; außerdem kann es (in sehr seltenen Fällen) auf Umwegen zu Ciguatera (Kapitel »Survival«) führen. Wer auf einer Angelpartie einen Barrakuda erbeutet, sollte das Fleisch vielleicht besser als Köder benutzen.

Boníto
Bonito
Bonito
Sarda sp.

International auch als Pferdemakrele *(horse mackerel)* bekannt. Kräftiger Fisch von bis zu sechs Kilogramm Gewicht, häufig an Riffabbrüchen und steilen Küsten. Fangmethode: Langsame Schleppangel mit lebendem Köder, Federbusch u.ä.
Bonito-Fleisch ist nur mittelklassig, schmeckt geräuchert jedoch ausgezeichnet.

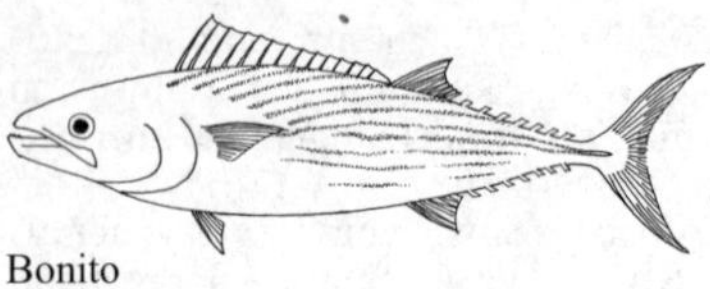

Bonito
(Sarda sarda)

Ähnlich ist der eng mit den Thunfischen verwandte Orientalische Bonito *(Kishinoella tonggol),* der jedoch keine Schwimmblase besitzt.

Buán-buán

Tarpon
Tarpon
Megalops cyprinoides

Tarpons sehen wie überdimensionierte Heringe aus und bewohnen das Küstenvorland in der Nähe von größeren Flüssen und Lagunensystemen, wo sie bis an die Süßwassergrenze vordringen. Große Exemplare werden auf den Philippinen an 15 Kilogramm schwer; Weltrekord (in der Karibik) ist fast das Zehnfache.

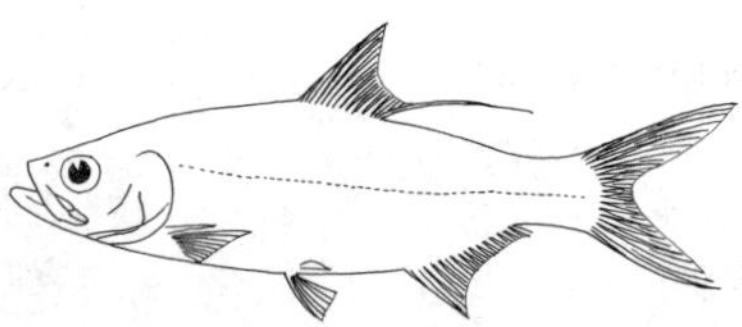

Buan-Buan
(Megalops cyprinoides)

Unter »Sport«-Fischern gilt der Tarpon als wütender Kämpfer, der dem Angler viel Geschick und Sachkenntnis abfordert. Nur einer von zehn gehakten Tarpons wird normalerweise gelandet. Es sind jede Menge Fälle bekannt, in denen es dem Fisch nach einem vermeintlich sicheren Anbiß gelang, sich vom Haken loszuarbeiten. Tarpons legen dabei eine unglaubliche Kraft und Raffinesse an den Tag. Angler sind von ihren eigenen zurückschnellenden Sehnen und Bleigewichten bewußtlos geschlagen worden. Es hat sogar Hochseefischer gegeben - und dies ist kein Anglerlatein, sondern in der einschlägigen Literatur verankertes Faktentum -, die sich dermaßen in den Zweikampf mit dem Megalops engagierten, daß ihnen der abfedernde Arm wegen der stundenlang abgeschnürten Blutzirkulation permanent steif blieb!
Und alles das für eine magere Entschädigung: Tarpon-Fleisch ist von niedriger Speisequalität (voller Gräten). Es gibt jedoch einen erstklassigen Köder für Marlins ab.

Dorádo

Dorade, Goldmakrele
Dolphin fish, dorado
Coryphaena hippurus

Dorado ist ein spanisches Wort und bedeutet »vergoldet«. Eine zutreffende Bezeichnung für die schier unbeschreibliche schillernde Farbenpracht dieses typischen Vertreters tiefer tropischer Meere. Eine geangelte Dorade verzuckt in einem sprühenden Farbenschauer ihr Leben: Blau in allen Schattierungen, phosphoreszierendes Schwarz

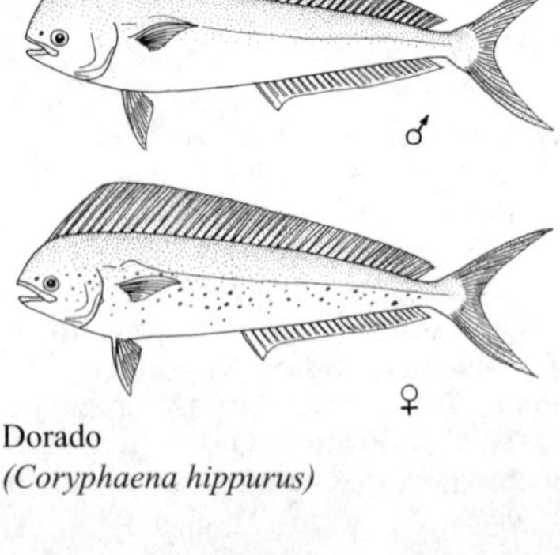

Dorado
(Coryphaena hippurus)

und Grün, herrliches Gold und Silber. Man muß dieses faunatische Kaleidoskop einmal gesehen haben, um daran zu glauben - und um mit Jacques Cousteau zu sympathisieren...
Doch gerade Doraden sind es, die schiffbrüchige Seefahrer am Leben erhalten haben. Sie treten in Gruppen auf, die die Angewohnheit haben, sich um treibende Objekte wie Boote zu versammeln und alles in Bewegung Befindliche in deren Peripherie anzufallen. Langsam geschleppte Köder verschiedenster Beschreibung führen zu gutem Erfolg.
Eine gehakte Dorade ist ein Bilderbuchkämpfer - Pfund für Pfund, und bis zu 100 davon. Wer einen Fisch dieser Art an der Angel hat, muß sich auf stundenlange Aktion gefaßt machen.
Das Fleisch der Dorade ist ausgezeichnet - eines der besten der Welt.

Malasugí
Schwertfisch
Broadbill (swordfish)
Xiphias gladius

Einen Schwertfisch zu erbeuten, ist der Wunschtraum eines jeden Hochseeanglers. Doch der Fang eines Exemplars dieser Gattung ist eine der schwierigsten Aufgaben des Metiers. Nicht nur kommt der Schwertfisch relativ selten vor, sondern er läßt sich auch ungerne in Oberflächengewässern sehen und ist dort ausgesprochen beißfaul. Außerdem begünstigt die weiche Maulpartie des Fisches einen leichten Ausriß des Hakens, den der Schwertfisch mit enormen Kraftakten loszuwerden versucht. Schwertfische sind die Gladiatoren der Meere und gehören zu den stärksten und unermüdlichsten Lebewesen der See. Große Exemplare werden über eine halbe Tonne schwer; philippinische Schwertfische sind durchweg von bescheideneren Abmes-

Malasugi
(Xiphias gladius)

sungen. Ihr Höchstgewicht liegt bei etwa 150 Kilogramm.
Schwertfische, nimmt man an, jagen in großen Tiefen (500 bis 1.000 Faden), kommen jedoch am Tage an die warme Oberfläche, um dort zu verdauen und sich auszuruhen. Nur bei sehr glatter See kann ein Schwertfisch anhand seiner charakteristischen Rücken- und Schwanzflosse (siehe unten) ausgemacht und angegangen werden. Mancherorts greifen Fischer das Tier noch mit der Harpune an, doch wir wollen uns hier auf die Angeltechnik konzentrieren.
Der Trick ist, dem Schwertfisch einen Köder verlockend anzubieten, indem man ihn sozusagen an seiner Nase vorbeistreicht, in der Hoffnung, der Fisch könne der leichten Beute nicht widerstehen. Vorzugsweise benutzt man lebende Köderfische oder sorgfältig aufgeriggte tote und schleppt sie 100 bis 200 Meter hinter dem sehr langsam zwischen der Sonne und dem Schwertfisch dahingleitenden Boot her. Sowie der Köder in den Bereich des Fisches gerät, läßt man ihn absinken (indem man die Fahrt aus dem Boot nimmt) und wartet auf den Anbiß. Erfolgt dieser, müssen rasch etwa 50 Meter Leine ausgesteckt werden, sonst wittert der Fisch den Braten. Sowie die Leine sich jetzt zu straffen beginnt, ruckt der Angler an, um den Haken einzutreiben (muß sein, leider). Bleibt der Fisch am Haken, bahnt sich ein langer Kampf an, der die ganze Kraft und Geschicklichkeit des Anglers erfordert - Duelle von über 15 Stunden sind schon ausge-

tragen worden. Selbst das Boot will während des Gefechts umsichtig gehandhabt werden. Schwertfische, die die unglaubliche Unterwassergeschwindigkeit von über 100 km/Std. erreichen, haben im Zorn dicke Holzplanken und sogar Stahlplatten durchbohrt und sind somit wahrhaft ernstzunehmende Gegner.
Das Fleisch des Fisches ist vorzüglich, besonders gegrillt oder geräuchert.

Malasugí (2)
Marlin
Makaira sp. und *Tetrapturus* sp.

Marlins sind (spätestens nach Hemingways »Altem Mann«) wohl die populärsten Beutefische unter Hochseeanglern. Sie kommen weltweit in tropischen und gemäßigten Gewässern vor. Berühmt sind die Marlins von Kona auf Hawaii und die von Mauritius. Beide erreichen gewaltige Dimensionen.
Der größte Vertreter der Gattung und zugleich das begehrteste Jagdwild aller Meere ist der schwarze Marlin *(Black marlin = Makaira nigricans marlina)* mit bis zu mehr als einer Tonne Gewicht und einer Kampfcharakteristik, die ihm den Titel »Rhinozeros der See« eingetragen hat. Angriffe auf Boote, ja selbst auf Personen in diesen Booten, durch gehakte Fische dieser Art stehen zu Buch. Wer einen schwarzen Marlin am Haken hat, kann sich auf Stunden harten Kampfes gefaßt machen und auf ein Schauspiel, das wie bei allen Marlins grandiose Luftsprünge beinhaltet. Ein surrealer Anblick ist der »Tanz auf dem Schwanz«, bei dem sich das riesige Tier, aufrechtstehend auf seiner durch unbändige Kraft gepeitschten Schwanzflosse, rasend an der Meeresoberfläche dahinbewegt.
Schwarzer Marlin wird vornehmlich an der Pazifikküste des Archipels gefangen. Die besten Monate sind auch

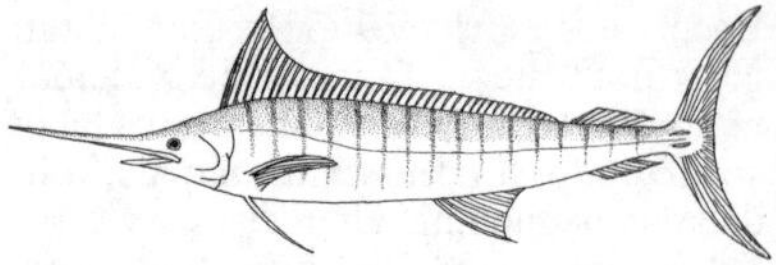

Malasugi
(Tetrapturus audax)

die stürmischsten - Januar und Februar. In jeder Hinsicht eine rauhe Angelegenheit!
Sehr ähnlich ist der blaue Marlin *(Blue marlin = Makaira nigricans anpla)*, das am perfektesten proportionierte Mitglied der Familie und in jeder Beziehung ein prachtvolles Geschöpf. Der Fisch ist von schillerndem Kobaltblau, das wie ein elektrisches Licht »eingeschaltet« und zum Leuchten gebracht wird, sobald das Tier erregt ist. Auch der blaue Marlin kann über 1.000 Kilogramm schwer werden.
Erheblich kleiner ist der gestreifte Marlin *(Striped marlin = Tetrapturus audax)*, gleichzeitig jedoch der wohl wildeste Kämpfer unter allen Hochseefischen. Einmal gehakt, verbringt der »Gestreifte« mehr Zeit in der Luft als unter Wasser, um eine unglaubliche Akrobatik zu vollführen und ein Blau aufglühen zu lassen, das nicht von dieser Welt zu sein scheint. *T. audax* ist mit Abstand der schönste Fisch der Marlingruppe.
Philippinische Marlins haben keine Weltrekordabmessungen. Exemplare von 150 Kilogramm Gewicht sind für dortige Begriffe bereits mehr als stattlich - aber keineswegs sind diese kleineren Vertreter etwa leichter zu erbeuten! Hochseefischer rechnen bei allen Marlinarten vom Anbiß bis zum Einbringen mit stundenlanger Aktion.
Marlin kommt fast überall im Tiefwasser rund um die Philippinen vor. Die besten Fanggründe sind traditionell die Gewässer im Norden von Luzon und dort wiederum die Gegend um Kap San

Vicente an der Nordostspitze. Vom gleichnamigen Ort kann man immer mal mit Marlinfängern ausfahren. Man sollte jedoch penibel darauf achten, daß das benutzte Boot zwei Maschinen hat. Fällt ein Motor aus und ist kein Ersatz vorhanden, treibt das Fahrzeug dort nämlich hilflos ins Leere. 1980 verschwanden ein amerikanischer Angler und seine cagayanische Bootscrew spurlos in den Weiten des Ozeans.
Fangmethode: Zügige (4 kn) Schleppangel mit lebenden Ködern, Blinkern, Plastiksquids oder Federbüschen.
Marlinfleisch ist durchweg ausgezeichnet, am besten als Steak oder geräuchert.

Malasugí (3)
Segelfisch
Sailfish
Istiophorus platyptherus

Auch als *pahabéla* (span.) bekannt. *I. platyptherus* ist das kleinste, aber exotischste Mitglied der Malasugi-Gruppe, dessen pulsierende Farbenpracht, besonders ein tief irisierendes Blau, zu den prächtigsten Anblicken tropischer Meere gehört. Große Exemplare in philippinischen Gewässern erreichen 45 Kilogramm.

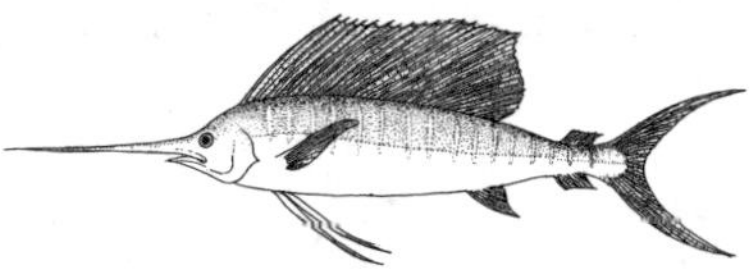

Malasugi
(Istiophorus platyptherus)

Segelfische werden vorzugsweise mit der sogenannten Auslegermethode gefangen, die auch bei Marlins sehr wirksam ist. Die Jagdtaktik der Malasugis besteht darin, einen Einzelfisch oder Schwarm mit Höchstgeschwindigkeit anzufallen und nach allen Seiten Hiebe mit dem »Schwert« auszuteilen. Die dadurch betäubten Beutefische sinken langsam hinab und werden von dem zurückkehrenden Jäger gefressen. Der Angler kann auf diese Taktik eingehen, indem er seine Schleppleine (Köder wie Marlin) mit einer Klammer an einem Ausleger befestigt und hinter dem Boot herzieht. Erfolgt ein Angriff, wird die Leine von der Klammer gerissen, und der Köderfisch sinkt ab. Sekunden später kommt es meist zum Anbiß.
Es gibt im Archipel mehrere gute Reviere für diesen Fisch. Eines der besten ist der Lagonoy-Golf in der Bikol-Region, ein landnaher Ausläufer des Philippinentiefs. Basis ist Sabang an der Mündung des gleichnamigen Flusses. Von dort fahren die Fischer in winzigen Segelbankas auf die hohe See, und selten kommt einmal einer ohne Beute zurück. Ihr könnt mitmachen, aber in den kleinen Seglern ist gerade genug Platz für einen Mann (plus einen Fisch). Besorgt Euch also ein stabiles Motorboot.
Das Fleisch des Segelfisches ist nicht überragend, läßt sich aber geräuchert oder als Filetsteak gut essen.

Pating
Haie (zahlreiche Arten) gibt es in allen tropischen Meeren und natürlich auch im Bereich der Philippinen. Fast im gesamten Tiefenspektrum mit Einschluß von flachen Lagunen und annähernd landumschlossenen Binnengewässern findet man sie. (Sogar in den Lake Naujan auf Mindoro sollen sich Haie schon verirrt haben). Vor allem aber leben sie im tiefen Blauwasser und auf weit abgelegenen Riffen, wo menschliches Wirken ihnen die Beute nicht streitig macht.
Die Wahrscheinlichkeit, bei einem gemütlichen Morgenbad in philippinischen Küstengewässern einem Hai ein-

mal vis-à-vis zu begegnen, ist allerdings sehr gering. Es gibt auch kein Kuriosum wie »haiverseuchte Gewässer«, die in nationalen Schlagzeiten in Erscheinung treten, wenn es sich mal wieder zu einer maritimen Katastrophe gefügt hat. Es existieren jedoch gewisse Seegebiete, in denen Haie offenbar häufiger sind als in anderen, und es scheint ein ausgesprochenes Ost-West-Gefälle zu geben. Wer mit philippinischen Haifängern ausfahren und sich eines Erfolgs versichern möchte, hat am Südchinesischen Meer (mit Einschluß der Sulu-See) wesentlich bessere Aussichten als am Pazifik.

Fang- und Beobachtungsstatistiken belegen die Häufigkeit mehrerer Arten. Darunter vor allem Grauhaien, Weiß- und Schwarzspitzen-, Mako- und Tigerhaien im Sulu-Archipel und in der Sulu-See, den Gewässern westlich von Palawan und innerhalb der Calamian-Gruppe. Bei Saddle Rock im Westen von Culion Island stellen Tigerhaie von erheblichen Abmessungen (3½ Meter) an manchen Tagen ein ausgesprochenes Problem für Taucher dar. Hammerhaie treten in allen Bereichen des Archipels auf; auch sie scheinen in Westrichtung zahlreicher zu werden. Zwei Sichtmeldungen über den Großen Weißen liegen mir vor, und zwar aus Hochseegewässern 30 Seemeilen westlich von Mindoro. Relativ häufig ist dagegen der riesige Walhai *(gosóng)* von bis zu 18 Meter Länge und völliger Harmlosigkeit.

Nachstehend einige der wichtigsten Haiarten der hohen See. Generell gilt für alle Haifangtechniken: Schweres Geschirr (vor allem Vorläufer); Nachtangeln ist ergiebiger als am Tage; Blut und Fischöl im Wasser erhöhen die Beißlust erheblich. Außerdem: Großer Hai, großes Boot. Und habt keine Bedenken, daß Eure Skipper etwa so grausame Scherzchen mit Haien treiben wie ihre japanischen Kollegen, die man dabei ertappte, daß sie der Beute die begehrten Flossen abschnitten und die lebenden Fische wieder ins Wasser warfen. Im philippinischen Dorf ist Haifleisch begehrt, und der Fang wird verwertet, von Kopf bis Schwanz.

Vorsicht jedoch: Keine Innereien essen! Haileber enthält eine lebensgefährdende Überdosis an Vitamin A. Erstes unangenehmes Symptom einer Vergiftung: Haarausfall.

Was ist eigentlich dran an den berühmten Haifischflossen? In der chinesischen Literatur erscheinen sie erstmals im 16. Jahrhundert als wohlschmeckendes Gericht. Was an ihnen so gut ist, wird allerdings niemandem aufgehen, der sie nicht richtig zuzubereiten weiß. Die Laufbahn manchen China-Kochs, der das auch nicht wußte, nahm einen ernstlichen Knick. Haifischflossen sind nämlich völlig geschmacklose, gelatinöse Substanzen, die erst in einer kräftigen Brühe aufzublühen beginnen, dann aber plötzlich, Trüffeln nicht unähnlich, eine ganze Palette von Düften und Geschmäcken entfalten. Was sie so teuer macht, ist eine sehr aufwendige Vorbearbeitung, ihre außerordentliche Beliebtheit und der seltener werdende Hai.

Patíng

Blauhai
Blue shark
Prionace glauca

Weltweit vertreten, selbst im Mittelmeer. Liebt warme Strömungen. Unterscheidungsmerkmale: Kobaltblaue Oberseite, sehr lange Brustflossen, drei bis sechs Meter lang und bis über 200 Kilogramm schwer.

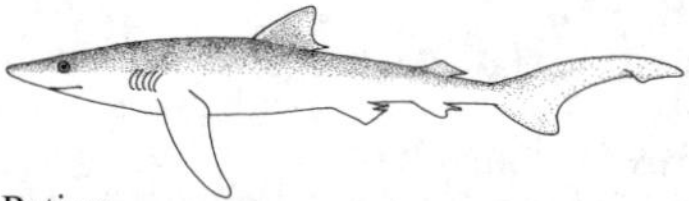

Pating
(Prionaca glauca)

Blauhaie gehen fast jeden lebenden Köder an, leisten an der Angel aber kaum Widerstand. Selbst große Exemplare lassen sich lächerlich leicht erbeuten.
Das Fleisch des Blauhais ist nicht überragend, läßt sich aber essen.

Patíng (2)
Grauhai
Grey shark; whaler
Carcharhinus sp.

Zahlreiche, teilweise schwer auseinanderzuhaltende Arten. Grauhaie erkennt man primär am weit ausladenden Oberteil des Schwanzes und am kleinen silbrigen Auge. Die Gattung ist weit verbreitet, mitunter sogar in Süßwasser, und bringt Vertreter von drei bis fünf Meter Länge und bis zu 500 Kilogramm Gewicht hervor. Zugehörig sind die Schwarz- und Weißspitzenhaie, so genannt nach der Färbung ihrer Rückenflossen und auf den Philippinen ausgesprochen häufig.

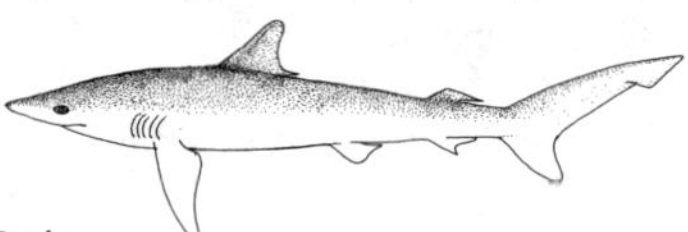

Pating
(Carcharhinus sp.*)*

Im warmen tropischen Wasser fällt der Grauhai fast jede Art von Köder an und läßt sich im Gegensatz zum Blauhai alles andere als leicht erbeuten. Grauhaie zählen zu den intelligentesten Mitgliedern der Gattung.
Eßqualität: Gut.

Patíng (3)
Hammerhai
Hammerhead shark
Sphyrna sp.

Gebietsweise auch *kurúsan* (»der mit dem Kreuz«) genannt. Die drei wichtigsten Arten kann man an der Kopfform erkennen: *S. lewini* hat eine konvexe, das heißt, vorspringende, doch in der Mitte eingedellte Stirn; *S. mokarran* ist fast gerade; *S. zygaena* ist ebenfalls konvex, doch ohne Einbuchtung.

Pating
(Sphyrna zygaena)

Hammerhaie sind, wie vorstehend vermerkt, relativ häufig und werden von philippinischen Kleinfischern auch oft gefangen. Doch die Beißfreudigkeit variiert. Manchmal geht ein Hammerhai den Köder ohne zu zögern an, ein anderes Mal muß er ihm wiederholt an der Nase vorbeigezogen werden, bevor er sich zu einem Anbiß entschließt (oder auch nicht).
Die Größe der Tiere ist ebenfalls sehr unterschiedlich: Manche Bewohner der hohen See werden bis zu 4½ Meter lang und über 600 Kilogramm schwer; innerhalb des Archipels gefangene Hammerhaie sind jedoch erheblich kleiner (50 Kilogramm und weniger).
Das Fleisch des Hammerhais läßt sich essen, wenn man nichts besseres hat. Eine Zubereitung in Kokosmilch ist optimal. Dazu wird das Fleisch zunächst gekocht und in Flocken zerlegt. Weitere Verarbeitung dann nach dem Standardrezept in Kapitel »Survival« (gilt auch für Rochen).

Wie gefährlich sind Haie?
Für wen? müßte man zunächst weiterfragen. Als auf hoher See über Bord Gefallener hätte ich, sonst nicht ganz ängstlich, mächtig Schiß vor ihnen. Ich habe oft genug mit angesehen, wie Haie im tiefen Blauwasser einen Angelköder ohne einen Moment der Besinnung angingen. In solchen Fällen möchte ich nicht an der Angel hängen.
Beim Tauchen empfand ich trotz gelegentlicher Tuchfühlung Haie nie als gefährlich, selbst wenn sie einmal - mitten in der Subic-Bucht! - dick wie ein Sardinenschwarm kamen. In mehr als 20 Jahren intensiver Befragungen habe ich auch im gesamten Bereich der Philippinen nur drei Attacken auf Fischer verifizieren können, und davon liegt eine über 30 Jahre zurück. Die Angriffsorte: Ostküste Catanduanes (Tigerhai), Caluya (Semirara-Archipel, Tigerhai; siehe Kapitel »Tauchen«), Hochsee weit westlich von Mindoro (Weißer Hai, griff Boot an). In allen drei Fällen hatten die Attackierten Beutefische entweder an der Harpune oder am Haken.
Es wäre indes fahrlässig, eine latente Gefährdung durch Haie partout kleinschreiben zu wollen. Sie sind keine Schoßhündchen, sondern archaische Kreaturen, ganz anders als alles uns Nahe. Schön sind sie, gewiß, aber nie »lieb«. Einem Hai in die Augen zu schauen, sagte der berühmte Unterwasserfotograf David Doubilet einmal, gleiche dem Blick in die Tiefe einer Maschine, nicht einer lebenden Kreatur. Daß manches spurlos verschwundene Banka auf das Konto solcher »Maschinen« geht, gilt in den philippinischen Fischerdörfern als sicher. Was ist so ein Bötchen schon gegen einen tonnenschweren Tiger!

Patíng (4)
Makohai, Makrelenhai
Mako shark
Isurus oxyrinchus

Makos brauchen erfahrenen Hochseefischern nicht gesondert vorgestellt zu werden: Keine Art von Fisch hat Anglern und ihren schwimmenden Untersätzen mehr Schaden zugefügt als dieser gewaltige warmblütige Hai tropischer und gemäßigter Gewässer.

Pating
(Isurus oxyrinchus)

Gehakte Makos haben Sprünge von acht Meter über der Wasseroberfläche vollbracht (und das bei einem Gewicht von über 500 Kilogramm!), Boote angefallen und gar versenkt, selbst auf dem Trockenen noch unbeschreibliche Verwüstungen angerichtet. Wer von der Warte eines kleinen Auslegerbootes einen Mako an seinem Haken erkennt, der greife lieber zum Messer und lasse Leine und Fisch sausen. (Identifizierungshilfe: Dunkelblaue bis -graue Oberseite; großes, dunkles Auge). Auf einem größeren Fahrzeug halte man jedoch lieber eisern fest, denn ein Fang lohnt sich: Das Fleisch des Makos ist ausgezeichnet, und er hat viel davon!

Patíng (5)
Tigerhai
Tiger shark
Galeocerdo cuvieri

Tropische Tigerhaie können gewaltige Dimensionen erreichen: Bis zu neun

Pating
(Galeocerdo cuvieri)

Meter Länge und 1.000 Kilogramm Gewicht - nichts für Bankafischer!
Zwar sind Tiger nicht so rachsüchtig wie Makos, verteidigen sich jedoch zäh und unermüdlich an der Angel und nehmen oft genug das ganze Geschirr mit.
Das Fleisch des Tigers taugt nicht viel. Den Aufwand, nachts über tiefen Riffen (seiner bevorzugten Aufenthaltszeit und -stätte) nach ihm auf die Jagd zu gehen, sollte man sich deshalb sparen.

Talakítok
Jackfisch, Haimakrele
Jack, giant trevally
Caranx sexfasciatus u.a.

Talakitok, bis 60 Kilogramm schwer, gehört zu den häufigsten Großfischen, die man auf philippinischen Märkten findet. Grund: Jackfische halten sich vorzugsweise an steilen Riffabbrüchen vor tiefen, strömungsreichen Passagen auf. Der Fischer muß deshalb nicht weit auf die offene See hinausfahren, um ihnen nachzustellen. Langsames Schlepp- oder Treibangeln in solchen Revieren hat die besten Erfolgsaussichten. Benutzt werden lebende Köderfische, Blinker oder Federn. Nach einem Anbiß bis drei zählen, dann anrucken, um den Haken festzusetzen. Vom Riff weghalten, auf das der gehakte Fisch unweigerlich zustrebt, um sich dort zu verschanzen.

Talakitok
(Caranx sexfasciatus)

Das Fleisch ist nur mittelklassig, erfreut sich auf den Philippinen jedoch großer Beliebtheit.
Vorsicht: Das Gehirn mancher Jackfische soll giftig sein.

Tangíge
Spanische Makrele
Spanish mackerel, kingfish
Scomberomorus commersoni

Auch *tanguígui.* Die Spanische Makrele ist einer der wertvollsten Speisefische der Philippinen. Sie kommt nicht selten in großen Schwärmen in tiefen Buchten und Inselpassagen vor, jedoch kaum näher als eine Seemeile von Land. Der Fisch wird mit langen Schleppangeln und allen möglichen Ködern gefangen. Er ist ausgesprochen beißfreudig, und manche Exemplare gehen auf alles sich Bewegende los. Beste Angelzeiten sind der frühe Morgen und spate Nachmittag.

Tangige
(Scomberomorus commersoni)

Spanische Makrelen werden 30 bis 60 Kilogramm schwer und besitzen ein ausgezeichnetes, festes weißes Fleisch. Filipinos schätzen *tangíge* vor allem für die Zubereitung eines sehr schmackhaften Rohsalates *(kilawín)* mit Limone, Zwiebeln, Knoblauch und

Chilipfeffer. Der Fisch ist aber alles andere als billig und wird immer teurer. Unter dem Namen *tangíge* läuft auch der sehr ähnliche *Wahoo (Acanthocybium solandri),* ebenfalls ein vorzüglicher Speisefisch.

Tulíngan
Thunfisch
Tuna
Thunnus sp.

Thunfische, darunter die wichtigsten Arten *Albacore (T. alalunga), Big-eye (T. obesus), Bluefin (T. thynnus)* und *Yellowfin (T. albacares),* sind im gesamten Tiefwasserbereich der Philippinen anzutreffen. (Die englischen Namen entsprechen internationalem Sprachgebrauch). Alle Thunfische sind nomadische Lebewesen und ständig in Bewegung. Die philippinischen Arten umkreisen den Archipel entgegen dem Uhrzeigersinn, manchmal zwangsläufig in relativer Küstennähe. Vor allem an Engpässen ballen sich die Vorkommen. Bekannte Fanggebiete sind der Balintang Channel im Norden, große Teile der Sulu-See, der Moro-Golf und ganz besonders die Gewässer zwischen Mindanao und Sulawesi.

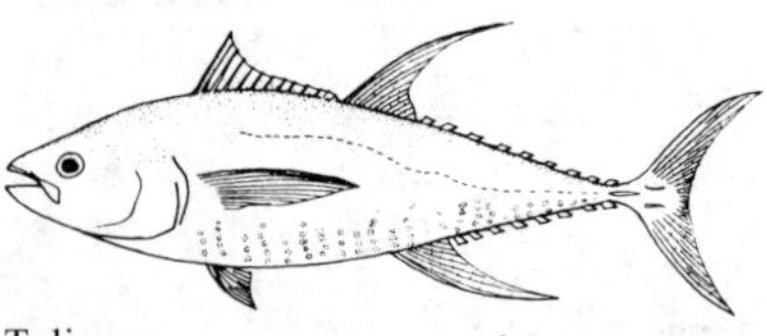

Tulingan
(Thunnus albacares)

Thunfische werden in erster Linie mit Netzen gefangen. Die meisten kommerziellen Fangboote dieser Kategorie sind in Davao stationiert; dort kann man sich auch nach Mitfahrgelegenheiten erkundigen. Eine Fangreise dauert durchschnittlich drei Tage.

Während die Trawler geschäftsmäßig mit Ring- und Sacknetzen arbeiten, begnügt sich der kleine Bankafischer mit Handleine und Haken, um dem 150 und mehr Kilogramm schweren Fisch nachzustellen. Ein klug erdachtes Hilfsmittel vergrößert seine Erfolgsaussichten: das *payáw.* Ein Payaw ist ein in tiefem (manchmal sehr tiefem) Wasser verankertes Bambusfloß, dessen Ankertau man in Oberflächenähe mit Palmwedeln bestückt hat. Die Anordnung zieht Algen und Kleingetier an, Fischchen und Krebse finden Verstecke und Schatten, locken wiederum große Fische auf den Plan und schließlich ganz große wie den *Thunnus.* Ein Payaw ist ein lebendes Riff auf hoher See. Man erkennt es von weitem an einer langen aus dem Wasser ragenden Bambusstange, manchmal mit einer Flagge daran.

Es kann sehr spannend sein, einmal mit einem Payaw-Fischer auf Tour zu gehen und seine Technik zu beobachten. Und den Kampf, der eventuell folgt: Thunfische sind zähe, harte Fighter, nicht zum Aufgeben bereit.

Vorsicht: Thunfisch ist auf Dorfmärkten vor allem relativ rar, weil sein Fleisch schnell verdirbt. Unmittelbar nach dem Tod des Fisches gehen in seinem (ungekühlten) Gewebe chemische Veränderungen vor, die unter anderem zur Bildung von histaminischen Verbindungen führen und das Fleisch innerhalb weniger Stunden für den Verzehr unbrauchbar machen. Der Genuß von überaltertem Thunfischfleisch führt zu schweren allergischen Erscheinungen, Magenkrämpfen, Durchfall und Erbrechen. Typisch sind auch starke Rötung und Schwellung des Gesichts und Ausschläge am ganzen Körper. Gegenmittel: Antihistamine. Ähnliches gilt für Makrele, Bonito und Tangige.

Thunfisch muß deshalb möglichst bald nach dem Fang verarbeitet werden. Wer

Clabe Mulutaos tragisches Ende
Philippinische Fischer und Taucher töten ihre Beute, sofern diese nicht zu massig ist, oft noch nach Art der Südsee-Insulaner: Mit einem kräftigen Biß ins Genick. Damit ist der Fisch umgehend außer Gefecht gesetzt.
Der Payaw-Fischer Clabe Malutao von der Semirara-Insel Caluya hatte eine örtlich als *bugáong* bekannte Barbe, kaum eine Handspanne lang, am Haken, und setzte an, dieselbe auf traditionelle Weise ins Jenseits zu befördern. Doch der Fisch entwand sich seiner Faust, schnellte die Kehle seines Fängers hinunter und spreizte dort böse Widerhaken. Malutao erstickte qualvoll. »Da war nichts mehr zu machen,« beteuerte mir ein Bruder. »Der Fisch, er saß viel zu fest...«

die Beute nicht einfrieren kann, sollte sie halt ohne viel Verzug verzehren - am besten gleich am Strand. Zwar macht Thunfisch in der Pfanne oder auf dem Grill nicht viel her. Exzellent sind hingegen rohe Sashimi (siehe Kapitel »Kampieren«), Verarbeitungen im Schnellkocher und Fischfrikadellen, um nur einige Beispiele zu nennen.

Wissenswertes für Hochseeangler

Allgemeines
Wer mehr zu diesem Thema erfahren und Kontakte anknüpfen möchte, wende sich an die *Philippine Gamefishing Association, 1055 Ongpin Street, Santa Cruz, Manila, Tel. 474211, Fax: 73220308.*

Hundertfadenlinie
Viele der vorstehend beschriebenen Fischarten geben sich vorzugsweise in diesem Bereich (etwa 200 Meter) ein Stelldichein. Mittels guter Karten kann man einigermaßen verfolgen, wie die Linie verläuft. Nützlich sind auch ein paar Kenntnisse terrestrischer Navigation.
Philippinische Fischer machen's »über den Daumen«, doch mit erstaunlicher Präzision.

Bootswahl
Je größer, je besser. Ausleger bewahren nicht vor Schiffbruch. Ein Dieselmotor ist stets einem Benziner vorzuziehen. Ist zumindest ein Paddel als elementarste Manövrierhilfe an Bord? Der Skipper sollte ein älterer, erfahrener Mann sein und kein jugendlicher Hitzkopf. Sonnenschirm, Spritzwasserschutz, Notproviant, Wasser! Siehe auch Wetter und weiteres Vokabular in Kapitel »Segeln«.

Angelgeschirr
Es ist keineswegs vonnöten, eigenes, teuergleißendes Gerät mit auf Tour zu nehmen. Einheimische Fischer vollbringen Meisterleistungen mit der nackten Faust. Drahtvorläufer, Wirbel und gute Haken sind auf den Philippinen jedoch ziemlich teuer. Ein paar Ausrüstungsgegenstände dieser Art sollte man von daheim mitbringen und sie anschließend den Filipinos überlassen, um sich strahlender Mienen zu erfreuen.

Wahrnehmung
Dem kleinen Dorffischer stehen keine technischen Kostbarkeiten wie Echolot und Fischlupe zur Verfügung, kein Satellit faxt ihm, wo die Beute steht. Nur sein Auge und seine Erfahrung führen ihn zum Ziel, nicht anders als vor Hunderten von Jahren.
Ein Vogelschwarm deutet oft auf eine Ansammlung von Fischen hin, ein ferner Schaumstreifen verrät Unruhe im Wasser.

Große Fische an der Oberfläche können auch anhand ihrer Flossenformen identifiziert werden. Hier ein paar Beispiele:

Flossenformen

Hai

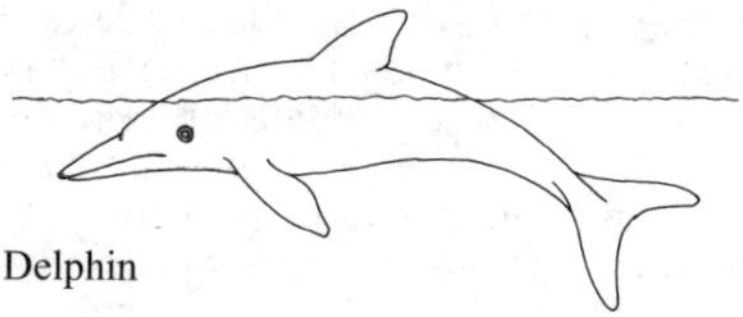

Delphin

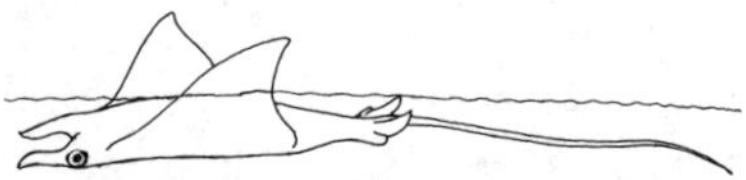

Manta

Schwertfisch

Nützliches Vokabular

Ich interessiere mich für Hochseeangeln.
Mahílig akóng mangisdá sa láot.
Ich habe zwar keine eigenen Gerätschaften...
Walá akóng mgá gámit...
...würde aber gerne einmal den hiesigen Fischern bei der Arbeit zusehen.
...péro náis kong makakíta kung paáno ang ginágawa ng mgá tagarítong mangingisdá.
Fährt jemand in diesem Dorf zum Angeln auf die Hochsee hinaus?
Mayroón bang tagaríto sa báryong itó na nangíngisdá sa láot?
Wer ist es? Können Sie mich zu ihm hinführen? Wie heißt sein Boot?
Síno s'yá? Puéde bang samáhan ninyó akó sa kan'yá? Anó'ng pangálan ng bangká n'yá?
Was fangen Sie üblicherweise? (...? - siehe Fischnamen im Text)
Anó'ng malímit ninyóng mahúli? Mgá ...?
Gibt es in dieser Gegend Haie?
Mayroón bang mgá patíng sa poók na itó?
Auch große? Auch solche wie auf dieser Abbildung?
Mgá malalakí rin? Katúlad din nitóng nása laráwan?
Gehen Sie an einem Payaw fischen?
Kayó ba'y nangingisdá sa pamamagítan ng payáw?
Wann fahren Sie hinaus?
Kailán kayó púpunta sa láot?
Kann ich (können wir) mitfahren, um Fotos zu machen?
Maaári ba akóng (kamíng) sumáma pára kumúha ng laráwan?
Ist Ihr Boot groß genug, um mich (uns) mitzunehmen?
Maláki ba ang bangká ninyó pára maisáma ninyó akó (kamí)?
Könnten wir auch ein größeres Motorboot benutzen?
Mayroón ba táyong magagámit na mas malakíng bangkáng de motór?
Ich möchte das Boot nicht mieten, sondern zahle die Treibstoffkosten.
Ayaw kong mag-úpa ng bangká péro babayáran ko ang gástos sa gasolína.
Was immer wir fangen, gehört Ihnen. Einverstanden?
Anumán ang mahúli ninyó'y pára sa inyó. Oké ba?
Haken. Angelleine. Köder. Fisch. Fang.
Kawíl. Bingwít. Páin. Isdá. Húli.
Ich würde gern ein Stück von diesem Fisch probieren.

Gustó kong makatikím ng isáng piráso ng isdá na itó.
Wie schmeckt er am besten?
Anó ang pinakámasaráp na lúto nitó?
Roh? Als Suppe? In Kokosmilch? Gebraten? Gegrillt?
Kinílaw? Sinigáng? Ginataán? Príto? Iníhaw?
Das macht doch nichts, daß wir nichts gefangen haben!
Hindí báleng walá táyong nahúli!
Wir haben doch auch so einen schönen Tag auf See verbracht.
Nagíng masayá namán ang áraw nátin sa dágat.
Mehr Glück beim nächsten Mal!
Báka sa susunód suwertehín táyo!

Höhlenforschen

Höhlen entstehen, wenn Ablagerungen eines relativ weichen Gesteins durch Wasser aus einem umgebenden härteren Medium herausgelöst werden. In der Mehrzahl der Fälle ist es Kalkstein, der zu Höhlenbildung führt, denn dieses Mineral verhält sich in Wasser fast wie Zucker - nur daß der Auflösungsvorgang natürlich weitaus langsamer abläuft. Dieses Beispiel nur zur Veranschaulichung.
Manche Höhlen sind gewaltig und in ihrer Ausdehnung unabsehbar. Als größte der Erde gilt die Colossal Cave in Arizona, in der bislang nach 560 Kilometern kein Ende gefunden wurde. Die tiefste Höhle Europas ist die Gouffre de la Pierre St. Martin in Frankreich mit einer gemessenen Tiefe von 1.332 Metern. Aus dem Kaukasus wurden unlängst 1.508 Meter gemeldet. Diese Superlative weichen bei verstärkter Erschließung der tropischen Welt neuen Rekorden. Der Atea Kanada/Uli Guria-Höhlenkomplex auf Neuguinea ist wahrscheinlich über 1.500 Meter tief, und Meldungen von »Löchern ohne Ende« häufen sich. Auch von den Philippinen kommen vermehrt Nachrichten dieser Art. Allerdings muß man bei ihnen zu unterscheiden verstehen, welche wahr und welche Mär sind...
Es gibt dort nämlich eine erkleckliche Anzahl von sternäugigen Leutchen, die steif und fest behaupten - und sogar »wissenschaftliche Beweise« dafür anführen -, daß das Land der Filipinos über einem gigantischen Höhlenkomplex sitze, der den gesamten Archipel unterkellert. Selbiger ist das unterirdische »Reich von Lemuria« oder Mu, Wiege aller Menschheit und ein »neues Jerusalem«. Der philippinische Archipel ist nämlich (verwaltungstechnisch) in zwölf Regionen eingeteilt, das biblische Jerusalem hatte zwölf Tore. Samar ist das alte Samaria. Außerdem ist im Lokaldialekt von Batangas die Nachsilbe *-ire* häufig. Die steht für »Jericho«. Gibt es bessere Beweise?
Derartigen Schwachsinn kann man schwarz auf weiß in seriösen Publikationen nachlesen. Glücklicherweise gibt es aber auch Menschen auf den Philippinen, die weniger spekulativ veranlagt sind und sich einen Sport daraus machen, die real existierenden Höhlen des Landes zu besuchen und zu erforschen. Sie haben allerdings auch phantastisch klingende Geschichten zu erzählen. Denn der Archipel wartet mit einem subterranen Angebot auf, das sich sehen lassen kann. Superlativ ist auf den Philippinen vor allem die schiere Anzahl der Höhlen - Tausende und aber Tausende, ungezählt und vielfach noch unerforscht!
Die in diesem Kapitel aufgelisteten Höhlen stellen somit lediglich die Spitze des Eisberges dar. Beschrieben werden hier einige der größten und schönsten bekannten unterirdischen Systeme. Doch viele weitere harren noch der Entdeckung und Erkundung. Die Ostküsten von Luzon, Mindanao und Mindoro in annähernd ihrer Gesamtlänge, das Innere von Bohol und Samar sowie weite Bereiche von Palawan gelten als besonders höhlenträchtig. Ein Forscher hätte lange zu tun, wollte er auch nur einen Teil dieses riesigen Areals halbwegs gründlich untersuchen.
Selbst große und relativ viel besuchte Höhlen sind selten weit über ihre Eingänge hinaus erkundet. Denn außer einer Handvoll von Speläologen (Höhlenforscher, von griech. *spelaion* = Höhle) und Archäologen, die sich hauptberuflich mit der Materie befassen, sieht kaum ein Filipino einen guten Grund dafür, in den Eingeweiden der Erde her-

umzukriechen. Bis in die jüngste Vergangenheit galten Höhlen zudem als »verwunschen«, und Geisterglaube hielt Besucher fern. Noch heute sind ältere Menschen nicht zu bewegen, eine Grotte aus freien Stücken zu betreten. Und wenn, dann nur unter großem Aufwand an Beschwörungen und Bekreuzigungen. Der bis vor 400 Jahren praktizierte Usus der Totenbestattung in Höhlen wirft immer noch seine Schatten.
Andererseits stellte etwa in den 70er Jahren ein kleines Fähnlein verwegener Filipinos erstmalig fest, daß in den Höhlen nicht Donner und Blitz lauerten, daß dort, im Gegenteil, sehr feine und teure Gegenstände in Gestalt von Grabbeigaben zu holen waren. Die letzten Angstschwellen waren rasch überwunden, und ein beispielloser Plünderungsboom setzte ein. Das Raubgut, vornehmlich chinesisches Porzellan, aber auch kostbare Objekte aus purem Gold, landete auf Schwarzmärkten und in den Privatschatullen der Familie Marcos.
Heute sind die bekannten Höhlen der Philippinen weitgehend bar solcher Kulturgüter. Aber eben nur die bekannten...

Höhlen auf den Philippinen - ein nationaler Querschnitt

Abra
Im Umkreis von rund 30 Kilometer um die Provinzhauptstadt Bangued gibt es mehrere große Grottenkomplexe. Am sehenswertesten sind die *Botot-, Pakiling-* und *Siniglan-Höhlen* (1) in der Nähe des Städtchens Pilar sowie die *Lagayan-Höhle* (2) einen Kilometer außerhalb des gleichnamigen Örtchens.
Bangued liegt auf km 30 der Straße von Narvacan (Ilocos Sur) nach Lubuagan (Kalinga-Apayao).

Die Namen vieler Höhlen auf den Philippinen beginnen mit *Holog-, Holug-, Hoyop-, Hulog-, Hulug-* und ähnlichem Vokabular. Das Grundwort bedeutet überall das gleiche: *Fallen.* Denkt daran, vor allem im Dunklen.

Agusan del Norte
Interessant sind die *Vinapor Caves* (3), ein Komplex von 13 Grotten, deren Eingang in der Nähe der Stadt Carmen hoch über der Mindanao-See liegt. Nur die dem Mundloch nächstgelegenen Kavernen sind wahrscheinlich einigermaßen gründlich erforscht.

Albay
Als kleiner Dauerbrenner in dieser Provinz gilt die *Hoyop-Hoyopan* (4) im Barrio Cotmun bei Camalig. Die Höhle ist zwar keineswegs das »touristische Muß«, zu dem ihr Besuch offiziell emporstilisiert wird, aber auch noch nicht so durchgehend exploriert, wie es den Anschein hat. Unterhalb des Komplexes soll sich eine weitere, wesentlich größere und noch völlig unerforschte Höhle dahinziehen, auf die es erst einige vage Hinweise gibt. Vielleicht existiert sogar eine Verbindung zu der 2,5 Kilometer entfernten *Calabidongan-Höhle,* die einen separaten, zum Teil unter Wasser liegenden Eingang hat.
Sehenswert ist auch die *Hologan* (5) auf der Insel Cagraray. Die Höhle ist nicht sehr tief, aber einsam und schön gelegen und immer einen Tagesausflug ab Legaspi (via Pili) wert. Als einstige Begräbnishöhle ist die Hologan weitgehend exploriert und ausgegraben worden. Doch ich fand dort (Anfang der 70er Jahre) noch einige Artefakte in Gestalt von Halsbandperlen aus Nephrit, einer Art Jade, die man übersehen hatte.

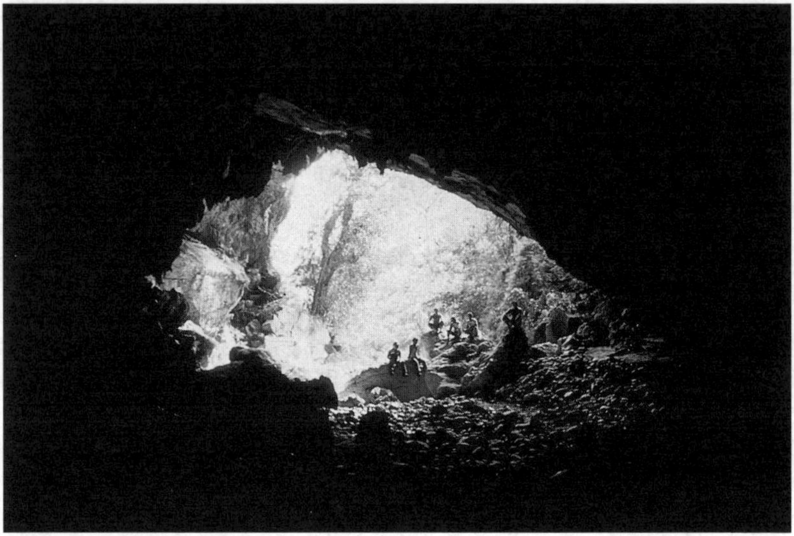

Blick aus der Musang-Höhle

Auch auf der Nachbarinsel Batan gibt es eine Anzahl kleinerer Höhlen.

Banton

Die kleine Insel im Romblon-Archipel hat mehr Höhlen als ein Schweizer Käse. Im philippinischen Mittelalter galt Banton als Begräbnisinsel. Aus weitem Umkreis wurden die Toten auf das Eiland geschafft und in den Höhlen beigesetzt, stellenweise an irrwitzig schwierig zu erreichenden Stellen.
An einer solchen befindet sich die *Guyangan-Höhle* (6). Die (einstmals, jetzt nicht mehr) mit großen Mengen von Gebeinen und Schädeln sowie ein paar Särgen aus Molaveholz gefüllte Grotte klebt wie ein Schwalbennest in 30 Meter Höhe an einer senkrechten Felswand über dem Meer, ist aber über einen fußbreiten Grat erreichbar. Mit Sicherheit gibt es noch sehr viele unentdeckte Höhlen auf Banton, denn die Eingänge von manchen wurden früher absichtlich verschüttet.
Auch die Nachbarinsel Simara ist voller Grabhöhlen. Ein französisches Ehepaar soll dort, wie man mir im Hauptort Corcuera berichtete, Ende der 70er Jahre kräftig abgeräumt und sich von den Erträgen einen schönen Lebensabend bereitet haben.

Bohol

Zahlreiche, wenn auch nicht überaus interessante Höhlen existieren an vielen Stellen auf der Hauptinsel. Kein Wunder, Bohol soll früher mal ein riesiges unterseeisches Riff gewesen sein. Recht romantisch ist die *Hinagdanan Cave* (7) nahe Dauis auf Panglao Island. Ein Loch im Boden - keine drei Meter weit. Eine Leiter führt hinab - und voilà: Ein natürlicher unterirdischer Swimmingpool, kühl und breit ausgeleuchtet durch elektrisches Licht.

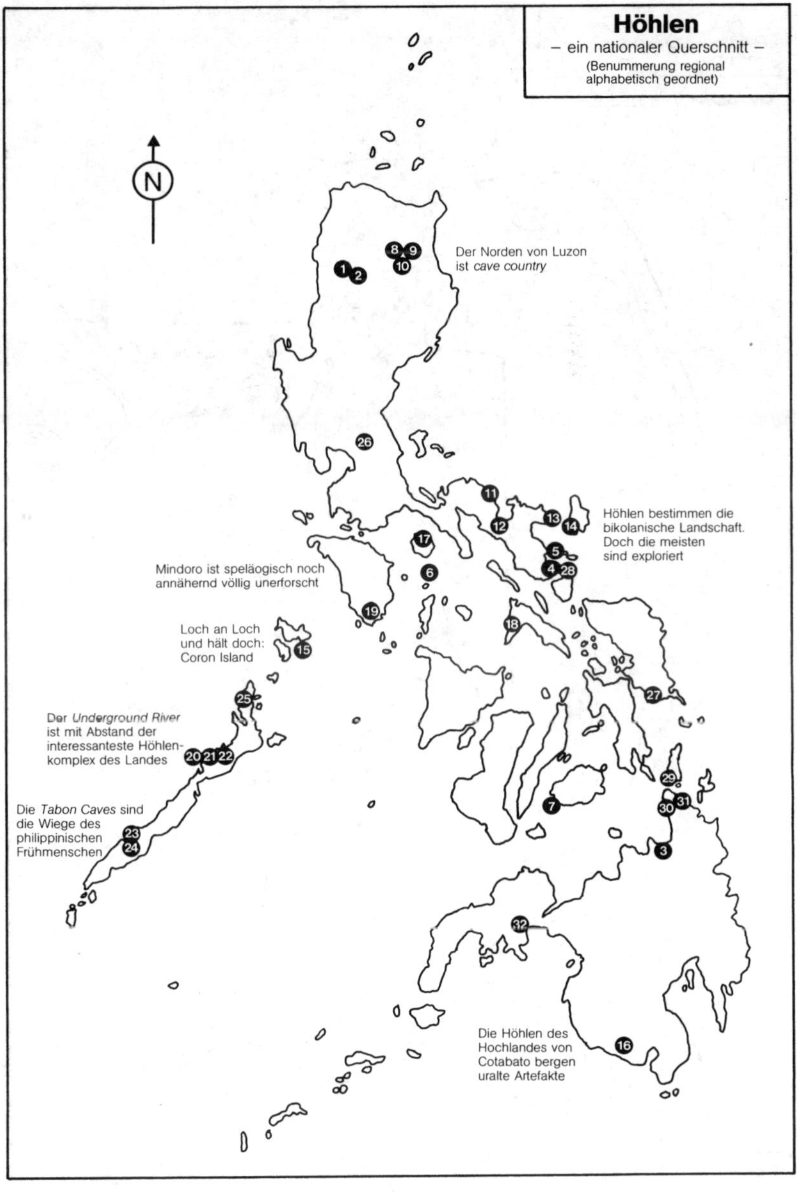
Höhlen
– ein nationaler Querschnitt –
(Benummerung regional alphabetisch geordnet)
N
Der Norden von Luzon ist cave country
Höhlen bestimmen die bikolanische Landschaft. Doch die meisten sind exploriert
Mindoro ist speläogisch noch annähernd völlig unerforscht
Loch an Loch und hält doch: Coron Island
Der Underground River ist mit Abstand der interessanteste Höhlenkomplex des Landes
Die Tabon Caves sind die Wiege des philippinischen Frühmenschen
Die Höhlen des Hochlandes von Cotabato bergen uralte Artefakte
1
2
3
4
5
6
7
8
9
10
11
12
13
14
15
16
17
18
19
20
21
22
23
24
25
26
27
28
29
30
31
32

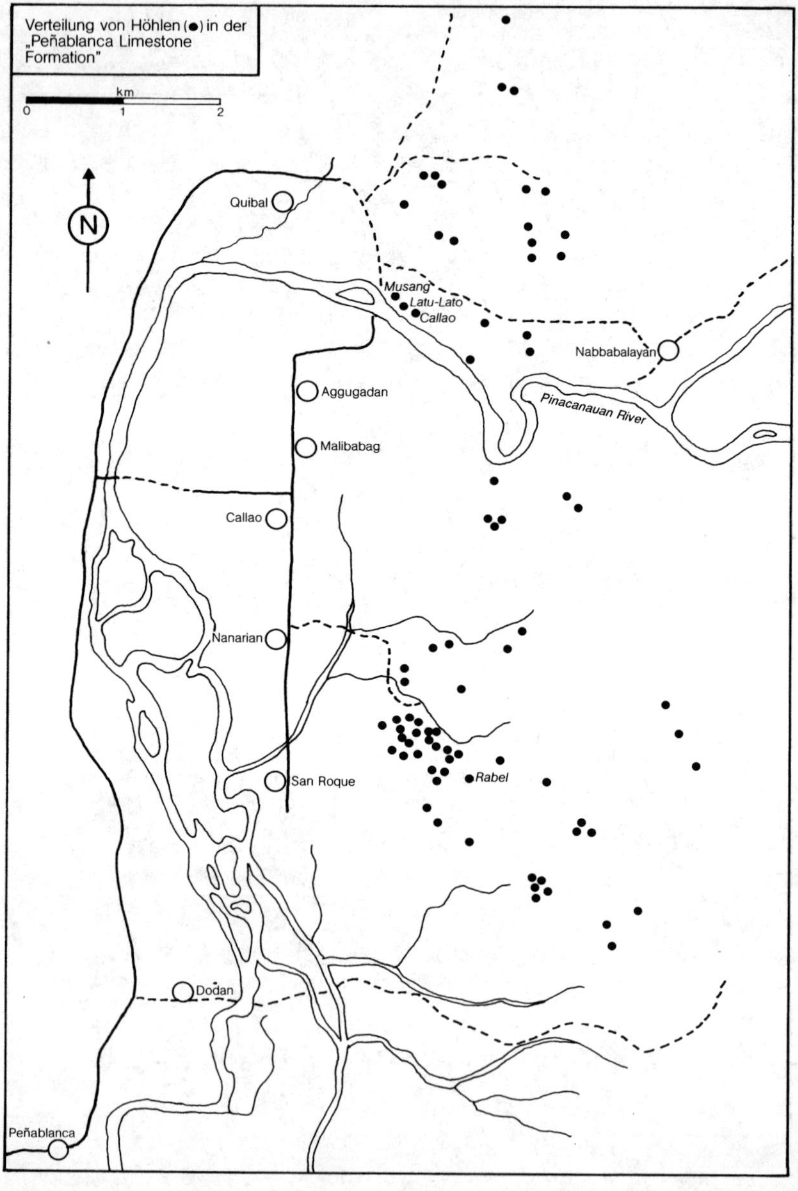
Verteilung von Höhlen (●) in der „Peñablanca Limestone Formation"
km
0
1
2
N
Quibal
Musang
Latu-Lato
Callao
Nabbabalayan
Aggugadan
Pinacanauan River
Malibabag
Callao
Nanarian
San Roque
Rabel
Dodan
Peñablanca

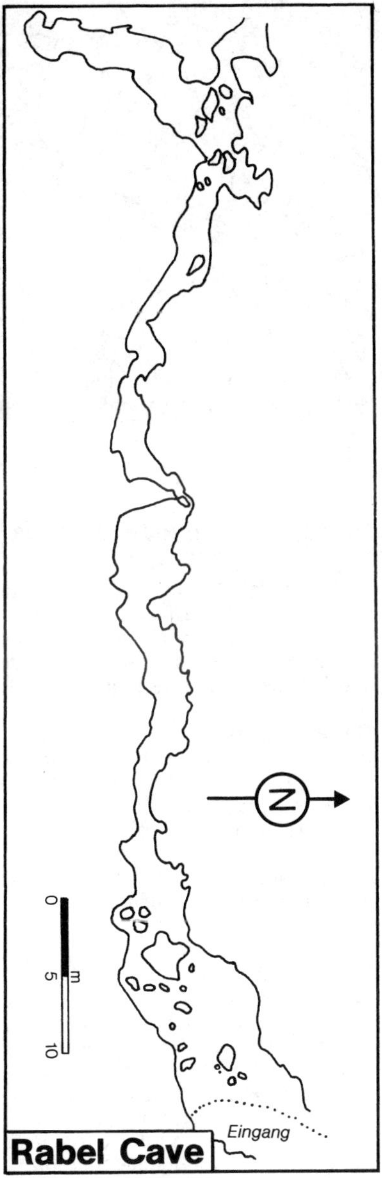

Cagayan

Diese Provinz im Norden ist »Cave Country« par excellence; über 200 Höhlen werden dort gezählt.

Am bekanntesten ist die *Peñablanca Limestone Formation* mit einer sehr hohen Dichte von Höhlen verschiedener Größe. Berühmt sind die (nahe beieinanderliegenden) Grotten *Musang* (8), *Rabel* (9) und *Callao* (10). Die Rabel ist die einzige bislang kartographierte Höhle, die Callao mit insgesamt 192 Hektar Ausdehnung die größte des Gebiets und vielleicht die schönste des Landes. Diesen Rang verdankt die Callao vor allem den lebendigen Lichteffekten im Höhleninnern, die durch Öffnungen in der Decke bewirkt werden. Der Name der Höhle hat übrigens nichts mit Peru zu tun, sondern ist eine Korrumpierung von *kalaw,* dem Nashornvogel.

Unter allen speläologischen Zielen der Umgebung ist die Callao das reizvollste. Die Höhle befindet sich hoch am Hang und wird über eine Treppe erreicht. In einer Anzahl kleiner Bungalows am Eingang kann man auch übernachten. Weitere Höhlen in der unmittelbaren Umgebung sind zum Teil noch völlig unerschlossen, darunter der *Maroran-Komplex,* der wahrscheinlich einen unterirdischen Fluß enthält.

Der Ort Peñablanca liegt etwa fünf Kilometer von der Provinzhauptstadt Tuguegarao entfernt. Weitere neun Kilometer kann man im Jeepney vorfahren. Höhlenexperte vor Ort: Richard Guzman, 17 A Bonifacio Street, Tuguegarao, Tel. (446) 1560.

Camarines Norte

Als kleine touristische Attraktion gilt die *Canton Cave* (11) auf der gleichnamigen Insel am Eingang zur San Miguel Bay. Die Höhle weist schöne Tropfsteinformationen auf. Sie ist aber nicht unbedingt den 45minütigen Bootstrip ab Mercedes wert, es sei denn, man

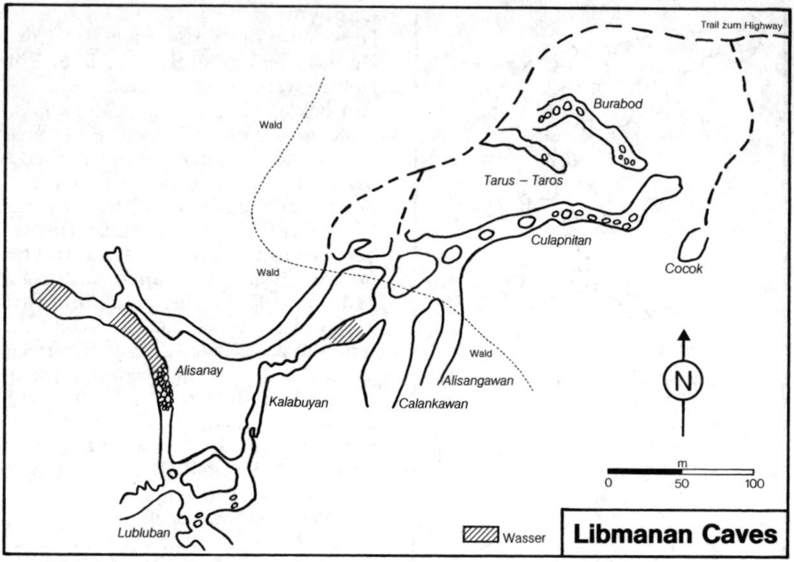

möchte die schöne Insel als solche explorieren.
Einheimische Fischer glauben bis auf den heutigen Tag steif und fest, daß die Höhle von Seejungfern bewohnt sei. Dort findet Ihr sie also, nach Eurer langen, vergeblichen Suche...

Camarines Sur

Der größte Höhlenkomplex in dieser Provinz wird von den *Libmanan Caves* (12) in der Nähe von Naga gebildet. Die Höhlen haben eine Ausdehnung von etwa 20 Hektar und besitzen Nationalparkstatus. Am sehenswertesten ist die Haupthöhle *Culapnitan* mit insgesamt sechs Eingängen und fünf Nebengrotten. Die kleineren Höhlen *Burabod, Cocok* und *Tarus-Taros* sind weniger attraktiv.
Jeepneys fahren von Naga nach Libmanan (17 Kilometer) und weiter nach den Barrios Sigamot oder Bical. Von dort zu Fuß weiter.
Wer sich auf der Caramoan-Halbinsel im Osten der Provinz befindet, kann auch einmal einen Blick in die *Umang Cave* (13) werfen. Viele Höhlen findet man auch in dem gebirgigen Gelände nördlich des Städtchens Lagonoy.

Catanduanes

Interessant, wenn auch nicht gerade überwältigend, sind die Höhlen *Luyang* und *Marilima* (14) unweit der Provinzhauptstadt Virac. Zahlreiche weitere existieren jedoch im Innern und entlang der Küsten. Beschreibung der Insel in Kapitel »Island Hopping«.

Coron

Die ebenfalls im nächsten Kapitel verzeichnete Insel Coron besitzt mehr Höhlen als ein Schwamm, darunter riesengroße (15). Touristenschwärme werden sich aber nicht zu ihnen bewegen, denn das Eiland ist, wie auch schon in Kapitel »Birdwatching« erwähnt, Stammesreservat und die Grotten im Privatbesitz von Vogelnestsammlern.

Auch zahllose Begräbnishöhlen aus alter Zeit gibt es auf Coron. Schon der Name der Insel, er bedeutet »Krug«, weist auf die üblichen damaligen Grabbeigaben hin. Die Insulaner wissen genau, wo ihre Vorväter begraben liegen, würden sich aber eher lebendig rösten lassen, als Auskünfte über diese Örtlichkeiten Fremden preiszugeben. Selbst die Nisthöhlen sind Außenseitern gegenüber tabu. Wer einmal eine solche Grotte besichtigen möchte, benötigt vom Häuptling persönlich die Genehmigung. Und dafür, ich hab's selbst erlebt, stehen die Chancen ziemlich schlecht.

Cotabato

Auf dem Kulaman-Plateau, etwa 1.000 Meter oberhalb von Lebak in Südcotabato, liegt das Dörfchen Salangsang, ein Reservat für die Manobo und Tiruray der weiteren Umgebung. Unfern des Dorfes erstreckt sich ein großer Höhlenkomplex (16), bestehend aus den Grotten *Bulbook, Inatao, Kiriag, Malunao Lange* und *Ugong-Ugong,* in denen man vor Jahren amphorenähnliche Grabgefäße aus Kalkstein fand. Daß es in dieser oberflächlich er schlossenen Region noch weitere Höhlen gibt, ist kaum zu bezweifeln. *Ugong-Ugong* ist übrigens ein typischer Höhlenname, den jeder Filipino versteht. Er übersetzt sich - nicht unnaheliegend - als »Echo-Echo«.

Marinduque

Recht sehenswert sind die *Bathala Caves* (17) in der Nähe von Pili (etwa zehn Kilometer NW von Santa Cruz), ein Komplex aus mehreren Grotten. Weitgehend erkundet sind die Haupthöhle *Simbahan* (»Kirche«, wegen ihrer Dimensionen) und die Nebengrotten *Cook* und *Python.* Letztere wird so genannt, weil sich in einer Nische über dem Eingang früher mehrere fast zahme Pythons befanden - vorbei. Ein weiterer, womöglich sehr ausgedehnter Seitenarm der Simbahan ist noch nicht erkundet.

Das Höhlengelände ist im Privatbesitz einer Familie Mendoza. Man frage um Erlaubnis.

Masbate

Wer die Westküste dieser Insel bereist, könnte einmal die *Kalanay-Höhle* (18) bei Mandaon in Augenschein nehmen, aus der zahlreiche wertvolle archäologische Objekte zutagegefördert worden sind. Heute ist das Umfeld der Kalanay allerdings so dicht besiedelt, daß ein ausländischer Explorateur eher als seltenes speläologisches Objekt gilt und eine entsprechende Schar von Neugierigen nach sich zieht.

Mindoro

Dr. J. Peralta, Kustos des Nationalmuseums in Manila, berichtete mir, er sei Anfang der 80er Jahre in der *Pugad-Hangin Cave* (19) - der Name bedeutet »Haus des Windes« - NO von San Jose zwei Stunden lang ins Innere vorgedrungen, ohne daß ein Ende abzusehen war. In den Bergen am Südzipfel Mindoros und der dünn besiedelten Steilküste gibt es für Höhlenkundler bestimmt noch viel zu entdecken. Mal einen Check im *Bureau of Mines* in San Jose machen.

Palawan

Die schöne Insel im Südwesten des Landes ist das Paradies des Höhlenforschers. Es gibt Höhlen noch und noch. Manche sind kaum erkundet, andere fraglos gar nicht entdeckt, weil sich der Dschungel über ihnen wölbt. Hier ein Überblick:

Der mit Abstand faszinierendste Höhlenkomplex Palawans ist die *St. Paul Cave* (20) an der Westküste des Mittelteils. Die rund sieben Kilometer lange Höhle wird von einem unterirdischem Fluß, dem *Underground River,* einge-

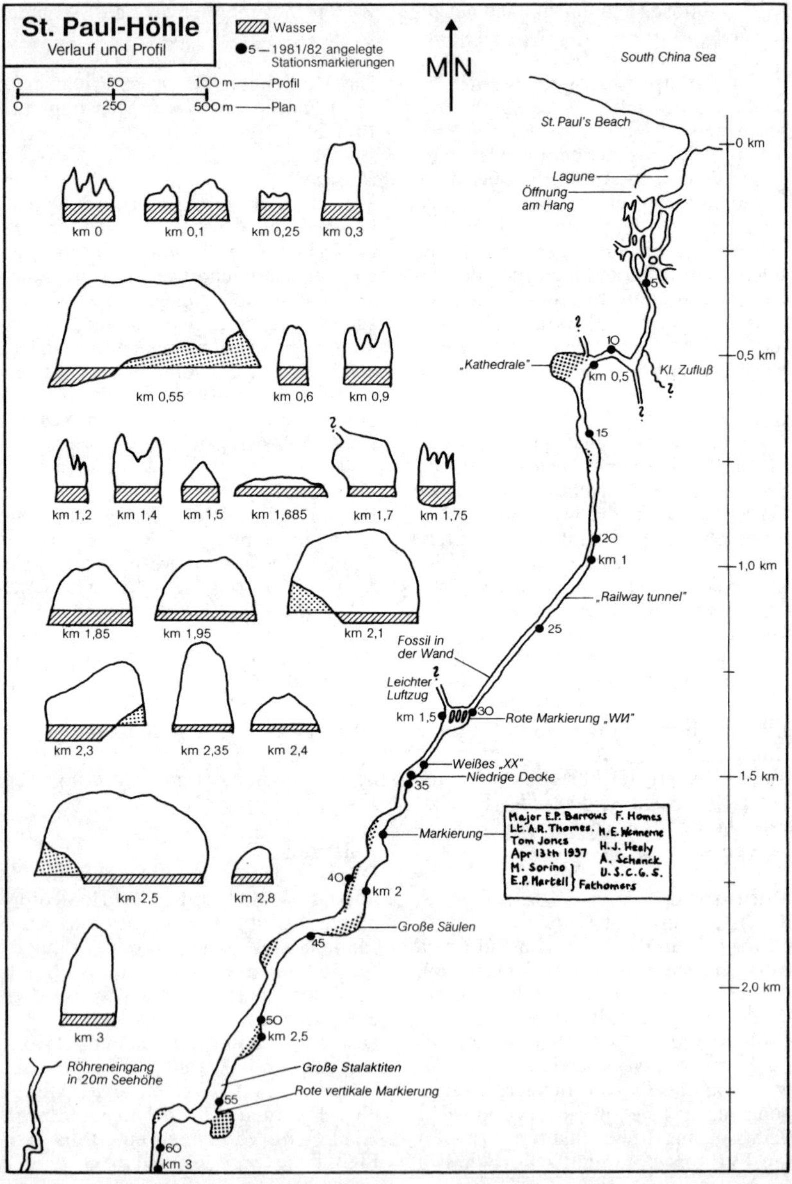
St. Paul-Höhle
Verlauf und Profil
Wasser
5 — 1981/82 angelegte Stationsmarkierungen
0 50 100 m — Profil
0 250 500 m — Plan
M N
South China Sea
St. Paul's Beach
0 km
Lagune
Öffnung am Hang
km 0
km 0,1
km 0,25
km 0,3
5
10
„Kathedrale"
km 0,5
Kl. Zufluß
0,5 km
km 0,55
km 0,6
km 0,9
15
km 1,2
km 1,4
km 1,5
km 1,685
km 1,7
km 1,75
20
km 1
1,0 km
„Railway tunnel"
km 1,85
km 1,95
km 2,1
25
Fossil in der Wand
Leichter Luftzug
km 1,5
30
Rote Markierung „WИ"
km 2,3
km 2,35
km 2,4
Weißes „XX"
Niedrige Decke
35
1,5 km
Markierung
Major E.P. Barrows F. Homes
Lt. A.R. Thomes. H.E. Wenneme
Tom Jones H.J. Healy
Apr 13th 1937 A. Schanck
M. Sorino U.S.C.G.S.
E.P. Martell Fathomers
km 2,5
km 2,8
40
km 2
Große Säulen
45
2,0 km
km 3
50
km 2,5
Röhreneingang in 20m Seehöhe
Große Stalaktiten
Rote vertikale Markierung
55
60
km 3

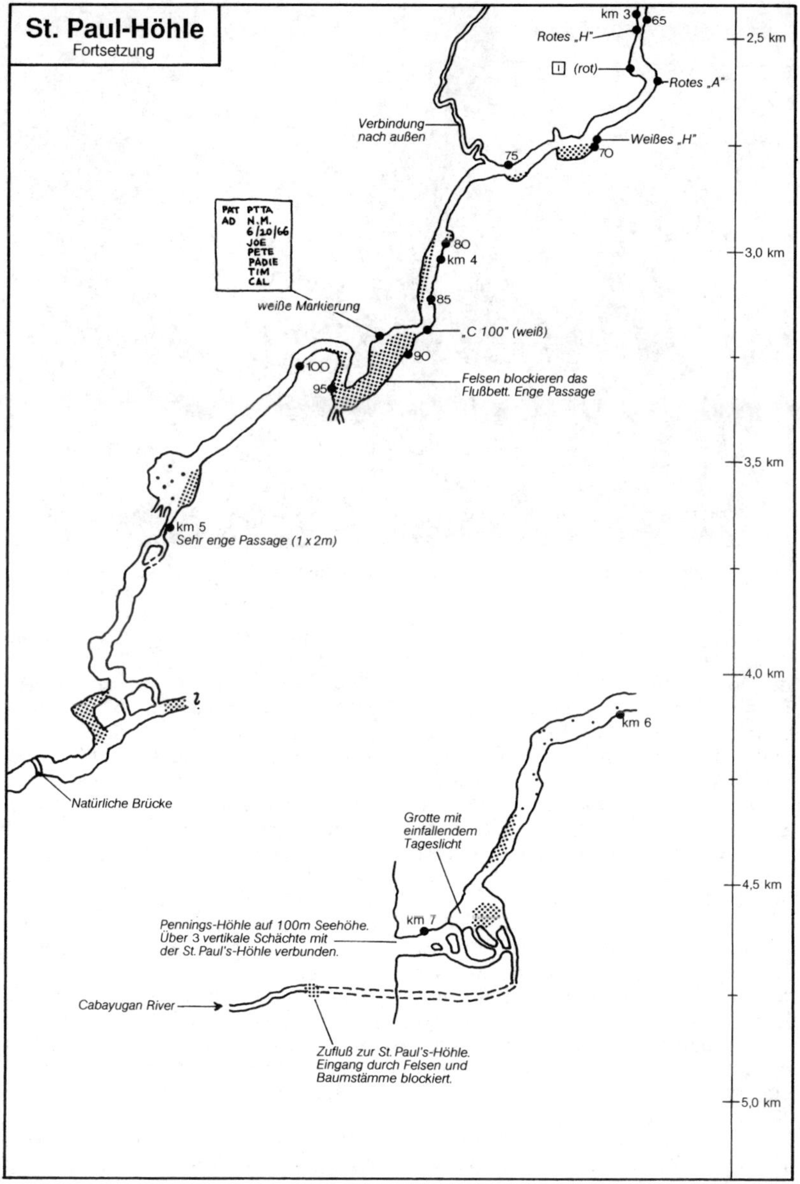
St. Paul-Höhle
Fortsetzung
km 3
65
Rotes „H"
(rot)
Rotes „A"
Verbindung nach außen
Weißes „H"
75
70
PAT PTTA
AD N.M.
6/20/66
JOE
PETE
PADIE
TIM
CAL
80
km 4
85
weiße Markierung
„C 100" (weiß)
90
100
95
Felsen blockieren das Flußbett. Enge Passage
km 5
Sehr enge Passage (1 x 2m)
Natürliche Brücke
km 6
Grotte mit einfallendem Tageslicht
km 7
Pennings-Höhle auf 100m Seehöhe. Über 3 vertikale Schächte mit der St. Paul's-Höhle verbunden.
Cabayugan River
Zufluß zur St. Paul's-Höhle. Eingang durch Felsen und Baumstämme blockiert.
2,5 km
3,0 km
3,5 km
4,0 km
4,5 km
5,0 km

St. Paul-Höhle: Mit einem Schlauchboot im »U-Bahntunnel«

nommen, der den Gesamtkomplex zu einem der größten dieser Kategorie auf der Welt macht.
Erst zu Beginn der 80er Jahre wurde dieser Komplex von einem Ende zum anderen durchquert; ein phil-australisches Team fertigte bei dem Anlaß die Karten auf den vorhergehenden zwei Seiten an. Die St. Paul ist jedoch noch weit von einer vollständigen Erforschung entfernt.
Wegen des ziemlich tiefen, am Eingang gezeitenabhängigen Wassers ist die Exploration des Innern nur mit Booten möglich. Allerdings sind der Reichweite insofern auch Beschränkungen auferlegt. Mit örtlich verfügbaren Paddelbankas gelangt man durch ein eingängliches Grottenlabyrinth mit stalaktitischen Höhepunkten wie der *Kathedrale* und der *Schmerzensreichen Jungfrau Maria* später in einen glattwandigen Kanal, den *U-Bahntunnel*, und kann dort bis km 4,2 vorstoßen. An dieser Stelle blockiert eine große Masse von Gestein aus der zusammengebrochenen Decke den Fluß, dort hausen auch Tausende von Mauerseglern. Mit einiger Mühe kann man die Boote in freies Wasser hinübertragen. Doch der Aufwand lohnt kaum. Bei km 5 schnürt sich der Tunnel zu einem sehr engen Loch von einen Meter Breite und zwei Meter Höhe zusammen, durch das allenfalls noch Schlauchboote passen. Die Wassertiefe ist hinter km 4,2 ohnehin gering, und man kommt auch zu Fuß weiter.
Bei etwa km 7 endet die St.Paul-Höhle in einer gewaltigen Kaverne, der *Pennings Cave.* Ab dort läßt sich der Underground River nicht mehr weiterverfolgen. Er verschwindet unter Gesteinsmassen und kommt erst im freien Gelände als Cabayugan River, dem Zufluß zur St.Paul-Höhle, wieder zum

Vorschein. Die Pennings-Höhle besteht aus mindestens drei senkrechten, tageslichtdurchfluteten Schächten, die in einem riesigen Mundloch auf 100 Meter Seehöhe enden. Ein Ausstieg aus der St. Paul ist auf diesem Wege jedoch kaum zu bewerkstelligen. Vielleicht gibt es aber noch andere, leichter zugängliche Verbindungsschächte im Penningsbereich. Diese Seite des Underground River ist weiterhin so gut wie unerforscht, und engagierte Pfadfinder können sich dort noch um neue Entdeckungen verdient machen.

Die St.Paul-Höhle ist Teil eines weitgehend im Urzustand belassenen Nationalparks von 3.900 Hektar Ausdehnung und, nicht zuletzt dank WWF-Assistenz, mit Abstand einer der schönsten des Landes. Dort finden sich weitere Höhlen, so die riesige *Lion's Cave* (21) und die beeindruckende *El Nido* (22). Die *Ren-Pat Cave* mit schönen Tropfsteinformationen liegt außerhalb dieses Geländes und wurde erst vor wenigen Jahren entdeckt.

Das Konzept des Ökotourismus wird insbesondere in diesem Teil von Palawan konsequent und mit vorzeigenswerten Resultaten verwirklicht; der WWF und Palawans beeindruckend tüchtige Provinzregierung machen's möglich. Ausgangspunkt für speläologische Unternehmungen ist das Dorf Sabang an der Küste, das seit einiger Zeit direkte Jeepneyverbindung mit Puerto Princesa hat. Von dort führen zwei sorgfältig ausgebaute Trails durch dichte Vegetation zur Mündung des Underground River, die einem sauberen Sandstrand gegenüberliegt.

Wer sich mehr für Archäologie als für Höhlen als solche interessiert, ist in den *Tabon Caves* (23) bei Quezon an der Westküste gut aufgehoben. Es handelt sich um einen riesigen Komplex aus über 200 Grotten, die einen Steilhang an der Malanut Bay zerwaben

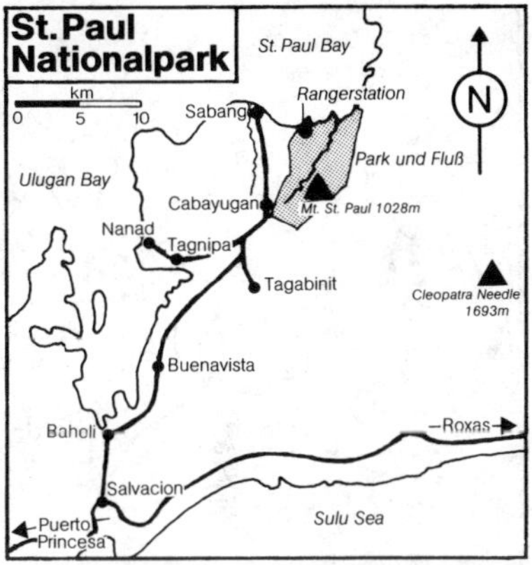

wie Zimmer in einem Hochhaus. Die Höhlen liegen bis zu 30 Meter über dem Meer auf Lipuun Point vier Kilometer von Quezon entfernt und sind von dort zu Fuß oder per Boot zu erreichen.

Der Tabon-Komplex gilt wegen der überaus bedeutsamen prähistorischen Funde, die dort gemacht wurden, als »Wiege der Menschheit« auf den Philippinen - diesmal aber wirklich! - und hat musealen Charakter. Wenige Stätten auf der Erde geben beredteres Zeugnis über die Frühgeschichte des Menschen, denn die Tabon wurde mindestens 40.000 Jahre ohne Unterbrechung von der Gattung *Homo* bewohnt. Dabei sind die Grabungen noch längst nicht abgeschlossen. Knapp ein Viertel aller Höhlen ist bislang exploriert, und die Arbeiten in die Vergangenheit gehen weiter. Der Tabon-Komplex wird ständig bewacht; ein Museumswächter begleitet Besucher.

Das gesamte Gelände westlich des Städtchens Quezon ist von Höhlen durchzogen. Manche sind erforscht, andere kaum bekannt. Nachstehend ein Überblick, der die aktuelle Erfassung wiedergibt (24).

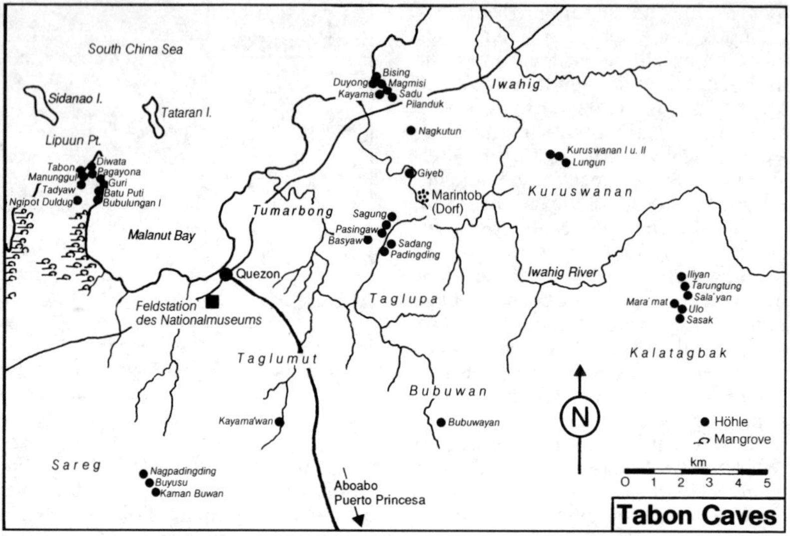

Zahlreiche Höhlen existieren überdies im Norden von Palawan, insbesondere in weitem Umkreis um El Nido und auf den Inseln des Bacuit-Archipels (25).

Rizal

Die Kalksteinformationen in der Nähe von Montalban (etwa 30 Kilometer nördlich von Manila) gelten unter Steilwandkletterern und Höhlenforschern als wahre Leckerbissen.
Eine der reizvollsten Höhlen ist die *Japanese Cave* (26) in der Nähe von Barrio Wawa am gleichnamigen Fluß. Der Name der Höhle ist ein Andenken an den Zweiten Weltkrieg. Dort machten Reste der japanischen Armee 1945 ihren letzten Stand.
In den zahlreichen Grotten oberhalb des malerischen Flusses hat man hier und da weggeworfene Samuraischwerter, Helme und Gewehre entdeckt, die größtenteils ihren Weg in Manilas Antiquitätenläden fanden.
Vielleicht liegt unter dem dicken Guanoteppich mancher Höhlen immer noch etwas verborgen.

Samar

Der Geologie nach dürfte es im bergigen Innern Samars noch viele unentdeckte Höhlen geben. Die bekannteste Grotte der Insel befindet sich im *Sohoton National Park* (27) am Basey River gegenüber von Tacloban. Wegen ihrer prachtvollen, glitzernden Tropfsteinformationen zählen die »Wonder Caves«, wie sie gemeinhin genannt werden, zu den sehenswertesten Höhlenkomplexen der Philippinen. Spektakulär sind insbesondere die *Sohoton, Panhulugan I* und *Bugasan III.*
Ausgangspunkt ist der Ort Basey, wo man sich bereits ein Permit für die Besichtigung der Höhle beschaffen muß. Von dort geht es per Boot den landschaftlich reizvollen Basey River 1½ Stunden lang flußauf. Vor Ort nehmen sich Ranger der Besucher an.

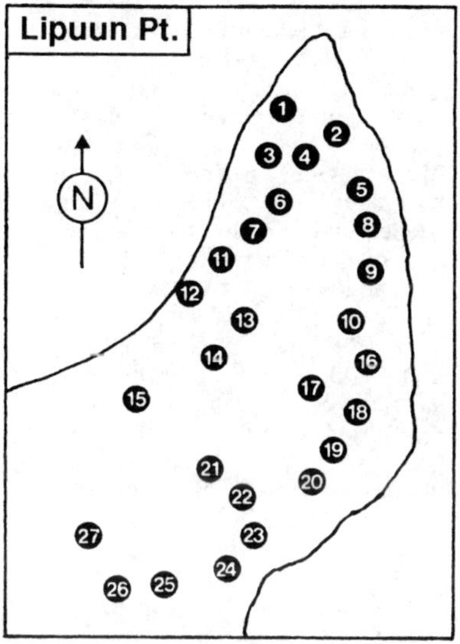

1 Liyang
2 Sarang
3 Tabon
4 Rangaw
5 Pagayona
6 Diwata
7 Igang
8 Uyaw
9 Guri
10 Karung
11 Manunggul
12 Rito-Fabian
13 Decalan
14 Tadyaw
15 Wasay
16 Batu Puti
17 Dugyan
18 Ukir-Ukir
19 Bubulungan I
20 Bubulungan II
21 Ngipot Duldug
22 Mutya
23 Agung
24 Pugay
25 Nigi
26 Kabuwan
27 Tarung

Im Anschluß an die Regenzeit stehen die Höhlen teilweise unter Wasser. Beste Monate sind 3-7.

Sorsogon

Wohlbekannt und erschlossen (und somit nicht ausgesprochen abenteuerlich) ist die *Bato Cave* (28) bei Bacon. Falls sie zufällig am Wege liegt, sollte man einen Besuch einplanen.

Surigao

Im Umkreis von Surigao existieren mehrere sehenswerte Höhlen. Gesehen haben sollte man die *Buenavista Cave* (29), auf dem Inselchen Hikdop eine halbe Bootsstunde nördlich der Stadt gelegen. Malerisch eingebettet in eine Dschungelkulisse bieten die drei Eingänge zur Buenavista so richtig die romantische Vorstellung, die man gemeinhin von einer »Schatzhöhle« hat. Es gibt tatsächlich Schätze in ihrem drei Kilometer ausgedehnten Innern. An einer Stelle erwecken groteske Gesteinsformationen den Eindruck eines kompletten »königlichen Hofstaates«, und ein Swimmingpool existiert auch, allerdings nur knietief, und umgeben von schönen Tropfsteingebilden.
Die *Suhoton* befindet sich auf der Insel Dinagat. Im dortigen Ort San Jose kann man sich weiterreichen lassen. Eine teure Sonderfahrt ist nicht erforderlich, außerdem ist die Höhle nicht ganz so toll. Unterirdische Explorationsziele gibt es auch bei Mapawa und Silop (30) ein paar Kilometer südlich von Surigao, bei Placer und Gigaquit (31) sowie auf Bucas Grande Island.

Zamboanga del Sur

Etwa 20 Kilometer außerhalb von Labangan (nahe der Provinzhauptstadt Pagadian) liegt die *Luy-a Cave* (32). Die Höhle enthält Schwefelquellen und endet in einem unterirdischen Fluß. Ganz interessant, aber gewiß kein touristisches Muß.

Wissenswertes für Höhlenforscher

Aberglaube

Das Stichwort wurde schon früher gegeben. Unter der ländlichen Bevölkerung hat die Höhlenfurcht auch weiterhin fast pathologische Formen. Euch kann's nur recht sein. Ihr seid dann die ersten und einzigen, die dieses speläologische Neuland betreten - mit Sicherheitsfaktor Null allerdings auch, zu dem gleich noch einiges zu sagen ist.

Ausrüstung

Ein absolutes Muß für alle unterirdischen Expeditionen ist das Vorhandensein ausreichender Beleuchtung. Ernsthafte Speläologen nehmen eine doppelte Rückversicherung mit, also drei Lampen und obendrein noch mehrere Kerzen plus nässefeste Streichhölzer. Schlichte Taschenlampen tun's im unterirdischen Hinterland nicht. Grubenlampen auf Karbidbasis oder besser solche mit Handgenerator sind besser. Empfehlenswert ist auch die in jedem ländlichen Haushalt befindliche Kerosinlampe (»Coleman«), die ein sehr helles Licht spendet und die von Guides gewöhnlich mitgeführt wird. Aber auch der treue Coleman kann einmal ausfallen und benötigt einen Backup. Den Verbrauch der Lampen und die Aufenthaltszeit in der Höhle in eine Relation bringen! Uhr!

Ein Schutzhelm ist unverzichtbar, sowie es ein paar Meter weiter ins Innere geht. Das Gestein ist härter als Eure Schädel. Notfalls aus Handtüchern und Klamotten einen dicken Turban improvisieren. Bedenkt, daß auch das Bodengestein nicht wie an der Oberfläche verwittert und deshalb viel schärfer ist. Schuhe müssen deshalb von derber Beschaffenheit sein.

Auf unterirdischen Flußtouren ist ein Gummifloß praktisch, nicht unbedingt für Passagiere, sondern für die restliche Ausrüstung. Prüft den Tidenhub einer mit dem Meer verbundenen Höhle, bzw. zieht entsprechende Erkundigungen ein, sonst kann's mal Schlimmeres als nasse Füße geben.

Um in großen Höhlen zu fotografieren, braucht man kräftige Blitzgeräte. Diese wiederum arbeiten mit sehr hohen Spannungen, die in der klammen Luft untertage die Batterien stark beanspruchen. Also: Ersatz mitnehmen.

> Was sind Stalagmiten, was Stalaktiten? Welcher ist unten, welcher oben? Selbst von Fachleuten werden sie immer wieder verwechselt. Kleine (ordinäre) Merkhilfe: Stalak*titten* hängen... Aber es kommt *noch* ordinärer. Weil Stalagmiten (unten) stehen und so schön hart sind, glauben manche Dummköpfe, sie brächten, fein zermahlen und verschluckt, auch das Mannesfleisch zum Stehen. 1992 beschlagnahmten Behörden in Cebu eine ins Ausland bestimmte Sendung im Gewicht von 452 *Tonnen*, die zwei Taiwanesen zusammengeramscht hatten. Die Ladung wäre im Einzelhandel über eine halbe *Milliarde* Pesos wert gewesen und hätte, wie die (festgenommenen) Exporteure hofften, einer gleichen Anzahl von Chinesen zu neuer Lust verholfen.

Gefahren

Ein Höhlenbesuch verursacht in vielen Menschen intensive Beklemmung. Personen, die zu Klaustrophobie neigen, sich also vor dunklen, engen Räumen ängstigen, sind als Höhlenforscher nicht geeignet. Das Problem ist häufiger als angenommen.

Die größte und latent tödliche Gefahr besteht darin, daß man sich verläuft. In hochentwickelten Ländern, wo fast jegliche abenteuerliche Aktivität durch

Netz und doppelten Boden abgesichert ist, kann man selbst bei einem ernsten Untertageunglück (Licht aus, hoffnungslos verlaufen, Knochenbruch) mit Hilfe von außen rechnen. Logbücher halten Ein- und Austritt fest; ist ein »Spelunker« überfällig, wird bald nach ihm gesucht.
Solche Systeme gibt es auf den Philippinen kaum. (Ausnahmen sind ein paar Höhlen in den rangerbetreuten Nationalparks). In der Regel ist der Höhlenexplorateur also auf sich selbst gestellt. Er muß als erstes, siehe oben, genügend Lichtquellen mitführen, um den längsten Rückweg zu bewältigen. Ist das Licht aus, ist es auch schon fast mit ihm aus. In totaler Schwärze kann er nur regungslos in der Erwartung auf dem Fleck verharren, daß man nach ihm suchen wird. Wir wollen hoffen, daß er auch an Proviant und Trinkwasser gedacht hat, um die Wartezeit zu überstehen.
Selbst bei adäquatem Licht ist es ein leichtes, sich zu verlaufen. Man nimmt auf dem Hinweg tunlichst Orientierungshilfen ins Auge - eine empfehlenswerte Praxis. Doch auf dem Rückweg sieht alles ganz anders aus! Nicht jeder Höhlenforscher hat den geschulten Blick des Oldtimers, um Wegmerkmale auch aus einem anderen Winkel sicher zu identifizieren. Sehr hilfreich ist ein »Ariadnefaden« in Gestalt einer abgespulten dünnen Schnur. Daß sie am Eingang auch wirklich gut befestigt ist, liegt wohl im eigenen Interesse.
Die beste Rückversicherung ist indes eine dahingehende Absprache mit den an der Außenwelt Verbliebenen, daß zu einem bestimmten Zeitpunkt eine Suche einzusetzen hat. Vorzugsweise wendet man sich in solchen Fällen an den Barrio Captain oder sonstige verantwortungsvolle Personen und setzt als Anreiz Belohnungen aus. Klarstellen, daß man es nicht mit Leuten zu tun hat, die abergläubische Angst vor Höhlen haben! Vokabular zu diesem wichtigen Punkt im Anhang.
Gefahren durch tierische Höhlenbewohner stellen einen vernachlässigbaren Risikofaktor dar. Zwar sind große Höhlen immer von Fledermäusen bevölkert, oft in riesigen Mengen. Der Guano dieser Tiere ist - jedenfalls Berichten aus Südamerika zufolge - ein Nährboden für gewisse Erreger, die die sogenannte Höhlenkrankheit (Histoplasmose) hervorrufen können. Doch von den Philippinen sind keine Fälle bekannt. Höhlenforscher, die nach einer Exploration von unklaren lungen- oder rippenfellentzündungsartigen Krankheitssymptomen befallen werden, sollten trotzdem an diese Möglichkeit denken und ihren Arzt darauf hinweisen.
Vampirische Attacken von Fledermäusen auf den Menschen gibt es nicht. Alle philippinischen Arten sind entweder Insekten- oder Fruchtfresser. Das Herumwuseln von Tausenden von Fledermäusen auf engem Raum mag aber als lästig und von furchtsameren Naturen als beängstigend empfunden werden. Dies gilt auch für die Geräuschkulisse der sogenannten Echo-Salanganen (siehe Kapitel »Birdwatching«). Im Gegensatz zu Fledermäusen, die per Ultraschall durch das Dunkel navigieren, stoßen die Vögel akustische Ortungssignale aus. In tiefer Finsternis ist das Gepiepse manchmal sinnverwirrend.
Als typische Höhlenbewohner gelten auch Schlangen und große Raubspinnen. Sie sind gering an der Zahl und haben vor Menschen weitaus mehr Angst, als der Mensch vor ihnen haben sollte.
Unmittelbar am Meer gelegene Felsenhöhlen sind jedoch der bevorzugte Aufenthaltsort von Seeschlangen (auch auf dem Trockenen). Dort sollte man ein wenig aufpassen.

Unterwasserexploration

Für den speläologisch orientierten Taucher ist die Erkundung unterseeischer Grotten eine ungeheuer spannende Angelegenheit. Er weiß aber - oder sollte es wissen -, daß er sich damit auch auf eines der gefährlichsten aller Abenteuer einläßt. Beim Höhlentauchen muß *alles* stimmen: Tauch- und Kavernenerfahrung, Luftverbrauch, Führung, Rettungsleine, Licht, Zeitberechnung, tunlichst auch die Lebensversicherung.

Anfang 1982 gingen sechs japanische Taucher mit philippinischem Führer bei der Insel Paglubatan im palawensischen Bacuit-Archipel auf unterseeische Höhlentour. Der Eingang zur Paglubatan-Höhle liegt in seichtem Wasser im Südwesten der Insel, fällt dann, herrlich anzusehen, 30 Meter ab und ädert anschließend in zahlreiche Grotten und Kanäle aus, in denen sich ein großer Teil der Insel unterqueren läßt. Manche dieser Grotten enden wieder an der Oberfläche oder in einer Lufttasche. Wer sich verirrt, findet dort sozusagen seinen Schleudersitz, allerdings nur mit viel Glück.

Tatsächlich verfranzte sich die Gruppe, gelangte durch einen solchen Notschacht aber wieder ins Freie. Zum Teil jedenfalls. Drei Taucher, die sich von der Führung abgesondert hatten, kamen um. Sie drangen in ausweglose Gänge ein und schwammen vorwärts, bis ihnen die Luft für immer ausging. Eine Teilnehmerin, den rettenden Ausgang bereits vor Augen, klemmte sich fest und starb an akutem Herzversagen - vor Angst, wie später rekonstruiert wurde.

Persönlich habe ich immer die *Eingänge* von Höhlen faszinierend gefunden, eine Licht- und Schattenzone, in der sich alles mögliche Großgetier tummelt. Nach weiter drinnen zieht mich nichts. Dort, wo ein einziger unachtsamer Schwimmflossenschlag, wie im Falle Paglubatan, die Sicht für 24 Stunden auf Null herabsetzt, ist nicht meine Welt. Nur um des Dagewesenseins würde ich nie in eine Unterwasserhöhle eindringen. Auch Euch stelle ich anheim, die Relation von Abenteuer zu nutzlosem Risiko in solchen Revieren sorgfältig abzuwägen.

Nützliches Vokabular

Höhle (Höhlen)
Kuwéba (mgá kuwéba).
Ich interessiere mich für die Höhlenexploration.
Mahílig akó sa eksplorasyón ng mgá kuwéba.
Gibt es sehenswerte Höhlen in dieser Gegend?
Mayroón bang mgá tanyág na kuwéba sa poók na itó?
Wo ist die Höhle?
Saán ang kuwébang iyón?
Kann mich jemand dort hinführen?
Mayroón ba dítong táong makapagtutúro doón?
Wie heißt diese Höhle?
Anó'ng táwag sa kuwéba na itó?
Wollen Sie mein Guide sein?
Gustó ba ninyóng magíng gíya ko?
Was verlangen Sie dafür?
Magkáno ang báyad sa inyó?
Was benötigen wir für die Höhlentour?
Anó'ng kailángan nátin sa loób ng kuwéba?
Eine Kerosinlampe? Seile? Ein Kanu?
Isáng coleman? Mgá lúbid? Isáng bangká?
Wollen Sie die benötigten Sachen für mich besorgen?
Maaári ba ninyó akóng maikúha ng mgá kailángan náting gámit?
Nehmen Sie zur Sicherheit bitte eine zusätzliche Kerosinlampe mit.
Magdalá po kayó ng isá pang coleman pára táyo'y maká-sigúro.
Auch zusätzlich Kerosin (Streichhölzer, Proviant, Wasser).
Dagdagán din ninyó ng gas (pósporo, pagkáin, túbig).

Sind Sie schon einmal in dieser Höhle gewesen?
Nakapások na ba kayó sa kuwébang itó?
Wie weit? Nur hier am Eingang? Oder weit im Innern?
Gaáno kaláyo? Sa may bukána lang ba? O sa kaloób-loóban pa?
Wie viele Stunden wird es dauern, bis wir hin und zurück sind?
Mgá iláng óras kayáng aabútin pagpuntá at hanggáng táyo'y makabalík?
Bitte veranlassen Sie, daß man nach uns sucht...
Tiyakín ninyó na may mgá táong magháhanap sa átin...
...wenn wir bis (span. Zahl) Uhr nicht zurück sind.
...kung hindí táyo makabalík hanggáng álas (.....).
Haben die Leute hier Angst vor Höhlen?
Tákot ba ang mgá táo díto sa mgá kuwéba?
Bitte wählen Sie ein Suchteam aus, das keine Angst hat.
Pumíli po kayó ng grúpong tagahánap na hindí tákot.
Ich zahle eine Belohnung.
Magbíbigay akó ng pabúya.
Ist alles arrangiert? Gut, dann los!
Handá na ba ang lahát? Síge, táyo na!

Island Hopping

Es muß wohl kaum hervorgehoben werden, daß »das Land der 7.107 Inseln« ein ideales Aktionsfeld für Liebhaber des Inselspringens abgibt. 20 Jahre lang könnten Inselfreunde dort bei zügigem Reisetempo jeden Tag ein anderes Eiland besuchen. Und sie würden dabei feststellen, daß sich aufgrund einer Vielzahl von Faktoren jede Insel von der anderen unterscheidet. Manchmal hat man gar den Eindruck, von einem Land in ein ganz anderes zu gelangen...
Mitunter wurde ich gefragt, wie viele Eilande ich denn selber im Lauf meiner langjährigen Anwesenheit und Reisetätigkeit im Lande betreten hätte. Meine Antwort, völlig wahrheitsgemäß, es müßten so zwischen 100 und 200 sein, zeitigte dann immer erstaunte Reaktionen. Im Verhältnis zu dem riesigen Kuchen klingen diese paar Rosinen nämlich ausgesprochen bescheiden.
Aber man versuche nur einmal, die Handvoll Inseln zu bereisen, die in diesem Kapitel aufgelistet sind - ganze 25 an der Zahl. Dann wird man schnell zu der Erkenntnis gelangen, daß in der philippinischen Inselwelt mit anderen Maßstäben gemessen wird, daß die Uhren dort viel langsamer gehen als daheim.
Um Zeitnöten etwas entgegenzukommen, habe ich mich bei der Auswahl der 25 Inseln deshalb auf den zentralen Teil des Landes zwischen neun und 15 Grad N beschränkt. Dort liegen die Etappen relativ nahe beieinander, so daß man sich ein vielgestaltiges Programm entlang einer geographischen Mittelachse vornehmen und mancherorts einen seitlichen Abstecher machen kann. In der Theorie zumindest. Später steht man dann auf einer verfallenen Pier und erhält auf die Frage, wann das nächste Schiff abginge, die muntere Antwort: »Nächste Woche. Vielleicht.« Abseits der Hauptlinien, auf denen schmucke Fährdampfer hin- und hereilen, regiert das Wörtchen »vielleicht« bzw. dessen philippinisches Äquivalent *mamayá* (»irgendwann mal«) das ganze insulare Transportgeschehen. Bezieht es unbedingt in Eure Pläne ein. Und haltet nicht starr an einer Route fest. Es kommt *doch* anders - garantiert!

Ein Querschnitt durch die philippinische Inselwelt

Die Einzelbeschreibungen der nachstehenden Inseln habe ich meinen Reisetagebüchern entnommen, ohne daß ich besondere Kriterien zugrundelegte. Sie sind so beschrieben, wie sie gerade kamen: Mal wunderschön, mal weniger. Selbstverständlich zeigen sie nicht jedem Besucher die gleichen Facetten; vieles hängt von der Sicht des Betrachters ab. Beherzigt daher: Der *Weg* sei stets das Ziel, die *Reise* das Abenteuer, nicht unbedingt die Insel selbst.
Einige der Inseln dieses Kapitels hatte ich schon in der Erstausgabe dieses Buches beschrieben. Es war mitunter spannend, sie in späteren Jahren erneut aufzusuchen und festzuhalten, was sich inzwischen verändert hatte. Dabei trat ein gänzlich unerwartetes und höchst erfreuliches Phänomen zutage.
Die erste und ärgste Schreckensvision der Philippinen ist ja stets das rapide, scheinbar unaufhaltsame Anwachsen der Bevölkerung gewesen. Wenn eine Insel vor zehn Jahren mit tausend Menschen schon zum Platzen überbevölkert war, so konnte man heute, der progressiven Hochrechnung zufolge, mit mindestens der doppelten Anzahl rechnen. Daß dieses Horrorszenario

nicht eingetreten war, stimmte mich froh und optimistisch. Zwar hatte man sich in der Zwischenzeit auch weiterhin frisch vermehrt. Doch erstens war es zu starken Abwanderungen gekommen - vor allem junge Leute sahen keinen Sinn mehr in ihrer insularen Existenz -, und zweitens macht sich im ganzen Land zunehmend Gebärüberdruß bemerkbar. Immer wieder stieß ich in jüngster Vergangenheit auf Ehepaare, die sich höchstens zwei, mitunter auch gar keine Kinder wünschten. Katholische Priester, in klarem Trotzkurs zum Papst, predigten aktive Empfängnisverhütung von der Kanzel. In jedem insularen Barrio war Eheberatung ein gesetzliches Muß. Fazit: Ein Moloch wie Manila wird immer voller, Millionen von Filipinos leben und arbeiten im Ausland. Viele Inseln werden immer leerer. Gut für uns Abenteuerreisende.

Allerdings entpuppen sich auch die Filipinos selber immer mehr als Outdoorlover. Daß sich der Lebensstandard im Lande in jüngster Zeit fühlbar gehoben hat, erkennt man schon am Freizeitverhalten. Da zieht man am Wochenende und in den Ferien mit Oma und Enkel ins Grüne, und ganze Kleinbusse ergießen dann ihren Inhalt auf Strände und Picknickgründe. Bedauerlicherweise verhält man sich auf solchen Exkursionen bisher nicht immer sehr umweltgerecht.

Inseln, vor allem kleine, besitzen überaus empfindliche Ökosysteme. Fauna und Flora weisen nicht die Vielseitigkeit und selten auch die Widerstandsfähigkeit kontinentaler Formen auf. Bereits minimale menschliche Eingriffe können katastrophale Folgen haben. Der Trend zum Inseltourismus hat vielerorts zu schrecklichen Fehlentwicklungen geführt, durch die manches Eiland für immer seinen Zauber verlor.

Das ist die eine Seite der Medaille. Auf der anderen ist anzuerkennen, daß in vielen Fällen durch eben diese »Erschließung« paradoxerweise ein wichtiger Beitrag zur Naturerhaltung geleistet wurde. Der Tourismus setzte nämlich neue Prioritäten, ließ neue Aktiva transparent werden. Kein Tourist will ja auf einem ökologisch verwüsteten Eiland Station machen. Folglich hat man im Umfeld touristisch entwickelter Inseln die Dynamit- und Cyanidfischerei unter Kontrolle bringen können; es taucht auch niemand mehr auf, der mal eben ein paar Bäume umlegen, Vögel abknallen oder zum Nulltarif eine Schiffsladung Korallensand abbauen möchte.

Optimal ist keines der beiden Systeme. Welches ist das kleinere Übel? Es kommt darauf an, wie sanft die sogenannte Entwicklung betrieben wird. Wo Investoren damit beginnen, dick Beton aufzugießen, Stacheldraht zu ziehen, Jetports zu bauen und friedliche Strandläufer mit der Knarre zu vertreiben, wird eines Tages einmal etwas gewaltig in die Hosen gehen. Denn jener Tag scheint nicht fern, an dem die schönsten Inselgestade der Philippinen im Besitz vornehmlich ausländischer (an erster Stelle japanischer) Geldsäcke sind. Schilder mit der Aufschrift »Filipinos raus!« stehen noch nicht da, jedenfalls nicht in greifbarer Form. Doch vorprogrammiert sind sie schon, und die massiven Reaktionen auf sie auch.

1 Alabat
2 Bayagnan
3 Calauit
4 Camasusu
5 Camiguin
6 Catanduanes
7 Coron
8 Cuyo
9 Dumaran
10 Higatangan
11 Homonhon
12 Limasawa
13 Linapacan
14 Lubang
15 Maripipi
16 Pan de Azucar
17 Polillo
18 Rapu Rapu
19 Romblon
20 Santo Niño
21 Semirara
22 Sibuyan
23 Siquijor
24 Talampulan
25 Verde

1 Alabat

Die lange (36 km) und schmale (6 km) Insel eignet sich am besten zum Wandern. Auch Birdwatching ist ganz ordentlich. Schwimmen und Tauchen sind jedoch nirgendwo wirklich drin. Die Südküste ist durchgängig mangrovebestanden, und zum Ozean hin donnert pausenlos die Brandung auf die Riffe. Dennoch kann man gerade die Nordküste mit ihren bizarren Felsformationen ausgesprochen spektakulär nennen. Das Gelände ist ziemlich dünn besiedelt; ab und zu begegnen einem ein paar Agta-Negritos. In relativer Nähe Manilas gerät man dort schon in ziemlich »wilde« Verhältnisse.

Im Innern der Insel sieht es mit Reisfeldern und Kokoshainen zahmer aus. Eine kleine Straße verbindet Perez im Norden mit Quezon im Süden. Vom Hauptort Alabat zweigt eine weitere Verbindung nach Villa Norte am Pazifik ab. Alle Orte haben Elektrizität; die Insel ist per Unterseekabel mit dem Festland verbunden.

Lage: Lamon Bay (Pazifikküste der Provinz Quezon).

Anreise: Basis für Perez ist das Städtchen Atimonan, für Quezon Gumaca oder Calauag.

2 Bayagnan

Weshalb gerade Bayagnan? Auf dem Eiland gibt es nichts zu sehen, keine schönen Strände (wie auf einigen Nachbarinseln) zeichnen es aus, statt dessen gibt es jede Menge Mangroven. Aber das Baden sollte man sich sowieso verkneifen. Und das ist eben das Besondere an Bayagnan.

Vor einem Inseldörfchen namens Bitaugan im Norden der Insel treibt nämlich ein richtiggehender, furchteinflößender Mahlstrom sein Unwesen. Ja, so einer wie bei Edgar Allen Poe, mit todbringendem Strudel und »saugendem Schlund«...! Am spektakulärsten ist der sogenannte *Panibungan,* der schon zahlreiche Opfer forderte, im Frühjahr zu Neumondzeiten. Es handelt sich um einen Gezeitenwirbel, dessen Strömung durch topographische Eigenarten enorme Geschwindigkeit annimmt und große Sogtrichter bildet, die mit einem explosiven Geräusch in plötzliche Erscheinung treten. Man kann das monströse Naturwunder direkt daneben vom Ufer aus beobachten. Aber bitte nicht ausrutschen!

Lage: Östlich von Surigao, Mindanao.

Anreise: Nach Bitaugan fahren kleine Privatboote ab Surigao.

3 Calauit

Im August 1976 wurde unter zunächst strengster Geheimhaltung auf diesem Eiland im hohen Norden der Provinz Palawan ein ungewöhnliches Projekt

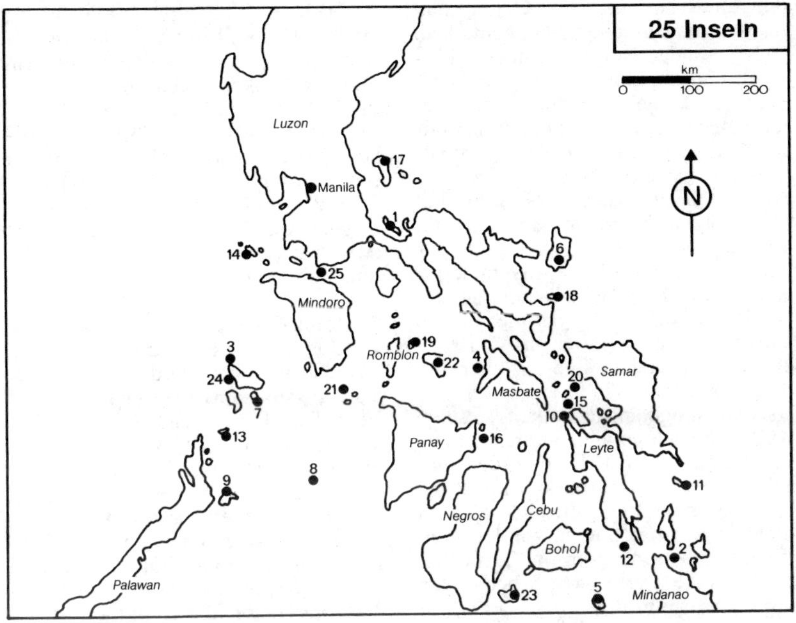

ins Leben gerufen. Als Antwort auf einen Appell der *International Union for the Conservation of Nature* in Kenia erklärte sich die philippinische Regierung bereit, eine ihrer über 7.000 Inseln für die Aufnahme gefährdeter afrikanischer und anderer Tierarten zur Verfügung zu stellen. Die Wahl fiel auf Calauit.

Unter der fast totalen Verfügungsgewalt des damaligen Präsidenten Marcos wurden etwa 250 Familien, die seinerzeit die Insel bewohnten, ohne viel Federlesens nach Halsey Harbor auf Culion umgesiedelt. Darauf hatten die Zoologen bestanden. Tier und Mensch, ganz besonders der philippinische Mensch, führten sie aus, könnten nicht zusammenleben. Im Frühjahr 1977 hielten die ersten 108 Afrikaner Einzug: Buschböcke, Elene, Gazellen, Giraffen, Impalas, Topis, Wasserböcke und Zebras. Zudem wurden viele im Aussterben begriffene philippinische Tierarten nach Calauit verfrachtet: Affen, Ameisenbären, Bärenkatzen, Calamian- und Mausrehe, Krokodile, massenweise Vögel. Auch die umgebenden Seegebiete erhielten Schutzstatus, unter anderem wurden Tausende von jungen Seeschildkröten ausgesetzt.

Das Wildreservat blühte und gedieh, und die Tiere vermehrten sich fröhlich - neun Jahre lang. Kaum war Ferdinand Marcos im Februar 1986 jedoch entmachtet, als massiver Ärger um Calauit begann. Die früheren Bewohner der Insel wollten zurück auf ihr Eiland, obwohl, wie mir einige anfangs der 80er Jahre gestanden, man eigentlich kein schlechtes Tauschgeschäft gemacht hatte. Doch es waren halt die üblichen Unzufriedenen und sogar primär Unbeteiligten, die den Krach an-

stifteten. Scharmützel vor Gericht und vor Ort brachen los, die bis heute kein Ende gefunden haben. Am meisten litten die unschuldigen Tiere unter dem Gerangel. Manche, darunter einige der zutraulichen Giraffen, wurden aus reiner Bosheit gekillt. Die Zoologen hatten schon recht gehabt.
Zusätzlich zu diesen Problemen hat sich in jüngster Zeit ein typisch philippinischer Streit um Kompetenzen entwickelt; jeder möchte etwas zu sagen haben. Daß das Projekt Calauit und das Wildleben auf der Insel unter diesen Umständen immer noch prosperiert - die Afrikaner allein sind auf über 400 Köpfe angewachsen -, ist im Grunde erstaunlich und anzuerkennen. Deshalb wird man auch gern einen dreistelligen Pesobetrag für das Betreten des sehr sehenswerten Naturparks entrichten wollen, selbst wenn dieser vielleicht nicht immer der Sache, sondern den Wächtern zugute kommt. Denn die, wird man bald erkennen, haben es am schwersten auf Calauit.
Informationen zum jüngsten Stand der Dinge erhält man im Rathaus von Coron Town auf Busuanga.
Lage: Nordwestlich von Busuanga, Nordpalawan.
Anreise: Abhängig von der Windrichtung der Monsune finden Abfahrten nach Calauit entweder von der Nord- oder Südküste Busuangas statt (keine regelmäßigen Verbindungen). Entsprechende Auskünfte erhält man schon am Airport, spätestens in Coron Town.

4 Camasusu

Der Name beschreibt eine weibliche Brust, und fürwahr: Sogar die Warze fehlt nicht, ein Felsknopf auf dem ragenden Kegel, aus dem die Insel überwiegend besteht. Ein Gang durch das gleichnamige Dörfchen ist schnell erledigt. Nomadische Seefahrer stellen dort Trockenfisch her, der Camasusu ein Flair ganz besonderer Art verleiht. Was das Eiland so abenteuerlich macht, sind eben diese Fischer: Wilde Gestalten, deren archaische Kähne vor dem Dorf vor Anker liegen und die Szene um 200 Jahre zurückversetzen.
Die Neuzeit hat aber selbst auf Camasusu nicht haltgemacht. Es gibt auf dem winzigen Inselchen sogar eine Schule!
Lage: Westküste von Masbate.
Anreise: Camasusu hat Bootsverbindung mit Mandaon.

5 Camiguin

Es gibt noch eine weitere Insel dieses Namens im hohen Norden des Landes. So rauh und abweisend jene ist, so lieblich und anziehend ist diese. Wer sich für das südliche Camiguin nicht zu begeistern vermag, ist ein hoffnungsloser Fall. Schon der Hauptort Mambajao hat eine Atmosphäre ganz besonderer Güte, in etwa mit Romblon (siehe unten) vergleichbar; es gibt viel Grün, moderate Herbergen und ausgesprochen nette Leute. Immer wieder zeigt sich auf den Philippinen, wie am Beispiel Camiguin, daß dort, wo die Umwelt heil ist, auch die Menschen intakt geblieben sind. Hinzu kommt, daß der Tourismus weiterhin von der sanften Variante ist; man darf hoffen, daß es dabei bleibt.
Fast die Gesamtheit der Insel wird von einem vulkanischen Bergmassiv eingenommen, das oberhalb von Mambajao im Gipfel des Hibok-Hibok kulminiert, von dem im Kapitel »Vulkanerkundung« noch im Detail die Rede sein wird. Als aktiver Vulkan mag der Hibok-Hibok eine ständige Bedrohung Camiguins darstellen, wie seine jüngere Geschichte gezeigt hat; rein vom Aussehen her ist er jedoch einer der schönsten Berge der Philippinen.
Überhaupt bietet Camiguin von jeder Seite dem Betrachter ein malerisches Panorama; ein Gauguin hätte sich dort wohlgefühlt.

Das wenige Verkehrsgeschehen auf Camiguin spielt sich vor allem zwischen dem Hafen Binone im Südosten und Mambajao ab; ein paar Räder rollen auch nach Catarman im Südwesten. Weiter im Norden rührt sich nicht mehr viel, und im gebirgigen Innern schon gar nicht. Dort kommt vor allem der Naturliebhaber auf seine Kosten. Viel schöner Wald steht weiterhin im Bereich der Berge Tres Marias, Mambajao und Timpoong, und der Tuwasan-Wasserfall im Westen der Kette ist einer der prächtigsten des Landes. Gott sei Dank hat man ihn bislang nicht »entwickelt« und auch nicht als Stromquelle angezapft - die Insel hängt per Unterseekabel am Verbundnetz.
Camiguins Strände sind weniger eindrucksvoll - überwiegend kiesig und steinig. Wer nicht auf Beach Life verzichten möchte, lasse sich an der Nordküste nach White Island übersetzen, einer besseren Sandbank, auf der sich zu Stoßzeiten eine Menge Gleichgesinnter zusammendrängt. Oder aber er sucht sein Heil auf Mantigue (auch Magsaysay) Island etwa fünf Kilometer vor Mahinog an der Ostküste. Das Inselchen hat weiße Strände und schöne Riffe und wäre fast schon eine Robinsonade wert - wenn man sich das Eremitendasein nicht mit mindestens 150 einheimischen Freitagen teilen müßte...
Lage: Mindanao-See, nördlich von Mindanao.
Anreise: Camiguin hat Schiffsverbindung mit Cebu und wird täglich von Fähren ab Cagayan de Oro und Balingoan auf Mindanao angelaufen.

6 Catanduanes

Relativ große Insel mit Provinzstatus. Daß meine philippinische Frau von Catanduanes stammt, macht mir das Eiland natürlich besonders lieb und wert. Auch das Thema der Galeonenwracks (siehe Kapitel »Galeonenwracksuche«) trägt gewaltig zur Inselfaszination bei. Aber es gibt da noch einige andere Ingredienzen...
Virac, dem Hauptort, wird man nicht viel abgewinnen können, obwohl es am Igang Beach, ein paar Kilometer südlich des Städtchens, ganz hübsch aussieht. Doch schon in Bato, ein Stückchen weiter östlich, fühlt man sich wie in einem Pueblo am Fuß der Anden. Dort beginnt das eigentliche Catanduanes, viele Länder in einem. Man muß einmal die Ostküste zu Fuß hinaufwandern, sich ein bißchen nach Polynesien hinüberversetzen, um die pazifische Eigenart der Insel in sich aufzunehmen und zu vergeistigen. Der Große Ozean ist dort immer präsent, nie versiegt das Donnern der Brandung. Strände! An den meisten geht man vorbei, denn die Uferstraße folgt nicht den zahlreichen Buchten und Halbinselchen. Da lohnt ein kleiner Umweg von den grünen Höhen vom Aussehen Irlands zu den Südseegestaden in der Tiefe. Oder aber ins Innere der Insel. Einmal am Bato River durch dichten Dschungel hinabzutrekken ist ein herrliches Erlebnis.
Nördlich von Viga im oberen Drittel dehnt sich der größte Nipapalmenwald der Philippinen, ein riesiges, grünes Sumpfgebiet voller dunkler Kanäle. Dann, in Richtung auf Yog Point an der Nordspitze, wird die Küste vollends wild. Verantwortlich dafür sind die zahlreichen Taifune, unter denen Catanduanes alljährlich leiden muß und die in den dortigen Uferstrich besonders vehement hineinkrachen. Keine andere Insel des Archipels wird ständig grausamer von den »heulenden Winden« heimgesucht als diese, denn Catanduanes liegt als äußerster Vorposten ganz weit draußen im Pazifik. Überall sieht man noch nach Jahren Zeichen der Verwüstung.
Es nimmt daher wenig wunder, daß viele Insulaner ihre zerzauste Heimat

resigniert verlassen haben, um in Manila und im Ausland unter ruhigeren Bedingungen ihr Glück zu suchen. Die auf der Insel verblieben sind, freuen sich über jeden Besuch: Nirgendwo auf den Philippinen wird man bereitwilliger von privat eingeladen!
Lage: Südostküste von Luzon.
Anreise: Mit der Fähre ab Tabaco und mit dem Flugzeug ab Manila und Legaspi.

7 Coron

Coron ist nach meinem Empfinden die faszinierendste Insel der gesamten Philippinen. Keilförmig, etwa 20 Kilometer lang und maximal acht Kilometer breit, wuchtet sie fast zur Gänze vertikal aus der See. Stellenweise bilden die schroffen Felsen gewaltige Uferhöhlen und Überhänge, hier und da formen sie kleine Buchten mit herrlich weißem Sand. Der gesamte Inselkomplex ist mit zähem, dichtem Buschdschungel überwachsen, der für den philippinischen Mittelteil typisch ist, aber auf Coron ausgesprochen üppige Dimensionen annimmt. Aus der Ferne sehen die bizarren Felsen Corons bei bestimmtem Sonneneinfall aus, als seien sie mit dickem Moos bedeckt.
Das Innere der Insel wird von einer Kette von Seen durchzogen, deren südlichster und größter, der Lake Cabugao, über eine winzige, kaum meterbreite Öffnung Verbindung mit dem Meer besitzt und deshalb brackig ist. Die anderen Seen führen Süßwasser; von exquisiter Schönheit ist ganz besonders der türkisfarbene Lake Cayangan im Norden.
Coron Island ist Stammesreservat für die Minoritätengruppe der Tagbanua. Wiederholt hat man versucht, ohne jegliche legale Handhabe touristische Entwicklungsprojekte auf der Insel anzusiedeln, was die Tagbanua jedes Mal erfolgreich vereiteln konnten. Ein Bravo deshalb diesen mutigen kleinen Menschen, die die Insel bewohnen und den wackeren Missionaren, die ihnen beistanden! Sie wollten sich ihre Identität nicht nehmen lassen, und schon gar nicht ihre Lebensgrundlage. Denn sie führen auch so eine Existenz ohne nennenswerte Nöte - jedenfalls nach ihrem gesunden Selbstverständnis. Mehr zu den Tagbanua in Kapitel »Naturvolkkontakte«.

Falls jemandem im Bereich von Busuanga einmal ein paar Gramm Nido in die Hände fallen sollten - die billigste Preisklasse »Drachenzähne« vielleicht, immer noch köstlich -, so kann er/sie daraus das folgende Gericht bereiten:

Zutaten:
A - 50 g Nido
B - 3 Tassen Hühnerbrühe
C - 3 Scheiben frischer Ingwer
D - 1 TL frisch geriebener schwarzer Pfeffer
E - 1 TL Sherry oder Sake (optional)
F - 1 Tasse Hühnerfleisch, kleingehackt
G - ¼ Tasse Schinkenstücke
H - 2 TL Maisstärke
I - 1 Eiweiß
J - 2 TL Erdnußöl
K - 5 Tropfen Sesamöl

A über Nacht in Wasser einweichen. Am Morgen mit etwas J beträufeln, noch einmal in warmem Wasser waschen. Letzte Verunreinigungen werden dadurch herausgelöst.
A, 2 Tassen B, C, D und E zusammen 1 Std. lang dämpfen. In Schüssel füllen, F, G und 1 Tasse B zufügen, 2 Min. aufkochen.
H mit ¼ Tasse Wasser einrühren, kurz aufwellen lassen, I unterrühren, K einsprenkeln. Heiß servieren.

200 oder 300 Seelen mögen es insgesamt sein, verteilt auf die Dörfchen Cabugao, Banuan Daan und Banuan Lagi an der Ostküste, so gut wie unerreichbar während der Amihansaison.
Die Haupteinkommensquelle der Insulaner ist das Sammeln von eßbaren Vogelnestern (siehe auch Kapitel »Birdwatching«: *Palawan*), einer Tätigkeit, der sie mit meisterlicher Kraft und Courage nachgehen und die gutes Geld einbringt. Die Nester sind generell nur über Steilhänge in schwindelnder Höhe zu erreichen. Diese zumeist völlig vertikalen Schründe klettern die Tagbanua nicht etwa empor - nein, sie *gehen* an ihnen ohne jegliches Hilfsmittel hoch! Man muß diese Akrobatik einmal gesehen haben, um daran zu glauben. Und noch nie, sagte man mir, ist dabei jemals ein Kletterer abgestürzt...
Von Coron Town auf Busuanga aus kann man einige Punkte auf der Insel besuchen, so den Lake Cayangan und den einen oder anderen Strandstreifen. In den Dörfern ist jedoch niemand ohne vorheriges Arrangement willkommen. Auch auf Exkursionen ins Innere sollte man lieber verzichten, denn das Gelände ist ungeheuer zerklüftet. Ein auf der Insel ansässiger Händler berichtete mir einmal, er hätte für eine Tour von zwei Kilometern vom Dorf Cabugao zur Westküste 24 bretthharte Stunden benötigt!
Lage: Südöstlich von Busuanga (Nordpalawan); gegenüber der gleichnamigen Hafenstadt.
Anreise: Nur per Mietboot ab Coron Town (keine regelmäßige Verbindung).

8 Cuyo

Trotz ihrer abgeschiedenen Lage ist diese Hauptinsel des gleichnamigen, aus etwa 40 Eilanden zusammengesetzten Archipels ein altes philippinisches Kulturzentrum. Kostbare goldene und porzellanene Grabbeigaben aus vergangenen Jahrhunderten wurden dort gefunden. Folglich ist Cuyo auch ziemlich dicht besiedelt und fast zur Gänze bewirtschaftet: Kopra, Kaschunüsse und Meeresfrüchte sind die primären insularen Produkte.
Der Hauptort Cuyo Town ist auffallend sauber und gepflegt mit einem Hauch iberischen Ambientes. Die Spanier waren hier schon früh aktiv: 1677 bauten sie die klobige Festungskirche zum Schutz gegen die Moro-Piraten aus dem Süden. Im Ort fällt ein Überwiegen der holden Weiblichkeit auf. Die Mehrzahl der männlichen Bevölkerung ist außerhalb der Insel tätig, vornehmlich als Seefahrer oder auf Palawan. Das hat Tradition. Palawan wurde von Cuyo aus besiedelt. Der Inseldialekt Cuyonen ist dort, zumindest im Norden, die gängigste Sprache.
Man gewinnt interessante Eindrücke auf einer Fußtour durch das Eiland, die einem bei den moderaten Entfernungen - Cuyo ist mal gerade 15 Kilometer lang - kaum Strapazen aufbürdet. Auch sollte man einmal den Mt. Aguado (240 m) erklimmen, der sich in der Inselmitte erhebt, um von oben einen Überblick zu gewinnen. Vielleicht wird man dann sehnsüchtige Blicke nach den zahlreichen Nachbarinseln werfen, denn die sind allesamt Südsee- und Taucherparadiese...
Nur - dahinzugelangen ist äußerst beschwerlich. Die Cuyo-Inseln sind allesamt von kleinen Subsistenzgesellschaften bewohnt, von keiner Mutter abhängig. Deshalb gibt es relativ wenig interinsularen Verkehr im Archipel. Zudem zeichnen sich die Inselpopulationen durch so etwas wie eine »polynesische Mentalität« aus, wie Ethnologen befunden haben: Man verhält sich nicht typisch philippinisch gastfreundlich, sondern denkt erst einmal an sich selber - was niemandem auf den kargen Eilanden zu verdenken ist. Trotzdem: Fragt der Besucher erst einmal nach *lató* (Beerentang) und

tirik (Seeigelfett), typischen Inselspezialitäten, fühlt sich auch der knickrigste Cuyono am Bauch gekitzelt.
Lage: Nordteil der Sulu-See.
Anreise: Cuyo hat nur sporadische Schiffsverbindungen mit Puerto Princesa und Iloilo City, wird aber bei Bedarf von Roxas und Taytay auf Palawan und Culasi auf Panay angelaufen. Die Routen sind stark wetterabhängig. Früh im Jahr bis weit in den März hinein bläst es überall im Cuyo-Archipel aus allen Knopflöchern.

9 Dumaran

Diese Insel rangiert fast nur unter dem Namen des Ortes Araceli an der Ostküste. Wie erfreulich gottverlassen so eine relativ große Insel doch sein kann! Immerhin mißt Dumaran gut 25 Kilometer von einem Ende zum anderen, aber die Besiedlung ist sehr dünn...
Der Ort Dumaran am westlichen Terminal ist wohl eine der totesten Hosen des Archipels. An der Piste nach Araceli, auf der bis 1987 noch nichts Motorisiertes rollte, gibt es hier und dort mal ein Hüttchen, sonst nichts. Die Nordküste Dumarans besteht in ihrer Gesamtlänge aus Mangrove, ein richtiger dicker Wald. Erst kurz vor Araceli lichtet sich das Grün zu Stränden. Nicht gerade berauschender Qualität, aber nach all der Mangrove atmet man auf, wenn wieder der Horizont zu sehen ist. Das Städtchen liegt malerisch in einer geschützten Bucht; auf der Reede machen oft Trawler aus der Sulu-See Station, um Wasser zu fassen und Fisch zu verladen. Die Einfahrt ist vertrackt. Überall dräuen Riffe, gefährlich für den Seefahrer, einladend für den Schnorchler. Auf den vorgelagerten Inselchen dürften auch Robinsons auf ihre Kosten kommen (siehe Kapitel »Robinsonade«).
Dumarans Südküste ist noch abwechslungsreicher. Zwar steht auch dort viel Mangrove, doch sie wechselt mit Stränden, ausgedehnten Riff-Arealen und tiefen Buchten, und sogar das eine oder andere Dörfchen gibt es. Eine Fortbewegung entlang dieser zerrissenen Küste ist nur per Boot möglich.
Lage: Nordostküste von Palawan.
Anreise: Dumaran kann man per Sonderfahrt von Danlig auf dem Festland von Palawan erreichen. Araceli hat Bootsverbindungen mit Roxas und Puerto Princesa, mitunter auch Cuyo, aber nicht regelmäßig.

10 Higatangan

Aus der Ferne sieht Higatangan (auch: Gigantagan) wie ein traumhaftes Südsee-Eiland aus. Beim Näherkommen wird es jedoch immer enttäuschender: Flach und fade, toter Korallensockel, kaum ein Fisch. Die Insel weist einige Besiedlung auf, aber das Trinkwasser ist knapp, und der Besucher wird auch wenig Eßbares finden. Unklar wird auf den ersten Blick erscheinen, weshalb ausgerechnet Higatangan zu Marcos' Zeiten auf die Liste der schützenswerten Inseln (siehe unten) gesetzt wurde. Des Rätsels Lösung: Von dort aus organisierte der damalige Präsident im Zweiten Weltkrieg seine todesmutigen Guerillaaktionen gegen die Japaner. Angeblich. Zwar hatte Marcos auf der Insel mal Station gemacht. Aber leider stellten sich die tollkühnen Feldzüge später als erfunden heraus. So ist es auch mit Higatangan: Es blendet zunächst, aber es steckt nicht viel dahinter.
Lage: Nordwestspitze von Leyte.
Anreise: Die Insel hat Bootsverbindungen mit Jubay auf Leyte und Naval auf Biliran.

11 Homonhon

»Eine Wasserstätte guter Omen« hatte Antonio Pigafetta, Ferdinand Magellans Begleiter und Chronist, diese Insel genannt. Das war am 16. März 1521 gewesen. Nach einer scheinbar nie en-

denwollenden, unsäglich strapaziösen Reise hatte Magellans Flaggschiff *Victoria* die Insel und somit Asien erreicht; die erste Weltumrundung zeichnete sich ab. Den kranken und völlig entkräfteten Seefahrern tat sich hier ein wahres Füllhorn auf. Man schwelgte in herrlichen Tropenfrüchten, köstlichem Schweinefleisch und vor allem wunderbar frischem Wasser. Eine ganze Woche verblieben Magellan und seine Mannen, von den Einheimischen geradezu herzlich aufgenommen, auf Homonhon.
Wenig hat sich dort seit jenen Zeiten verändert. Palmenbestandene Ufer säumen die Insel gegen den stets unruhigen Pazifik, und im Innern dehnen sich endlose Buschwälder, deren Zusammensetzung ein wenig an den australischen Outback erinnert. Bodenwärtig herrscht die Farbe rot vor; die ganze Insel scheint ein gewaltiger Klotz aus Eisenerz zu sein. In kleinen und kleinsten Dörfern wohnt die Inselbevölkerung, heute genau so zuvorkommend wie ehemals.
Homonhon ist in diesem Zeitalter kaum leichter zu erreichen als im 16. Jahrhundert.
Lage: Im Leyte-Golf südlich von Samar.
Anreise: Von Guiuan am Südzipfel Samars laufen Auslegerboote die Insel unregelmäßig an; die Route ist stark vom Wetter abhängig. Doch für jemanden, der sich einmal in Magellans Zeitalter zurückversetzen möchte, lohnt der Trip sich schon.

12 Limasawa

Von Homonhon war Ferdinand Magellan nach dieser Insel weitergesegelt, um dort am Ostersonntag 1521 das Kreuz der Christenheit aufzurichten und die erste heilige Messe auf dem Boden eines Landes zu halten, das Spanien später als Kolonie annektierte. Von diesem Ereignis zehrt Limasawa noch heute. Jedes Jahr am 31. März werden Magellans Landung und der weihevolle Messeakt nachvollzogen, immer eine bunte und bewegte Angelegenheit.
Wie auf Homonhon fand Magellan auch auf Limasawa ausgesprochen freundliche Aufnahme, und eine solche wird dem Inselbesucher heute weiterhin zuteil. Der Inselhauptort Triana verfügt über ein gemeindeeigenes Gästehaus.
Limasawa ist eine schöne Reisedestination, nicht nur zur Zeit der großen Sause im März. Viel heile Natur gibt es zu sehen, obwohl der größte Teil der Insel bewirtschaftet ist. So ist es unter anderem gelungen, aus eigener Initiative der illegalen Fischerei einen Riegel vorzuschieben. Zwar gibt es keine Traumstrände auf Limasawa, doch die glasklaren Gewässer und farbenfrohen Korallenriffe sind schon einen Abstecher nach der Insel wert.
Eine merkwürdige Kontroverse rankt sich übrigens um dieses Etappenziel Magellans. Die Bewohner der Stadt Butuan im gegenüberliegenden Mindanao behaupten nämlich steif und fest, der berühmte Seefahrer hätte nicht auf Limasawa, sondern auf dem Flußinselchen Masao vor ihrer Stadt angelegt. Daß ausgerechnet ein amerikanischer Missionar im Jahre 1904 diese Theorie aufbrachte, ist heute längst vergessen und das Thema ein lokalpatriotisches geworden. Limasawa und Butuan sind einander so spinnefeind, daß man am liebsten in den Krieg ziehen würde - alles wegen Magellan.
Lage: Am Südwestzipfel von Leyte gegenüber von Padre Burgos.
Anreise: Limasawa hat ständige Bootsverbindung mit Padre Burgos.

13 Linapacan

Sollte man mir antragen, der kartographischen Form nach ein Eiland für Stevensons Schatzinsel auszusuchen, so würde ich Linapacan wählen. Wie ein vertracktes Stück eines superschwierigen Puzzlespiels sieht diese Insel aus, mit Konturen, die keine gerade Linie kennen, sich winden und buchten und zacken. Kaum anders ist das Profil: Hier ragende Steilküsten, dort Strände, manche aus Kies, andere aus Sand, hier die spärliche Vegetation der palawensischen Felseninseln, dort dichter Urwald. An ein paar Gestaden gibt es eine Handvoll winziger Dörfer, in denen bittere Armut herrscht: Das karge Land gibt wenig her. Der ganze Süden ist so gut wie unbesiedelt. Die Kokosplantagen, die man dort sieht, werden nicht permanent bewirtschaftet, nur nach Bedarf besucht.

Linapacan, der an der Nordostspitze gelegene Hauptort, ist in ein paar Minuten durchschritten. Trockenfisch und Trepang dörren in der Sonne. Es gibt zwei oder drei Stores, sogar einen, der kühle Drinks aus dem Gaskühlschrank anbietet. Gleich daneben ist der Anleger, der zumeist von Schiffsbesuchen verschont bleibt. Läßt man sich dort bei ablaufender Tide in das glasklare Wasser fallen, treibt einen die Strömung ein herrliches, fischflatterndes Korallenriff unmittelbar am Ufer des Städtchens entlang. Noch schönere Eindrücke gewinnt man auf Patoyo Island gleich gegenüber, wo man auch schon mal auf den einen oder anderen Hai aufpassen muß. Die nach Norden anschließenden Eilande Ariara, Binalabag, Debogso, Dicapululan, Dimancal, Dimanglet, Inapupan und Pangaldauan sind bereits pelagische Wildnis - Taucherparadiese.

Versteht sich, daß es dort keine Herbergen gibt. Auch Nahrung läßt sich nur mühsam auftreiben; alles wird nur für den Eigenbedarf gefangen und erzeugt. Ich spielte auf dem Riff erfolgreich Selbstversorger; Muscheln, Beerentang und mitunter ein Krake kamen auf den Tisch, dazu Nudelsuppen aus dem Store - *fair enough.* Wenn man von der Hand in den Mund zu leben versteht, kommt man auf Linapacan zurecht.

Lage: Zwischen Palawan und Culion.

Anreise: Die Insel wird von zwischen Coron Town auf Busuanga und Palawan verkehrenden Booten sporadisch angelaufen.

14 Lubang

Die Lubangeños haben Fremden gegenüber, scheint's, immer ein recht ambivalentes Verhältnis gehabt. Das mag daran liegen, daß Besucher der Insel nicht gerade immer die herzliebsten Typen waren. Früher veranstalteten Moro-Piraten gern einmal Überfälle auf die wenigen Dörfer des Eilands. Vor allem, wenn sie sich in Manila blutige Nasen geholt hatten, hielten sie sich an den Lubangeños gerne schadlos. Aus Manila kam nie etwas Gutes. Gelegentlich traten schnoddrige Großstädter in Erscheinung, um Land zu stehlen und unsaubere Geschäfte zu treiben. Und der wohl prominenteste Gast der Insel trug eher zu einiger Peinlichkeit bei. Hiroo Onoda, Zweiter Leutnant der japanischen Armee, setzte dort bis zum 21. Februar 1974 den Weltkrieg fort. 30 Jahre lang vereitelte der zähe Fanatiker alle Bemühungen von Insulanern und Soldaten, seiner habhaft zu werden, und als er schließlich aufgab, geschah dies aus freien Stücken. Der damalige Präsident Marcos erteilte ihm Generalpardon. Onoda kam in Japan nicht zurecht und wanderte nach Brasilien aus. Er ist inzwischen gestorben.

Die Geschichte von Hiroo Onodas Privatkrieg beweist, wie dick die Vegetation auf dieser Insel unmittelbar vor den Toren Manilas zumindest bis 1974 noch stand. Auch weiterhin erstreckt sich östlich vom Mt. Gonting (417 m), Onodas damaligem Operationsgebiet, schöner und mittlerweile geschützter

Urwald, in dem man sich immer noch verstecken kann. Der Norden der Insel ist hingegen annähernd völlig flach. Dort wird das Hauptprodukt Lubangs angebaut: Knoblauch. Er gedeiht auf dem Eiland ausgesprochen gut und hat den Insulanern zu einem ganz ordentlichen Lebensstandard verholfen: Man kommt zurecht. Vielleicht kann man es sich deshalb leisten, den Touristen gegenüber etwas distanziert aufzutreten. Außerdem hatte man mit Onodas Nachfolgern schlechte Erfahrungen gemacht. Mit Hostessen im Schlepp und Knarren im Gepäck flogen sie in den 80er Jahren auf Lubangs kleinem Airfield ein und gingen auf lustige Hausschweinsafari. Bis auf weiteres ist mit dieser touristischen Entartung erst einmal Schluß.
Lubang bietet sich zum Wandern an. Auf der Straße von einem Ende zum anderen (41 km) gibt es kaum Verkehr, und immer wieder kann man sich wie Onoda seitlich in die Büsche schlagen. Tauchen ist mittelmäßig auf Lubang, außerdem treiben während des Nordostmonsuns Tonnen von Plastiktüten aus der Manila Bay auf den Riffen an - wieder mal Besucher aus der Hauptstadt, bei deren Erscheinen die Lubangeños nur grimmig mit den Zähnen knirschen können...
Lage: Nordwestlich von Mindoro.
Anreise: Lubang hat tägliche Schiffsverbindung mit Manila.

15 Maripipi

Maripipi ist eine von jenen Inseln, die ich nach vielen Jahren erneut besuchte und auf der ich eine reizvollere Atmosphäre als früher vorfand. Oder, präziser: Es hatte sich so gut wie nichts verändert, und das war es wohl, was mich so fesselte. Die alte Kirche sah weiterhin so verwittert aus wie bei meinem letzten Besuch, und der freundliche Priester in ihr vermittelte mir eine private Pension, deren Wirtin sich bei meiner Abreise trotz Übereinkunft beharrlich weigerte, eine Bezahlung anzunehmen - inseltypisch. Nur der Telegrafensender aus Marconis Zeiten hatte inzwischen seinen Geist aufgegeben. Immer wieder prächtig anzuschauen: Der 1.000 Meter hohe erloschene Vulkankegel, dessen Hänge die fast kreisrunde Inselkontur bilden. Oberhalb des Hauptortes ist der Dschungel stark dezimiert worden, doch die Farbe Grün herrscht trotzdem allenthalben mit Macht vor. Besonders der Norden ist landschaftlich sehr schön; dort stößt der Urwald stellenweise bis ans Meer hinab. Lohnend ist eine Inselumrundung zu Fuß. Sie ist in ein paar Stunden machbar, gestaltet sich jedoch auf zwei Tage verteilt weitaus erlebnisreicher. Maripipis Manko: So gut wie keine Strände (Felsen- und Geröllküste).
Lage: Samar-See, nordwestlich von Biliran.
Anreise: Maripipi hat Bootsverbindungen mit Naval und Kawayan auf Biliran und mit Calbayog auf Samar.

16 Pan de Azucar

Der 572 Meter hohe Pan de Azucar (»Zuckerhut«) beherrscht die gesamte Gegend und stellt geradezu einen magischen Anziehungspunkt für Inselreisende dar. Das Eiland selbst ist bis auf den heutigen Tag von wilder, unverfälschter Schönheit, so ganz anders als die einst manikürte Touristeninsel Sicogon (Resort heute außer Betrieb) wenig weiter nördlich.
An einem Tag kann man Pan de Azucar leicht umwandern. Dabei gerät man in die verschiedensten Topographien: Grasbestandene Hügel, bewaldete Steilhänge, Mangrovenmoore und palmenumsäumte weiße Strände. Die zumeist winzigen Barrios mit klangvollen Namen wie Macatunao, Taloto-an und Tambaliza werden von einfachen, aber ausgesprochen freundlichen Menschen

bewohnt. Kommerzielle Unterkünfte gibt es aber bis auf weiteres nicht.
Lage: Visayan-See; der Nordostküste von Panay vorgelagert.
Anreise: Die Insel hat unregelmäßige Bootsverbindung mit San Dionisio auf dem Festland. Man kann sie aber auch erreichen, indem man sich in Concepcion über die Enge nach Tago Island setzen läßt, dieses Eiland durchwandert (5 km) und dann noch einen kleinen Bootshupf nach der Zielinsel macht.

17 Polillo

Daß in gerade mal 100 Kilometer Luftlinie von Manila noch eine derart »unentwickelte« Insel existieren kann, sollte erstaunen. Aber die Luftlinie macht eben den großen Unterschied.
Der Süden der Insel, wo sich auch das gleichnamige Städtchen befindet, ist relativ dicht besiedelt. Viele Bikolanos, denen es daheim zu eng wurde, suchten und fanden auf dem taifunumtobten Eiland, wo noch nach dem Krieg lediglich ein paar Negrito hausten, eine neue Heimat. Mit der ihnen eigenen Fortpflanzungsfreudigkeit breiteten sich die Neulinge rasch aus, und fast wäre es wieder eng geworden, wenn die relativ wenigen Kilometer nach Manila nicht gelockt hätten. Außerdem entwickelten die Polillenos ein erstaunliches Geschick darin, den Ast abzusägen, auf dem sie saßen. Nirgendwo auf den Philippinen ist in den letzten Jahren nämlich derart mit illegalen Fischvernichtungsmitteln hantiert worden wie im Polillo-Archipel. Wenn alles heilgeblieben wäre, kämen die Inseln heute Träumen von der Südsee im ganzen Land am nächsten - aber Träume kann man halt nicht essen.
Polillo Town ist auf gemütliche Art altmodisch, und schon gleich am Ortsausgang beginnt die tiefste Provinz. Ein Gesprenkel kleiner Barrios, manche nur aus einer Handvoll Hütten bestehend. Viel Grün, wie es sich für die Ostküste gehört, auch entlang der Küsten: Überall gedeiht die Mangrove in satten Dickichten. Nur im Nordosten ist der Blick auf die See frei. Dort ziehen sich mächtige Riffe am Ufer hin, und unter Wasser sieht man gewaltige Grotten und Kathedralen. Die immerwährende Brandung, die ständigen Taifune lassen dort keine feingewirkten Korallengärten zu; alles ist - außer in den obersten Bereichen der Riffdächer - wuchtig und klobig. In diesen marinen Labyrinthen gehen die Unterwasserjäger vom Stamm der Dumagat auf Jagd, ganz legitim mit der Harpune und immer von Erfolg gekrönt. 30 oder 40 Meter ohne Atemgerät in die Tiefe zu tauchen, ist für diese zähen Burschen ein Klacks. Nur als Kompressoren auf dem Plan erschienen, mit deren Hilfe man sich unten fast beliebig lange aufhalten konnte und deren assoziierte physiologische Prinzipien man nicht verstand, änderte sich das Bild. Auf Polillo gibt es landesweit offenbar die meisten Opfer der Taucherkrankheit *Bends,* manche zeitlebens ans Bett gefesselt.
Der Nordwesten der Insel ist wild zerrissen. Weite Riff- und Strandareale wechseln in diesen Bereichen mit tiefen Mangrovenbuchten, und dort wohnen vornehmlich Negrito, zum Teil noch auf Steinzeitniveau. Und das alles, wie gesagt, nur 100 Kilometer von Manila...
Lage: Pazifikküste der Provinz Quezon.
Anreise: Polillo hat tägliche Fährverbindung mit dem Hafen Real auf dem Festland. Dieser wiederum ist per Bus auf der Route Manila-Siniloan-Infanta erreichbar.

18 Rapu Rapu

Kein anderes Eiland auf den Philippinen hat so einen verheißungsvollen Südseeklang wie dieses. Und auch die zugehörige Atmosphäre: Der Norden

der Insel, weil stark taifunexponiert, ist kaum besiedelt und von wilder Schönheit. Prächtige (wenn auch kleine) Strände findet man dort und unwahrscheinlich klares Wasser. Noch in 30 Meter Tiefe läßt sich in allen Einzelheiten der Korallengrund erkennen.
Der größte Teil der Inselbevölkerung drängt sich im Barrio Rapu Rapu an der Südküste zusammen. Allerdings sind es schon lange nicht mehr so viele Köpfe wie vor ein oder zwei Dekaden. Die genannte Inselflucht ist daran schuld und die vielen, vielen Taifune.
Lage: Am Ausgang des Albay-/Lagonoy-Golfs.
Anreise: Tägliches Boot von Legaspi.

19 Romblon

Der Hauptort heißt offiziell Romblon, Romblon, Romblon - Stadt, Insel, Provinz -, und die amtliche Devise ist »*We're rumblin' on* - wir muddeln uns schon durch«.
Das ist den Insulanern auf bemerkenswerte Weise gelungen. Schon die Spanier, die 1582 erstmalig auf Romblon in Erscheinung traten, hatten eine Vorliebe für die Insel; nicht zuletzt schätzten sie den guten, taifunsicheren Naturhafen. Und sie kamen mit den Einwohnern blendend zurecht. Immer wieder halfen sie diesen, Angriffe holländischer und moslemischer Piraten auf das blühende Eiland abzuschlagen, und im Lauf der Zeit wurde man zu guten Freunden. Niemand auf Romblon jubelte, als die *Kastilas* 1898 die Philippinen verließen.
Nach wie vor sind Fremde willkommen. Nicht wenige deutsch- und anderssprachige Ausländer haben sich auf Romblon niedergelassen und fühlen sich dort wohl. Kein Wunder. Allein der Hauptort besticht durch seine mediterrane »Waterfront«, die schöne alte Kirche, das wuchtige Fort aus spanischer Zeit. Die prächtigen Häuser aus dem letzten Jahrhundert, die einst den Stadtkern zierten, sind 1991 leider zum Teil abgebrannt. Romblons koloniales Flair ist dennoch nicht verlorengegangen. Die winkligen Gassen und das viele Grün machen das Städtchen weiterhin zu einem der hübschesten des ganzen Landes.
Wenn man sich dem Hafen per Schiff nähert, mag man den Eindruck haben, das Land von Milch und Honig zu erreichen. Die See ist milchigweiß, der Abflüsse zahlreicher Marmorverarbeitungsstätten wegen. Marmor ist Romblons Hauptprodukt und hat zum relativen Wohlstand der ganzen Insel beigetragen. Von einem Ende zum anderen bietet Romblon (völlig im Gegensatz zum benachbarten Tablas) den Eindruck allgemeiner Gedeihlichkeit.
Und schöne Strände gibt es auch. Sie liegen im Nordwestteil der Insel und sind so freundlich und sauber wie das ganze Eiland überhaupt. Ich persönlich zähle Romblon - was wohl durchklingt - zu den zehn schönsten Inseln des Archipels. Kein atemraubendes Abenteuer wartet dort, aber man kann außerhalb jeglichen kommerziell-touristischen Treibens herrlich relaxen.
Lage: Sibuyan-See, östlich von Tablas und Mindoro.
Anreise: Romblon hat Schiffs- und Bootsverbindungen mit Batangas, Lucena, Manila, Mindoro und Tablas.

20 Santo Niño

Könnte es ein traulicheres Inseldörfchen geben als das (gleichnamige) auf Santo Niño? Wohl auf den ganzen Philippinen nicht. Auch das annähernd kreisrunde natürliche Hafenbecken ist ein kleiner Superlativ, zumindest für Segler (siehe auch Kapitel »Segeln«). Dazu palmenumsäumte Küsten, hier und da ein Streifen weißen Strandes, grüne Hügel im Innern, relativ dünne Besiedlung - das »Heilige Kind« ist nicht nur vom Namen her richtig kuschelig.

Zu schön, um wahr zu sein. Sollte es dennoch ein Haar in der Suppe geben? Die meterhohen Mauern und Stacheldrahtverhaue, hinter denen sich ein dänischer Expatriat dort verschanzt hatte, ließen Argwohn in mir aufkommen. Loswerden wollte man den Mann, gab mir die Inselhierarchie auf meine Fragen hin zu verstehen. Einen bestimmten Grund konnte man nicht anführen, außer daß der Ausländer den Insulanern irgendwie ein Dorn im Auge war. Den Dänen konnte ich nicht sprechen; die Zugbrücke war hochgeklappt.
Wie heißt es so schön auf englisch? *»It's a nice place to visit, but not a nice place to stay.«* Hieran sollte man ab und zu mal denken, wenn man sich Hals über Kopf in solch ein Inselchen verliebt.
Lage: Samar-See, südwestlich von Calbayog.
Anreise: Santo Niño hat Bootsverbindung mit Calbayog auf Samar.

21 Semirara

Wem käme wohl der Gedanke, daß sich auf einer abgeschiedenen Insel am Rande der Sulu-See, umgeben von Bilderbuchstränden und Korallenriffen, das größte Kohlebergwerk der Philippinen befinden könnte?
In der Tat, dort ist es. Ein gewaltiges Flöz zieht sich unter der Tablas-Straße von Panay bis Mindoro hin; auf Semirara baggert man es an. Es ist keine besonders hochwertige Kohle, aber es gibt viel davon. Genug, um sie, mit Aussie-Importen vermischt, in ständigem Strom einem der größten Kraftwerke des Landes in Batangas zuzuführen. Die dicken Massengutfrachter, die man in der Straße sieht, pendeln alle zwischen dort und Semirara hin und her.
Im ausgedehnten Minencamp im Norden wohnen die Arbeiter und Ingenieure; über den Ort Semirara im Osten erfolgt die Versorgung. Dort häuft sich auch der Abraum - jede Menge Dreck. Die Westküste der Insel, wo die große Verladeanlage steht, ist paradoxerweise von prächtiger Urwüchsigkeit. Eine wilde, zähe Vegetation wächst dort; die Ufer sind schroff, mit häufigen vertikalen Abbrüchen und vorgelagerten pilzförmigen Felseninselchen. Niemand wohnt so weit außerhalb von Ort und Camp. Zwischen den Steilküstenstrichen tauchen immer wieder weiße Strandstreifen auf; auch dort ist es menschenleer - kein Wasser. Muß hinzugefügt werden, daß es in diesem Bereich der »Kohleninsel« auch prächtige Korallenriffe gibt? Dreckige Industrie und saubere Natur liegen manchmal verblüffend dicht beieinander.
Lage: Südlich von Mindoro; Hauptinsel des Semirara-Archipels.
Anreise: Semirara hat (mit unsagbar überfüllten Booten) tägliche Verbindung mit San Jose auf Mindoro, weniger häufig (ein- oder zweimal wöchentlich) mit Lipata auf Panay.

22 Sibuyan

Nach wie vor ist Sibuyan eine meiner Lieblingsinseln. 1982 war ich zum ersten Mal da und beobachtete sorgenvoll, wie an den Hängen des Mt. Guiting-Guiting (siehe Kapitel »Klettern«) hemmungslos abgeholzt wurde. Es war absehbar, daß die ganze Insel bald Wüste sein würde, wenn man so weitergemacht hätte...
Dieser Kelch ist an Sibuyan vorübergegangen. Das alte, korrupte Lokalregime wurde bald abgelöst und hat aufgeklärten Machern Platz gemacht, die genau wissen, daß der Berg zu wandern beginnt, wenn man ihn seiner Wurzeln beraubt. Mit dem Kahlschlag ist seither Schluß. Es steht auch zu erwarten, daß der gesamte Guiting-Guiting-Komplex über kurz oder lang zum Nationalpark erklärt wird.
Verdientermaßen. Der Guiting-Guiting ist ein prachtvoller Berg, aus jeder Himmelsrichtung ein panoramischer Au-

genschmaus. Die Dschungel, die seine Hänge bedecken, sind vornehmlich im Südteil ein Eldorado für den Naturliebhaber. Einmal die Ringstraße, die die Insel umzieht, unter die Füße zu nehmen, ist ein herrliches Abenteuer, auch wenn man sich erheblich einschränken muß. Denn Sibuyan kann man trotz all seiner Schönheit keineswegs »erschlossen« nennen. Es gibt in den drei Hauptorten Magdiwang, San Fernando und Cajidiocan zwar ein paar Herbergen, doch dazwischen liegt touristisches Niemandsland: beschauliche Dörfer und Städtchen, in denen man auf Fremdenverkehr nicht eingestellt ist. Auch Eßbares läßt sich nicht immer und überall auftreiben, obwohl es den Sibuyanos fraglos gutgeht.
Den meisten Gewinn werden Kletterer und Dschungelfans aus Sibuyan ziehen. In den Wäldern leben Ureinwohner, zum Teil noch auf sehr primitivem Niveau, doch ausgesprochen liebe Menschen, unter denen man bei beidseitiger Sympathie schon mal Riesenaale aus den Bergflüssen, Yams und wilden Honig probieren kann. Man trifft sie unter anderem, wenn man den Cantingas River bei Taclobo an der Südküste emportrekt. An den schönen Pools am Unterlauf sollte man sich festgeschlossenen Auges vorbeitasten - dort haben Vandalen alles scheußlich vollgemalt. Schon ein paar Minuten flußauf geht den Pinselhelden aber Gott sei Dank die Luft aus. Trails in die mittlere Etage des über 2.000 Meter hohen Berges schlängeln sich außerhalb der meisten Orte die Hänge hinauf. Oft wird man nicht auf einen Guide verzichten können (Vokabular in Kapitel »Trekking«).
Lage: Südöstlich von Romblon.
Anreise: Sibuyan (Magdiwang) hat häufige Bootsverbindung mit Romblon.

23 Siquijor

Siquijor ist philippinenweit als »Insel der Hexen und Heiler« bekannt. »Eingeweihte« erwähnen den Namen nur im Flüsterton. Vor Ort wird man sich jedoch vergeblich bemühen, jemanden mit magischen Kräften zu finden. Das Eiland ist zwar recht urwüchsig, aber Übersinnliches ist nicht zu entdecken. Selbst in San Antonio, dem in den Bergen gelegenen »Zentrum der schwarzen Künste«, scheint alles völlig normal zu sein. Oder doch nicht? Jedenfalls findet dort einmal im Jahr (in der Karwoche) das große philippinische Druidentreffen statt, und unter viel Hokuspokus wird dann manch geheimnisvolles Tränklein gebraut. Wer den »Heilern« dabei etwas genauer auf die Finger schaut, dem wird allerdings manches suspekt und eher belächelnswert vorkommen. Aber zum Reiz Siquijors trägt eben bei, daß das Eiland nicht vorgibt, unbedingt ein Produkt der Neuzeit zu sein. Das ist bestimmt auch einer der Gründe, weshalb sich diverse Künstler aus dem In- und Ausland dort angesiedelt haben.
Vom Ankunftshafen Larena aus windet sich eine Uferstraße rund um die Insel. Nennenswerter Verkehr, ein paar Jeepneys und Tricycles, herrscht nur zwischen dem Hafen und der Provinzkapitale Siquijor zehn Kilometer weiter westlich. Danach wird es endgültig provinziell. Schön ist eine Fußtour durch die Berge: Von Siquijor Town über den Wunderort San Antonio nach Campalanas an der Südküste und weiter nach Lazi, einem Nest mit einer Riesenkirche, die dem Aussehen nach auch in Norddeutschland ihren Platz haben könnte. Dort im Süden ist die Landschaft besonders abwechslungsreich, und an den Hängen des Mt. Malabahog (628 m) steht noch viel uriger Wald. Ansonsten ist Siquijor jedoch überwiegend Nutzland.
Lage: Südöstlich von Negros, gegenüber von Dumaguete.
Anreise: Es gibt mehrere Schiffs- und Bootsverbindungen mit den umliegen-

den Inseln. Die kürzeste ist mit Dumaguete auf Negros.

24 Talampulan

Die Insel Talampulan ist örtlich fast nur unter dem Namen des einzigen auf ihr befindlichen Dorfes bekannt: Panlaitan. In diesem Dorf spielt sich auch die gesamte Action ab, denn dort ist Verladestation für Fangboote, die ihre Kühlräume im Südchinesischen Meer mit Fisch gefüllt haben und die lange Weiterfahrt nach anderen Punkten im Archipel scheuen.
In der zweiten Hälfte der 80er Jahre geriet Talampulan in internationale Schlagzeiten, denn dort machten philippinische Seelenverkäufer Station, die mit Hunderten von Kindern an Bord vom Fischfang im »Gefährlichen Grund« zurückkehrten. Die Knaben waren großenteils in Cebu »geshanghait« worden, um auf den Riffen im Westen der Philippinen als marine »Treiber« zu fungieren. Auf jeder Reise gingen ein paar verloren - *sorry*.
Publizistischer Druck machte Schluß mit dieser Praxis. Doch furchtbare Rostlauben werfen immer noch auf der Reede von Talampulan den Anker, und die Fischer, jetzt ein paar Jahre älter, gehen dort an Land: schwarzgebrannte Gestalten mit semmelblond gebleichten Haaren; ein kurioser Anblick.
Das Hinterland der Insel ist menschenverlassen; besonders im Nordwesten mit Stränden und Riffen gibt es sehr reizvolle Küstenstriche.
Lage: Südwestlich von Busuanga/Nordpalawan.
Anreise: Bootsverbindung mit Salvacion an der Busuanga-Küste.

25 Verde

Der Name der Insel bedeutet »grün« auf spanisch und hat zweifellos seine Berechtigung. Kaum ein Fährpassagier auf der Route Batangas-Calapan, der nicht ohne eine gewisse Sehnsucht nach diesem großen, grünen Berg in der blauen See hinüberspäht.
Daß Verde Island inmitten einer relativ stark bevölkerten Region in dünn besiedelter Einsamkeit daliegt, hat verschiedene Gründe. Zum einen ist die Insel ziemlich den Naturgewalten ausgesetzt. Taifune und Monsune pfeifen gewaltig durch die Enge, die dort, an der schmalsten Stelle und auf beiden Seiten von hohen Bergen umgeben, über einen Düseneffekt die Winde noch verstärkt. Der topographischen Eigenheiten wegen gibt es keinen Hafen. Deshalb war die Insel schon in alten Zeiten lediglich eine Art Plantage der Batangeños, auf der man dieses und jenes anpflanzte (vornehmlich Buri- und Kokospalmen) und gelegentlich einmal nach dem rechten sah. Im Prinzip trifft dies heute noch zu. Die meisten ständigen Bewohner Verdes verwalten Ländereien, die ihnen nicht selbst gehören, andere betreiben die Fischerei und einigen bescheidenen Bootsbau.
In jüngerer Zeit kamen weitere Beschränkungen zum Tragen (siehe unten), die potentiellen Wildwuchs, auch in Sachen touristischer Entwicklung, eindämmen sollten und es auch taten. So ist auf Verde alles beim alten geblieben; man wurstelt bescheiden vor sich hin, und wenn man einmal wieder Großstadtluft schnuppern möchte, sind Batangas und Manila nicht weit.
Boote aus Batangas landen gewöhnlich im Dorf San Agustin an. Von dort kann man einen Uferpfad ein paar Kilometer zur NO-Spitze hinaufwandern, wo ein schöner weißer Strand mit einigen Hüttchen lockt - Verdes einziges touristisches Projekt. Vorsicht dort beim Baden: Wird man von der reißenden Strömung erst einmal hinausgetragen, schafft man es nicht zum Land zurück! Der wirbelnden Tiden ist besonders im Südteil Rechnung zu tragen, wo es schöne Tauchreviere gibt. Siehe auch

Kapitel »Galeonenwracksuche«: *Nuestra Señora de la Vida.*
Ein ganz spezielles Inselprodukt ist *pakáskas.* Es handelt sich um eine Art Karamel, der aus dem Saft der Buripalme gewonnen wird. Allein die Verpackung (trockene Palmblätter) ist sehr appetitlich, ganz zu schweigen von dem höchst schmackhaften Inhalt. (Gibt's auch auf dem Markt in Batangas, selten in Puerto Galera).
Lage: Mindoro-Straße, zwischen Batangas und Mindoro.
Anreise: Täglich mindestens eine Bootsverbindung mit Batangas.

Ein paar insulare Besonderheiten

Noch zu Zeiten Ferdinand Marcos' wurden diverse ausgesuchte Inseln per Dekret zu Schutzgebieten für Natur und Tourismus erklärt, in denen lediglich minimale Eingriffe in die ursprünglichen Verhältnisse erlaubt waren. Unter anderem waren Besiedlung und Bebauung stark eingeschränkt, touristische Entwicklungsprojekte nur in einem sehr engen gesetzlichen Rahmen zugelassen.
Bei den Inseln und Gebieten handelte es sich um folgende:

- Die Küsten der Provinz Batangas (außerhalb der Batangas-Bucht) und die vorgelagerten Inseln Caban, Fortune, Ligpo, Malahibomanok, Maricaban, Sombrero und Verde.
- Fuga Island nördlich von Luzon.
- Mindoro: Puerto Galera einschließlich Balatero Cove und Medio Island; Küste und Inseln um Bulalacao im Südosten, Apo Island und -Riff. Außerdem gewisse Einschränkungen in weiterem Umkreis um Puerto Galera.
- Boracay Island.
- Im Bereich Negros/Cebu: Die Inseln Aligway, Apo, Selinog und Siquijor.
- Inseln um Cebu: Buyong Beach (auf Mactan), Caubian, Hilutangan, Lassuan, Olango (mit Caohagan Reef), Panga, Sogod und Sulpa.
- Inseln um Bohol: Balicasag, Cabilao und Panglao.
- Bereich Samar/Leyte: Higatangan Island und Guiuan.
- Palawan: Beschränkter Reservatstatus für die ganze Provinz. Strengere Maßstäbe für: Bacuit-Archipel, Balabac, Busuanga, Canaron, Coron, Inseln im Bereich des Malampaya Sound, Solitario und die Umgebung der Städte Port Barton und Puerto Princesa.
- Camiguin Island.
- Inseln um Zamboanga
- Inseln im Davao-Golf: Ligig, Malipuro, Samal (Ostküste) und Talicud.

Die Bestimmungen hatten seinerzeit den Zweck, dem Marcos-Clan Neu- und Bauland für private touristische Großprojekte zu reservieren, zum Teil durch »kalte Enteignung«. Auf Medio Island bei Puerto Galera sollte z. B. eine gigantische Anlage entstehen. Glücklicherweise wurde daraus letzten Endes nichts. Doch die Verordnungen waren im Kern vernünftig und sind deshalb noch heute gültig. Wie wichtig man sie genommen hat, erweist sich daran, daß keine massiven Verstöße gegen sie zu verzeichnen sind, daß sie also ihren elementaren Zweck erfüllten. Andererseits befänden wir uns nicht auf den Philippinen, wenn man diese Gesetze nicht wenigstens teilweise unterlaufen hätte. Sozusagen scheibchenweise, *peu-à-peu,* ging man an die Substanz - vor allem auf Boracay. Wahre Inselliebhaber werden sich mit Wehmut an die Zeiten erinnern, als man noch bei Gaslicht und Gitarrenklang beisammensaß. Dann kam der erste Zement. Zäune, Beach Clubs, Discos, Tingeltangel, Motorräder und elektrisches Licht folgten nach und nach. Was kommt noch alles?

Wie man ein Boot mietet

Für einen, der da forsch anreist und glaubt, sich »irgendwie ein Boot beschaffen zu können«, um eine Inselexpedition nach seinen Plänen zu unternehmen, stehen die Karten schlecht. Zwar wimmelt es allerorten von Seefahrzeugen jeglicher Beschreibung. Doch sie stehen keineswegs den Besuchern für ihre Wünsche bereit. Fischer benötigen ihre Boote zur Berufsausübung und werden dem nach einem Miettarif Fragenden Summen nennen, die seine Ohren klingen lassen. Der Eigentümer eines unbeschäftigten Bootes wird im hergelaufenen Joe das Geschäft seines Lebens wittern.

Bei kleineren Booten mit dem üblichen Briggs & Stratton-Benzinmotor von 16 PS müßt Ihr mit etwa fünf Liter Verbrauch pro Fahrtstunde rechnen. Dabei ist zu bedenken, daß der Liter Sprit auf fernen Inseln ein Mehrfaches des Normalpreises kosten kann - der Stoff muß ja erst dort hingeschleppt werden. Bankas mit dem genannten Motor laufen (gedrosselt) etwa zehn Knoten (= rund 18,5 km/Std.). Rechnet Euch anhand von Kartendistanzen den Verbrauch aus. Gesteht aber auch dem Bootseigner einen fairen Verdienst zu.

Man darf sich nicht von der Überlegung leiten lassen, daß z. B. ein Lehrer soundsoviele Pesos am Tag verdient, dem unbedarften Bankero mithin entsprechend Dürftigeres zustehe. Jeder Filipino ist ein kleiner Lebens- und Überlebenskünstler, versucht das beste aus Angebot und Nachfrage zu machen. Berücksichtigt das bitte und seid nicht allzu kleinlich!

Vokabular zu diesem Komplex in Kapitel »Reisetips«.

Kampieren

»Auf den Philippinen könnt Ihr Euer Zelt aufschlagen, wo es Euch paßt. Es muß ja nicht gerade in der Hotelvorhalle sein. Aber auf dem Land hat kein Mensch etwas dagegen, wenn Ihr Euch ein ansprechendes Plätzchen zur Lagerstatt aussucht. Sei es in der einsamen Wildnis eines Nationalparks oder in der höchst privaten Sphäre eines dorfschulmeisterlichen Vorgartens...«
Das schrieb ich 1983. Prinzipiell ist die Situation heute noch die gleiche. Jedoch trifft man nun vereinzelt auf Schilder mit der Aufschrift: »Camping Prohibited«. Und zwar dort, wo der Fremdenverkehr eingezogen ist, etwa in Puerto Galera, El Nido und auf Boracay.
Trotz dieser eher betrüblichen Entwicklung gibt es weiterhin einige tausend Eilande, manche vom Ausmaß ganzer Länder, auf denen man wie z.B. in Skandinavien völlig legal »wild« kampieren kann. Und auch der Garten des Schulmeisters steht noch für manches Zelt bereit.
Es versteht sich aber von selbst, daß man immer höflich fragt, bevor man sich auf Privatland niederläßt. Das ist ohnehin nur eine Floskel. Nirgendwo wurde mir ein solches Ansinnen jemals ausgeschlagen. Ja, man fühlte sich geschmeichelt, daß der fremde Besucher eben dieses Grundstück ausgesucht hatte und half bei der Wahl des Lagerplatzes und beim Errichten des Zeltes. Ganz davon zu schweigen, daß man den Überraschungsgast zusätzlich in den Schoß der Familie aufnahm und, ob er wollte oder nicht, mit diversem Selbstgemachtem traktierte, »das er unbedingt einmal probiert haben mußte«. Das ist halt philippinisch.
Wer an den schönsten, abgelegensten Stellen kampieren will, muß beweglich bleiben. Das heißt, er muß seine mitgeführte Ausrüstung so minimieren, daß sie jederzeit zu Fuß, im brechend vollen Jeepney und im winzigen Paddelbanka befördert werden kann. Abstriche an den persönlichen Komfort müssen gemacht werden - Dusche und Toilette gehören zu einer anderen Welt. Und, weil es - dem Herrn sei Dank! - auch keine Camperkantine gibt, muß man auf Selbstversorgung vorbereitet sein. Hierzu dürfte der nachstehende philippinische Küchenfahrplan einen nützlichen Beitrag leisten - ganz besonders auch, wenn Ihr das später folgende Kapitel »Survival« zusätzlich zu Hilfe nehmt.

Kleine Tips für den Camper

● Das Zelt: Leicht und billig reichen als Kriterien, nur eine bessere Umhüllung, ein Feuchtigkeits- und Sichtschutz soll es sein. Unbedingt notwendig ist ein integriertes Moskitonetz. Zeltstangen müssen nicht sein (außer bei einer selbsttragenden Konstruktion); ein paar schnell behauene (Messer!) Äste tun den gleichen Dienst. Heringe lassen sich auf die gleiche Art herstellen.
Wichtig: mehrere Meter dünne Leine. Ansonsten: Schlafmatte, Baumwoll-Laken. Rucksack mit Klamotten = Kopfkissen.
● Schon Goethe wußte, daß man nicht ungestraft unter Palmen wandelt. Wenn die Nuß fällt, und sie ist mehrere Kilo schwer, gibt es für den in ihrer Vertikalen ruhenden Camper ein böses Erwachen. Womöglich gar keines mehr. Also unbedingt einigen Sicherheitsabstand zu Kokospalmen wahren. Ideal ist ein Platz unter einem großen Schattenbaum. Daß das Zelt *immer* im Schatten stehen sollte, ist wohl eine Selbstverständlichkeit. In der prallen

Sonne heizt es sich innen auf wie in einem Backofen.

● Auch auf den Philippinen gibt es Gezeiten. Der Tidenhub beträgt zwei bis drei Meter, nicht weniger als an der deutschen Nordsee. Versteht sich, daß man nicht irgendwo am Strand kampiert, wo man später nasse Füße kriegt. Auch der Brandung ist natürlich Rechnung zu tragen. Der Zeltplatz muß immer weit oberhalb der höchsten von Treibholz gekennzeichneten Hochwasserlinie liegen.

● Der philippinische Archipel befindet sich im Bereich erheblicher seismischer Aktivität. Das heißt, es kann jederzeit zu Erd- und Seebeben kommen. Die ersteren sind für den Camper von relativ wenig Belang, die anderen eher.

Zwar sind Seebeben keineswegs an der Tagesordnung. Doch wir müssen sie, wie sich zuletzt im November 1994 an den Küsten von Mindoro erwies, in die Skala möglicher Naturgeschehnisse einbeziehen. Sie ereignen sich vornehmlich entlang der Grabenlinien, die die Seegebiete um die Philippinen durchfurchen und können Tsunamis im Gefolge haben, Riesenwellen, die sich trotz geringer Höhe am Entstehungsort in Strandnähe gewaltig aufbäumen und verheerende Auswirkungen haben. Strandcamper sollten das Gelände ihrer Wahl auf eine diesbezügliche Gefährdung prüfen und auf alle Fälle nach einer leicht erreichbaren, hochgelegenen (mindestens 30 Meter) Zufluchtsstätte Ausschau halten.

Eine heranrollende Tsunami kündigt sich durch ein rauschendes Zurückfließen des Wassers in Richtung See an: Signal für den Camper, daß ihm noch maximal 15 Minuten verbleiben, einen Fluchtpunkt zu erreichen. Einer Tsunami können weitere folgen, unter Umständen stundenlang.

● Rückzug ist auch angesagt bei Wetterverschlechterung, die offensichtlich durch ein tropisches Tief bewirkt wird (siehe Kapitel »Reisetips«: *Wetter).* Beim Herannahen eines Taifuns oder tropischen Sturms ist grundsätzlich die Nähe menschlicher Ansiedlungen zu suchen. Je stabiler, desto besser. Nicht nur wird das Kampieren freudlos, wenn es wie aus Wannen schüttet. Kein Zelt, selbst in halbwegs geschützter Umgebung, hält einem Taifun stand. Im Gebirge fliegt Ihr komplett mit Sack und Pack davon.

● Niemals unterhalb einer aus losem Material zusammenzementierten Steilwand kampieren, wie sie in vulkanischem Gelände überall anzutreffen ist. Der Zufall läßt das letzte Stützsteinchen davonkullern - und die Wand fällt bei der geringsten Erschütterung zusammen. Weg ist der Camper, auf Nimmerwiedersehen. (Und schon wird wieder die NPA verdächtigt, einen Ausländer aus dem Wege geräumt zu haben).

● Im Gebirge kampiert man nicht inmitten eines trockenen Flußbettes, und sei der Rastplatz noch so attraktiv. Ein weit oberhalb dieser Stelle - vielleicht völlig unerkannt - niederplatzender Regenschauer vermag eine plötzliche Flutwelle *(flash flood)* auszulösen, die wie eine Walze zu Tal fährt. Auch zu bestehenden Flüßchen Abstand halten; sie können aus demselben Grund zum reißenden Fluß werden. In den 80er Jahren kamen vier gute philippinische Freunde von mir, zwei Männer und zwei Frauen, am Mt. Guiting-Guiting (siehe Kapitel »Klettern«) unter diesen Umständen ums Leben.

● Nehmt keine Nahrungsmittel mit ins Zelt, um keine Ameisenplage heraufzubeschwören. Alle Eßwaren sollten in hermetisch geschlossenen Blech- oder Plastikbehältern außerhalb des Zeltes gelagert werden. Sie finden Euch, die Ameisen! Plastiktüten, Alufolie, der Zeltboden selbst - das wird alles mühelos durchnagt. Eine gute

Maßnahme gegen diese in den Tropen allgegenwärtigen Plagegeister ist ein Umgeben des gesamten Lagers mit einem Ring aus Holzasche, scheinbar dem einzigen Stoff, den sie nicht mögen. Nützlich auch: Etwas Insektenkreide (»Miraculous Insecticide Chalk«, in Drugstores) auf den Abspannungen.

- Laßt Euer Zelt niemals unbeaufsichtigt, solange Ihr jemand in der Umgebung wißt. Selbst in völliger Wildnis erregt ein unbewachtes Camp, zumal wenn es ausländisch aussieht, Aufsehen und womöglich Begehren. Wertgegenstände besser gut getarnt irgendwo im Gelände verstecken, statt sie im Zelt aufzubewahren. In dicht besiedelten Gegenden sollte man überhaupt nicht zelten. Es wird unweigerlich zu Störungen kommen, sehr wahrscheinlich unerträglichen, und sei es nur aus blanker Neugier. (Ich habe allerdings auch schon auf dem Oberdeck von Fährschiffen gezeltet und auf dem ansonsten wimmelnden Dampfer dort die herrlichste Ruhe genossen).
- Abkochen: Kaum ein Plätzchen gibt es, wo man nicht ein Holzfeuer entfachen könnte. Selbst auf Sandbänken liegt noch reichlich Treibholz. Trockenes Material zum Feueranmachen bietet der Innenbast von Kokosnüssen. Die harten Schalen der Nuß selber brennen heiß wie Holzkohle. Das Mitführen eines Kochers habe ich nie erforderlich gefunden.

Aufs Mittagsmahl sollte man unterwegs verzichten, sondern nur frühstücken und gegen Spätnachmittag zu Abend essen. Sonst hat man den ganzen Tag pausenlos mit der Nahrungsbeschaffung und -zubereitung zu tun. Nach meinen Erfahrungen kommt man mit zwei Mahlzeiten am Tag bestens aus.

Philippinische Camperküche

Auf jedem Dorfmarkt können wir uns die nötigen Zutaten für die nachstehend aufgeführten Gerichte zusammenkaufen. Das meiste ist bereits fertig abgepackt in praktischen Portionen, so daß man sich nicht nutzlos mit großen Einheiten abzuschleppen braucht. Man sollte aber immer ein Einkaufsnetz mitführen. Rucksäcke und Plastiktüten eignen sich für die meisten Einkäufe nicht.

Bei der Auswahl der Mahlzeiten wurde besonderer Wert auf Naturnähe, Nährwert und Einfachheit gelegt. Trotzdem gehören die im Grund schlichten und zumeist vegetarischen Gerichte zum Raffiniertesten der philippinischen Küche. Ein bißchen Zeit, Lust und Liebe gehören schon dazu, aber der Aufwand lohnt sich in Gestalt wohlschmeckender und potzgesunder Mahlzeiten. Die Menüvorschläge sind für zwei Personen zugeschnitten und reichen eine Woche lang, lassen sich durch Alternieren der Gänge jedoch auf mindestens einen Monat strecken.

Beginnen wir mit einem kräftigen Frühstück! Ernährungsfachleute sind sich darin einig, daß es keinen besseren Tagesauftakt gibt. Man sollte es sich zur Angewohnheit machen, den Tag mit einer satten Portion von Tropenfrüchten zu beginnen. Nun ist es leider weder auf den Philippinen noch sonstwo in den Tropen so, daß die herrlichsten Früchte auf Schritt und Tritt wachsen und man sich nur zu bedienen braucht. Außerdem wachsen die wenigsten wild, sondern werden angebaut und haben dann einen Eigentümer, dem man sie abkaufen muß. Auch gibt es einige saisonelle Schwankungen im Angebot, das um die Jahreswende dürftiger ist als im philippinischen Sommer (Mai/Juni). Im Süden (Mindanao) hat's zudem mehr Früchte als im Norden des Landes.

Den besten Kauf machen wir immer mit einer *Papaya*, einem wahren Gesundbrunnen unter den Früchten und

Papaya
(Carica papaya)

einer der besten Nährpflanzen der Welt. Die unreife Frucht enthält ein eiweißzersetzendes Enzym namens Papain, das die menschliche Verdauung günstig beeinflußt. Hartnäckig Verstopfte wissen von der Papaya Wunderdinge zu berichten. (Sie bringt noch ganz andere Sachen zustande; siehe Kapitel »Tauchen«: Quallen). Unwahr ist, daß sie auch das männliche Fleisch zersetzt, wie manche Filipinos glauben.
Grüne Papayas lassen sich als Gemüse kochen oder in Kokosmilch zubereiten. Mit größtem Gewinn nimmt man sie jedoch als *atsára* zu sich. Dieses »philippinische Sauerkraut« besteht aus der geraspelten Frucht, die zusammen mit Ingwer, Gelbwurz, Knoblauch, Zwiebeln, Pfefferschoten und diversen anderen Gewürzen in (aufgekochten) Kokosessig eingelegt wird. Atsara ist eine »Vitaminbombe« ersten Ranges und köstlich zu jeder Tageszeit. Ihr könnt es fertig auf dem Markt kaufen und mit auf Tour nehmen (etwa eine Woche haltbar). Fragt danach, auch im Restaurant.
Im eßbereiten Reifestadium nimmt die Papaya eine leicht gelbliche Tönung an und gibt dem Daumendruck sanft nach. So kann man sie nur noch schwer auf die Reise nehmen, weil sie zum Vermatschen neigt. »Schwer« ist übrigens das richtige Wort - Papayas erreichen das Gewicht von Wassermelonen. Zum Verzehr der Länge nach aufschneiden, Samenkerne entfernen und den Inhalt auslöffeln. Prima mit etwas Limonensaft. Das Fruchtfleisch ist reich an Vitamin A und C und Mineralstoffen, vor allem Kalzium.
Auch die *Ananas* enthält ein verdauungsförderndes Enzym (Bromelin), das einem die saisonal und regional häufige Frucht auf dem Frühstückstisch lieb und wert machen sollte. (Rich-

Stachelannone (Sauersack)
(Annona muricata)

tige Reife: wie Papaya). Sorgfältig schälen und die Augen aus der Schale spiralig auskerben. Sie bewirken ein Kratzen in der Kehle.
Fragt auch immer nach *Mangos* und der herb-säuerlichen *Stachelannone,* einer grünen, warzig-igeligen Baumfrucht von bis zu drei Kilogramm Gewicht, deren faseriges, saftiges Fleisch (reich an B- und C-Vitaminen) man aus der Schale gabelt. Die Frucht, im Deutschen auch sehr hübsch »Sauersack« genannt, hat Eßreife, wenn sie sehr weich ist.
Oder wie wär's mit einem Segment aus der *Jackfrucht?* Verzichtet darauf, diese Frucht als Ganzes mitnehmen zu wollen, denn sie ist, bis zu über 40 Kilogramm schwer, die größte der Welt. Innen enthält sie bei richtiger Reife zahllose gelbe Segmente: Früchte in der Frucht. Den weißen Milchsaft, der beim Essen immer an den Fingern kleben bleibt, entfernt man am besten mit Speiseöl (Sonnenöl tut's auch).
Und natürlich - ausgerechnet - *Bananen!* Über zwei Dutzend verschiedene und im Geschmack voneinander abweichende Arten gibt es im Lande. Und Chicos, Durians, Karambolen, Lanzones, Makopas, Mangostane, Rahmäpfel, Rambutans... Es würde zu weit führen, hier alle weiteren Früchte aufzählen zu wollen, denn die Artenvielfalt ist enorm. Früchte, auch in Quantität, reichen allerdings nicht für ein Energiefrühstück. Mangels Brot wird die Power zumeist von Reis, Nudeln oder Süßkartoffeln geliefert; Zubereitungsarten nachstehend. Proteine: Eier, Seefood (trocken oder frisch). Ja, an Fisch zum Frühstück wird man sich gewöhnen müssen (keine Sorge, es geht)!

Menü 1

Fadennudelsuppe; gemischter Salat; gebratene Bananen; getrockneter Tintenfisch.

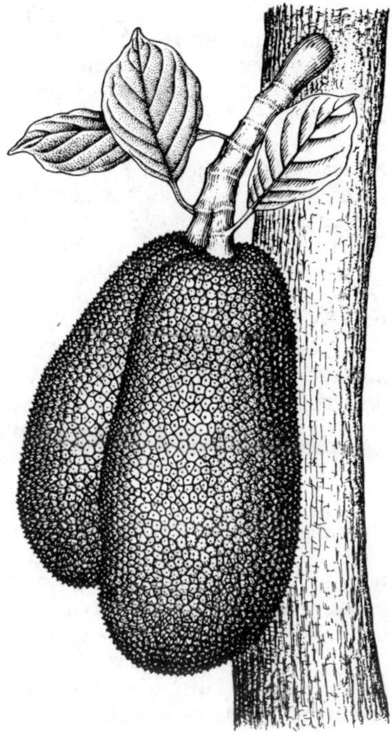

Jackfrucht
(Artocarpus heterophyllus)

Suppe: Auf Fertigsuppen wurde bereits zu Beginn des Buches hingewiesen. Manche sind nicht schlecht. Aber Eigenkompositionen schmecken besser. Versucht Euch mal an einer Miswa-Suppe:
1 gute Handvoll Fadennudeln, lose erhältlich. 1 kl. Schlangengurke, 1 gr. Zwiebel, 4-5 Zehen Knoblauch, 3 Tomaten, 1 kl. Päckchen Trockenshrimps, ½ TL schwarzer Pfeffer, Seesalz, Öl (in kleinen Plastikblasen für eine Mahlzeit erhältlich, anschließend verbrennen).
Zerdrückten Knoblauch, zerkleinerte Zwiebeln und Tomaten in 1 EL Öl anbraten. Geschälte und in Scheiben ge-

schnittene Schlangengurke sowie Trokkenshrimps hinzufügen. 2 Tassen Wasser aufgießen, zum Kochen bringen. Gewürze und Nudeln hinzugeben, 4 Min. kochen.

Salat: ½ Kraft Cheddar-Käse (weitläufig erhältlich), 12 feste Tomaten, 1 grüne Gurke, 1 Zwiebel, 3-5 Zehen Knoblauch, 2 hartgekochte Eier, 2 Tütchen Pfefferkörner, 1 Plastikblase Sojasauce, Salz.
Pfefferkörner zerstoßen, Knoblauch und Zwiebel sehr klein schneiden, alles andere würfeln. Mit 2 EL Sojasauce mischen. Nach Geschmack salzen. Prima mit Oregano oder Thymian (gibt's in Manila und auf manchen Dorfmärkten).

Bananen: 12 reife Kochbananen schälen und der Länge nach dritteln. In heißem Öl (insgesamt 1 Tasse) golden braten und heiß verzehren. Der restliche halbe Käse paßt vorzüglich hierzu.

Getrockneter Tintenfisch: 4 mittlere (kinderhandgroße) Exemplare mit 2 EL

Kochbanane mit »Herz« (rechts)
(Musa paradisiaca)

Öl in der Pfanne anbraten, bis sie sich gerade aufzurollen beginnen. 4 Zehen Knoblauch zerstoßen, mit 3 EL Essig und etwas Salz anrichten. Tintenfischstreifen darin eintauchen und essen. Dies ist auch das Standardrezept für Dörrfleisch und den allgegenwärtigen Trockenfisch.

Menü 2

Auberginen-Omelett und/oder -salat; Stew aus Bananenherz; eingebackene frische Anschovis oder Trocken-Anschovis.

Omelett: 2 Tassen Eierteig bereiten, eine beiseitestellen. 2 große Auberginen (Eierpflanzen) weichkochen, Schale abziehen (Stengel dranlassen), flachspreizen, in Eierteig eintauchen und in heißem Fett garbraten. Nach Belieben salzen. Gut mit einer Tunke aus Sojasauce, Essig und gehacktem Ingwer.

Salat: 4 Auberginen am Feuer garen, schälen und in Streifen schneiden. Saft von 8 Limonen, Salz, Pfeffer, reichlich zerstoßenen Knoblauch und gehackte Zwiebel hinzufügen. Kalt essen.

Stew: »Bananenherz« nennt sich der fleischige, purpurfarbige Blütenstand der Bananenpflanze. Umgebende harte Blätter entfernen, Kern in feine (1 mm) Scheiben schneiden und mit Salz durchkneten, bis kein Saft mehr kommt. 1 EL Öl in der Pfanne erhitzen, 2 Zehen Knoblauch und ½ zerkl. Zwiebel anbraten. 2 EL Essig, Bananenherz, etwas Zucker, Salz und Pfeffer hinzufügen und das Ganze aufkochen. Das Gericht nennt sich *kiláwing púso* und ist sehr mineralstoffreich.

Anschovis 1: Die stichlingsgroßen Fischchen werden fast auf jedem Küstenmarkt körbeweise angeboten. 2 Handvoll davon besorgen. Mit spitzen Finger Kiemen entfernen und ober-

flächlich ausweiden (ausdrücken), waschen. Köpfe dranlassen. Mit der restlichen Tasse Eierteig vermengen, salzen und pfeffern. Jeweils frikadellengroße Portionen in der Pfanne garbraten.
(Eingesalzene Anschovis: Siehe Kapitel »Segeln«).

Anschovis 2: Die gleiche Menge der getrockneten Variante kaufen. Etwas Öl in der Pfanne erhitzen, die Anschovis dazugeben und mit 2 EL braunem Zucker und etwas Sojasauce besprenkeln. Eßfertig, wenn die Fischchen sich bräunen. Prima Snack zum Bier.

Menü 3

Dicke Mongo-Suppe mit Bittermelone (Koloquinte) und Trockenshrimps; Schoten vom Meerrettichbaum; Süßkartoffel-Blattsalat; gekochte Süßkartoffel.

Suppe: 1 Tasse trockene Mung-Linsen (überall erhältlich, auch gut zur Mitnahme), 2 Tomaten, 3 Zehen Knoblauch, 1 Zwiebel, 1 kl. Packung Trockenshrimps, etwas Öl, 1 Plastikblase Fischsauce, Salz. Die Bittermelone, eine kleine Frucht, wächst wild oder ist auf dem Markt vertreten. Durch Zugabe einer Handvoll von Blättern oder ein paar Scheiben der Frucht dieser Pflanze wird eine angenehme, leicht bittere Note erzielt. Ist aber Geschmackssache; nicht jeder mag das. Man kann ebensogut (oder zusätzlich) eine kräftige Ladung Blätter vom Meerrettichbaum oder Grünzeug in den Topf werfen (siehe Kapitel »Survival«.)
Der bewußte Baum steht fast in jedem philippinischen Garten, Aussiedler sollten ihn als erstes pflanzen. Vom Ernährungswert her zählt er zu den wertvollsten Gewächsen des Landes. Die Blätter, reich an guten Sachen, finden sich deshalb auf allen Märkten.

Koloquinte
(Momordica charantia)

Meerrettichbaum
(Moringa oleifera)

Im Fett den zerdrückten Knoblauch bräunen. Zerkl. Zwiebel und Tomaten zufügen, garen lassen. Mit 3 Tassen Wasser auffüllen, Linsen und Shrimps hinzugeben. Wenn die Linsen weich sind, Fischsauce und Grünzeug zufügen, kurz aufkochen. Das Endprodukt ist sehr reich an pflanzlichem Eiweiß, Vitamin A und Kalzium und hilft dem Esser lange über die Runden. Wer ein paar (gewürfelte) Kartoffeln mitkocht, erhält ein sehr substantielles Hauptgericht.

Schoten: Der Meerrettichbaum trägt seinen Namen, weil seine Wurzeln entfernt nach diesem Stoff schmecken. (Engländer in Indien gruben sie aus, um Nostalgien zu frönen). Wenn wir schon mal bei diesem Wunderbaum angelangt sind, können wir uns auch gleich seine langen Samenschoten zunutzemachen, die auf den Philippinen trotz ihres hohen Vitamingehalts (C) kaum jemand ißt.
Junge (nicht zu harte) Exemplare aussuchen. Die grüne Außenhaut weitgehend wegschaben, weichkochen, Fruchtfleisch und Samenkerne zwischen den Zähnen hindurchziehen.

Salat: 2 Bündel *(dalawáng bigkís)* tiefviolette Süßkartoffelblätter, 6 Limonen, 1 TL Fischsauce, 1 Tütchen Glutamat (anheimgestellt).
Blätter gut säubern, happenweise zerkleinern, blanchieren (in kochendes Wasser eintauchen), in Schüssel füllen. Limonensaft, Fischsauce und Glutamat zugeben. Dieser allerorten auf den Philippinen sehr leicht anzufertigende Salat ist außerordentlich vitamin- und mineralstoffreich, dazu spottbillig. Er sollte so oft wie möglich auf dem Speiseplan stehen.

Süßkartoffel: Die Kamote ist die einfachste und schmackhafteste Grundnahrung des Landes, zudem überall erhältlich. (Trotzdem wird die gesunde Knolle generell als »ärmlich« verschrien und verschmäht). Eine faustgroße, schlicht mit der Schale gekochte

Süßkartoffel
(Ipomoea batatas)

oder in heißer Asche gebackene Süßkartoffel ist überaus schmackhaft und macht einen Erwachsenen satt. Außerdem führt sie ihm reichlich die Vitamine A, B2 und C sowie diverse Mineralstoffe zu. Die Schale junger Knollen kann man mitessen.

Menü 4

Hühnersuppe; Tarogemüse *(»laing«)* mit Trockenfisch; Reis.
Man glaube nicht, daß das philippinische Hühnervolk ausschließlich aus Freikratzern besteht. Die industrielle Batteriehaltung ist, im Gegenteil, noch viel übler und extremer als bei uns. Wer wirklich mal ein gutes Hühnchen genießen möchte, kaufe ein noch lebendes auf dem Dorfmarkt ein. Fragt in Waldregionen auch mal nach Wildhuhn. Schmeckt wie Fasan - Spitze!
Die Freilandgockel haben einen Nachteil - sie sind ziemlich zäh. Mit diesem Manko wird die weichmachende Papaya fertig, und zwar die grüne. Wir besorgen uns eine etwa pampelmusengroße, dazu 1 geh. EL zerkl. Ingwerwurzel, 5 Knoblauchzehen, Öl, Salz oder (besser) Fischsauce. Papaya schälen, in Stücke schneiden und mit Salz durchkneten, bis kein Saft mehr ausgeschieden wird. Knoblauch und Ingwer in etwas Öl anbraten, 4-5 Tassen Wasser und zerkleinertes Huhn, 10 Min. nach dem Kochen Papaya zufügen. Die Suppe (hier die einfachste Form)

nennt sich *tinólang manók.* Etwas zusätzliches Grünzeug kann jederzeit mitgekocht werden, am besten Chiliblätter.

Tarogemüse: 8 Taroblätter mit Stielen, 1 etwa heringsgroßer Trockenfisch oder 1 Handvoll Anschovis (trocken), 4 Knoblauchzehen, 1 geh. EL zerkleinerte Ingwerwurzel, Kokosmilch von 1 Nuß, etwas Salz oder (besser) salzige Shrimppaste. *Taro* (ff.) in Kapitel »Survival«.
Tarostiele dünn schälen und stückeln (5 cm). Blätter und Stiele 8-12 Std. lufttrocknen. Kokosmilch bereiten (siehe Kapitel »Survival«). Wenn fertig, die Hälfte davon beiseitestellen. Knoblauch, Ingwer und zerkleinerten Fisch in etwas Öl anbraten, in der anderen Hälfte der Kokosmilch zum Kochen bringen. Stiele und 10 Min. später die (zerrupften) Blätter zufügen. *Nicht* umrühren! Wenn alles gar ist, die restliche Kokosmilch zugießen und das Ganze nochmals kurz aufkochen lassen.
Laing (der Name stammt aus dem Bikolanischen) ist eines der besten philippinischen Gerichte, dazu eines der billigsten. Es schmeckt besonders gut, wenn man ein Büschel Zitronengras (auf den meisten Märkten erhältlich) mitkocht. Wer's gern scharf mag, sollte 1-2 kleine Pfefferschoten zufügen; das Gericht gewinnt dadurch. Mit Reis essen.
Vorsicht: Der Saft der rohen Taropflanze erzeugt böse Flecken auf der Kleidung!

Reis: 2 Tassen Reis in 3 Tassen Wasser zum Kochen bringen. Etwas Salz zufügen, dann bei minimaler Flamme und festgeschlossenem Topfdeckel etwa 20 Min. lang köcheln lassen, bis alles Wasser verdampft ist. Der Reis ist jetzt eßfertig und neutrale Basis für viele Gerichte.

Taropflanze: So gut wie unverwechselbar

Auf den Philippinen läuft nichts ohne Reis; er ist halt das Brot der dortigen Menschen. Leider erhält man fast nur die geschälte, das heißt in Mühlen »polierte« Variante. Sie führt aber nicht automatisch zur Entzugskrankheit Beriberi, wie lange angenommen wurde. Forschungen jüngeren Datums haben gezeigt, daß polierter Reis seinen Essern zwar diverse B-Vitamine vorenthält, um die es sehr schade ist. Doch er macht auch keineswegs krank, sofern nur das restliche Nahrungsspektrum einigermaßen stimmt. Beriberi wird durch Pilzbefall hervorgerufen. Wahr ist indes, daß ungeschälter Reis um ein Vielfaches besser schmeckt als die rasierte Variante. Man sollte ihn immer vorziehen und danach fragen (Tagalog: *binayóng bigás*).
Aus dem relativ neutralen gekochten Reis läßt sich *fried rice* bereiten, der eine Mahlzeit in sich darstellt. Hierzu brät man mit etwas Öl eine deftige

Portion Knoblauch an und füllt den Reis unter ständigem Umrühren nach, bis sich die Körner voneinander trennen. Fein mit Ei, Schnittlauch, moderaten Grünbeigaben. Ideales Frühstück.

Menü 5

Japanischer Fischsalat; Adobo-Gericht; Mongo-Pfannkuchen; grüne Mangos mit Tomaten.

Salat: Roher Fisch kann durchaus lekker schmecken, man frage die Japaner. Für *sashimi* (jap.) benötigt man etwa 500 g gut fleischigen, sehr frischen Fisch (Thunfisch, Schnäpper, Seebarsch, Spanische Makrele o.ä.). Fisch filettieren und in daumengroße Stücke schneiden. Kurz unter kaltem Wasser waschen. Mit etwas *wasábi néri* (siehe unten) bestreichen, in Sojasauce tauchen und mit einer hauchdünnen Scheibe rohen Ingwers verspeisen. Geschnitzelte Rettiche in Sojasauce geben eine passende Beigabe ab. Nur Eßstäbchen (leicht zu improvisieren) oder die nackten Finger benutzen.
Sashimi schmeckt nur wirklich gut mit original japanischen Zutaten. *Kikkoman*-Sojasauce ist ziemlich weit verbreitet und kaum ein Problem. Die oben genannte scharfe Paste aus einer kresseartigen Pflanze, auf die kein echter Sashimi-Freak verzichten wird, erhält man jedoch nirgends außer in Japan-Restaurants, z.B. im Kellergeschoß des Landmark-Supermarktes in Makati.

Adóbo: So nennen sich mit Sojasauce und Essig zubereitete Gemüsegerichte. Besonders gut (nach Pilzen) schmeckt ein Adobo aus Kamansi, einer häufigen Brotfruchtart.
Eine etwa faustgroße Kamansi schälen und stückeln. (Messer dazu einölen). 3 zerdrückte Knoblauchzehen, 1 zerkl. Zwiebel in 1 EL Öl bräunen. Kamansi, ½ Tasse Essig, 2 EL Sojasauce, ½ TL

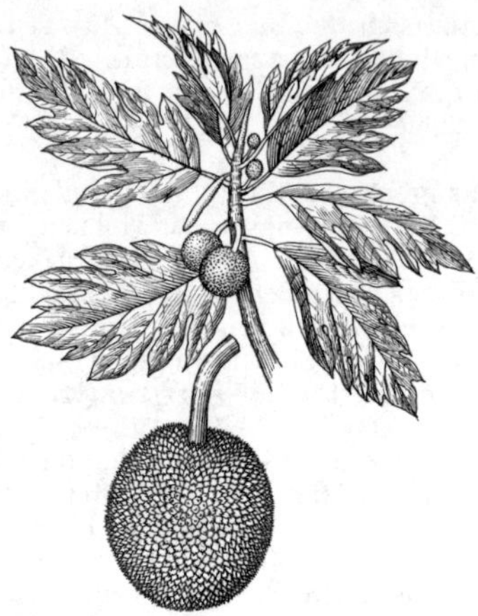

Kamansi
(Artocarpus camansi)

Pfeffer, etwas Salz zufügen und mit 1 Tasse Wasser aufkochen.
Vorzügliche Adobos lassen sich auch aus Kangkong (siehe Kapitel »Survival«) und der grünen Jackfrucht bereiten.

Pfannkuchen: 2 Tassen Mung-Linsen 8 Std. wässern, dann gut auswaschen und zu einem Brei zerquetschen (Flasche auf Brett). 4 Knoblauchzehen, fein gewiegt, und Salz untermischen, Fladen formen und in ein wenig heißem Öl garbacken.

Mangos mit Tomaten: 2 Mangos, deren Farbe gerade von Grün zu Gelb übergeht, schälen und in münzengroße Scheiben schneiden. 6 kl. mittelreife Tomaten zerkleinern. Mischen und mit 2 TL Fischsauce oder Shrimppaste anrichten. Köstliche Beigabe zu jeder Art von Gericht.

Menü 6

Algensalat; Fisch- oder Muschelsuppe; Milchfisch spezial.

Salat: Gut 4 Handvoll (möglichst selbst aus sauberem Seewasser geernteten) Beerentang (siehe Kapitel »Survival«) sorgfältig säubern, reichlich Zwiebelringe und Tomatenscheiben zufügen, mit dem Saft von 8 Limonen mischen. Roh essen.

Suppe: Das bunte Sortiment, das man im Laufe des Tages erangelt oder auf dem Riff zusammengesammelt hat, läßt sich am besten zu einer einfachen, aber schmackhaften und substantiellen Suppe verarbeiten. Benötigt wird etwa 1 kg (Lebendgewicht) Fisch und/oder anderes Seegetier, die jeweiligen Arten spielen keine Rolle. Miesmuscheln werden einem oft begegnen, auch auf dem Markt. Fische entschuppen, ausnehmen und säubern, jedoch nicht die (entkiemten) Köpfe entfernen. Muscheln von Bewuchs und Sand befreien.
Reichlich Knoblauch und Zwiebel in etwas Öl bräunen, Fisch oder Muscheln mit 1 Liter Wasser dazugeben und alles über kleiner Hitze köcheln lassen. Mit Salz und Pfeffer abschmecken.
Das ist die elementarste Variante. Filipinos bevorzugen bei Suppen dieser Art einen säuerlichen Beigeschmack. Man erreicht ihn, indem man Limonensaft und/oder Tomaten zufügt, bzw. grüne Früchte wie geschälte unreife Mangos oder halbreife Guaven mitkocht. Eine frische, rhabarberige Note ergeben auch die grünen Früchte des häufig anzutreffenden *Kamiás*-Baumes oder der allgegenwärtigen Tamarinde. Das Blattwerk der Tamarinde läßt sich ebenfalls verwenden.
Überhaupt machen 1-2 Handvoll jungen Blattgrüns die Suppe gehaltvoller. Die Blätter der Süßkartoffel und des Meerrettichbaums hatten wir ja bereits kennengelernt. Zahlreiche weitere werden uns noch im Kapitel »Survival« begegnen. Dort auch auf Warnungen hinsichtlich giftiger Seetiere achtgeben!

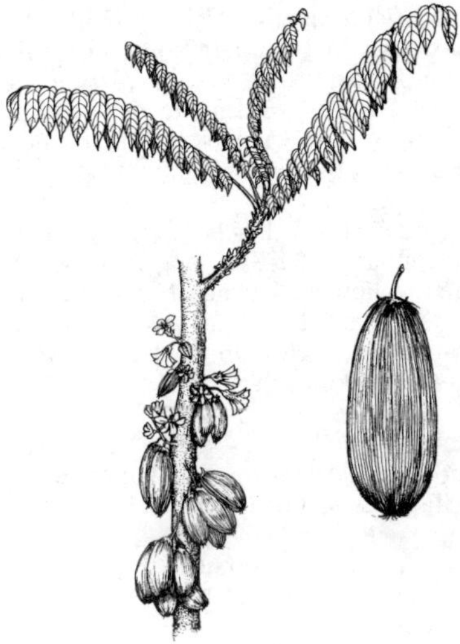

Kamiás
(Averrhoa bilimbi)

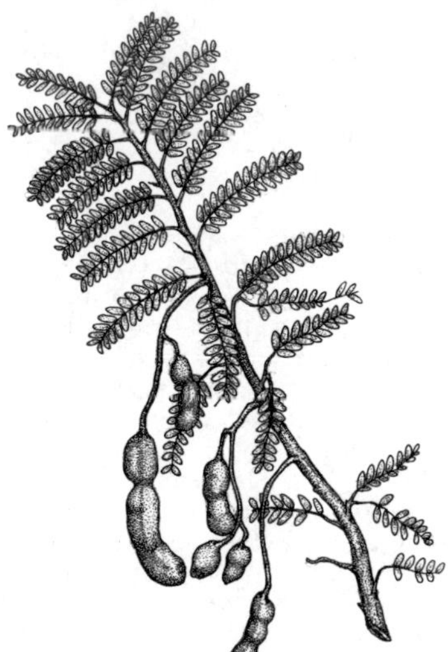

Tamarinde
(Tamarindus indica)

Milchfisch spezial: 2 kl. Milchfische von der Marktfrau fachgerecht aufschneiden lassen: *»pang dáing«*. ½ Tasse Essig, 4 zerdrückte Knoblauchzehen, 3 Tütchen frisch gemahlenen schwarzen Pfeffer, 1 Plastikblase Speiseöl, Salz.
Flach gespreizte Fische mit allen Zutaten (außer Öl) 3 Std. lang marinieren, dann in heißem Öl scharf an- und garbraten. Aus der Haut herausgabeln. Fragt auch nach dem delikaten geräucherten Milchfisch.

Menü 7

Improvisierte Gazpacho; Gemüseeintopf; süßes Kokosmilchgericht.

Gazpacho (span. »Gurkensuppe«): 1 kl. Gurke, 1 Paprikaschote, 2 Tomaten, 2 Knoblauchzehen, 2 dicke Scheiben *French bread,* 1 EL Essig, Salz.
Stangenbrot gibt's jetzt auch in Provinzstädten häufiger mal. Wenn unerhältlich, mit 2 (nicht süßen) Brötchen improvisieren. Brot in Wasser einweichen. Alles andere so klein schneiden, daß es zu einem Brei verarbeitet werden kann, Brot zufügen. Mit Salz und dem Essig in zwei Tassen möglichst kaltem Wasser verrühren, fertig. Ideal bei großer Hitze.

Eintopf: 1 gr. Suppenknochen vom Rind oder Wasserbüffel (vorzugsweise mit 1 Bund Zitronengras) in 1 Liter Wasser 2 Std. lang stramm kochen. Verdampftes Wasser nachfüllen. Zufügen: 3 zerkl. Tomaten, 2 ganze geschälte Zwiebeln, Gemüse: 2 quer halbierte reife Kochbananen (ungeschält), 6 Stück grüne Stangenbohnen, 6 Stück Goa-Bohnen (ganz), 2 geschälte Süßkartoffeln, 1 Rettich. Gar kochen. Weiter zufügen: Je ¼ Kopf Weiß- und Chinakohl. Kochen lassen, bis der Kohl gerade weich zu werden beginnt. Mit Salz, gegebenfalls etwas Fischsauce abschmecken. Das Gericht klingt aufwendiger, als es in Wirklichkeit ist. Es erfordert nur einen Gang quer durch den Garten (oder über den Markt), dann wandert alles ohne Umstände in einen Topf.

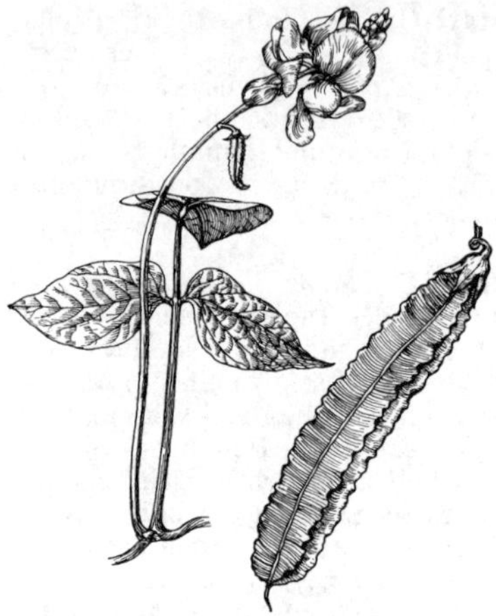

Goa-Bohne
(Psophocarpus tetragonolobus)

Maniok
(Manihot esculenta)

Kokosgericht: 1 Maniokwurzel, 2 kl. Süßkartoffeln, 1 Scheibe reife Jackfrucht, 2 reife Kochbananen, Milch von 1 Kokosnuß (siehe Kapitel »Survival«).
Alle Zutaten schälen und würfeln. (Die Samenkerne der Jackfrucht aufbewahren; sie konnen separat oder im Eintopf mitgekocht werden). Zuerst die Knollenfrüchte in der Kokosmilch gar werden lassen, dann alles andere plus 1 EL braunem Zucker und etwas Salz kurz aufkochen lassen.
Auch gut (Einfachstgericht): Gekochte Maniokwurzel mit geraspelter Kokosnuß und gegebenenfalls etwas braunem Zucker.
Die Blätter der Maniok- oder Kassavapflanze lassen sich (gekocht) als Gemüse verarbeiten.

Sambong
(Blumea balsamifera)

Getränke

Die *Kokosnuß* taucht mehrmals in diesem Buch auf; sie ist mit Abstand die beste Wasserquelle.
Als sehr gutes durstlöschendes Getränk nehmt Ihr am besten schwarzen Tee zu Euch. Spitze mit Wildhonig und Limone. Ausgezeichnet ist auch der einheimische Kaffee *Baráko,* der sich - zu Recht - als »büffelstark« übersetzt. Er ist allerdings nicht überall erhältlich, und man sollte sich, wo immer er zu haben ist, für längere Zeit mit ihm eindecken. Den Kaffee ins kochende Wasser eingeben, dann über kleiner Flamme 5 Min. köcheln lassen. Vorteilhaft süßen kann man Tee und Kaffee auch mit harter Melasse, die in Laibform auf Märkten verkauft wird.
Ein *Ersatztee* läßt sich aus der Sambong-Pflanze bereiten, einem landesweit wildwachsenden Strauch von vier bis fünf Meter Höhe. Sambong hat kleine gelbe Blüten und auffällige, an der Unterseite leicht silberweiß behaarte Blätter. Zerbröselt man diese, strömen sie einen unverwechelbaren, erfrischenden Geruch aus. (Wiederholtes Einreiben von Stirn und Schläfen mit Sambong-Blättern ist bei großer Hitze sehr angenehm). Was da riecht, ist vor allem Kampferöl. Danach schmeckt auch der bittere Aufguß: 5 große, grüne Blätter pro Liter Wasser, kurz ziehen lassen. Soll der Tee kalt getrunken werden, muß man die Blätter entfernen. Sonst wird's zu bitter.
Prima auch ist eine *kalehåda.* Ein Rezept aus Batangas spannt die zuvor beschriebene Tamarinde für einen vorzüglichen Drink ein. Hierzu werden die reifen inneren Fruchtsegmente mit Wasser aufgegossen (1 Tasse Frucht pro Liter), verrührt und etwa 1 Std. stehen gelassen. Etwas Zucker verschönt den hocherfrischenden Geschmack. Einzige Abträglichkeit: Der feste Anteil der Tamarinde im Wasser sieht Exkrementen verzweifelt ähnlich.
Zuckerrohr ist ebenfalls sehr erfrischend. Man extrahiert den süßen Saft, indem man ein Segment aus dem

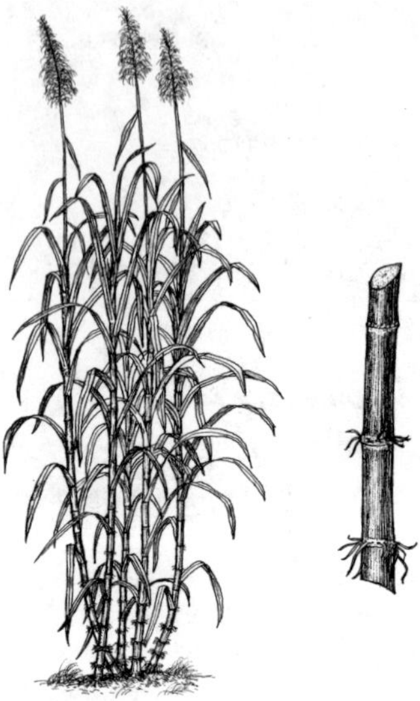

Zuckerrohr
(Saccharum officinarum)

Stamm schneidet, es schält und die Knoten an beiden Enden entfernt. Auskauen und den Rest ausspucken. Man benötigt allerdings gesunde Zähne für diesen Vorgang. Der süße Saft enthält reichlich Mineralstoffe und B-Vitamine, die dem verarbeiteten Produkt völlig fehlen.
Die *Kaschufrucht,* überwiegend in Palawan angebaut und gegen April/Mai an niedrigen Bäumen zu Reife gedeihend, sieht einem Apfel ähnlich und ist ein richtiger kleiner saftgefüllter Beutel. Der Saft schmeckt ausgezeichnet, mit einer herben Note. Doch kaum jemand macht sich etwas aus der Frucht, weil die (daranhängenden) Nüsse ökonomisch wertvoller sind. Diese also nicht wegwerfen, sondern dem Eigentümer geben. Von der Frucht oben und unten ein Stückchen abschneiden, sonst kratzt's im Hals. Sehr faserige Früchte nur auslutschen.

Generell empfehlen möchte ich auch die chinesische »Himmlische Suppe«, deren Zutaten Ihr im China-Shop erhaltet und in Plastikfläschchen stets mitführen könnt. Rezept für *Ching Dong:* 6 Tassen Wasser aufkochen. Zufügen: 2 EL leichte Sojasauce, je 1 TL Erdnußöl und Salz, 3 Tropfen Sesamöl, etwas Schnittlauch oder, falls zur Hand, eine gescheibte Schalotte, fertig. Heiß trinken.

Abwasch

Wer totale Naturverbundenheit zu schätzen weiß, kann sogar seinen Abwasch organisch gestalten. Auf dem Markt mal nach *gúgo* fragen. Dies ist eine Lianenrinde, die genügend natürliche Saponine enthält, um das Waschwasser reichlich aufschäumen zu lassen.
Die Sandpapierfeige, landesweit als kleiner Baum verbreitet, liefert flächige Blätter von rauher Beschaffenheit, die einen groben Waschlappen perfekt ersetzen. Als Bonus gibt's eßbare Früchte, kirschgroß und dunkelviolett bei Reife.
Und letzten Endes gibt es auf jedem Korallenriff massenhaft Schwämme. Wer braucht da noch Multis?!

Nützliches Vokabular

Sind Sie der Besitzer (Verwalter) dieses Grundstücks?
Kayó ba ang may-ári (tagápamahála) ng lúpang itó?
Ist es okay, wenn ich hier mein Zelt aufschlage?
Maaári bang maglagáy akó ng tólda ríto?
Können Sie mir helfen, ein paar Sachen für die Essenszubereitung zu besorgen?
Maaári ba ninyó akóng tulúngan na makakúha ng mgá bágay na kailángan ko pára sa paghahandá ng pagkáin ko?

Ich brauche... (siehe unten)
Kailángan ko ng...
Könnte ich meine Mahlzeiten in Ihrem Haus zubereiten?
Maaári bang ihandá ko ang áking pagkáin sa báhay ninyó?
Gibt es in ..... einen Markt?
Mayroón bang paléngke sa .....?
Kann mich jemand dort hinbegleiten?
Mayroón bang puédeng magtúro sa ákin ng paléngke?
Ich werde ein paar Sachen auf dem Markt einkaufen.
Náis kong bumilí ng iláng bágay sa paléngke.
Könnte ich sie hier zubereiten?
Puéde bang ihandá ko díto ang mgá iyón?
Ist es okay, wenn ich hier ein Bad nehme?
Magagálit ba kayó kung malígo akó díto?
Ich muß auch unbedingt ein paar Sachen waschen.
Kailángan na kailángang ko ring maglabá ng iláng damít.
Haben Sie Seife (Seifenpulver)?
Mayroón ba kayóng sabón?
Gibt es hier eine nicht abschüssige Stelle im Gelände?
Mayroón bang lugár díto na pantáy ang lúpa?
Wo? Können Sie mir die Stelle zeigen?
Saán? Maaári ba ninyóng itúro sa ákin ang lugár?
Gibt es hier eine schöne Stelle an einem Bach oder See, wo ich kampieren könnte?
Mayroón bang may malápit na sápa o láwa díto na magandáng paghímpilan?
Trau, schau wem.
Bantáy-salákay. (»Der Wächter ist oft auch der Dieb«).
Würden Sie bitte auf meine Sachen aufpassen?
Puéde ba ninyóng pakibantayán ang áking mgá gámit?

Nahrungsmittel in diesem Kapitel

Ananas	*pinyá*
Anschovis	*dílis*
-, getrocknet	*tuyó*
Aubergine	*talóng*
Auberginen-Omelett	*tórtang talóng*
Banane, allg.	*ságing*
Bananenherz	*púso ng ságing*
Beerentang	*lató*
Bittermelone	*ampalayá*
Brot	*tinápay*
Brötchen	*pan de sal*
Brotfrucht	*kamansí*
Chilipfeffer	*síling labúyo*
Chinakohl	*pétsay tsína*
Dörrfleisch	*tápa*
Ei	*itlóg*
Eierpflanze	*talóng*
Erdnußöl	*peanut oil* (engl.)
Essig	*súka*
Fadennudel	*míswa*
Fisch	*isdá*
Fischsauce	*patís*
Fischsuppe	*sinigáng*
Gelbwurz	*kurkúma*
Glutamat	*vétsin*
Goa-Bohne	*sigarílyas*
Gurke	*pepíno*
Honig	*pukyútan*
Huhn	*manók*
Ingwer	*lúya*
Jackfrucht	*langká*
Karambola	*balimbíng*
Kartoffel	*patátas*
Kaschufrucht	*kasúy*
Knoblauch	*báwang*
Knochen	*butó*
Kochbanane	*sabá*
Kohl	*repólyo*
Kokosgericht	*ginataán*
Kokosnuß	*niyóg*
Limone	*kalamansí*
Makrele, Span.	*tangíge*
Mango	*manggá*
Maniok	*kamóteng káhoy*
Meerrettichbaum	*(púnong) malúnggay*

Melasse	*panótsa*
Milchfisch	*bangús*
-, geräuchert	*tinapáng bangús*
Mung-Linse	*móngo*
Muscheln	*mgá siyéls*
-, Mies-	*tahóng*
Oregano	*orégano, sugánda*
Papaya	*papáya*
Papaya-»Sauerkraut«	*atsára*
Paprikaschote	*síling pulá*
	bell pepper (engl.)
Pfeffer (schwarz)	*pamínta*
-, (schwarz, gemahlen)	*pamintáng duróg*
Pfefferblatt	*dáhon ng síli*
Pfefferschote	*síling maangháng*
Rahmapfel	*átis*
Reis (die Pflanze)	*pálay*
-, gebraten	*sinangág*
-, gekocht	*kánin*
-, ungekocht	*bigás*
-, ungeschält	*binayóng bigás*
Rettich	*labanós*
Rind (Rindfleisch)	*báka*
Salz	*asín*
Sandpapierfeige	*is-is*
Schalotte	*sibúyas tagálog*
Seesalz	*asíng dágat*
Schnäpper	*máya-máya*
Schnittlauch	*dáhon ng sibúyas*
Seebarsch	*lápu-lápu*
Shrimp	*hípon*
Shrimppaste	*bagoóng*
Sojasauce	*tóyo*
Speiseöl	*langís*
Stachelannone	*guyabáno*
Stangenbohne	*sítaw, bátaw*
Süßkartoffel	*kamóte*
Süßkartoffelblätter	*talbós ng kamóte*
Tamarinde	*sampálok*
Taro	*gábi*
Taroblätter	*dáhon ng gábi*
Thunfisch	*tulíngan*
Thymian	*thyme* (engl.)
Tintenfisch	*pusít*
-, getrocknet	*dáing na pusít*
Tomate	*kamátis*
Trockenfisch	*dáing*
Trockenshrimp	*híbi*
Wasser	*túbig*
Wasserbüffel	*kalabáw*
Wassermelone	*pakwán*
Wildhuhn	*labúyo*
Zitronengras	*tangládˈ*
Zucker (braun)	*asúkal (na pulá)*
Zuckerrohr	*tubó*
Zwiebel	*sibúyas*

Klettern

Wenn man Deutschlands höchsten Berg, die Zugspitze mit 2.964 Metern Gipfelhöhe über dem Meeresspiegel, bezwingen möchte und die Seilbahn verschmäht, so beginnt die Kletterei erst bei etwa 2.000 Metern. Lediglich das letzte Drittel muß noch effektiv durchstiegen werden. Diese Verhältnisse ergeben sich, weil die Zugspitze aus dem bereits hochgelegenen Alpenvorland aufragt und weil bequeme Straßen bis weit nach oben führen.

Auf den Philippinen ist die Situation anders. Die Mehrzahl der dortigen Berge, zumeist tätige oder einstige Vulkane, wächst nämlich unmittelbar aus dem Meer empor. Keine Highways winden sich ihre Hänge hinan, kein Wegweiser zeigt vom Parkplatz zum Gipfel. Der Kletterer beginnt dort bei Normalnull und legt jeden in der Karte verzeichneten Höhenmeter auch tatsächlich mühsam zurück.

Doch der Himmel läßt sich auf den Philippinen ohnehin nur bis in die mittlere Etage erstürmen. Bei den rund 3.000 Metern des Mt. Apo ist Schluß. Deshalb gibt es dort auch keinen Schnee - der fällt in den Tropen erst ab einem weiteren Tausender. Was die archipelagischen Gipfel so anziehend macht, ist weniger ein hochalpines Kraxelpotential, sondern die herrliche Natur in ihrem Umfeld - zum Teil die üppigste der Welt.

Die klassische englische Antwort auf die Frage, warum zum Teufel man unter enormen persönlichen Strapazen unbedingt einen himmelragenden Berg erklimmen müsse - »*because it's there* - weil er da ist!« - wird heute auch von engagierten Filipinos gegeben. Zwar wurde schon zu spanischen Zeiten im Frühtau zu Berge gezogen. Kastilische Mönche standen bereits im 17. Jahrhundert am Krater des Mayon-Vulkans. Doch stets waren es eben Ausländer, die diesem in den Augen der Einheimischen sinn- und zwecklosen, zudem höchst anstrengenden Tun frönten. Noch vor ein, zwei Generationen hatten Filipinos - mit Ausnahme der »wilden« Kordillerenbewohner - damit nichts am Hut, fanden die Berge auch aus der Froschperspektive ganz schön. Gipfelalpine Selbstsuche und -findung waren mangels Nachfrage unbekannte Dimensionen, die Sehnsucht nach Rekorden und Sensationen wegen anderer Prioritäten nicht existent. Das hat sich geändert. Der Lebensstandard mancher Bevölkerungsschichten, vornehmlich in den urbanen Zentren, hat eine spürbare Anhebung erfahren. Im Gefolge dieses relativen Wohlstandes haben sich sowohl Langeweile als auch Anspruchsdenken eingestellt, das Bedürfnis nach aktiver Freizeitgestaltung wurde geweckt.

In Manila und im urbanen Umfeld aller größeren Berge existieren Vereinigungen, in denen sich Kletterlustige zusammengefunden haben. Hier und da führt dieses Kapitel einen entsprechenden Hinweis auf. Dort läßt sich für den Besucher mancher interessante Kontakt anknüpfen. Macht unbedingt Gebrauch von solchen Möglichkeiten!

Und letztlich macht Euch vor Ort auch das (aus den USA importierte) Motto der philippinischen Bergsteiger zu eigen:

> *Take nothing but pictures,*
> *Leave nothing but footprints,*
> *Kill nothing but time.*

Mutter Natur, die es auf den Philippinen schwer genug hat, wird's Euch danken.

Zehn einladende Berge

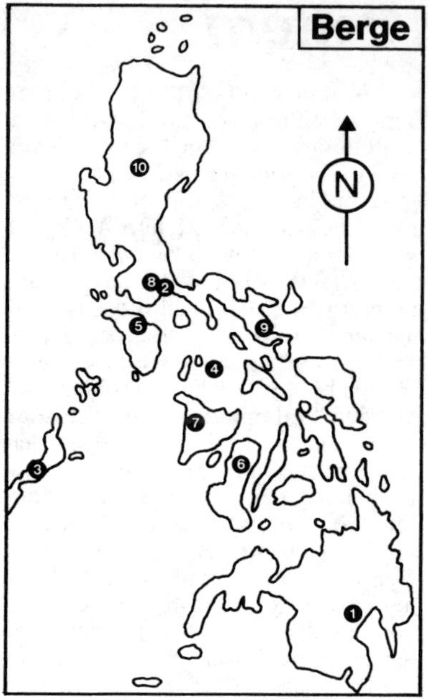

1 Apo 2.956 m

Mit nahezu 3.000 Metern ist der Mt. Apo (örtlicher Name *Sandáwa)* in der Nähe von Davao auf der Insel Mindanao der höchste Berg der Philippinen. Für Untrainierte schon ein ganz schöner Brocken.

Die Geschichte des Berges belegt dies. Schon zu spanischen Zeiten wurden mehrere vergebliche Anläufe auf den Gipfel unternommen; es gab sogar Todesopfer. Die Eroberung des Apo gelang erst 1880, und zwar dem Franzosen Joseph Montano. Heute wird es dem Bergsteiger leichter gemacht. Aufstiege sind von vier verschiedenen Startpunkten möglich (nachstehend separat beschrieben); es gibt preiswerte Führer und bewährte Routen. Eine Tour zum Gipfel und zurück dauert durchschnittlich vier Tage.

Natürlich ist auch der Apo nicht vom allgemeinen Rekordwahn verschont geblieben. Schon ist jemand innerhalb einiger weniger Stunden hinauf- und wieder heruntergehetzt. Doch Nachahmung wird nicht empfohlen. Der Grund: Man versäumt zuviel, eigentlich alles.

Dieser Ansicht waren bereits die ersten Bezwinger des Berges. Noch im Montano-Jahr kraxelte der deutsche Forscher Carl Roebellin am Apo herum und entdeckte dort die Waling-Waling *(Vanda sanderiana), »Queen of Philippine Flora«:* eine der schönsten und seltensten Orchideen der Welt. (Für ein legal gesammeltes Exemplar vom Apo wurden vor kurzem noch 25.000 Pesos bezahlt). 1882 erkletterten Roebellins Landsleute Otto Koch und Alexander Schadenberg den Gipfel gleich zweimal und klaubten in der tropischen Natur Schätze zusammen, die die damalige Fachwelt in Staunen versetzten. Allein eine Kollektion von 20.000 Schmetterlingen befand sich darunter. Besonderes Interesse erregte auch die Entdeckung einer nach dem letztgenannten Wissenschaftler benamten Riesenblume, der *Rafflesia schadenbergiana.*

1	Apo	2.956 m
2	Banahaw	2.188 m
3	Cleopatra Needle	1.693 m
4	Guiting-Guiting	2.052 m
5	Halcon	2.587 m
6	Kanlaon	2.465 m
7	Madja-as	2.090 m
8	Makiling	1.144 m
9	Mayon	2.462 m
10	Pulog	2.930 m

Es ist nur logisch, daß dieses grüne Paradies schon zu einem frühen Datum Schutzstatus erhielt. Nach dem Zwei-

Aufstieg zum Mt. Apo

ten Weltkrieg wurden der Mt. Apo und 73.000 Hektar umgebendes Waldgelände zum Nationalpark erklärt. Dies gebot dem üblichen wilden Holzen, das mit der endgültigen Unabhängig keit begonnen hatte, allerdings wenig Einhalt. Wie überall richteten auch am Apo die kleinsten Bauern den größten Schaden an, und 1976 mußte der damalige Präsident Marcos wohl empfunden haben, daß sowieso alles zu spät sei: Er gab 60.000 Hektar des Areals der Axt preis. Erst ein kollektiver Aufschrei der globalen Ökoszene und eine persönliche Intervention Prinz Bernhards der Niederlande konnten den Raffzahn Marcos von seinen finsteren Plänen abbringen.

Gerade noch rechtzeitig. Aber die Kontroversen nehmen kein Ende. Gegenwärtig geht es um ein Thermalkraftwerk, das mitten im Nationalpark gebaut werden soll. Erstmalig zucken ausländische Banken vor solchen Projekten zurück - zu heiß, buchstäblich. Deshalb gibt es am Apo weiterhin viel prachtvolle Natur zu genießen. Schöne Dschungel ziehen sich die unteren und mittleren Lagen des Berges hinauf, brausende Wildbäche wechseln mit bezaubernden Seen. Moose und Baumfarne, anderen Erdzeitaltern entwachsen, vermitteln der äquatorial satten Atmosphäre einen Hauch von Kühle. Rare Orchideen winken nach wie vor von den Kronen mächtiger Baumriesen. Dann wieder: brodelnder Schlamm und heiße Quellen, die daran erinnern, daß der Apo ein Vulkan ist. Ein schlummernder zwar, aber immerhin, man denke an den Pinatubo. Es gibt sogar einen Krater, schlitzförmig ausgedehnt von etwa 2.400 Meter bis zum Gipfel, auffällig durch vulkanisch kahles Gelände inmitten des ansonsten luxuriösen Grüns.

In höheren Lagen umfängt den Wanderer die verzauberte Atmosphäre eines

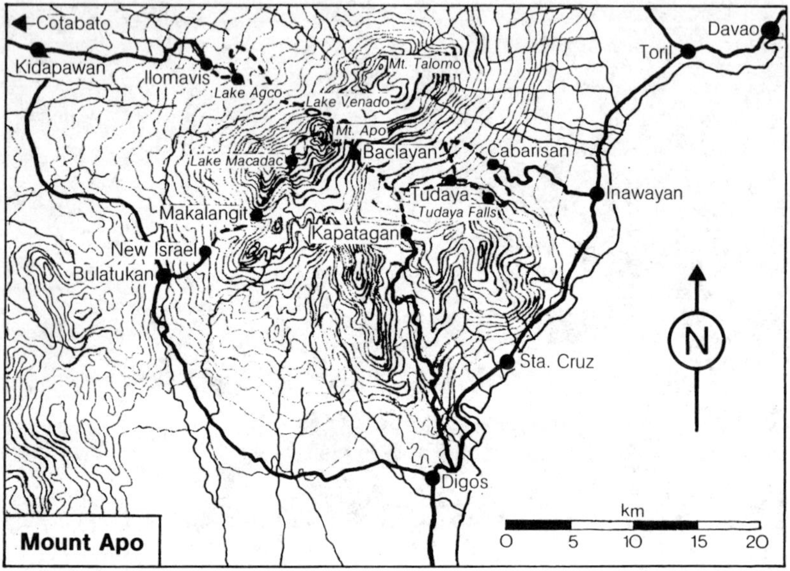

Märchenwaldes. Spanisches Moos wabert allerorten von verkrüppeltem Geäst, bodenwärtig dämpfen federnde Polster den Schritt zur Lautlosigkeit. Jagende Wolken rufen spontane Lichteffekte hervor. Und schließlich ein kristallener See, glorios eingebettet in eine himalayische Szene: der Lake Venado, dessen stille Wasser den unmittelbar über ihnen aufragenden Gipfel des Apo ruhig reflektieren.

Ausgang für alle Apo-Unternehmungen ist Davao, eine große, quirlige Stadt. Das Tourist Office am Magsaysay Park wartet mit aktuellen Auskünften auf, wird auch gerne den Ablauf des alljährlich in der Karwoche organisierten Massenaufstiegs zum Gipfel beschreiben. (Eine ziemlich lärmige Angelegenheit).

Laßt Euch vom Tourist Office am besten noch ein Stückchen weiterreichen. Und zwar an die *Mt. Apo Climbers' Association Davao City (MACADAC)*, wo man sich immer mal in eine Tour einklinken kann.

Achtung: Temperaturen in den oberen Bereichen des Apo können auf vier Grad Celsius absinken. Hinreichender Kälteschutz ist unbedingt erforderlich!

Vorsicht: Die NPA ist nach wie vor am Apo vertreten. Fremden ist bislang nichts ernsthaft zuleide getan worden, aber man sollte es auf keine Provokation ankommen lassen. Zur Anmerkung: Wenn man am Apo auf andere Leute trifft, grüßt man mit *»Lihátkay pa!«* (Wörtlich: »Ich gehe nur vorbei«). Dieserart beweist man seine lauteren Absichten.

Information

Die nachfolgenden Routenbeschreibungen stellen keinen »Fahrplan« dar; sie schließen die üblichen Unwägbarkeiten nicht ein. Wenn der Jeepney

statt morgens erst am Nachmittag abfährt, verschiebt sich natürlich der gesamte Ablauf. Dies gilt auch für alle anderen Berge.
Beste Monate: Der Apo liegt schon ziemlich dicht am Äquator. Deshalb finden mehr oder minder heftige Regenfälle das ganze Jahr über statt. Für eine Tour empfehlen sich die trockensten Monate von 2-5.
Geländekarten: 4040 I und IV, 4041 II und III.

Empfohlene Aufstiegsrouten und zeitliche Abläufe

Nordcotabato-Route

l. Tag
7 Uhr: Mit einem Mintranco-Bus (Destinationsangabe: Cotabato) nach Digos (Pause) und weiter nach Kidapawan.
9 Uhr: Ungefähre Ankunft in Kidapawan. Bei der zuvorkommenden Gemeindeverwaltung erhaltet Ihr alle erforderlichen Auskünfte. Auch ein Führer kann dort bereits besorgt werden.
10 Uhr: Nach allen Arrangements und einem kleinen Imbiß per Jeepney weiter nach Barrio Ilomavis; dort Vorsprache beim Barrio Captain, der ebenfalls gern einen Guide besorgen wird.
13 Uhr: Aufbruch zum Lake Agco (auch Blue Lake), wo die erste Station eingelegt wird.
16 Uhr: Ankunft am See auf 1.334 Meter. Dort fließen kalte und warme Quellen zusammen, was schöne Bademöglichkeiten ergibt. In einem Riesenblockhaus, Gabe der Stadt Davao, kann man für einen kleinen Obolus superb übernachten.

2. Tag
6 Uhr: Aufbruch zum Marbel River; der Trail folgt später dem Flußufer. Vorsicht: Bei starkem Regen schwillt der Fluß gefährlich an! Wenn es zu brenzlig wird, muß die Tour abgebrochen werden.
12 Uhr: Lunch am Fluß.
13 Uhr: Weiter. Der Trail wird jetzt steiler. Gelegentliche Wasserfälle und heiße Quellen sorgen jedoch für Abwechslung und Erfrischung (in sehr trockenen Jahren ist dies allerdings leider nicht der Fall).
16 Uhr: Früheste Ankunft am Lake Venado auf etwa 2.500 Meter und Errichtung des Lagers.

3. Tag
5 Uhr: Aufbruch zum Gipfel; nur »Handgepäck« mitnehmen.
8 Uhr: Ankunft am Gipfel. Bei klarem Wetter hat man von dort einen herrlichen Rundblick und wird diese Warte kaum wieder verlassen wollen. Wenn man erneut am Lake Venado übernachtet, kann man sich auch jede Menge Zeit lassen. Ansonsten:
11 Uhr: Rückkehr zum Lake Venado, dann weiterer Abstieg zu den heißen Quellen oder zum Lake Agco.
17 Uhr: Ankunft und erneutes Lager.

4. Tag
7 Uhr: Abstieg nach Ilomavis.
12 Uhr: Ankunft in Ilomavis und Weiterfahrt nach Kidapawan.
17 Uhr: Abhängig von den Busverbindungen früheste Ankunft in Davao.

Auf der Nordcotabato-Route läßt sich auch ein Aufstieg ab Bulatukan (etwa zehn Kilometer vor Kidapawan) über die Station New Israel bewerkstelligen. Dies ist ein »Heiler«- und Sektiererdorf mit diversen verschrobenen Typen. Man kann dort übernachten und Guides engagieren. Die weitere Route führt dann über Makalangit und Lake Macadac (siehe Karte).

Davao-Route

1. Tag
6 Uhr: Mit dem Jeepney nach Toril, dort umsteigen nach Cabarisan via Inawayan.

Mt. Apo: Lagerplatz am Lake Venado

9 Uhr: Ungefähre Ankunft in Cabarisan; Barrio Captain kontakten und Guide besorgen.
10 Uhr: Aufbruch nach Tudaya.
16 Uhr: Ankunft in Tudaya. Dort lassen sich private Unterkünfte finden. In der Ferienzeit kann man auf dem Schulgelände kampieren.

2. Tag
7 Uhr: Abstecher nach den Tudaya-Fällen (2,5 Kilometer) für ein erfrischendes Morgenbad.
10 Uhr: Weiter nach Baclayan.
16 Uhr: Ankunft in Baclayan und Errichtung des zweiten Lagers.

3. Tag
8 Uhr: Aufbruch zum Gipfel.
11 Uhr: Ankunft am Gipfel.
13 Uhr: Abstieg zum Lake Venado.
16 Uhr: Ankunft am See und erneutes Camp.

4. Tag
7 Uhr: Abstieg auf der Nordcotabato-Route oder weiter in Richtung Tudaya.
16 Uhr: Nachtlager in Ilomavis oder Tudaya.

5. Tag
Zurück nach Davao.

Digos-Route
1. Tag
7 Uhr: Mit dem Bus oder Jeepney nach Digos.
8 Uhr: Ankunft in Digos. Sprecht vor bei der *Mt. Apo Mountaineering Society, Digos (MAMSODS)* im Baryohanon Building. Die netten Leute beschaffen Euch gern einen Guide.
9 Uhr: Mit dem Jeepney weiter nach Kapatagan.
12 Uhr: Ankunft in Kapatagan. Über den Barrio Captain kann auch dort ein Führer besorgt werden.
13 Uhr: Aufbruch nach Baclayan.
16 Uhr: Ankunft in Baclayan und Errichtung eines Lagers.

2. Tag
6 Uhr: Aufbruch zum Lake Venado. Nach Erreichen des Sees alternative Routen wie vorstehend beschrieben.

2 Banahaw 2.188 m

Der majestätische Gipfel des untätigen Vulkans Banahaw erhebt sich rund 170 Kilometer südöstlich von Manila an der Grenze zwischen den Provinzen Laguna und Quezon. Der Berg trägt wegen der zahlreichen Quellen an seinem Fuß auch den alten Namen *Vulcan de Agua.* Die »Badeorte« mit klaren Seen und Gebirgsflüssen liegen im Umkreis von San Pablo und auf der Laguna-Seite bis hin zum Mt. Makiling. Sie sind allesamt ausgesprochen schön, die Bezeichnung ist nicht unverdient.
In seinem wissenschaftlichen Werk *Estado Geografico* berichtet der spanische Mönch und Geograph Fray Huerta,

daß der großräumige Krater des Banahaw bis 1730 von einem See eingenommen wurde. Dann brach bei einer mächtigen Eruption der südliche Kraterwall zusammen, und das Wasser floß aus. Seither rührt sich der Banahaw nicht mehr merklich und gilt als erloschen. Nur Erzählungen und Sagen ranken sich weiter um ihn. Den Bewohnern der Umgegend - und nicht nur denen - gilt der Berg bis auf den heutigen Tag als heilig, und nicht weniger als 17 Sekten verschiedener Orientierung schreiben ihm mit der typisch philippinischen Mischung aus religiösem Fanatismus und uraltem Aberglauben alle möglichen Wunderdinge zu. Alljährlich in der Karwoche ist am Banahaw der Bär los. Ganze Busladungen von Gläubigen werden dann in die Basisorte gekarrt, und ein Pilgerstrom, manche Omas auf allen Vieren, ergießt sich bis auf den Gipfel.

Der Aufstieg zum Banahaw beginnt im Dorf Kinabuhayan, dort findet man auch Guides. Ein breiter und viel benutzter Pfad führt von dort an den 30 Meter hohen Kristalino-Fällen vorbei zu einem schönen Lagerplatz unterhalb eines weiteren Wasserfalls. Einer der schwierigsten Abschnitte ist am nächsten Morgen zu bewältigen, wenn ein Stück abschüssiger Wand und ein schmaler Grat oberhalb des *Salamín Búbog* (»Spiegelscherbe«), eines schimmernden kleinen Sees, durchstiegen werden müssen. Über schlüpfriges Gestein geht es weiter bis zur *Kuwéba ng Diyós Amá,* der Gottvaterhöhle, wo der einheimische Führer in voller Überzeugung vor Blitz und Donner warnen wird, die etwaige despektierliche Handlungen nach sich ziehen. Die nächste Station nennt sich *Pintóng Líhim* (»versteckte Tür«): riesige moosbewachsene Felsblöcke, zwischen denen sich der Pfad emporwindet zum *Niluhurán,* »wo die Bäume knien«, einem grotesk verwachsenen und verbogenen Gehölz. Schließlich wird *Sántong Durungáwan* (»Heiliges Fenster« - zum Himmel nämlich) erreicht: der Gipfel. Dort kann man auf kleinem Areal kampieren, vielleicht in Gesellschaft eines meditierenden Eremiten. Manche jutige Gestalt soll sich dort in wochenlanger Abgeschiedenheit gesundgefastet haben.

Was den Banahaw besonders faszinierend macht, sind die dichten Dschungel, die seine Flanken bedecken. Daß dieser Wald inmitten von intensiv bewirtschaftetem Kulturland und enger Besiedlung überhaupt bestehen bleiben konnte, hat mehrere Gründe. Erstens haben der Berg und sein Umfeld Nationalparkstatus - was natürlich kaum jemanden übermäßig geschert hat. Der Druck von religiösen Institutionen trug indes einiges bei; einen »heiligen« Berg verwüstet man nicht so ohne weiteres. Und überdies waren der Banahaw und die umliegenden Barrios lange Jahre eine Art kriegerisches Austragungsgelände, in dem sich Armee und NPA heftig bekämpften. Nur jeweils zur Wallfahrtzeit herrschte Waffenruhe. Auch ich traf Mitte der 80er Jahre dort auf schwerbewaffnete NPAs. Sie wollten wissen, ob ich der CIA angehörte und waren zufrieden, als ich das verneinte. Die Banahaw-NPAs sind inzwischen größtenteils nach Mindoro abgewandert.

Natur pur findet man vor allem in den oberen Bereichen. Eine unglaublich vielseitige und wilde Flora wächst in der einstigen Caldera, die wie ein gewundener Canyon 915 Meter tief in das Innere des Berges eingeschnitten ist. Obwohl keine Pfade in diese grüne Wildnis führen, sollte man einen zusätzlichen Tag einplanen, um das »Innenleben« des Banahaw zu explorieren, vielleicht gar durch die dichte Vegetation auf die nur 35 Meter breite Sohle dieser Schlucht hinabklettern. In diesem verzauberten Korridor platzt

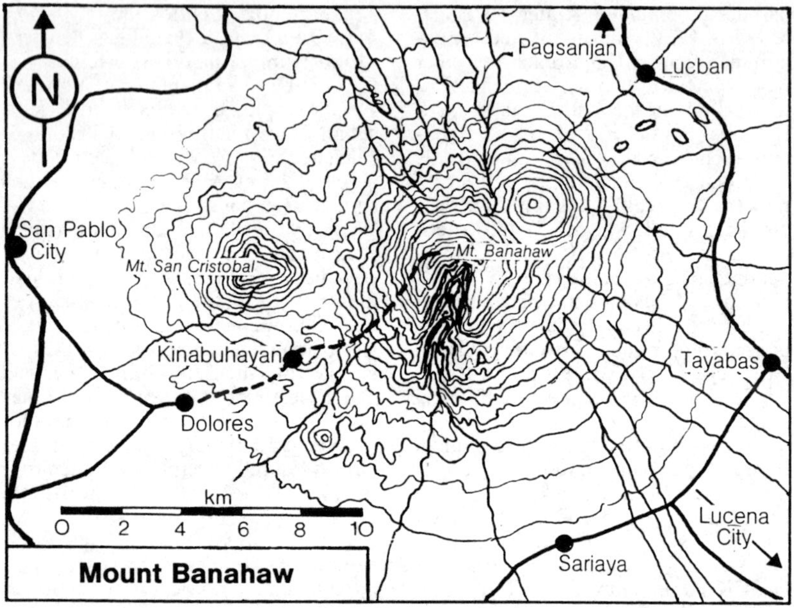

die tropische Natur aus allen Nähten. Vollends für die Mühen der Tour entschädigt den Kletterer der Anblick eines aus 152 Meter Höhe von der Nordfassade hinabschießenden Wasserfalls. Und das alles nur knapp drei Busstunden von Manila! Ein Abstieg auf diesem Wege ist auch möglich. Man folgt dann erst der Schlucht, später dem Fluß in Richtung Sariaya. Im oberen Teil dieser Route gibt es jedoch keine Pfade.

Information
Beste Monate: Ganzjährig begehbar. Mit einigem Regen ist zu jeder Jahreszeit zu rechnen; 4-5 sind als einzige weitgehend trocken. Wer Bergeinsamkeit liebt, sollte die Pilgerwoche meiden. Einzelheiten zur früheren vulkanischen Aktivität des Banahaw in Kapitel »Vulkanerkundung«.
Geländekarten: 3262 II und III.

Empfohlener zeitlicher Ablauf (ohne zusätzliche Kraterexpedition)

1. Tag
8 Uhr: Per Bus (zahlreiche Linien und ständige Abfahrten) von Manila in Richtung Lucena. In Tiaong (Fahrzeit: 2:30 Std.) aus- und auf den Jeepney nach Dolores umsteigen. Von dort aus fahren auch Jeepneys nach Kinabuhayan. Doch zu Fuß (gegebenenfalls schon von der Dolores-Abzweigung am Highway) ist die Tour viel schöner. Auf die eine oder andere Art schafft man es aber immer bis:
14 Uhr: Aufstiegsbeginn.
15 Uhr: Ankunft am Kristalino-Fall.
16 Uhr: Ankunft am zweiten Wasserfall, Aufschlagen des Zeltes.

2. Tag
7 Uhr: Aufbruch.

8 Uhr: Ankunft am Salamin Bubog, kurze Ruhepause am See.
10 Uhr: Durchquerung der Rinne zur Gottvaterhöhle.
11 Uhr: Relativ steiles Gelände (45 Grad), anschließend gras- und krüppelwaldbestandenes Terrain mit zahlreichen Trails. Immer rechts halten!
15 Uhr: Ankunft bei der versteckten Tür, jetzt keine Pause mehr einlegen!
19 Uhr: Der Gipfel wird erreicht; es ist gerade noch hell. Lager aufschlagen.

3. Tag
7 Uhr: Auf dem gleichen Trail zurück, oder (mit Guide) Abstieg auf einer anderen (etwas leichteren) Route über *Tatlóng tángke* (»drei Wasserlöcher«).
13 Uhr: Ankunft dort und Mittagspause.
17 Uhr: Ankunft in Kinabuhayan. Dort läßt sich immer eine Bleibe finden. Falls Ihr einen Guide bemüht hattet, wird der Euch schon unterbringen. Eine (späte) Rückkehr nach Lucena, San Pablo oder sogar Manila ist aber immer noch machbar.

3 Cleopatra Needle 1.693 m

Die »Nadel der Kleopatra« ist der höchste Berg Nordpalawans, dessen markantes Profil weite Teile der Insel beherrscht. Seit 1982 hat der Berg Nationalparkstatus. (Lage: Siehe Karte in Kapitel »Höhlenforschen«).
Die wilden Dschungel, die den Berg annähernd bis zu seinem Gipfel bedecken, sind das Reich der Batak, einer der palawensischen Bergstämme. Angehörige dieses Stammes stellen gewöhnlich auch die Führung während der rund dreitägigen Kletterpartie.
Basis ist das Dorf San Rafael an der Hauptstraße von Puerto Princesa nach Norden. Schon dort lassen sich Guides besorgen; erkundigt Euch beim Barrio Captain. Er wird Euch auch beraten, was man den Batak als Gastgeschenk mitnehmen sollte (siehe Kapitel »Naturvolkkontakte«).
Die Route folgt dem Lauf des Tanabang-Flusses, dessen quellklares Wasser hier und dort im Urwald stille Lagunen bildet, die in der tropischen Hitze geradezu magnetisch zu einem gelegentlichen Bad laden. In einem paradiesischen Hochtal liegt eine winzige Siedlung der Batak; dort kann man in einer Art Langhaus das erste Mal übernachten. Wer noch keinen Guide hat, findet spätestens dort einen.
Von diesem Punkt an macht der Berg seinem Namen alle Ehre, denn der Anstieg wird ziemlich steil. Vielfach muß unmittelbar durch die Vegetation geklettert werden. (Die geschilderte Route liegt am Südwesthang; alle anderen sind noch steiler, zum Teil senkrecht). Wahrscheinlich werdet Ihr ab und zu Eure Guides bitten müssen, das Tempo ein wenig zu verringern, denn die Batak sind in diesen Wäldern zu Hause und lassen sich durch kein Hindernis beirren. Stellt Fragen und laßt Euch etwas zeigen und erklären, wenn Euch nach einer Pause zumute ist; dann »verliert Ihr kein Gesicht«. Fragt nach Survivalpflanzen, Bienenstöcken (Palawan ist für seinen wilden Honig berühmt), nach »Flughunden« *(Pteropus* sp.) und anderen faunatischen Kuriositäten des Kleopatra-Dschungels.
Als die *Philippine Mountaineers* 1981 den Berg bezwangen, rechnete man fest damit, oben auf eine Erstbesteigung anstoßen zu können. Aber ach: Jemand war schon dagewesen, hatte sich sogar die Mühe gemacht, Zement und Wasser mitzuschleppen, um sich eine Gedenktafel zu setzen. Ich fand später auch heraus, wer das gewesen war: eine australische Gruppe. Nur Aussies sind zu solchen Witzchen fähig.
Auf dem Gipfel kann man kampieren. Das Gelände ist jedoch bis auf den letzten Meter bewachsen und muß freigehauen werden. Der resultierende Ausblick ist aber jede Mühe wert.

Achtung: Die Route führt häufig durch den Fluß. Tragt leichte Schuhe, die schon mal naß werden dürfen.

Information
Beste Monate: 1-4.
Geländekarten: 2750 I und II, 2850 II und IV.

4 Guiting-Guiting 2.052 m

»Einsame Spitze« ist dieser Berg zu nennen - obwohl er mehrere Gipfel hat... Das grüne Massiv des Guiting-Guiting dominiert das Panorama der Insel Sibuyan. Trotz günstiger geographischer Lage und eher mittelmäßiger Erhebung ist der Guiting-Guiting ein recht schwieriger Brocken - was natürlich nicht ausschließt, daß er für den Gipfelstürmer erst dadurch interessant wird. In der Tat fand die »Entjungferung« des »grünen Riesen von Sibuyan«, wie der Berg lokal genannt wird, nicht vor 1982 statt. Nach mehreren vergeblichen Versuchen erreichten philippinische Kletterer im Juni des genannten Jahres den Gipfel. Auch ein ausländischer Erstling war mit von der Partie, natürlich - erraten! - ein Deutscher. Der Guiting-Guiting galt seither den an dieser Expedition beteiligten *UP Mountaineers,* Studenten und Studentinnen der elitären University of the Philippines, als Verkörperung eines idealen Berges: schwer, doch nicht unmöglich zu erklimmen, ökologisch gesund und weitab genug gelegen, um keinen Andrang entstehen zu lassen. Die Ernüchterung kam ein paar Jahre später, als vier UP Mountaineers, zwei Frauen darunter, am Guiting-Guiting von einer *flash flood* überrollt wurden und ums Leben kamen. Sie hatten in einem trokkenen Flußbett kampiert; der Tod kam im Schlaf. Es dauerte Tage, bis man ihre Leichen fand.

Das nur zur etwaigen Abschreckung und einem milden Hinweis darauf, daß man selbst an einem schlappen Zweitausender extreme Vorsicht walten lassen muß... Ausgangspunkt für Aufstiege ist der Ort Magdiwang an der Nordküste der Insel; dort legen auch die Fährschiffe an. Die Geländekarte zeigt alternative Routen ab Cajidiocan (dem Hauptort der Insel) im Osten und España im Süden, doch diese Trails führen keineswegs alle auf den Gipfel, sondern verlaufen sich weiter oben in steilem und weglosem Terrain. Lange Jahre hielt sich auf Sibuyan das Gerücht, daß der Guiting-Guiting wie ein Magnet Fremdes an- und aufsauge und unter meterdicken Moospolstern begrabe. Das ist gar nicht so realitätsfern. Wie komplex die Topographie dieses »schlappen Zweitausenders« und wie dicht der Urwald auf ihm ist, erweist sich daran, daß ein Honigsammler noch 1992 durch puren Zufall im Mittelfeld des Berges auf ein Flugzeugwrack stieß. Die Maschine der US Air Force war 1945 von Tacloban aus gestartet, um Manila zu bombardieren und war spurlos verschwunden.

Der Magdiwang-Trail ist somit der bewährteste zum Gipfel - gleichzeitig aber auch der steilste und gefährlichste. Bis zu drei Viertel der Route verläuft dieser Aufstieg noch einigermaßen kommod; dann kommt's aber ganz schön dick. Der endgültige Zugang zum Gipfel erfolgt über einen scharfen Grat, von dem man zu beiden Seiten ins schwindelnde Abseits blickt. Jeder Schritt muß dort sorgfältig erwogen werden - sicherlich der Hauptgrund für die verspätete Erschließung des Gipfels.

Schön, wunderschön ist's dann aber dort oben. Gewaltige Moospolster gibt es zwar, aber sie verschlucken einen nicht. Dagegen dehnen sich weite Rhododendronverhaue und geben der Bergszene einen himalayischen Anstrich. Interessant auch die zähen, Tannenbäumen ähnelnden Kasuarinen und die häufigen endemischen Kannen-

BALINTANG

Reisen abseits der üblichen Wege ist auf den Philippinen immer ein abenteuerliches Unternehmen

Auf abgelegenen
Inseln des philippini-
schen Archipels
trifft der Besucher
auf freundliche,
bescheidene Menschen,
die im Einklang
mit der Natur leben

Die Vielfalt der Flora und Fauna reicht vom prachtvollen primären Dschungel mit seltenen Farnen, Orchideen und Kannenpflanzen bis zum lauernden Krokodil im Urwaldfluß

Oben:
Die schwarzroten »Paternoster-Erbsen« sind tödlich gefährlich. Nicht berühren!

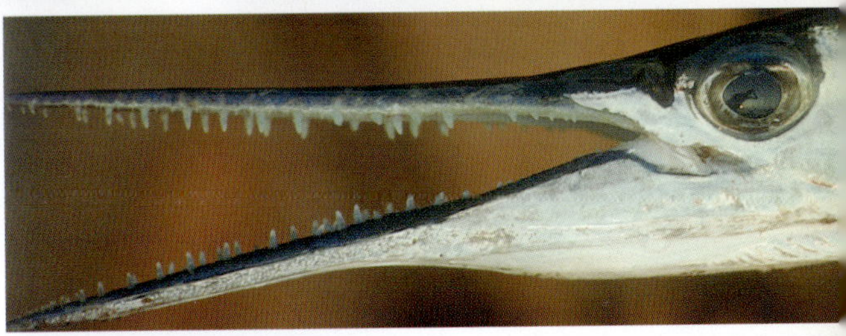

Selbstversorgern bietet die tropische Natur eine breite Palette appetitlicher Köstlichkeiten

Außen links:
Papayas

Links:
Taro (wächst an schattigen Bachufern)

Oben:
Knackiger Salat aus Algen und Tomaten

Unten rechts:
Potentieller Lebensretter bei Verletzung durch Steinfisch: Strandpflanze *Scaevola sericea*

Tauchen, Höhlenforschen, Goldsuche, Klettern ...
Wer das Abenteuer liebt, findet in der philippinischen Inselwelt ein weites Betätigungsfeld

pflanzen (siehe Kapitel »Survival«). Die *»UPs«* haben recht: Trotz aller Fährnisse ist der Guiting-Guiting ein Gipfel zum Verlieben!

Information
Anreise: Siehe Kapitel »Island Hopping«: *Sibuyan*.
Beste Monate: 1-5, aber ganzjährig außer 7-8 vertretbar. Optimal: 3-4.
Geländekarte: 3557 III.

Empfohlener zeitlicher Ablauf

1. Tag
Nach Ankunft in Magdiwang in einer von mehreren kleinen Klausen einchecken und sich umhören. Problemlos: Magdiwang ist ein Dorf. Dort finden sich auch Guides.

2. Tag.
6 Uhr: Früh los. Tagesziel: »Mayo's Peak« (inoffizielle Benennung) unterhalb des Hauptgipfels.
7 Uhr: Der Pawala River ist überquert, der eigentliche Trail beginnt dort.
8 Uhr: Erreichen des Bergwaldes.
15 Uhr: Ankunft bei Bulod Spring, einer guten Wasserstelle. Dort kann man bereits sein Camp etablieren. Eine weitere Stunde führt zum Nebengipfel Mayo's Peak. Von dort ist der Hauptgipfel schon gut einsehbar.

3. Tag
6 Uhr: Aufbruch in Richtung auf den Hauptgipfel. Nur das Nötigste mitnehmen: Wasser, Proviant, warme Kleidung, gegebenenfalls Kameras. Der Trail folgt dem beschriebenen scharfen Grat; an mehreren Stellen müssen steile Vorsprünge erklommen werden. Technische Hilfe (Seile usw.) ist empfehlenswert, doch nicht zwingend erforderlich.
9 Uhr: Ankunft auf *Deception Peak* (»Trügerischer Gipfel«), der leicht für den höchsten Punkt gehalten werden

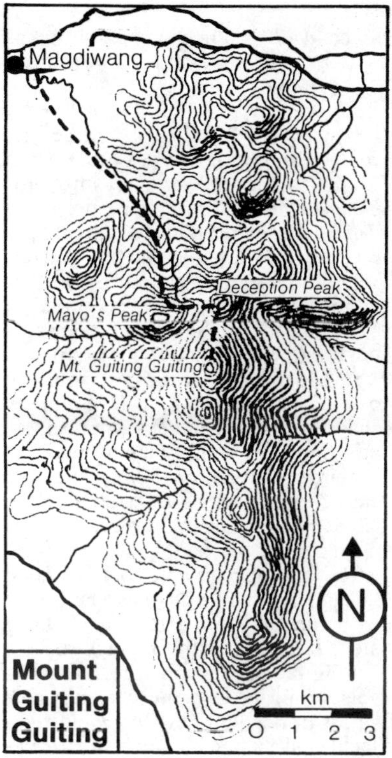

kann. Dieser liegt jedoch noch ein Stündchen weiter südlich. Das Gelände fällt auf einen schmalen Sattel ab und steigt dann erneut an. Wahnwitzige Ausblicke nach allen Seiten, auch nach Boracay in relativer Nähe in Richtung WSW.
11 Uhr: Erreichen des Hauptgipfels. Dort wachsen nur noch Heide und verkrüppelte Koniferen. Kampieren ist möglich, denn das Gelände ist eben, aber das Handgepäck reicht dafür nicht. Im Sommer (Juni) können nachts *10 Grad Celsius* vergegenwärtigt werden. Eine Rückkehr zum Mayo-Camp ist deswegen empfehlenswert.
15 Uhr: Dortige Ankunft.

4. Tag.
6 Uhr: Aufbruch und Abstieg. In sechs bis acht Stunden kann man wieder auf Seehöhe sein.

5 Halcon 2.587 m

Das gewaltige Massiv des Mt. Halcon (Mangyan-Name: *Syaldáng)* im Nordosten der Insel Mindoro ist der dritthöchste Gipfel der Philippinen und somit eines der faszinierendsten Kletterziele des Landes. Nicht nur ist die Natur im Umkreis des Berges weiterhin erfreulich intakt, bietet sich dem aufmerksamen Betrachter rare endemische Flora und Fauna dar, sondern große Teile des Halcon-Dschungels sind bis auf den heutigen Tag noch relativ unerforscht und mögen manches Geheimnis bergen. Wie »wild« es am Halcon zugeht, läßt sich daran ersehen, daß es Fumio Nakamura, einem Hauptmann der japanischen Armee, unglaublicherweise gelang, dort noch bis 1980 Krieg zu spielen - sechs Jahre länger als der berühmte Hiroo Onoda auf Lubang (siehe Kapitel »Island Hopping«).
Der Gipfel des Halcon wird normalerweise von der Ostseite her angegangen, weil der Fuß des Berges dort abflacht und sich schließlich in den unendlichen Reisfeldern der Ebene verliert. Von Osten kommt man ohnehin, denn man sollte immer erst in Calapan Station machen und sich auf dem dortigen Rathaus nach Halcon-Kletterern erkundigen. Es gibt mehrere in der Stadt, so die *Halcon Mountaineering Society* und der *Syaldang Mountaineering Club*, und man kann sich vielleicht einer Tour anschließen, zumindest aber an einen brauchbaren Guide weiterempfehlen lassen. In den Dörfern unterhalb des Berges bieten Führer zwar ihre Dienste an; manche haben aber nicht die geringste Vorstellung von einer Aufstiegsroute und erwarten, daß der Fremde die Initiative übernimmt.
Ausgangsbasis ist der Ort Baco an der Straße von Calapan nach Puerto Galera. Eine feste Route gibt es nicht. Durch die mittleren Bereiche des Halcon führen nur schwer erkenntliche Mangyanen-Trails, auf denen es ohne Guides schon mal gar nicht geht. Ein solcher Pfad führt vom Dorf Mayabig, das per Jeepney erreichbar ist, weit nach Westen am Gipfel vorbei und beschreibt dann einen großen Bogen zurück. Etwas kürzer, aber steiler, ist ein Trail von Budlungan im Süden.
Etwa in der Mitte liegt Dulangan. Wer dort aufsteigt, erreicht zunächst den Mangyanenweiler Ayen Bekeg; danach fängt der Dschungel so richtig an. Ab etwa 1.600 Meter Höhe, die man am zweiten Tag erreicht, machen sich Koniferen breit - Heimaterinnerungen. Kampiert wird bei Bedarf am Ufer des Dulangan River auf 1.828 Metern. Die Stelle nennt sich Aplaya (»Strand«). Schließlich wird das Terrain kahl und rauh. Der Gipfel ist nur noch mit zähem Heidekraut bedeckt und nach allen Seiten offen. Ein herrlicher Campingplatz mit einem phänomenalen Rundblick!

Vorsicht: Am Halcon ist weiterhin die NPA vertreten. Es sind gute Leute, jetzt mehr idealistisch als ideologisch engagiert, vor allem bei der Wahrung von Mangyanenrechten und bei ökologischen Belangen.
Seid auch nett zu den Jungs, gebt ihnen aber gegebenenfalls zu verstehen, daß Ihr auf einer Bergtour nichts Bares dabei habt, um die Bewegung zu unterstützen.

Information
Beste Monate: 2-6, optimal: 4. Früh im Jahr ist es oben verflixt kalt. Mit etwas Regen ist zu jeder Jahreszeit zu rechnen. Am Spätnachmittag hüllt der Halcon sich auch gern in Wolken.
Geländekarten: 3159 I, 3259 IV.

Empfohlener zeitlicher Ablauf

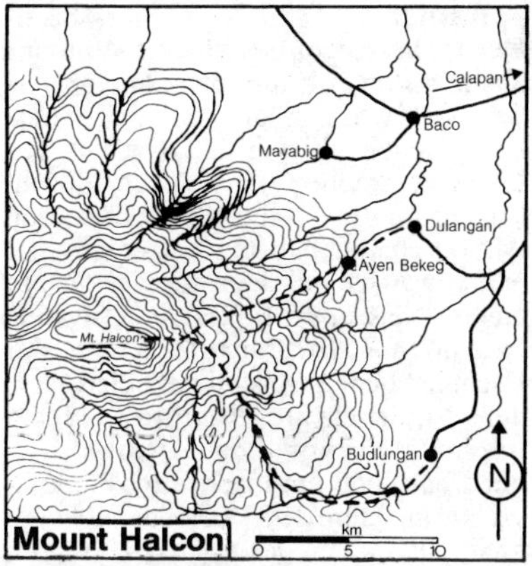

1. Tag
7 Uhr: Per Jeepney von Calapan nach Baco. Auf dem kleinen Markt kann man gegebenenfalls noch frühstücken und etwas Proviant einkaufen.
9 Uhr: Abmarsch nach Dulangan. Der Trail folgt dem Baco River.
11 Uhr: Ankunft in Dulangan und weiter nach Ayen Bekeg.
16 Uhr: Wenn alles gutgeht, kommt Ihr gegen diese Zeit bei einem kleinen Bach auf etwa 1.200 Meter Höhe an, wo Ihr Euer Lager errichtet.

2. Tag
7 Uhr: Aufbruch zu einem Rücken auf etwa 1.600 Meter, dann wieder abwärts zum Dulangan River (1.200 Meter).
11 Uhr: Ankunft am Fluß und Überquerung; der Trail folgt jetzt etwa eine Stunde dem Fluß.
12 Uhr: Mittagsrast am Ufer, dann ziemlich steil empor auf 2.100 Meter durch ein eigentümlich verschlungenes Netzwerk aus Baumwurzeln, in dem man wie auf einer Strickleiter aufwärts klettert.
18 Uhr: Eine kleine horizontale Fläche wird erreicht, der man sofort die ideale Campgelegenheit ansieht. Ein Stückchen weiter bergauf sprudelt eine Quelle.
(Manche Expeditionen klettern am ersten Tag von Null bis zum vorgenannten Aplaya durch, welches der hier erwähnten 12 Uhr-Position entspricht. Dieses Tourprogramm ist jedoch knüppelhart und nicht für Neulinge zu empfehlen. Selbstverständlich kann man aber in Aplaya jederzeit eine zusätzliche Übernachtung einlegen).

3. Tag
6 Uhr: Aufbruch. Kurz hinter der Quelle gabelt sich der Trail; nach links halten.
8 Uhr: Die Vegetation wird endgültig dünn; im Westen tritt die See ins Blickfeld.
9 Uhr: Letztes Hindernis vor dem Gipfel: Eine Felsnase steht im Weg, und vier Meter (über einem Abfall von 15 Metern) müssen vertikal erklommen werden. (Ohne Seil machbar. Halcon-Bezwinger haben dort eine Strickleiter angebracht. Auf Festigkeit prüfen!). Eine halbe Stunde später wird ein scharfer Grat von einem Meter Breite erreicht - am besten auf allen Vieren rüber! Danach kommt fast ebenes Gelände; der Gipfel wird 20 Minuten später erreicht.
Achtung: Wenn der Gipfel wolkenverhüllt ist, läuft man leicht über ihn hinweg und endet in Niemandsland. An die erwähnten 20 Minuten halten!

4. Tag
7 Uhr: Nach Übernachtung auf dem Gipfel Abstieg auf derselben Route. Alternative Trails können benutzt werden, aber nur, wenn der Guide mit ihnen vertraut ist. Muß er erst lange suchen, ist dies wahrscheinlich nicht der Fall.

5. Tag
Am Nachmittag Ankunft im Basisort.

6 Kanlaon 2.465 m

Der rauhe Kegel des aktiven Vulkans Kanlaon (auch Kanla-on, Canlaon) erhebt sich wuchtig aus den zuckerrohrbestandenen Ebenen der Insel Negros und den prächtigen Wäldern, die an seinem Fuß ein Naturschutzgebiet von 24.500 Hektar bedecken. Verzeihung: *bedeckten* ist richtiger. Leider ist auf Negros, das um die Jahrhundertwende fast noch völlig bewaldet war, der Dschungel erschreckend dezimiert worden. Natürlich machten die illegalen *logger* auch vor dem Nationalpark nicht halt, und ein inselweites Abholzverbot im Jahre 1983 kostete sie kaum mehr als ein müdes Grinsen. Als im Jahr darauf jedoch Killertaifun Nitang halb Negros verwüstete und gefällte Baumstämme wie wildgewordene Rammböcke unermeßliche Schäden anrichteten, als wenig später eine katastrophale Dürre und Wasserknappheit einsetzte, da begann man aufzuwachen. Die Holzerei am Kanlaon hat man heute einigermaßen im Griff, und es wird auch - mit internationaler Hilfe - intensiv neu aufgeforstet. Immerhin eine kleine gute Nachricht.

Die verbliebenen Dschungel reichen auf etwa 1.500 Meter Höhe hinauf, um dann in lichten Hochwald überzugehen und schließlich in die feenhaften Gefilde der Moose und Flechten, wie wir sie aus den höheren Lagen der philippinischen Bergwelt bereits kennen. Auf den letzten Metern werden die Hänge des Berges sehr kahl und rauh; wir geraten jetzt in die aktive vulkanische Region.

In etwa 2.200 Meter Höhe stoßen wir auf den alten Krater des Kanlaon, eine Caldera von einem Kilometer Durchmesser und 140 Meter Tiefe, auf deren Boden sich Regenwasser manchmal zu einem kleinen See sammelt. Das umgebende Gelände, Margaha-Tal genannt, ist stellenweise relativ eben und bietet gute Campgelegenheiten.

Etwas weiter im Südwesten erhebt sich der neuzeitlichere, tätige Kraterkegel des Berges um weitere 300 Meter und bildet den Gipfel. Dort oben kann man seinen Blick in weitem Radius über die visayische Inselwelt schweifen lassen und stockenden Atems die 400 senkrechten Meter in das Auge des Vulkans hinabschauen, in dessen Tiefe es brodelt und kocht. Heiße Gase steigen aus dem Schlund auf und schlagen schweflige Ablagerungen an den Kraterrändern nieder - beredte Zeichen dafür, daß der Berg zwar ruht, aber durchaus nicht schläft. (Mehr zur vulkanischen Aktivität des Kanlaon in Kapitel »Vulkanerkundung«).

Es gibt verschiedene Aufstiegsrouten. Von Masulog, auf 420 Meter im Südwesten des Berges gelegen, führt ein etwa neun Kilometer langer Trail in Richtung Nordwesten. Zunächst geht es vier Kilometer lang durch bewirtschaftetes Gelände, dann beginnt auf 1.100 Meter der Urwald, allerdings auf dieser Route stark dezimiert. Außerdem wird der Trail von diesem Punkt an sehr steil. Auf 1.700 Meter wechselt der Wald in Cogongras über, das den Kletterer bis zum Ostsattel auf 2.150 Meter begleitet. Von dort ist es nur noch ein Kilometer zum Krater, aber arg steil.

Der *Mapor Trail* auf der gleichen Seite ist landschaftlich ansprechender, ebenso der *Ara-al Trail* ab Guintubdan im Westen, 7,5 Kilometer lang. Er beginnt im gleichnamigen Dörfchen auf 800 Meter Höhe und zieht sich überwiegend durch dichten Wald. Auf 1.600 Meter kann man in zwei klaren Bächen Wasser fassen, dann kommt dickes, feuchtes und moosiges Gelände. Auf etwa 2.150 Meter wird der Pagatpat Ridge am Nordwestrand des Margaha-Tals erreicht. An dieser Stelle stößt der Trail auf jenen von Mambucal (siehe unten); der Krater liegt jetzt 1,5 Kilometer im Süden.

Der Kraterbereich des Mt. Kanlaon bietet eindrucksvolle Perspektiven

Der *Mambucal Trail* im Nordwesten des Berges ist nach Übereinstimmung aller Sachkenner die schönste Route. Sie ist zwar zwölf Kilometer lang, dafür aber am wenigsten steil und landschaftlich am ansprechendsten. Diese Strecke, auf der sich ein mehrtägiges Programm abwickeln läßt, ist nachstehend im einzelnen beschrieben. Ausgangspunkt für alle Bergtouren ist Bacolod.

Information

Im Tourist Office in Bacolod erhält man weitere Auskünfte (auch über den eruptiven Status des Kanlaon) und kann sich gegebenenfalls an andere Bergsteiger und -vereine weiterempfehlen lassen, so z.B. an den *Negros Mountaineering Club*.
Beste Monate: 12-4, doch je nach örtlichem Wetter ganzjährig begehbar.
Geländekarten: 3651 I und IV.

Empfohlener zeitlicher Ablauf

1. Tag
7 Uhr: Mit dem Jeepney ab Libertad Street nach Mambucal (1 Std.). Dort kann man im auf 800 Meter gelegenen Resort komfortabel übernachten. Schönes Gelände mit Bächen, Wasserfällen und heißen Quellen. Im Dörfchen kann man sich nach einem Guide umsehen - was allemal empfehlenswert ist!

2. Tag
6 Uhr: Aufbruch. Der Trail verschwindet sogleich im Dschungel. Nach zwei Kilometern wird (auf 1.050 Meter) eine Quelle erreicht; dort noch einmal Wasser fassen.
10 Uhr: Die Steigung wird mit etwa 35 Prozent jetzt fühlbarer. Vorsicht: Immer auf dem Trail bleiben! Es gibt zahlreiche moosüberwachsene Spalten im Gelände.
17 Uhr: Ankunft im ersten Camp. Der *Hardin Sang Balo* (Witwengarten) ist eine sumpfige Senke auf 1.950 Meter, doch ein trockenes Plätzchen fürs Zelt läßt sich finden. Trinkwasser in diesem Bereich ist abzukochen.

3. Tag
6 Uhr: Durch dichten Hochwald geht es zur *Taytay Duta* (»Landbrücke«) auf fast 2.100 Meter.
10 Uhr: Der Wald dünnt dort endgültig aus, und man erkennt den Gipfel des Kanlaon im Süden. Eine Zeitlang geht es wiederum durch verkrüppeltes Gehölz.
13 Uhr: Ankunft an der *Samoc Lagoon*, einem kleinen See. Mittagspause in schöner, schattiger Atmosphäre.
17 Uhr: Ankunft an der *PMS Lagoon*, einem weiteren See. Nach einem weiteren (harten) Kilometer kommt man am *Pagatpat Ridge* an. Jetzt ist es nur noch ein Katzensprung ins Margaha-Tal, wo man auf sandigem Grund vorzüglich kampieren kann. Wasser gibt's dort auch.

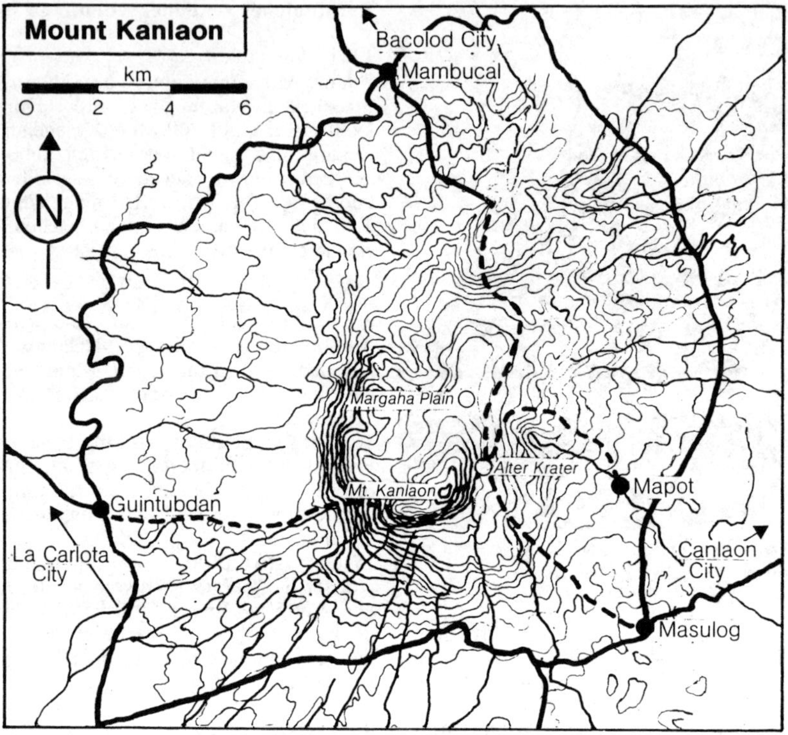

4. Tag
6 Uhr: Über steile, rauhe Felsen entlang des Ostsattels Aufstieg zum Krater (etwa zwei Kilometer entfernt). Alles Unnötige im Zelt zurücklassen.
8 Uhr: Ankunft am Krater. Das Gelände und der Ausblick sind einen mehrstündigen Aufenthalt wert.
Auf derselben Route oder alternativen Trails dann wieder bergab. Die jeweiligen Basislager können in einem Tag erreicht werden.

7 Madja-as 2.090 m
Es dauerte bis 1977, bis dieser kaum bekannte Berg an der Westküste von Panay einer Erstbezwingung anheimfiel. Er ist hier vor allem angeführt, um Boracay-Urlaubern, denen Sonnenbaden und Schwimmen auf die Dauer langweilig werden, eine relativ nahegelegene Möglichkeit zu etwas härterer körperlicher Gangart anzubieten. Der Berg ist zwar nur philippinische Mittelklasse, was seine Höhe anbetrifft, aber er hat es in sich!
Das grüne Massiv überragt das Städtchen Culasi in der Provinz Antique. Zahlreiche Flüsse und von Culasi aus sichtbare Wasserfälle durchbändern zur Sulu-See hin die Westflanke des Berges. Trotz erheblichen Kahlschlags

gibt es noch üppige Waldbestände am Madja-as und auch jede Menge Wasser, selbst in der trockenen Saison. Der Berg erzeugt nämlich sein eigenes Kleinklima; an den oberen, fast immer umwölkten Hängen ist Regen zu jeder Jahreszeit zu vergegenwärtigen. Die Aufstiegsroute kann wegen ihrer Wetterabhängigkeit deshalb weder räumlich noch zeitlich präzisiert werden. Das Nachstehende ist eine generelle Empfehlung. Für den Gesamttrek ist ein Minimum von drei Tagen anzusetzen.

Sprecht als erstes im Rathaus von Culasi vor. Falls der Mayor anwesend und guter Laune ist, stellt er Euch einen Jeep zur Verfügung, der Euch nach dem Dörfchen Carit-an am Tibiao River befördert. Laßt Euch dann von einer hilfreichen Seele nach San Vicente oder Flores begleiten, wo Ihr die Nacht verbringen und (spätestens) einen Guide anheuern könnt. Im unübersichtlichen Gelände des Madja-as sollte man nicht darauf verzichten.

Der Trail folgt von dort weiter dem Fluß, stellenweise über wildromantische Bambushängebrücken, ansonsten den Konturen des ausgedehnten Bergvorlandes. Mindestens ein ganzer Tag muß in die Planung einbezogen werden, um diesen Abschnitt zu bewältigen. Schließlich geht es aus dem verfilzten Hochwald in freies Gelände hinaus, wo zuletzt der Gipfel lockt: Ein mit dickem Moos bewachsener Felsknopf, auf dem knapp zwei Personen stehen können...

Culasi hat tägliche Busverbindungen mit San Jose de Buenavista im Süden und Pandan im Norden, der letzte Ort wiederum (per Jeepney) mit Malay gegenüber Boracay. Alles etwas mühsam, besonders wenn es regnet, doch durchaus abenteuerlich.

Information

Beste Monate: 11-4.
Geländekarten: 3454 III und IV.

8 Makiling 1.144 m

Mit seinen knapp 1.000 Metern ist der Makiling kein ausgesprochen überwältigender Kletterriese. Aber der Berg hat einen unbestreitbaren Vorzug: Er läßt sich leicht in eine Wochenendexpedition mit Basis Manila einplanen. Besuchern der Philippinen, die trotz knapper Zeit einmal ein bißchen richtigen Dschungel kennenlernen möchten, bietet sich der Makiling geradezu als ideale Destination an.

Die drei Gipfel des vulkanischen Massivs erheben sich aus einem Naturschutzgebiet von ungewöhnlicher Schönheit und aus Urwäldern eines bewußt lebendig gehaltenen großen Artenreichtums. Das gesamte Areal ist Forschungsgelände der U.P. Los Baños in der Provinz Laguna. Der Zugang zum Hauptgipfel findet über den Campus dieser Universität statt, der mehr einem riesigen, gepflegten Park als einem akademischen Betrieb gleicht. Die einzelnen Colleges sind weit verstreut, dazwischen liegen die Unterkünfte des Lehrpersonals, Mensen, Wohnheime und dergleichen, und das alles, blitzsauber dazu, unter Baumriesen und in waldartigem Grün verborgen. Sähe jede philippinische Stadt so aus, wäre das Land der Garten Eden, als den man es früher einmal lobte...

Man folgt dort zunächst rund sechs Kilometer einer rauhen, aber bequem begehbaren Straße, die bei einem verlassenen Dampfbohrloch auf etwa 850 Meter Höhe endet. (Am Ost- und Südhang wird aktiv Geothermaldampf gefördert). Von dort geht nach links ein immer gut freigehauener Trail durch dichten Dschungel bergan, zum Teil durch ziemlich steiles Gelände. Oben wächst nur verkrüppeltes Gehölz. Auf ein paar ebenen Quadratmetern mitten auf dem Gipfel kann man ohne weiteres sein Zelt aufschlagen und übernachten. Für einen weiten Rundblick über Mittel- und Südluzon muß man allerdings einen Baum erklettern. Die herrliche Szenerie im Umfeld des Berges entschädigt aber für diese kleine Strapaze.

Information
Beste Monate: Ende 2 bis Anfang 5. Während der NO-Monsunmonate regnet es viel am Makiling. In den oberen Dschungelbereichen sind Blutegel dann eine unerträgliche Plage.
Das College of Forestry unternimmt ständig Makiling-Touren. Macht mal vor Ort einen Check und versucht, Euch einer Studiengruppe anzuschließen. Kann sehr lehrreich sein.
Geländekarte: 3262 III.

Empfohlener zeitlicher Ablauf

1. Tag
8 Uhr: Per Bus in Richtung Santa Cruz (Laguna). Wer nur bis Calamba fährt, kann dort in einen Jeepney umsteigen. Direktbusse (Destinationsangabe: Calamba/College) fahren auch bis zur Uni durch. Sonst muß man im Ort Los Baños einen Jeepney dorthin nehmen.
10 Uhr: Beim College of Forestry aussteigen; dort beginnt die Straße in den Wald.
12 Uhr: Ankunft am Bohrloch und Lunchpause, anschließend Aufstieg auf dem Gipfeltrail.
16 Uhr: Ungefähre Ankunft am Gipfel; gut Durchtrainierte brauchen bis dort nur knapp zwei Stunden. Errichten des Camps.

2. Tag
10 Uhr: Abstieg.
15 Uhr: Zurück bei U.P. Los Baños.
17 Uhr: Zurück in Manila.

9 Mayon 2.462 m

Der aktive Vulkan Mayon gilt als einer der schönsten Berge der Welt. Diesen Ruf verdankt er nicht nur seiner (fast) perfekten Kegelform, sondern vor allem seiner überaus harmonischen Einbettung in das liebliche Landschaftsbild der Bikol-Provinzen im Südosten der Insel Luzon. *Magayón* heißt auf Bikol - nicht von ungefähr - »schön«.
Die erhebliche vulkanische Tätigkeit des Mayon wird in Kapitel »Vulkanerkundung« eingehend behandelt. Hier soll der Berg zunächst als reines Kletterziel beschrieben werden. Vorweg gleich einmal: Die Bezwingung des Mayon ist keine grandiose alpinistische Meisterleistung. Doch der Berg hat seine Tücken und ist auch im Ruhezustand nicht ungefährlich. Es hat Tote am Mayon gegeben; in einem tragischen Fall starben zwei einheimische Führer an schlichter Entkräftung. Auch Unfälle durch Absturz, Giftgase, Geröllawinen und Steinschlag stehen zu Buch. Eine vorerst letzte Meldung berichtet von zwei französischen Bergsteigern, die im August 1992 nach einem schweren Sturz nur ganz knapp mit gebrochenen Knochen davonkamen und von Rettern aus Legaspi geborgen werden mußten.
Die aus der Ferne so milden Konturen des Berges verführen Kletterlustige immer wieder zu grotesken Fehleinschätzungen. »Das bißchen Grün«, das man von weitem sieht, ist in Wirklichkeit verfilzter Sekundärdschungel, »die sanften Matten« vier Meter hohes Talahibgrasdickicht, die pfadartigen Rinnen tief eingeschnittene Canyons mit Wänden von über 100 Meter Höhe. Manche frohgemut begonnene Tour endete bereits mit einem schmählichen Verirren am Fuß des Berges, vor einem jähen Steilabbruch im Canyon oder in losem Sand, in dem man einen Schritt voraus tat und zwei zurück. Ganz oben wird es bei rasch zunehmender Steigung und bröckligem Gestein dann endgültig haarig.
Ausgangspunkt für alle Mayon-Unternehmungen ist die Stadt Legaspi. Je nach Route kann man auch in den Or-

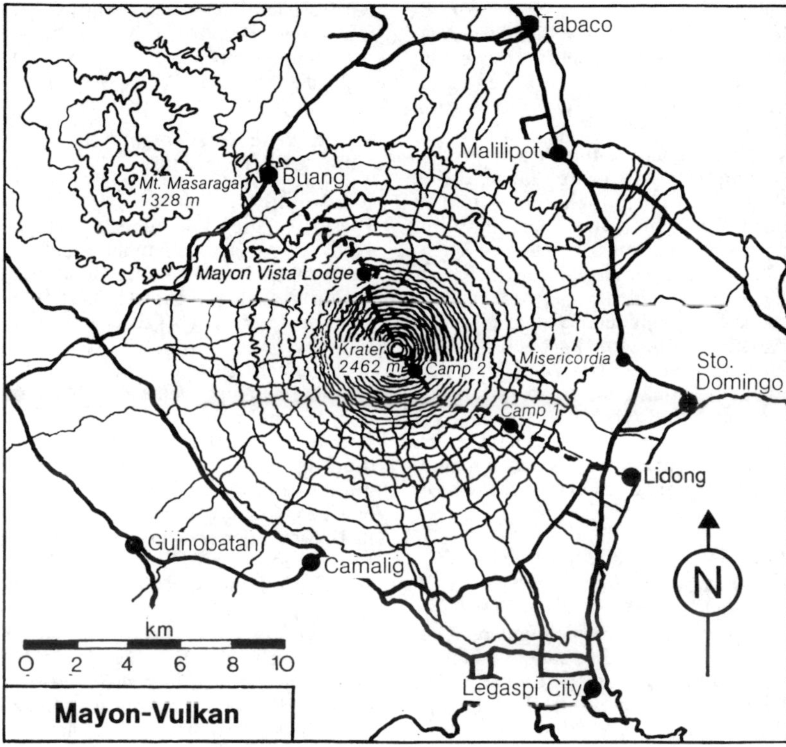

ten Santo Domingo oder Tabaco nächtigen, wo kleine Hotels existieren. Grundsätzlich wird der Berg über den harten Lavauntergrund der Canyons angegangen. Es gibt zwei bewährte Aufstiegsrouten.

Sicherheit

Wie eingangs erwähnt, ist der Mayon ein ziemlich unfallträchtiger Berg. Um sich eines akzeptablen Maßes an Sicherheit zu vergewissern, sollte man ihn *nicht:*

- während einer womöglich bevorstehenden eruptiven Phase angehen. Das Tourist Office in Legaspi (im Stadtteil Albay) ist über den jüngsten Status unterrichtet. Dort sollte man immer erst vorsprechen.
- bei Wetterverschlechterung besteigen. »Wird schon gutgehen« ist nicht das richtige Motto. Bei starkem Regen füllen sich die Canyons in Minutenschnelle mit reißendem Wasser. Aus den glatt ausgeschliffenen Lavawannen flitzen runde Steine wie Geschosse empor. Einmal mußte ich um mein Leben laufen. Immer wieder fordern auch Landrutsche im Gefolge von Regenfällen zahlreiche Opfer unter der Bevölkerung.
- von Camalig (SW-Seite) aus zu er-

klettern versuchen. Dort liegt die größte Anhäufung lose geschichteten Auswurfmaterials, das leicht in Bewegung geraten kann. In höheren Lagen ereignen sich auf dieser Seite die meisten Steinschläge.

- »von innen« erforschen. Der Kraterdampf enthält giftige Gase, die in Konzentration tödlich sind. Nicht in der Dampfwolke verweilen! Eine improvisierte Gasmaske (feuchtes Tuch) ist auch bei einem Routineaufstieg dringend zu empfehlen.
- auf einer anderen Route als beim Aufstieg verlassen. Der obere Bereich ist weg- und steglos. Man muß dort markante Punkte ins Auge fassen, um den Anschluß wieder zu finden. Wer von oben aus in einen falschen Canyon gerät, braucht unter Umständen mehrere schwere Tage, um nach unten zu gelangen.

Führer

So glatt der Mayon von unten auch aussehen mag: Gerade bei ihm ist es immer ratsam, sich einem geländekundigen Guide anzuvertrauen. Mehrere gute Führer bieten in Legaspi ihre Dienste an, besorgen auch Zelte und Proviant. Nähere Auskünfte im Tourist Office.

Dort erfährt man ebenfalls Einzelheiten über einen Gruppenaufstieg, den die Stadt Legaspi alljährlich in der Karwoche unter dem Schlachtruf *»On to Mayon!«* zum Nulltarif veranstaltet. Ganz lustig, aber laut.

Information

Beste Monate: 2-3, doch auch während anderer Monate außer 11-1 gewöhnlich gut begehbar. Die stärksten Regenfälle finden um die Weihnachtszeit und im Verlauf der Taifunsaison statt. Außerhalb des philippinischen Sommers hüllt sich der Mayon zudem oft in Wolken, wodurch einem Aufstieg viel von seiner Attraktivität genommen wird. Zudem ist es vor allem im oberen Bereich gefährlich, in dickem Nebel herumzutappen.

Geländekarte: 3759 IV.

Empfohlene Aufstiegsrouten und zeitliche Abläufe

Nordroute

Dieser Aufstieg führt über die *Mayon Vista Lodge,* einem ziemlich prunkvollen Neubau auf 762 Meter Höhe. Eine betonierte Straße führt hinauf, man kann im Jeepney (ab Tabaco) hochfahren, die paar Kilometer lassen sich aber bequem zu Fuß bewältigen. (Ich erwähne das nur, weil die Strecke extrem taifun-, monsun- und nicht zuletzt vulkanexponiert ist und nicht unbedingt Dauerbestand haben wird. Dies gilt auch für die Lodge. Abhängig von den genannten Verhältnissen kann sie in Betrieb oder aber geschlossen sein. Ist letzteres der Fall, bietet sich das Gelände zumindest als guter Campingplatz an).

Von diesem Punkt aus zieht sich ein Pfad zunächst durch dichten Wald und mündet schließlich in den *Buang Gully,* eine alte Lavarinne, der man bis zu einem gekennzeichneten Rastplatz auf etwa 1.900 Meter einigermaßen problemlos folgen kann. Von dort hat man »nur« noch etwa 600 Meter (Höhe) bis zum Krater.

1. Tag

8 Uhr: Per Bus oder Jeepney von Legaspi (Markt) nach Tabaco.

10 Uhr: Von Tabaco per Jeepney weiter in Richtung Ligao. Viel fährt nicht auf dieser Nebenstrecke; gegebenenfalls muß man zu Fuß gehen oder ein Tricycle heuern. Die (ausgeschilderte) Abzweigung zur Mayon Vista Lodge im Barrio Buang ist etwa zehn Kilometer von Tabaco entfernt. Gemütlich hinaufmarschieren und gegebenenfalls in der Lodge übernachten.

2. Tag
6 Uhr: Abmarsch durch den Busch. Immer rechts halten.
12 Uhr: Ankunft am Buang Gully. Bei Canyon-Gabelung etwa 30 Minuten später nach links abbiegen.
13 Uhr: Ankunft am Buang-Lagerplatz.

3. Tag
6 Uhr: Aufbruch zum Krater. Alles Gewichtige zurücklassen.
9 Uhr: Ankunft an den Steilabbrüchen unterhalb des Kraters auf etwa 2.200 Meter und Aufstieg über loses Material mit 40 Grad Steigung. Seilschaft empfehlenswert!
11 Uhr: Der Krater wird erreicht.
13 Uhr: Rückkehr zum Camp.
16 Uhr: Ankunft im Camp.

4. Tag
7 Uhr: Abstieg.
11 Uhr: Ankunft in der Mayon Vista Lodge. Weiter nach Legaspi über Tabaco oder Ligao.

Südostroute
Dieser Aufstieg oberhalb der Stadt Legaspi ist von der Szenerie her etwas attraktiver, ohne Guide aber schwierig nachzuvollziehen. Die Route führt über ein Netzwerk von Pfaden zunächst zum Camp 1, einem primitiven, aber zweckmäßigen Hüttchen auf etwa 800 Meter und folgt dann ebenfalls einer alten Lavarinne bis zum Camp 2, einer kleinen, kahlen Plattform auf etwa 1.800 Meter Höhe. Man kann dort, wie auf der Nordroute, eine Viertagestour ansetzen. Doch das Programm läßt sich, hier wie dort, auch in drei oder für Geübte gar in zwei Tagen schaffen.

1. Tag
6 Uhr: Per Jeepney in Richtung Santo Domingo. Dem Fahrer rechtzeitig Bescheid geben, in Lidong anzuhalten. Dort führt eine Straße zum ehemaligen Golfplatz hinauf, der schon längst außer Betrieb und, völlig verwildert, als solcher unkenntlich ist. Im Bereich von Lidong sollte man möglichst ein Bäuerlein finden, das einen bergan führt, bis Camp 1 sichtbar wird. Dort flattert normalerweise ein weißer Fetzen.
10 Uhr: Ankunft in Camp 1, Verschnaufpause. Von dort herrlicher Ausblick auf Legaspi und den Albay-Golf.
11 Uhr: Den links von Camp 1 gelegenen großen Canyon empor. Mehrere Male müssen große Steilabbrüche umgangen werden. Sorgfältig auf entsprechende Spuren im Gelände achten; nicht querbeet gehen, sonst geratet Ihr in Sackgassen.
16 Uhr: Ankunft in Camp 2, Zelt aufschlagen.

2. Tag
6 Uhr: Aufstieg zum Krater (der Nordroute vergleichbar). Denselben Rückweg nehmen!
14 Uhr: Rückankunft in Camp 2; wer will, kann in weiteren drei Stunden auf Camp 1 absteigen.
Nach Übernachtung in Camp 2 seid Ihr gegen Mittag des dritten Tages in Legaspi zurück.

10 Pulog 2.930 m
Nach dem Apo ist der Mt. Pulog der zweithöchste Berg der Philippinen und der höchste der Insel Luzon. Der stattliche Gipfel dominiert, umgeben von zahlreichen weiteren Zweitausendern, markant die Zentralkordilleren nordöstlich von Baguio. Im höchsten Punkt des Pulog laufen die Provinzgrenzen von Benguet, Ifugao und Nueva Vizcaya zusammen.
Es gibt, den Dimensionen des Pulog angemessen, verschiedene Aufstiegsrouten, die alle drei bis vier Tage in Anspruch nehmen. Der Kabayan-Trail im Norden ist ziemlich steil und schlau-

chig. Von Ambangeg im Süden gestaltet sich die Tour etwas moderater. Der landschaftlich wohl schönste Trek führt über Ellet und Abukot.
Er beginnt an der Ellet-Brücke (über den Agno River) der Straße Baguio-Kabayan. Von der Brücke führt ein schmaler Trail durch Süßkartoffelfelder und Reisterrassen sacht bergan bis zum Barrio Ellet, wo man unbedingt einen Führer anheuern sollte. (Das gilt natürlich auch für die anderen Routen). Der Barrio Captain hilft bei der Vermittlung.
Der erste Übernachtungsstopp wird bei der einstigen Sägemühle von Abukot eingelegt, auf deren Gelände man sein Lager aufschlagen kann und wo einem freundliche Leute hilfreich zur Seite stehen. Dort, auf etwa 915 Meter Höhe über dem Kabayan-Tal und dem Agno River, ist die Luft bereits fühlbar kühler, und dort wachsen auch schon die ersten Bergkiefern, die den Wanderer am nächsten Tag noch in größere Höhen begleiten werden. In Abukot ist die letzte Chance, noch einen Guide aufzutreiben, wenn man es bis dorthin führerlos geschafft hat.
Die Route des zweiten Tages folgt einem ausgefahrenen Pfad, auf dem vor nicht langer Zeit Baumstämme zur Sägemühle transportiert wurden. (Viel zu viele übrigens. Den Pulog hat man bös kahlgehauen; jetzt befaßt man sich mit Wiederaufforstung). Der Trail endet am *Lebang Lake* (auch *Babadac Lake*), einem kleinen, kristallklaren See, dessen kühle Wasser ein verlockender Anblick für den durchgeschwitzten Steiger sind.
Weiter geht es von dort durch schattige Kiefernhaine, die bald in verkrüppelte Gehölze überleiten, dick bewachsen mit Moosen, Flechten und Farnen. Und schließlich öffnet sich in grasbestandenem, rollenden Gelände der Weg zum Gipfel. Ganz oben kann man kampieren.
Kalt ist es dort in fast 3.000 Meter Höhe im philippinischen Norden. Im Januar und Februar liegen die nächtlichen Temperaturen am Pulog eben über dem Gefrierpunkt, gelegentlich kann es Rauhreif geben. Also nicht im T-Shirt in den Berg gehen - zu keiner Jahreszeit! Für etwas Zähneklappern entschädigt allerdings der prächtige Ausblick über die grüne und blaue Bergwelt Zentralluzons und die glitzernde Weite des Südchinesischen Meeres im fernen Westen; zudem das euphorische Bewußtsein, einen der mächtigsten Gipfel dieses weiten Landes erobert zu haben.
Der Abstieg folgt bis zum Lebang Lake der gleichen Route, kann dort jedoch alterniert werden, wenn man denselben Weg nicht noch einmal gehen will. Zielorte sind entweder Ganaba im Süden oder Ambangeg am Highway. In beiden Fällen empfiehlt sich jedoch eine weitere Übernachtung am See, sonst wird der Weg zu lang.

Information
Im Tourist Office in Baguio (Governor Pack Road) gibt's weitere aktuelle Auskünfte über den Pulog. Dort sollte man unbedingt zunächst vorsprechen.
Beste Monate: 11-4.
Geländekarte: 3169 I.

Empfohlener zeitlicher Ablauf

1. Tag
9 Uhr: Mit dem Dangwa Tranco-Bus in Richtung Kabayan. Den Schaffner rechtzeitig davon in Kenntnis setzen, daß Ihr bei der Ellet-Brücke aussteigen wollt.
13 Uhr: Ungefähre Ankunft bei der Brücke.
14 Uhr: Ankunft in Ellet. Den Barrio Captain aufsuchen. Wenn sich die Verhandlungen über einen Guide hinziehen, muß man eventuell in Ellet über Nacht bleiben. Sonst:

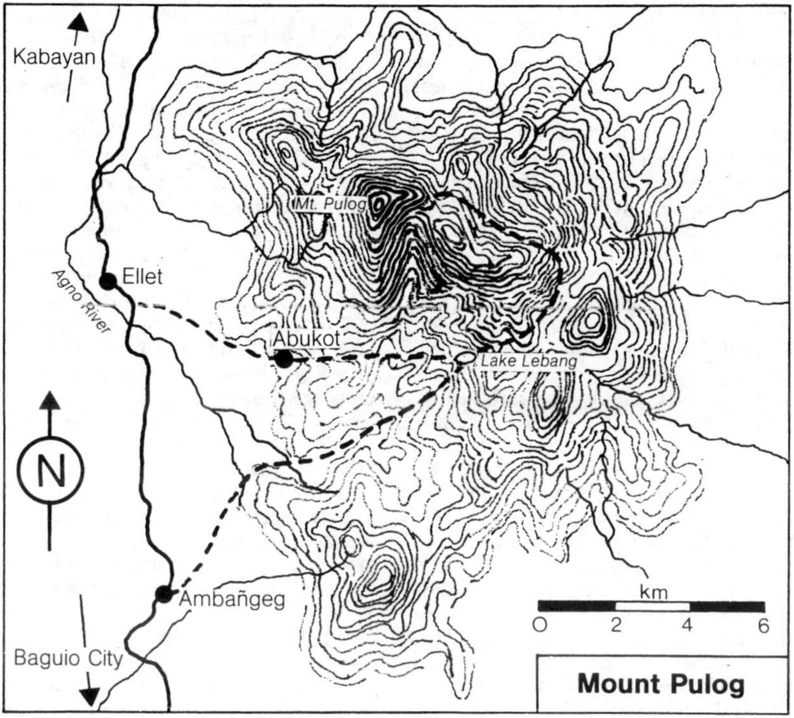

15 Uhr: Weitermarsch nach Abukot.
18 Uhr: Dortige Ankunft und Errichtung des Lagers.

2. Tag
7 Uhr: Aufbruch zum Lebang Lake.
9 Uhr: Ankunft am See; kleine Pause.
12-13 Uhr: Unterwegs eine Stunde Mittagsrast. Die Route beschreibt jetzt einen Bogen von der ursprünglichen Ost- in Westrichtung.
17 Uhr: Ankunft am Gipfel. Sucht Euch eine Bodensenke für die Errichtung des Lagers; es kann sehr windig werden. Zur Sonnenuntergangszeit gibt es wahnwitzige Fotomotive.
Schön auch der große Ambuklao-Stausee im Südwesten.

3. Tag
10 Uhr: Abstieg zum Lebang Lake.
15 Uhr: Ankunft am See; Lager errichten.

4. Tag
7 Uhr: Abstieg in generell südwestliche Richtung nach Ambangeg. Vielleicht erwischt man dort noch den Rückbus nach Baguio. Falls nicht, bei der Minengesellschaft (Benguet Consolidated) anklopfen und um Quartier bitten. Reizvoll ist es auch, beim Abstieg über Ganaba bis Paday am Highway zu wandern. Überhaupt kann man die gesamte, fast verkehrslose Straße bis Baguio zu Fuß zurücklaufen, eventuell mit einer Übernachtung in Ambuklao.

In extremis

Wer sich einmal ansehen möchte, wie auf den Philippinen extremgeklettert wird (oder gar dabei mitmachen will), der reise zur Insel Coron im Norden von Palawan (Kapitel »Island Hopping«). Die dortigen Tagbanua-Insulaner stellen alles in den Schatten, was in der westlichen Erlebniswelt bislang insofern dargeboten worden ist. Coron ist ein einziges Labyrinth vertikaler Wände, Hunderte von Metern hoch zum Teil. Vorsicht allerdings: Immer erst Kontakt mit den Einheimischen herstellen! Erstens ist die Insel Stammesreservat, also praktisch Privatbesitz. Und zweitens könnte ein unbegleiteter Kletterer aus der Ferne leicht für einen Räuber der kostbaren Schwalbennester gehalten werden. Dann wird unter Umständen sofort scharf geschossen!
Von touristischen Unternehmern in Coron Town gehegte Pläne, die Insel für organisierte Klettereien »behutsam« (das heißt, illegal, gegen den Willen der Insulaner) zu erschließen, heiße ich nicht gut. Wieder einmal geht durch diese Hintertür ein Stück Paradies verloren.

Kleine Tips für Bergfans

● Wenn die philippinischen Berge auch schlichte Hügel im Vergleich zur »klassischen« alpinen Bergwelt sein mögen, so stehen sie doch zum größten Teil inmitten von Wildnisregionen, in denen kein sorgfältig ausgeschilderter Trimmdichpfad gipfelan führt. Nichts ist leichter als sich zu verlaufen - trotz bester vorliegender Terrainbeschreibung, detailliertesten Kartenmaterials und allen Drangs zur eigenen Faust. Dann kann's unter Umständen ganz schön herb werden. Verlaßt Euch lieber, wie dieses Kapitel immer wieder empfiehlt, auf einen Guide, der sich mit den örtlichen Gegebenheiten auskennt. Aber - hat er überhaupt schon mal auf dem Gipfel gestanden? *Glaubt* er lediglich, »das schon schaffen zu können«? Muß er unbedingt fünf Flaschen Gin »zum Aufwärmen« im Gepäck haben? Will er lediglich im dünnen Leibchen auf eine mehrtägige Tour auf über 2.000 Meter gehen? Dann ist er nicht der richtige Mann, sondern wahrscheinlich noch einer von der alten Garde, der keinen Sinn in Gipfelgeilheit erkennt und die Tour unterwegs abbricht. Vielleicht, weil er schlicht keine Lust (oder keinen Mumm) mehr hat, oder - ein häufig angeführter Grund - »der Reis alle ist«. Dann muß man halt umkehren. *Sorry, Joe.*
Hat der Mann statt Bergstiefeln womöglich nur Badelatschen an den Füßen oder etwa gar nichts, obwohl er ansonsten fit und gut ausgerüstet erscheint? Dann ist er wahrscheinlich erste Wahl. Wer keinen Industrieschuh benötigt, ist auf den Philippinen besser für den Berg geeignet als jemand, der ohne ungefüge Kähne am Fuß (und Kniebundhosen am Bein) nicht einmal die sanfteste Alm beschreiten kann. Schwere Schuhe sind überhaupt außerordentlich unpraktisch. Denn die Anstiege vieler Berge führen durch Flüsse, die immer wieder im Zickzack durchwatet werden müssen. Muß man das teure Schuhwerk jedesmal ab- und wiederanlegen, kommt man nicht von der Stelle.
Der Guide ist nicht (im einklagbaren hiesigen Sinn) für Euch verantwortlich; da wäre auch bei einer massiven »Beeinträchtigung des Urlaubsgenusses« nichts zu holen. Er *fühlt* sich aber verantwortlich, und zwar weniger Euch gegenüber als den Seinen: Geht wegen ihm etwas schief, verliert er an Prestige, an Gesicht; vielleicht lacht man - ganz schlimm - sogar über ihn, weil er versagte. Man kann deshalb mit optimaler Mühewaltung rechnen und sollte diese, wenn erkennbar, auch gut löh-

nen. Dieserart wird ein kleines Gewerbe im Umfeld des Ökotourismus optimal gefördert. Blättert aber nicht einfach nur Cash hin und markiert den großen Zampano. Viel schöner ist es doch, nach Abschluß einer gelungenen Expedition dem gerade erlebten Höhepunkt noch einen draufzusetzen, indem man den Guide und seinen ganzen Clan zu einer Spanferkelsause einlädt!

- Das Mitführen von *Trägern* ist unter philippinischen Bergsteigern verpönt - klingt zu kolonial. Macht mit und tragt Euren Kram allein.
- Wenn Ihr ohne Begleitung loszieht, so versichert Euch, daß möglichst viele Einheimische von Eurem Vorhaben in Kenntnis gesetzt sind. Es kann immer mal etwas passieren. Ein schlichter Beinbruch kann das Ende bedeuten, wenn nie jemand nach Euch sucht. Gebt vor allem Freunden und Bekannten Bescheid; von denen ist eher eine Reaktion zu erwarten als von amtlichen Stellen. Es gibt allerdings eine Art Bergwacht; auch das Militär springt im Notfall ein (Hubschrauber) - sofern es über einen solchen Bescheid weiß.
- Nehmt auf jeder Tour warme Zusatzkleidung, Übernachtungserleichterungen, Messer, Streichhölzer, Taschenlampe, Reserveproviant und -wasser mit (siehe auch Kapitel »Reisetips«: *Ausrüstung*). Bezieht stets, auch wenn es auf Null knallheiß ist, etwa zehn Grad Celsius in oberen Bereichen in eine Möglichkeitsrechnung ein.
- Überprüft den Eruptionsstatus eines Vulkans vor Tourantritt bei den zuständigen Stellen (siehe Kapitel »Vulkanerkundung«). Nicht auf Besserwisser verlassen!
- Vulkanisches Gelände ist immer bröcklig: Alles Schwarze besteht aus pappiger Asche oder lose verbackenem Material, das leicht kollabiert. Nur harte, graue Lava läßt sicheres Klettern zu.
- Unternehmt keine Touren bei Herannahen eines tropischen Tiefs. Abgesehen von den äußerlichen Unannehmlichkeiten durch Regen und Kälte könnt Ihr in wildwasser- und landrutschgefährdete Gebiete geraten. Bei Taifunwindstärken in schutzlosen Höhen seid Ihr nicht mehr Herr Eurer selbst. Im Oktober 1993 geriet eine große Gruppe philippinischer Studenten am Mt. Halcon in einen Taifun. Bilanz: Ein Toter, mehrere ganz knapp Davongekommene. Auslöser: Falsche Wettervorhersage; Unfähigkeit, das Wetter selber zu analysieren; Fehlentscheidungen im Gelände; Ausrüstungsmängel (im T-Shirt auf über 2.500 Meter).
- Bei großer Hitze klappt am Berg erfahrungsgemäß immer mal einer zusammen. In den Schatten schaffen, Kühle zufächeln. Einen langsameren Gang einlegen, gegebenenfalls zu Tal steigen.
- Kein nächtliches Umherirren im Gelände! Seht zu, daß bei Einbruch der Dunkelheit ein Camp fix und fertig steht. Man darf sich bei Dämmerlicht nicht mehr auf das Auge verlassen - massive Täuschungen sind möglich! Ein Abbruch von 100 Metern sieht im Halbdunkel aus wie einer von zehn, ein tiefes Kraterloch ähnelt einer Pfütze. Ein tödlicher Bergunfall, den ich in meinen Tagebüchern verzeichnet habe, geht wahrscheinlich auf das Konto dieses Phänomens.

Nützliches Vokabular

Abhang	*libís*
Abstieg	*pagbabá*
Aufstieg	*pag-akyát*
Bach	*sápa*
Berg	*bundók*
Fluß	*ílog*
Führer	*gíya, guide* (engl.)
Gipfel	*ituktók*
klettern	*umakyát*
Lager	*kámpo*

Pfad	*daán*
Proviant	*pagkáin*
Quelle	*bukál*
Schlucht	*bangín*
See (der)	*láwa*
Seil	*lúbid*
Tal	*lambák*
Wald	*gúbat*
Wasser	*túbig*
Zelt	*tólda*

Welches ist der Hauptgipfel/-krater? Der dort?
Alín ang pinakáitúktok ng bundók/ cráter? Iyón ba?
Gibt es einen begehbaren Pfad nach dort oben?
Mayroón bang pinakámadalíng daán patúngo doón sa itaás?
Wo? Können Sie mir den Weg zeigen?
Saán? Maaári po bang itúro ninyó sa ákin ang daán?
Hätten Sie Lust, mich zu begleiten?
Gustó po ba ninyó akóng samáhan?
Ich brauche einen Führer.
Kailángan ko ng gíya.
Können Sie mir helfen, einen guten Führer zu finden?
Maaári po ba ninyó akóng tulúngang maghanáp ng isáng magalíng na gíya?
Was verlangen Sie für eine Führung zum Gipfel?
Magkáno po ang híhingin ninyóng báyad sa pagsámang paakyát sa ituktók?
Was verlangen Sie pro Tag?
Magkáno ang báyad ninyó pára sa isáng áraw?
Können Sie mir auch folgendes (s. o.) besorgen?
Maaári ba rin ninyó akóng ikúha ng ....?
Kann ich Ihnen etwas zu essen abkaufen?
Puéde ba akóng bumilí ng mgá pagkáin sa inyó?
Wie viele Stunden (Tage) werden wir bis dort unterwegs sein?
Mgá iláng óras (áraw) bágo táyo makaratíng?
Brauchen wir Seile?
Kailángan ba nátin ng mgá lúbid?
Gibt es dort oben Wasser (eine Quelle)?
Mayróon bang túbig (bukál) sa may bandáng itaás?
Kann ich irgendwo entlang des Weges übernachten?
Mayroón kayáng lugár sa madadaánan na puéde kong paghímpilan?
Gibt es dort oben noch Leute? Hütten?
Mayroón pa bang mgá táo doón sa itaás? Mgá báhay-kúbo?
Gibt es auch eine Verbindung nach ......?
Mayroón din bang koneksiyón papuntá sa ....?
Wohin muß ich mich an der nächsten Gabelung des Weges wenden? Links (rechts)?
Sa súsunod na sangáng-daán, saán akó líliko: kaliwá (kánan)?
Hilfe! Ich benötige Hilfe.
Saklólo! Kailángan ko ang túlong.
Stein! Festhalten!
Bató! Háwak!

Siehe auch Vokabular in Kapitel »Trekking«.

Mineraliensuche

Der Besitz mancher Mineralien - es gibt an die 2.500 von ihnen, immer noch mehr werdend - macht uns Freude; wir fassen sie gerne an, fühlen uns durch sie bereichert, schreiben ihnen sogar Heil- und Wunderkräfte zu. In der Kristallkugel glauben wir die Zukunft zu sehen, aus Siliziumquarz, dem häufigsten Mineral auf Erden, bauen wir künstliche Gehirne. Kristalle, überhaupt. Die Menschen haben sie stets geradezu geliebt. Der geheimnisvolle Gral, was anderes war er? »Si lebent von einem steine,« der »kraft dem menschen git,« beschrieb Wolfram von Eschenbach vor 800 Jahren die Gralsritter. Da war schon damals offenbar etwas dran. Laserkristalle, wissen wir heute, setzen ungeahnte Power frei; was mag noch in ihnen stecken? In jüngster Zeit hat sich in der westlichen Welt wieder einmal ein regelrechter esoterischer Kult um die Funkelsteine entwickelt. Mineralienmärkte und -börsen und sogar so etwas wie Kristallkonferenzen sind populärer denn je. Vor dem Weißen Haus und dem Kreml stecken Kristalle im Boden; sie sollen Harmonie und Frieden bringen. Selbst die Philippinen sind nicht von der Quarz-Hausse verschont geblieben. In vielen Haushalten sieht man eine Pyramide aus angedeuteten Prismen, die Rasierklingen scharf machen und das Eis vorm Schmelzen bewahren sollen. Ach, wenn's doch nur funktionieren wollte...

In Kapitel »Goldsuche« wird der Kristallisationsprozeß am Beispiel des Goldes dargestellt. Auf die prinzipiell gleiche Art kristallieren alle anderen Mineralien, manche zu mikroskopischen Pünktchen, manche zu gewaltigen Brocken. 2.000 Tonnen hat ein einzelner Kristall schon einmal auf die Waage gebracht. Was läge nicht näher, als solche Wunderdinge zu suchen und zu sammeln? Millionen von »Rockhounds« gibt es heute weltweit. Sie wuseln in Höhlen und Steinbrüchen herum und brechen in spitze Schreie des Entzückens aus, wenn ein grauer Brocken Fels unter ihrem Hammer zerplatzt und pralinengleich ein sprühendes Innenleben enthüllt.

Im letzten Jahrhundert gehörte es sich für deutsche Forscher auf den Philippinen, daß man unter anderem die »Thone und Foraminiferen« des Archipels akribisch untersuchte und einen Berg nicht etwa nur bildlich darstellte, sondern ihn in seine mineralogischen Bestandteile zerlegte und sich darüber sehr gelehrt ausließ. Mit dieser altehrwürdigen Tradition kann man heute fortfahren. Im philippinischen Archipel mit seiner lebhaften Geologie ist nämlich so manches zu finden.

Zwar sind Vorkommen von wirklich wertvollen Mineralien aufgrund des relativ jungen Erdzeitalters der Inseln nicht sehr wahrscheinlich. Oder doch? Schon erwähnte ein Bericht in den 80ern Diamanten auf Mindanao. Mikroskopisch kleinen Steinchen zwar, aber immerhin. Im benachbarten Borneo gibt's auch Diamanten, sogar ganz anfaßbare. Die Mehrzahl der zu erwartenden Funde ist indes profanerer Natur: Sogenannte »Philippinische Jade« (Uvarovit) wird in Zambales und Mindoro gefunden. Vorkommen von Granat werden aus mehreren Landesteilen gemeldet, ebenso Achate.

Grundsätzlich sollte der Mineraliensucher in den geologisch alten Bereichen des Landes nach seiner Beute Ausschau halten. Klar - was ist insofern schon im Uferschlamm, einer der allerjüngsten Formationen zu finden, was auch bietet die typisch-tropisch extrem verwitterte Ackerkrume? Die in Kapitel »Goldsuche« vorgestellten Detailkarten geben einen ausgezeichneten Überblick, wo man nicht nur mit der Suche nach Gold, sondern nach anderen interessanten Mineralien ansetzen sollte. Es ist auch nicht die schlechteste Idee, nach Art des Prospektors in einem Flußlauf mit dem Forschen zu beginnen, denn die begehrtesten Gesteine sind durchweg spezifisch schwer und lagern sich nach entsprechenden Regeln ab. Von einer sekundären Lagerstätte aus kann der Rockhound dann seine Schlüsse auf ein etwaiges primäres Vorkommen ziehen.

Das Faszinierendste, was die Philippinen auf mineralogischem Gebiet jedoch zu bieten haben, sind Besucher aus dem Weltraum: Tektite! Die seltsamen Brocken, zu Ehren des Nationalhelden auch *Rizalite* genannt, haben eine lange Geschichte, die sich selbst in jüngster Zeit wie ein Kriminalroman liest!

Seltene Mineralien auf den Philippinen

Edelsteine

1 Beryll: Kleine Exemplare minderer Güte der Smaragdvarietät werden aus Mindanao und den beiden Camarines-Provinzen gemeldet.

2 Korund: Dieses Mineral kommt in Flußkiesen bei Peñaranda (Nueva Ecija) und Paracale (Camarines Norte) vor. Rubine, eine verwandte Abart, gibt es laut Bericht in Mindanao.

3 Topas: Kleine (2-4 mm) rosafarbene, gelbe und farblose Kristalle, unter anderem der seltene Rauchtopas, werden ebenfalls, örtlich beschränkt, bei Paracale gefunden. Auf Mindanao soll es Feuertopase geben.

4 Zirkon: Vereinzelte Vorkommen in Sänden auf Mindanao.

Halbedelsteine

5 Achat: »Ein Chalzedon mit verschiedenfarbigen, streifig oder wolkig erscheinenden konzentrischen Ringmustern« - so beschreibt ihn das Lehrbuch. Achat wird an vielen Stellen des Landes gefunden. Größere Vorkommen gibt es in Bulacan (Sibul), Pangasinan (Dasol), Quirino (Conwap River bei Maddela) und Tarlac (Mayantoc). Funde der besonders schönen Moosachate werden aus Zambales (Santa Cruz) gemeldet.

6 Amethyst: Diese berühmte Gemme ist eigentlich nur ein profanes Siliziumoxid, doch die tiefviolette Farbe macht es begehrenswert. Kleine Quantitäten dieses Minerals werden in der Suricon-Mine in Surigao del Norte, Mindanao, zutagegefördert. In dieser enorm durchmineralisierten Region mag es noch mehr davon geben. Auch aus Jose Panganiban bei Paracale und aus dem Südwesten von Panay werden Vorkommen gemeldet.

7 Apatit: Chemisch handelt es sich um Kalziumphosphat mit Fluorid- und Chloridbeimischungen. Relativ weit verbreitet in hydrothermisch entstandenen Lagerstätten eruptiver und metamorphischer Gesteine. Farblos, gelb, grün, rosa oder violett.

Apatite mit Abdrücken versteinerter Organismen (Blätter) werden in den Phosphatvorkommen auf Leyte (Bantique/Isabel) gefunden.

8 Azurit: Kupferkarbonat. Dieser schöne Stein mit seinem tiefblauen Wolkenmuster kommt in den oberen Lagen von Kupferlagerstätten vor. Weil *Cu* nichts Ungewöhnliches auf den Philippinen ist, gibt es viele Stellen, an denen man auf Azurit stoßen kann. Nach diesem Stein Ausschau zu halten, kann ein lohnendes Unterfangen sein.

9 Chalzedone: Kieselsaure Ablagerungen an Thermalquellen. Häufig im vulkanischen Archipel.

10 Crysocolla: Grünliches oder bläuliches Kupfersilikat. Eng mit Azurit verwandt; siehe deshalb dort.

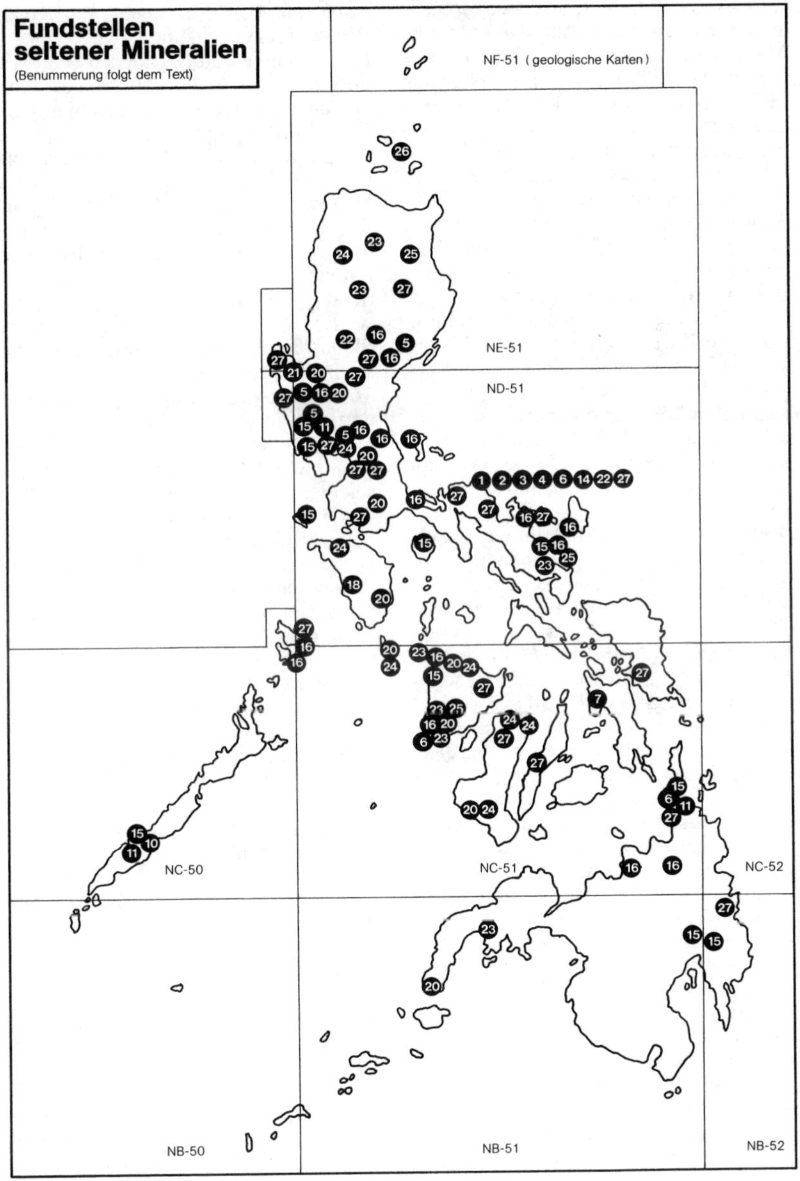
Fundstellen
seltener Mineralien
(Benummerung folgt dem Text)
NF-51 (geologische Karten)
NE-51
ND-51
NC-50
NC-51
NC-52
NB-50
NB-51
NB-52

11 Enstasit: Magnesium- oder Eisensilikate, zu denen auch die Bronzite und Hypersthene gehören. Üblich in den sogenannten Ultrabasiten in Südpalawan (Rio Tuba), Surigao del Norte (Nonoc) und Zambales.
12 Epidot: Ein schönes, grünliches Mineral; es findet sich an vielen Stellen im Land, wo Eisen vorkommt.
13 Feldspate schließen mehrere landesweit verbreitete Mineralien ein: **Labradorit** (grau- bis schwarzblau oder grün), **Mikrolin** *(Amazone Stone,* leuchtend grüne Silikate aus Aluminium- und Kaliumverbindungen), **Oligaklas** (glitzernd braun) und **Orthoklas** (ebenfalls ein Al/K-Silikat; farblos bis gelblich milchweiß opalisierend).
14 Galena und **Sphalerit** (große Bleikristalle) werden in den Minen von San Mauricio nahe Jose Panganiban bei Paracale gefunden.
15 Granat: Hier heißt es ein wenig aufpassen. Granat kommt vornehmlich im Umfeld von Kalkgesteinen vor. **Grossularit**, eine braunrote Varietät, existiert in Antique (Libertad), Davao und Davao Oriental und auf Marinduque. **Chromgranat** (Uvarovit) ist von schöner, grüner Farbe und wird (fälschlich) als »Philippinische Jade« bezeichnet. In der Tat ist das Mineral echter Jade nicht unähnlich, hält jedoch Qualitätsvergleichen nicht stand. Echte Jade kommt aus Burma und China und ist so hart, daß sie mit dem Messer nicht angekratzt werden kann.
Uvarovit entstammt vor allem dem sogenannten Chromdistrikt von Zambales, der den Nordteil der Provinz etwa 30 Kilometer landeinwärts von Masinloc und Santa Cruz einnimmt. Auch an anderen Stellen von Zambales kann man auf dieses (als Jadeersatz dienende und folglich recht teure) Mineral stoßen, doch der Pinatubo hat seit seiner Eruption einiges verändert. Am besten, man verschwindet gleich unter Wasser. Als die Subic-Bucht noch amerikanisch war, fand ein Taucher dort einen Riesenbrocken - in nur 25 Meter Tiefe! Der Geologie zufolge dürften Uvarovit und ähnliche Arten von Granat auch auf den Inseln Ambil im Lubang-Archipel und Cagraray bei Legaspi, in Südpalawan und in Surigao vorkommen.
Daß wirkliche, echte Jade auf den Philippinen existieren könnte, ist allerdings nicht völlig auszuschließen. Man mache sich selbst kundig. Entscheidend ist der Härtetest: Jade erreicht etwa Punkt 6 auf der sogenannten Mohs-Skala von 10 und gibt damit dem Messer nicht mehr nach.
16 Jaspis: Ein verunreinigter Chalzedon, der in einer großen Varietät von Farben (hauptsächlich rot) vorkommt. Fundmeldungen laufen aus allen Bereichen des Landes zusammen, so aus den Provinzen Agusan del Norte (Oberlauf des Umayan River); Aklan (Barrio Habana bei Nabas); Albay (Cagraray Island und Batan Island); Antique (Region San Remigio-Sibalon-Hantik); Camarines Sur (Caramoan-Halbinsel); Catanduanes (Südwesten); Misamis Oriental (Maasin bei Manticao); Nueva Vizcaya (Lingay-Bayombong); Palawan (Busuanga Island und Coron Island); Pangasinan (Dasol); Quezon (Oberlauf des Dibalo River bei Baler; Atimonan und Alabat Island); Quirino (Cabarraguis) und Tarlac (Mayantoc). Auf der Caramoan-Halbinsel hatte ich in manchen Flußläufen den Eindruck, auf glänzendrotem Fliesenboden einherzulaufen!
17 Malachit: Ein schönes, grünes Kupfermineral, das auch für Schmuckzwekke verarbeitet wird. Bislang auf den Philippinen gefundene Malachite sind jedoch von zu niedriger Qualität, um dafür in Frage zu kommen - also weitersuchen!
18 Nephrit: Chemisch und geologisch eng mit Asbest verwandt. Das Mineral tritt in den Farben weiß, grau, mitunter

rosa und in einem weiten Bereich von Grüntönen auf. Schmuckstücke aus grünem Nephrit, meistens mit Herkunft Mindoro, werden unbedarften Touristen in Manila gern als »Philippinische Jade« angeboten.

19 Obsidian: Tiefschwarzes, scharfes vulkanisches Glas, das im Umfeld tätiger Vulkane vorkommt.

20 Opal: Chemisch ist Opal, ein begehrtes Schmuckmineral, nichts Exotischeres als eine hydrierte Form von Silizium. Er kommt in vielen Farben, insbesondere schönen Blautönen vor. Philippinische Opale sind nicht von überragender Qualität, doch neue Funde werden immer wieder getätigt, und die Situation kann sich ändern. Gegenwärtige Fundstellen sind in den Provinzen Aklan und Antique (Orte: wie Jaspis); Bulacan (Biaknabato); Laguna (Mt. Makiling und weiter in Richtung Batangas); Mindoro Oriental (Bereich Bongabong-Roxas-Mansalay, Semirara Island); Negros Occidental (Sipalay); Pangasinan (Bereiche Mabini-Dasol und Aguilar-Mangatarem); Rizal (Antipolo) und Zamboanga. Dort wurden Opale schon im Pasonanca Park, mitten in der Stadt, zutagegefördert.

21 Pyrite: Schwefelkiese von Kupfer und Eisen. Gehen mit den Vorkommen der Grundmetalle einher. Fundstellen gibt es im ganzen Land, sehr zum Ärger von Prospektoren, die das *fool's gold* immer wieder an der Nase herumführt.

Deutschen Mineraliensammlern sind meistens Pyrite aus Malta bekannt. Die philippinische Varietät ist von wesentlich höherer Güte und zeichnet sich vor allem durch schöne, großformatige Kristalle aus.

Die korrekte englische Aussprache von *pyrites* ist übrigens »peireities«.

22 Quarz: Eines der häufigsten Mineralien auf den Philippinen. Quarze treten in einem weiten Bereich von Erscheinungsformen auf. Gut gewachsene Kristalle von Schmucksteinqualität sind nicht selten, vor allem in der Nähe von Goldvorkommen.

23 Rhodochrosit und **Rhodonit** sind Manganverbindungen vorwiegend roter Farbe. Vorkommen existieren in Antique (San Jose de Buenavista und Buruanga); Kalinga-Apayao (Lubuagan); der Mountain Province (Sagada) und in Zamboanga del Sur (Malangas).

24 Versteinertes Holz, mitunter in Form komplett erhaltener Stämme und zum Teil opalisiert, wird aus vielen Teilen des Landes gemeldet, unter anderem aus: Abra (Lagangilang); Aklan (Nabas); Albay (Legaspi); Antique (Buruanga); Mindoro Occidental (Abra de Ilog); Mindoro Oriental (Semirara Island); Negros Occidental (Sipalay und Nordosten) und Tarlac (Mayantoc). Vorkommen sind auch besonders häufig in Kalksteinhöhlen.

Andere Mineralien

25 Fossilien stammen vor allem aus der Provinz Cagayan. Vorkommen werden auch aus den zentralen Bergen von Panay und von den Inseln Cagraray und Semirara gemeldet. Ausschau nach Fossilien kann jedoch in jedem Steinbruch des Landes lohnend sein, geologisch junge vulkanische Gebiete ausgenommen.

26 Koralle: Die Batanes im hohen Norden waren einmal für rote Schmuckkoralle berühmt. Seit Korallen jedoch unter weltweitem Artenschutz stehen, ist es aus mit dem Abbau - nun, fast. Der illegale Status gilt auch für jene Korallen, die als Souvenir Touristen angeboten werden. Entweder fliegen sie schon bei Abreise in Manila aus dem Gepäck, spätestens aber bei Ankunft in Europa. Nur wird's da ein bißchen teurer.

Stalagmiten und **Stalaktiten:** Siehe Kapitel »Höhlenforschen«.

27 Tektite: Keine anderen Mineralien sind philippinenspezifischer und faszi-

Versteinerter Elefantenzahn aus Cagayan

nierender als diese. Selbst die schlichtesten Waldbewohner haben aus einer ebenso erstaunlichen wie offenbar intuitiven Erkenntnis heraus den passenden Namen für sie gefunden: *táeng bituín* - »Dung der Sterne« - oder auch *táeng kulóg:* »Dung des Donners«. Schon vor 2.000 bis 4.000 Jahren wurden Tektite von frühen Bewohnern zu Werkzeugen und Schmuckstücken verarbeitet.

Tektite kommen tatsächlich aus dem Weltraum. Dieser Sachverhalt war erstmals 1787 von der Böhmischen Wissenschaftlichen Gesellschaft vermutet und propagiert worden, nachdem man dort - im heutigen Tschechien - auf ein paar seltsame Brocken gestoßen war, die sich in kein bekanntes irdisches Muster einordnen ließen. Man befand, daß ihre Beschaffenheit dem Obsidian glich, doch es handelte sich keineswegs um denselben Stoff. Vielmehr ähnelte dieser entfernt ganz ordinärem Glas. Die Fundstücke wurden deshalb auch zunächst *Bouteillensteine,* später *Pseudo-* oder *Wasserchrysolite* genannt.

Als Charles Darwin einige Jahre später in Australien und Tasmanien ähnliche Mineralien aufsammelte, nannte er sie »Obsidian-Bomben«, konnte sie aber auch nirgendwo richtig unterbringen. Die Holländer in Ostindien bezeichneten sie als *glaskogels* - »Glaskugeln« - und gaben sich allen möglichen Spekulationen hin, einschließlich der Theorie, »daß sie den Vulkanen des Mondes entstammten«.

So ganz falsch lagen sie insofern nicht. Im Bereich westlicher Wissenschaft wurde gegen Ende des vorigen Jahrhunderts zweifelsfrei ermittelt, daß Tektite aus dem Weltraum auf die Erde hinabgeregnet waren. Beim Eintritt in die Atmosphäre hatten sie sich in geschmolzenem Zustand befunden, belegt durch eigentümliche, ganz offen-

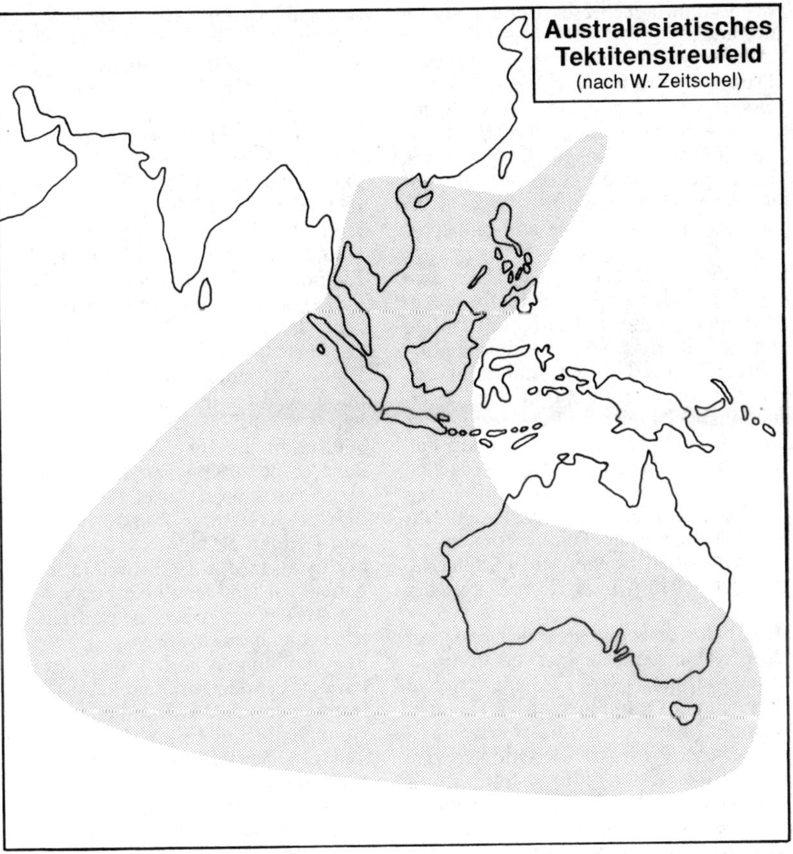

sichtlich aerodynamisch produzierte Formen, die auf der Erde unmöglich hätten entstehen können. Ebensowenig ließ sich ihr kristallines Gefüge irdisch in einen mineralogischen Katalog einfügen. Der griechische Begriff *tektos* - »geschmolzen« - wurde diesen »Gesteinen« deshalb international zugeschrieben.

Im Zeichen neuester Erkenntnisse haben Tektite eine überaus interessante Rangordnung angenommen. Die NASA studierte sie intensiv, um aus ihrer Konfiguration die ideale Wiedereintrittsform für Raumfähren herauszulesen, sah sie auch als das einzige Mondgestein an, mit dem sich auf Erden Forschung treiben ließ. Bis vor wenigen Jahren galt nämlich noch die Theorie, daß Tektite bei Kollisionen von Meteoren mit dem Mond aus unserem Trabanten herausgesprengt worden waren, um nach vielen Irrläufen letztlich die Erde zu erreichen. Diese These wurde auch noch in

die Erstauflage dieses Buches aufgenommen.
Falsch, sagen Erkenntnisse neueren Datums. Tektite sind *doch* irdischen Ursprungs. Gewaltige Meteorite hatten sie in verschiedenen Zeitabständen aus der Erdkruste herausgefetzt und in den Raum geschleudert. Von dort prasselten sie schließlich wieder - nach diversen physikalischen Metamorphosen - auf die Erde hinunter.
Wie dem auch sei - Australasien und vor allem den Philippinen kam jedenfalls der größte und erdgeschichtlich jüngste Schauer von Tektiten zugute. Nirgendwo auf Erden sind mehr Exemplare dieser wahrhaft urigen Gesteine hinabgehagelt - und das erst vor etwa 24.000 Jahren. Kein Wunder, daß es schon in den dortigen Ursprachen einen Begriff für sie gibt. Und »jung« sind sie auch: »nur« etwa 700.000 Jahre. Amerikanische Tektite können mit 34 Millionen Lenzen aufwarten, die tschechischen Moldavite mit etwa der Hälfte.
Einer der eminentesten Forscher auf dem Gebiet der Rizalite und Philippinite, wie man Tektite im spezifischen Bereich der Philippinen alsbald nannte, war der (inzwischen verstorbene) amerikanische Professor H. Otley Beyer. Er stellte eine prächtige Sammlung von etwa 20.000 Stücken zusammen und veröffentlichte zahlreiche Bücher und Abhandlungen zum Thema. Im Jahr 1972, das Kriegsrecht war gerade auf den Philippinen ausgerufen worden, erschien bei ihm ein Trupp Soldaten, um die Sammlung »im Namen des Volkes« zu beschlagnahmen. Imelda Marcos, die alles Wertvolle sehr liebte, hatte scheinbar ein Auge auf sie geworfen. Die Kollektion wurde ins Nationalmuseum überführt, wo sie nach und nach an Substanz verlor und sich schließlich ganz auflöste...
Rizalite sind typischerweise glänzend tiefschwarz und weisen eine pockennarbige bis tief gerillte Oberflächenmarkierung auf, die als ganz spezifisches Unterscheidungsmerkmal zu anderen Mineralien gilt. Größen variieren. Brocken von einem Kilogramm und mehr Gewicht existieren, doch an der Regel sind 20 bis 30 Gramm und Durchmesser von drei bis vier Zentimetern. Die Formenvielfalt ist verwirrend. Da gibt es Kugel-, Oval-, Linsen-, Knopf-, Tropfen-, Scheiben-, Hantel-, Zylinder- und viele andere Konfigurationen, die jedes Fundstück anders aussehen lassen.
Es versteht sich, daß die Fundorte von Rizaliten keine unmittelbare Beziehung zu ihrer umgebenden Geologie haben - Tektite kommen ja aus dem Weltraum. Entscheidend für die Bildung größerer Konzentrationen ist vielmehr die topographische Beschaffenheit des Geländes. Funde in Senken und Flußläufen sind weitaus häufiger als in anderem Terrain. Manchmal genügt gar ein Gang über einen Acker, um auf das eine oder andere freigelegte Exemplar zu stoßen.
Fundmeldungen laufen aus allen Teilen des Landes zusammen. Auffällige Häufungen von Vorkommen sind meistens lediglich Folgeerscheinungen menschlicher Aktivität. So gilt die Gegend um Manila, vor allem im Bereich der Provinzen Bulacan und Rizal, als ganz besonders tektitenträchtig. (Berühmt ist insbesondere die Fundstätte von Pugad-Babuy in Bulacan, wohl die ergiebigste der Welt). Es gibt indes eine einfache Erklärung für die vielen Funde in dieser Region. Erstens ist die Tiefebene um Manila alluviales Sammelbecken für alles in weitem Umkreis zu Tal Geschwemmte. Und zweitens ist die Gegend naturgemäß Schauplatz zahlreicher urbaner Erdbewegungsarbeiten, bei denen Tektite regelmäßig zutagegefördert werden.
Gut erhaltene Tektite - je größer, je besser - sind von Wissenschaftlern,

Besucher aus dem Weltraum: Tektite

Sammlern und manchen Juwelieren sehr gefragt und entsprechend teuer. Das meiste bislang auf den Philippinen Gefundene ist auch bereits in festen Händen und kaum mehr zu erstehen. Doch mitunter taucht in einem Antiquitäten- oder Souvenirshop noch ein schönes Stück auf; es werden ja auch immer neue gefunden. Wer einen Rizaliten kauft, sollte vor allem darauf achten, daß der Stein lackschwarz glänzt und seine Vertiefungen nicht durch sekundäre Mineralien verstopft sind. Eine matte Farbe deutet auf Abrieb hin, dichtgewachsene Poren auf Anreicherungen mit terrestrischen Fremdstoffen wie Mangan. Beides sind erhebliche Qualitätsminderungen. Eine Preisvorstellung für den Kauf: Mindestens ein Peso pro Gramm für ein makelloses Exemplar. Im europäischen Verkauf sind Tektite um wenigstens das Zehnfache teurer.

Das Tagalogwort für Tektit ist *bisnú,* wahrscheinlich dem Namen des indischen Gottes der Gnade Vishnu entlehnt.

Mineraliensuche und das Gesetz

In weitläufigem Sinne trifft alles bereits unter »Goldsuche« Gesagte analog auf Mineralien zu - jedenfalls theoretisch. In der Praxis nimmt kein Mensch an der Steinesammelei Anstoß, solange nicht gerade kommerzielle Quantitäten (etwa einer LKW-Ladung entsprechend) abgebaut werden. Fragt auf privatem Grundbesitz aber immer höflich um Erlaubnis, bevor Ihr zu explorieren beginnt. Und zeigt dem Eigentümer, was Ihr gefunden habt und mitzunehmen gedenkt.
Wer es genau wissen will, kann in den regionalen Niederlassungen des *Bu-*

reau of Mines Einblicke in Einzelheiten des *Mining Law* nehmen. Dort wird man den steinesuchenden Ausländer, wie die Erfahrung gezeigt hat, wahrscheinlich zuvorkommend empfangen, gern ein wenig mit ihm fachsimpeln und ihm viele über den Rahmen dieses Buches hinausgehende Informationen liefern. Wenn man's nett anstellt, ist vielleicht auch mal eine Mitfahrt bei einer geologischen Explorationstour drin. Überhaupt kann es vorteilhaft sein, bei der Mineraliensuche von einer Amtsperson begleitet zu werden. Nicht nur kann man sich fachlich beraten lassen, sondern mißtrauische Außenseiter sehen dann auch, daß der Fremde nicht gerade nach Yamashitas Schatztruhen forscht. Dergleichen wird nämlich immer wieder vermutet.

Wenig Sorge sollte man sich hinsichtlich etwaiger Ökoschäden durch ein paar aufgehobene Mineralien machen. Unser gesamter Erdball besteht aus diesen Stoffen, die jährlich Milliarden von Tonnen schwer von Menschenhand abgebaut werden. Ständig »wachsen« auch neue nach. Die zwei, drei Kilo im Rucksack des Rockhounds fallen da buchstäblich nicht ins Gewicht - sofern er das Gesicht der Erde nicht verletzt.

Nützliches Vokabular

Ich bin an Gesteinen und Mineralien für Sammelzwecke interessiert.
Mahílig akóng mangolékta ng bató at minerál.
Gibt es in dieser Gegend interessante Arten von Gesteinen?
Mayroón bang mgá magagandáng bató sa lugár na itó?
Ich suche Tektite.
Ang hánap ko ay mgá bisnú.
Sehen Sie sich dieses Bild an.
Tíngnan ninyó itóng laráwan.
Gibt es hier Gesteine dieser Art?
Mayroón bang mgá batóng ganíto díto?
Wo? Können Sie mir die Stelle zeigen?
Saán? Maaári ba ninyóng itúro sa ákin ang lugár?
Sind Sie der Besitzer (Verwalter) dieses Grundstücks?
Kayó ba ang may-ári (tagápamahála) ng lúpang itó?
Ist es okay, wenn ich ein paar Steine von hier mitnehme?
Puéde ba kung akó'y kumúha ng mgá iláng bató díto?
Vielen Dank!
Marámíng salámat po!

Muschelsuche

»Schon lange brütete die Krankheit,« beschreibt der französische Weltumsegler Bernard Gorsky eine ganze Bootscrew im Banne der »Muschel- und Schneckenmanie«. »Alles, was nicht mit Muscheln und Schnecken zu tun hat, ist vergessen, ausgeschaltet, selbst der Appetit setzt aus; wir sind einem Delirium im Wortsinn verfallen, einem verzehrenden Fieber der Besitzgier. Der Besitz einer so heiß begehrten Muschel besänftigt nicht etwa das Gemüt des Heimgesuchten; weit davon entfernt, seine Leidenschaft zu stillen, verstärkt er sie noch mehr und läßt sie in geometrischer Progression zu der maßlosen Begierde anschwellen, sich sämtliche Muscheln und Schnecken der Welt aneignen zu wollen...«

Besser läßt sich der Wahn kaum schildern, der wohl jeden einmal packt, der an tropischen Stränden mit den tausend verschiedenen Formen, Farben und Schattierungen der herrlichen Muschel- und Schneckengehäuse in Berührung gerät. Und für manch einen ist der nächste Schritt rasch getan: Er wird zum Sammler, vielleicht gar zum Amateur-Makologen, der sich mit der »Wissenschaft von den Muscheln« befaßt und damit Anschluß an mindestens 10 Millionen Muschelfans in aller Welt findet. Die Gefahr ist groß, gerade auf den Philippinen von dieser »Krankheit« befallen zu werden.

Jetzt kommt allerdings eine einschneidende Einschränkung dazu. Die Muschelsammelei ist nämlich in den letzten Jahren zunehmend ins Schußfeld von Umweltschützern geraten, die immer tiefgreifendere ökologische Schäden beobachteten, welche durch dieses scheinbar harmlose Hobby angerichtet werden. Sie haben Recht. Zwar sind solche Schäden im Grunde am wenigsten den Sammlern anzulasten, denn die Mehrzahl dieser Hobbyisten begnügt sich in der Regel mit relativ geringzahligen Kollektionen. Es sind indes die Muschel*jäger*, die sich massiver Eingriffe in fragile Lebensräume schuldig machen, indem sie Muscheln zu Tausenden an die Oberfläche fördern. Egal, ob diese für den Händler und letztlich Sammler von Interesse sind: Sterben müssen sie auf alle Fälle. Schwer zu sagen ist allerdings, ob durch diese Aktivität ganze Gattungen dieser Lebewesen zum Aussterben verdammt oder bereits verschwunden sind. Um die Mitte des 19. Jahrhunderts wurde - vor allem im indischen und afrikanischen Kolonialbereich Großbritanniens - sogenanntes Kaurigeld (aus eben diesen Muscheln, siehe unten) als reguläre Währung verwendet. *Milliarden* von Kauris dienten allein zur Zahlung von Steuern; von einem einzigen afrikanischen König wird berichtet, daß er (1850) der britischen Krone 300 Millionen Exemplare abzuliefern hatte. Man kann sich vorstellen, daß auf den damaligen Muschelbänken ein emsiges Leben und Treiben herrschte. Daß Kauris jedoch nach wie vor in beeindruckender Zahl existieren, sollte optimistisch stimmen. Dies ist jedoch kein Grund, die heute bestehenden Bestände durch exzessive Sammeltätigkeit erneut zu belasten. Es haben sich nämlich seit der »Kaurizeit« diverse andere Faktoren hinzugesellt, die der Muschelwelt das Leben schwer machen - Gewässerverschmutzung, um einen zu nennen. Ich möchte deshalb anregen, anstelle des *Sammelns* von Muscheln dieselben lediglich zu *beobachten,* ganz ähnlich wie Vögel im Kapitel *Birdwatching,* und darüber ganz nach Art des seriösen Sammlers Buch zu führen. Weshalb sollte man an Muscheln in der freien

Natur weniger Freude haben als durch das Aufbewahren ihrer toten Skelette in Kästen und Schubladen? Und noch eines: Der Tag kommt, und er ist nicht fern, da Muscheln mit Gewißheit in das Washingtoner Artenschutzabkommen eingebunden werden. Für diejenigen, die dann immer noch als Sammler Muscheln anhäufen wollen, wird's dann unter Umständen mühsam und teuer!

Was Muschelsucher beachten sollten

Wie anderen Lebewesen im Meer kommen Mollusken wichtige Funktionen in den Abläufen des biologischen Unterwassergeschehens zu. Manche dieser wunderlichen Tiere sind bedeutende Bestandteile der Nahrungskette, andere bewahren Korallenriffe vor tödlicher Überalgung, weitere wiederum gelten als Vernichter spezifischer Schädlinge. So zum Beispiel ist das Tritonshorn einer der äußerst raren natürlichen Feinde des riffzerstörenden Dornenkronenseesterns (siehe Kapitel »Tauchen«). Von vielen anderen Arten ist mit Sicherheit noch gar nicht bekannt, welche unersetzliche Rolle sie im marinen Leben spielen. Schon deshalb ist für den *Shellwatcher* größte Behutsamkeit angebracht.

Bemüht Euch im kleinsten Rahmen um Erhaltungsbewußtsein! Wenn Ihr lediglich im flachen Wasser einer Lagune unter molluskenträchtige Steine späht, so gebt jedem umgedrehten Brocken seine ursprüngliche Lage wieder. Das Kleingetier auf seiner Unterseite ist sonst zum Untergang verdammt. Trampelt nicht auf Korallenriffen herum. Nicht nur läßt jeder Fußtritt irreparable Schäden in der Riffstruktur zurück, sondern Ihr gefährdet Euch auch selbst, todbringend womöglich (siehe Kapitel »Tauchen«). Wer nur auf ein Ferienmitbringsel aus ist, sollte sich jegliches makologische Forschertum überhaupt verkneifen. Tote Gehäuse liegen nämlich massenweise am Strand verstreut, keine Insel ist ohne sie. Zwar sind sie nicht mehr ganz »postfrisch«, aber immer noch ansehnlich und mitnehmenswert. Sie kosten auch nichts und stinken zudem garantiert nicht zwei Wochen lang. Und kein grimmiger Inspektor wird Anstoß an ihnen nehmen, denn ihre Mitnahme ist vollkommen legal...

> Jedermann auf den Philippinen wird nachsichtig lächeln, wenn Ihr ein paar Muscheln vom Strand aufklaubt. Eine ganze Industrie, die Perltaucherei, hat ja auch direkt mit Muscheln zu tun und lebt in großem Umfang von ihnen. Falls Ihr jetzt aber auf den Gedanken kommt, ein komplettes Schiff auszurüsten, um in großem Stil auf die Muscheljagd zu gehen, handelt Ihr Euch Ärger ein. Nicht nur im Sinne alles Obengesagten. Ihr verstoßt auch massiv gegen bestehende Artenschutzgesetze der Philippinen. Wie verwerflich es ist, wenn Filipinos auf illegale Art mengenweise Muscheln zutagebaggern, sei einmal dahingestellt. Fremden will man dieses Privileg aber keineswegs überlassen. Wenn Ihr dabei geschnappt werdet, sind Boot und Ausrüstung unter Umständen futsch. Also laßt es bleiben. (Ich erwähne dies aus gegebener Veranlassung; alles schon vorgekommen - »um ein Geschäft zu machen«).

Lokale Vorkommen

Der philippinische Archipel weist eine der größten Artenvielfalten der Welt an »beschalten Mollusken«, so das Fachwort, auf. Die meisten davon sind *Gastropoden* (Schnecken), ein minderer

Teil *Pelecypoden* (Klappmuscheln). Eine Sonderstellung nimmt der Nautilus ein, der sich zu den *Cephalopoden* (Kopffüßern) zählt, zu denen auch die Kraken und Tintenfische gehören. Weit über 5.000 Arten sind wissenschaftlich erfaßt. Fachleute schätzen jedoch, daß mindestens die gleiche Anzahl noch nicht endgültig klassifiziert ist. Die meisten Arten stehen zwar zu Buch, doch an einem einheitlichen System für ihre Einordnung wird immer noch gearbeitet. Mitunter werden auch gänzlich neue Arten entdeckt, natürlich wahre Leckerbissen für den ernsthaften Sachkenner. Wer sich aufs makologische Metier versteht, kann immer mit der Möglichkeit rechnen, eine bisher unbekannte Art aufzufinden und rechtens nach sich selbst zu benennen. Japanische Muschelfans, sowohl Fachleute als auch engagierte Amateure, haben sich in den letzten Jahren auf den Philippinen ganz besonders hervorgetan.
Der Entdeckungslust sind insofern keine geographischen Grenzen gesetzt, als der größte Teil der philippinischen Mollusken ziemlich gleichmäßig über den ganzen Archipel verteilt ist. (Ausnahmen sind nachstehend gesondert erwähnt. Berichte über ungewöhnlich häufiges Vorkommen mancher Arten müssen nicht unbedingt auf ideale Habitatbedingungen hindeuten, sondern reflektieren oft nur die Ergebnisse organisierter und somit intensiverer Fangtätigkeit). Was in den Geschäften in Manila und Cebu (noch) zum Kauf angeboten wird, stammt vornehmlich von der letzteren Insel, von Bohol, Ostsamar, dem Davao-Golf und dem Sulu-Archipel, selbiger ein wahres Muschelparadies mit einer weltweit unübertroffenen Vielfalt einmaliger Arten und Farben. Von einer Wunderwelt sprechen Makologen auch im Hinblick auf die wenig bekannten Gewässer und Inseln nördlich von Luzon.

Es würde angesichts des kaleidoskopischen Formen- und Artenreichtums zu weit führen, in diesem Kapitel auch nur den oberflächlichen Versuch einer Katalogisierung anstellen zu wollen. Der Text gibt aus gutem Grund nur eine Übersicht über einige der wichtigsten und interessantesten Gattungen und Arten von Gastropoden. Damit sollen dem aktiv Suchenden ein paar nützliche Anregungen zugänglich gemacht werden. Zur Erleichterung der Kommunikation auf den Philippinen sind Artenbezeichnungen auch in englischer Sprache aufgeführt.

Buccinidae
Wellhornschnecken; engl. *whelks*.
Mit über 400 Arten sind die Wellhornschnecken eine wahre Großfamilie, deren Vertreterinnen von arktischen bis tropischen Gewässern auf der ganzen Welt zu finden sind. Im Gegensatz zu Kaltwasserarten sind tropische Exemplare farbenfrohe Geschöpfe, und die Artenvielfalt ist erheblich.
Die rund 60 philippinischen Arten kommen zumeist in relativ flachem Wasser vor. Alle Bucciniden sind Fleischfresser.

Buccinidae
(Melongena pugilina)

Bursidae
Froschschnecken; engl. *frog shells*.
Die Familie Bursa, die im südostasiati-

schen Raum mit mehreren Gattungen und rund 60 Arten vertreten ist, stellt einen typischen riffbewohnenden Clan dar. Kleinere Exemplare dieser Gruppe findet man oft unter Steinen im flachen Wasser von Rifflagunen. Alle sind durchweg solide und dickschalig konstruiert.

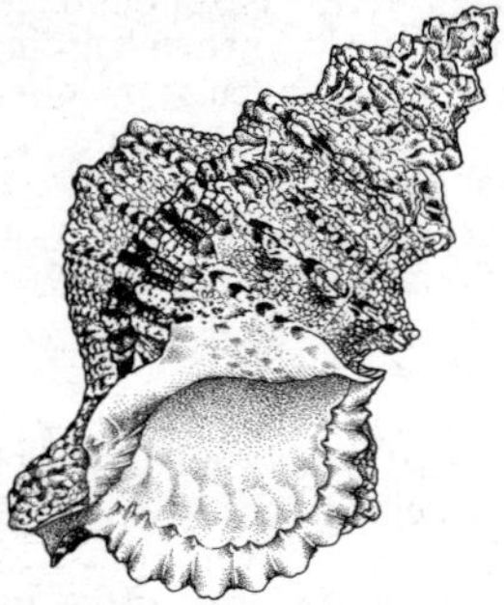

Bursidae
(Bursa bubo)

B. bubo, mit bis zu 25 Zentimeter Länge das größte Familienmitglied, wird noch heute in philippinischen Dörfern als Öllampe benutzt.

Cassidae

Helmschnecken; engl. *helmet shells.*
Die großen, massiven Helmschnecken sind in den Tropenmeeren zu Hause und waren früher charakteristische Vorzeigestücke von großer Fahrt heimkehrender Seeleute. Um die Jahrhundertwende gehörte ein solches Exotikum auf jeden Kaminsims oder zumindest in den Vorgarten.
Trotz ihrer massiven Abmessungen stellen Helmschnecken keine ungewöhnlichen Kreaturen im Muschelreich dar. Die meisten Arten sind auch nicht sehr selten und lassen sich ziemlich leicht erspähen: Cassiden halten sich vornehmlich in flachem Wasser auf, wo sie sich von Seeigeln ernähren. Mit Einschluß der verwandten Gattung

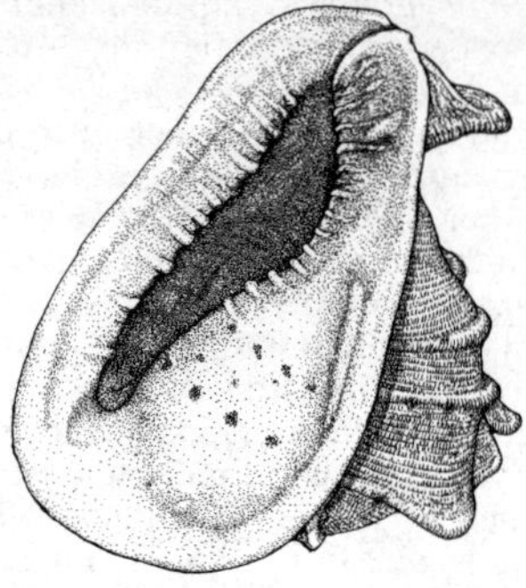

Cassidae
(Cassis cornuta)

Phalium gibt es auf den Philippinen etwa 50 Arten. *C. cornuta* ist übrigens das berühmte Muschelhorn, in weiten Landesteilen *budióng* genannt. Früher ließ man es erschallen, wenn ein Feind sich näherte, heute noch machen ambulante dörfliche Fischverkäufer damit auf sich aufmerksam.

Conidae

Kegelschnecken; engl. *cone shells.*
Coni sind insbesondere bei Deutschen sehr beliebt. (Siehe auch Anmerkung weiter unten). Es gibt rund 400 Arten auf der Welt, von denen über 200 auf den Philippinen vertreten sind. Der Gattung *Conus* gebührt spezielle Beachtung, denn

Vorsicht: Kegelschnecken gehören zu den attraktivsten Vertreterinnen der Molluskenwelt, gleichzeitig aber auch zu den gefährlichsten. Alle 400 Arten besitzen an ihrem unteren (schmalen) Ende eine Injektionsapparatur, die für die Jagd auf kleine Fische und andere Meereslebewesen einschließlich der eigenen Art eingesetzt wird. Im Falle der Bedrängnis dient sie der Schnecke aber auch als Defensivwaffe. Auf den Phi-

a b c d e

Gefährliche Kegelschnecken

a *C. aulicus*
b *C. geographus*
c *C. striatus*
d *C. textile*
e *C. tulipa*

lippinen steht eine Anzahl Todesfälle von Muschelsuchern (vornehmlich Kindern) zu Buch, die diese Schnecke auflasen und nachlässig handhabten (z. B. in die Hosentasche steckten).
Nicht alle Kegel sind wirklich fürchtenswert. Die gefährlichsten Arten sind oben im Bild wiedergegeben.
Alle bescheinigten Todesfälle gehen auf *C. geographus* zurück, dessen Gift offenbar von besonderer Intensität ist. Die Schnecke ist Riffbewohnerin und (wie die meisten anderen Coni) auch in flachem Wasser häufig. Bei den Inselchen Kabul-An und Kuwamin bei Bohol existieren wahre »Muschelminen« dieser Spezies. Kegelschnecken aller Arten sind jedoch im ganzen Archipel zu finden.
Man kann Kegelschnecken unbesorgt am oberen (stumpfen) Ende anfassen. Mehrere Arten dienten mir (gekocht) sogar als Survivalnahrungsquelle.
Der Stich einer Kegelschnecke löst innerhalb kürzester Frist heftigste Schmerzen, Übelkeit, Sehstörungen, Schwindel und Lähmungserscheinungen aus. Letztere können bei Übergriff auf die Atmungsorgane unter Umständen zum Tod des Gestochenen führen. Es gibt keine spezifischen Hilfsmaßnahmen! In vereinzelten Fällen wurde von Linderung durch Abbinden und Eintauchen des betroffenen Gliedes in entweder sehr kaltes oder sehr heißes Wasser berichtet. Künstliche Beatmung ist dringend erforderlich, falls

die Lunge stehenbleibt. Spätere Fachhilfe, nach der unbedingt Ausschau gehalten werden sollte, ersetzt diese Sofortmaßnahmen im Feld nicht!

Cymatiidae
Trompetenschnecken: engl. *Triton trumpets.*
Von den großen Trompeten gibt es weltweit weniger als ein Dutzend Arten. Nennenswert auf den Philippinen ist vor allem *Charonia tritonis,* das große Tritonshorn, mit bis zu 60 Zentimetern Länge eine gewaltige Muschel. Alle Arten dieser Gruppe kommen im Bereich von Korallenriffen vor, oft in relativ flachem Wasser.

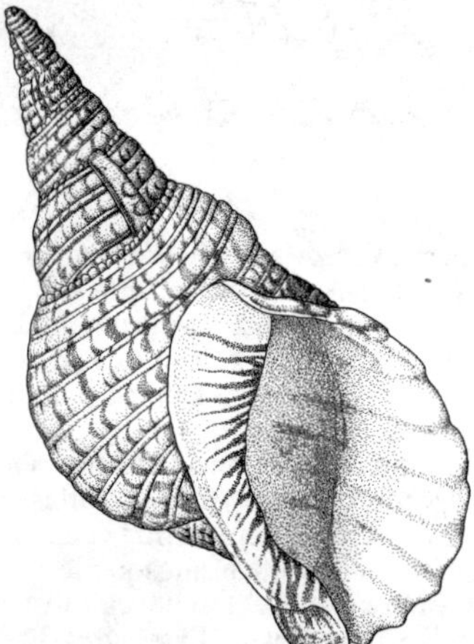

Cymatiidae
(Charonia tritonis)

Die Trompeten gelten als Erzfeinde des riffzerstörenden Dornenkronenseesterns (siehe Kapitel »Tauchen«) und sind daher äußerst nützliche Lebewesen, die man in ihrer natürlichen Umwelt in Frieden lassen sollte. Auch die Trompeten, wie ihr Name besagt, wurden im pazifischen Raum seit alten Zeiten als Schallinstrument benutzt. Noch heute hört man das dumpfe »uhhuh« dieses »Nebelhorns« auf philippinischen Fischerbooten.

Cypraeae
Kauri- oder Porzellanschnecken; engl. *cowries.*
Kauris zählen zu den Aristokraten der Molluskenwelt. (Linguisten mögen an dieser Behauptung Anstoß nehmen, denn *porcelain* heißt ursprünglich »Schweinchen«. Von der rundbuckligen, glattwandigen, weißen Kauri stammt, kaum zu glauben, der Begriff unseres heutigen Porzellans). Global gibt es etwa 160 vorwiegend tropische Arten, einen großen Teil davon auf den Philippinen. Und dort wiederum weitgehend auf den Mittel- und Ostteil beschränkt (Cebu, Bohol, Ostküste Luzon bis Südspitze Mindanao). *C. aurantium,* die berühmte »goldene Kauri«, wird nur in Ostsamar, Süddavao und in der Sulu-See gefunden. Der Großteil der bislang gefundenen Goldkauris stammt wiederum vom Südzipfel Samars (bei Guiuan), wo die Schnecke in 30 bis 200 Metern Tiefe zu Hause ist. In den 70er Jahren machte diese Region einmal insofern von sich reden. Bei Sulangan, genau genommen auf Candulom Island gegenüber von Sungi Point, wurden mehrere goldene Kauris von tollkühnen Tauchern auf Anhieb entdeckt. Der Heilige St. Anton, Schutzpatron des Dorfes, hatte sie wohl dort hingeführt. Doch dann war wieder Ruhe. Wie selten *C. aurantium* auf den Philippinen ist, läßt sich schon am Fundjahr des ersten Exemplars und den Begleitumständen ermessen: 1966 wurde die Muschel aus dem Magen eines in der Sulu-See gefangenen Fisches zutagegefördert. Sie ist heute als Kuriosum im Museum von Delaware in den USA ausgestellt. *C. corterii,* eine andere rare Art, ist auf Gewässer um Balut Island (Davao del Sur) beschränkt.

Seltene Kauris im Bereich Cebu/Bohol

C. *leucodon* Broderip
C. *valentia* Perry
C. *guttata* Gmelin
C. *teramachi* Kuroda
C. *hirasei* Roberts
C. *sakurai* Habi
C. *porteri* Cate
C. *katsue* Kuroda
C. *musumea* Kuroda & Habe
C. *martini* Schepman
C. *contaminata* Sowerby
C. *becki* Gaskoin
C. *rabaulensis* Schilder
C. *langfordi* Kuroda
C. *saulae* Saule

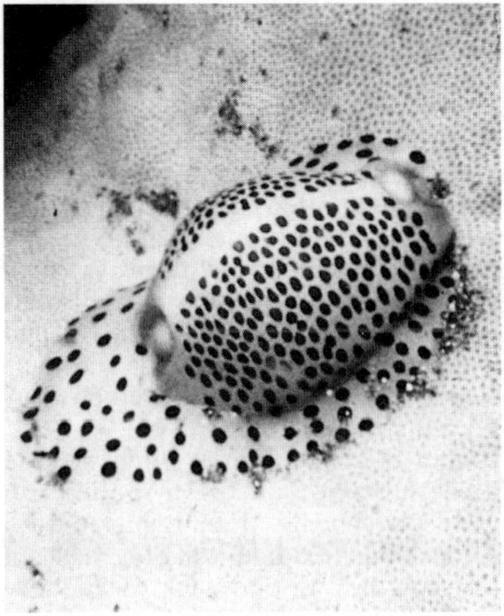

Lebende Kauri

Die klassische Schlichtheit der Form, durch die sich die Kauri auszeichnet, hat die Menschheit von Anbeginn fasziniert. Aus Kauris gefertigte Ornamente trug man, wo immer die Schnecke existierte, schon in der Frühsteinzeit. Zum Thema »Kaurigeld« waren eingangs schon ein paar Anmerkungen gemacht worden. Heute gehören die farbensprühenden oder auch rein weißen Gebilde unter Materiekennern weiterhin zu den beliebtesten Objekten der Muschelwelt.
Im Gegensatz zu den meisten anderen Schnecken können Kauris ihr gesamtes Gehäuse mit einem fleischigen »Mantel« überziehen, der zur Tarnung dient und das Tier wahrscheinlich vor Verletzungen schützt. Dies ist der Grund, weshalb Kauris auch ohne menschliches Zutun stets wie auf Hochglanz poliert erscheinen - zweifellos ein wesentlicher Beitrag zu ihrer Popularität.

Harpae
Harfenschnecken; engl. *harps.*
Diese überaus formschöne Gattung ist auf den Philippinen mit fünf Arten vertreten, die auf Anhieb kaum voneinander zu unterscheiden sind. Die Rükkenansicht aller fünf Arten ist praktisch die gleiche. Nur die braunen Markierungen der Innenseite geben Aufschluß, welche Spezies man vor sich hat. Wer eine Harfenschnecke identifizieren möchte, ist deshalb auf Spezialliteratur angewiesen.

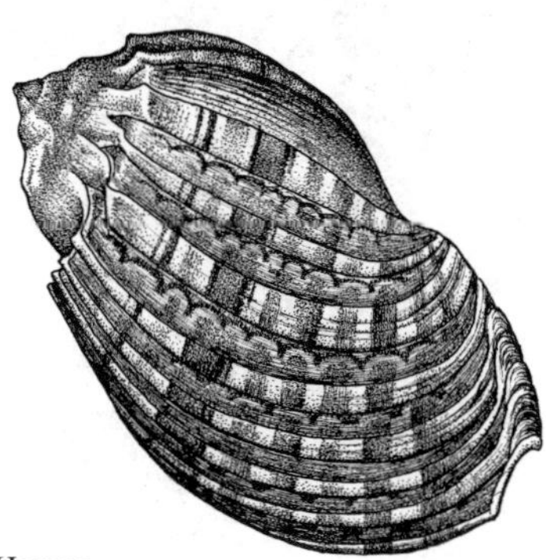

Harpae
(Harpa major)

Mitridae

Bischofsmützen; engl. *mitres,* am. *miters.*

Mit über 600 Arten, 400 allein im Bereich der Philippinen, stellt die Familie *Mitra* eine der diversifiziertesten Gruppen von Gastropoden dar. Bischofsmützen, aus gutem Grund so genannt, bewohnen vor allem warmes Flachwasser, wo sie sich mit Hilfe eines langen Rüssels von Würmern und anderen Muscheln ernähren. Die meisten Arten hausen unter Steinen oder graben sich flach im Sand ein.

Immer noch, scheint's, bietet gerade diese Gruppe von Gastropoden ein vielversprechendes Betätigungsfeld für entdeckungsfreudige Makologen, denn Mitren sind ein verzwicktes Sachgebiet mit zahlreichen, wenig eingliederungsfreudigen Unterabteilungen. Manche Gattungen und Arten ähneln aufs Haar Kegel-, Oliven- und Strombusschnecken. Doch gerade diese Besonderheiten machen den Komplex Mitra so reizvoll.

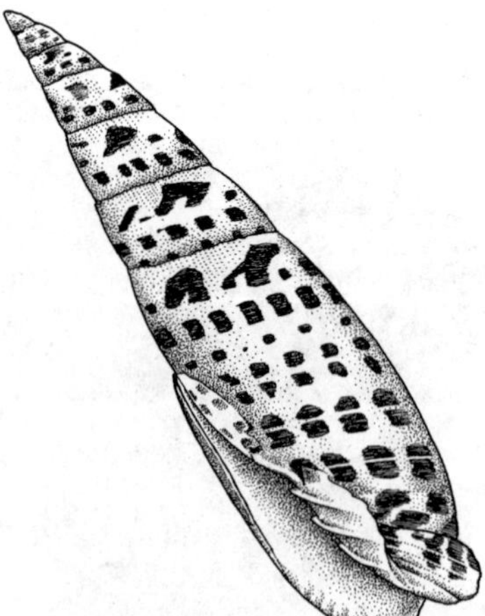

Mitridae
(Mitra mitra)

Muricidae

Murex- oder Stachelschnecken; engl. *murex shells.*

Murexschnecken fallen durch ihre bizarren Formen und das zumeist stachelbewehrte Äußere auf. Der Clan ist einer der größten in der Muschelwelt. Allein auf den Philippinen gibt es zwölf oder 13 Gattungen mit ungefähr 200 Arten. (Die Illustration zeigt ein Exemplar einer typischen Gattung, die aus etwa 20 Arten zusammengesetzt ist).

Die Familie *Murex* bewohnt einen weiten Bereich des Tiefenspektrums im Meer. Manche Arten sind im Schlick des Mangrovenvorlandes zu finden, andere in mehreren hundert Metern Tiefe. Alle Arten sind fleischfressend und fügen stellenweise der Perl- und Austernfischerei erheblichen Schaden zu.

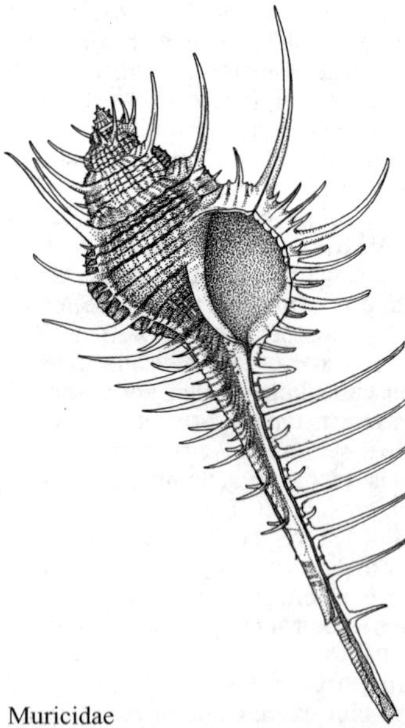

Muricidae
(Murex troscheli)

Wer eine Murex fotografieren möchte, sollte darauf achten, daß das fragile Stachelkleid der vorliegenden Schnekke unbeschädigt ist. Gleich einer schlecht gezähnten Briefmarke verliert das Schnecke andernfalls nämlich um ein Vielfaches an Ansehnlichkeit.

Olividae

Olivenschnecken; engl. *olives.*
Die farbenprächtigen, wie poliert erscheinenden Gehäuse von »Oliven« sind weltweit in den Tropen vertreten, vornehmlich im indopazifischen Raum. Auf den Philippinen gibt es rund 40 Arten. Oliven bewohnen den Sandboden flacher Gewässer, wo sie sich von Aas und kleineren Mollusken ernähren. Philippinische Fischer stellen ihnen am späten Abend und bei Niedrigwasser mit einem Miniaturangelgerät nach.

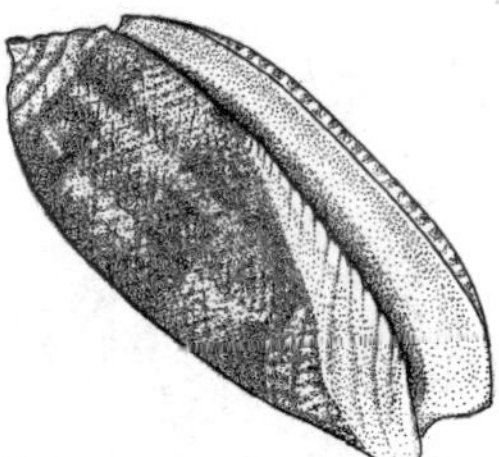

Olividae
(Oliva reticulatus)

Olivenschnecken wurden noch vor einigen Jahren vielfach zu Modeschmuck *(puka shells)* verarbeitet, für den man sic als Zentnerware vom Seeboden heraufbaggerte. Diese Art von Schmuck ist mittlerweile internationaler Ächtung anheimgefallen, das Gewerbe tot. Man erkennt an diesem Beispiel, wie schnell sich auf dem »Muschelmarkt« etwas grundlegend ändern und einem Geschäftemacher auf diesem Gebiet über Nacht die Petersilie verhagelt werden kann.

Phalidae

Haubenschnecken; engl. *bonnet shells.*
Die Gattung *Phalium* gehört zu den Helmschnecken, ist jedoch weitaus zierlicher und kleinformatiger. Schön gemusterte Arten kommen aus dem indopazifischen Raum, insbesondere von den Philippinen.

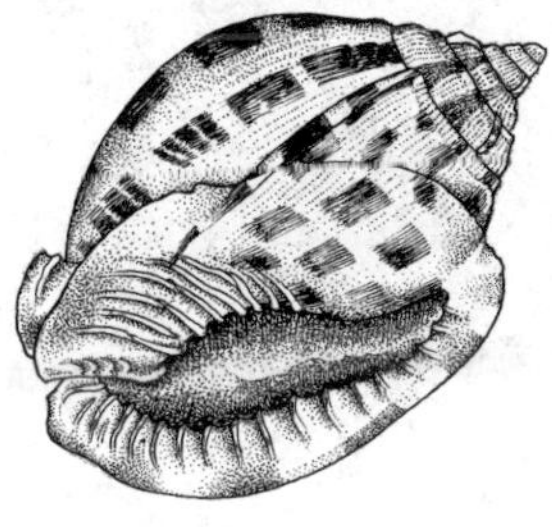

Phalidae
(Phalium areola)

Strombidae

Strombusschnecken; engl. *conchs.*
Gleich den Helmschnecken ist die Familie *Strombus* massiv, schwer und dickwandig gebaut. *S. gigas,* die größte Art, ist von jeher eine beliebte Ornamentalmuschel gewesen. Typisch ist die weit aufklaffende Öffnung und die solide Außenlippe.
Im Gegensatz zu anderen Gastropoden kriechen *Strombidae* nicht schneckengleich dahin, sondern »hüpfen« vorwärts, indem sie einen »Fuß« ausfahren und das Gehäuse wechselweise anheben und fallen lassen.
Alle Strombusschnecken sind Fleischfresser und bewohnen flaches Wasser. Zur gleichen Familie gehören Lambidae (Fingerschnecken); engl. *spider conchs.* Sie sind mit zehn Arten im Indopazifik vertreten. *Lambis lambis,* die häufigste Art, ist auf manchen Korallenriffen massenhaft zu finden. (In Asche gebacken schmeckt *L. lambis* übrigens ganz vorzüglich). Keine Angst

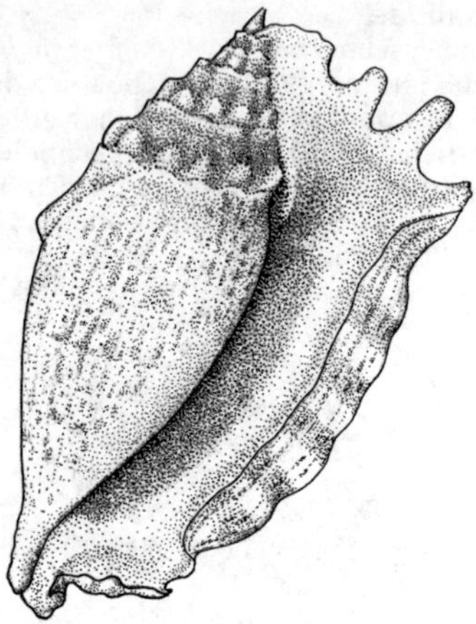

Strombidae
(Strombus sinuatus)

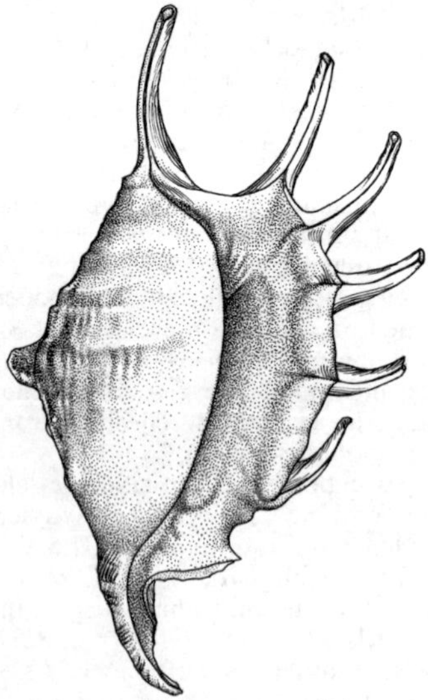

Lambidae
(Lambis lambis)

vor dem fußartigen Sporn dieser Muschel, mit dem sie sich mutig verteidigt. Er ist nicht giftig.

Terebridae
Schraubenschnecken; engl. *augers.*
Die mit rund 300 Arten in allen tropischen Meeren vertretene Familie *Terebra* dürfte die elegantesten von allen molluskischen Formen hervorbringen. Schraubenschnecken bewohnen Sandböden zwischen einem und 20 Meter Tiefe und lassen sich leicht von Tauchern entdecken, die den Sand einfach durchseihen.

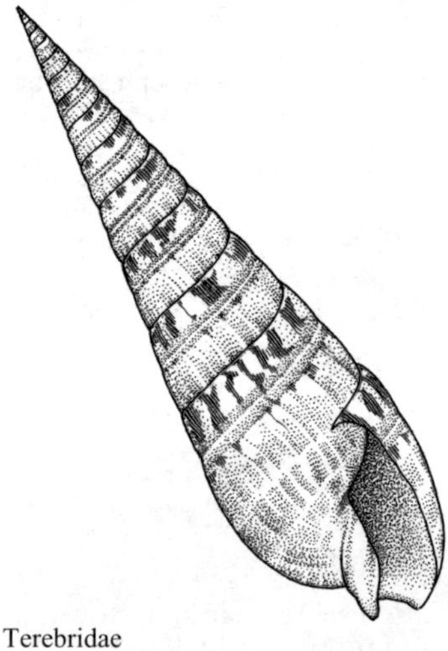

Terebridae
(Terebra maculata)

Vorsicht: Terebrae besitzen eine den Kegelschnecken ähnliche giftige Injektionsapparatur. Zwar ist mir kein einziger Fall bekannt, in dem das Tier seinen Injektor defensiv zum Einsatz gebracht hätte, doch vorsichtige Handhabung kann nicht schaden. Bei einem etwaigen Unfall (es gibt immer ein erstes Mal): Siehe Kegelschnecken.

Sehr ähnlich sind Turmschnecken *(Turitellidae);* etwa 50 tropische Arten.

Trochidae

Kreiselschnecken; engl. *top shells.*
An die 1.000 Arten dieser Mollusken mit schweren, konischen Gehäusen existieren weltweit. Auf den Philippinen gibt es wahrscheinlich zwölf. Doch zahlreiche winzig kleine, zum Teil noch gar nicht etymologisch erfaßte Spezies erhöhen die Gesamtzahl womöglich auf über 50. Am bekanntesten ist die Eckmundschnecke *(Trochus niloticus),* aus deren Gehäusen man einstmals Knöpfe fertigte und die deshalb tropenweit intensiv gejagt wurde. Es ist eines der (wenigen) Verdienste der Kunststoffindustrie, daß dieser Schnekke heute wieder eine »Atempause« vergönnt ist. Trotzdem hat sie zahlreiche natürliche Feinde: Seeigel und -sterne, selbst Einsiedlerkrebse knakken sie.

Trochidae
(Trochus niloticus)

Alle Kreiselschnecken sind Vegetarier und auf schlammigen oder sandigen Böden zu Hause.

Turbinidae

Turbanschnecken; engl. *turban shells.*
Gleich den Kreiseln zeichnet sich die Familie *Turbo* durch solide, meist konische, aber halt turbanartig gewundene Gehäuse aus. Rund 500 Arten sind weltweit vertreten, zehn oder zwölf auf den Philippinen. Typisch für Turbanschnecken ist der massive Verschlußdeckel, innen flach und außen konvex, der die relativ große Öffnung verschließt und bei manchen Arten attraktiver ist als die Muschel selbst.
Am bekanntesten ist das blaugrüne »Katzenauge« der *T. petholatus,* das für Schmuckzwecke verwendet wird.

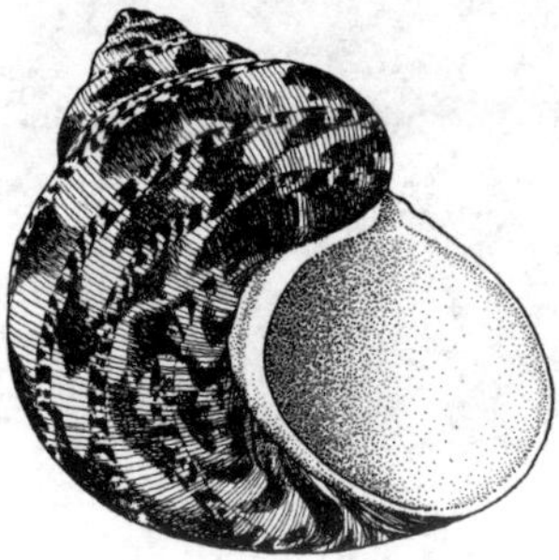

Turbinidae
(Turbo petholatus)

Einem eher recht ausgefransten Turban ähnlich sehen die Gehäuse der familiennahen Gattung *Angaria.* Indes: Nicht immer ist es ein glanzvolles Äußeres, welches den Seltenheitswert einer Muschel bestimmt. Für die unscheinbare *A. vicdani,* eine auf den Philippinen endemische Art (nachstehend abgebildet), darf sich jeder Muschelsucher einen besonders dicken Punkt anrechnen!

Volutidae

Rollschnecken; engl. *volutes.*
Die Vertreterinnen der Familie *Voluta* gehören zu den prächtigsten Muscheln der Welt. Ausschlaggebend für diesen Rang der aus rund 200 Arten bestehen-

Attraktive und seltene philippinische Muscheln und Schnecken

a Pterynotus miyokoe
b Angaria vicdani
c Conus kuroharai*
d Conus sulcocastaneus
e Conus gloriamaris
f Aulica aulica
g Conus thomae*
h Conus dusaveli
i Conus bullatus
j Cypraea guttata*
k Cypraea langfordi*
l Cypraea valentia*
m Cypraea aurantium
n Cypraea leucodon*

*) sehr selten

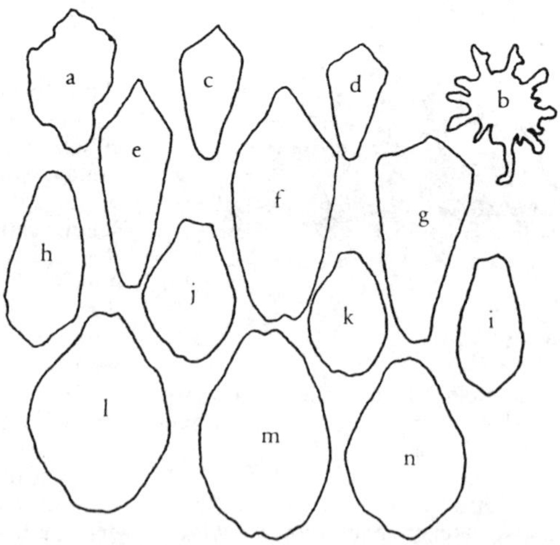

den Molluskenschar ist vor allem die Größe ausgewachsener Exemplare (bis zu 35 Zentimeter) und die außergewöhnliche Schönheit der Farbe und des Musters.
Die meisten Rollschnecken leben in flachen tropischen Gewässern. Besonders Australien ist für seinen Artenreichtum bekannt. Lediglich ein halbes Dutzend Arten kommt auf den Philippinen vor, allerdings auch die attraktivsten und seltensten: *Aulica aulica* (siehe Abbildung) und *A. imperialis,* beide eng verwandt mit den Voluten, sind einsame Spitze im Molluskenreich!

Suchmethoden

Unmittelbar jenseits des Strandstreifens besteht die simpelste Methode darin, über einem flachen Riff- oder Sandareal gemächlich mit Taucherbrille und Schnorchel dahinzuschweben und alles Muschelartige aufs Korn zu nehmen und in einem wasserfesten Notizbuch (gibt's in Tauchergeschäften) festzuhalten. Für tiefer angesiedelte Arten wird man allerdings bald die Aqualunge anlegen müssen, um in den engen Spalten und Löchern des Korallenriffs die Beute auszuspähen. Da man normalerweise ohnehin zu zweit taucht, kommt dieses Arrangement der Beobachtungstechnik bestens zugute: Wie beim *Birdwatching* gibt es einen »Entdecker« sowie eine weitere Person, die den Fund bestätigt. Auch hier gilt: Nicht sich selbst in die Tasche lügen!
Natürlich kann der Taucher den Tieren nicht über die durch die Wassertiefe gesetzten physiologischen Grenzen seiner Atemmaschinerie folgen: Bei etwa 50 Metern ist Schluß. Aus tieferem Wasser wird er seine Muscheln zunächst an die Oberfläche befördern müssen, um sie dort zu begutachten, sie zu identifizieren und seinen Unterlagen anzuvertrauen. Dazu muß er sie zunächst einmal *fangen.* Keine Sorge: Er läßt sie dann wieder frei - oder zumindest bitte ich sehr dringend darum! Und ich glaube kaum, daß das Erlebnis den Tieren einen traumatischen Schock versetzt. Sie schocken sich, wenn man's genau betrachtet, eigentlich auch ständig gegenseitig, denn einer frißt den anderen...
Die Fangmethoden richten sich nach den Lebens-, vor allem aber Ernährungsgewohnheiten der Tiere. Manche Gerätschaften, um ihrer habhaftig zu werden, sind sehr simpel. Fleischfressende Arten kann man mit einem langen, schmalen Netz erbeuten, das man auf dem Boden verankert und einige Tage stehen läßt. Das Gewicht von Fischen, die sich in ihm verfangen, drückt das Netz zu Boden, wo es alsbald von hungrigen Mollusken erklommen wird. Schließlich wird die ganze Anordnung an die Oberfläche gehievt. Ein kleines köderbestücktes Ringnetz tut in minderem Maßstab die gleichen Dienste.
Die Wahl des Köders erfordert Spezialkenntnisse. Für manche Arten ist das Feinste gerade gut genug. Den Nautilus zieht's vor allem zu zartem Froschfleisch, andere sind kannibalistisch veranlagt. Selbst Exotika wie Zuckerrohr werden hier und dort geschätzt!
Viele Mollusken nehmen jedoch mit weitaus Profanerem vorlieb. Die teuren Kauris - überwiegend Pflanzenfresser - grasen Tange ab und sehen in ein paar algenbewachsenen Palmwedeln offenbar wahre Leckerbissen. Ein entsprechend bestücktes Ringnetz, ein paar Tage auf 100 bis 200 Meter Tiefe belassen, kann zu angenehmen Überraschungen führen.
Man braucht sich übrigens nicht gar zu sehr beeilen, um eine erbeutete Muschel zu idenfizieren und gegebenenfalls zu fotografieren, bevor man sie in ihr Element zurückplumpsen läßt. Eine

Eine brauchbare Adresse
Muschelfans sollten nicht darauf verzichten, anläßlich eines Besuchs in Manila im *Carfel Shell Museum* vorzusprechen (1788 Mabini Street, Malate); Eintritt: 20 P.
Es handelt sich, ehrlich gesagt, im strengen Sinn um gar kein Museum, sondern um respektive Verkaufsräumlichkeiten, in denen Charlie und Fely Leobrera das Regiment haben. Dort kann man jederzeit sein makologisches Wissen über den Bereich der Philippinen auf den neuesten Stand bringen, ohne etwas kaufen zu müssen. Diverse internationale Fachzeitschriften lassen sich im CSM ebenfalls einsehen.

Stunde mindestens kommt sie ohne jegliches Wasser aus; legt man sie in einen Bottich, dann noch viel länger. Man halte das Tierchen aus dem kühlen Meer nur der brennenden Sonne fern, um sein Leben und Überleben zu gewährleisten!

Die größte Perle der Welt

Perlen: Die glänzenden Kügelchen sind geradezu synonym mit philippinischen Muscheln, denn die Perltaucherei wurde dort seit alter Zeit sehr intensiv betrieben. Die Muschelgründe des Sulu-Archipels haben insofern - immer noch - Weltgeltung, und wenn auch eine fühlbare Konkurrenz durch Zuchtprodukte entstanden ist, hat das Tauchen nach der wilden Perle dort weiterhin Tradition. Überlaßt die Tätigkeit und den Handel mit Perlen allerdings denen, die damit groß geworden sind. Es ist ein verteufelt hartes Brot, damit reich werden zu wollen, wie schon viele Südseefahrer vor Euch zu ihrem Leidwesen erkennen mußten. Es sei denn, man stößt auf einen ganz besonders dicken Brocken...
Die *Perle des Laotse* (oder *Allahs)* wurde am 7. Mai 1934 am Ufer von Oreng-Oreng bei Brooke's Point (Palawan) aus einer Tridacna-Riesenmuschel ans Tageslicht gefördert. Ihr Finder war Panglima Palam Pisi, zugegen war Mehilon Pisi, sein Enkelsohn. Die gewaltige Perlmutterknolle wog fast 6½ Kilogramm und wurde von Jung-Mehilon noch zum Kegeln benutzt. Dann schwatzte ein durchreisender Amerikaner namens Cobb den unbedarften Insulanern das Kleinod für ein paar schundige Gegengaben ab.
1980 wechselte die Perle erneut den Besitzer - und zwar in San Francisco, und für 200.000 US-Dollar. Inzwischen wird sie (laut Guinness-Buch der Rekorde) auf einen Schmuckwert von 40 bis 42 Millionen Dollar geschätzt. Die Pisi-Familie erhielt niemals einen Cent.

Nach Aussage philippinischer Händler zeigen Muschelliebhaber aus fremden Ländern markante und weitgehend übereinstimmende Präferenzen für gewisse Arten von »beschalten Mollusken«. Vielleicht ist eine sexuelle Symbolik, die den bizarren Gehäusen anhaftet, für ihre Begehrtheit verantwortlich. Fast ausnahmslos ziehen Italiener, engagierte Makologen, die warmen, fraulichen Formen und lockenden Öffnungen der Kauris vor. Deutsche begeistern sich mehr für die rigiden Kegel- und Schraubenschnecken. Amerikaner, gut gemischt, neigen in beide Richtungen. Was für ein Typus bist Du, lieber Leser - mehr der Muse als der Mathe zugeneigt? Ausnahmsweise lasse man einmal die Muschel sprechen, nicht die Sterne.

Und wenn schon, man ist auch so gut drauf, denn das Leben in Oreng-Oreng ist angenehm. Die Geschichte dieses Riesenklunkers enthüllt übrigens die ganze Narretei der schmuckbeflissenen und -versessenen Menschheit. Perlen sind unteilbar. Wer wollte sich denn einen 6½ Kilo schweren Stein an den Hals hängen, selbst wenn er Millionen wert wäre? 1983, beim ersten Erscheinen dieses Buches, wurde der Perle des Laotse überhaupt noch kein Schmuckwert zugemessen. Ein rares Objekt, schon. Doch nach dem Höhenflug, den die Perle gegenwärtig vollführt, wird sie eines Tages erneut auf der Erde landen müssen. Vielleicht, wie es wünschenswert erscheint, kegelt man dann wieder mit ihr.

Nützliches Vokabular

Muschel/n
Siyél/mgá siyéls
(Ursprung ist das englische Wort *shell,* weil auf den Philippinen jede Art anders bezeichnet wird und ein Überbegriff fehlt - nicht unüblich in außereuropäischen Sprachen. Gängig sind auch *kabibi* (Tagalog) und *síhi* (Visayan), doch auch hiermit werden nur bestimmte Untergruppen angesprochen).

Ich interessiere mich für Muscheln.
Mahílig akó sa mgá siyéls.
Können Sie mir bei der Suche nach Muscheln helfen?
Maaári bang tulúngan ninyó akóng maghanáp ng mgá siyéls?
Gibt es in dieser Gegend schöne Muscheln?
Mayroón ba dítong mgá magagandáng siyéls?
Sehen Sie sich dieses Bild an.
Tíngnan ninyó itóng laráwan.
Wird diese Art von Muscheln hier gefunden?
Ang mgá siyéls bang itó'y matatágpuán díto?
Findet man sie an einer bestimmten Stelle?
Nakikíta ba ang mgá itó sa isáng lugár lang?
Wo? Können Sie mir die Stelle zeigen?
Saán? Maaári bang itúro ninyó sa ákin ang lugár?
Beschäftigt sich hier jemand mit dem Fang von Muscheln?
Mayroón bang mgá táo díto na nangungúha ng mgá siyéls?
Kann ich bei einer Muschelfangreise mitmachen?
Maaári ba akóng sumáma sa pangungúha ng mgá siyéls?
Nein. Ich möchte keine Muscheln kaufen.
Hindí. Ayókong bumilí ng siyél.

Naturvolkkontakte

Etwa sechs Millionen Filipinos, immerhin gut ein Zehntel der Bevölkerung, haben weder Paß noch Personalausweis. Keine Geburtsurkunde belegt ihre Existenz, kein (sonst recht rühriges) Finanzamt hat sie erfaßt. Sie sind »Wilde«, »Primitive«, »Stämme«, »ethnische Minderheiten«. Und einem »richtigen« Filipino ist es furchtbar peinlich, mit ihnen verwandt zu sein.

Kann man da überregionale Solidarität zu aller Nutzen und Frommen erwarten? Die Mehrzahl der zivilisatorisch überlegenen, ursprünglich aus dem malaiischen Raum stammenden Flachländer verachtet die zum Teil auf urzeitlichem Niveau existierenden Waldmenschen von ganzem Herzen. Manche, selber fest daran glaubend, dichten ihnen sogar *Schwänze* an. Ein durchaus gebildeter Städter aus Mindoro schwor mir einen heiligen Eid, einmal eine Mangyanen-Toilette mit eigens ausgekehltem Halbrund hinten im Sitz gesehen zu haben: »Für den Schwanz,« - klar. Und: »Nenn' mich keinen Nigger!« fuhr mich bei einer anderen Gelegenheit ein Mädchen an, dem ich eher im Scherz eine Blutlinie zu den friedlichen Batak auf Palawan unterstellt hatte.

Die »Nigger«, die »Geschwänzten«, das sind die anderen, in ihrer Friedfertigkeit und Anspruchslosigkeit für dynamische Wirtschaftsformen Gefährlichen und deshalb Verteufelten. Wer sich kein Auto, keinen Fernseher wünscht, muß nach heutigen globalen Maßstäben ja auch irgendwie des Teufels sein, nicht wahr?

Doch die Verwandtschaft besteht, daran führt kein Weg vorbei. Obwohl man die Naturvölker des Archipels gern leichtfertig als ethnisch »andersartig« klassifiziert und ihnen eine vermeintlich überlegene Kultur weitgehend westlicher Prägung aufzudrängen versucht, halten die verachteten Urmenschen an Lebensgewohnheiten fest, die man ironischerweise typisch philippinisch nennen muß. Anthropologische Studien haben bewiesen, daß es trotz der großen Anzahl verschiedener ethnischer Gruppen weitaus mehr soziale und kulturelle Gemeinsamkeiten als Unterschiede zwischen allen (!) Philippinenvölkern gibt, die sich aus 85 deutlich gesonderten ethno-linguistischen Segmenten zusammensetzen.

Zu den Minderheiten rechnet man etwa 30 Völkerschaften. Daß sie inmitten eines ihnen völlig unverwandten Zeitalters *überhaupt* noch existieren, ist ein Kuriosum, das für die Philippinen spricht. Denn irgendwie scheint man sich trotz gerümpfter Nase doch entfernter Blutsbande bewußt zu sein. Nie gab es dort die Exzesse, die der weiße Mann anderswo auf der Welt unter vermeintlich kulturell Minderbemittelten veranstaltete. Im Gegenteil: Auf globaler Vergleichsebene geht es den philippinischen Naturvölkern eigentlich ganz gut.

Diese These wird natürlich mancher in Zweifel ziehen. Wie kann es jemandem gutgehen, der auf Steinzeitniveau lebt, der keine nennenswerten Besitztümer, ja, am allerschlimmsten nach hiesigem Verständnis, keine *Arbeit* hat? Gerade dieser letztere Punkt ist es aber, der die sogenannten Primitiven so sehr von den Neuzeitlern abhebt. Sie, die Jäger, Sammler und Ackerbauer, lehnen es ab, sich in eine Lebensart einspannen zu lassen, in der man als Knecht einem anderen dient und dafür Geld bekommt. Seit Urzeiten war nämlich nichts für sie wichtiger gewesen als das freie Leben in totaler Harmonie mit der Natur, egal, wie bescheiden dieses auch sein mochte. Insofern sind

sie uns mit unseren tausend Abhängigkeiten - vor allem vom Geld - in fast jeder Hinsicht unendlich überlegen. Wir sollten sie viel mehr studieren - nicht als akademische Erbsenzähler, sondern als Schüler - und ihnen helfen, ihre erschreckend dezimierten Lebensräume und -formen zu erhalten.
Während der Marcos-Ära wurden internationale Menschenrechtsorganisationen erstmalig auf das Schicksal der philippinischen Ethnien aufmerksam. Es zeigte sich, daß die traditionellen Stammesgebiete in einem Tempo schrumpften, wie es nur mit denjenigen der amerikanischen Indianer im letzten Jahrhundert zu vergleichen war. Eher noch übler dran waren die Minderheiten zu Cory Aquinos lascher Regierungzeit, die Lokalpolitikern und Militärs Gelegenheit gab, zu tun und lassen, was sie wollten.
Doch das Blättchen hat sich in allerjüngster Vergangenheit gewendet. Vielleicht gibt es sogar Grund für einigen vorsichtigen Optimismus. Denn die zuvor ständig benachteiligten Minoritäten haben inzwischen viele Parteigänger gefunden. Manche bunten Vögel sind darunter. Resolute Amerika-

»Edle Wilde«?

Mancherorts besitzen die Ethnien bereits mehr Rechte als die »Tagalogs«, wie sie die restlichen neun Zehntel der Bevölkerung nennen. Und sie machen - wer immer dahinterstecken mag - in beunruhigendem Maß Gebrauch davon. In manchen Bereichen des Landes haben sie einen Ruf als besonders schlimme Brandroder, und auch als illegale Fischer stehen sie vereinzelt an vorderster Front. Sollten die Urmenschen kurz vor ihrem allgemein befürchteten Aussterben noch zu Unmenschen werden?
»Edle Wilde« Rousseauschen Zuschnitts sind sie jedenfalls nicht. Was in diesem Sinne über sie geschrieben worden ist, stammt vorwiegend von satten Erstwertlern mit hundertfach abgedeckten Bedürfnissen und ohne Verständnis für die Nöte der »malaiischen« Filipinos - denn die haben auch welche. Die Geschichte geht ihren Gang, wie beklagenswert dieser auch immer sein mag; ein archipelweites »Schutzgebiet« ist nicht drin.
Manche Probleme sind zudem hausgemacht. Fotos erbarmungswürdig aussehender, schmutzverkrusteter Menschlein rühren ans Herz. Ausgestoßen aus der Gesellschaft müssen sie, scheint's, ein Leben im Dreck fristen. Man möchte etwas stiften, Wasser und Seife vielleicht. Doch dafür gäb's vermutlich keinen Dank: Die Mehrzahl der philippinischen Naturvölker ist ausgesprochen wasserscheu! Daß die peinlich auf Körperhygiene bedachten »Tagalogs« da schon mal die Nase rümpfen, ist ihnen nicht zu verdenken. Ich kann mich an eine Mangyanenfrau erinnern, die eine ganze Busladung von Passagieren nach Atem ringen ließ. Nach dem Problem befragt, erklärte sie seelenruhig, »das käme von dort unten...«
Bemühungen, insbesondere von Ausländern, solche »kulturellen Besonderheiten« für liebens- und erhaltenswert zu erklären, wirken lächerlich und abgeschmackt. Wenn die Minderheit mit der Mehrheit ersprießlich zusammenleben möchte, wird sie sich einen Teil derer Gebräuche annehmen müssen - wohl oder übel.

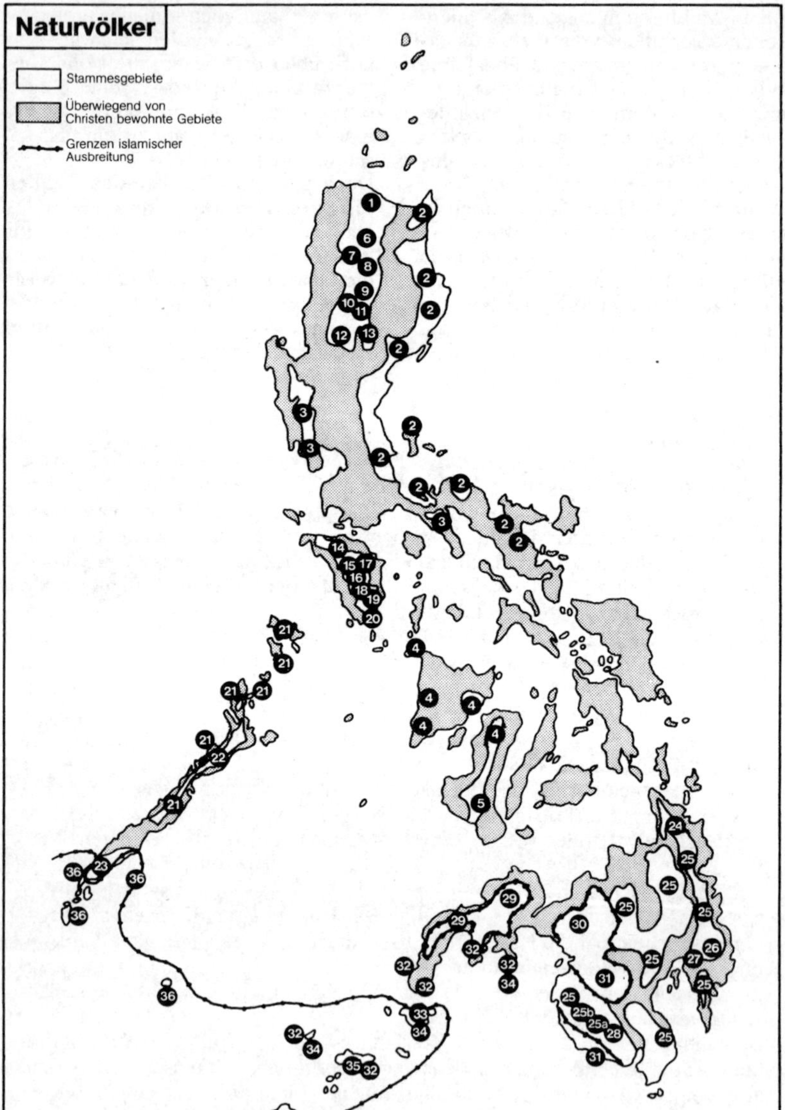
Naturvölker
Stammesgebiete
Überwiegend von Christen bewohnte Gebiete
Grenzen islamischer Ausbreitung

1 - 5: Negrito		**21 - 23: Palawanvölker**	
1	Atta	21	Tagbanua
2	Agta	22	Batak
3	Ayta	23	Tau't Batu
4	Ati		
5	Ata		
		24 - 29: Bergstämme Mindanaos	
6 - 13: Bergstämme Nordluzons		24	Mamanwa
6	Apayao	25	Manobo
7	Tingguian	25a	Manobo Blit
8	Kalinga	25b	Manobo Tasaday
9	Bontok	26	Mandaya
10	Kankanai	27	Mansaka
11	Ifugao	28	T'boli
12	Ibaloy	29	Subanun
13	I-wak		
14 - 20: Mangyan (Mindoro)		**30 - 36: Moslemvölker**	
14	Iraya	30	Maranao
15	Alangan	31	Magindanao
16	Batangan	32	Samal
17	Tadyawan	33	Yakan
18	Buhid	34	Badjao
19	Hanunoo	35	Tausug
20	Ratagnon	36	Jama Mapun

nerinnen tauchten Mitte der 80er Jahre in den Urwäldern Mindoros unter, um sich von Mangyan-»Kriegern« schwängern zu lassen - »zur Erhaltung des Genpools«. (War auch wohl wirklich nötig...). Heißohrige Ethno-, Sozio- und andere -logen aus westlichen Ländern, mit Entwicklungshelfern im engen Gefolge, gehören ebenfalls zu diesem scheckigen Haufen, auf dessen Einmischung manche Stämme wohl herzlich gern verzichten würden.

Auf einem höheren Niveau haben selbstlose Advokaten, Priester und Missionare erfolgreich die Menschenrechte von Minderheiten vor den Gerichten eingeklagt. Auch hat sich die NPA, einer brauchbaren Ideologie so gut wie verlustig, die Belange der dunkelhäutigen Verwandtschaft zur vordringlichsten Aufgabe der Gegenwart gemacht - mit vorzeigbaren Resultaten. Und zu guter letzt hat auch die bessergestellte philippinische Jugend ihre armen Mitbürger »entdeckt«, um, der eigenen elementaren Existenzsorgen ledig, endlich Front für sie zu machen. Denn jetzt, da der Wald fast verschwunden ist und mit ihm seine Bewohner in die Gefahr des Aussterbens geraten, fragen sich, dort wie hier, junge Leute immer öfter, ob der eingeschlagene Kurs mit seinen westlichen Werten auch wirklich der richtige sei. Philippinisches hat im Zeichen eines gesundeten Selbstbewußtseins erstmalig echte Priorität - hier und da keimt sogar so etwas wie Stolz auf die »ersten Filipinos« auf.

Philippinische Naturvölker

Negrito

»Kleine Neger« bedeutet das auf den ganzen Philippinen gebräuchliche Wort, und etwas Herabsetzung schwingt in ihm schon mit. Doch rein beschreibend ist der Ausdruck korrekt: Die Aeta (Sammelname), Agta, Ata, Ati, Atta, Batak, Dumagat und Mamanawa sind in der Tat kleinwüchsig, schwarzhäutig und kraushaarig. Sie gelten als die eigentlichen Ureinwohner des philippinischen Archipels; wahrscheinlich kamen sie in grauer Vorzeit, als die Inseln noch mit dem asiatischen Festland verbunden waren, aus dem indischen Raum. Von 50.000 Jahren ist die Rede. Als vor mehreren 100 Jahren die ersten Neusiedler aus dem Süden auf den Philippinen anlandeten, mußte die friedliche, naturgebundene Kultur der Aeta weichen. Und sie wich immer schneller. Zu Zeiten der spanischen Entdeckung lebten noch so viele Aeta im Lande, daß man eine große Insel - Negros - nur nach ihnen benannte. Auch Panay war großenteils von ihnen besiedelt. Im Ati-Atihan-Fest von Kalibo lebt die Tradition noch fort, aber eben nur in diesem kläglichen Nachklang.

Von den einst vielen sind heute lediglich etwa 15.000 reine Negrito übriggeblieben, weit über den Archipel verstreut und vornehmlich auf reservatartigem Grund und Boden lebend. Eine Assimilierung in die allgemeine Bevölkerungsstruktur fand schon wegen der verachteten Hautfarbe nur in geringem Maße statt. Zudem beraubt eine besondere Anfälligkeit für Alkohol, Fluch so vieler Naturvölker, auch die Negrito nicht nur ihrer angestammten Lebensgewohnheiten, sondern ihres Lebenswillens überhaupt.

Die ultimative Katastrophe brach 1991 mit der Eruption des Pinatubo über das Völkchen herein. An den unwegsamen Hängen des Vulkans lebte nämlich fast die Hälfte der philippinischen Gesamtpopulation. Eine erhebliche Anzahl Aeta, die nicht rechtzeitig evakuiert werden konnten (oder die sich weigerten, ihre letzte Zufluchtstätte zu verlassen), kam bei dem Ausbruch ums Leben. Die anderen wurden - wieder einmal - umgesiedelt, aber, Hand aufs Herz, dazu gab es nun wirklich keine Alternative. Vorwiegend zogen sie an die Ostküste von Luzon. Dort trafen sie zumindest auf ihresgleichen. Ein großer Teil der Aeta war schon seit langem dort beheimatet und nahm die geschundenen Brüder und Schwestern bei sich auf.

Ein Besuch bei Negrito-Leuten ist immer faszinierend und für einen Abkömmling der Wohlstandsgesellschaft in höchstem Maße lehrreich. Zu beißen dürfte man wenig finden - »wir haben selbst nix.« In einer Aeta-Gemeinschaft wird alles geteilt, und wer aufgrund seiner Tüchtigkeit am meisten zu verteilen hat, ist der Boß - genau wie in Asterixens Kleinbonum. Da man aber das Prinzip des Überflusses nicht kennt, ist für Außenstehende nichts übrig. So unterscheiden sich halt die Gesellschaftsformen.

Wer viele kleine Über- und Unterwassertricks lernen möchte, der schließe sich den *Dumagat* an, die entlang des großen Bogens zu Hause sind, den die Pazifikküste von Luzon in ihrer Mitte beschreibt. Die Dumagat (in etwa: »Seeleute«) entsprechen der seefahren-

den Variante der Negrito: Kleine Menschen in noch kleineren Booten, ohne Furcht und Tadel im Angesicht eines der stürmischsten Meeresgebiete der Welt.
Alles zusammengenommen sind die Negrito liebe, freundliche Menschen, als eingefleischte Animisten scheu und furchtsam gegenüber anderen, und in bitterem Bedarf nach etwas Zuneigung und Verständnis von eben diesen.

Bergstämme Nordluzons

Von allen philippinischen Naturvölkern sind diejenigen der Zentralkordilleren Nordluzons wohl die bekanntesten. Schon zu spanischen Zeiten war das Wort *Igorot*, die Hauptstämme *Bontok, Ifugao* und *Kalinga* lose zusammenfassend, Inbegriff für Wildheit und Kampflust. Und wie im Sulu-Archipel gelang es nie ganz, die dortige Bevölkerung kolonial zu unterwerfen.
Anthropologen haben sich lange die Köpfe über die Ursprünge dieser seltsamen Volksgruppe zerbrochen, der es gelang, mit den berühmten Reisterrassen von Banaue das größte agri-architektonische Wunder der Welt zu schaffen. Eine Antwort haben sie bislang nicht gefunden.
Die Anfänge der fremdartigen Kultur in den Bergen Nordluzons bleiben im Nebel der Zeit verborgen. Manche Gelehrte glauben, daß diese stolzen und tüchtigen Menschen an Ort und Stelle zu den kulturellen Höhen gelangten, die noch heute sichtbar sind, daß sie in vorspanischen Zeiten einen einzigen Stamm bildeten, der erst durch die Nachstellungen der Konquistadoren in Einzelgruppen zerbrach. Andere Wissenschaftler sind der Ansicht, daß die Igoroten von Ausgang der Neusteinzeit bis etwa 300 v. Chr. aus Südchina und Indonesien einwanderten. Einige der Reisterrassen sind 3.000 Jahre alt - soviel ist zumindest gewiß.

Gewiß ist auch, daß d
Bauwerke von freien
eigenen Nutzen gesch
und nicht, wie die Pyra
dere Kulturmonumente, von Sklavenheeren zum Ruhm tyrannischer Herrscher. Die Bergvölker haben eine entsprechende unabhängige Geisteshaltung deshalb bis in die Neuzeit hinein bewahrt. Schon die Spanier holten sich bei ihnen blutige Nasen, und die Tagalogs wußten auch, daß dort oben in den Bergen wilde Typen hausten, die sich nicht wie andere einfach das Land wegnehmen ließen. Dennoch machte die Christianisierung im 18. Jahrhundert große Fortschritte und erlaubte den Spaniern erhebliche Einflußnahme. Wie sehr die Padres für einen Zusammenhalt gesorgt hatten, zeigte sich, als sie 1898 abzogen: Prompt gerieten sich die Stammesfraktionen gewaltig in die Haare. Erst vier Jahre später schloß man Frieden.
Bis auf den heutigen Tag sind die nördlichen Bergvölker, obwohl sie sich landesweit zu den avanciertesten Minderheitengruppen zählen, keineswegs »angepaßt« und wissen ihre ethnischen Eigenschaften zäh zu wahren. Die Bilder malerisch aufgemachter »Krieger« in Reisebroschüren sollten nicht darüber hinwegtäuschen, daß vielerorts in den Bergen immer noch die alten Gesetze gelten, die sich jahrhundertelang als sehr wirksam erwiesen hatten. Die Bontok, Ifugao und Kalinga waren zu ihren Glanzzeiten gefürchtete Kopfjäger und holen auch heute mitunter die *káman* (Kopfaxt) aus der Lade, wenn es gilt, Justiz zu üben. Ein wenig liebenswerter Brauch ist auch eine Art Blutrache, die auf ein erlittenes Unrecht hin ein Opfer fordert - irgendeines. Noch in der zweiten Hälfte der 80er Jahre mußte ein Schweizer Tourist wahrscheinlich deshalb sterben.
Mit dem Katholizismus ist es ebenfalls nicht so weit her, wie es sich die Kir-

.. wohl erträumt. Animistische Strömungen haben sich fast völlig erhalten. Man huldigt *dem* Gott, gleichzeitig aber auch *den* Göttern - sicher ist sicher. Schädel und Knochen der Toten werden noch in Pfahlbauten aufgehoben und gelegentlich hervorgeholt, um die Geister zu Hilfe zu rufen. Daß daneben ein Jesusbildchen an der Wand hängt, kann bestimmt nicht schaden. Gleichzeitig werden die uralten Traditionen den Erwartungen der Touristen angepaßt, die in diesem letzten Bollwerk wahren ethnischen Lebens etwas Originelles zu sehen hoffen. Man läßt sie ein paar Schädel und Kinnladen (»von Feinden«) sehen und opfert den Göttern für eine kleine Spende ein Huhn, öffnet dann die Truhe mit handgeschnitzten Souvenirs und geht damit endgültig zum Geschäftlichen über. Das 20. Jahrhundert hat jetzt, da es fast zu Ende ist, auch im Land der Apayao, Bontok, Ibaloy, Ifugao, Kalinga, Kankanai und Tingguian Einzug gehalten.

Mangyanen

»Stammesgebiet« der rund 80.000 Mangyanen ist die Insel Mindoro. Sie gelten als »Protomalaiien«, die vor etwa 3.000 Jahren nach Mindoro einwanderten und dort - damals schon! - die seit mehr als 30.000 Jahren auf der Insel ansässigen Negrito vertrieben.
Heute sind sie selbst die Vertriebenen. Die ungeliebten Tagalogs haben sich seit Beginn dieses Jahrhunderts auf Mindoro von ursprünglich weniger als 40.000 Köpfen verzwanzigfacht. Im Gefolge des Bevölkerungsdrucks wurden die Mangyanen, einst Küstenbewohner, nach und nach in die Urwälder des Innern zurückgedrängt. Dort, in der schwer zugänglichen Bergwelt, leben jetzt die meisten von ihnen. Nicht zuletzt wegen permanent schlechter Erfahrungen mit den Tagalogs, aber auch wegen ihrer kulturellen Eigenständigkeit, die sie bis in die Neuzeit zu bewahren verstanden, lehnen die meisten Mangyanen eine Integration in »zivilisierte Verhältnisse« ab. Eingliederungsouvertüren der Außenwelt werden nur von kleinen Gruppen, vielleicht die Unabdingbarkeit der Entwicklung einsehend, akzeptiert. Andere ziehen sich ständig weiter in die Wildnis zurück, so Teile der *Batangan,* die ich im Frühjahr 1982 in den Dschungeln des Mt. Iglit »entdeckte«. (Daß die Batangan, eher ein Stämmchen als ein Stamm, dort wohnten, war durchaus bekannt. Bei Annäherung von Fremden versteckten sie sich jedoch stets tief im Dschungel. Es ist seit jeher typisch für Mangyanen gewesen, jeglicher Konfrontation möglichst aus dem Weg zu gehen. Nicht aus Feigheit - denn sie können kämpfen wie die Wildkatzen -, sondern weil der Klügere halt nachgibt. Aber dieser Stamm muß besonders schlechte Erfahrungen gemacht haben. Die Kunde, daß Außenseiter im Anmarsch waren, ließ immer alles in Panik auseinanderspritzen. Mir wurde berichtet, daß Stammesangehörige, die sich in die Enge getrieben fühlten, vor Angst Selbstmord begingen - ein böses Beispiel dafür, was unachtsame Eindringlinge anrichten können. Mein Besuch kam erst nach langwieriger Vermittlung durch einen Nachbarstamm zustande, der häufigere Kontakte mit den Tagalogs hatte.)
Ethnologen hadern mit dem Wort »Mangyan«, und selbst die so Genannten wissen nichts damit anzufangen. Die Mindorovölker, vielleicht ein besserer Sammelname, setzen sich aus sieben Gruppen zusammen: den Alangan, Batangan, Buhid, Hanunoo, Iraya, Ratagnon und Tadyawan. Alle sieben Stämme haben ihre eigene Sprache und Kultur. Es gab Zeiten, da waren die Mangyanenvölker den restlichen Filipinos haushoch überlegen. Niemand anders im Archipel konnte sich wie sie (mit Hilfe der sogenannten

Hanunoo-Silbenschrift) über das geschriebene Wort verständigen. Die Schrift erinnert an das altindische Sanskrit, hat jedoch damit, falls überhaupt, nur entfernte Verbindung; sie stammt, jüngeren Forschungen zufolge, aus dem 11. Jahrhundert. Geschrieben wird auf Bambus. Seit über 200 Jahren besitzen die Mangyanen sogar eine Art Postsystem - insofern waren sie *allen* voraus!

Auf dieses kulturelle Erbe ist man mächtig stolz im Lande. Deshalb dürfen sich die Mangyanen, obwohl man ihnen Schwänze andichtet und davon faselt, daß sie ihre Babys verspeisen, auch Filipinos nennen. Was diese allerdings nie hinderte, die Lendenschurzträger aus ihren Stammesgebieten zu vertreiben und großflächig den Wald abzuholzen, der ihnen als Obdach diente. Trotz sehr energischer Fürsprache und persönlicher Assistenz durch mutige Missionare ist bis in die jüngste Zeit massiver Raubbau an den Ressourcen des friedlichen Völkchens getrieben worden. Manche Areale, vor allem im Süden der Insel, sind völlig verwüstet. Neuerdings hat sich die NPA der Nöte der Mangyanen angenommen, und jetzt sind es die Tagalogs, die den Schwanz einziehen. Eine kombinierte Streitmacht aus Guerilleros und Dschungelkämpfern ist nämlich ein unübersehbarer Faktor, vor allem, wenn auch noch die Weltmeinung auf deren Seite steht. Als Folge dieser Entwicklung sind die Mangyanen in jüngerer Zeit recht selbstbewußt geworden. Sie lassen sich nicht mehr herumschubsen und wissen auch, denn sie sind nie dumm gewesen, um ihre politischen Rechte.

Sie laufen auch nicht mehr in Panik von dannen. Wer mit ihnen in Verbindung treten möchte, hat in allen größeren Orten Mindoros die Gelegenheit, denn sie sind dort mit ihren bescheidenen Waren auf den Märkten vertreten.

Palawanvölker

Die ursprünglichen Palaweños hatten es noch vor zehn bis 15 Jahren ziemlich schwer. Was ihre Existenz besonders aussichtslos erscheinen ließ, ist die Konfiguration ihrer Heimatinsel. Palawan ist lang und schmal, und für ein Ausweichen vor dem Siedlungs- und Erschließungsdruck von beiden Seiten bleibt nur ein enger Mittelstreifen übrig. Dort waren seinerzeit auch die meisten Ureinwohner zu finden.

Im Zeichen der eingangs verzeichneten allgemeinen Rückbesinnung auf Stammesrechte haben auch die Palawanvölker erheblichen Aufwind zu spüren bekommen. Dazu kam, gerade auf Palawan, die Ernennung der gesamten Provinz zum schutzwürdigen Naturreservat. Erstmalig wurde auch die höchste Primatenart, der Mensch, in das Geschehen einbezogen. Die Naturvölker der Insel haben es heute, genau besehen, von allen Artgenossen im philippinischen Archipel am besten. Sie besitzen auch gewichtiges politisches Mitspracherecht. Trotzdem zieht es die Mehrzahl vor, weiterhin so zu leben wie ehedem.

Der Norden der Provinz mit seinem schier unübersehbaren Gewirr von Inseln und Inselchen wird von den *Tagbanua* bewohnt, einem seefahrenden, nur halbwegs seßhaften Völkchen mehr oder minder dunkler Hautfarbe. Wie der Ifugao seinen Bergen trotzt, so trotzt der Tagbanua dem Meer. Die Gefährte, mit denen er sich bis auf die hohe See begibt, sind die kleinsten und zerbrechlichsten unter allen philippinischen Wasserfahrzeugen. Doch ihre meisterliche Handhabung bringt sie stets sicher ans Ziel. Die Tagbanua sind sich ihrer Qualitäten bewußt und der Tatsache, daß mit ihnen eine große Tradition überlebt: Sie gehören zu den wenigen, sozusagen auserlesenen Naturvölkern, die nicht von den Küsten in die Dschungel zurückgedrängt wurden.

Trotz vieler Nöte fröhlich: Tagbanua

Das Leben auf den Inseln Nordpalawans ist zwar karg, aber frei.

Nicht nur Seefahrer sind sie, diese kleinwüchsigen, unglaublich zähen und anspruchslosen Menschen. Sie sind auch Extremkletterer von Weltklasseformat, wie sie besonders eindrucksvoll auf der Insel Coron beweisen, wo sie eßbare Schwalbennester einsammeln (siehe Kapitel »Birdwatching«). Einige von ihnen haben das Nomadenleben von der See aufs feste Land verlegt. Versprengte Tagbanua-Einzelgänger findet man als Emigranten und enorm leistungsfähige Waldläufer selbst im tiefen Süden von Palawan.

Wie alle Naturvölker bleiben auch die Tagbanua gern unter sich. Wer mit ihnen in Verbindungen treten möchte, sollte sich zunächst an Außenseiter wenden - Priester zum Beispiel -, die mit ihnen ständig Kontakt haben und denen sie vertrauen.

Im Mittelteil des Nordens wohnen die *Batak,* negroide Ureinwohner fast schwarzer Hautfarbe, vorwiegend tief in die Berge und Urwälder zurückgezogen und wenig Interesse an Integrationsbestrebungen bekundend. Zivilisationsdruck, Kahlschlag ihrer Siedlungsräume und Krankheiten dezimieren die Batak allmählich. 1980 hatte ich den Eindruck allgemeiner Resignation. Doch auch da hat sich etwas geändert. Kurz vor zwölf, scheint's, besann man sich der dunkelhäutigen Mitmenschen als Verwandten. So ganz goldig geht's den Batak zwar immer noch nicht, aber weitaus besser als man vor 15 Jahren zu hoffen gewagt hätte.

Die »eigentlichen« Palawanvölker *(Palá'wan)* sind im Süden der Insel heimisch. Internationale Berühmtheit erlangten die *Tau't Batu* (»Stein-Menschen«), die man, wie es hieß, »1977 im Krater Ransang in Südpalawan entdeckte« und flugs einer 20.000 Jahre zurückliegenden Entwicklungsstufe zuordnete. Noch nie hatten diese Wundermenschen Kontakt mit der Neuzeit gehabt, riefen die Schlagzeilen aus. Nachdenklich sollte zum heutigen Zeitpunkt stimmen, daß der damalige Minderheitenbeauftragte Manuel Elizalde, von dem wir gleich noch Unrühmliches hören werden, seinerzeit wie im Falle der *Tasaday* (siehe unten) als »Entdecker« auftrat. Schon damals kam mir die Sache nicht koscher vor, wie auch in der Erstausgabe dieses Buches nachzulesen ist. Fern davon, mich als Laie in einen Gelehrtenstreit einmischen zu wollen, machte ich nicht viel Aufhebens davon. Doch im Frühjahr 1994 sprach ich zufällig mit jemandem, der bei der »Entdeckung« dabeigewesen war. Da gab es einige interessante Aufschlüsse...

Das erste, was Herrn Elizalde beim Betreten der Steinzeithöhlen dieser »von jeglicher Zivilisation isolierten Menschen« ins Auge stach, war eine Coca-Cola-Flasche. In scharfem Flüsterton befahl der Beauftragte, den Corpus delicti umgehend verschwinden zu lassen. Dann nahm die Geschichte ihren weiteren Lauf. Der unerwartete Ruhm hat den Tau't Batu, einem Palawanvölkchen wie alle anderen, aber sehr gutgetan. Wer heute das Leben dieser modernen Neandertaler betrachten möchte, wird schon in den Städtchen Quezon und Rizal von sachkundigen Guides in Beschlag genommen. In der Tat findet man sonst auch kaum in das Singnapan-Tal hinein, in dem die »Wilden« zu Hause sind. Die Kunde, daß Gäste im Anmarsch sind, eilt dann der Expedition voran, worauf die Steinzeitler flugs aus ihren Jeans schlüpfen, ihre Reisfelder verlassen und sich malerisch in den Höhlen gruppieren, in denen ihre Vorfahren vor x Generation wirklich mal gewohnt hatten. Um Spenden wird gebeten. Coca Cola gibt's nicht umsonst.

Bergstämme Mindanaos

Vor mehreren tausend Jahren, wird vermutet, trafen seefahrende Völker, wahrscheinlich von Süden kommend, auf Mindanao ein und ließen sich dort nieder. Nach und nach verwandelten sich die Seefahrer aus verschiedenen Gründen in Dschungelbewohner. Und dabei blieb es. Heute nennen die Bergstämme Mindanaos einige unzugänglichsten Urwaldgebiete des philippinischen Archipels ihr Daheim.

Den am weitesten über Mindanao verbreiteten *Manobo* sagt man nach, besonders »wild« zu sein. Diesen Eindruck habe ich nirgendwo gehabt. Im Gegenteil: Ausgerechnet die Manobo erwiesen sich als überaus freundlich und hospitabel, Eigenschaften, die sie mit den *Mandaya* und *Mansaka* teilen, die im äußersten Südosten der Insel leben.

Viel mehr mild als wild sind auch die *T'boli* der Tiruray Highlands und der Ufer des wunderschönen Lake Sebu in der Provinz South Cotabato. Bekannt sind die T'boli insbesondere für ihre farbenprächtigen Gewänder und ihre Vorliebe für Metallschmuck. T'boli-Kunst ist von Sammlern ethnischer Antiquitäten sehr gefragt.

Große Aufregung rief 1971 die Entdeckung der *Tasaday* hervor, eines noch in der Altsteinzeit lebenden Stammes unweit des T'boli-Stammesgebietes. An der nur 25 Köpfe zählenden Gruppe von kleinwüchsigen Menschen waren 50.000 Jahre Entwicklungsgeschichte spurlos vorübergegangen, und sie waren gesund und glücklich. Eine Sensation! Von allen Enden der Welt strömten Wissenschaftler nach Mindanao. Sogar deutsche Koryphäen wie Herbert Tichy und Irenäus Eibl-Eibesfeldt scheuten den Dschungeltrek nicht, um die Urmenschen zu begutachten und zu vermessen.

Es gab aber auch Skeptiker. Ihre Stimmen wurden erst laut, nachdem Ferdinand Marcos, »der den Reichtum unserer einheimischen Kultur zu neuem Leben erweckte« (Tasaday-Buchwidmung), 1986 stürzte. Der Minderheitenbeauftragte Manuel Elizalde hatte sich mit einer gut gefüllten Forschungsschatulle schon einige Zeit vorher ins Ausland abgesetzt. Im gleichen Jahr veröffentlichte der *Stern* den Bericht eines Teams, das den Tasaday auf den Zahn gefühlt hatte und zu vernichtenden Ergebnissen gekommen war. Ein Sturm der Kontroverse brach los. Verständlich. Viele Wissenschaftler - oder was sich dafür hielt - sahen sich um Ruhm und Ehre gebracht. Man hatte ungeheuer gelehrte Abhandlungen zum Thema verfaßt, die jetzt, im Licht der neuen Sachverhalte, ungeheuer lächerlich erschienen. Man sollte nur einem üblen Scherz aufgesessen sein? Unmöglich! Was nicht angehen durfte, *konnte* auch nicht angehen. Bis auf den heutigen Tag wird aus der akademischen Ecke scharf und anhaltend zurückgeschossen, kein Zoll Boden preisgegeben. Was davon zu halten ist, hat der philippinische Journalist Arnold M. Azurin in einem Kommentar vom 24.12.1987 wohl am treffendsten zusammengefaßt:

Schon wieder eine Tasaday-Untersuchung?

Der Untersuchungsausschuß des Kongresses, der ursprünglich bemüht gewesen war, die Nachforschungen in der fragwürdigen Tasaday-Angelegenheit zu blockieren, hatte von Anfang an recht gehabt. Nicht nur besaß das ganze Gremium als solches überhaupt keine Kompetenz, in diesem Fall aufklärend tätig zu werden (wie manche Abgeordnete bereitwillig zugaben). Die meisten hatten auch gar kein Interesse, aus dem Lügengeflecht, dessen Existenz die Zeugen offen eingestanden, die Wahrheit herauszufiltern. Statt die Untersuchung zu einem logischen Ende zu führen, ergingen sich manche Abgeordnete in Obstruktionspolitik und Spiegelfechterei, indem sie die Kernfragen effekthascherisch mit Themen wie Stammesehre und nobler Herkunft vernebelten und kritische Meinungen in den Dreck zogen. Diese unangebrachte Schaumschlägerei hatte nichts anderes zum Zweck, als die ganze Untersuchung zum Entgleisen zu bringen und vor der Presse zu glänzen. Dem plötzlichen Abbruch der Untersuchung folgte die übliche Lawine von Pressemitteilungen, Briefkampagnen und Medienspots, um die wahren Kernpunkte noch weiter zu verschleiern und die Beweise für einen Schwindel und Mißbrauch öffentlicher Gelder damit zu überschreien, indem man eine Pervertierung von Recht und Erbe der Bergstämme ins Feld führte. Eine Schmutzkampagne wird jetzt gegen alle jene Gelehrten in Gang gebracht, welche gewagt hatten, die Taschenspielermethoden zu enthüllen, mit denen das Publikum zum Thema des »Steinzeitstammes« genasführt worden war. Alles dies verblaßt jedoch gegenüber der schimpflichen Beleidigung (der Öffentlichkeit) durch die geständigen Mitakteure der Posse, denen später vor dem Kongreßkomitee ihre Litanei von Meineiden zum Verhängnis wurde. Was aber ist das Geständnis eines Meineidigen vor einem Untersuchungsausschuß überhaupt wert? Viel schlimmer als das falsche Zeugnis der (sogenannten) Stammesangehörigen ist die anmaßende Schulmeisterei mancher Beamter des Nationalmuseums und des Landwirtschaftsministeriums. Zwar singen sie jetzt ein ganz anderes Lied als die »Steinzeit«-Version des Jahres 1971. Doch sie tarnen ihren Rückzug, indem sie Nebensächlichkeiten ins Feld führen, die die Forschungsmethoden und -ergebnisse schlicht zu einem Zahlenspielchen degradieren. Sie machen geltend, daß

- Wissenschaftler vor Ort (bei den Tasaday) viel mehr Zeit verbrachten als die Abweichler, die der Fabel den Nimbus nehmen wollen;
- an der Entdeckung viel mehr Forscher beteiligt gewesen waren als an der Aufklärung des angeblichen Schwindels;
- im Verlauf der Kontroverse mehr Abhandlungen zur Unterstützung des Tasaday-Szenarios als zur Schwindelversion verfaßt wurden...

Diese unverschämte Argumentierung ist nichts als Heuchelei und eine Beleidigung jener Gelehrten, die sich bewußt sind, daß man nicht zu wissenschaftlichen Rückschlüssen gelangt, indem man eine Mehrheit die Hand heben oder am lautesten hurra rufen läßt. Zu wissenschaftlichen Erkenntnissen kommt man nur über gültige und präzise Forschungsdaten. Eine gründliche Durchleuchtung der in den frühen 70er Jahren zusammengetragenen wissenschaftlichen Daten über die Tasaday, auch die jüngste Geistesakrobatik der bejahenden Fraktion - das alles wollen wir uns ja noch gefallen lassen. Das *Philippine Social Science Center,* ein hochrespektierliches Konsortium der führenden Sozialwissenschaftler des Landes, ist vielleicht die einzige gelehrte Körperschaft, die sich glaubhaft und kompetent genug dieser Aufgabe annehmen könnte - falls sie das geringste Interesse daran besitzt. Sehr verdächtig ist allerdings, daß man ausgerechnet dem *Office of Southern Cultural Communities* diese Aufgabe anvertraut, das keinen Pfennig Geld hat. Der Direktor des OSCC ist, wie er selber zugibt, auf private Spenden angewiesen, weil die Regierung nichts herausrückt. Leute, seid pragmatisch!

Moslemvölker

Schon lange vor der Ankunft der Spanier wurde der Süden der Philippinen bis hinauf in den Mittelteil des Landes von den Sultanen von Brunei beherrscht. Islamischer Einfluß auf die Bevölkerung in diesen Regionen läßt sich entsprechend lange zurückverfolgen. Wahre Vertiefung erfuhr die Glaubensrichtung jedoch erst durch den arabischen Gelehrten Makdum, der 1380 den Sulu-Archipel erreichte und dort zu missionieren begann. Zu machtvoller Ausbreitung und Festigung des moslemischen Glaubens kam es 1475 unter Sharif Mohammed Kabungsuwan, einem malaiischen Imam aus Johore. Heute ist der Islam im Südwesten der Philippinen fest etabliert. Lange Zeit in jüngeren Jahren war er sogar Grundlage für Autonomiebestrebungen. Die Bewegung hat sich beruhigt, doch auf kleiner Flamme köchelt es vor allem unter den *Maranao* weiter, die die Gegend um den Lake Lanao bewohnen und deren Hauptort Marawi als geistiges Zentrum der philippinischen Mosleme gilt.

Es wäre verfehlt, die etwa vier Millionen Filipinos islamischen Glaubens lediglich als religiöse Minderheit einzustufen. Trotz vieler ethnischer und kultureller Gemeinsamkeiten überwiegen Andersartigkeiten, belegt durch geschichtliche Vorgänge. Zwar ist man auf gesamtphilippinischer Ebene heute sehr stolz darauf, daß sich Spanier und Amerikaner in dieser Ecke des Archipels bös die Finger verbrannten, daß die Kolonisierung dort nie gelang. Das einstige Schimpfwort *moro* (»Maure«), mit dem die Spanier die verhaßten Mosleme belegten, hat heute im Süden hohen Symbolwert. Die *Moro National Liberation Front (MNLF)* ist immer noch der bewaffnete Arm der Islamisten zur »Befreiung« von Mindanao (und Palawan). Vom Katholizismus, wie man annehmen darf.
Doch die Moros hatten auch nie etwas für ihre nichtislamischen Mitbürger übrig. Bis hinauf in den hohen Norden des Landes verbreitete der Ruf »Moro!« jahrhundertelang Angst und Schrecken. Denn die lieben Verwandten aus dem Süden waren gefürchtete Land- und Seeräuber - und sind es zum Teil heute noch! Auf den Streifzügen der Piraten durch den Archipel wurden ganze Inseln auf der Jagd nach Sklaven entvölkert, komplette Städte dem Erdboden gleichgemacht. Wäre Magellan an den Inseln vorbeigesegelt oder hätte Philipp II. gezögert, sie unter seine Botmäßigkeit zu bringen, wäre das Land wohl dem Missionseifer und der Eroberungslust der Moros anheimgefallen und heute gänzlich islamisch.
Man reist im tiefen Süden der Philippinen in ein anderes Land. Nicht, daß die Menschen sich wesentlich von denen weiter nördlich unterschieden. Weder in Physiognomie noch in landestypischer Gastfreundschaft wird man große Abweichungen erkennen. Nur die gewohnten Kirchen machen Moscheen

Platz, auch sind keine Schweine mehr zu sehen. Auf die kann man gewiß verzichten. Doch wenn nachts um zwei phonstark eine Koransure durch die laue Tropennacht dröhnt - auf arabisch, das kaum ein Mensch dort versteht -, dann wird man vielleicht tief im Herzen dem ollen Magellan danken, daß er so schön stur Nordwestkurs gehalten hatte...

Es wundert nicht, daß sich christliche und moslemische Filipinos mit wenig Bruderliebe gegenüberstehen. Doch selbst innerhalb der Moslemvölker ist man sich nicht immer grün. Die *Tausug* der Insel Jolo waren die ersten philippinischen Konvertiten zum Islam, und stellten - und stellen - auch die meisten Seeräuberkontingente. Selbstbewußt und hochfahrend, sind sie als Vertreter einer gehobenen Kulturstufe wenig populär bei denen, die weniger aggressiv veranlagt sind. Zu diesen gehören die ruhigen *Yakan* auf der Nachbarinsel Basilan und die nomadischen *Badjao,* »Seezigeuner«, der Sulu-See.

Die Badjao leben vom Fischfang, dem Anbau von Seetang, dem Sammeln von Trepang und der Perltaucherei. Sie haben nur selten Wohnungen an Land, sondern sind permanent auf ihren gutgebauten, seetüchtigen Lipas zu Hause. Auf der Suche nach Beute durchstreifen sie ständig die Seegebiete zwischen den Philippinen und Borneo und laufen auf ihren friedlichen Piratenzügen manches Riff und Eiland an, von dessen Existenz sich der Besucher kaum einen Begriff macht. Kontakte mit den Badjao sind relativ leicht, denn das bewegliche Leben der *Orang Laut* (»Seemenschen«) führte zu vielen Blutvermischungen und entsprechend offener Gesinnung. Die »bessere« Verwandtschaft, die *Samal,* verachtet sie deswegen zutiefst.

Das ist halt der Gang der Dinge auf den Philippinen. Es gibt viele Völkerschaften, manche sehr unterschiedlich voneinander. Wie soll man da solidarisch sein, wie zu Beginn dieses Kapitels gefragt wurde. Für wen? Gegen wen?

Nackte Tatsachen

Während die erste Fassung dieses Buches entstand, wurde ich von verschiedenen Seiten ersucht, das Thema Naturvölker möglichst nebensächlich zu behandeln. Der Hauptgrund war damals noch nicht ganz ersichtlich. Herr Elizalde schaffte dann ein paar Jahre später Klarheit. Andererseits wurde mit völliger Berechtigung darauf hingewiesen, daß die Ethnien eine Privatsphäre wie alle anderen Menschen besäßen und auf ungebetene Besucher durchaus verzichten konnten. Außerdem sei man sehr wohl in der Lage, ohne fremdes Zutun den Minderheiten den Übergang in die Modernität möglich zu machen. Und so weiter.

Was dabei herausgekommen ist, wissen wir inzwischen. Die damals mit diesen Aufgaben betraute Behörde PANAMIN *(Presidential Assistant on National Minorities)* erwies sich als Spendengrab und Wegbereiter der Erz-, Öl-, Holz- und Plantagenindustrien. Denen wiederum folgten landhungrige Brandroder. Und als die »Wilden« endgültig am Boden lagen, kamen neugierige Fremde und stürzten sich mit glänzendem Instrumentarium auf die in Resignation geübte Beute. Klick: ein hilfloses Lächeln. Klack: eine dürftige Behausung. Wirrrr: zehn Sekunden schlaffe Brust. Zur Belohnung fürs Stillhalten gibt es Geschenke: Feuerzeuge, Kaugummi, Spiegel, Baseballkappen, T-Shirts mit dem Aufdruck des klimatisierten Hotels, in dem man sich am gleichen Abend mit seinen »Abenteuern« brüsten kann.

Aber ist es nicht gerade die zwischenmenschliche Beziehung, die das intensivste Erlebnis, das *wirkliche* Abenteuer unserer Reise ausmacht? Treffen wir nicht gerade die Naturvölker in Lebensräumen an, die zu den abenteuerlichsten des Landes gehören? Gibt es Alternativen, wirklich akzeptable Annäherungsmöglichkeiten?

Besuchscharakter

Das Recht auf Wahrung der privaten Sphäre steht, eben gesagt, dem »wilden« Menschen genauso zu wie dem »zivilisierten«. Ungebetenes Eindringen in den intimsten Wohn- und Lebensbereich, dazu durch völlig Fremde ohne jegliche Kommunikationsbereitschaft, ist unter Naturvölkern fraglos ebensowenig erwünscht wie bei uns daheim. Im Prinzip ist jedoch nichts dagegen einzuwenden, einen Stamm zu besuchen - auch hierzulande freut man sich (mehr oder weniger) über Besuch.

Selbstverständlich fragt man aber weit im voraus an, ob man auch gern gesehen ist. Das geht am besten über Angehörige dieses Stammes, mit denen man z.B. auf einem Stadtmarkt ins Gespräch kommt, oder über einen Priester oder Missionar, der engen Kontakt mit ihnen hat. Selbiger kann dann auch gleich entscheiden, ob der »Antragsteller« sich überhaupt für die Mission eignet. Denn sinnvolle Kontakte sind nur auf individueller Basis durch Personen möglich, die physisch und psychisch mit den Verhältnissen vor Ort fertig werden. Total fehl am Platze sind Prospekttouristen oder unangepaßte Typen, denen ein Zoobesuch in etwa das gleiche Erlebnis bescheren würde.

Vor Ort klopfe man stets zuerst beim Häuptling oder Dorfältesten an und bringe dort sein Anliegen vor. Es ist außerordentlich unhöflich, ja beleidigend, die erste Respektsperson zu übergehen, selbst wenn es sich bei dieser um einen unscheinbaren Alten im Lendenschurz handelt.

Kommunikation

Kontakte herzustellen, um sich dann nichtssagend gegenüberzusitzen, ist eine sinnlose Sache. Man erwarte nicht, daß in einem Stammesdörfchen am Rande des Dschungels etwa englisch gesprochen wird! Mit Tagalog kommt man allerdings schon viel weiter. Man kann auch versuchen, sich über Missionsstationen oder Hilfsorganisationen Wörterbücher mit den jeweiligen Stammesdialekten zu verschaffen. (Die Amerikaner sind da führend). Das resultierende Radebrechen schafft sofort eine heitere, freundliche Atmosphäre. Stellt Fragen! Eure Gastgeber werden stolz und geschmeichelt sein, selbst sehr private Fragen zu beantworten, nachdem das erste Eis einmal gebrochen ist.

Eines indes solltet Ihr nie anrühren, nämlich soziale Probleme. Wenn diese wirklich so drängend sind, daß sie der Erwähnung bedürfen, werden Eure Gegenüber sie von selber anschneiden. Wenn nicht, so ist es ungehörig, danach zu fragen - es entspricht, auf hiesige Verhältnisse bezogen, in etwa einer Erkundigung nach einem geistesgestörten Verwandten. Außerdem wird man, falls Ihr fragt, von Euch erwarten, daß Ihr auch die Antworten habt. Und dazu habt Ihr leider, leider nicht immer die Kompetenz.

Gastgeschenke

Der Brauch, einen Gastgeber mittels mitgeführter Präsente gnädig zu stimmen, ist so alt wie die Menschheit selbst. Unter den philippinischen Naturvölkern ist der Usus allerdings durch Zwischenhändler vielfach zu einem Muß umfunktioniert worden. Hier und dort wird der übliche Firlefanz schon als selbstverständlich erwartet. Stellenweise gibt es sogar Läden, in denen sich der »Abenteuerreisende« vorher entsprechend eindecken kann - die Sache mit den Glasperlen.

Laßt das Zeug liegen. Nehmt etwas Vernünftiges, Brauch- und Haltbares mit: Messer, Scheren, Nadeln, Kochtöpfe und andere Haushaltsgegenstände. Simple Medikamente wie Aspirin und Zinkoxidsalbe. (Gerade mit diesen beiden habe ich schon ganze Scharen von Stammesleuten von Wehwehchen befreit). Angelhaken und -sehne sind überall gefragt, wo gefischt wird. Eßwaren: Lebende Hühner, Trockenfisch, -fleisch oder -squid, Reis, Zucker, Salz. Warme Kindersachen (Pullover) sind exzellente Gaben, Büstenhalter und Schuhe dagegen nicht. Auch Zigaretten und Kautabak sind bei manchen Stämmen sehr gefragt. Kein Alkohol, bitte.
Gastgeschenke sollten nach Möglichkeit in würdiger Form dem Häuptling oder Ältesten des Stammes überreicht werden.

Benimmregeln

Unaufdringliches, freundliches Auftreten ist immer richtig. Andersartiges Gebaren sollte nicht als Aufforderung betrachtet werden, belehrend eingreifen zu müssen. Vieles in unserer gewohnten täglichen Tätigkeitssphäre (z.B. Einreiben mit Sonnenöl) wird von den Besuchten als ebenso fremdartig angesehen, ohne daß ein diesbezüglicher Bekehrungsversuch unternommen würde - so etwas gehört sich einfach nicht.
Wer sich an einer naturverbundenen Lebensweise orientieren möchte, kann vom »Wilden« unendlich mehr lernen als er von uns. Der berühmte Flieger und glühende Verfechter des Naturvolkideals, Charles A. Lindbergh, stellte hierzu eine Überlegung an, die jeden »Wohlstandsgeschädigten« nachdenklich stimmen sollte. »Erst von einer primitiven Warte aus,« notierte er, »erscheint unsere Zivilisation in einer Perspektive, wie wir sie nirgendwo sonst erlangen können. Nur hier werden die Wertinhalte von Simplizität und Ebenmaß gegenüber denen von Luxus und Übermaß merklich fühlbar. Welch außerordentliches Maß an Freiheit beinhaltet doch das Fehlen jeglichen Besitztums!« Und er verglich einen typischen westlichen Haushalt mit seinen Hunderten, ja Tausenden von alltäglichen Objekten, ohne die wir nicht auszukommen glauben, mit demjenigen eines Agta-Stammesangehörigen, der ein Dutzend sein eigen nannte, seit Generationen aus eigener Erkenntnis heraus niemals mehr als dieses Dutzend benötigte. Und er fragte: »Was könnten wir alles von diesen Menschen lernen, falls wir selbst einmal wieder ganz von vorn anfangen müßten...?«
In diesem Sinne: Laßt religiöse Fragen aus dem Spiel. Verkündet keine neuen Heilslehren auf Kosten der alten. Liberale Sprüche können nicht nur uralte Stammestraditionen, sondern auch die generationenlange Arbeit von Missionaren zunichte machen, die sich nur unter großen Mühen das Vertrauen der Minderheiten sichern konnten. Beileibe sind nicht alle Missionare (mit Ausnahme der meisten Amerikaner allerdings) die wütenden Eiferer, wie wir sie aus der Kolonialgeschichte kennen. Auf den Philippinen findet Ihr heute aufgeklärte Typen, denen es weniger um die Verbreitung biblischer Weisheiten geht als um die erfolgreiche Verteidigung von Stammesrechten gegenüber verschiedenster Bedrohungen. Ohne die Arbeit der Missionare gäbe es manche Stämme wahrscheinlich schon gar nicht mehr. Viele von ihnen, insbesondere radikale junge Filipino-Priester, leben deshalb auf permanentem Kriegsfuß mit raffzähnigen lokalen Behörden und anmaßendem Militär.
Ähnlich heikel ist das Thema »Frauen«. Kontakte zwischen Außenseitern und weiblichen Stammesangehörigen

sind bei fast allen Naturvölkern tabu. Männer, sprecht kein »wildes« Weib an! Emmas, mäßigt Euch! Die Systeme mögen vordergründig archaisch oder gar barbarisch erscheinen. Sie reflektieren aber die optimalen, seit Generationen auf ihre Belastbarkeit geprüften Rollenverteilungen. Allen Unkenrufen zum Trotz ist die heile, harmonische Familienstruktur der meisten Stämme hierfür der beste Beweis. Machen *wir,* ausgerechnet, es etwa besser?

Fragt immer um Erlaubnis, wenn Ihr jemanden fotografieren wollt. Die meisten Naturvölker wissen inzwischen, was eine Kamera ist. Manche lassen sich ausgesprochen gern aufnehmen. Andere machen sogar ein Geschäft daraus. Viele empfinden indes immer noch Unbehagen dabei, ihr Abbild »entführt« zu sehen. Bei den Batangan auf Mindoro durfte ich zunächst nicht fotografieren, und ich dachte auch nicht daran, mich darüber frech hinwegzusetzen. Erst als Häuptling Sisiw (»Küken«) unter meiner Anleitung ein paar Bilder von meiner Frau und mir geknipst und sich so von der Harmlosigkeit der Maschine überzeugt hatte, konnte ich loslegen. Allerdings: *Seine* Frauen durfte ich nicht fotografieren. Da schien ihm das Risiko dann doch zu groß...

Gefahren

Die philippinischen Naturvölker sind in der Regel mehr als freundlich. Tiefsitzender Geisterglaube ist dort ein Kontrollelement, wo man vielleicht angesichts eines »reichen« Fremden in Versuchung geraten könnte. Auf vereinzelte Ausnahmen ist vorstehend hingewiesen worden.

Vorsicht jedoch: In manchen Stammesgebieten im Dschungel sind mitunter Tierfallen ausgelegt. Die für den Wildschweinfang gedachte Stolperauslösung eines losschnellenden Speeres kann einem Wanderer zum Verhängnis werden. Auch die seltsame kleine Kugel neben der wie zufällig daliegenden Taroknolle birgt Gefahr. Es ist eine Art selbstgebastelte Handgranate, auch zur Schweinejagd. Laßt Euch in entlegenen Waldgebieten von Stammesangehörigen führen, um diese Gefahren zu vermeiden.

Nützliches Vokabular

Ich würde gern den Stamm der ..... besuchen.
Náis kong bumisíta sa tríbo ng mgá.....
Haben Sie Kontakte mit dem Stamm?
Mayroón ba kayóng kakilála sa tríbong iyón?
Können Sie Kontakt mit dem Stamm herstellen?
Maaári ba kayóng makipág-ugnáyan sa tríbong iyón?
Können Sie einen Boten zu deren Dorf schicken?
Maaári ba kayóng magpadalá ng súgo sa kaniláng báryo?
Würden Sie den Häuptling fragen, ob mein (unser) Besuch genehm ist?
Puéde po bang itanóng ninyó sa pinúno kung ang áking (áming) pagbisíta ay maluwág sa kaniláng kaloóban?
Gehen Leute regelmäßig dorthin?
Mayroón bang mgá ibáng táong láging nagpupúnta doón?
Kann ich mitgehen?
Maaári po ba akóng sumáma?
Können Sie mich in das Stammesgebiet führen?
Puéde ba kayóng mag-gíya sa ákin sa tinitirahán ng tríbong iyón?
Sprechen Sie die Sprache der.....?
Marúnong ba kayó ng salitáng.....?
Spricht hier jemand die Sprache des Stammes und englisch?
Mayroón ba díto sa inyó na marúnong ng salitá ng tríbo at inglés?
Wer ist der Häuptling?
Síno ang pinúno díto?

Sind Sie der Häuptling?
Kayó po ba ang pinúno?
Dürfte(n) ich (wir) ein paar Tage in Ihrem Dorf bleiben, um das Leben hier zu studieren?
Maaári po ba akóng (kamíng) makitulóy at tumígil ng mgá iláng áraw sa inyóng báryo pára mapág-arálan ang pamumúhay díto?
Ich habe ein paar Kleinigkeiten für Sie mitgebracht.
May dalá po akóng mgá muntíng alaála pára sa inyó.
Hoffentlich gefallen sie Ihnen.
Sána'y magustuhán po ninyó.
Es hat mir hier gut gefallen.
Gustóng-gustó ko itóng lugár ninyó.

Robinsonade

Kleiner historischer Rückblick: Alexander Selkirk, erster Steuermann auf einem englischen Segler, war 1704 wegen »meuterischen Verhaltens« auf der chilenischen Insel Juan Fernandez ausgesetzt worden. Als die *Duke* des Freibeuters Dampier fünf Jahre später das Eiland anlief, um zu erkunden, ob sich dort eine spanische Garnison befand, stieß man auf eine Figur, die Generationen von Lesern seither eng vertraut ist: den in Ziegenfelle gekleideten »Robinson Crusoe«, von Daniel Defoe 1719 unter diesem Namen unsterblich gemacht. Defoe hat eine Menge Fiktion in sein Garn eingewoben. Tatsache ist indes, daß Selkirk nicht nur überlebt, sondern sich auf seiner Insel sogar sehr wohl gefühlt hatte. Er war keineswegs in einer verzweifelten Lage, und als ihm angetragen wurde, auf der *Duke* mitzufahren, war er von dem Vorschlag zunächst wenig begeistert. Letztlich ließ er sich jedoch breitschlagen und ging - als einziger skorbutfrei - an Bord. Er wurde später ein geachteter Marineoffizier.

Auf Robinson-Art zu leben, zumindest eine Zeitlang, ist das erklärte Traumziel vieler moderner Menschen. Einmal alles hinter sich lassen, dem Käfig entfliehen, den Fortschritt und Zivilisation um uns errichtet haben! Aber - kann man das überhaupt noch?

In seinem Frühstadium ist das Thema Robinsonade mit Wunschdenken und Emotionen durchsetzt. »Seht nur diesen herrlichen Strand! Hier könnte ich ewig leben!« - wie häufig habe ich das gehört. An den harten Kern des Inselabenteuers geht es erst, wenn das Zubringerschiff am Horizont verschwindet und die Erkenntnis heraufdämmert, daß die so sehnlich herbeigewünschte Einsamkeit jetzt unwiderruflich ist. Daß man in einer Gefängniszelle vielleicht weniger freiwillig, aber vergleichsweise ganz gut aufgehoben wäre - allererste Anzeichen eines herankeimenden »Inselkollers«, der auch den Unentwegtesten befallen kann. Denn der Mensch ist die Gesellschaft anderer Menschen gewohnt, und seine insulare Isolation - alles zusammenhängliches Vokabular - läßt ihn seine selbsterwählte Abgeschiedenheit besonders intensiv empfinden.

Nicht jeder taugt zum Robinson. Programmierbare Typen am allerwenigsten, kreative und phantasievolle am ehesten. Denn selbst auf dem idyllischsten Robinson-Eiland kommen wir an Alltagsproblemen nicht vorbei, die dort diejenigen des »normalen« Lebens an Komplexität noch übertreffen. Macht es Euch leicht! Dieses Kapitel soll Euch dabei helfen.

Kriterien

Zeitwahl

Das Gelingen jeder Freizeitunternehmung ist, wie wir alle wissen, in hohem Maße vom Wetter abhängig. Ein Mensch mit Robinson-Ambitionen muß sich weitaus intensiver mit der Materie beschäftigen als der durchschnittliche Reisende. Denn für ihn steht einiges mehr auf dem Spiel, vor allem, wenn er einen längeren Zeitraum für sein Vorhaben angesetzt hat. Die Regenfront, die für ein normales Urlaubskonzept lediglich eine ärgerliche Störung bedeutet, schlägt bei ihm viel empfindlicher zu Buch. Nicht nur beeinträchtigt sie sein körperliches Wohlbefinden auf fühlbare Weise, sondern sie legt sich unmittelbar aufs Gemüt. Nichts auf der Welt ist nämlich in seiner Kontrastwirkung elender anzuschauen als ein paradiesisches Tropeneiland hinter den Grauschleiern des

Regens. Die Depressionen, die den Einsamen schon an schönen Tagen beschleichen mögen, weiten sich dann ins Uferlose aus.
Wetterabhängige Dumpfheit und damit verbundene Untätigkeit kann sich ein Robinson nicht leisten. Er tut gut darin, dem Problem von vornherein die Spitze zu nehmen, indem er sein Programm einfach mitten in den sonnen- und lichtdurchfluteten philippinischen Sommer verlegt. März bis Mai sind die besten Monate.

Wasser

Ohne Wasser kein Leben und kein Überleben. Dieses mit Abstand wichtigste Kriterium des Robinsondaseins muß unbedingt erfüllt sein, und das nicht nur im Notfall. Das ohnehin mit manchen Härten angefüllte Inselleben darf nicht zusätzlich dadurch erschwert werden, daß man Wasser unter kompromißlosen Survivalbedingungen aus dem Felsen schlagen oder sich sonstwie mit ihm herumplagen muß. Auf Regen hatten wir ja bereits freiwillig verzichtet.
Das Dilemma ist, daß die Abwesenheit von Wasser die meisten Robinson-Eilande erst zu solchen macht. Also muß der lebensnotwendige Stoff mitgebracht werden. Plastikkanister entsprechender Kapazität sind überall erhältlich. Man rechne mit fünf Litern pro Tag zum Trinken und Kochen. Waschen kann man sich, wenn auch nicht perfekt, in der See. An das bißchen Salz auf der Haut gewöhnt sich der Körper schon.
Aber können wir uns nicht einfach an Kokosnüsse halten, diese Symbolobjekte Robinsonschen Treibens? Mit denen hat es nun eine höchst eigene Bewandtnis. Zwar wachsen auf fast allen nachstehend aufgeführten Inselchen Kokospalmen, teils sogar in Massen. Man muß aber immer wieder bedenken, daß jede Palme, jede Nuß ihren Eigentümer hat. Und wenn auch derselbe fern sein mag, begeht der Erntende im Sinne des Gesetzes Mundraub. Wenn es Palmen auf der Insel gibt, werden auch gelegentlich Leute auftauchen, um die Nüsse zu pflücken. Für den »Herrscher« des Eilands wird dann sicherlich ein Tribut dabei sein.
Einigen wir uns deshalb auf die Notwendigkeit, daß man sich einen Hauptwasservorrat selber anlegen muß. Und sehen wir die spärlichen Quellen, die da sonst noch rinnen mögen, als potentielles Reservoir für Momente der nackten Not an, in die wir uns hoffentlich nie begeben müssen.

Nahrung

Allein von Kokosnüssen und Fisch - so man überhaupt hat - kann man sich auf die Dauer nicht ernähren. (Eine Woche oder zwei allerdings immer). Auch auf der Suche nach verwertbarem Grünzeug wird sich unser Robinson wahrscheinlich schwertun, denn je kleiner die Insel, desto weniger ist mit vegetarischen Beilagen zu rechnen. Auf manchem kargen Sand- oder Felseneiland wächst gar nichts Brauchbares.
Vernünftig ist es, sich für den geplanten Zeitraum mit allerlei Elementarem im Sinne des Kapitels »Kampieren« einzudecken und sich erst dann nach zusätzlicher Nahrung umzusehen.

Wie kommen wir an den Fisch?

Es gibt mehrere Möglichkeiten, darunter Angeln, Fallen, Netze, Harpunen.
Angeln ist bestimmt erste und fairste Wahl. Haken und Leinen sollten deshalb in jedem Robinsongepäck stekken. Auf Ruten und Rollen kann man verzichten. Köder: Muschel- und Kokosfleisch, helle Pflanzenfasern - alles mal ausprobieren!
Fallen: Von Einheimischen erst einmal zeigen lassen. Wir Fischkonservenkonsumenten haben die Tricks gar nicht mehr drauf.

Netze: Ein kleines Stellnetz von zehn Meter Länge und zwei Meter Höhe, ein paar Stunden lang ausgelegt, kann Wunder bewirken. Es wiegt auch nicht viel und läßt sich wie eine Schlummerrolle transportieren. Erhältlich in Hardware-Stores.

Harpunen: Keiner werfe den ersten Stein. Harpunettis sind in der westlichen Taucherwelt mega-out. Verständlich - man sehe sich nur einmal die irreparablen Schäden an, die durch Harpunen-Overkill allein im Mittelmeer angerichtet worden sind.

Nimrods dieser Kategorie haben sich aber nie wie Südseeinsulaner, Filipinos nicht ausgeschlossen, Hand in den Mund von der Jagd auf den Fisch ernährt. Sie waren - und sind - selbsternannte »Sportler«, Schützenbrüder, die ein submarines Scheibenschießen veranstalten und denen es nur auf den Treffer ankommt. Die Beute ist ihnen im Grunde egal.

Der philippinische Speerfischer jagt mit der *pána,* dem hausgemachten, höchst primitiven, höchst effektiven Harpunengewehr. Wenn Ihr glaubt, ohne die Unterwasserjagd nicht auskommen zu können, dann nehmt ein solches Gerät mit in Euer Inseldomizil. Vielleicht erhält es Euch ja am Leben.

Siehe auch Kapitel »Survival« und »Tauchen« einschließlich der Warnungen vor giftigem Seegetier.

Das richtige Konzept

Wer sich ein Inseldasein auserkoren hat, um einmal so richtig zu faulenzen und abzuschalten, der zäumt das Pferd vom falschen Ende auf. Einer Robinsonade muß das Element der Aktivität zugrundeliegen. Ohne dieses stellt sich rasch Langeweile ein, die im Übermaß aufgezwungen zur bitteren Pille wird. Das unter Punkt 3 genannte Kriterium befürwortet deshalb auch nur die Mitnahme einiger weniger Zutaten für die tägliche Ernährung und empfiehlt dem Robinson, sich alles weitere tunlichst selber zu beschaffen. Denn die Nahrungssuche ist in der Tat ein tagesfüllendes Programm. Anderseits: Ganz Ausgefuchste können ihre Robinsonade sogar mit einem Feinschmeckerkursus in organischer Küche kombinieren, gegebenenfalls unter Mitnahme eines einheimischen »Freitag«. Gewichtsverlust trotz voller Tafel und »physische Erstarkung« können bei einem solchen Konzept fast garantiert werden!

Man führe Tagebuch über seine Erlebnisse, beobachte sich, notiere auch scheinbar Nebensächliches, zeichne und fotografiere. Man nehme sich die Bücher mit. Oder den Partner... »Hier ist vielleicht der ideale Ort, um eine prospektive Ehe auf ihre Belastbarkeit zu testen,« sagt *Das Tropenbuch* dazu.

Hüttenbau großen Stils schlage man sich aus dem Kopf - man denke stets an den fremden Grund und Boden. Ein Zelt genügt vollkommen, bei anhaltendem trockenen Wetter reicht ein Moskitonetz, sofern man nicht auf dem nackten Sand liegt. Ein einzelner Topf genügt für die Kocherei; Geschirr läßt sich aus Kokosnußschalen improvisieren, Eßstäbchen aus Holz ersetzen Bestecke. Streichhölzer und Taschenlampe nicht vergessen!

Ein paar Robinsonziele - kritisch betrachtet

Die nachstehenden Inseln - nur eine Handvoll von vielen, die in Frage kommen - wurden vom Gesichtspunkt relativer Abgeschiedenheit ausgesucht.

1 Alibatan

Das Inselchen ist auch als Target Island bekannt, weil es 1946 den in San Jose stationierten Amerikanern als Bombenzielgebiet diente.

Alibatan ist fünf Hektar groß, unbewohnt und von weißem Sand umsäumt. Ein kleiner See in der Mitte be-

herbergt zahlreiche Vogelarten, und auf dem umgebenden Korallenriff geht es recht lebendig zu. Weitere als Robinsoninseln infrage kommende Eilande in der Nähe sind Aslom, Garza und Silat; Alibatan ist aber am schönsten.
Lage: Zwei Seemeilen östlich der Südspitze von Mindoro.
Anreise: Ab Bulalacao oder Dörfern weiter südlich.

1 Alibatan
2 Apo
3 Araceli Islands
4 Camago und Saddle
5 Capitancillo
6 Coron
7 Cresta de Gallo
8 Guyam
9 Isla Rosa
10 Malahibomanok
11 Nagubat
12 Panagatan
13 Quinamanuca
14 Sombrero
15 Talacanen

2 Apo

Apo ist und bleibt *die* Robinsoninsel der Philippinen. Dazu trägt schon der geschützte Status des Eilands bei, der in den letzten Jahren endlich einigermaßen ernst genommen worden ist.
Der begehbare Teil der Insel mißt etwa 350 x 650 Meter und umfaßt vor allem den Südosten. Ein Saum blendend weißen Sandes begrüßt den Ankömmling am Südende, kristallklares Wasser umspült seinen Entdeckerfuß. Überall, selbst in den flachsten Bereichen, herrscht sprühendes Leben und setzt sich durch prächtige Korallengärten machtvoll fort, um schließlich am Abbruch in unergründliche Tiefen explosive Formen anzunehmen - Taucherparadies! Einzelheiten in Kapitel »Tauchen«: *Apo Reef*.
Landseitig sieht es bescheidener aus. Dünner Busch und ein paar größere Bäume bedecken ungefähr ein Drittel der Insel, einige Kokospalmen geben ein tropisches Gepräge. Außerhalb dieses grünen Kerns besteht Apo aus einem gehobenen Korallenriff, auf dem sich dicht an dicht Mangroven angesiedelt haben. In der kleinen Lagune im Westen tummeln sich Rochen und Katzenhaie, doch das Wasser ist dort relativ unsichtig. Dafür geben sich in der Mangrove zahlreiche Vögel ein Stelldichein. Und eine weitere, wesentlich unliebsamere Tierart ist auf Apo reichlich vertreten: *Niknik,* eine winzige, doch höllisch zubeißende Stechfliege, vor der es kein Entrinnen gibt. Moskitonetze sind zu grobmaschig für diesen Plagegeist, Einreibemittel helfen kaum. Das einzige probate Mittel gegen Niknik ist Wind. Deshalb empfehle ich Apo - ausnahmsweise - für die Amihansaison (11-3), auch wenn's dann schon mal regnet und recht kühl ist.
Lage: 35 Seemeilen westlich von Mindoro.
Anreise: Ab Sablayan oder San Jose; siehe auch Kapitel »Tauchen«: *Apo Reef*.

3 Araceli Islands

Ich nenne sie nur einmal so, denn der kleine Archipel aus fünf Eilanden hat keinen eigenen Namen. Er setzt sich zusammen aus Cambari, Cotad, Langoy, Mantulali und Maraquit und ist dem Städtchen Araceli auf Dumaran (Palawan) vorgelagert.
Alle fünf einzeln zu beschreiben, würde mehrere Seiten füllen. Denn die Eilande sind derart vielgestaltig, mit Stränden, Riffen, Steilküsten, Busch und Wald, daß man sich darüber lange auslassen könnte. Ihnen gemeinsam ist ein großer Vorteil: Sie sind von der nächsten bescheidenen Zivilisation

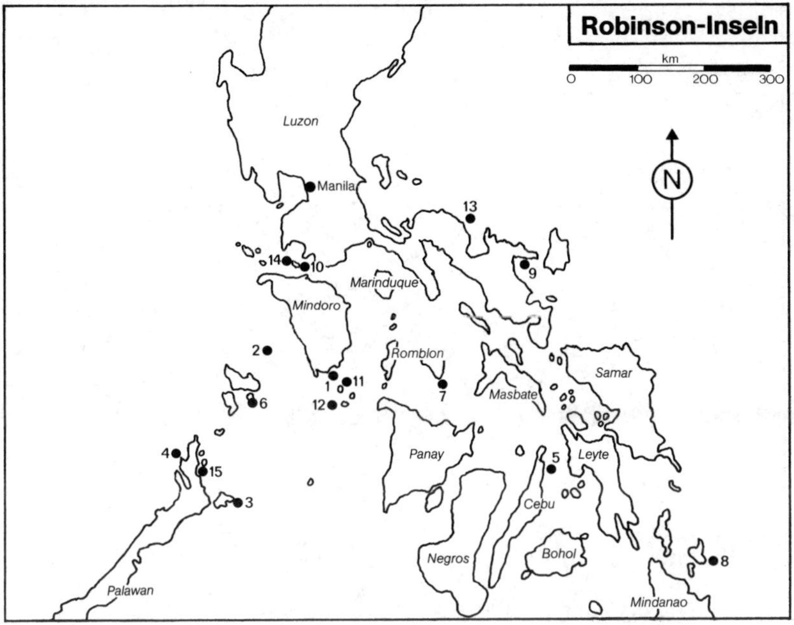

- Araceli in diesem Fall - nicht weit entfernt. Maraquit liegt dem Ort, in dem es sogar Eis für Trawler und somit auch kühle Drinks gibt, nur eine Seemeile gegenüber. Cambari findet sich allerdings schon acht Seemeilen auf hoher See und hat zudem keinen Tropfen Wasser - lieber erst mal das Terrain sondieren! Auf Langoy gibt es einen Leuchtturm, der allerdings, wir sind ja auf den Philippinen, nicht immer in Betrieb ist.
Lage: Unmittelbar östlich von Dumaran Island, NO-Palawan.
Anreise: Erreichbarkeit von Dumaran und Araceli: Siehe Kapitel »Island Hopping«.

4 Camago und Saddle

Zwei hübsche, durch einen schmalen Kanal getrennte Inselchen. Weiße Strände im Osten, Steilküste im Westen. Dort fällt die Wassertiefe schnell ab, und Haie (Weiß- und Schwarzspitzen) treten mitunter in Erscheinung. Einige nicht permanent bewohnte Hütten. Kein Wasser, aber ein paar Kokospalmen. Dort macht das Robinsonspielen Spaß, denn die »Rettung« in Gestalt des nahen Liminangcong mit seinen Fleischtöpfen und kalten Drinks hat man immer vor Augen.
Lage: Dem Hafenstädtchen Liminangcong (NW-Palawan) dicht vorgelagert.
Anreise: Mit einem Motorboot ab Liminangcong oder per Paddelbanka vom New Guinea Beach rund fünf Kilometer weiter nördlich.

5 Capitancillo

Gemütliches Inselchen (etwa 100 x 200 Meter), das man sich mit dem ein-

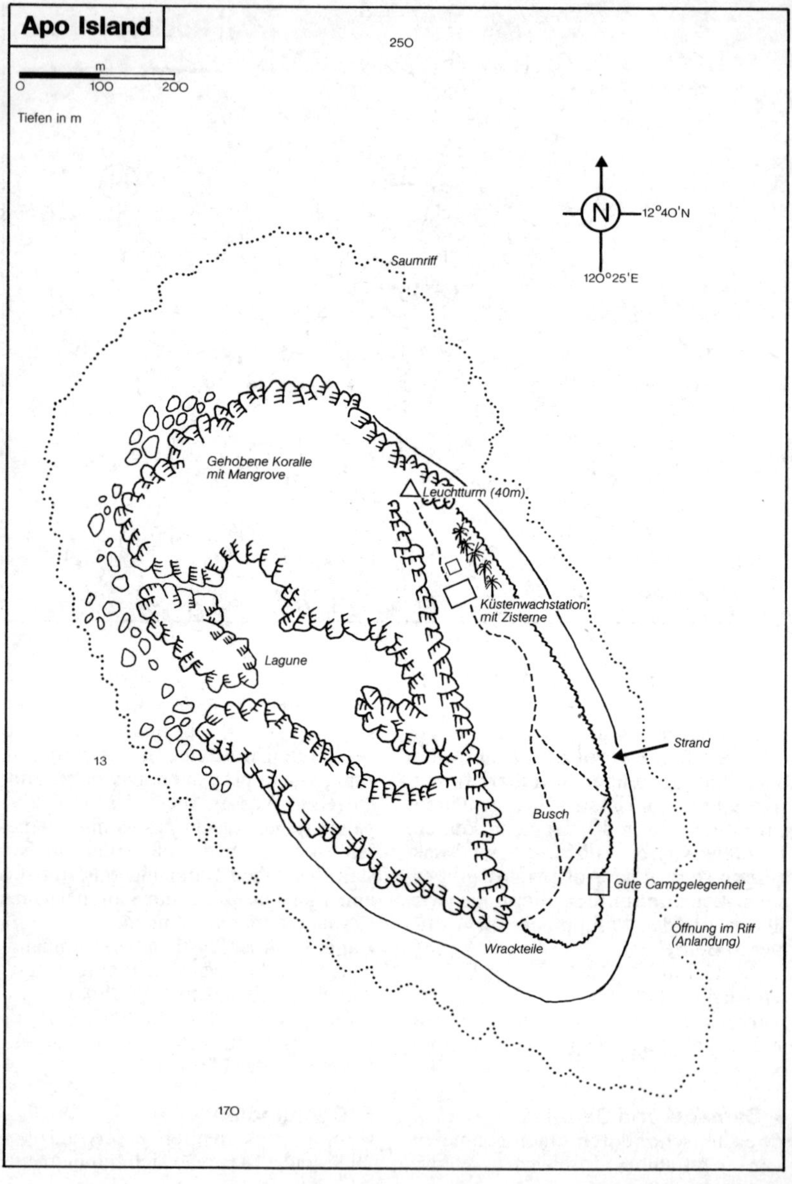
Apo Island
m
0
100
200
Tiefen in m
250
N
12°40'N
120°25'E
Saumriff
Gehobene Koralle
mit Mangrove
Leuchtturm (40m)
Küstenwachstation
mit Zisterne
Lagune
Strand
13
Busch
Gute Campgelegenheit
Öffnung im Riff
(Anlandung)
Wrackteile
170

samen Leuchtturmwärter teilen muß. Der stellt einem seltenen Gast gern eine Koje in seiner bescheidenen Klause zur Verfügung. Wasser ist vorhanden.
Die Insel sitzt auf einem langgestreckten Doppelriff, das recht gute Tauchmöglichkeiten bietet, doch durch Unterwasserjäger vom Festland ziemlich ausgefischt ist. Mit denen kann man auch an- und abreisen.
Lage: Zwischen Cebu und Leyte, etwa zehn Seemeilen OSO von Bogo.
Anreise: Ab Bogo, Nordcebu.

6 Coron
Die Insel ist in Kapitel »Island Hopping« beschrieben. Unterhalb der gewaltigen Steilküsten und außerhalb der paar Dörfchen gibt es immer wieder mal ein paar Meter blitzweißen Strand, an denen ein Robinson Station machen kann.
Lage: Südlich von Coron Town (Busuanga Island), Nordpalawan.
Anreise: Per Mietboot ab Coron Town.

7 Cresta de Gallo
Der (spanische) Name bedeutet »Hahnenkamm« und bezieht sich auf die zwei Hügel, aus denen die Insel besteht und deren höchster sich 30 Meter erhebt. Auf dem südlichen (niedrigsten) Hügel steht ein Leuchtfeuer, das allerdings, wie so viele Seezeichen im philippinischen Archipel, nicht immer in Betrieb ist.
Schön ist der Nordteil des Inselchens: Koralliner Sandstrand, der allmählich in Bänke und schließlich in ein Riff übergeht, das sich über fast eine Seemeile dahinzieht und prächtige Tauchmöglichkeiten bietet.
Die Insel ist von einer Familie bewohnt, die sich aber zumeist auf Sibuyan aufhält. Es gibt kein Wasser, doch Kokosnüsse sind reichlich.
Lage: Unmittelbar vor der Südspitze von Sibuyan Island, Romblon-Archipel.
Anreise: Beste Verbindung mit auslaufenden Fischern in Azagra oder San Fernando auf Sibuyan Island.

8 Guyam
Guyam liegt mittig innerhalb einer Lagune, die zu dem gewaltigen Barriereriff gehört, das die ganze Ostküste Siargaos umzieht. Südseetraum - landseitig sieht man den endlosen Strand vor dem Städtchen General Luna, weit seewärts krachen blaue Brecher gegen das Riff. Das Inselchen besteht aus grobem, weißem Korallensand mit einem grünen Gürtel aus Strandvegetation und vielen Kokospalmen. Grün ist auch das Wasser rund um das Inselchen und diamantklar dazu...
Guyam ist unbewohnt. Fischer legen manchmal an, und Kinder schwimmen oder paddeln mitunter durch die flache Lagune von General Luna hinüber. Wir wollen alle hoffen, daß es so friedlich bleiben wird. Schon werfen die ersten ausländischen Entwickler begehrliche Blicke auf den pazifischen Strand.
Lage: Pazifikseite von Siargao Island (NO-Mindanao), dem Städtchen General Luna vorgelagert.
Anreise: Ab General Luna auf Siargao Island.

9 Isla Rosa
Ein geradezu klassisches Robinson-Eiland! Ringsum (15 Minuten zu Fuß) weißer Sand und Koralle. Grüner Inselkern mit Kokospalmen variierender Anzahl (je nach Taifun). Deswegen wurde Rosa auch nicht »entwickelt«; Taifune machen es immer wieder platt. Fester Zeltboden, kein Mensch, dafür Tausende von Einsiedlerkrebschen. (Allerdings machen Fischer gelegentlich Station am Strand). Andererseits: Kein Wasser, und die See (auch das nahegelegene Alto-Riff) ist stark überfischt. Ein paar Tage sind aber immer drin. Anschließend kann man sich bei

Klassisches Robinson-Eiland: Isla Rosa

Johnny Nidea in Sabang bei Schwertfischsteak und kühlem Bier von den »Strapazen« erholen. Der örtliche Name für Isla Rosa ist *Agirángan.*
Lage: Im Lagonoy-Golf, zehn Seemeilen östlich von Sabang, Camarines Sur, Südluzon.
Anreise: Ab Sabang entweder Direktfahrt im Mietboot oder Fußmarsch entlang der Caramoan-Küste bis Maangas (18 Kilometer) und von dort hinüberpaddeln lassen.

10 Malahibomanok

Wer schon einmal nach Puerto Galera hinübergeschippert ist, mag mit einiger Wehmut das weißsandige Eiland gemustert haben, das an Steuerbord vorbeizieht. Warum kann man dort nicht mal halt machen? Das wird so manchem in den Sinn gekommen sein.
Nun, man kann schon. Angesichts der Mindorotouristen und der mächtigen Supertanker, die das Inselchen passieren, wird man sogar einen ganz besonderen, anachronistisch verursachten Kick verspüren, ausgerechnet dort den Eremiten zu spielen. Denn Malahibomanok ist unbewohnt und liegt fast genau in der Mitte zwischen dem boomenden Hafen Batangas und dem quirligen Puerto Galera, wo sich die Touristen scharen. Nur die Insel Maricaban, auch mit einem schönen Sandstrand beim Barrio Pisa vertreten, ist einigermaßen nah und tröstet über die relative Verlassenheit hinweg.
Der Name des Eilands bedeutet »Hühnerfeder« - weil sich auf ihm einige wenige zerzauste Vegetation erhebt: etwas Busch und ein paar windschiefe Palmen. Außerdem gibt es ein Leuchtfeuer, das dem beträchtlichen Schiffsverkehr in der Passage den richtigen Weg zeigt. Wasser hat's keines, zu essen auch nichts. Doch Batangas liegt vor der Tür. Der Robinson kann sich, wenn er's darauf anlegt, jeden Abend

eine Pizza und kaltes Bier hinüberfahren lassen. Man kann dort ein paar herrliche Inseltage fast zum Nulltarif verleben, und kaum einer merkt's.
Die See um Malahibomanok ist trotz des nahen Großhafens mit seinen Werften und Raffinerien erstaunlich sauber und verleitet zu sofortigem Baden und Tauchen. Vorsicht jedoch: Sehr starke Gezeitenströmungen! Wer dort abtreibt, ist verloren.
Lage: Verde Island Passage. Zehn Seemeilen SSW von Batangas.
Anreise: Per Mietboot ab Batangas.

11 Nagubat

Der Name der Insel bedeutet »bewaldet«. Damit ist es aber nicht mehr viel her. Viel (sehr weißen) Sand gibt's dort nur und ein wenig Gebüsch darauf - das wär's. Ab und zu erscheinen ein paar Fischer und bauen sich aus angetriebenen Palmwedeln einen schattigen Verschlag, in den der Robinson dann anschließend einziehen kann. Ansonsten ist Nagubat im Gegensatz zu allen anderen umliegenden Inseln unbewohnt.
Lage: Fünf Seemeilen nördlich von Semirara Island im Süden von Mindoro.
Anreise: Ab Bulalacao an der Südküste von Mindoro. Ein Korallenriff, das die knapp 20 Meter hohe Insel umgürtet, läßt die Annäherung größerer Boote nicht zu; mit einem normalen Banka kann man aber landen.

12 Panagatan

Panagatan liegt auf der NW-Spitze eines ausladenden Riff-Areals, auf dem sich einige weitere Mini-Eilande (Cays) erheben, allesamt robinsontauglich. Der Name bedeutet in etwa »auf hoher See«. Ein wildes Gelände: Die Hauptinsel ist kaum mehr als eine große Sandbank mit etwas Busch und ein paar Palmen darauf, die immer wieder umgeweht werden. Denn von November bis März pfeift der Nordost gewaltig durch die Passage, und die See geht hoch. Gischt und Sand füllen dann die Luft, und am Nordstrand künden Wracktrümmer und angetriebene Netze immer wieder von kleinen Tragödien im Bereich der Inseln Mindoro, Marinduque und Tablas.
Die Netze bilden stellenweise richtige Polster. Ein Robinson kann sie sich zunutze machen, indem er Stücke davon für seinen privaten Fischfang einsetzt.
Panagatan-Robinsons, die eventuell alte Schiffstrümmer mit Teilen der Aufschriften *4JR* und *Sige Lang* und/oder Objekte finden, die einmal Europäern gehört haben könnten, bittet der Autor dringend um Nachricht. Die Fundstücke, sofern tragbar, am besten mitbringen.
Lage: Am südlichen Ausgang der Tablas-Straße, westlich von Sibay Island.
Anreise: Im philippinischen »Sommer« (4-6) landen Fischer, vielfach noch unter Segel, auf den Panagatan Cays und richten es sich ein paar Tage lang häuslich ein, um die Zeit mit Fangtätig-

Ich habe schon oft und mit dem größten Vergnügen Robinson gespielt. Die Philippinen bieten sich ja auch dafür an. Doch immer beschränkte ich mich auf ein paar Tage, höchstens Wochen. Ich traf auch auf jene, die schon Monate oder gar Jahre hinter sich hatten. Sie waren alle, nun, ein bißchen seltsam. Einer von diesen war *Frederick,* der lange einsame Jahre auf dem Inselchen Tamlagun an der Westküste von Palawan verbrachte. Vor kurzem wurde sein nur mündlich vereinbarter Nutzungsvertrag annulliert. Ein Leben ohne »seine« Insel konnte Frederick sich nicht vorstellen, also schied er (nach Berichten aus Palawan) aus ihm.

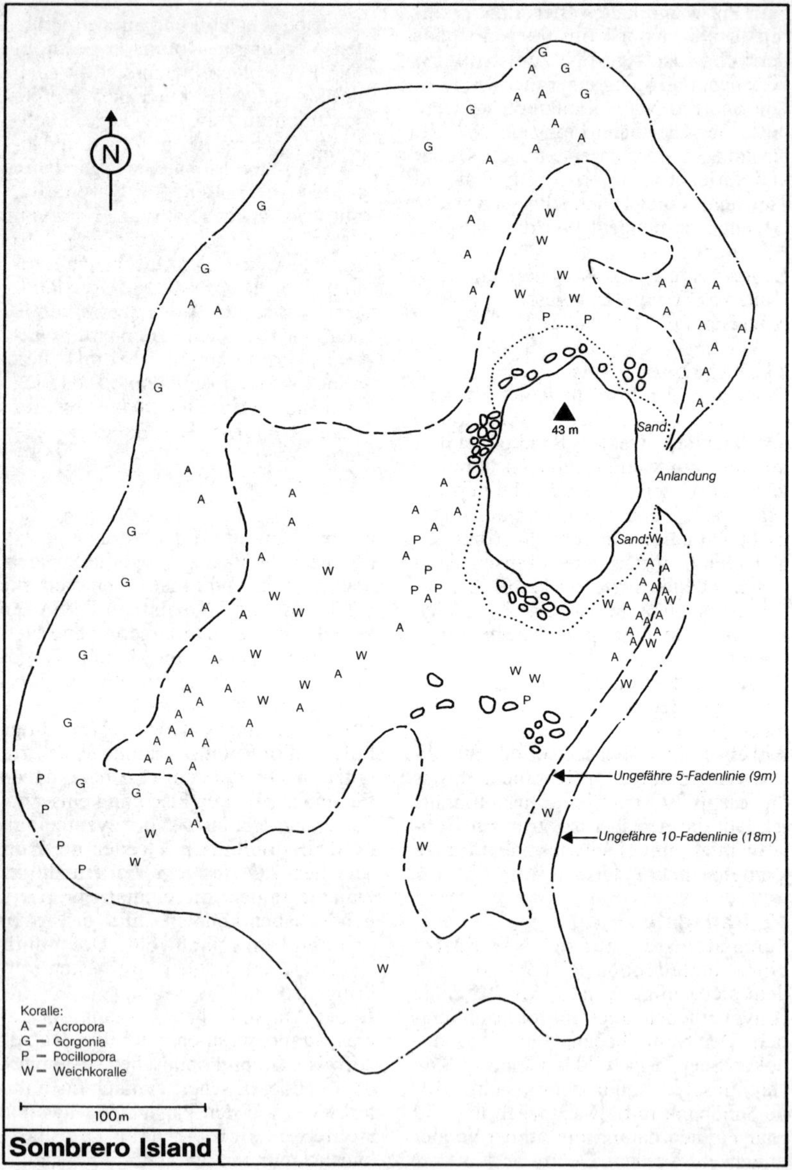
N
43 m
Sand
Anlandung
Sand
Ungefähre 5-Fadenlinie (9m)
Ungefähre 10-Fadenlinie (18m)
Koralle:
A – Acropora
G – Gorgonia
P – Pocillopora
W – Weichkoralle
100 m
Sombrero Island

keit zu verbringen. Ihnen schließt man sich am besten an. Basis ist Caluya Island, etwa in der Mitte zwischen Mindoro und Panay gelegen. Diese Insel hat wiederum Verbindung mit San Jose auf Mindoro und Lipata auf Panay.

13 Quinamanuca

Schönes Inselchen: Ringsum weißer Strand, grünes Inneres, kristallklares Wasser des offenen Ozeans. Ein paar Kokospalmen hat's auch, doch die Nüsse sind oft von Taifunen abgefegt, denn das Eiland liegt mitten in ihrem Hauptpfad. Es gibt aber einen Brunnen mit trinkbarem Wasser und eine Art Verwalter, in dessen Hütte man gegebenenfalls unterschlüpfen kann. Fischer vom Festland machen gelegentlich Station am Strand und lassen sich ihre Fänge abkaufen.
Siehe auch Skizze der Insel in Kapitel »Wrackexploration«.
Lage: Eingang zur San Miguel Bay bei Vinzons, Camarines Norte, Südluzon.
Anreise: Ab Vinzons den romantischen Labo River 20 Minuten flußabwärts, dann 30 Minuten über See.

14 Sombrero

Der aus einem schönen, flachen Unterwasserrevier (siehe Kapitel »Tauchen«) aufragende »Hut« ist ein Robinsonparadies ersten Ranges - wenn man über ein paar Minuspunkte hinwegsehen kann. Es gibt kein Wasser auf Sombrero (jedoch eine einsame Kokospalme), und auch der Strandstreifen ist nur winzig klein. Macht nichts. Dafür ist Sombrero unbewohnt und von einem prachtvollen, seit 1978 unter Naturschutz stehenden Riff aus lebenden Korallen umgeben. Ideal selbst für ein Robinson-Wochenende »out of Manila«.
Lage: Nahe des Westzipfels von Maricaban Island (Sepok Point).
Anreise: Ab Anilao an der Batangas-Küste.

Klein, aber fein: Sombrero Island

15 Talacanen

Ein winziges, strandumsäumtes Felseneiland von der Form einer flachen 8. Auf der unteren (größeren) Hälfte gibt es ein Dörfchen mit ein paar Hütten, wo Boote anlanden und Fisch getrocknet wird. Die andere Hälfte, vorwiegend aus Busch und Sand, steht dem Robinson zur Besiedlung frei. Kein Trinkwasser! (Wird von Mesecoy auf dem Festland hinüberbefördert). Dafür aber erstklassiges Tauchen rund um die Insel, prächtige Korallenriffe und ganze Wolken von Fisch.
Lage: Nordteil der Taytay-Bucht, NO-Palawan.
Anreise: Ab Küstenorte Mesecoy und Polarican, diese wiederum nur zu Fuß oder per Boot ab Taytay.

Nützliches Vokabular

Wie heißt die Insel dort drüben?
Anó'ng pangálan ng pulóng natátanaw mulá díto?

Wem gehört die Insel dort?
Síno ang may-ári ng pulóng iyón?
Wohnen dort Leute?
May táo ba doón?
Gibt es auf der Insel Trinkwasser?
Mayroón bang maíinom na túbig sa pulóng iyón?
Ich würde gern ein paar Tage dort verbringen.
Gustó kong tumígil doón ng mgá iláng áraw.
Können Sie mich zu der Insel hinüberfahren?
Maaári ba ninyó akóng dalhín sa pulóng iyón?
Würden Sie mich am .... (span. Wochentag) dort wieder abholen?
Puéde bang kaúnin ninyó akó doón sa ....?
Was kostet die Überfahrt?
Magkáno ang pamasáhe?
Ich bezahle jetzt die Hälfte, die andere bei Ihrer Rückkehr. Geht das?
Babayáran ko ngayón ang kalaháti, ang balance sa pagkúha ninyó sa ákin. Puéde ba?
Können Sie mir sauberes Wasser besorgen?
Maaári po bang maikúha ninyó akó ng malínis na túbig?
Ich benötige etwa (engl. Zahlwort) Gallonen (etwa 4 l).
Ang kailángan ko'y mgá .... galón.

Segeln

Die Bewältigung ständiger Gefahren. die Befriedigung, Wind und Wetter zum eigenen, ganz persönlichen und weitgehend kostenlosen Vorteil ausnutzen zu können; das Selbstvertrauen, das mit jedem Landfall nach rauher Fahrt, jeder erfolgreich gelösten navigatorischen Aufgabe wächst - das ist Segeln, insbesondere Tiefwasser- und Fahrtensegeln. Eine der schönsten und abenteuerlichsten Aktivitäten im Sinne der eingangs dieses Buches gegebenen Definition.

Der philippinische Archipel geizt nicht mit Risiken. Segeln im Bereich der 7.000 Inseln einschließlich der dazugehörigen Riffgewirre hat keinen Ausflugscharakter. Namen in der Seekarte wie *Cape Disaster, Confusion Rock, Dangerous Ground, Emergency Point, Squall Point, Treacherous Bay* und *Wreck Head,* um nur aus dem Palawan-Archipel ein paar herauszugreifen, geben Kunde von einer seglerfeindlichen Umwelt. Widriges Wettergeschehen, tückische Gewässer und gar Anachronismen wie Piraten sind synonym mit philippinischen Meeresstrichen. Manch froh geplante Traumreise kann wegen solcher Verhältnisse zum Alptraum gedeihen.

Dieses Kapitel befaßt sich deshalb vornehmlich mit den negativen Aspekten eines Philippinentörns, denn die positiven überwiegen ohnehin. Es liefert Informationen, die dem durchreisenden *Yachtie* nicht immer vorliegen mögen. Insbesondere betont werden Wetterberichte und Taifunausweichtaktiken - kaum etwas ist wichtiger in diesem Inselreich, in dem der Himmel keineswegs immer blau und die See samten ist.

Dem Segler soll hiermit indes nicht ein etwaiger Herzenswunsch versauert werden, die gloriose Inselwelt der Philippinen einmal nach Lust und Laune abzuklappern. Im stetigen Nordostmonsun ergeben sich superlative Segelbedingungen, und auch zu anderen Jahreszeiten sorgen die immerwährenden Wechselbedingungen zwischen Land und See fast immer für eine frische Brise. Kalmen sind selten. Außerdem lädt eine Anzahl ausgezeichneter Naturhäfen zum Verweilen und Überwintern ein. Dazu gehört vor allem die prächtige Bucht von Puerto Galera auf Mindoro, in der sich zahlreiche Flaggen ständig ein Stelldichein geben, und die vielen kleinen Ankerplätze, durch die sich Palawan und die visayische Region hervortun.

Warnung

Manche Yachten, mitunter sehr undurchsichtigen Besitzverhältnisses, werden von Glücksrittern gefahren, die in Südostasien Drogen hin- und herschieben. Italiener haben da einen gewissen Ruf, wenn auch nicht nur diese. Mitgefangen, mitgehangen. Und dortzulande *wird* gehangen! Also: Den Typen, dem Ihr Euch anvertraut, lieber erst einmal ein wenig beschnuppern.

Selbst für Segelenthusiasten mit schmaler Kasse ergibt sich auf den Philippinen nicht selten eine Möglichkeit, einen Törn mitzumachen. Viele Bootsbesitzer auf großer Fahrt sind einem Zubrot nicht abgeneigt. Wer auf eine Mitreise unter Segel aus ist, frage sich am besten in Puerto Galera oder Cebu City ein wenig durch. Manila ist insofern leider keine optimale Adresse, einerseits weil Außenseiter kaum die Möglichkeit haben, in das Areal des total abgeschotteten Yachtclubs einzudringen, andererseits weil im MYC fast ausschließlich *Neversails* liegen, die sowieso nie auf Fahrt gehen.

Wissenswertes für Fahrtensegler

Bootsbau

Man mißt den kulturellen Entwicklungsstand einer seefahrenden Nation gern anhand ihrer Errungenschaften auf schiffbaulichem Sektor im Lauf der Geschichte. Die Seetüchtigkeit von Wikingerbooten ist viel gepriesen worden. (Sie stellte sich allerdings unter genauer Betrachtung als wenig wahr heraus. Vielmehr ist die Tollkühnheit zu bewundern, mit der die Wikinger in ihren wenig seefesten Kähnen auf große Fahrt gingen). Die perfekten Linien-risse arabischer Dhauen, die Kompaktheit chinesischer Dschunken, die ausgewogenen Formen europäischer Segler sind jedermann mit ein wenig Salz im Blut ein Begriff. Auch die auf den Philippinen gebauten Galeonen waren bei aller Ungefügigkeit prachtvoll anzusehende Seefahrzeuge, geradezu Symbole aller Romantik der Meere. Das *balanghai,* eine Art Langboot, befuhr schon zu vorspanischen Zeiten den philippinischen Archipel. Mehrere Boote dieser Art wurden 1976 bei Butuan ausgegraben und erwiesen sich als ausgesprochen elegante Konstruktionen.

Man sollte denken, daß man im Verlauf der Jahrhunderte auf den Philippinen Lehren aus der allgemeinen schiffbaulichen Entwicklung gezogen hätte. Doch dem ist nicht so. Über den praktischen Nutzen des landesweit verbreiteten Auslegerbootes habe ich mich bereits in Kapitel »Reisetips« ausgelassen. Das »Banka« stellt lediglich eine kunstlose Weiterentwicklung des steinzeitlichen Einbaums dar (den man übrigens auch noch viel sieht), ist durchweg von plumper Linienführung und miserabel verarbeitet. Etwas seetauglicher - auf Distanz - erscheint das große visayische *basnig,* mit dem die Hochseefischerei ausgeübt wird. Von nahem erweist sich der Kahn aber schon wegen seiner riesigen Ausleger als ungefüge und schwer manövrierbar. Da Boote mit Auslegern auf den Philippinen vorherrschen, kommt es in den Häfen immer wieder zu einem heillosen Durcheinander. Wie können solche Fahrzeuge längsseit gehen? Wie Insektenbeine stehen die Bambusspieren nach beiden Bordwänden hinaus und verschachteln sich kaum entwirrbar mit anderen. An- und Ablegen nimmt manchmal eine Ewigkeit in Anspruch.

Insofern kommt den heutigen Filipinos am ehesten ein Vergleich mit den Wikingern zu - »wird schon gutgehen«, egal wie der Kahn konstruiert ist. An Einflüssen durch die umgebenden Nationen, allesamt Bootsbauer par excellence, blieb seltsamerweise wenig hängen. Die Boote der Filipinos sind im Prinzip polynesischer Bauart. Und ihnen, den Polynesiern, sagt man ja nach, die größten Seefahrer aller Zeiten gewesen zu sein. Gleich den Wikingern in miserablen Fahrzeugen - die Handhabung macht den großen Unterschied zwischen Ankunft und Nichtankunft, Sein und Nichtsein.

Die einzigen Boote mit wirklich seegehenden Eigenschaften und schön geschwungenen Linien, denen man heute im philippinischen Archipel begegnet, sind japanische und taiwanesische Thunfischfänger. Auch die beschlagnahmten und zurückgelassenen Fahrzeuge der vietnamesischen *Boat People* sind praktisch und unverwüstlich, obwohl sie am Ufer manchmal wie gestrandete Schildkröten aussehen. Nur im hohen Norden - auf den Batanes - und im tiefen Süden der Philippinen werden tüchtige Boote gebaut. Das moslemische *kumpit* kann sich sehen lassen; immerhin hat es keine Ausleger.

Mancher prospektive Wegfahrer liebäugelt mit den relativ niedrigen Preisen und den recht geschickten Holzverarbeitern der Philippinen, um dort vielleicht ein Boot in Auftrag zu geben und die Weite der Südsee unter Segel zu nehmen.

In der Tat existieren im Umkreis von Manila und Cebu City auch einige Yachtbaubetriebe, um solche Träume wahr werden zu lassen. Doch in der Realität werden zumeist Alpträume daraus, schon wegen explodierender Kosten. Erstens ist die Verfügbarkeit tropischer Bauhölzer durch gesetzliche Einschränkungen auf ein Minimum geschrumpft. Und zweitens muß ein großer Teil der benötigten Ausrüstung (stehendes und laufendes Gut, Segel, Maschine, Elektrik, Elektronik und vieles mehr) ohnehin importiert werden, was sehr teuer ist und zudem bürokratische Scherereien beinhaltet. Per Saldo dürfte man, wenn man sich schon in Südostasien befindet und an einen Bootskauf denkt, eine segelfertige Yacht in Taiwan weitaus billiger finden - von der Ersparnis zahlloser Ärgernisse ganz zu schweigen.

Wer im Lande ansässig ist und ein Segelboot besitzt, wird dem gegenüber einen Mangel an Formalitäten erfreulich finden. Solange das Fahrzeug nicht maschinenbetrieben ist, braucht es nicht einmal registriert zu werden. Segelschein, Skipperlizenz, Versicherungspolice - *forget it.* Boote mit Maschine muß man bei der *Coast Guard* eintragen lassen. Dort gibt's dann ein Stück Papier und eine zugeteilte Nummer, die schön groß am Boot anzubringen ist, und Ihr könnt losfahren.

Sicherheitsauflagen sind reine Formsache. Ob Ihr Lichter führen wollt oder Rettungsmittel mitnehmen möchtet, liegt völlig in Eurem eigenen Ermessen. Manchmal ist es fraglos vorteilhaft, nicht von anderen gesehen zu werden. (Siehe »Piraterie« weiter unten in diesem Kapitel).

Ein- und Ausklarierung

Alle ausländischen Yachten sind verpflichtet, einen offiziellen *Port of Entry* anzulaufen, bevor die sogenannte Verkehrserlaubnis *(free pratique)* für den Rest des Landes gegeben wird. Die amtliche Liste der Häfen kann man auf den philippinischen Botschaften und Konsulaten einsehen und dort ein entsprechendes Visum beantragen. Ist dies nicht möglich - oder hat man es versäumt -, empfiehlt es sich stets, zunächst Manila oder Cebu City anzulaufen. Dort können die Formalitäten nämlich unkompliziert über die Yachtclubs abgewickelt werden. In anderen Häfen ist mit Verzögerungen zu rechnen, weil die Vorgänge erst immer über Manila geleitet werden. Vorzulegen sind: Gültiger Paß (gegebenenfalls mit Visum), *Clearance* vom letzten Hafen (wichtig!), je zwei Mannschafts- und Zollisten. Ein- und Ausklarierung sind mit ein paar Gebühren verbunden, nichts Dramatisches.

In der Praxis ist es nicht immer möglich, als erstes diese Häfen anzusteuern. In vielen Situationen können das *Right of Innocent Passage* oder wetterbedingte Dringlichkeitsfälle geltend gemacht werden, um auf der Reede eines Inselchens vor Anker zu gehen oder in einem Dorf Wasser und Proviant zu fassen. In solchen Fällen sollte man unverzüglich einen Behördenvertreter benachrichtigen (Bürgermeister, Dorfvorsteher, Polizeichef) und sich einen Vermerk in den Paß stempeln lassen. Wenn es hart auf hart kommt, kann eine nicht einklarierte Yacht wegen Verstoß gegen die Einreisebestimmungen beschlagnahmt werden. Den Fahrzeugen der *Boat People* ist allesamt dieses Schicksal zuteil geworden.

Hafen- und Ankerwache

Überall ein Muß. Eine Yacht zieht ständig Neugierige an, und daß dann mal lange Finger gemacht werden, sollte man als normal voraussetzen. Allein die vielen feinen Sachen, die verlokkend an Deck ausgebreitet liegen - Tauwerk, Anker, Schlauchboot usw. -, können vor allem Fischer gut gebrauchen. Mit der Möglichkeit einer »Decksinspektion« muß man also immer rechnen. »Guten Freunden« nicht vertrauen! Eine besonders gründliche Bewachung ist auch bei einem gestrandeten oder anderwärtig havarierten Fahrzeug angeraten. »Gott segne unseren Strand« ist auf den Philippinen - wie bei uns im letzten Jahrhundert - weiterhin eine gültige Devise.

Yachtclubs

In den letzten Jahren sind sie mehr geworden, die elitären Seglervereinigungen. Mit dem *Manila Yacht Club (MYC)* begann es; in Cebu City, Subic Bay und Puerto Galera ging es weiter, und aus dem Bereich von Palawan wird man bestimmt auch bald einiges hören.

Der MYC hat unter Fahrtenseglern keinen guten Ruf. Das Clubbecken ist mit ortsansässigen Booten ständig bis zum Brechen gefüllt, und Gäste sind deshalb nicht besonders gern gesehen. Man bemüht sich zwar, sie unterzubringen, beschneidet die Aufenthaltsdauer jedoch rigoros und bittet kräftig zur Kasse. Scheidemünze ist der US-Dollar; da kommt schnell ein erkleckliches Sümmchen zusammen. Vernünftige Politik ist, über den MYC einzuklarieren und dann gleich nach Subic oder Puerto Galera weiterzusegeln.

Der MYC geht Hörwache auf den UKW-Kanälen 16 und 12, jedoch nicht ständig.

In den anderen Yachtclubs des Landes ist alles etwas lockerer. Über den meisten Platz verfügt Puerto Galera, und da kostet's auch am wenigsten. Das Clubhaus liegt auf Boquete Island; wenige Meter vom Ufer kann man in tiefem, sauberem Wasser ankern und für einen kühlen Drink zum weißsandigen Strand hinüberschwimmen.

Mannschaftsrekrutierung

Ein zweischneidiges Schwert. Für einen Deal »Hand gegen Koje« läßt sich in Häfen wie Puerto Galera ganz gewiß mancher glanzäugige Tramp finden, der zum Nulltarif knüppelhart mit anzupacken bereit ist. Das ist gut für das Budget des Skippers und minimiert seine Arbeit. Um was für einen Typ es sich wirklich handelt, stellt sich aber meist erst auf hoher See heraus. Oft genug ist mit ihm nichts anzufangen, oder es gibt sogar Ärger. Der ist bei manchen philippinischen Berufsseeleuten allerdings auch vorprogrammiert. Unter denen gibt es jede Menge Mimosen, die sich auf ein scharfes Segelkommando hin schon »rassisch diskriminiert« fühlen - auch nicht optimal. Die beste Adresse ist insofern der MYC. Dort findet man registrierte Seeleute mit Segelerfahrung, die nur auf einen Job warten. Sie wissen aber, was sie wert sind - und haben ihren Preis.

Navigation

Im Bereich der Philippinen häufig Glückssache. Mit Kleinkram wie Ausweichregeln, Lichterführung und dergleichen nimmt man es nicht immer so genau. Selbstverständlich wird auch kein stolzer Musikdampfer der Route Manila-Cebu (von einem Navy-Schiff ganz zu schweigen), einem schäbigen Segler ausweichen. Versteift Euch nicht auf Eure Vorfahrtsrechte! Der Klügere gibt nach; geht immer frühzeitig selbst aus dem Weg.

Außerdem: 7.000 Inseln lassen sich nicht perfekt betonnen und befeuern. Treibende Baumstämme - mitunter ganze Vegetationsinseln - tragen zur allgemeinen Problematik bei. Haltet Euch deshalb vorzugsweise an Tagestörns.

Piraterie

Auch in diesem Zeitalter noch ein lebendiger Faktor auf den Philippinen. Ein besonders übler Ruf hängt insofern dem Sulu-Archipel an, in dem das Piratenunwesen schon seit Jahrhunderten Tradition hat. In der Sulu-See sind komplette Frachter gekapert worden, die Mannschaften beseitigt. Selbst die zwischen den Sulu-Inseln verkehrenden Passagierfähren kommen bis auf den heutigen Tag nicht immer ohne Militärbegleitung aus.

Man nehme diese Warnung ernst, tue sie nicht etwa als romantische Übertreibung ab. Die Piraten des Südchinesischen Meeres sind nie *gentlemen robbers* gewesen, die vor den Ladies den Hut zogen, die Herrschaften mit höflicher Entschuldigung zur Kasse baten und die Opfer dann mit guten Reisewünschen weiterziehen ließen. Die freundlichste Aufforderung, die aus jüngster Zeit von ihnen zu Buche steht, ist *»ambak, pare!«* - spring, mein Freund! - auf hoher See einem Todesurteil fast gleichbedeutend. Viel öfter wurde aber rücksichtslos von der Waffe Gebrauch gemacht. Seglern wird deshalb dringend ans Herz gelegt, um die gesamten südlichen Philippinen einen großen Bogen zu machen. Militärischer Begleitschutz kann in Bedarfsfällen gestellt werden, gegen Bezahlung allerdings. Vor privaten Arrangements nehme man Abstand. Manchmal sind die Beschützer selber die Ganoven.

Auch in Gewässern außerhalb des Sulu-Archipels können Übergriffe von Piraten nie *völlig* ausgeschlossen werden. Es hat Zwischenfälle in der Manila Bay gegeben, die allerdings schon etliche Jahre zurückliegen. Sogar vor Boracay wurde (1986) die australische Yacht *Libertad* ausgeraubt. Der Überfall traf den Nerv der Tourismusindustrie und wurde deshalb schnell aufgeklärt. Keine Moro-Piraten oder NPAs (als die die Täter sich ausgaben) steckten dahinter, sondern ganz honorig scheinende Typen von der Insel Tablas. Theoretisch kann es jeden mal treffen; Segler sollten sich keinen naiven Illusionen hingeben.

Regatten

Ende Dezember findet alljährlich ein Rennen Hongkong-Manila und zurück statt, eine bretthärte Angelegenheit. In der Osterwoche wird von Manila nach El Nido gesegelt, wobei es weitaus milder zugeht. Einzelheiten durch den MYC.

Reparaturen und Ausrüstung

Fallen in eine ähnliche Sparte wie Bootsbau. Betroffene schildern Verzweiflungsakte bei der Verfolgung eines einzelnen Nagels, mangelnden Sachverstand bei größeren Problemen, freche Sprüche, davonlaufende Preise. Was Wunder, die meisten philippinischen Fachleute sind im Ausland. Nehmt möglichst alles selbst in die Hand.

Seehandbücher

In ihnen stecken die Weisheiten von Jahrhunderten. Mißachtet kein einziges Wort. Die höchst korrekt geschilderten Fallwinde in der Paluan Bay auf Mindoro führten einmal fast zum Verlust der Yacht, auf der ich mich befand. Sorgt dafür, daß Seehandbücher an Bord sind, bevor Ihr die Philippinen erreicht oder dort auf Fahrt geht.

Seekarten

Gute philippinische Karten gibt es in großer Auswahl bei *Namria*, 421 Barraca Street, San Nicolas, Manila. Weitere *Namria Map Sales Offices* gibt es in Makati (Lawton Avenue, Fort Boni-

facio), Cebu City (J. King Building, Magallanes Street), Davao (APL Building, Airport Road/Ecke Sasa), Iloilo City (Sarabia Manor Building, General Luna Street) und Legaspi (Legaspi Supermarket).
Außerdem in Manila: *Morbai Enterprises*, 2048 Claro M. Recto Street, Tel. 7127805; *Morbai Maps, Charts & Books Sales,* Edsa (gegenüber Robinson Galeria), Tel. 702784.
In Cebu City: *Morbai Maps & Charts Sales*, Gorones Building, Osmeña Boulevard, Tel. 219410.

»Seglerwelle«

Zu bestimmten Zeiten (00, 08, 10 und 12 Uhr MGZ) finden sich mit Kurzwellengeräten ausgerüstete Segler auf der SSB-Frequenz 14320 kHz zusammen, um Nachrichten und Erfahrungen auszutauschen. Im westlichen Pazifik werden diese QSOs von Funkamateuren aus Hongkong, Australien und der Südsee gesteuert, die die Frequenz überwachen und sich ziemlich regelmäßig darauf einschalten. Die Verkehrssprache ist englisch. Haltet Funkdisziplin auf der Welle; nur Positions-, Sicht- und Wettermeldungen sowie Vorkommnisse auf See und in den Häfen sind von Belang. Unnötiges Labern führt zu Eurem schnellen Ausschluß!

Verproviantierung

Am günstigsten auf Dorfmärkten in Provinzstädten; passabel in Supermärkten in den Cities. Zu Brot und Konserven siehe Bemerkung in Kapitel »Reisetips«. Gute Käufe für lange Trips sind Fisch, Fleisch, Kraken und Tintenfisch in getrockneter Form, Biskuits, Eier (auch »hundertjährige«), Bohnen und Mung-Linsen, Kohl, Rettiche, Nudeln, Kokosnüsse, Knollenfrüchte (Maniok, Süßkartoffeln, Taro, Yams), Reis, Knoblauch, Zwiebeln, Ingwer, Speiseöl, Salz, brauner Zucker und/oder Melasse, Mehl, Bier und Softdrinks.

Siehe auch Küchenrezepte und Vokabular in Kapitel »Kampieren« sowie Hinweise in Kapitel »Survival«.

Ein paar Tricks für die Kombüse

- **Fleisch konservieren:** Knochenloses Fleisch in schmale Streifen schneiden, in der Pfanne scharf braten, das Bratfett beiseitestellen. Die Fleischstreifen in gut verschließbare Keksdose (Blech, nicht Plastik) einfüllen, jede Lage mit einer Schicht Fett übergießen und erkalten lassen. Jeweilige verbrauchte Lage erneut mit Schmalz bedecken. Innerhalb von sechs Wochen verkonsumieren.
- **Fleisch trocknen:** In dünne Scheiben schneiden, mit grobem Salz bestreuen und zum Trocknen in die Sonne legen. (Vorzugsweise auf hoher See, wo keine Fliegen sind). Mehrmals wenden und nachsalzen. Angetrocknetes Fleisch auffädeln und in die Wanten hängen. Wenn es hart und trocken ist, an einem luftigen Platz verstauen; immer wieder mal der Sonne aussetzen. Vor Verwendung wässern und das Wasser wechseln, um das Salz auszulaugen.
- **Fisch trocknen:** Siehe Kapitel »Reisetips« ff.
- **Roher Fisch** auf japanische Art ist in anderen Kapiteln bereits beschrieben. Noch einfacher ist ein *Salade polynésienne.* Dazu legt man die rohen Fischfilets eine Stunde in eine 50:50-Marinade aus Limonensaft und Seewasser - fertig. Prima mit Tomaten und gehackter Zwiebel. Harte Kokosnuß schmeckt dazu.
- **Anschovis einsalzen:** Drei bis vier Kilogramm frische, nicht ausgenommene Anschovis in große Biskuitdose - besser in ein Tongefäß *(bangá);* gibt's auf Märkten - füllen und schichtweise mit grobem Salz bestreuen. Obenauf ein Brettchen legen und mit einem Stein beschweren. Nach zehn Tagen Flüssigkeit abgießen, beiseitestellen.

Die Fische oberflächlich ausnehmen, reinigen und erneut mit Salz in das Gefäß packen, den Saft dazugeben. Nach vier Wochen sind die Anschovis verzehrbereit und halten sich monatelang. Schmackhaft auf heißem Reis und/oder mit hartgekochten Eiern.

- **Limonen** einzeln in Zeitungspapier (besser Alufolie) einwickeln und im Einkaufsnetz aufbewahren. Wochenlang haltbar.
- **Weißkohl** hält sich etwa zwei Wochen. Danach bohre man ein Loch in den Strunk und gieße jeden zweiten Tag ein wenig Wasser hinein. Wenn der Kohl in einem Netz luftig aufgehängt ist, hält er sich dieserart mindestens einen weiteren Monat.
- **Bananen** als ganze, tiefgrüne Staude kaufen und drucksicher aufhängen. Über Nacht in Seewasser gelegte Früchte werden doppelt so schnell reif wie die anderen.

In der Reislast reifen Bananen ebenfalls erheblich rascher heran. Dieses Verfahren ist auch mit Gewinn auf andere grüne Früchte anwendbar, wobei an erster Stelle Papayas zu nennen wären.

- **Eier** halten sich wesentlich länger (bis zu drei Monate), wenn man sie dünn mit Vaseline einreibt.

Wetterberichte und Taifunwarnungen

Der Segler muß seine Hand unmittelbar am Puls des Wettergeschehens haben. Genauer gesagt: Sein Auge und Ohr. Denn glücklicherweise steht ihm heutzutage eine Vielzahl von Informationen zur Verfügung, die er nur richtig auffangen und auswerten muß, um zu einem verläßlichen detaillierten Gesamtbild zu gelangen. Selbiges bestimmt dann seine weiteren Entscheidungen.

Die Technik macht's möglich. Satellitenüberwachung und Computerauswertung haben die Fixierungsgenauigkeit von Taifunpositionen in den letzten Jahren zu schier unglaublichen Dimensionen gesteigert. Für denjenigen, der die üblichen Fehlprognosen heimischer Wetterkundler gewohnt ist, muß es fast unheimlich scheinen, wie haarscharf fernöstliche Voraussagen ins Schwarze treffen. Die Bodenwetterkarte der Japaner ist so präzise, daß man ihre Luftdruckangaben zum Navigieren benutzen kann!

Auf dem Kommunikationssektor hat sich in den letzten Jahren gewaltig etwas getan. Der Segler hat es nicht mehr nötig, von vielen atmosphärischen Störungen begleitete gesprochene oder telegraphierte Wetterberichte auf Kurzwellen zu erlauschen. Über satellitengekoppelte Empfänger wird ihm heute der »WX« automatisch an Bord gefaxt oder digital übermittelt - sofern er dafür ausgerüstet ist natürlich. Andernfalls muß er weiterhin sein Ohr in das zirpende Dampfradio tauchen. Laßt Euch notfalls auch Wetterberichte von Frachtern vermitteln; die sind immer gut informiert. (UKW-Kanal 16, Ruf: *All ships).* Wenn der Wachgänger gerade Langeweile hat, wird er gern zu diesem kleinen Dienst bereit sein.

Nachstehend die wichtigsten Stationen für konventionelle Wetterinformationen im nordwestlichen Pazifik (mit freundlicher Genehmigung des Bundesamtes für Seeschiffahrt und Hydrographie in Hamburg). Zeiten sind MGZ; Änderungen jederzeit vorbehalten.

Japan: Tokyo (JMC)

Frequenz (kHz, A1)	Betriebszeiten
JMC = 122,6	0000 - 2400
2 = 4298	0000 - 2400
3 = 6397	0000 - 2400
4 = 8526	0945 - 1815
5 = 12840	0000 - 2400
6 = 17029	1815 - 0945

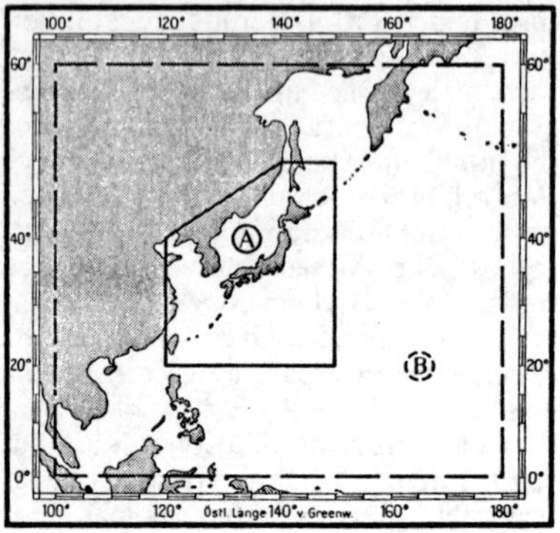

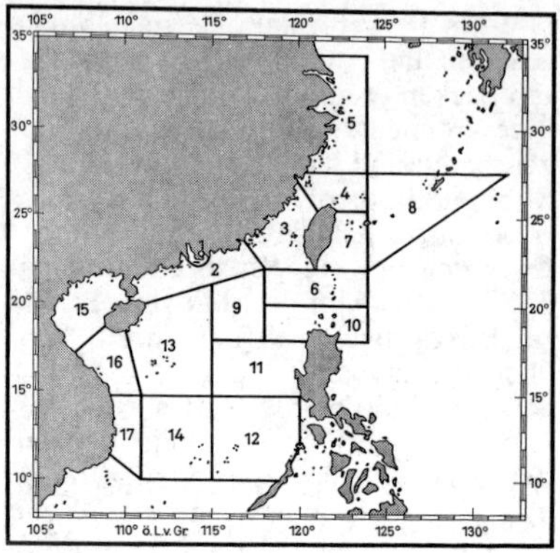

Inhalt	Sendezeit	
Sturmwarnung für	0548	1148
Gebiet A (englisch)	1748	2348
Sturmwarnung und	0248	0848
Übersicht für	1448	2048
Gebiet B (englisch)		

Telegraphiekundige sollten auf alle Fälle den WX um 0248Z jeden Tag auf 17029 kHz routinemäßig abhören. Diese Sendung liegt zeitlich günstig und ist weitgehend frei von Störungen. Auch die Langwelle (122,6) ist immer gut zu empfangen.

Eine sehr gute und verläßliche Station auch ist:

Hong Kong (VRX)

Frequenz (kHz, A1)		Sendezeit	
VRX 2 =	435	0118	1318
3 =	4232,5	-	1318
32 =	8619	0118	1318
62 =	13031	0118	1318
82 =	17192	0118	-

Inhalt
Übersicht (einschl. Wirbelsturmwarnung für den NW-Pazifik); Vorhersage für 24 Std. für die Teilgebiete laut Karte. In englischer Sprache.

Radio Hongkong (ZBW)

Frequenz: 567 kHz, 91 MHz; englisch

Inhalt	Sendezeit		
Sturmwarnung und	0058	0258	0513
Übersicht für Gebiet	0528	0758	0958
10-30N 105-125E	1058	1258	1458
sowie örtliche			2358
Vorhersage für			
Hongkong			

Commercial Radio Hongkong

Frequenz: 1044 kHz; englisch

Inhalt	Sendezeit		
wie ZBW	0010	0300	0500
	0525	0830	1002
	1115	1202	1315
	1515	1600	2330

China

Die Chinesen sind in jüngerer Zeit ebenfalls auf dem Wettersektor in Erscheinung getreten, und zwar mit folgender Station:

Guangzhou (XSQ)

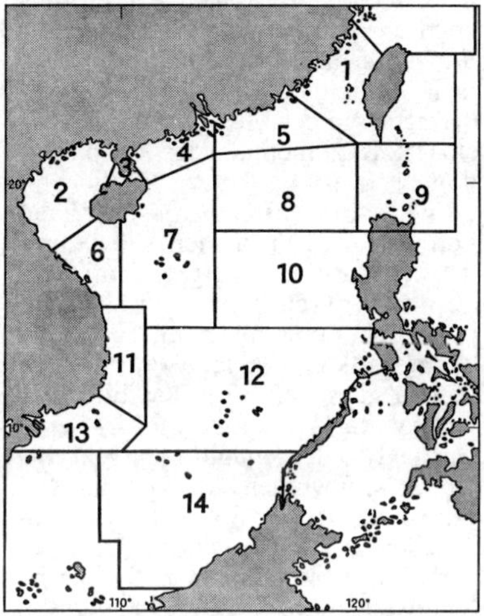

Frequenz (kHz, A1)		Sendezeit	
XSQ	3 = 478	0030	1230
	5 = 4288	-	1230
	6 = 6382	0030	1230
	8 = 8458	0030	1230
	9 = 12973	0030	1230

Inhalt: Wirbelsturmwarnung; Vorhersage für 24 Std. für die Teilgebiete laut Karte. In englischer Sprache.

Philippinen

Seit eh und je liegt's hier etwas im Argen. Aber man kann versuchen, sich in folgende Station einzuklinken:

Bacoor (DZF, DZI)

Frequenz (kHz, A1)		Sendezeit	
DZF	= 8547,5	0000	1200
	= 12822	0000	1200
DZI	= 4336	0000	
	= 6335,5	0000	
	= 8672	0000	
	= 13008	0000	
	= 22506	0000	

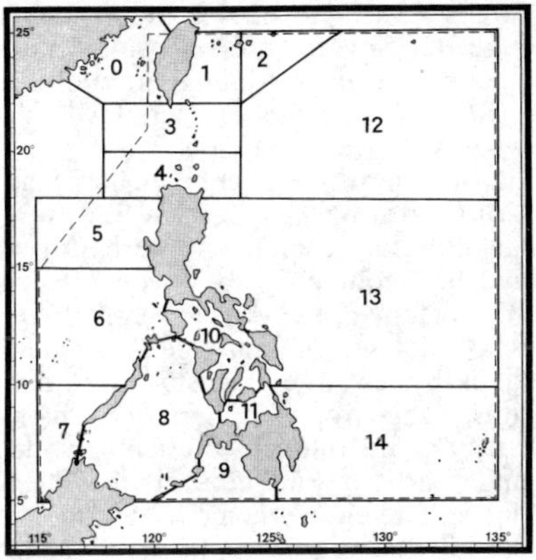

Inhalt: Sturmwarnung; Vorhersage für 24 Std. für die Teilgebiete laut Karte.

Philippinen: Rundfunksender u. a.

Bei Annäherung eines Sturms werden von zahlreichen Rundfunkstationen des Landes (MW und UKW, Kennzeichen DY- bis DZ-) ständig Warnnachrichten (auch in englischer Sprache) ausgestrahlt. Frische Positionsmeldungen hat auch immer die *Coast Guard* auf Lager, die in jedem Hafen vertreten ist.
In Manila erteilt zudem das Wetteramt PAGASA Auskunft (Tel. 9228406, 9228411, 9218313).
Zu beachten ist, daß die Philippinen »ihren« Taifunen einheimische Namen geben, die anders als die gebräuchlichen internationalen lauten.

Ein Taifun zieht heran!

Es gibt innerhalb des philippinischen Archipels zwei Möglichkeiten, einen schweren Sturm unbeschadet zu überstehen: Entweder man sucht in Landnähe Schutz vor ihm, oder man weicht ihm aus, indem man möglichst viel Distanz zu seinem Zentrum zu erreichen sucht.

Soviel zum Elementaren. In der Praxis muß der Segler natürlich selbst entscheiden, welche Maßnahme die klügere ist. Alles hängt ja auch davon ab, wo er sich gerade befindet.
Erfreulicherweise macht die Nord-Süd-Konfiguration des Landes bei guter Kenntnis der regionalen Verhältnisse und bei rechtzeitigem Vorliegen von Warnnachrichten Ausweichmanöver relativ leicht. Die gängige Ausweichtaktik besteht in einfachster Form darin, so lange vor Wind und See davonzulaufen, bis ruhigere Breiten bzw. der ungefährliche Südhalbkreis des Tiefdrucks erreicht werden. Der Sturm selber hilft dabei mit: Er liefert während seines Heranzugs ständig Winde aus nördlichen Richtungen.
An der Westseite und im Mittel- und Südteil des Archipels liegen die Voraussetzungen für diese Praxis einigermaßen günstig. In der Philippinen-See östlich von Luzon bis ungefähr zur Straße von San Bernardino sollte man indes bei Taifungefahr schon viel eher Fersengeld geben. Andere Bedingungen kommen zudem zum Tragen, wenn ein Sturm, wie gegen das Jahresende nicht selten, die Philippinen weit im Süden durchquert. Im Zeichen globaler Klimaverschiebungen hat sich in den letzten Jahren eine Tendenz zu weiterer Südverlagerung der Taifunbahnen gezeigt. Selbst Palawan und Nordborneo sind heute nicht mehr sicher. Tritt ein solches Szenario ein, hilft nur baldiges Unterkriechen im nächsten Nothafen.
Die weitaus meisten Handelshäfen der Philippinen sind allerdings keineswegs sichere Zufluchtsstätten für schutzbedürftige Segler. Selbst die Manila-Bucht ist trotz ihrer günstigen Lage nur bedingt zu empfehlen. Zwar entwickelt sich in ihr auch bei hohen Windstärken nicht viel See (<3 m), doch der Wind, vor allem aus NNW, kann einem Fahrzeug dort gefährlicher werden als die See als solche. Der Haltegrund der Bucht ist schon mal schlecht. Deshalb geraten bei stürmischem Wetter immer wieder große Frachter ins Treiben und bringen sich selbst und andere Schiffe in Bedrängnis. Ähnliche Verhältnisse herrschen in der Mehrzahl der wichtigsten Häfen innerhalb des Taifunkorridors.
Es widerspräche seemännischer Tradition, sich bei Herannahen eines Sturms, den man auf See vergleichbar leicht ausmanövrieren könnte, in einen vermeintlich sicheren Hafen zu verkriechen. Falls eine solche Entscheidung jedoch getroffen wird, so sollten alle verfügbaren Fakten sorgfältigst erwogen und in den endgültigen Entschluß einbezogen werden. Aus welcher Richtung kommt der Wind in zwei, drei Stunden und mit welcher Stärke? Wie verhält sich die See? Was tun bei null Sichtweite? Auf diese und andere Fragen müssen Antworten vorhanden sein, um die Handlungsweise auf die jeweilige Situation abstimmen zu können.

Tiefdrucksysteme in Richtung auf Manila

Die folgende Karte, in der verschiedene Stadien tropischer Tiefdrucksysteme entlang einer Achse in Richtung auf Manila/Puerto Galera in eine Relation zu empfohlenen Maßnahmen gebracht werden, mag als Entscheidungshilfe beitragen. (Für andere Häfen muß das Schaubild nur analog verschoben werden). Die angegebenen Radien entsprechen einer durchschnittlichen Vormarschgeschwindkeit von acht bis zwölf Knoten.

A: Bei Meldung eines Druckgebildes im Gebiet A mit vorhergesagter Zugbahn in Richtung auf die Philippinen ist sorgfältigste kontinuierliche Einholung von Wetterberichten und Mitplotten des Sturms erforderlich. Seeklarmachen innerhalb von drei bis vier Tagen sollte als ziemlich wahrscheinlich

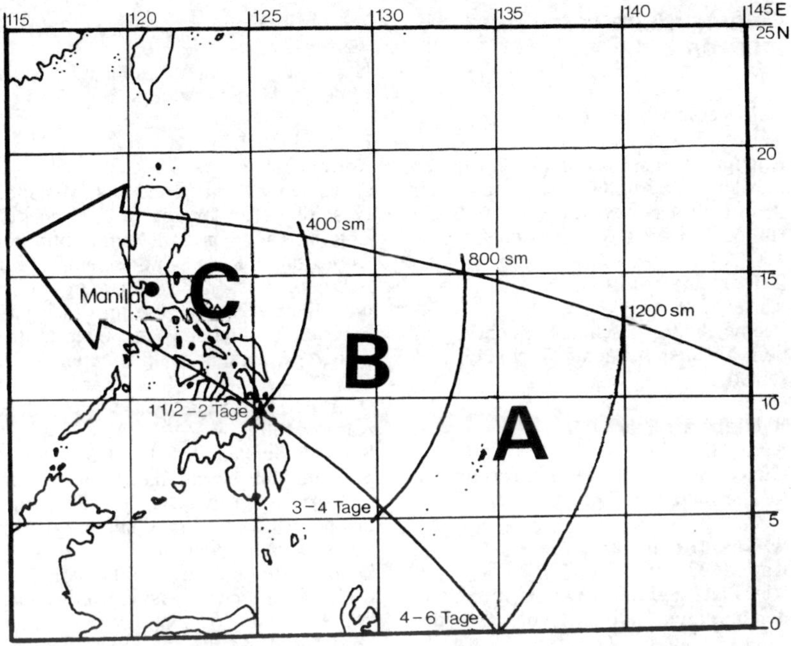

in Betracht gezogen werden. Proviant? Wasser? Treibstoff?

B: Zeitpunkt zum Weglaufen in generell südliche Richtungen oder zum Aufsuchen eines sicheren Schutzhafens. Das Boot hat ab jetzt stets voll seeklar zu sein.

C: Für weitläufige Ausweichmanöver ist dieses Stadium schon zu spät. Umgehend den nächstgelegenen Schutzhafen aufsuchen!
Nicht vergessen werden darf, daß sich bereits in weiter Entfernung des Sturmzentrums eine stark geschwindigkeitsmindernde grobe See und hohe Dünung entwickeln können. Maßnahmen zur Durchquerung der erwarteten Taifunzugbahn sollten deshalb eine reichliche Zeitreserve enthalten. Ferner ist zu beachten, daß Taifune sich bei Erreichen der philippinischen Inseln generell etwas abschwächen, jedoch bei Eintritt in das Südchinesische Meer oft erneut generieren und gelegentlich sogar umkehren. Nach Durchzug eines Taifuns darf der Segler sich daher nicht in falscher Sicherheit wiegen. Mit der Einholung von Wetterberichten ist fortzufahren, bis endgültig Entwarnung gegeben wird!
Karten aller Taifunzufluchthäfen und ihrer Ansteuerungen sollten bei Philippinenfahrern immer an Bord sein. Erfahrungsgemäß fehlen diese Karten gerade immer zum brenzlichsten Zeitpunkt. Nachstehend eine Übersicht philippinischer Seekarten. Sucht Euch im Ausland die englischen oder amerikanischen Äquivalente anhand des Seehandbuchs heraus.

Taifunzufluchthäfen rund um Luzon

1 Port San Vicente
Karte: 4276.
Einziger guter Taifunhafen im hohen Norden von Luzon, doch begrenzter Raum zum Schwoien und mäßiger Haltegrund. Von W aus ansteuern.

2 Port Bicobian
Karte: 4276.
Kleine, völlig geschützte Bucht an einem ansonsten hochgefährlichen Küstenstrich.

3 Diapitan Bay
Karte: 4227.
Gleich Bicobian: Klein, aber fein mit fast perfektem Schutz.

4 Casiguran Bay
Karte: 4278.
Viel Platz und tiefes Wasser im Schutz der bergigen Halbinsel von San Ildefonso. Aber um Gottes willen nicht schlafenlegen, wenn es weht!
Im Norden ist zwischen den Bergen ein böses offenes Loch, in das der Wind hineindüst, und im Süden, am Eingang zur Bucht, wurde schon mal ein ganzes Dorf von einem Taifun ausgelöscht.

5 Hook Bay
Karte: 4277.
Polillo Island. Exzellenter Naturhafen, doch draußen von bösen Riffen umlagert. Bei dickem Wetter sollte dort kein Schiff eine Einfahrt versuchen.

6 Dahikan Bay
Karte: 4274.
Echter, aber sehr knapp bemessener Naturhafen. Gefährlich, weil nach N offen, doch an diesem Küstenstrich, haarig bei anrückendem Taifun, gibt's sonst nichts besseres.

7 Lamit Bay
Karte: 4271.
Nicht überwältigend, aber auch dort finden sich keine Alternativen.

8 Coal Harbor
Karte: 4237.
Zwischen Cagraray und Batan Island. Geschützt (außer aus SE), doch die Einfahrt (nur von S) ist ein Alptraum. Boote, die in Legaspi mit einem Taifun rechnen, müssen den dortigen Hafen unbedingt verlassen und im Coal Harbor Schutz suchen, bzw. im Lee der beiden genannten Inseln lavieren.

9 Santo Niño Harbor
Karte: 4456.
Santo Niño Island. Guter Hafen, aber größenmäßig beschränkt. Man muß in dickem Wetter gute Nerven haben, um das nur 18 Meter breite und 3,2 Meter tiefe Loch anzusteuern.
Drinnen, in einem Becken von 200 Meter Durchmesser, ist es ruhig, aber keineswegs *völlig*. Die See ist null, aber der Wind pfeift immer noch gewaltig rein.

10 Sorsogon Bay
Karte: 4219.
Große, geschützte Bucht, in der jedoch laviert werden muß, um in Lee zu bleiben.

11 Port Busin
Karte: 4454.
Burias Island. Echte Notdestination. Das gleiche gilt für Port Busainga in unmittelbarer Nachbarschaft.

12 Port Romblon
Karte: 4453.
Gute, wenn auch nicht perfekt geschützte Bucht, weil nach Norden ziemlich offen. Wind, weniger als See, haut gewaltig rein. Looc auf Tablas ist vorzuziehen, wenn ein Taifun anmarschiert.

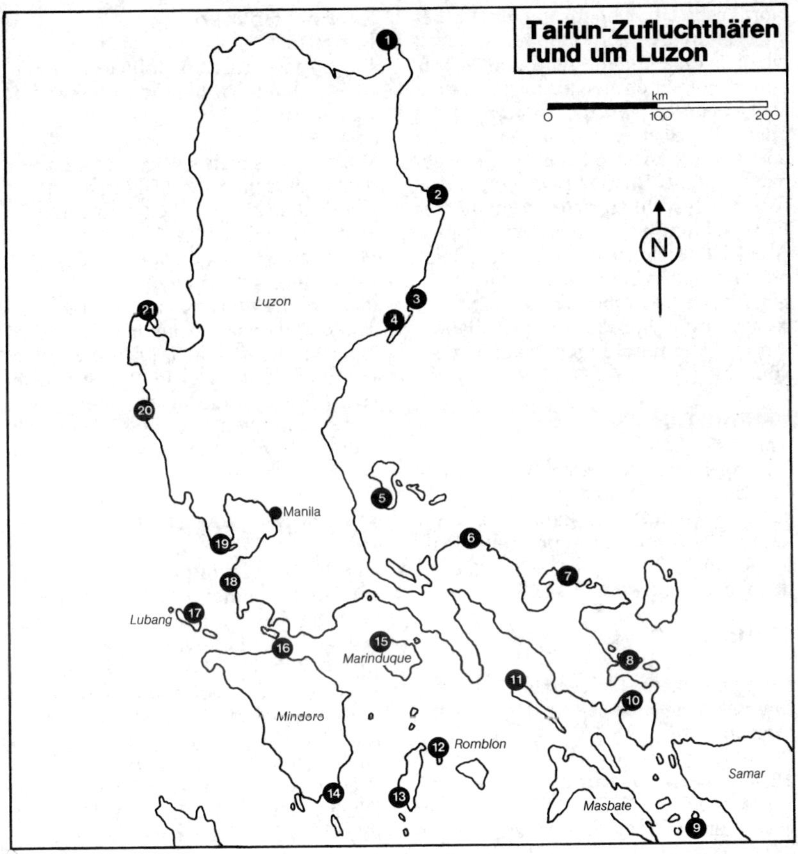

13 Looc Bay

Karte: 4339.
Westküste Tablas. Einer der besten Naturhäfen des Landes. Der Südarm der Bucht bietet die geschütztesten Ankerplätze.

14 Soguicay Bay

Karte: 4339.
Ostküste Mindoro. Bei allen Winden außer (den seltenen) aus SO gibt's rund um Mindoro nichts besseres. Dicht an der Steilküste von Buyallao Point bleiben, die totalen Schutz gewährleistet.

15 Port Balanacan

Karte: 4453.
Nordwestküste Marinduque. Vorzüglicher Naturhafen mit viel Platz und gutem Haltegrund.

16 Port Galera

Karte: 4344.
Ohne Zweifel ist Puerto Galera an der

Nordküste von Mindoro einer der besten Naturhäfen der Philippinen. Selbst wenn es dick kommt, wird dort Schutz von allen Seiten gewährleistet. Nicht aber, wenn es *ganz* dick kommt! 1990 ging selbst Jacques Cousteaus *Calypso* dort »on the rocks«, als ein Taifun genau über die Bucht hinwegzog. Man fühlte sich wohl zu sicher. Ein alternatives Schlupfloch in dem verzweigten Areal läßt sich für einen alerten Skipper aber jederzeit finden, denn davon gibt's viele. Man muß nur sein Ohr ein wenig am Wetterradio kleben haben, um auf Veränderungen reagieren zu können.

17 Port Tilic
Karte: 4257.
Lubang Island, Nothafen. Vom »kompletten Windschutz« des philippinischen Seehandbuchs kann überhaupt keine Rede sein. *Ich* möchte bei Taifungefahr nicht in Tilic liegen - es sei denn, der Wind kommt aus Süd!

18 Hamilo Cove
Karte: 4257.
Ausgezeichneter kleiner Hafen unweit Manilas, perfekter Schutz durch Berge ringsum.

19 Mariveles Harbor
Karte: 4255 oder HO 14255
Gut, aber recht eng. Bei Schlechtwetter drängelt es sich dort. Auf alle Fälle aber der Manila Bay vorzuziehen.

20 Subic Bay
Karte: 4255
Die U.S. Navy ließ früher kein fremdes Schiff in den inneren Hafen. Heute wird Yachten dort bereitwillig Schutz gewährt. Völlig windstill wird es dort aber keineswegs.

21 Port Matalvi
Karte: 4266.
Klein, aber fein mit gutem Haltegrund.

22 Port Bolinao
Karte: 4238.
Enge zwischen Kap Bolinao und Santiago Island. Problemlos für kleinere Fahrzeuge.

Weiter im Süden sollte man sich von den visayischen Inseln klarhalten und lieber den Nordwesten von Palawan ansteuern. Die besten Shelter bei allen Windrichtungen sind dort: Halsey Harbor (Culion Island, exzellent), Port Cataaba (bei Liminangcong) und der gesamte Malampaya Sound.
Auch in der Bacuit Bay gibt es gutes Lee und zudem viel Platz zum Lavieren. (Ortskundige legen sich gern in der geschützten Corong Corong Bay unmittelbar südlich von El Nido vor Anker).

Nützliches Vokabular

1. Für den Notfall

Im Zeichen einer zunehmenden Entdeckung der Philippinen durch ausländische Segler hat sich auch zwangsläufig die Zahl der Havarien gehäuft. Sowohl Sonntagssegler, die sich die archipelagischen Gewässer als Ententeich vorstellten, hat es getroffen als auch Veteranen - *no one is perfect.* Mit Wehmut erinnere ich mich der schönen Dhau *Vasco da Gama II* im Besitz eines deutschen Freundes, die nach langer Reise auf Lubang zerschlagen wurde. Auch um die prächtige australische *Helsal,* auf der ich zahlreiche Törns fuhr und die später bei Palawan verlorenging, war es ein himmelschreiender Jammer. Bootseigner, harte Typen darunter, haben weinend am Strand gestanden, während ihre Lebensträume (und -ersparnisse) ein Raub der Wellen wurden.
Mancher Totalverlust - vor allem bei Strandungen - hätte jedoch bei rechtzeitiger Einleitung der richtigen Bergungsmaßnahmen vermieden werden

können, wenn rechtzeitig Man- und *Büffel*power rekrutiert worden wäre. Ich habe das Verfahren selbst erfolgreich durchgezogen. Dazu eine vokabularische Anleitung.

Meine Yacht ist (bei.....) gestrandet.
Nasadsád ang áking yáte (malápit sa ......).
Ich benötige sofortige Hilfe, um sie (dort) abzubringen.
Kailángan ko ng túlong agád pára maalís itó (doón).
Könnten Sie mir helfen, folgendes zu arrangieren:
Maaári po bang tulúngan ninyó akó na makakúha ng mgá sumúsunod:
Eine Anzahl Männer mit Schaufeln, um eine Rinne nach See zu graben.
Mgá iláng laláki na may pála pára humúkay ng kanál papuntá sa dágat.
Ein paar Rollen als Unterlage unter das Boot.
Mgá iláng pang-gúlong na ilalagáy sa ilálim ng yáte.
Einige Wasserbüffel zum Ziehen.
Mgá iláng kalabáw na hihíla.
Ein starkes Boot, um die Yacht in offenes Wasser zu ziehen.
Isáng matíbay na bangká na maaáring maghíla ng yáte sa láot.
Wenn die Yacht kaputtgeht, sind nur Trümmer für euch da.
Kung masíra ang yáte walá kayóng mapápala.
Wenn wir sie abbergen, gibt es eine schöne Belohnung.
Kapág naáyos nátin itó ay may magandáng pabúya pára sa inyó.
Und eine große Dorffeier gibt's dann auch.
At magkákaroon táyo ng malakíng handáan sa buóng báryo.

2. Für den Normalgebrauch
Kommen ausländische Yachten des öfteren hierher?
Mayroón bang pumúpunta dítong mgá dayúhang yáte pamínsan-mínsan?
Würden Sie mir bitte den Weg zum Dorfvorsteher (zur Polizei) weisen?
Puéde po bang maitúro ninyó sa ákin ang daán patúngo sa barángay captain (pulísya)?
Ich benötige Proviant (Wasser, Diesel, Benzin).
Kailángan ko ng pagkáin (túbig, krúdo, gasolína).
Können Sie mir bei der Beschaffung helfen?
Maaári po ba ninyó akóng tulúngang kumúha noón?
Um etwa welche Uhrzeit ist Hochwasser?
Mgá anóng óras lumálaki ang túbig?
Haben Sie im Radio etwas über Taifunwarnungen gehört?
May nárinig ba kayó sa rádyo kung may bagyó?
Wo steht der Taifun nach den jüngsten Nachrichten?
Nasaán ang bagyó áyon sa hulíng balíta?
Ist es ein starker Taifun? Wie zieht er? (Siehe Kapitel »Reisetips«: *Windrose*).
Malakás ba ang bagyó? Saán patúngo?
Ist die Strömung (der Wind) hier (dort) stark?
Malakás ba ang ágos (hángin) díto (doón)?
Wo kann ich ankern?
Saán akó puédeng dumaóng?
Gibt es hier einen erfahrenen Lotsen -
Mayroón ba dítong eksperyensádong pilóto -
- der die Yacht in den Hafen (die Bucht, an die Pier, durch das Riff) bringen kann?
- na maaáring magdalá ng yáte sa puwérto (loók, piyér, bukána ng mgá batúhan)?
Was kostet das? Ist diese Stange Zigaretten okay?
Magkáno ang báyad? Oké ba itóng isáng kartón ng sigarílyo?

Survival

Survival ist, wenn man trotzdem lebt. Unter dem englischsprachigen Begriff wird die Kunst des Überlebens im Notfall oder unter generell feindseligen Umweltbedingungen verstanden.
Wir wollen uns nicht damit aufhalten, die gesamte zugehörige Trickkiste an dieser Stelle auszuräumen. Es existiert genügend Spezialliteratur zur Sache, die vor allem das nötige Grundwissen vermittelt. In diesem Kapitel werden Kenntnisse des Lesers auf dem Gebiet elementarer Survivalaktivitäten wie Feuerbereitung, Wassersuche und Wetterschutz als gegeben vorausgesetzt. Nachstehend geht es in erster Linie um ein ganz bestimmtes Thema: Ums Essen. Und zwar, anders als im Kapitel »Kampieren«, um jenes, das uns die philippinische Wildnis insofern zu bieten hat.
Schlagt Euch als erstes das unvermeidliche »Schlangenragout« aus dem Kopf, das jedermann auf das Stichwort »Survival« hin spontan in den Sinn zu kommen scheint. Auf Schlangen, Eidechsen, Kröten und Spinnen, unentbehrliche Paradepferde der klassischen Überlebenskünste, können wir auf den Philippinen leichten Herzens verzichten. So wie dieses Kapitel überhaupt darauf verzichtet, jegliches verzehrbare Landgetier aufzuführen. Denn selbiges hat es selbst schwer genug mit dem Überleben.
Ich selbst habe mich, auf der Insel Sibuyan, schon einmal des Verzehrs eines Omeletts aus *Bienenlarven* schuldig gemacht. Sie schmeckten ausgezeichnet, wie Rührei. Auch alles, was aus der See kommt, esse ich ohne Vorbehalte und stehe insofern dem Rest der Menschheit offenbar wenig nach.
Vorerst jedoch wollen wir in vegetarischem Terrain verweilen. Und da kommt man auf den Philippinen vom Meeresstrand bis in Bergeshöh voll auf seine Kosten - sofern man halt das nötige Wissen mitbringt. Manch einer wird sich nun fragen, weshalb Filipinos denn bei McDonald's essen gehen, wenn die Natur so viel Gutes anbietet, und dazu auch noch gratis! Die Antwort ist einfach: Wie bei uns sind die alten, naturverbundenen Kenntnisse weitgehend in Vergessenheit geraten und vorgekaute Massenprodukte industrieller Fertigung in den Vordergrund gerückt. Für einen schnellen Snack gräbt man keine Wurzeln mehr aus, zumal in städtischer Umgebung gar keine zu finden sind. Es gibt aber gerade in ländlichen Gebieten noch viele Filipinos, die mit der Natur ihrer Heimat vertraut geblieben sind und die Euch mit geschmeicheltem Stolz gern in die Geheimnisse alter Rezepturen einweihen werden. Fragt unbedingt danach; sagt, daß Ihr so etwas mögt!

Es geht diesem Kapitel nicht darum, die Kunst des Überlebens in letzter, grimmiger Konsequenz zu propagieren. Es bietet den Survival auch nicht als alternative Lebensart an - wohl aber als überaus nützliches Hilfsmittel für die anderen in diesem Buch geschilderten Aktivitäten.

Philippinische Survivalpflanzen - eine Auswahl

Es gibt Hunderte von wildwachsenden Pflanzen auf den Philippinen, die man guten Gewissens als »survivaltauglich« einstufen könnte. Aus diesem Dickicht habe ich gerade so viele Arten herausgepflückt, um ein Kapitel dieses Buches zu füllen. Allerdings hatte die auserwählte Handvoll von Pflanzen zahlreichen Kriterien standzuhalten, nämlich:

- Relative Häufigkeit im philippinischen Archipel
- Mühelose Erreichbarkeit (keine hohen Bäume)
- Ganzjährige Verfügbarkeit
- Brauchbarer Nährwert (gegebenenfalls als Zusatz zu anderer Nahrung)
- Möglichst hoher Vitamin- und Mineralstoffgehalt
- Gute Verträglichkeit
- Geringe Verwechselbarkeit

Viele diese Pflanzen stehen auf meinem philippinischen Küchenzettel oder sind auf Reisen in die tropische Wildnis gewohnte Bestandteile meiner täglichen Kost. *Jede wurde von mir getestet.*

Vorsicht jedoch: Hinweise auf sorgfältige Identifizierung, verschiedene Reife- und entsprechende Bekömmlichkeitsstadien sowie auf spezielle Zubereitungsmethoden sind unter allen Umständen zu beachten! Manche der aufgeführten Pflanzenarten sind unbehandelt tödlich giftig. Laßt Euch auch auf keine »Abkürzungen« bei der Auslese und Zubereitung ein, vertraut keinen Grünzeugpropheten und selbsternannten einheimischen »Sachkennern«. Es gibt grausig giftige Gewächse in den Tropen, und manche harren sicherlich noch der Entdeckung. Gebt keinen tragischen Anlaß dafür. Im Zweifelsfall heißt die Devise deshalb: Lieber die mitgebrachten Haferflocken futtern!

Vorsicht auch erneut: Die Namen lokaler Flora variieren von Insel zu Insel, mitunter von einem Dorf zum anderen. Terminologische Überschneidungen sind an der Tagesordnung. Seht die hier aufgeführten Pflanzennamen, größtenteils der Hauptsprache Tagalog

Vitamin- und Mineralstoffgehalt von einigen ausgesuchten Survivalpflanzen
(Vitamin A: Int. Einheiten á 1,5 mg*, alle anderen: mg/100 g Substanz)

	Vitamine					Mineralien				
Pflanze	A2	B1	B2	B3	C	Ca	P	Fe	Na	K
Alugbati	1690	1,05	0,15	0,5	88	117	32	3,1	21	505
Golasiman	6660	0,06	0,16	1,1	51	135	36	4,9	262	390
Himbaba-o	1590	0,1	0,2	1,0	23	257	125	6,7	5	784
Kakawati		0,14	0,8	1,0	12	17	34	0,8		
Katanda	15400	0,19	0,29	1,6	185	110	61	6,4		
Katuray (Blüte)	110	0,12	0,9	2,4	34	23	32	1,1	19	177
Kolis	1915	0,01	0,21	1,5	33	332	58	1,8		
Kolitis	1100	0,01	0,34	1,1	28	476	71	2,2	6	575
Pako	3775		0,9	1,7	9	23	67	4,2	15	554
Pukinggan	1120	0,04	0,18	1,4	248	40	24	0,4	4	309
Saluyot	12510	0,13	0,21	1,4	81	538	124	19,8	12	406
Zamboangenita	7615	1,16	0,2	1,0	53	205	42	7,5		

* Tägliche Einnahme darf 50.000 Einheiten nicht überschreiten!

entnommen, deshalb nicht als unbedingt richtungweisend an. Auf dem nächsten Eiland bedeutet das Wort vielleicht etwas ganz anderes...

Alugbáti *(Basella alba, B. rubra)*
Schlinggewächs mit fleischigen, je nach Art mehr oder minder ins Purpurne spielenden Stengeln und Blättern sowie einer Vielzahl traubenförmig angeordneter, kleiner grünlicher Blüten. Häufig in Dickichten und sekundären Wäldern, manchmal auch kultiviert (»Ceylon-Spinat«). Reich an Kalium und den Vitaminen A und C.
Die Blätter und jungen Triebe dienen als Gemüsebeilage. Gekocht werden sie, etwas klebrig und von eigentümlichem Aroma, nicht jedermanns Sache sein. In Teig gehüllt und in Öl gebacken schmecken sie jedoch vorzüglich und sind als solche auch für die Heimküche zu empfehlen.

Alugbati
(Basella alba, B. rubra)

Bankóro *(Morinda citrifolia)*
Morinda oder Indische Maulbeere. Im ganzen indopazifischen Raum vorkommender Busch oder kleiner Baum; in Strandnähe oder unmittelbar am Wasser häufig.
Daß manche Völker die kleine (bis sechs Zentimeter) knubbelige Frucht, grünlichweiß und butterweich bei Reife, mit Genuß verzehren können, will mir nicht in den Kopf. Ich jedenfalls kriege sie ohne eine sofortige Welle von Brechreiz nicht unter der Nase hindurch. Nichts gegen Käse, aber *der* ist grausig.
Das Gewächs hat aber auch etwas Gutes. Sein junges Blattwerk ist, wie der lateinische Name besagt, von angenehm säuerlichem Geschmack und kann als appetitlicher Rohsalat oder als Bestandteil von Fischsuppen gegessen werden.

Bayábas *(Psidium guajava* u. a.)
Auch *tayábas:* die Guava (oder Guave). Es gibt mehrere Arten, darunter die wildwachsende Spezies *kalimbáhim (P. cujavillus).*
Guaven gehören zu den Myrtengewächsen und sind landesweit verbreitet. Der kleine Baum stammt aus Mittelamerika und wurde von den Spaniern auf den Philippinen eingeführt, wo er zum Teil gründlich verwilderte. Die Frucht ist äußerst aromatisch - einen Guavabaum riecht man schon auf Entfernung - und überaus reich an Vitamin C. Gelb bei Reife, innen rosa, läßt sie sich am besten mit einer kleinen Birne vergleichen. Sie schmeckt auch so ähnlich, jedoch mit Beimischungen von Apfel, Erdbeere, Feige und Quitte - kaum eine andere Frucht auf den Philippinen ist köstlicher. Die sehr harten Kerne kann man unzerkaut verschlucken.
Leider läßt sich immer wieder beobachten, daß Kinder im dörflichen Bereich unreife Guaven abpflücken, in

sie hineinbeißen und dann wegwerfen. Reife Früchte sind deshalb sehr selten geworden. Die Eltern lachen darüber, doch mit dieser Praxis beraubt sich der Nachwuchs einer der besten natürlichen Vitaminquellen. Helft mit, dieses Tun zu unterbinden!
Guavablätter haben stark antibiotische Eigenschaften und lassen sich wirksam für die Behandlung von Wunden und Ausschlägen einsetzen.
Ein Aufguß aus den Blättern soll sehr wirkungsvoll bei Hepatitis sein. Wenn im Feld keine Medikamente vorhanden sind, sollte man an diese Maßnahme denken.

Bayabas
(Psidium guajava)

Dampálit *(Sesuvium portulacastrum)*
Niederliegendes, fleischiges und weitverzweigtes Kriechgewächs des Strandhinterlandes. Häufig vor allem im Bereich von Flußmündungen und Mangrovenküsten. Die Pflanze hat grünsaftige Stiele mit rötlichen Knoten, dicke, schmale Blätter von bis zu vier Zentimeter Länge und kleine rosarote bis blaßviolette Blüten.
Aus den Stielen und Blättern kann man einen Rohsalat mit viel Kalzium, Eisen

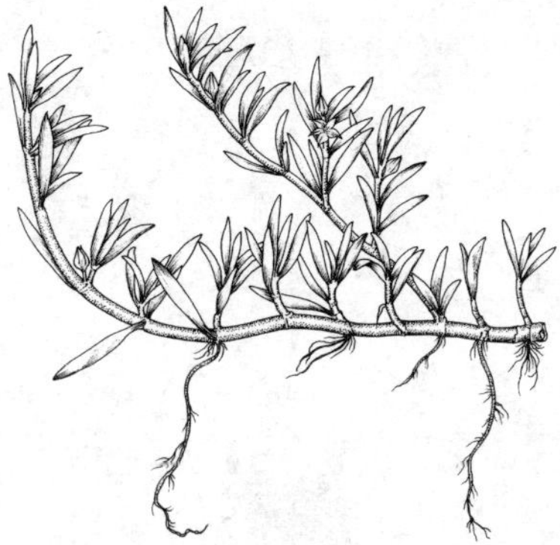

Dampalit
(Sesuvium portulacastrum)

und Vitamin C bereiten. Die Zugabe von reichlich Limonensaft ist zu empfehlen, um den hohen Salzgehalt der Pflanze zumindest teilweise zu neutralisieren. Berauschend schmeckt es dennoch nicht. Den besten Dienst tut Dampalit wohl als Quelle für mangelndes Salz: Einfach als mineralstoffhaltigen Lutschbonbon benutzen.

Gábi *(Colocasia esculenta)*
Die Taro-Pflanze. Über den gesamten pazifischen Raum verbreitetes Nutzgewächs größter Vielseitigkeit. Taro gedeiht an Bachufern und in schattigen Teichen und ist so oft verwildert oder eignerlos anzutreffen, daß man von einer echten Survivalpflanze sprechen kann. Tropenweit gibt es etwa 200 Arten.
Das Wertvollste an Taro sind die Wurzelknollen, die wie Kartoffeln gekocht eine schmackhafte Einfachstmahlzeit abgeben. (Von der roquefortartigen »Marmorierung« mancher Knollen darf man sich nicht stören lassen). Taro wird beim Kochen appetitlich cremig und ist ausgezeichnet verdaulich.
Die großformatigen Blätter von Taro lassen sich mit Kokosmilch und Trok-

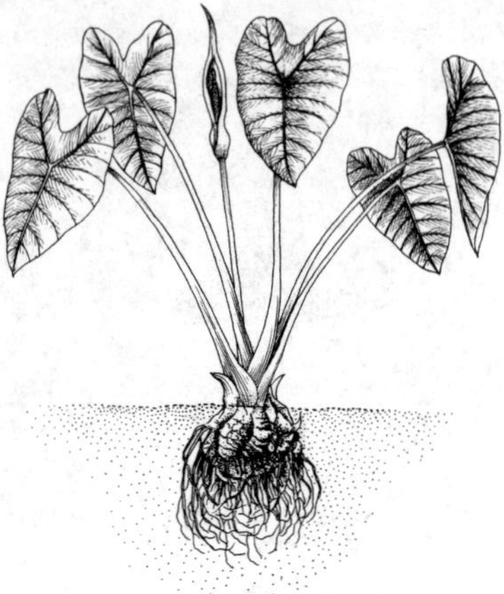

Gabi
(Colocasia esculenta)

kenfisch zu einem köstlichen Gericht verarbeiten, das dem deutschen Grünkohl nicht unähnlich schmeckt. (Rezept: *Laing* in Kapitel »Kampieren«). Den kräftigen Blütenstand kann man wie Blumenkohl und die Stengel wie Spargel zubereiten. In Stücke geschnitten und eingesalzen geben die Stengel ebenfalls ein vorzügliches Rohgemüse ab.
Landläufig unter dem Namen *gábi* bekannt ist auch *yáutia (Xanthosoma violaneum)*. Beide Arten unterscheiden sich äußerlich nur wenig, doch die letztere schmeckt besser. Ähnlich, aber um ein Vielfaches vergrößert, ist *galiáng,* das »Elefantenohr«: an die vier Meter aufschießend und mit bis zu schenkeldicken Blattstengeln - *Cyrtosperma merkusii,* mit 1.430 kcal/kg eine wahre Kohlenhydratbombe. Die Knolle der in steilen Flußtälern Südostasiens heimischen Pflanze ist ein erstklassiges Survivalprodukt, wenn er eine unansprechende Klei- hinwegsehen kann. Das riesi-t, nicht eßbar, dient auf den ländlichen Philippinen als schnell improvisierter Regen- und Sonnenschirm.
Vorsicht: Taro nicht roh essen! Alle Pflanzenteile enthalten giftige Oxalsäurekristalle, die durch Kochen jedoch zerstört werden. Vorsicht: Tarosaft bewirkt schwarze Flecken auf der Kleidung!

Golasíman *(Portulaca oleracea)*
Auch *olasíman* oder *kolasíman.* Portulak, engl. *pigweed:* Kriechgewächs mit fleischigen, flachen, grünpurpurnen Blättern und kleinen, gelben Blüten. Verbreitet vom kargsten Strandstreifen bis zur Müllhalde in der City, mitunter über weite Flächen hinweg.
Wie der englische Name besagt, dient Portulak - auch auf den Philippinen - vorwiegend als Schweinefutter. Aber Menschen können von ihm locker überleben. Die ganze Pflanze läßt sich roh essen (einfachste Zubereitungsart: in Seewasser marinieren), zu Spinat verarbeiten oder schlicht in Suppen schnitzeln. Falls die Schleimigkeit des gekochten Produkts abstößt, kann man selbiges in Brotkrumen oder Eierteig einbacken und erhält ein recht schmackhaftes Endergebnis. Die winzigen, schwarzen Samenkörner der Pflanze sollen sich nach manchen Literaturquellen zu Brotmehl verarbeiten lassen, was recht aufwendig klingt.

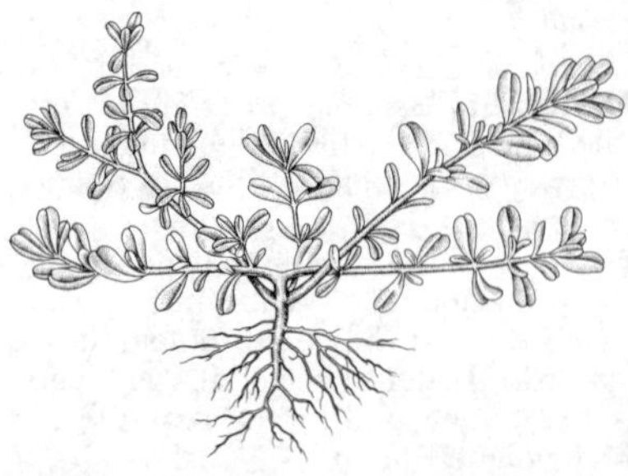

Golasiman
(Portulaca oleracea)

Vorsicht: Portulak kann je nach Art des Bodens nitratbelastet sein. Nicht zuviel auf einmal davon essen.

Hagímit *(Ficus minahassae)*
Bis zu 15 Meter hoher Baum der enorm artenreichen Feigenfamilie. Landesweit verbreitet in primären Dschungeln unterer und mittlerer Lagen. Die bis auf den Boden hinabhängenden Zweige des Baumes sind dicht an dicht mit kleinen, knospenartigen Früchten besetzt, die sich bei Reife dunkelrot färben. Hagimitfrüchte schmecken wie Rosinen, mit einer leichten harzigen Nuance. Man muß sie sich allerdings mit vielen gefiederten und bepelzten Interessenten teilen.

Hagimit
(Ficus minahassae)

Himbabá-o *(Allacanthus luconicus)*
Landesweit in Lagen bis 1.100 Meter anzutreffender Baum von zehn bis 15 Meter Höhe. Aus den bis zu 30 Zentimeter langen, raupenartigen Blütenständen lassen sich vorzügliche Gemüsegerichte bereiten, die sehr reich an Phosphor und Kalium sind. Die Höhe des Baumes ist keine Hürde: Bei Reife fallen die »Raupen« massenweise hinunter.

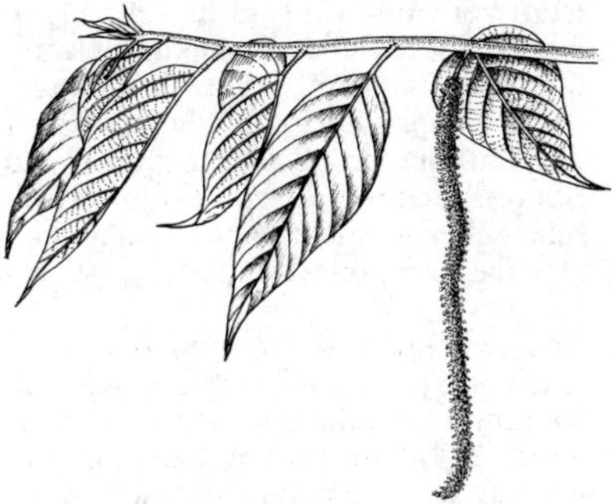

Himbaba-o
(Allacanthus luconicus)

Ipil-ípil *(Leucaena leucocephala)*
Die »Silberakazie«. Mancherorts auch als *Santa Elena* oder *palomaría* (Bikol) bekannt. Mittelgroßer Baum der Unterfamilie Mimosidae mit Herkunft Peru. Als »Wunder des Schnellwachstums« berühmt und im ganzen Land kultiviert oder wildwachsend anzutreffen, oft in großflächigen Gehölzen und um hinter dem schnellen Grün Kahlschlag zu verbergen.
Der Baum hat einige Bedeutung als Nährpflanze. In Südostasien wird sein

Ipil-ipil
(Leucaena leucocephala)

Blattwerk mit Einschluß der jungen Samenschoten und Blütenknospen traditionell als Gemüse verzehrt, entweder in Suppen oder mit Chutneys. Auf den Philippinen bereitet man aus den Samenkernen einen (scheußlich schmeckenden) Kaffee. In Thailand ißt man das Grün mit Chilipaste.

Kakawáti *(Gliricidia sepium)*
Auch *mádre de cacáo* (span.) genannt, weil im Schatten dieses landesweit verbreiteten Baumes oft Kakao angebaut wird. Der Name kommt aus dem Aztekischen und bedeutet »Erdnuß« *(kakawatl),* weil die Blüten in ungefähr eine solche Form haben. Selbige, zartlilafarben, kann man zu Rohsalaten verarbeiten oder nach einem Rezept aus Vietnam wie folgt zubereiten:
Zwiebeln und Knoblauch in Öl anbraten, zerpflückten Trockenfisch, etwas später eine Tasse Kokosmilch, dann vier Tassen Kakawati-Blüten zufügen und garen lassen.
Schmeckt vorzüglich und ist reich an Vitamin B2, aber die Dosierung genügt. Das Gericht versetzt einem nämlich ein gewisses *High,* vielleicht wegen eines Wirkstoffs namens Cumarin, der in der gesamten Pflanze, vor allem aber in den Blättern enthalten ist. Diese scheiden einen strengen, an grüne Erbsen erinnernden Geruch aus, der das Gewächs - es gibt ähnliche - zudem sicher identifiziert. Cumarin ist als natürliches Insektizid bekannt; Einreiben der Haut mit Kakawati-Blättern gewährt einen gewissen Moskitoschutz.

Kandikándi-laán *(Stachytarpheta jamaicensis):* Allgegenwärtiges Wildgewächs im offenen Gelände bis 300 Meter, vielerorts große Areale bildend. Schön der englische Name: *Devil's coach whip.* Bis zu einem Meter hoch, mit holzigem Stengel und blauvioletten

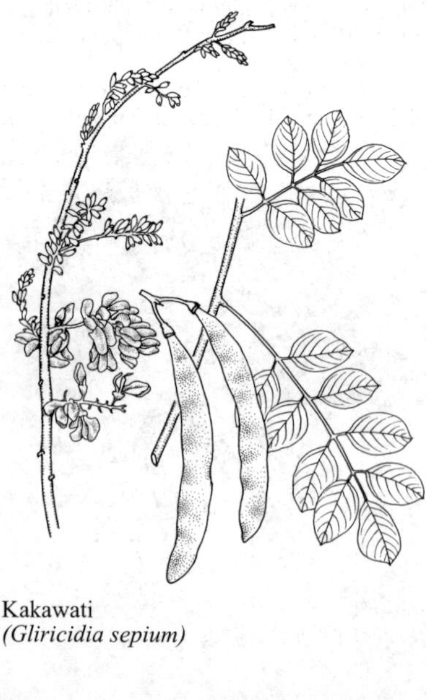

Kakawati
(Gliricidia sepium)

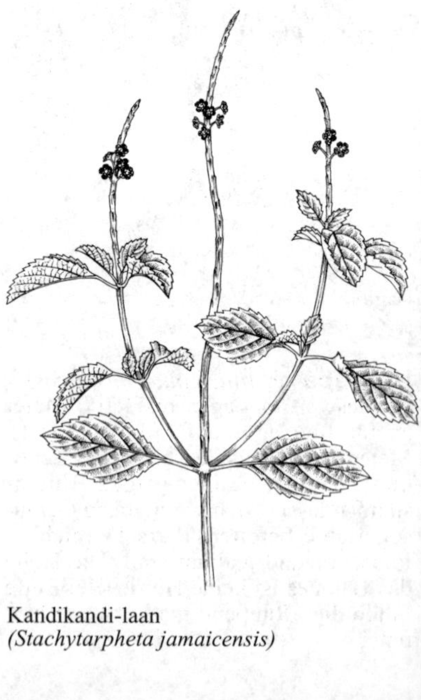

Kandikandi-laan
(Stachytarpheta jamaicensis)

kleinen Blüten. Selbst im Rizal-Park in Manila ist dieses »Unkraut« anzutreffen. So »un« ist es aber gar nicht. Die jungen Blätter und Triebe lassen sich nämlich als Stew- oder Omelettbeigabe verwenden oder vorzüglich in Kokosmilch bereiten. Eines der verläßlichsten Notgerichte, und stets zum Nulltarif.

Kángkong *(Ipomoea aquatica)*
Kangkong ist unter einer Vielzahl anderer Namen bekannt, darunter *Sumpfkohl, Wasserspinat, Ong Choy* und *Pak Bun,* die beiden letzteren offensichtlich chinesischer Herkunft.
Die wasserliebende Pflanze ist in Südostasien beheimatet, von wo sie sich weltweit über die Tropen und Subtropen verbreitet hat. Kangkong läßt sich (sofern aus sauberem Wasser stammend) roh essen, als blanchierter Salat bereiten (besser) oder wie Spinat bzw. philippinisches *Adobo* (mit Sojasauce und Essig) kochen. Er besitzt einen sehr milden, entfernt süßlichen Geschmack mit einem Anflug von Zwiebel. In Essig eingelegte Stengel geben eine vorzügliche Konserve ab.
Ein sehr einfaches Gericht ist *Ohitashi* (jap.): Kangkong waschen und stukkeln (3-5 cm). 5 Tassen Wasser mit 1 EL Salz zum Kochen bringen. Erst die Stengel einlegen, aufkochen, dann Blätter und Schößlinge. Sowie das Wasser wieder kocht, vom Feuer nehmen und abgießen. Kangkong ausbreiten und schnell abkühlen lassen, leicht trockendrücken. Mit 1-2 EL Sojasauce beträufeln, noch einmal auspressen. Mit weiterer Sojasauce zu Reis essen.
Eine Kangkong-Mahlzeit enthält reichlich Eisen, Kalzium, Phosphor und die Vitamine B2 (Riboflavin) und C. Der philippinische Wissenschaftler Dr. F. Garcia führt an, daß Kangkong, insbesondere die purpurnen Unterarten, ein dem Insulin ähnliches Prinzip enthalten, das mit Erfolg gegen *Diabetes mellitus* eingesetzt werden konnte. Vielleicht ist da etwas dran.

Kangkong
(Ipomoea aquatica)

Kangkong kann leicht anhand seiner langen, schwimmfähigen (weil hohlen) Stiele und der weißen bis purpurnen Kelchblüten identifiziert werden, die die Pflanze hervorbringt.

Katandá *(Cassia tora)*
Kleiner Busch von einem halben bis einem Meter Höhe. Landesweit verbreitet in offenem Gelände und auf grasbestandenen Ebenen. Kleine gelbe Blüten und dünne, zylindrische Samenschoten von bis zu 15 Zentimeter Länge.
Die auffällig angeordneten, glatten Blätter geben im Rohzustand einen unangenehmen Geruch ab. Junges Blattmaterial läßt sich jedoch zu einem ausgezeichneten Gemüse verarbeiten. Aus den gerösteten Samenkernen bereitet man Ersatzkaffee.
Vorsicht: Sehr hoher Gehalt an Vitamin A. Nicht zuviel davon essen.

Katanda
(Cassia tora)

Katúray *(Sesbania grandiflora)*
Im ganzen Archipel von niedrigen bis mittleren Lagen verbreiteter Baum von fünf bis zehn Meter Höhe. Gegessen wird die *grandiflora,* die »große Blüte«: appetitlich weiß, vitaminreich (satt B-Komplex) und von eigentümlicher, einem Schmetterling nicht unähnlicher Form.

Katuray
(Sesbania grandiflora)

Die Blütenblätter lassen sich als Rohsalat mit Limone, als *Atsara* (siehe Kapitel »Kampieren«), als Curry- und Suppengemüse oder in Eierteig gebacken verzehren. Vor der Ernte mal in ein Einzelexemplar beißen. Ist es bitter, taugt der ganze Baum nur für gekochte Gerichte. Stets bitter sind Blütenkelche, -stempel und -staubgefäße und müssen deshalb entfernt werden. Junge Samenschoten kann man wie grüne Bohnen verarbeiten.

Kawáyan *(Bambusa vulgaris* u. a.*)*
Der unverkennbare Bambus. Verwertet werden die jungen aus der Erde sprießenden Schößlinge *(labóng* - »Sprossen«), die außen sehr hart sind, doch im Innern in etwa die Konsistenz von Kohlrabi haben. Ungekocht schmeckt *labóng* bitter und ist somit nicht für Rohes geeignet. Beste Zubereitungsart: in Kokosmilch. Die Sprossen schälen, bis das Mark frei wird. Selbiges in sehr dünne Scheiben schneiden und nach dem Standardrezept (siehe Kapitel »Kampieren«: *Laing*) bereiten. Bambussprossen enthalten einiges an Eisen und

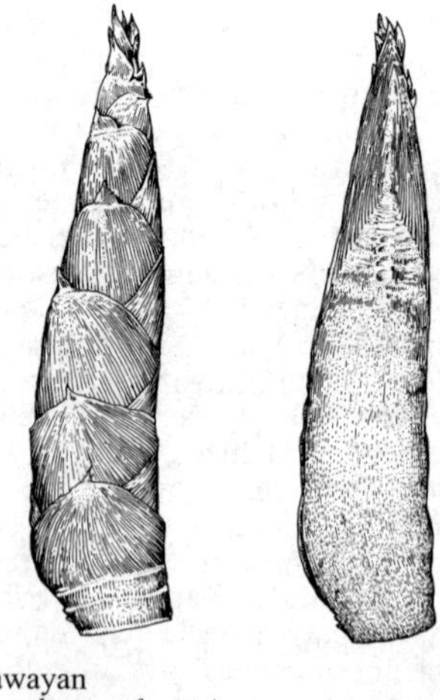

Kawayan
(Bambusa vulgaris)

Kalzium, sind jedoch sehr kalorienarm; ideal für jene, die sich »schlanksurviven« möchten.

Kolís *(Pisonia alba)*
Auch als *malúko* bekannt. Attraktiver Baum von bis zu zehn Meter Höhe. Wegen seines reichen, großflächigen Blattwerks vielfach als Gartenzierpflanze kultiviert. (Unverwechselbar: Die Blätter verändern im Lauf des Tages ihre Farbe je nach Sonneneinstrahlung von sattgrün bis fast weißgelb). Die jungen, zarten Blätter, reich an Kalzium, lassen sich wie Kopfsalat essen oder mit einer Füllung von kleinen Fischen gardünsten.

Kolítis *(Amaranthus viridis* u. a.*)*
Auch als *bayambáng* oder *uráy* bekannt. Die bis zu einem Meter hohe Pflanze mit glattem *(A. viridis,* die wertvollste Art) oder dornigem *(A. spinosus,* minderwertiger) Stengel und langen, weißgrün blühenden Rispen ist auf den Philippinen weit verbreitet.

Kolitis
(Amaranthus spinosus)

Sogar mitten in Großstädten wächst der Amarant, doch kaum jemand ist sich der hochwertigen Eigenschaften dieser Allerweltspflanze bewußt.

Einfachste Zubereitung: Als *Ohitashi* (siehe Kangkong). Auch als Suppenbeigabe, in Kokosmilch oder wie Spinat.
Vorsicht: Amarantgewächse neigen auf entsprechenden Böden stark zur Aufnahme von Nitraten. Nicht zu oft und zuviel davon essen.

Korúmbot *(Passiflora foetida)*
Niedriges Schlinggewächs des offenen Geländes, oft in weit ausladenden Arealen am Wegrand anzutreffen. Kleine Schwester der berühmten Passionsfrucht. Korumbot (ein bikolanisches Wort) blüht weißlila und produziert zahlreiche Früchte, Miniaturkürbissen ähnelnd, von etwa zwei Zentimeter Durchmesser. Das gallertartige Fruchtfleisch ist einschließlich der Kerne eßbar, sobald die Schale gelb und nachgiebig ist.

Korumbot
(Passiflora foetida)

Vorsicht: Die Pflanze enthält hochgiftige Blausäureverbindungen in ihren Blättern und unreifen Früchten. Der Übergang zur Reife ist jedoch abrupt, und gelbe (auch runzelige) Exemplare kann man vorbehaltlos essen.

Lantána *(Lantana camara)*
Diese Pflanze, an einen Brombeerstrauch erinnernd, stammt aus dem tropischen Amerika, ist heute jedoch tro-

penweit verbreitet und auf den Philippinen fast allgegenwärtig.
Vielfach wird die Lantana wegen ihrer farbenprächtigen Blüten als Zierpflanze angebaut. Die schönen weißen, zinnoberroten, malven- und rosafarbenen Blütendolden beherrschen in manchen Parks die Szene. Viel häufiger jedoch ist die Pflanze in Gottes freier Natur zu finden, in die sie sich längst einen Weg gebahnt hat.
Die schwarzvioletten Lantanenfrüchte schmecken stark und erfrischend nach Menthol. Sie sollen giftig sein, was ich nach der Einnahme von Tausenden von ihnen nicht bestätigen kann. Auf die *grünen* Beeren trifft dies indes mit Sicherheit zu. Wenn schon, dann nur gut gereifte, also blauschwarze und weiche Beeren essen.

Namí *(Dioscorea hispida)*
Eines der zahlreichen Yamsgewächse des philippinischen Dschungels niedriger bis mittlerer Lagen. Afrikanischen Ursprungs, auch der Name. Mancherorts sehr häufig und Grundnahrung der Naturvölker. Kräftige, stachelbewehrte Schlingpflanze mit dreigeteilten, behaarten Blättern von zehn bis 20 Zentimeter Länge und großen, gelbfleischigen, fiberbesetzten Wurzelknollen unmittelbar unter der Erde.

Nami
(Dioscorea hispida)

Vorsicht: Nami ist sehr reich an wertvollen Mineralstoffen, enthält aber auch Dioscorein, ein tödliches Nervengift. Alljährlich sterben auf den Philippinen zahlreiche Menschen nach dem Genuß der Knollen. Kochen bringt nichts. Nami muß in dünne Scheiben geschnitten drei Tage lang in Salz gelegt, dann zwölf Stunden in fließendem Wasser ausgewaschen werden, um sein Gift zu verlieren. Das Verfahren läßt sich verkürzen, indem man die Scheiben insgesamt zwölf Stunden in einem Beutel in (bewegtes) Seewasser hängt. Das Endprodukt ist fast reine Stärke und schmeckt nach nichts, gibt aber getrocknet und zermahlen ein vorzügliches Pfannkuchen- oder Brotmehl ab.

Niyóg *(Cocos nucifera)*
Die Kokospalme: »Wunderwaffe des Inselsurvivals« mit einer unendlichen Vielzahl von Verwendungsarten...
Kaum eine Insel auf den Philippinen ohne dieses tropische Fernwehsymbol. Und kaum ein Filipino, der den hungrigen und durstigen Fremden nicht von Herzen gern an diesem fast unerschöpflichen Nahrungsreservoir teilhaben ließe. Es gibt mehr als genug Kokospalmen auf den Philippinen: an die 300 Millionen von ihnen.
Nur: Fragt immer danach. Denn jede Palme, jede Nuß hat einen Eigentümer. Lediglich in ganz ferner Inselwildnis kann man sich einmal selber ungeniert bedienen.
Es ist ohnehin für die meisten von uns sinnlos, den glatten Stamm der bis zu 30 Meter hohen Palme erklimmen zu wollen. Laßt das von Geübteren machen, bevor Ihr Euch die Knochen brecht. Hier und da wird das Ernten auch mit Messern an langen Bambus-

stangen gehandhabt. Am besten, man hält sich zunächst an junge Bäume, an denen die bereits voll entwickelten Nüsse in drei bis vier Meter Höhe wachsen. Eine Kokosnuß wird an die fünf Kilogramm schwer und besteht im wesentlichen aus einer dicken, zähfaserigen Armierung, welche die in ihrem Innern verborgene »eigentliche« Nuß schützend umschließt. Diese wiederum enthält das Fruchtfleisch, das bei ganz jungen Exemplaren lediglich aus ein paar Millimetern einer gallertartigen Masse besteht und bei voller Reife zu einer dicken, harten Schicht herangedeiht, wie wir sie hierzulande von importierten Exemplaren her kennen.

Der Hohlraum der Nuß ist größtenteils mit Wasser gefüllt (bis zu einem Liter), das so rein ist, daß man es für Infusionen verwenden kann. Dieses Wasser ist nicht mit der Kokos*milch* identisch, als das man es immer wieder fälschlich bezeichnet, weil das Restwasser der hier bekannten Altnüsse eine milchige Färbung angenommen hat. Was Kokosmilch wirklich ist, besprechen wir gleich. Wir wollen uns erst einmal ansehen, wie wir an das lebensrettende Kokos*wasser* herankommen.

Filipinos machen sich wenig aus dem Stoff und schütten ihn gewohnheitsmäßig weg. Auch wird überall geglaubt, daß der Genuß von Kokoswasser einem erhitzten Menschen *pásma* (bleierne Müdigkeit) beschert. (Ich kann das nicht bestätigen - hab' mir schon sechs Stück auf einen Sitz reingezogen, ohne Nachteiliges zu spüren). Der erste Schritt im Coconut Country ist deshalb ein Begreiflichmachen, daß man Wert auf das Wasser und nicht nur die Nuß legt, und daß dieselbe auch vorsichtig gepflückt werden muß, weil sie sonst am Boden aufplatzt und das edle Naß vergießt. (Vokabular dazu im Anhang dieses Kapitels).

Um die (grüne) Nuß zu öffnen, köpft man sie etwa im oberen Viertel (das mit dem Stiel). Wer nicht mit einem Haumesser umgehen kann, überläßt Einheimischen besser das Öffnen, sonst fliegen Finger durch die Gegend. Auf sich selbst Gestellte sollten erst einmal die Nuß schütteln. Wenn's drinnen nicht gluckert, enthält sie kein Wasser (kommt vor), und dann ist die ganze Arbeit umsonst. Nach dem Trunk wird die Nuß in der Mitte zerteilt, und man kann das milde Fleisch herauslöffeln. Laßt Euch mal zeigen, wie man mit einem einzigen Machetenschlag einen praktischen Naturlöffel aus der grünen Schale fetzt.

Das Fleisch einer frischen, jungen Nuß enthält etwa je 15 g Eiweiß und Fett, sowie 40 g Kohlenhydrate, dazu etwa 50 mg Kalzium, 350 mg Phosphor, 1 g Kalium und 12 mg Vitamin C. Das stellt eine komplette Mahlzeit dar, doch auf Dauer ernähren kann man sich davon nicht.

Die Kokosnuß ist reif, wenn ihre Basthülle zu gelblichgrauer Farbe und Trokkenheit neigt. Die Hülle muß abgestemmt werden (mühsam), um an die Nuß im Innern zu gelangen. Die sieht dann so aus, wie wir sie von hier kennen: Braun und holzig. Ein Schlag mit dem Messerrücken auf ihren »Äquator« läßt sie in zwei saubere Hälften zerfallen. Sie hat jetzt nur noch wenig (und nicht sehr schmackhaftes) Wasser, und das Fleisch ist hart. Kein Filipino muffelt es, sondern verwendet es zur Herstellung der bewußten Kokosmilch.

Hierzu wird das Fleisch zerraspelt und in einer Tasse normalen Wassers gründlich ausgedrückt. Den ausgelaugten Raspel kann man wegwerfen. Das Enderzeugnis: Eine richtiggehende Milch, die sehr fettreich ist, doch weitaus weniger Eiweiß und Mineralstoffe als das Kuhprodukt enthält. Diese Milch heißt auf philippinisch *gatá* und die Kocherei mit ihr *ginataán.* In Kokosmilch bereitete Gerichte gewinnen um ein Viel-

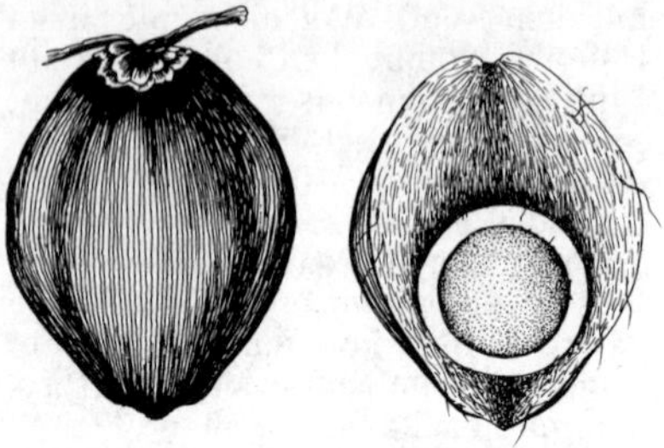

Niyog
(Cocos nucifera)

faches. Fades Grünzeug blüht in ihnen auf, Fisch schmeckt nicht mehr fischig. Das Grundrezept steht unter *Laing* im Kapitel »Kampieren«.
Erhitzt man Kokosmilch unter ständigem Umrühren in der Pfanne, bis das Wasser verdampft ist, bildet sich reines Kokosöl, ein hochwertiges Kochfett für die organische Küche und vorzügliches Sonnenschutzmittel. Nach dem Abgießen des Öls bleibt eine braune Substanz zurück, die *latík* genannt wird und ein erstklassiges Dessert abgibt.
In einer am Boden ins Kraut schießenden Kokosnuß entwickelt sich ein Keimorgan *(túbo),* das einem weichem, weißgelben Schwamm gleicht und sich wie Kuchen verzehren läßt. Ebenfalls eßbar ist *úbod,* »Palmkohl« (Mark) aus der Krone des Baumes, aus dem man schmackhafte Rohsalate bereitet. Allerdings wird der Palme hierdurch Herz und Seele genommen. Man gewinnt *úbod* deshalb nur von ausgedienten oder gestürzten Bäumen.
Letztlich stellt man aus dem fermentierten Blütennektar der Kokospalme ein alkoholisches Getränk namens *tubá* her, das arg säuerlich, fast schon ein bißchen ausgekotzt riecht und ganz schön Power hat. Manche Europäer können sich für den Stoff erwärmen. Eidechsen, Spinnen und Insekten verirren sich, was nicht unerwähnt bleiben soll, immer wieder in die Sammelbehälter und werden mitfermentiert. Ein Prost, wem's nichts ausmacht!
Achtung: Alle Produkte der Kokosnuß einschließlich des Wassers bewirken arge Flecke auf der Kleidung. Wer nicht gerade in Badekluft ist, sollte das Wasser in ein Behältnis umfüllen, denn es kleckert immer etwas auf die Klamotten.

Pakó *(Athyrium esculentum)*
Die genießbarste von mehreren eßbaren Farnarten. (Manche Spezies schmecken sehr bitter). Häufig an Bachufern und anderen schattigen Stellen; auch auf Dorfmärkten zu finden. Vorzüglich als blanchierter Rohsalat mit Zwiebeln, Tomaten und Limonensaft oder als Beigabe zu Fischsuppen. Vitaminreich (A, B2 und B3), viel Kalium.

Pako
(Athyrium esculentum)

Palánan *(Rubus fraxinifolius* u. a.*)*
Wilde Himbeere. In Höhenlagen ab 500 Meter Allerweltsgewächs in den philippinischen Bergen. Bildet oft riesige Verhaue und produziert eimerweise Früchte. Die etwa daumennagelgroße Frucht ähnelt einer Kreuzung zwischen Erd- und Himbeere und ist einladend leuchtendrot. Sie kann unbedenklich in Mengen genossen werden. Ab etwa 1.000 Meter Höhe sind auch

Blaubeeren auf manchen Bergen vertreten.

Pandán *(Pandanus tectorius* u. a.*)*
Die Schraubenpalme. Annähernd allgegenwärtiges Strandgewächs von unverkennbarem Aussehen:

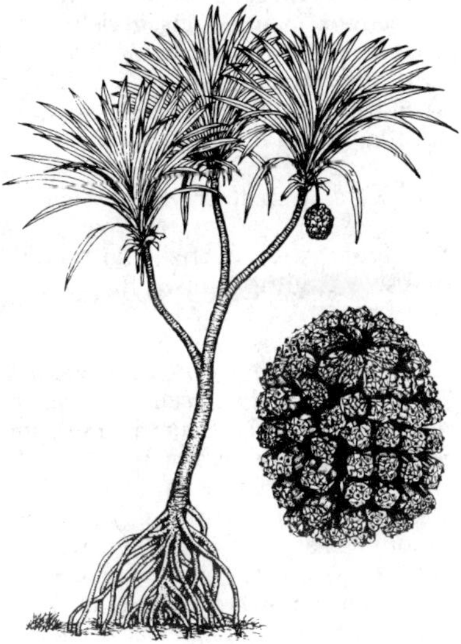

Pandan
(Pandanus tectorius)

Drei bis fünf Meter hoher Baum mit mangroveartigen Luftwurzeln und spiralig ansetzenden Palmenkronen aus scharfgezähnten langen Blättern. Die Früchte gleichen einer groben Ananas und setzen sich aus zahlreichen Steinfruchtsegmenten zusammen, die in ein zentrales Mark münden. Bei Reife nimmt die Frucht eine appetitliche, orangegelbe Farbe an. Die Segmente lassen sich dann leicht entfernen und die weichen Teile essen.
Pandan wird vielerorts für giftig gehalten. Dies ist (bei den Strandgewächsen) nicht der Fall, doch Arten, die zu Reizeffekten im Mund führen, sollte man vermeiden.
Eßbar ist auch das Mark *(úbod)* der jungen, herausgeschälten Triebe. Die Blätter von *pandán tsína (P. odoratissimus)* geben Reisgerichten eine frische Note.

Pantóg-pantúgan *(Physalis minima)*
Die Gattung Physalis gedeiht in offenem Gelände, trockenfallenden sandigen Flußbetten und im Strandhinterland. Es handelt sich um eine sehr anspruchslose Pflanze, einen niedrigen Strauch von 50 bis 80 Zentimeter Höhe, mit kleinen weißen Blüten und herzförmigen, hohlen Fruchtkapseln von zwei bis drei Zentimeter Durchmesser. Diese violett geäderten grünen »Blasen« enthalten die Früchte: kleine Murmeln, die Miniaturtomaten ähneln und sowohl grün als auch reif verzehrt werden können. Das schlichte Gewächs ist in den gesamten Tropen in Höhenlagen bis zu 1.600 Meter zu finden.

Pantog-pantugan
(Physalis minima)

Eng verwandt ist die Tomatillo *(P. ixocarpa).* Die Früchte beider Arten können für die Herstellung der sogenannten *salsa verde* (»grüne Sauce«) herangezogen werden, einer höchst schmackhaften Beigabe zu Fleischgerichten und Tacos. Das Rezept stammt aus Mexiko:
250 g Physalis-Früchte, 3 EL Zwiebeln, 1 mittelgroße Chilischote und 3 Knoblauchzehen zu einem feinen Brei zerhacken, Salz, Pfeffer und Koriander (gegebenenfalls »Pfennigwurz«, siehe unten) zufügen. Gut mischen und vor Gebrauch kaltstellen.
Der indische Wissenschaftler K. M. Nadkarni führt an, daß die Früchte von *P. minima* »ein abgenutztes System mit neuer Kraft erfüllen und vorzeitigem Verfall vorbeugen.« Für manch einen wäre es wohl nicht die schlechteste Idee, Mexikos *salsa verde* und andere Physalis-Produkte zu häufigen Posten des Speiseplans zu machen...

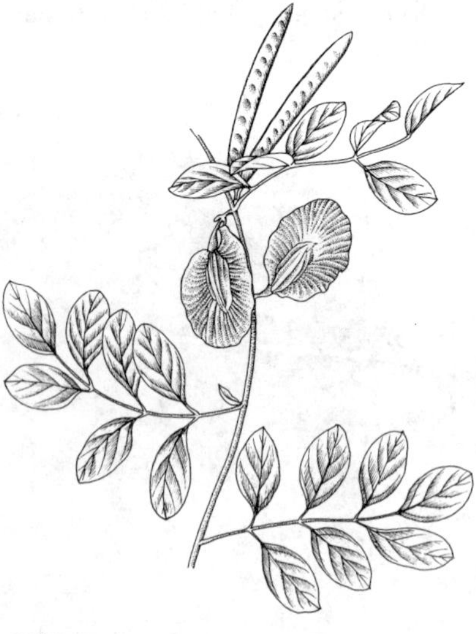

Pukinggan
(Clitorea ternatea)

Pukínggan *(Clitorea ternatea)*
Auch als *butterfly pea* oder *gíting princésa* bekannt. Wickenartiges Schlinggewächs mit dünnen, runden Stengeln und schönen, großen Lippenblüten von hell- bis tiefblauvioletter Farbe mit weißem Zentrum (siehe auch Abbildung im Farbteil). Aus den fünf bis zehn Zentimeter langen, grünen Samenschoten bereitet man Gemüsegerichte, die reich an Kalium und Vitamin C sind.
Seid auf Heiterkeit gefaßt, falls Ihr nach der Pflanze fragen solltet. *Pukí* ist ein Slangwort für das weibliche Geschlechtsteil. Die Blüte, wie der lateinische Name ja auch besagt, sieht so aus.
Vorsicht: Alle anderen Planzenteile sind schwer giftig, typisch für Rankengewächse.

Rímas *(Artocarpus communis* u. a.*)*
Die Brotfrucht - klassische Südseenahrung. Der stattliche Baum ist mit zahlreichen Arten im gesamten indopazifischen Raum präsent, sowohl in der Wildnis als auch (vorrangig) in Kultivation. Rimas (und *kamansí,* eine ähnliche Art, siehe Kapitel »Kampieren«) ist von hohem Stärkegehalt, reich an B-Vitaminen und Anteilen von A und C.
Das Innere grüner Brotfrüchte läßt sich gestückelt wie Pommes Frites zubereiten. Reife Exemplare im gelblichen und weichen Stadium kann man einfach in ein nasses Bananenblatt hüllen und auf heißen Steinen rösten. Brockenweise kann Brotfrucht auch dicken Suppen beigegeben werden. Die Samenkerne sind ebenfalls eßbar; gekocht oder geröstet schmecken sie wie Maronen. Eine vielseitige Pflanze!
Die warzige Schale der Brotfrucht sondert einen weißen Milchsaft ab, der nicht giftig, aber fürchterlich klebrig ist. Wer mit der Frucht hantiert, sollte sich dünne Plastiktüten über die Hände ziehen und das benutzte Messer einölen. Kokosöl erledigt auch die End-

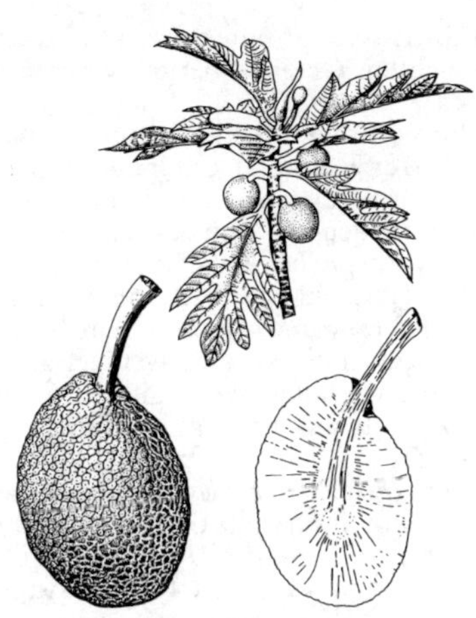

Rimas
(Artocarpus communis)

reinigung. Dies gilt im übrigen für alle Milchsäfte, an deren Zähigkeit schon manch einer verzweifelt ist.

Salúyot *(Corchorus olitorius)*
Der ilokanische Name ist weitaus verbreiteter als das Tagalog-Wort *pásau,*

Saluyot
(Corchorus olitorius)

weil *C. olitorius* vor allen im Ilokanischen gern gegessen wird. *C. capsularis* ist sehr ähnlich.
Beide sind Jutegewächse, in der Alten Welt zu Hause, doch inzwischen tropenweit verbreitet, sowohl wildwachsend als auch in Kultivation. Auffällig sind die »geschwänzten« Blätter und die drei bis vier Zentimeter lange, dunkelgrüne, gerippte Samenkapsel mit vielen kleinen Samenkörnern. (Nicht mitessen!).
In großen Teilen der tropischen Welt gilt Corchorus als eine der wichtigsten Gemüsepflanzen. Man ißt junge Blätter und Sprossen in Suppen oder gedünstet zum Reis. Das Endprodukt ist von feinem Geschmack; man darf es nur nicht zu lange kochen. Zwei bis drei Minuten genügen, danach wird es unangenehm schleimig.
Ein japanisches Rezept: 1 Bund Grünmaterial in 2 Tassen Wasser mit ½ TL Salz mixen und max. 3 Min. lang kochen. Abtropfen lassen, fein wiegen und mit 2 EL Schalotten und etwas Sojasauce gut vermengen. Die Mischung mit der Gabel kräftig schlagen, bis sie schaumig und leicht klebrig wird. Mit heißem Reis verzehren.
Auf den Philippinen angestellte Analysen von *C. olitorius* zeigen, daß die Pflanze sehr reich an Kalzium, Eisen, Phosphor sowie an A- und C-Vitaminen ist und hohe Anteile des B-Komplexes aufweist.

Tagbák *(Kolowratia elegans)*
Schilfartiges, an fünf Meter hohes Gewächs feuchter Niederungen, besonders häufig auch an Wasserläufen im Dschungel. Eßbar ist die etwa pflaumengroße Frucht, sobald die harte, grüne Schale sich weiß färbt. Gegessen wird das rosafarbene Fruchtfleisch; die zahlreichen kleinen Samenkerne schluckt man unzerkaut hinunter oder spuckt sie aus. Sie können eine Reizwirkung auf den Schlund ausüben.

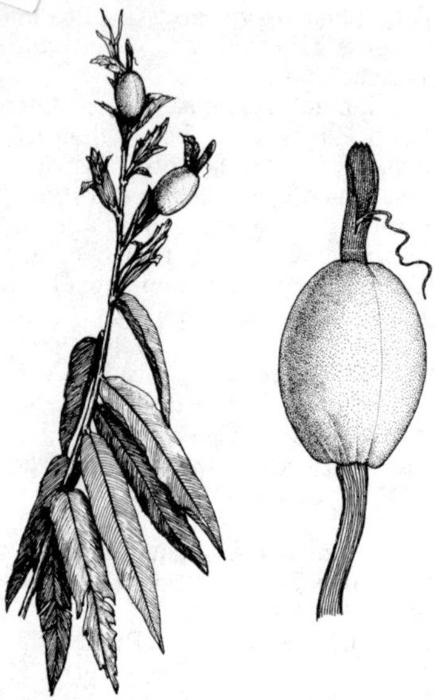

Tagbak
(Kolowratia elegans)

Takíp-kohól *(Centella asiatica)*
Tropischer »Pfennigwurz« (auf philippinisch: »Schneckenhaus«). Weit verbreitete Kriechpflanze mit seerosenartigen (doch erheblich kleineren, zwei bis fünf Zentimeter Durchmesser) Blättern und winzigen purpurnen Blüten.

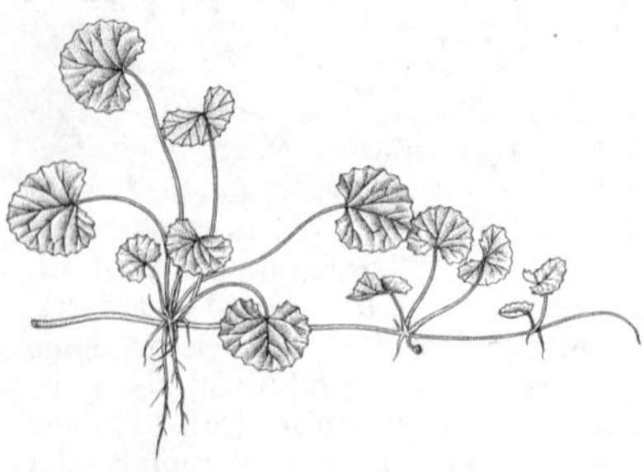

Takip-kohol
(Centella asiatica)

Häufig vornehmlich in kühlem und feuchtem Gelände bergiger Mittellagen.
Die gesamte Pflanze kann als blanchierter Rohsalat oder gedämpftes Gemüse gegessen werden; sie gibt auch für den, der sich danach sehnt, einen vorzüglichen Petersilien-Ersatz ab. Gut: Hartgekochte Eier mit Salz und gehacktem *takip-kohol.* Am besten schmecken die Stengel, weniger aufregend die Blätter. Auch gut: Ein *Sambol*-Salat aus Sri Lanka - ½ Tasse Grün, 2 EL Kokosraspel, 1 EL Schalotten (gehackt), 2 TL Limonensaft, etwas Salz. Prima mit Curries oder simplem gekochtem Reis.
C. asiatica »soll gut für die Augen sein«, auch Manneskräfte fördern - womöglich wegen einer ungewöhnlichen Kombination von B-Vitaminen.

Túgi *(Dioscorea esculenta)*
Eine weitere häufige Yamsart des philippinischen Urwaldes. Dornenbesetzte Schlingpflanze mit charakteristischen, nierenförmigen Blättern, die durch ihre

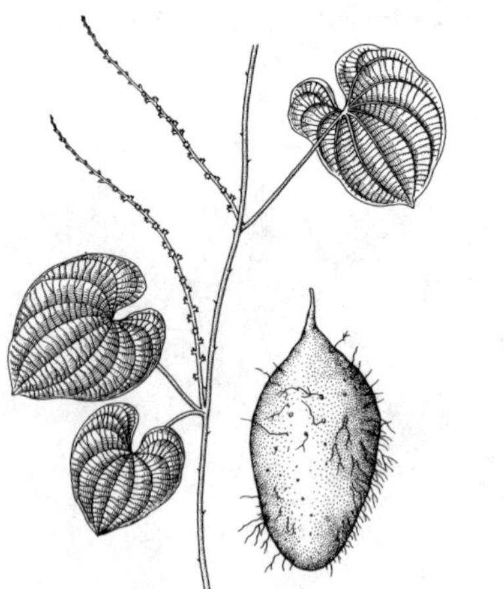

Tugi
(Dioscorea esculenta)

plastisch hervorstehenden Adern auffallen: Ein unverwechselbares Unterscheidungsmerkmal dieser wertvollen Nahrungsquelle.
Die Wurzelknollen von Tugi ähneln Kartoffeln und werden meistens wie diese zubereitet und verzehrt. Sie lassen sich zur Not auch roh essen.

Túngaw-túngaw *(Melastoma polyanthum* u. a.*)*
Die Lasiandra. Weit verbreitetes Buschgewächs des offenen Geländes, besonders häufig in vulkanischem Terrain. Die schöne violette Blüte erinnert an die heimische Heckenrose. Man kann die Segmente der (geschälten) Fruchtkapsel essen, die sich bei richtiger Reife mit zwei Fingern pflücken läßt. Auch bereits abgefallene Exemplare lassen sich ohne weiteres verzehren. Der Geschmack der etwa kirschgroßen Frucht ist apfelartig.
Keine Sorge, wenn eine tiefviolette Zunge resultiert. *Melastoma* bedeutet »schwarzer Mund«.

Tungaw-tungaw
(Melastoma polyanthum)

Ubi *(Dioscorea alata)*
Die populärste Yamsart der Philippinen zeichnet sich durch einen vierkantigen, verschlungenen Stamm und paarig angeordnete, spitzovale Blätter mit sieben bis neun der Basis entspringenden Segmenten aus. Die Identifizierung wird zudem erleichtert durch den purpurnen Blattstiel und den korkigen Wurzelstock, den man gekocht verzehrt. Ubi ist sehr mineralstoff- und vitaminreich und läßt sich sogar roh essen, schmeckt allein aber nicht nach viel. Vorzuziehen ist eine Zubereitung in Kokosmilch mit Zusatz von etwas braunem Zucker. Keine Angst vor der schreiend violetten Farbe, die die Knolle beim Kochen annimmt - das ist ganz normal. Sogar in philippinischer Eiscreme ist Ubi, besser als jeder synthetische Farbstoff, legitim vertreten.

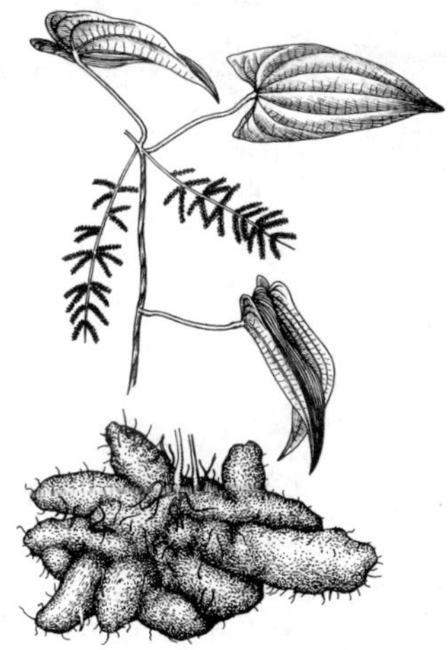

Ubi
(Dioscorea alata)

Ulasíman bató *(Peperomia pellucida)*
Viele Arten von Peperomien sind als Zierpflanzen wohlbekannt. *Diese* unscheinbare Art (fünf bis 40 Zentimeter groß, fleischige, weiße Stengel und herzförmige grüne Blätter, kleine graue Samenkörner) ist es wohl weniger. Sie wächst vorzugsweise am Rande felsiger Bachbetten, in feuchtem, steinigem Gelände, auch auf altem Gemäuer und zumeist in dichten Bü-

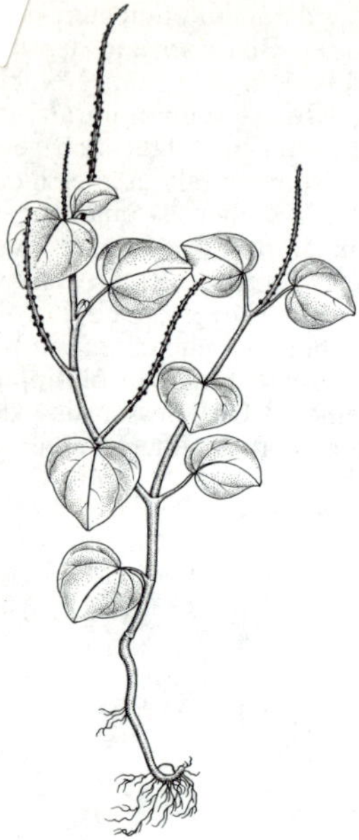

Ulasiman bato
(Peperomia pellucida)

scheln. Vietnamesen wissen, wie gut sie schmeckt: Entfernt knoblauchig und angenehm knackig.
Man kann das Gewächs in der Wildnis roh futtern oder mit nach Hause nehmen und dort folgenden feinen Salat daraus machen: 2 Tassen Peperomia, ½ Tasse Tomaten, jeweils gestückelt, 2-3 Schalotten, gehackt. Mit leicht gesüßtem *French Dressing* mixen und kühl servieren.

Zamboangenita *(Asystasia gangetica)*
Auch als *asistásia* bekannt. Weit verbreitetes Flachlandgewächs, oft in Strandnähe oder an Straßenrändern zu finden. Bis zu einem Meter hoch, mit schönen buttergelben, bis ins Weiße und schließlich Violette hinüberspielenden Kelchblüten. Blätter und Blüten

Zamboangenita
(Asystasia gangetica)

werden als Suppenbeigabe und als Gemüse verwendet, (s. o.: *Ohitashi)*. In Nigeria wird die Pflanze wie Spinat be-handelt.

Survivalnahrung aus dem Meer

Dort, wo wir unsere Survivalkünste am ehesten zum Einsatz bringen müssen, nämlich an fernen Stränden und Riffen, ist der Tisch auch am reichlichsten gedeckt. Und keineswegs sind wir immer auf die fragwürdigen Erfolge einer vielleicht mit schlechtem Gewissen ausgetragenen Jagd auf den Fisch angewiesen...

Algen und Tange
Wer von mariner Pflanzenkost leben möchte, muß sich an Algen und Tange halten, die dem Esser (wenn auch nicht in ausreichendem Maß) Eiweiß, Kohlenhydrate, sogar Fette und zudem die

Vitamine B12, C und K anbieten. Auf den Philippinen gibt es zahlreiche eßbare Arten; keine auch, scheint's, die ausgesprochen giftig ist. Nur manche schmecken halt herb oder pfeffrig, und die sollte man meiden.

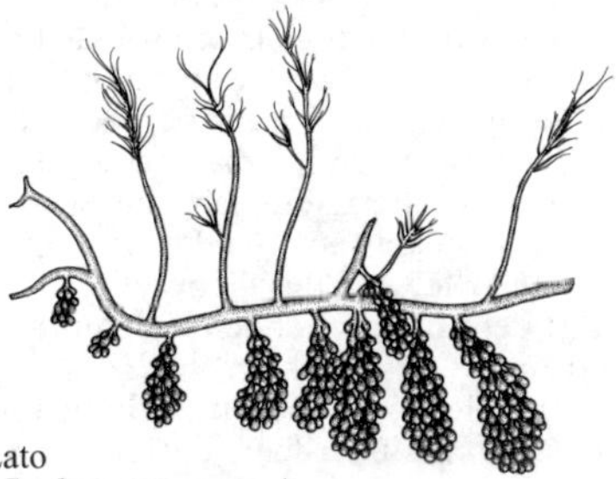

Lato
(Caulerpa racemosa)

Die wohl beste und schmackhafteste Gruppe *(Caulerpa* sp.) ist unter dem Sammelnamen *lató* (engl. *sea grape)* bekannt: Beerentange. Es gibt diverse variierende Erscheinungsformen, aber immer handelt es sich um dicke Büschel grüner »Trauben«, die allesamt flaches, brandungsreiches Wasser lieben. Man kann sie dort händeweise pflücken und gleich in den Mund stopfen. Oder aber man richtet sie mit Tomaten, Zwiebel und reichlich Limonensaft zu einem schmackigen, knackigen Salat an. Jeder, der die Philippinen besucht, sollte Lato eigentlich mal probiert haben. Gut zu Reis und Fisch. Fragt auch nach *guláman,* ein Überbegriff, unter dem die meisten anderen *seaweeds* laufen.

Seegurken *(balatán)*
Von den Tangen läßt sich schnell zu einer primitiven Tiergruppe, den Seegurken, übergehen. Auch sie sind eine echte Survivalnahrung - sofern man sich auf die komplizierte Zubereitung versteht.
Einige Arten, darunter die begehrte *susuhán (Thelenota ananas)* von den Bikolanos, werden schlicht in heißem Kokosfett gebacken. Im allgemeinen nimmt man jedoch den langen Umweg über *Trepang* (= *Bêche-de-mer),* der berühmten Südseespezialität, die den Chinesen (und nicht nur denen!) als große Delikatesse gilt.
Wiederum ist die einem braunen Muff ähnelnde *T. ananas* hier der Favorit. (Alle Arten brauner Farbe scheinen sich zu eignen, schwarze sollten außer acht gelassen werden). Aufbereitung: Seegurke längs aufschneiden und Eingeweide entfernen. 15 Minuten aufkochen, dann über Nacht im Ufersand eingraben (löst die zähe Haut ab). Waschen und über schwach rauchendem Feuer zwei Tage räuchern. Anschließend in der Sonne knochenhart trocknen. Der dieserart gewonnene Trepang ist fast unbegrenzt haltbar und kann mit auf Tour genommen werden (gegebenenfalls auch nach Erwerb in China-Shops).

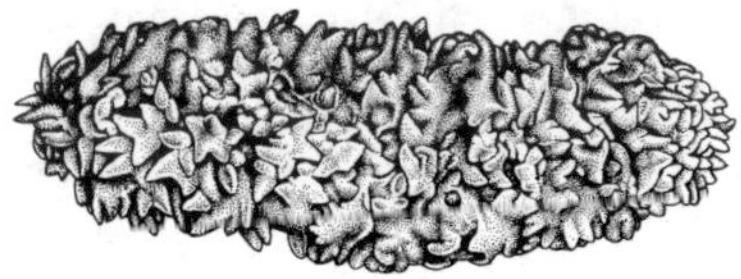

Susuhan
(Thelenota ananas)

Vor dem Verzehr muß Trepang zwei Tage lang zum Aufweichen in Wasser gelegt werden; dann kocht man mundgerechte Stücke mit Gemüsen. Die Gurke aus der See hat kaum Eigengeschmack, saugt jedoch denjenigen anderer Ingredienzen in sich auf und bleibt dabei köstlich jodig-knackig. Rezepte: In China-Kochbüchern.

Seeigel *(táyom, tugón* u. a.*)*
Man sollte annehmen, daß sich unter solch einer Panzerung etwas Unbedenkliches verbirgt. In der Tat. A. de Celis, Seeigel-Experte des National-

museums, ist der Ansicht, daß alle auf den Philippinen vorkommenden Arten eßbar sind. Gelb bis rosa sieht's im Innern des Panzers aus. Nur Mut! Man kann die festen Rogen mancher Seeigel roh herauslöffeln oder die Stacheltiere in die heiße Asche des Lagerfeuers legen und dann die (dürftigen) Innereien verzehren. Im Bereich der Sulu-See (Cuyo, Palawan, Calamianes) wird auch eingesalzenes Seeigliges im Glas angeboten. Gut zu Reis, aber der Jodgeschmack ist hier fast schon ein bißchen zuviel.

Quallen *(salábay* u. a.*)*
Bei Liminangcong in Nordwestpalawan kann man beobachten, wie riesige Exemplare für den Export nach Taiwan speziell zubereitet werden. Die Chinesen sind Seafood-Lover ersten Ranges und machen da vor nichts halt. Aber auch Filipinos können mit Quallen etwas anfangen. Sogar die gefährliche Kastenqualle (siehe Kapitel »Tauchen«) dient als Nahrung. Man entfernt die Fangarme, zerlegt die glasige Glocke in Würfel und serviert diese mit Limonensaft, gehackter Zwiebel und scharfen, roten Chilis.

Muscheln und Seeschnecken
(mgá siyéls)
Solange sie ein Gehäuse ihr eigen nennen, sind wahrscheinlich alle Arten ohne Einschränkung eßbar. (Turbanschnecken - siehe Kapitel »Muschelsuche« - besser vermeiden; es soll zu Vergiftungen gekommen sein). Austern *(talabá)* sind philippinenweit vorzüglich - sofern sie aus sauberem Wasser stammen. Miesmuscheln *(tahóng)* sind fast schon ein Nationalgericht. Das gesamte Innere der Riesenmuschel *Tridacna (kéma, manglét, taklóbo* u. a.*)* ist eßbar, und zwar als Rohsalat *(kilawín)* mit Essig, Zwiebel, Ingwer und Knoblauch, von allem reichlich. Tridacnas werden seltener auf den Philippinen, weil man in manchen Nachbarländern (China, Japan) glaubt, der stramme Schließmuskel der Muschel mache auch Männer stramm. Wie immer ist hier Wunschdenken am Werk, aber die gewaltige Klappmuschel hat selbiges auszubaden: Es wird verschärft Jagd auf das - übrigens sehr schmackhafte - Paket von Muskelfasern gemacht. Klappmuscheln *(halaán)* finden sich im überbrandeten Ufersand oder, ganz besonders fette Exemplare, im Schlick von Mangrovensümpfen. Prima in Suppen und Stews. Alles Getier dieser Art führt dem Esser reichlich Kalzium und Jod zu.
Auch alle Süßwassermuscheln und -schnecken sind eßbar, dürfen jedoch (im Gegensatz zum Seegetier) nicht roh verzehrt werden.

Krebse *(alimángo, alimásag* u. a.*)*
Im allgemeinen sind Krebse, es gibt viele Arten auf den Philippinen, gut zu essen. Man kocht sie einfach, und schon ist die Mahlzeit fertig.
Es sollte indes nachdenklich stimmen, daß manche Exemplare, die sich am Strand oder auf dem Riff tummeln, kaum Scheu vor dem riesigen Menschen zeigen. Dafür kann es nur einen Grund geben: Sie sind giftig, tödlich giftig! Auch Kochen hilft nicht: Die Toxine sind hitzeresistent. Deshalb: Keine Experimente bitte. Haltet Euch, wenn schon Krebse, an bekannte Arten, die jedermann in einem Fischerdorf ißt! (Auch wenn diese, nicht selten, blau und grün sind). Garnelen *(hípon,* große: *sugpó)* und Langusten *(banagán)* sind dagegen einschränkungslos eßbar.

Kraken *(pugíta)*
In jeder Zubereitungsart ohne Abstriche vorzüglich: Roh (als jap. *Sushi* oder kleine Exemplare einfach »nur so«), getrocknet, in Kokosmilch oder als *Adobo* (sehr gut). Japaner kochen

Eine halbe Stunde nach dem Genuß einer Mahlzeit aus örtlich *kayás* genannten Meereskrebsen starb die 40jährige Bernalda Evangelista einen qualvollen Tod, dem Schwindel, Erbrechen und heftige Bauchschmerzen vorangegangen waren. »Ich komme doch von der Küste!« hatte die Besucherin des Dorfes Genitligan auf der Insel Catanduanes getönt. »Ich weiß Bescheid mit Krebsen! Diese sind eßbar!« Und jetzt war sie tot.
Nicht besser erging es Ignacio Abejero aus Dumaguete. Am frühen Morgen war er mit einem Fang von Krebsen zurückgekehrt und hatte sich daraus gegen zehn ein vorzeitiges Mittagessen bereitet. Um zwölf lebte er nicht mehr. Bei den Krebsen handelte es sich um eine regional als *agókoy* bekannte Art.
(Nach Interviews in Küstenorten)

sie schlicht in schwarzem Tee, Filipinos zunächst in *Sprite* und dünsten sie dann in Gewürzessig. Gebraten oder gegrillt wird Krake zu zäh, es sei denn, man läßt ihn zunächst mindestens zwölf Stunden abhängen.
Gute Taucher greifen Kraken mit der nackten Hand. Die Achtarmer lassen sich auch erbeuten, indem man über steinigem oder korallinem Grund eine mit einem kräftigen Haken und ein paar bunten Bändern versehene Muschel dahinzieht. Kein Krake kann dieser Verlockung offenbar widerstehen. In rostige Blechbüchsen auf dem Meeresboden zieht der Oktopus ebenfalls gern ein. Man braucht sie nur aufzuheben; der Eremit bleibt eisern darin sitzen. Es lebe der Umweltdreck!

Tintenfische *(pusít)*
Eines der hochwertigsten Nahrungsmittel aus dem Meer. Unbedenklich roh eßbar. Schmackhaft auch in eigener Tinte *à la Adobo*. Prima gegrillt, gebraten oder getrocknet (Rezept: Siehe Kapitel »Kampieren«).

Fisch *(isdá)*
Der Artenreichtum an Fischen im philippinischen Archipel ist einer der größten der Welt. Der überwiegende Teil sind ausgezeichnete Speisefische.
Vorsicht jedoch: Mehrere Arten, vornehmlich die Ordnung *Plectognati,* zu denen die Kugel- *(botéte)* und Drückerfische *(papákol)* gehören, sind tödlich giftig. Besonders der Kugelfisch - der berüchtigte *fugu* (jap.) - ist im Kochtopf ein Killer. Er enthält in einigen Körperteilen ein bakteriell erzeugtes schweres Nervengift, das auch durch Kochen nicht zerstört wird. (In Japan ist der Verzehr von Fugu fast eine nationale Leidenschaft. Selbstmordmentalität? - jedes Jahr gibt es trotz aller Vorsichtsmaßnahmen Tote. Die Erklärung ist wahrscheinlich, daß Fugu-Essen einen gewaltigen Kick bereitet). Auch auf den Philippinen sterben alljährlich mehrere Menschen nach dem Verzehr von Plectognathen.

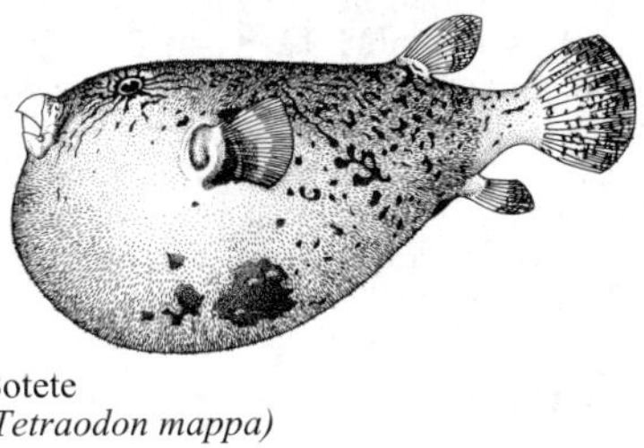

Botete
(Tetraodon mappa)

Raubfische, die Botete gefressen haben, können ebenfalls giftige Eigenschaften annehmen, wenn auch weniger virulent. Laßt Euch in Zweifelsfällen von der Überlegung leiten, daß ein wehrlos erscheinender Fisch, der keine Furcht vor Euch zeigt, wahrscheinlich irgendwie giftig ist. Fragt die Einhei-

mischen - aber holt mehr als eine Meinung ein. Seid mißtrauisch! Oder vorbereitet: Von Drogen auf Anticholinesterasebasis (Markennamen: *Edrophonium* und *Neostigmine*) werden dramatische Heilerfolge berichtet.
Es würde zu weit führen, die verschiedenen Zubereitungsarten für Fisch hier aufführen zu wollen. Am einfachsten geht's roh (jap. *Sashimi)* oder am Lagerfeuer gegrillt *(iníhaw).*

Vorsicht: Fischvergiftung *(Ciguatera).* Symptome treten gewöhnlich erst mehrere Stunden nach Einnahme einer Mahlzeit ein. Sie äußern sich in Form von Übelkeit, Gefühllosigkeit in Mund und Kehle, Schwindel und Sichtbeeinträchtigung, in schweren Fällen auch partiellen Lähmungserscheinungen. Kurios ist eine Umkehrung des Temperaturempfindens: Heiß wird kalt, und kalt wird heiß. Beschwerden können tage-, wochenlang andauern.
Meine Literatur führt als angeblich wirksames Gegenmittel ein Naturrezept von der zentralpazifischen Fanning-Insel an: Drei möglichst milchsafttriefende junge Blattknospen des Brotfruchtbaumes (siehe oben) zerdrücken und mit 1 TL Kokosöl einnehmen. Prozedur einmal täglich wiederholen, bis Symptome verschwinden. Philippinische Fischer nehmen nur Kokosöl ein. Vielleicht ist ja was dran an der Sache. Siehe auch die oben genannten Drogen.

Wassergewinnung aus Pflanzen

Wenn der letzte Coke-Verkäufer außer Sicht gerät und auch die herkömmlichen Quellen versiegen, muß man der unvermeidlichen Dehydrierung anderweitig beikommen. Traditionelle Methoden der Wassergewinnung wollen wir einmal als bekannt voraussetzen und uns nur ein paar Pflanzen ansehen, die uns im trockenen Terrain weiterhelfen können.

Bambus

Enthält in seinen Rohrsegmenten manchmal frisches Wasser. Man braucht nur ein Loch in das Segment zu schlagen, in dem man die Flüssigkeit gluckern hört. Wasserhaltig sind auch die von elegantem Mobilar her bekannten Rohre der Rattanpalme *(Calamus,* viele Arten) des philippinischen Dschungels.

Kannenpflanzen (Gattung *Nepenthes,* phil. *pitséra,* engl. *pitcher plant)*

Kuriose insektenfangende Gewächse, die vornehmlich in den mittleren Lagen der insularen Bergwelt zu finden sind. *(N. mirabilis* gibt es auch auf Nullniveau, auf der Insel Tago entdeckte ich riesige Verhaue am Strand). Die »Kannen« von Nepenthes enthalten reichlich Wasser mit enzymatischen Beimischungen, die Insekten den Garaus machen, aber für den Menschen offenbar harmlos sind. Manche auf Mindanao, Palawan und Sibuyan vorkommende Arten, darunter *N. merrilliana,* liefern bis zu einen Liter Wasser pro Gefäß. Junge Pflanzen sind allgemein weniger, zum Teil gar nicht, durch tote Insekten verunreinigt, und das Wasser schmeckt ausgezeichnet.

Kokosnüsse

In diesem Kapitel ff.

Lianen *(báging)*

Können viel Wasser enthalten. Um es zu extrahieren, bringt man so hoch wie möglich eine Kerbe im Stamm an und schneidet die Liane unten ab. Dort tröpfelt das Wasser dann lange heraus. Die Rinde mancher Arten enthält Giftstoffe und sollte an der Schnittstelle zunächst entfernt werden. Pflanzen mit milchigen Säften meide man gänzlich. Lianen sind eine allerletzte Notlösung, wenn die Uhr auf fünf vor zwölf steht. Ansonsten lasse man diese schönen Dschungelgewächse in Frieden.

Moose *(lúmot)*
Sind besonders im Urwald und in den Bergen häufig und saugen Feuchtigkeit auf wie ein Schwamm. Wenn man sie in einem Tuch auspreßt und selbiges aussaugt, geben sie das Wasser wieder her.

Nützliches Vokabular

Ich interessiere mich für eßbare Wildpflanzen.
Mahílig akó sa mgá halámang ligáw na maaáring kaínin.
Können Sie mir ein paar Pflanzen in dieser Gegend zeigen?
Puéde bang itúro ninyó sa ákin ang mgá iláng haláman sa lugár na itó?
Sehen Sie sich dieses Bild an.
Tíngnan ninyó itóng laráwan.
Gibt es hier Pflanzen dieser Art?
Mayroón bang mgá halámang ganíto díto?
Ist dies die Pflanze, die auf Tagalog .... heißt?
Itó ba ang haláman na tinatáwag na .... sa Tagálog?
Wo wachsen sie?
Saán iyón tumutúbo?
Können Sie mir die Stelle zeigen?
Maaári bang itúro ninyó sa ákin ang lugár?
Ist diese/r: Pflanze, Muschel, Fisch, Krebs, Seeigel eßbar?
Maaári bang kaínin ang: haláman, siyél, isdá, alimángo, táyom na itó?
Wie? Roh oder gekocht? Oder wie sonst?
Pap'áno? Hílaw o lúto? O ibá pa?
Ist dies giftig?
Itó ba'y nakakaláson?
Können Sie dies für mich zubereiten?
Puéde bang ihandá ninyó itó pára sa ákin?
Schmeckt gut! Kann ich noch etwas haben?
Masaráp! Puéde bang makahingí pa?
Danke, ich bin satt!
Salámat, busóg na akó!

Spezielles »Kokosvokabular«

Kokospalme	*(púno ng) niyóg*
Kokospflanzung	*niyúgan*
Kokosnuß (jung)	*búko*
Kokosnuß (reif)	*niyóg*
Kokosmilch	*gatá*
Kokosraspel	*kináyod na niyóg*
Kokoswasser	*sabáw (ng niyóg)*
Kokosöl	*langís (ng niyóg)*

Würden Sie mir bitte eine oder zwei (junge) Kokosnüsse verschaffen?
Puéde bang pakikúha ninyó akó ng isá o dalawáng búko gáling sa púno ng niyóg?
Können Sie auf die Palme klettern? Ich schaffe das nicht.
Marúnong ba kayóng umakyát sa púno ng niyóg? Hindí ko káyang umakyát.
Ich möchte vor allem das Wasser trinken. Ich bin sehr durstig.
Náis ko lámang inumín ang sabáw. Akó'y nauúhaw.
Bitte achten Sie darauf, daß die Nüsse nicht aufplatzen.
Siguradúhin ninyóng hindí mabásag ang búko.
Werfen Sie sie ins Grüne (in die See), damit sie nicht kaputtgehen.
Pakí-húlog ninyó sa damúhan (sa dágat) pára hindí itó mabásag.
Bitte machen Sie sie auf. Nicht das Wasser weggießen!
Pakí-biyák nga po ninyó itó. Huwág ninyóng itápon ang sabáw!
Kein Glas bitte! Direkt in den Mund! (Übliche Redewendung)
Hindí na kailángan ang báso! Dirétso sa bibíg!
Ich würde gern einmal ein Kokosgericht probieren.
Náis ko pong makatikím ng lúto sa ginataán.

Tauchen

Die Verlockung ist groß, die einleitende Beschreibung der philippinischen Unterwasserwelt wie in einer Werbebroschüre mit jeder Menge von lobpreisenden Adjektiven zu spicken. Immerhin stellt das Labyrinth der über 7.000 Inseln und 34.000 Quadratkilometer lebensfroher Korallenriffe eines der attraktivsten Fernziele für den anspruchsvollen Taucher dar. Prospekte und Zeitschriften malen diese Welt in den glühendsten Farben aus. Darf man ihnen Glauben schenken?

Mit Vorbehalt. Stellenweise gehört die philippinische Unterwasserszene zum schönsten Erschaubaren, das uns dieser Planet zu bieten hat. Die Riffe von Tubbataha sind einsame Weltspitzenklasse. Paradiese von ungeahnter Pracht erwarten den Taucher weiterhin in reicher Fülle, sofern er Zeit und Mühe nicht scheut, dieselben zu erreichen. Nicht nur dem Abenteurer, dem Erlebnishungrigen, sondern auch dem schönheitstrunkenen Ästheten öffnen sich dort neue Perspektiven, wie sie nur noch in den wilden Weiten des Indopazifischen Ozeans gefunden werden.

Das ist die Schokoladenseite. Die Kehrseite sieht nicht überall so glanzvoll aus. Im Zeichen von demographischen Zwängen sind die Philippinen unter Wasser genau so hemmungslos »abgeholzt« worden wie ihre Urwälder an der Oberfläche. Großverschmutzung verschiedener Herkunft, nicht zuletzt durch Abflüsse der kahlgeschlagenen Erde, hat vielerorts ein übriges getan. Und als der Fisch vor dem Dreck, den immer mehr werdenden Harpunen und Netzen zurückwich, griff man zu Dynamit und bombardierte den Korallengrund, bis nur noch graue Einöden von ihm übrigblieben: Normales Erscheinungsbild über große Strecken des insularen Meeresbodens hinweg. Als Allerletztes, im wahrsten Sinne des Wortes, setzte man chemische Gifte ein. 150 *Tonnen* Natriumcyanid (siehe weiter unten) wurden in den frühen 90ern allein im Bereich von Palawan jährlich vergossen, und die infame Praxis hat noch längst kein Ende.

Dennoch zeigt sich ein Lichtstreifen am Horizont. Nicht nur hat die philippinische Regierung jetzt endlich, nicht zuletzt auf internationalen Druck, zu mehr als halbherzigen Maßnahmen gegriffen. Die *Bantay-Dagat* (»Seewache«) ist ins Leben gerufen worden, und obgleich sich in diesem bunten Haufen der übliche Prozentsatz korrupter Mitläufer und unfähiger Nichtstuer findet, sind doch diverse Erfolge zu verzeichnen. Das Zeitalter der Protegés verdämmert auch allmählich; dafür sorgt landesweiter Volkszorn. Der Barrikadensturm vom Februar 1986 sitzt manchem Provinzfürsten noch schmerzhaft im Gedächtnis. So etwas, das weiß auch die Zentralregierung, könnte es auf lokaler Basis jederzeit wieder geben, wenn sich gewisse Politicos weiterhin ungeniert an den Lebensgrundlagen ganzer Inselbevölkerungen vergreifen. Der einst überquellende Topf ist fast leer, jetzt kapiert auch der Dümmste allmählich die Vernetzung der schmalen verbliebenen Ressourcen. Hier und da ist es bereits vorgekommen, daß sich Dörfler mit schweren Waffen gegen Ökopiraten zur Wehr setzten - »macht kaputt, was euch kaputt macht!« Man wird noch öfter derartiges hören.

Entscheidend ist jedoch ein allgemeiner Gesinnungsumschwung im Land, eine zaghafte Einsicht in die Schandtaten der Vergangenheit. Von Gouverneuren bis zu Dorfschulmeistern hört man es predigen: »Wenn nicht, dann...«

Warnung
Spielt nicht den Polizisten, auch wenn Ihr Ökobanditen bei ihren schändlichen Aktivitäten beobachtet. Die wissen genau um das Verbrecherische ihres Tuns und lassen sich von einem hergelaufenen Joe keine Moralpredigten halten. Außerdem sind sie nicht selten bewaffnet - mit Sprengstoffen vor allem. Statt dem Fisch werfen sie *Euch* mal so eine Handgranate zu, wenn Ihr ihnen krumm kommt. Ihr könnt Trost in der Tatsache finden, daß Eure alleinige Anwesenheit auf die Frevler abschreckend wirkt. Das ist ja auch der Sinn des Ökotourismus. Wo der eine - der Tourist - sich breitmacht, ist für den anderen kein Platz mehr. Laßt aber auch den Subsistenzfischern mit Netz und Harpune ihren Freiraum. Das sind Menschen, die nicht tauchen gehen, um sich zu amüsieren, sondern um zu überleben.

Ökologie ist bereits in Volksschulen Pflichtfach, das Erkenntnisniveau gehoben. Ganzen Kommunen ist auch bewußt geworden, daß sich mit Ökotourismus, ganz besonders auf dem Unterwassersektor, nicht nur gut leben, sondern auch richtiges Geld verdienen läßt. So herrliche, geradezu paradiesische Tauchgründe wie vor, sagen wir mal, 30 und mehr Jahren wird es auf den Philippinen wohl so schnell nicht wieder geben, falls überhaupt jemals. Doch schönere als vor zehn Jahren gibt es bereits viele, Tendenz steigend.

Tauchgründe

Philippinische Werbebroschüren, vornehmlich die offiziellen, sind zumeist wunderschön aufgemacht. Da gibt es »Tauchkarten«, die von hübschen Symbolen wimmeln, Klimatabellen und Reiserouten; man möchte am liebsten gleich losfahren. Daß man auf dieser oder jener Insel, die im Katalog so heiß gepriesen wird, dann auch tatsächlich Tauchgeräte vorfindet - dafür gibt es allerdings keine Garantie. Und dafür, daß die Unterwasserwelt dort noch einigermaßen heil ist, ebenfalls nicht. Manche Informationen sind auch hoffnungslos überaltert oder ohne den geringsten Wahrheitsgehalt ganz schlicht aus den Fingern gesogen.
Die Lücke zwischen Fakt und Fiktion soll dieses Kapitel ein wenig schließen. Zwangsläufig konnten aber immer nur begrenzte Sektoren erfaßt werden. Die nachstehenden individuellen Beschreibungen haben deshalb nicht immer allgemeine Gültigkeit für die jeweiligen Seegebiete in ihrer Gesamtheit - wer kann schon jeden Korallensockel vortesten? Generell gilt: Je mehr Distanz zum Festland, vor allem dem bewohnten, desto besser das Tauchen - viele Menschen, wenig Fisch. Eng von Land umschlossene Gewässer sind selten Spitzenklasse. Schmale Buchten, Flußmündungen und Mangroveküsten können automatisch als Tauchdestinationen ausgeklammert werden - sie sind durchweg gleichbedeutend mit Schlamm und schlechter Sicht. Ein ähnliches trifft auf die Brandungszone des pazifischen Bereichs zu. Auf den Riffen der Ostküsten des Archipels - Luzon, Samar, Mindanao - geht es zwar überwiegend lebhaft zu, doch die Sicht ist selten optimal. (Auf ein paar Ausnahmen gehe ich noch ein). Wirklich prachtvolle Verhältnisse findet man grundsätzlich aber nur dort, wo sich ein Riff oder Inselchen weit auf hoher See erhebt, siehe Apo, Tubbataha, Scarborough.
Bezieht Wind und Wetter in alle Planungen ein! Wägt gerade in Verbindung mit dem Thema Tauchen alle verfügbaren Informationen sorgfältig

ab und versucht sie auf einen optimalen Nenner zu bringen. Trotz gelegentlicher Abstriche ist Tauchen nämlich weiterhin eine der mit Abstand schönsten und abenteuerlichsten Aktivitäten auf den Philippinen.
Die nachstehende Aufzählung von Tauchrevieren folgt keiner Wertung. Wir reisen ab Manila einmal entgegen dem Uhrzeigersinn rund um und durch den Archipel.

1 Subic
2 Scarborough
3 Batangas
4 Um Puerto Galera
5 Gewässer um Marinduque
6 Apo Reef
7 Inseln SW von Mindoro
8 Semirara-Archipel
9 Boracay
10 Calamianes
11 Inseln N und NO von Palawan
12 Bacuit-Archipel
13 Cuyo-Archipel
14 Arena, Cagayan und Cavili
15 Dangerous Ground
16 Inseln südlich von Palawan
17 Tubbataha-Riff
18 Sulu-Archipel
19 Balicasag und Pamilacan
20 Um Cebu
21 Riffe in der Sibuyan Sea
22 Embocadero
23 Ostküste Luzon

1 Subic

Seit Subic Bay wieder philippinisch und die Bucht offen für jedermann ist, wird der Tauchsport dort ganz groß geschrieben. Grande Island am Eingang der Bucht war zu amerikanischen Zeiten Erholungszentrum für die Navy, und das ganze Umfeld wurde streng bewacht. Mitunter fielen auch mal Schüsse. Deshalb blieben die Riffe um die Insel tauchlustigen Marinern in aller Pracht erhalten, und ich kann selbst bezeugen, daß es dort damals aussah wie am jüngsten Tag.
Einiges von der Pracht ist seither Fischern aus Olongapo zum Opfer gefallen. Sei's drum. Was Subic für Taucher heute so anziehend macht, sind die Wracks, die noch in der Bucht liegen. Es sind insgesamt 20 an der Zahl, das schönste fraglos der Kreuzer *Rochester*, in bester Erhaltung und nur einen Katzensprung von der nächsten Pier entfernt. Komplette Wrackkarte und weitere Einzelheiten zu den Schiffen in Kapitel »Wrackexploration«. Angenehm ist überdies, daß der einstige Marinestützpunkt jetzt Freihandelszone ist. (Touristen dürfen zollfreie Einkäufe für insgesamt 1.000 US-Dollar machen).

Tauchunternehmen im Bereich Subic Bay

Eine Handvoll Tauchunternehmen hat sich in der heutigen Freihafenzone von Subic niedergelassen. Zu nennen seien Capt'n Gregg's (44 National Highway, Barrio Barretto), der mit der *La Gallega* zünftig auf Tour geht, einer (nicht sehr gelungenen) Nachbildung einer Karavelle, aber immerhin in Spanien erbaut und unter Segel nach den Philippinen überführt. Vertreten sind außerdem Subic Bay Aqua Sports (Building 249, Waterfront Road, Subic Bay Freeport Zone, Olongapo, Tel. 3842342, Fax: 3842343) und Whitetip Divers, diese bislang aber nur mit einem Büro in Manila (siehe unten: »Dangerous Ground«). Weitere Unternehmen werden sich mit Sicherheit bald dazugesellen. Außerdem sind mehrere Operateure in Bauang und San Fernando (La Union) vertreten, mit denen man bei einem dortigen Strandaufenthalt eine Subic-Tour vereinbaren kann.
Beste Monate: Ganzjährig.
Karte: 4211.

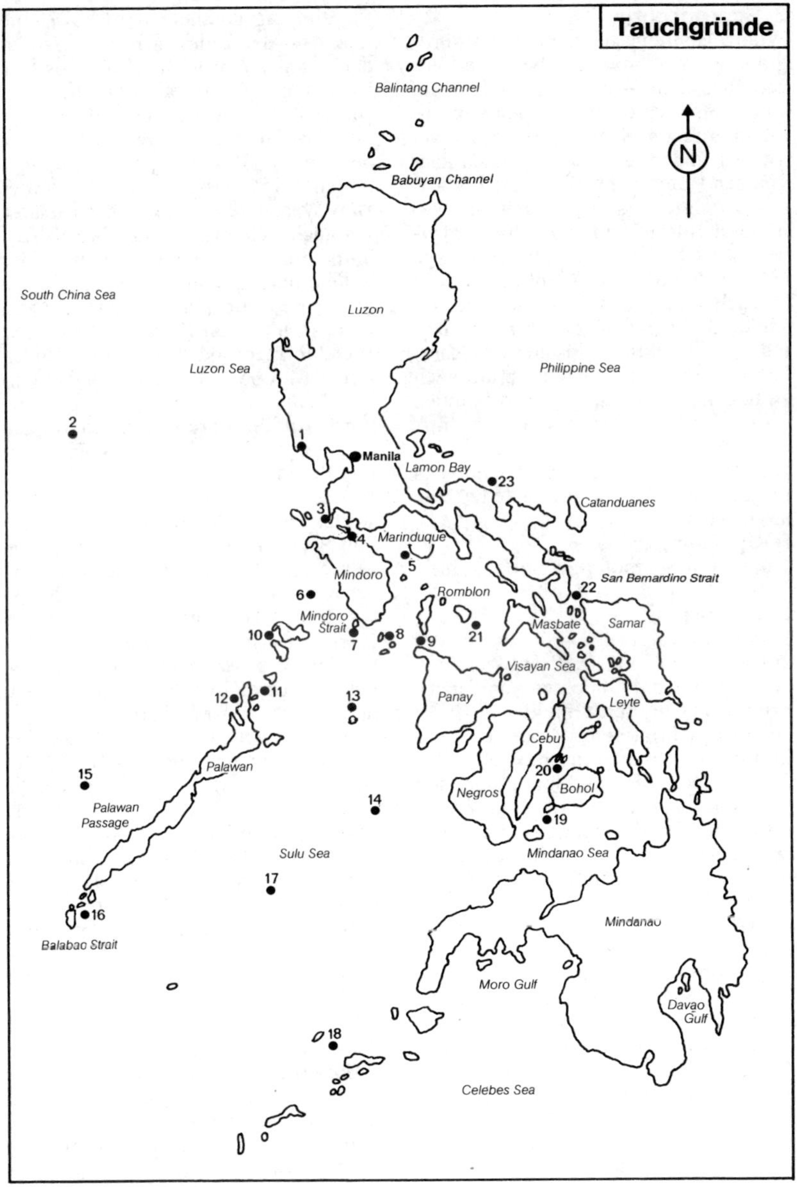
Tauchgründe
Balintang Channel
Babuyan Channel
N
South China Sea
Luzon
Luzon Sea
Philippine Sea
2
1
Manila
Lamon Bay
23
Catanduanes
3
4
Marinduque
5
Mindoro
6
Romblon
22
San Bernardino Strait
Mindoro Strait
7
8
9
10
21
Masbate
Samar
Visayan Sea
12
11
13
Panay
Leyte
Cebu
Palawan
15
20
Bohol
14
Negros
Palawan Passage
19
Sulu Sea
Mindanao Sea
17
16
Balabac Strait
Mindanao
Moro Gulf
Davao Gulf
18
Celebes Sea

2 Scarborough

Wahre Bonbons unter den Tauchprogrammen sind sporadische Expeditionen nach dem Scarborough-Riff: weit, weit (130 Seemeilen) westlich von Subic im offenen Meer gelegen. Reguläre Touren finden nicht statt, können aber von den Unternehmen in Subic kurzfristig arrangiert werden, wenn sich genügend Interessenten zusammenfinden. Zu US-Zeiten war dieses riesige (36 Quadratkilometer) große Areal mit herrlichen Abbrüchen von null auf 60 Meter Bombenzielgebiet der amerikanischen Streitkräfte. Fischer aus Zambales fuhren mitunter hinaus, um nach Blindgängern zu suchen. Jetzt bomben sie dort wahrscheinlich selber. Es dürfte an der Zeit sein, für dieses prächtige Unterwasserrevier mit einer halbwegs ruhigen Innenlagune den Schutzstatus auszurufen.

Beste Monate: 4-5.

Karte: Für Scarborough gibt es keine.

3 Batangas

Daß man praktisch in Sichtweite der am weitesten industriell entwickelten Hafenstadt der Philippinen auf Tauchgründe der oberen Güteklasse stößt, sollte optimistisch stimmen. Dazu kommt, daß man innerhalb von 2½ Stunden per Bus aus Manila anreisen und ohne Verzug unter Wasser verschwinden kann. Strenge Naturschutzmaßnahmen und Selbsthilfe der Tourismusindustrie haben diesen Status quo bewirkt.

Zentren aller Aktivität sind die Orte Anilao und Mabini im Südwesten der Halbinsel, die die Batangas- von der Balayan-Bucht trennt. Mehrere Veranstalter haben dort permanente Stützpunkte. Fast alle Tauchshops sind im Gegensatz zu anderen Regionen in philippinischer Hand. Wer lieber unter Filipinos als unter Landsleuten ist, wird sich dort wohler fühlen als in Puerto Galera oder Boracay.

Regelmäßig getaucht wird bei Ligpo Island in der Balayan-Bucht und auf der sogenannten »Cathedral« vor Kap Bagalangit. Beides sind ziemlich anspruchslose Reviere, obwohl man die einst nackte Kathedrale mit Korallen besät hat und es dort jetzt um einiges farbenfroher aussieht. Schöner wird es zum Westende von Maricaban Island, wo auch Schnorchler auf ihre Kosten kommen. Auf halbem Weg liegt das hutähnliche Eiland Sombrero, dessen »Krempe« von einem ausgedehnten, lebensprühenden Korallengarten aus Weichformen und den überwiegenden Arten Acropora, Gorgonia und Pocillopora bis in 15 Meter Tiefe gebildet wird. Auf Sombrero kann man auch prächtig Robinson spielen (siehe Kapitel »Robinsonade«).

Ein Mikrokosmos von Farbtönen erwartet den Taucher unmittelbar südlich von Sepok Point, dem Westzipfel von Maricaban. Beliebte Ziele entlang dieser Küste sind Mapating Rock, dessen Name auf Haie hindeutet, Batalan Rock und Merriel's Rock, bis auf der Ostseite von Maricaban das Inselchen Culebra erreicht wird. Auf Culebra, auch Bonito genannt, befindet sich eine weitere Tauchbasis. Taucher werden dort gern an einen Punkt östlich der Insel geführt, an dem eine heiße Quelle dem Meeresboden entspringt. Es ist schon unwirklich, in 20 Meter Tiefe ein warmes Bad zu nehmen, umgeben von Wolken von Fischen, denen das scheinbar genauso viel Spaß macht...

Vorsicht: Im ganzen genannten Bereich, besonders aber um Maricaban und Culebra, sind die Strömungen sehr stark!

Tauchunternehmen im Bereich Batangas

Anilao Seasports Centre, Mabini, Tel. 8011850, Fax: 8054660;

Aqua Tropical Sports, Mabini, Tel. 592825, Fax: 8189720;

Aquaventure Reef Club, Mabini, Tel. 8167461, Fax: 8131967;
Bonito, Bonito Island, Pisa, Tel. 8120618, Fax: 8191157;
Club Ocellaris, Mabini, Tel. 3623528;
Coral Town, Nasugbu, Tel. 5214229;
Dive South, Mabini, Tel. 8127073;
Dive 7000, Mabini.
Alle Vorwahlen (international) Manila: 00632.

Beste Monate: 10-5; ganzjährig vertretbar. Einiger Regen von 7-9.
Seekarte: 4214.

4 Um Puerto Galera

Es wäre verfehlt, Puerto Galera zu dem Unterwassermekka der Philippinen erheben zu wollen, als das man es mitunter verklärt. Das eine oder andere Sternlein darf man »Puerto« schon zugestehen, doch gewiß keine fünf. Und von Abenteuern kann mal gar keine Rede sein. Dazu ist die ganze Atmosphäre zu abgeklärt, zu glatt und professionell. Ein Vorteil ist die gut entwickelte touristische Infrastruktur und die leichte Erreichbarkeit. In vier Stunden ab Manila kann man bereits vor Ort sein.

Zahlreiche Tauchunternehmen haben sich in Sabang, Small La Laguna und Big La Laguna angesiedelt, stellenweise eines neben dem anderen, Fast alle Shops gehören Ausländern: Amis, Aussies, Deutsche, Schweden, Schweizer und noch ein paar andere Nationen sind vertreten. Das Angebot ist qualitativ für alle in etwa gleich. Wer mit den dort beschäftigten Guides und Instruktoren tauchen gehen (oder lernen) will, wird sich wahrscheinlich die ihm zusagende Sprache aussuchen.

Sabang ist laut und eng, der Strand und das Wasser davor unsauber. In La Laguna sieht es etwas besser aus. Doch schon ein Stückchen weiter draußen, in Richtung auf Escarceo Point, ist die See blitzblau, und das Riff entlang der Küste kann sich wieder sehen lassen, nachdem es einstmals schwer zerbombt gewesen war. Dort finden auch die meisten Einführungstauchgänge statt; bei guter Sicht und mäßiger Strömung unter idealen Bedingungen, die Puerto Galera vor allem Anfängern der Sportart so lieb und wert machen. Wer Tauchen *lernen* will, ist in Puerto Galera eigentlich gut aufgehoben.

Schöne, heile Tauchreviere finden sich auch an den Außenseiten von Medio Island und Boquete Island; selbst die beiden Fahrtrinnen, durch die die Fähren täglich in den Hafen einlaufen, haben einiges an Spektakulärem zu bieten. Wirklich gut geeignet ist Puerto Galera indes als Basis für Tauchexpeditionen nach ferneren Zielen, so zum Apo-Riff und nach Nordpalawan. Längere Fahrten dieser Art werden in den Gutwettermonaten von mehreren Unternehmen veranstaltet. Das Konzept möchte ich hier (durchgängig für das ganze Kapitel) empfehlen, weil dieserart die wenigsten strukturellen Schäden verursacht werden. Allerdings sollte man die Finger von windigen Typen lassen, die einen auf eine teure »Schatzsuche« mitnehmen möchten.

Tauchunternehmen im Bereich Puerto Galera

Action Divers, Small La Laguna, Tel. 0973-751968;
Asia Divers, Small La Laguna, Tel. 0912-3050652;
Atlantis, Sabang Beach, Tel. 0912-3080672;
Capt'n Gregg's, Sabang Beach, Tel. 0912-3065267;
Cocktail Divers, Sabang Beach, Tel. 0912-3065828;
El Galleon, Small La Laguna, Tel. 0912-3057087;
La Laguna, Big La Laguna, Tel. 0912-3065622;
Pacific Divers, White Beach, Tel. 0912-3043984;

Scuba World, Big La Laguna, (Manila)-Tel. 8432710;
South Sea Divers, Sabang Beach, (Manila)-Tel. 586883.

Beste Monate: 3-6, 10. 12-2 sind ziemlich rauh, auch mit einigem Regen, 7-9 durchweg wechselhaft.
Seekarte: 4344.

5 Gewässer um Marinduque

Sehens- und ertauchenswert sind vor allem die »Drei Könige« Baltasar, Gaspar und Melchior im Westen und die »Zwei Schwestern« Carlota und Isabel im SW der Inseln. Tauchunternehmen in Boac Town. Auf Elefante Island an der Südspitze bietet ebenfalls ein Operator, und zwar ein japanischer, seine Dienste an. Das Unternehmen hat mit *Fantasy* den richtigen Namen, jedenfalls was die phantastischen Preise angeht. Regulär bepreiste Expeditionen in die Gewässer um Marinduque und die Riffe in der Sibuyan-See (siehe weiter unten) veranstaltet Marinduque Marine Sports, Balaring, Boac, Tel. 0912-3111438.
Beste Monate: Wie Puerto Galera.
Seekarte: Nur großformatige Übersichten.

6 Apo Reef

Wer die Philippinen »ertauchen» will, sollte Apo eigentlich gesehen haben. Apo Reef nennt sich das weit ausladende Riffgebiet östlich der (in Kapitel »Robinsonade« separat beschriebenen) gleichnamigen Insel. Beide, Riff und Eiland, stellen zusammen einen der spektakulärsten Tauchgründe der Philippinen dar. Schon das Saumriff um die Insel selbst, das von seichten Schnorcheltiefen jäh auf 30 bis 50 Meter abfällt, genügt gehobenen Ansprüchen, ohne daß man schweres Gerät bemühen müßte. Direkt unterhalb des Leuchtturms lassen sich in wenigen Metern Tiefe am Abbruch alle erdenklichen Lebensformen beobachten. Andere Riffsektionen stehen dieser faunatischen Vielfalt nicht nach. Tauchen ist rund um die Insel (außer im Mangrovenbereich) vorzüglich. Eine Woche Aufenthalt ist nicht zuviel angesetzt, um dort in immer neuen Eindrücken zu schwelgen.
Wilder noch ist das riesige, bei Niedrigwasser stellenweise trockenfallende Riff selbst. Wiederum bieten sich dort sowohl dem Schnorchler als auch dem Gerätetaucher die verschiedenartigsten Möglichkeiten. Weite Bereiche sind so gut wie unbekannt, und Boote trauen sich nur bei ganz glatter See zögernd in das insgesamt 150 Quadratkilometer große Riffgewirr.
Der gesamte Apo-Bereich ist Naturschutzgebiet. Raubfischerei ist trotzdem ständig getrieben worden. Besonders in den 80er Jahren richtete der Wahn, daß der Schließmuskel der Riesenmuschel Tridacna der Männerwelt wieder aufs Fahrrad verhelfe, gewaltige Schäden an. Denn nicht nur wurde der Tridacna-Bestand geplündert. Alles, was so nebenher anfiel, nahm man auch gleich mit. Durch diese Raubzüge wurde dem Areal viel von seiner Ursprünglichkeit genommen. In jüngster Vergangenheit ist jedoch seitens der philippinischen Behörden erkannt worden, was für ein schutzwürdiges Juwel man da besitzt. In seltener Einheit mit privaten Naturschützern hat die Regierung zu stringenteren Maßnahmen gegriffen, die jetzt allmählich Erfolg zeigen. Langsam verheilen die Wunden wieder. Man sieht vor allem viel lebende Weichkoralle, ein gutes Zeichen. Deshalb hat sich Apo auch zu einer der ersten Tauchdestinationen des Landes gemausert.
Während der philippinischen Sommermonate (4-6) wird das Riff von Tauchbooten aus Anilao, Puerto Galera und San Jose (kürzeste und deshalb billigste Anfahrt) häufig angelaufen.

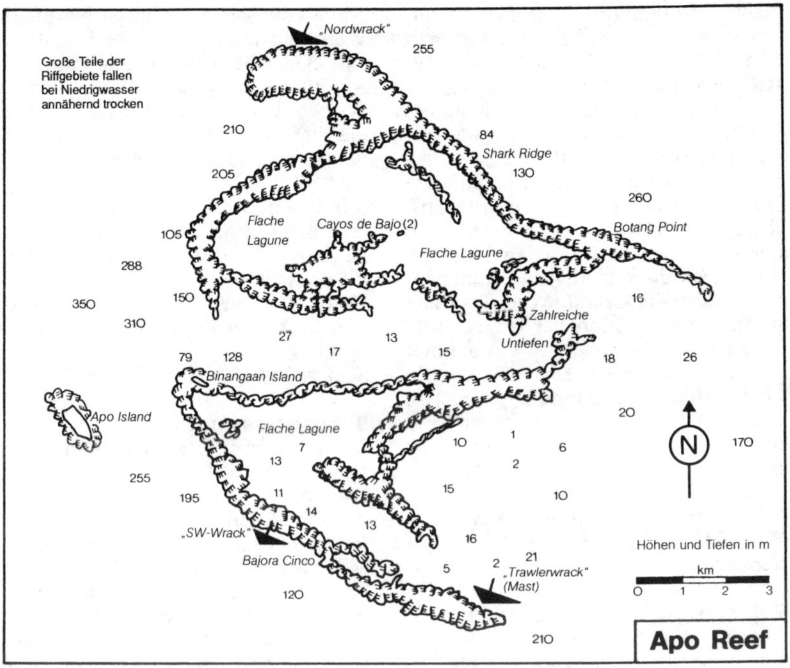

Wo getaucht wird, bestimmt gewöhnlich das Wetter. Apo ist völlig ungeschützt, und selbst in der besten Saison kann sich schnell Windsee aufbauen und den Aufenthalt ungemütlich machen. Bei den meisten Gutwettertauchgängen ist jedoch mit erstklassiger Sicht (um 30 Meter) und Begegnungen mit viel Getier zu rechnen. 385 Fischarten sich auf dem Apo-Riff gezählt worden, darunter große Haie und Mantas.

Die Tauchboote machen gewöhnlich zunächst bei der bizarren Felsformation Binangaan östlich der Insel halt. Der Name bedeutet in etwa »auf etwas einhämmern». Die See ist gemeint, und so sieht das Inselchen auch aus. Aber dort ist zumindest etwas Greifbares zum Festhalten, und die meisten Taucher machen gern Gebrauch davon, besonders wenn sie nach der Überfal zum Sterben seekrank sind. Außerd ist danach an der Oberfläche mehr viel zu sehen.

Von Binangaan nehmen die Kurs auf das Riffsegment Bajo wo sich ab 10 Meter Tiefe j pelagisches Leben tummel stes wird meist Station an ze des Riffs gemacht, u wachsene Trawlerwrac zu inspizieren (siehe exploration»). Nör Punkt ist das Riff gonien und Led zwischen denen wegung herrs Wasser dort das die Sich

Nach Umrundung von Botang Point, Apos östlichster Spitze, erreicht man Shark Ridge, auf der NO-Flanke des Riffs gelegen und fraglos das sehenswerteste Segment des ganzen Komplexes. Dies ist sozusagen die »Nordwand» Apos, die stellenweise senkrecht von null auf 50 Meter abfällt. Die Bootsfahrer werden auf dem Shark Ridge allerdings nicht gern anlegen, denn auch in den ruhigsten Monaten bricht sich dort ständig die Brandung. Sie ist auch der Grund, weshalb gerade in diesem acht Kilometer langen Riffbereich alles bei so guter Gesundheit erscheint. Wo die See auf die Koralle kracht, sind Ökobanditen in ihrem Tun halt stark gehemmt. Dem Namen gerecht, sind Haie in dieser Sektion ausgesprochen häufig, und auch Mantas, Schildkröten und andere maritime Großtiere treten oft auf den Plan.
Beste Monate: 4-6, 9.
Seekarte: 4337.

7 Inseln SW von Mindoro

...cher, die die Inseln Ambulong und
... Stadt San Jose vorgelagert, et-
...inn der 80er Jahre kennen-
...sprechen heute noch in
...en über sie. Dann
...ge von Dornen-
...öglich im Ge-
...h Menschen-
...iffe wurden
...iniert. Ein
...auf Am-
de... machte
bei...
spek... letzt
zen, u... etz-
nes-Rif... er-
...e
...n-

boote von San Jose fahren bei gutem Wetter auch nach dem Baniaga Rock eine Seemeile weiter südlich oder zur Ambulong-Bank sieben Seemeilen im Westen, wo es ab zehn Meter steil in die Tiefe geht. Die Bank, versteht sich, ist nur bei allerbestem Wetter ertauchbar.
Mindestens ein kommerzielles Tauchunternehmen hat sich in San Jose angesiedelt. Info dort im Mina de Oro Plaza Hotel, (Manila)-Fax: 8159278.
Beste Monate: 3-5, 10. Sehr stürmisch von 11-2, viel Regen um die Jahresmitte.
Seekarte: 4340.

8 Semirara-Archipel

Diese kleine Inselgruppe südlich von Mindoro steht häufig auf dem Programm der Tauchboote aus Boracay. Zwar sind gerade dort erhebliche Unterwasserschäden angerichtet worden. Mitte der 80er Jahre wogte ein regelrechter Kleinkrieg zwischen aufgebrachten Insulanern einerseits und Dynamitfischern von außerhalb andererseits, denen Lokalpolitiker die Hand vor den Hintern hielten. Die Fehde ist jetzt vorüber, nachdem es Tote auf beiden Seiten gegeben hatte, doch die Sensibilisierung der Semirara-Bevölkerung in bezug auf auswärtige Bomber hat seither stark zugenommen. Als Folge ist ein allgemeiner Heilprozeß der Riffe des Archipels zu verzeichnen. Besonders schöne Tauchgründe befinden sich an der Westküste der gleichnamigen Hauptinsel, um Caluya, Sibay und Panagatan.
Beste Monate: 3-6. Die Monate 11-2 sind sehr stürmisch mit hochgehender See im ganzen Inselbereich.
Seekarte: 4305 (Mindoro-Übersicht).

9 Boracay

Daß man auf der Touristeninsel Nummer Eins der Philippinen auch exzellent tauchen kann, versteht sich fast

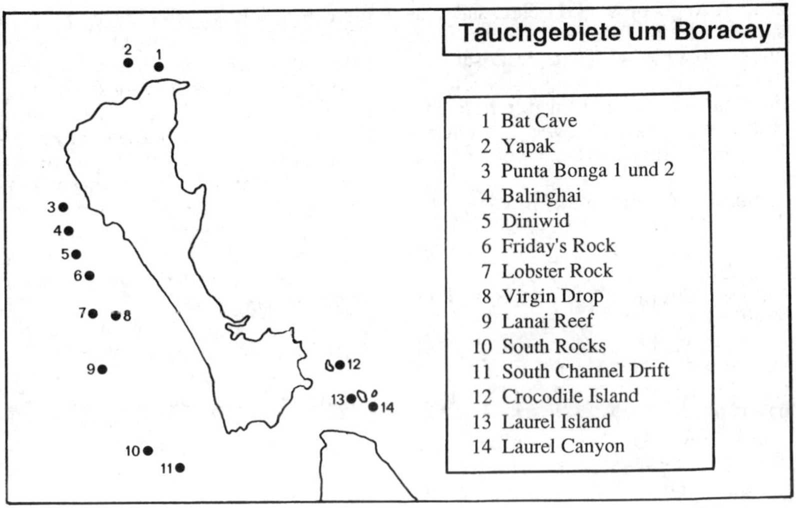

von selbst. Im eigenen Interesse hat die Fremdenverkehrsindustrie Boracays dafür gesorgt, daß auf den Riffen um die Insel schon lange nicht mehr gebombt und gegiftet wird. Was vor zehn oder 15 Jahren einmal hoffnungslos zerstört erschien, hat sich auch wieder glänzend erholt. Die Unterwasserszene kann sich sehen lassen - nicht gerade das Gelbe vom Ei der Philippinen, aber immerhin gutes Mittelfeld.

Das mit Abstand schönste Revier liegt außerhalb von Diniwid Point bei Yapak an der Nordspitze. Anfänger haben dort aber nichts zu suchen. Zum einen ist die See fast immer stark bewegt, und Strömungen zerren an den Tauchern. Zum anderen muß man, um den prächtigen Abbruch überhaupt erst einmal zu erreichen, auf 30 Meter absteigen. Doch von diesem Punkt bis hinab auf 65 Meter explodiert dann förmlich das Leben. Dort begegnen einem Horden von Barrakudas, flattern Mantas und flitzen Haie vorbei. (Nicht immer, aber manchmal kommen sie in Scharen). Ein idealer Dive für Liebhaber von Großgetier und ein anschaulicher Lehrgang insofern, als auf den Philippinen noch längst nicht »alles verloren ist«. (Wer nach ganz unten, auf die 65 Meter möchte, begibt sich allerdings schon weit über den Bereich des »Sport«-Tauchens hinaus. Außerdem ist die Bodenzeit dort verdammt knap
bemessen).

Auch bei Punta Bonga 2, unmitte
vor den Touristenstränden, ist
schön Leben. Dort geht es ebenf
nächst auf 30 Meter hinab, dan
Dazwischen liegen dicke G
büsche, ganze Gestrüppe
korallen und Höhlen mi
kenbarschen. Die andere
um Boracay sind dur
dramatisch. Doch übe
takuläres zu sehen
wuselt in allen T
geht's halt auch.

Weit über ein
gibt es auf B
in mehreren
keine Pack
chen, so

was im Angebot ist und richtet sich entsprechend ein. Die Taucherei ist nicht auf Boracay beschränkt. Praktisch alle in diesem Kapitel aufgeführten Tauchdestinationen westlich der Insel bis weit hinüber nach Palawan können mit Booten der Shops erreicht werden.

Tauchunternehmen auf Boracay

Aquarius Diving, Tel. 6342639;
Boracay Scuba Diving School, Tel. 9229750;
Calypso Diving, Tel. 6342639, Fax: 9229750;
Far East Scuba Diving Institute, Tel. 8942665, Fax: 9229750;
Greenyard, Tel. 9317845, Fax: 9229750;
Lapu-Lapu Diving Center, Tel. 2883302, Fax: 2883270;
Ocean Deep Diver Training Center, Tel. 6342639;
Victory Divers, Tel. 6342639, Fax: 6342652.

Die angegebenen Anschlüsse sind zum Teil Sammelnummern (in Manila); der ...e des verlangten Unternehmens ...n angegeben werden.
...len (international) Manila:

...zjährig. 7-9 sind ... windig.
...ht).

s...
M... Busuanga
japa...estanden
Tang...öglich-
explor...lagert
bon im I...wei-
man vor ...
reservat Ca...ie

nicht nur seltene Landtiere, sondern auch die Unterwasserreviere des Eilands zu hegen und pflegen, hat ganz Busuanga von diesen Maßnahmen profitiert. Die Fischfänge waren stetig mehr geworden, berichteten mir zufriedene Bürgermeister im Nordwesten der Insel. Man erkennt an dieser Entwicklung, daß lediglich einige wenige streng geschützte Reservate zum Nutzen von jedermann beitragen können; wird indes alles in Scherben geworfen, erhält niemand etwas.

Um Calauit einschließlich Tanobon (auch Maltanobong genannt) ertauchen zu können, braucht man eine Genehmigung. (Einzelheiten in Kapitel »Island Hopping«). Überall platzt die lebendige Natur auf den Riffen um Calauit aus den Nähten, doch Tanobon setzt insofern noch eins drauf. Nirgendwo auf den Philippinen habe ich jemals (auch nicht in den 60er Jahren) eine derartige Dichte von Meeresfauna gesehen, nie mich zu solch ergriffenem Staunen veranlaßt gefühlt. Man stelle sich die Zeiten vor, als es überall im Lande so aussah! Und man arbeite mit engagierten Filipinos darauf hin, daß es einmal wieder so kommen möge...

Die zahlreichen weiteren Inseln und Riffe im Norden von Busuanga weisen Tauchgründe verschiedener Qualität auf: Bantac, Butulan Rocks, Calanhayauan, Camanga, Dimipac, Dumunpalit, Lagat, Nanga und Tara sowie die kleineren Felsen Calotoco, Northwest, Pinnacle und Sail. Die letzteren vier Eilande sind kahl und ragen steil aus dem Meer. Relativ wenig Koralle umgibt sie. Dafür sieht man dort fast immer großes pelagisches Getier: Bonitos, Haie und Thunfische.

Einen Besuch wert (auch für Schnorchler) ist das weitläufige Riff-Areal, das sich unmittelbar im Osten der Insel bei Dinaran Island erstreckt. Ganz außen bietet das Mini-Eiland Mataya eine kleine Robinson-Destination, doch es

ist nicht ganz leicht, dort hinzugelangen. Selbst bei mäßigem Wind steht nämlich meist Brandung auf dem Riff, wie eine weiße Borte von weitem anzeigt, und die Lagune ist überwiegend flach.
Südlich von Busuanga geht es erst richtig in Sachen. Inseln, Inseln - kaum sind sie zu zählen! Auf manchen haben illegale Fischer gewütet, andere wiederum erscheinen unberührt - private Inseleigentümer, darunter eine ganze Anzahl von Ausländern, stecken hinter dem Geheimnis der »Hausriffe«. Besonders schöne Tauchgründe findet man rund um Coron Island (siehe Kapitel »Island Hopping«) und im Süden und Westen von Culion.
Auskünfte über Dive Operators - es gibt mehrere im Bereich Busuanga - erhält man in Coron Town. Man kann ohne weiteres unvorbereitet und unangemeldet anreisen und wird immer etwas Passendes finden. Nachfolgend eine Auswahl.

Tauchunternehmen im Bereich Busuanga
Busuanga Divers, Coron Town, Tel. 9229750;
Calumbuyan Island Adventure, Concepcion, Tel. 5222911, Fax: 583332.
Club Paradise, Dimakya Island, Tel. 8336014;
Discovery Divers, Coron Town, Tel. 5223650, Fax: 5223663;
Sea Diving, Coron Town.
Alle Vorwahlen (international) Manila: 00632.

Beste Monate: Generell 3-6, südlich von Busuanga zudem 11-3.
Seekarten: 4314, 4335, 4350, 4351.

11 Inseln N und NO von Palawan

Es wäre müßig, alle Eilande aufzuzählen, die sich wie Küken um Linapacan als Glucke scharen. (Man bedenke, daß die gesamte Provinz Palawan, größte der Philippinen, 1.769 Inseln zählt!). Teils sind sie gar nicht, teils sehr dünn besiedelt. Nomadische Tagbanua-Insulaner laufen sie gelegentlich an, leider aber auch Raubfischer, wie sich an unübersehbaren Wunden hier und dort erkennen läßt. Trotzdem gibt es in diesem Bereich viele herrliche Tauchreviere. Nur ihre Erreichbarkeit läßt zu wünschen übrig, denn das Verkehrsaufkommen in dieser abgeschiedenen Meeresgegend ist außerordentlich gering. Die besten Aussichten hat man mit Charterbooten ab Puerto Princesa und Coron Town auf Busuanga (siehe oben). Siehe auch Linapacan in Kapitel »Island Hopping«.
Die der Nordostküste von Palawan vorgelagerten zahlreichen Inseln bieten zum Teil ebenfalls schönes Tauchen. Sie lassen sich auch leichter erreichen: Entweder mit Tauchbooten ab Puerto Princesa oder direkt ab Taytay. Wer es schafft, bis dorthin seine Gerätschaften mitzuschleppen und ein Boot zu mieten, kann sich auf eine Supertour gefaßt machen. Der Trend zur Privatinsel hat allerdings auch in diesem Bereich nicht haltgemacht. Als letzte private Akquisition ist das Eiland Apulit in der Taytay-Bucht zu verzeichnen, auf dem ich 1992 noch ungestört Robinson gespielt hatte...

Tauchunternehmen in Puerto Princesa
Island Divers, 371 Rizal Avenue, Tel. & Fax: 4332917;
Palawan Diving Corporation, c/o Zum Kleinen Anker, Rizal Avenue;
Queen Ann Divers, c/o Trattorio Terrace Pensionhouse, 353 Rizal Avenue, Tel. 4332719.
Alle Vorwahlen (international) Puerto Princesa: 006348.

Beste Monate: 4-5, 10. Früh im Jahr ist es sehr stürmisch.
Seekarten: 4315, 4317.

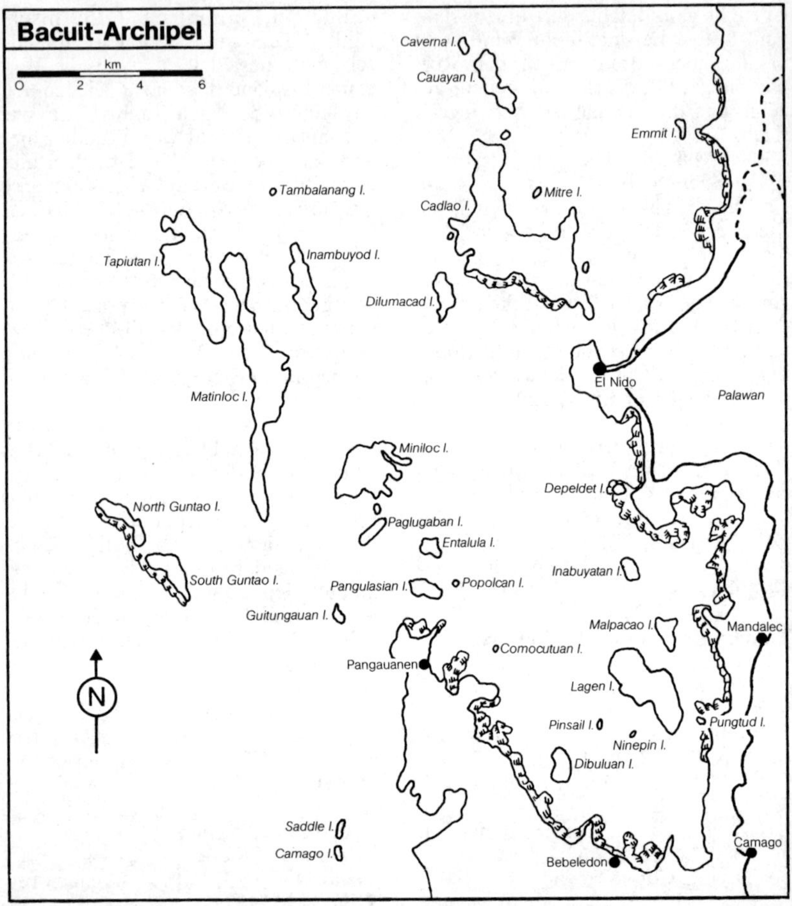

12 Bacuit-Archipel

Daß man eines der schönsten Tauchreviere des Landes ganz besonders kräftig mit Dynamit bepfeffert hat, sollte nachdenklich stimmen. Offenbar liegt mit der Überwachung etwas im argen, vielleicht sind die Schutzbeauftragten sogar heimlich an dem Spielchen beteiligt - was ja nichts Neues wäre auf den Philippinen.

Die Verantwortlichen werden sich etwas einfallen lassen müssen, das Gleichgewicht zwischen einer der eindrucksvollsten Insellandschaften der Erde an der Oberfläche und deren unterseeischem Gegenstück wieder herzustellen und zu erhalten. Die heile Welt mit den hibiskusverzierten Begrüßungskokosnüssen der teuren Resorts, den überquellenden Buffets und

der ganzen Glanz und Gloria steht sonst in unverhältnismäßigem Kontrast zum Elend der Unterwasserszene - von den Preisen ganz zu schweigen.
Einige teure Resorts haben sich auf den Inseln, die als Naturpark eigentlich allen gehören, bereits seit langem angesiedelt. In ihnen muß man für eine Übernachtung bis zum Hundertfachen des Preises hinblättern, den die gemütlichen Herbergen in El Nido in Rechnung stellen. Sollte man nicht verlangen, daß von diesen dicken Touristendollars ein paar für den Gewässerschutz abfallen?
Beschwerdeführer sind vor allem Gerätetaucher, die die Welt gesehen haben und für großes Geld auch Großartiges erwarten. Mit Recht - zerbombte Tauchgründe sind in anderen Ländern so gut wie unbekannt. Dem Normalverbraucher fällt die Problematik aber vielleicht gar nicht auf.
Die Inseln des Bacuit-Archipels sind außerhalb der Glitzerresorts so gut wie unbewohnt und werden es auch bleiben.
Wer nur mit dem Schnorchel bewaffnet auf Tour geht, wird auf den Riffen um Cadlao, Tapiutan, Matinloc sowie North und South Guntao buchstäblich sein blaues Wunder erleben. In flachen Gewässern läßt sich mit Dynamit halt nicht viel anstellen. Auch die bizarren Eilande weiter im Innern der Bucht locken mit schönen Stränden und Riffen, obwohl die Sicht dort nicht immer optimal ist.
Bei Drucklegung dieses Buches existierte ein deutsch geleitetes Tauchunternehmen (Bacuit Divers Services) mit zivilen Preisen in El Nido. Wir wollen hoffen, daß es dabei bleibt und die geldschwere insulare Konkurrenz nicht am Standbein dieses Unternehmens sägt.

Beste Monate: 11-5.
Seekarte: 4316.

13 Cuyo-Archipel

Die im mittleren Nordteil der Sulu-See gelegene Gruppe mit rund 40 zum Teil unbewohnten Inseln und Inselchen bietet jede Menge erstklassige Tauchmöglichkeiten. Der Hauptgrund hierfür ist die eigentümliche Konfiguration der Eilande, die sich größtenteils von atollartigen Korallensockeln erheben. Ein typisches Beispiel ist die Quinawanan-Gruppe im Norden des Archipels, ein Tauchrevier von echten Südseequalitäten.
Koralle gibt es, wie die Quinawanan-Karte zeigt, jede Menge, auch im Bereich der übrigen Inseln. Sie kann sich zwar nicht mit der Vielfalt derjenigen anderer Tauchgründe auf den Philippinen messen. Der Reichtum an Fischen, Mollusken und Schildkröten ist jedoch überwältigend und in Verbindung mit der fast überall ausgezeichneten Unterwassersicht auch für verwöhnte Taucher auf Anhieb beeindruckend. Auf manchen Inseln (insbesondere den unbewohnten) beginnt das Leben schon kraftvoll im flachen Wasser der Lagunen. Auch Schnorchler kommen deshalb auf den Cuyos voll auf ihre Kosten. Bekannte Tauchgründe sind die folgenden:

- Nordküste Cuyo: LST-Wrack, siehe Kapitel »Wrackexploration«.
- Gosong Rock/Gosong Dangers: Das Wort bedeutet »Walhai«, und mit etwas Glück bekommt man solch ein Urvieh dort auch mal zu sehen. Das Riff liegt in etwa mittig zwischen den Inseln Cuyo und Canipo, das Mini-Eiland Indagamy erleichtert die Ansteuerung. Die durchschnittliche Tauchtiefe beträgt etwa 20 Meter; weiter unten ist die Sicht gewöhnlich besser als an der Oberfläche. Sehr lebendige faunatische Szene.
- Nordküste Bararin Island (fünf Seemeilen W von Cuyo Town): Dort versammeln sich vor allem Spanische Makrelen in großer Zahl, ein beeindruk-

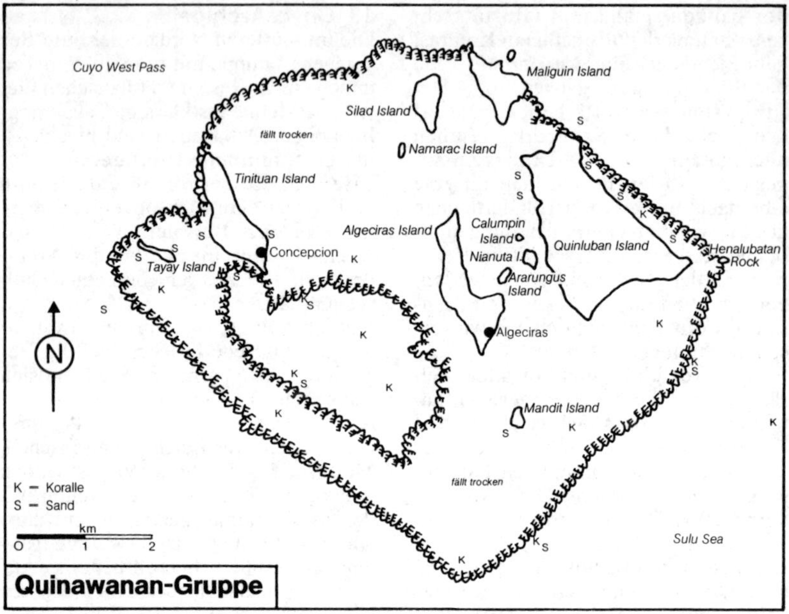

kender Anblick. Viele Höhlen und Spalten in der Koralle und viel Getier. Gutes Muschelgebiet.

- West- und Südküste Canipo: Diese Insel liegt etwa 10 Seemeilen NNW von Cuyo. In etwa vergleichbar mit Bararin. Statt der Makrelen tummeln sich dort Grauhaie.
- Cocoro Island und Tagauayan Island (etwa zehn Seemeilen O bzw. NNO von Cuyo): Schöne Korallenformationen in Tiefen um 15 Meter.
- Eine der beeindruckendsten Inseln der Cuyos, Pamalican (unmittelbar SW von Quinawanan), ist leider in jüngster Zeit in ein exklusives Megabucks-Resort namens Amampulo verwandelt worden. Tauchen kann man dort auch, und zwar ganz vorzüglich. Nur kostet es doppelt soviel wie anderswo, vom Preis fürs Logieren ganz zu schweigen.

Info in Manila: Aquaventure Philippines, Tel. 5324041, Fax: 5324044.

Der Haken an den Cuyos ist die schwierige Erreichbarkeit des Archipels. Auf regulären Wegen Tauchgeräte bis dort mitzuwuchten, dürfte eine unüberwindliche Strapaze sein. Am besten, man versucht in Puerto Princesa oder Coron Town Anschluß an Tauchunternehmen zu bekommen, die die Inseln im Programm haben. Tauchstationen gibt es auf Cuyo (mit Ausnahme von Pamalican) bislang nicht.

Siehe auch Cuyo in Kapitel »Island Hopping«.

Beste Monate: 3-5, besser zum oberen Ende. Gut sind auch oft 9-10. Während der Monsunmonate kann man den ganzen Archipel getrost vergessen.

Seekarte: 4312. Die Quinawanan-Karte wurde von philippinischen Behörden in Verbindung mit Plänen angefertigt, das Riff-Areal zum Schutzgebiet für Schildkröten zu erklären.

14 Arena, Cagayan und Cavili

Die Formel »abgeschiedene Lage = gutes Tauchen« trifft bei dieser mitten in der Sulu-See gelegenen Inselgruppe den Nagel auf den Kopf. Der aus der gleichnamigen Hauptinsel und dem kleinen Eiland Calusa sowie zahlreichen Riffen, Bänken und Sänden zusammengesetzte Cagayan-Archipel zählt zu den prachtvollsten Tauchrevieren der Philippinen. Sowohl Schnorchlern als auch Gerätetauchern bietet sich dort alles, was das Herz begehrt: Steile Abbrüche an den Außenkanten der Riffe, flache Korallengärten in der gigantischen, mindestens 60 Quadratkilometer großen Lagune zwischen Ost- und Westriff. Und alles quillt über vor maritimer Flora und Fauna.
Arena und Cavili liegen etwa auf halbem Weg zwischen Cagayan und Tubbataha. Es sind zwei Sandinselchen mit herrlichen Unterwasserrevieren. (*Arena* (span.) = Sand; *kawil* (Tag.) = Haken). Was sie so vollendet macht, ist ihre annähernde Unerreichbarkeit. Nur sehr, sehr selten fahren Fischer von Cagayan dorthin, zudem nie ganz legal, denn die beiden Eilande stehen unter strengem Naturschutz. Man muß allenfalls ein Boot für eine Sondertour chartern, was ganz schön ins Budget gehen dürfte.
Cagayan hat allerdings, wie bereits angeschnitten, selbst jede Menge Spektakuläres unter Wasser zu bieten. Über Wasser sieht es dagegen dürftig aus. Denn eben dieser Stoff, das Wasser, versiegt in der Trockenzeit und muß aus dem fernen Panay teuer importiert werden. In der heißen Saison ergeben sich folglich die besten Mitfahrgelegenheiten nach der Insel, indem man sich den Wasserbooten anschließt. Ausgangspunkt ist das Dorf Anini-y an der SW-Spitze von Panay, Ziel nach mindestens achtstündiger Reise der Hauptort Cagayancillo.
Cagayan wird auch gelegentlich von Palawan aus angelaufen, zu dem es politisch gehört. Im Hafen von Puerto Princesa mal ein wenig umherfragen; vielleicht hat man Glück. Nach Tubbataha (siehe dort) bestimmte Tauchboote legen manchmal auch einen Halt auf den Inseln ein.
Beste Monate: 4-5, 9-10. Außerhalb dieser Monate kann er sehr stürmisch sein.
Seekarte: 4356.

15 Dangerous Ground

Der »Gefährliche Grund« ist ein Seegebiet von fast der Größe der Insel Luzon, das sich 60 bis 200 Seemeilen westlich von Palawan im Südchinesischen Meer erstreckt. Es besteht aus unzähligen, teilweise noch unvermessenen und ganz gewiß unerkundeten Riffen und Sandbänken, sowie einer Handvoll kleiner und kleinster Inseln - Fliegenschisse auf der Seekarte.
Jahrhundertelang bemühten sich Seefahrer aller Nationen, um das riffstarrende Areal einen möglichst weiten Bogen zu machen; ungezählte Schiffe gingen trotzdem in ihm verloren. Jetzt aber will alles mitmischen auf den »Spratlys«, wie die ganze Gruppe nach einem vietnamesisch besetzten Klecks in der Wasserwüste benannt wird. Es könnte ja etwas zu holen sein, Öl vielleicht, für das es vielversprechende Vorzeichen gibt.
In den frühen 70er Jahren entspann sich um den Gefährlichen Grund eine bizarre Politkomödie, eine fernöstliche Köpenickiade ersten Ranges. Der philippinische »Admiral« (von eigenen Gnaden) Tomas Cloma nahm das ganze Gebiet unter persönlichen Beschlag, nachdem er mal kurz da gewesen war, rief sich zum Entdecker aus und taufte es »Freedomland«. Flugs fand sich in

seiner Bekanntschaft auch ein »König«, um das neue Reich zu regieren - ein Blaublütiger mußte es schon sein. Zufälligerweise kam der Herrscher - wer hätte das gedacht! - aus Deutschland. Es handelte sich um Seine Hoheit, Großherzog des Fürstentums *Freedomland,* Othmar Albert Conte di Schmieder-Roccaforzata. Der bürgerliche Herr Schmieder besaß ein Wochenendhaus in Italien und war deshalb ein »von«. Assistiert wurde er von den Prinzen Cloma, Häusle und de Pupka. Schon waren Briefmarken gedruckt, eine Nationalflagge entworfen, und man hatte in Manilas Malacañang-Palast formvollendet vorgesprochen, um einen Botschafter akkreditieren zu lassen, als plötzlich Schluß mit dem Königreich war. Die ersten diplomatischen Noten waren noch artig »mit der Versicherung höchsten Respekts« beantwortet worden. Jetzt ging der philippinischen Regierung wohl plötzlich auf, wie peinlich die Sache war. Womöglich hatte der ganze Vorgang aber auch Ferdinand Marcos' eigene Machtgelüste geweckt. Jedenfalls meldete er nunmehr selber territoriale Ansprüche an. Die Bezeichnung Freedomland behielt er der Einfachheit halber bei, machte nur auf Tagalog *Kalayaan* (»Freiheit«) daraus und entsandte auch gleich ein Truppenkontingent, um seinem Claim Nachdruck zu verleihen. Dauerbefehl: »Kalayaan um jeden Preis halten«. Ein Gegner war noch nicht in Sicht, doch der würde sich schon finden.

1 North Danger Reef, North East Cay und South West Cay*
2 Trident Shoal
3 Thi Tu Island* und Subi Reef
4 West York Island
5 Loai Ta Island und Lankiam Cay
6 Itu Aba Island* und Nam Yit Island
7 Johnson Reef und Sin Cowe Island
8 Discovery Reefs
9 London Reefs
10 Fiery Cross Reefs
11 London Reefs
12 Spratly Island
13 Amboyna Cay
14 Swallow Reef
15 Pearson Reef
16 Allison Reef
17 Barque Canada Reef
18 Commodore Reef
19 Pigeon Reef
20 Alicia Annie Cay
21 Mischief Reef
22 Jackson Atoll
23 Flat Island und Nanshan Island
24 Sabina Shoal
25 Royal Captain Shoal
26 Bombay Shoal
27 York Breakers

*) Auf diesen Inseln gibt es Trinkwasser.

Mittlerweile haben sich die Filipinos auf den Inselchen Pagasa (»Hoffnung«), das einst Thi Tu hieß, Zamora (vormals Subi Reef), Parola (»Leuchtturm«) und vier winzigen Sandfleckchen häuslich eingerichtet. Auf Pagasa, immerhin größtes aller »Spratlys«, gibt es einen Airstrip von 1.800 Meter Länge und seit 1988 sogar einen Bürgermeister, um den etablierten Polit-Status zu unterstreichen. Nur ein paar Kilometer weiter, auf dem Mini-Eiland Song Tu Tay, steht der Feind: eine vietnamesische Garnison. Vietnam beansprucht 22 Inseln im Gefährlichen Grund, davon neun in Fürst Othmars altem Reich. Doch die Waffen schweigen. Auf Pagasa werden die Bunker allmählich von der See unterhöhlt, die Kanonen rosten dahin. Schon Cory Aquino, die gern

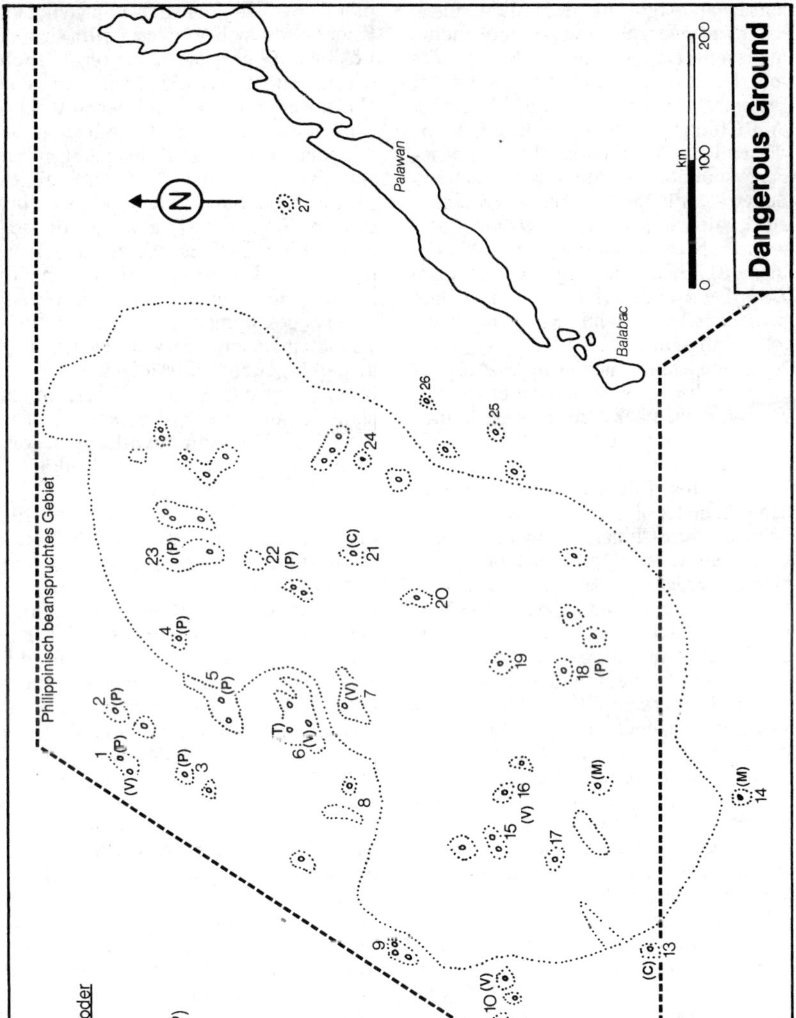
Dangerous Ground
Philippinisch beanspruchtes Gebiet
Palawan
Balabac
km
0
100
200
Beansprucht oder besetzt von:
China (C)
Malaysia (M)
Philippinen (P)
Taiwan (T)
Vietnam (V)

jeglichem Ärger aus dem Wege ging, hatte mit Marcos' Tagesbefehl nichts mehr am Hut - laß andere Krieg spielen. Die taten's auch ausgiebig. Im Frühjahr 1988 gerieten sich Vietnam und China über den Besitz einer obskuren Riffsektion in die Haare; die siegesgewohnten Vietnamesen bezogen Senge. Dafür kühlten sie ihr Mütchen an der deutschen Yacht *Siddharta,* die unter äußerst mysteriösen Umständen in das Gebiet hineingestreunt war. Zwei Deutsche verloren dabei ihr Leben, vier wurden zehn Tage später halbtot aufgefischt.

Nicht nur Hanoi meldet indes Ansprüche auf dieses Niemandsland an, von dem vor ein paar Jahren noch keiner etwas wissen wollte. Auch Brunei, Taiwan und Malaysia sind mit von der Partie, selbst Frankreich zieht historische Register. Doch der große Knüppel wird von China geschwungen. Die Chinesen versteifen sich darauf, daß sie in *Nansha* (»Südsee«), wie das Gebiet von altersher heißt, bereits vertreten waren, als in den Anrainerstaaten, gewiß ganz zuvörderst auf den Philippinen, noch der aufrechte Gang geübt wurde. Das Datum 200 v. Chr. wurde in dieser Verbindung schon einmal genannt - was in anbetracht chinesischer Geschichte durchaus nicht unrealistisch erscheint. Doch permanent bewohnt waren die Robinson-Inseln im Südchinesischen Meer nie - wer hätte in der heulenden Wasserwildnis auch ständig leben wollen? Lediglich Fischer von Hainan suchten die Eilande in jahreszeitlichen Abständen zum Trepangsammeln auf. Ein englisches Vermessungsschiff berichtet 1867 von einem Zusammentreffen auf Itu Aba, aber damit hat sich's.

Das ändert nichts an der Tatsache, daß die Chinesen das gesamte See- und Inselgebiet als ihr Eigentum betrachten - was flugs zu internen Querelen führte, als es nach dem Zweiten Weltkrieg plötzlich zwei chinesische Staaten gab. Kaum hatte sich Taiwan politisch von Peking abgespalten, erhob Taipeh prompt separaten Anspruch auf das Hausmeer: Sind wir nicht auch Chinesen? Anfang der 70er Jahre bauten die Taiwanesen klotzige Befestigungen auf Itu Aba und setzten damit eine allgemeine Eskalation in Gang, die sich bis auf den heutigen Tag weiterhin zuspitzt. Eine Zeitlang sah es zu Beginn der 90er Jahre so aus, als wären die zerstrittenen Staaten zu einem *Modus vivendi* gekommen. Die Inseln sollten von allen Anspruchstellern nach einem ausgeklügelten Verteilerschlüssel gemeinsam genutzt werden. So jedenfalls stand es auf einem entsprechenden Papier. Den Tourismus wollte man fördern, hieß es, und sich die Einkünfte friedlich teilen.

Schön wär's gewesen, vor allem für den Tauchtouristen, denn der Gefährliche Grund ist eines der prächtigsten Unterwasserreviere der Welt, womöglich das schönste. Doch die Abmachungen waren halt nur ein Stück Papier. Inzwischen hat der Streit um die Eilande brisante Formen angenommen. Peking rasselt mehr denn je mit dem Säbel, schon um die Weltöffentlichkeit von seinen massiven Problemen im Innern abzulenken. Im Februar 1995 bezogen die Chinesen auf dem - von den Philippinen als »Panganiban« beanspruchten - Mischief Reef (chin. »Zwietrachtsriff«) Quartier, während Manila tatenlos zusehen mußte: Die Filipinos können sich keinen Konflikt mit China leisten. Als Trotzgeste luden sie im Mai danach eine Schar von 39 in- und ausländischen Journalisten zum Besuch von Kalayaan. Nach böser Schelte aus Peking - »Provokation!« - und einem aktiven Eingriff in das Geschehen backt man jedoch jetzt wieder kleine Brötchen und besinnt sich auf alte Verteidigungspakte mit den geschaßten Amerikanern. Selbst Vietnam

wünscht sich in diesem Disput eine führende Rolle der Amis. Sicher ist auf alle Fälle, daß der Gefährliche Grund in nicht allzuferner Zukunft seinem Namen noch alle Ehre machen wird.
Die Riffgebiete im Südwesten von Palawan (Bombay, Royal Captain und andere) sind in bezug auf die große Politik unproblematisch. Dorthin finden von den Philippinen aus auch sporadische Tauchexpeditionen statt - allerdings mit deutlicher Betonung auf dem Wort »sporadisch«. Ein möglicher Ansprechpartner ist die Firma Whitetip Divers, Joncor II Building, 1362 A. Mabini Street, Ermita, Manila. Tel. 5210433, Fax: 5221165. Falls Abfahrten stattfinden, ist Mai der wahrscheinlichste Monat.
Beste Monate: 4-5.
Seekarte: Engl. 1201.

16 Inseln südlich von Palawan

Im Bereich der Inseln Balabac, Ramos, Bugsuk, Mantangule und Bancalan gibt es jede Menge exzellenter Tauchmöglichkeiten, und weiße Strände locken zu Robinsonaden. Besonders reizvolle Unterwasserlandschaften und faunatischen Reichtum (Haie, Schildkröten) findet man auf den Balabac Great Reefs westlich der gleichnamigen Insel und im Umkreis der im Osten vorgelagerten Eilande Nasubata, Roughton, Comiran und Lumbucan (siehe Kapitel »Wrackexploration«). Die letzteren drei Inseln sind in Südpalawan nur unter dem Sammelnamen »Mangsi« bekannt.
Über kurz oder lang wird auf diesen teils wunderschönen Inseln bestimmt eine tauchsportorientierte Fremdenverkehrsindustrie entstehen. Die Entwicklung bleibt jedoch abzuwarten; ich rate niemandem, dort ein entsprechendes Geschäft zu beginnen. Der Grund sind die verworrenen Eigentumsverhältnisse auf den Inseln. Traditionell hat insularer Landbesitz unter der dortigen überwiegend moslemischen Bevölkerung einen sehr hohen Stellenwert. Bis auf den heutigen Tag werden Besitzansprüche bis in uralte Zeiten zurückvollzogen. Was dabei herauskommt, ist kaum überschaubar. Es kann deshalb geschehen, daß man den fremden Besucher gar nicht erst auf eine Insel läßt - Privateigentum! (Manchmal hat man auch etwas zu verbergen; man schmuggelt dort unten ganz gern ein wenig).
Wem das nichts ausmacht, sogar zusätzliches Abenteuer darin sieht, der reise nach Balabac Town. Dorthin fahren Boote (ab Rio Tuba in Südpalawan), und ein paar kleine Klausen und Restaurants gibt es auch. (Siehe Kapitel »Island Hopping«: *Balabac*).
Vorsicht, Krokodile!
Beste Monate: 10-5.
Seekarten: 4326, 4347.

17 Tubbataha-Riff

Das mitten in der Sulu-See gelegene, insgesamt etwa 15 Seemeilen lange Tubbataha-Riff gilt unter seinen wenigen Kennern als eines der schönsten Tauchreviere der Welt. Manche behaupten sogar, es sei die Nummer Eins überhaupt.
Ein großer Teil des mit 33.200 Hektar grob vermessenen Doppelatolls ist weiterhin unerkundet und nur oberflächlich kartographiert.
Über Wasser hat Tubbataha nicht viel zu bieten. North Rock an der Spitze der nördlichen Riffhälfte ist lediglich einen Meter hoch, die Mikro-Eilande Jessie Beazley im Nordwesten und South Islet im Süden bringen es gerade auf zwei. Auf dem letzteren Inselchen befindet sich ein Leuchtfeuer, keineswegs immer in Betrieb. In einigem Abstand davon liegt in flachem Wasser das Wrack des Holztransporters *Delsan II,* das einzige halbwegs intakte von mehreren in der Seekarte eingetragenen. Sogar zwei magere Bäumchen erheben sich auf der Südinsel. Nur bei

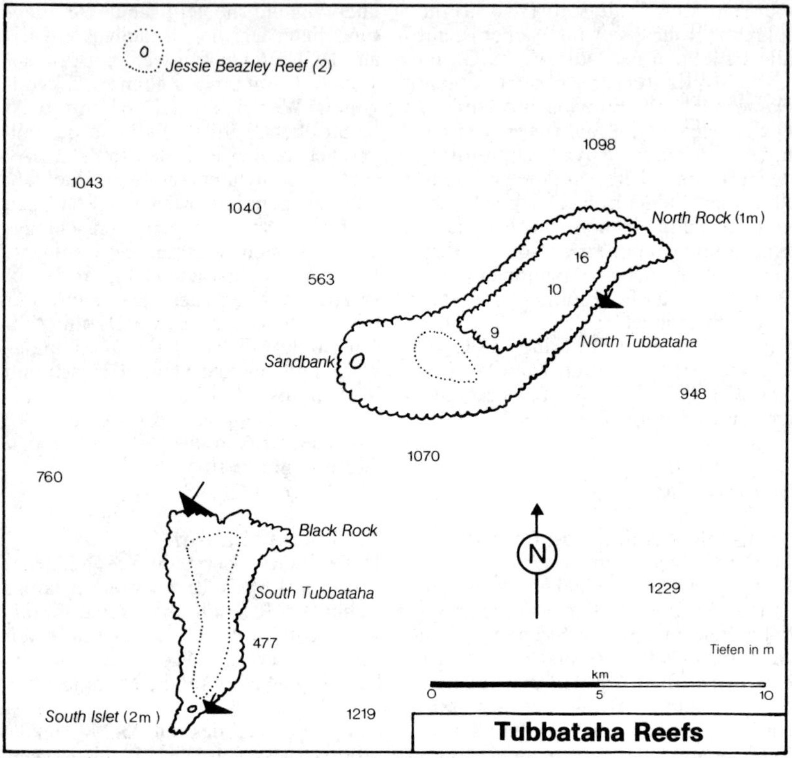

Ebbe zeichnet sich die gesamte Riffkette in Form von flachen Sandbänken ab. Seevögel, vornehmlich Baßtölpel, gibt es in riesiger Zahl; ihre Präsenz erleichtert die Ansteuerung des Gebiets.
Unter Wasser ist Tubbataha ein Traum. Getaucht wird auf den Außenriffen, die zum Teil unmittelbar unter der Oberfläche beginnen und überwiegend steil bis ins Unendliche abfallen. Dank dieser Strukturierung wird sowohl Schnorchlern als auch Gerätetauchern dort das gesamte Spektrum geboten. Besonders attraktiv für den ersteren sind das Jessie Beazley Reef und mehrere Riffsektionen entlang der Südinsel. Selbst auf den oberen paar Metern quellen die Gründe über vor maritimem Leben. Visuelle Stimulation, nach der man süchtig werden kann, ist dort überall überreich vertreten, beginnend mit feingewirkten Korallengärten bis hin zu Großgetier wie Zackenbarschen, Haien, Barrakudas, Schildkröten und Mantas.
Es versteht sich, daß dieses lebensperlende Biotop Großwilderern stets ins Auge gestochen hat. Obgleich Tubbataha 1988 - gegen heftigste politische Opposition - sowohl über als auch unter Wasser der Status eines streng schutzwürdigen Reservats verliehen

wurde, stießen Raubfischer immer wieder dorthin vor und belegten die reichen Fischgründe mit Dynamit und Gift. Einige sind arg mitgenommen worden. Wer das Pech hat, von unerfahrenen Guides zu solch einem Schandfleck geführt zu werden, kann leicht zu falschen Eindrücken gelangen. Ein paar Schwimmschläge weiter ist aber vielleicht alles vollkommen intakt.
Glücklicherweise spielt das Wetter eine hilfreiche Rolle. Nur während der genannten drei Monate kann man einigermaßen risikolos anlanden, und wenn Tauchboote in der Nähe sind, suchen Illegale ohnehin das Weite. Der dickste Hammer ging 1990 auf Tubbataha nieder. Ein in Cebu ansässiges Unternehmen siedelte, ohne große Fragen zu stellen, mir nichts, dir nichts 60 Familien im Nationalpark Tubbataha an, um dort Seetang zu kultivieren. Das Scheibchenprinzip hat auf den Philippinen ja Tradition: Die Leute seien nun mal da und würden schon keinen Schaden anrichten, behauptete die Firma S. vollmundig. Mensch und Produkt (die Seealge *Eucheuma,* die in jährlichen Dimensionen von 100 Millionen Dollar weltweit allein Hamburger andickt) wurden dort locker über einen Kamm geschoren. (Die Alge als solche stiftet keinen Schaden an). Philippinischen Umweltschützern mißfiel die Argumentation. Im Mai des genannten Jahres landete ein Fähnlein von Unverzagten mit Unterstützung der Marine auf Tubbataha, brannte die Bauten der Gesellschaft nieder und evakuierte die Robinsons. Die Taucherwelt applaudierte. Seither hat es keine Anläufe dieser Art mehr gegeben.

Tauchunternehmen
Einige wenige kommerzielle Unternehmen in Manila, Anilao, Coron und Puerto Princesa veranstalten während der ruhigsten Monate (4-6) Expeditionen nach Tubbataha. Zu nennen seien:

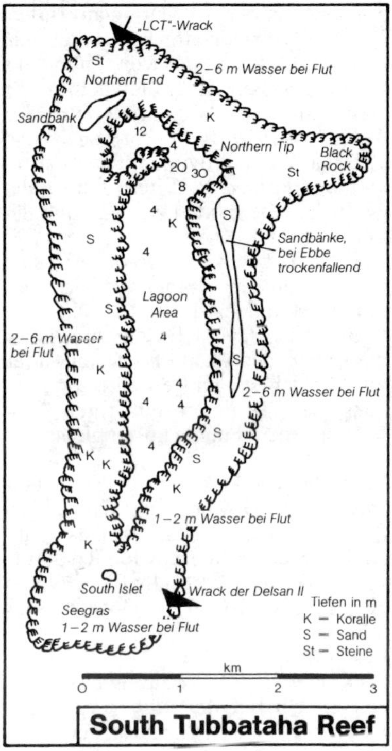

Cruise & Island Adventure sowie Scuba World, beide mit einem gemeinsamen Büro in Makati, 7246 Malugay Street, Tel. 8442721, Fax: 8174504; Queen Ann Divers, c/o Trattorio Terrace Pensionhouse, 353 Rizal Avenue, Puerto Princesa, Tel. 4332719.
Auch die später im Kapitel genannten Tauchexpeditionsschiffe haben Tubbataha gewöhnlich im Programm.
Tip: Individuell Anreisenden, die viel Zeit und wenig Geld haben und trotzdem versuchen möchten, die Wunderwelt Tubbatahas mit Taucherbrille und Schnorchel zu explorieren, ist eventuell mit diesen Adressen in Puerto Princesa geholfen:

1. Hauptquartier der Marine am Hafen. Die Navy fährt häufig Patrouillen, um den Naturschutzstatus von Tubbataha zu überwachen. Eventuell kann man sich mal einklinken. Immer nur den *CO (Commanding Officer)* fragen.
2. Bauamt der Provinz Palawan *(Provincial Engineer):* Unternimmt gelegentliche Überfahrten zur Wartung des Leuchtfeuers.
3. Fischereibehörde *(Bureau of Fisheries and Aquatic Resources):* Sporadische Explorationstrips.
4. Bei schwacher Belegung lassen sich die Eigner der Charterboote im Hafen vielleicht bewegen, einen oder zwei Passagiere zu einem günstigen Preis mitzunehmen. Fragen kostet nichts.

Vorsicht: Die Lagunen von Tubbataha haben keine Öffnung, und das Wasser fließt mit den Gezeiten über das Riff. Dadurch entstehen an der Riffkante sehr starke und wechselhafte Strömungen, auf die Taucher gut Obacht geben müssen.
Beste Monate: 4-6, 9.
Seekarte: Es gibt keine. Die hier gezeigten Übersichten sind vergrößerte Ausschnitte aus der Karte der Sulu-See, bzw. Grobvermessungen philippinischer Behörden zu Beginn der 80er Jahre.

18 Sulu-Archipel

Die vielen Eilande und tausend Korallenriffe zwischen Mindanao und Borneo sind von jeher synonym mit der Unterwasserszene der Philippinen: Schon immer wurde da nach Perlmuscheln und Trepang getaucht und der Fisch mit der Harpune erbeutet.
So sehr diese Gewässer locken: Bis auf weiteres sollte man sich von ihnen fernhalten. Außer der Taucherei hat nämlich auch die Piraterie im Sulu-Archipel Tradition. Es ist einfach zu gefährlich, dort auf Safari zu gehen.

19 Balicasag und Pamilacan

Wir haben jetzt einen großen Sprung bis nach Bohol gemacht. Das Inselchen Balicasag, ringsum von einem Saumriff umgeben, liegt etwa sechs Seemeilen SW von Panglao Island in der Passage zwischen Cebu und Bohol und erfreut sich als offiziell ernanntes *Marine Sanctuary* eines geschützten Status. Erfreulicherweise hält man sich daran. Deshalb zählt das Eiland unter Kennern auch zu einem der schönsten Tauchreviere der Philippinen. Und nicht nur das. Wenn man mit Tauchgelüsten aus dem Westen des Landes hinüberreist, kann man erstmalig wieder finanziell Luft holen. Die Preise sind philippinischen Verhältnissen angemessen, und deshalb findet man dort auch viele fröhliche junge einheimische Tauchtouristen, die im Dormitory oder privat logieren und nicht mit Dollars wedeln.
Schön insbesondere sind Tauchgänge am *Resort Wall,* der, unmittelbar vor den Cottages gelegen, 50 Meter vom Ufer jäh abbricht. *The Cavern,* nahebei, wartet mit tiefen Höhlen im Riff auf. Im *Black Coral Forest* im Norden des Eilands wird man sich nicht verirren - Dynamitfischerei hat für viele Lichtungen gesorgt. Trotzdem ist Tauchen dort eindrucksvoll. Der *Cathedral Wall* im Südwesten besticht durch ein farbenfrohes Ambiente. *Turtle Point* an der Ostküste wartet mit, wie anders, häufigen Sichtungen von großen Meeresschildkröten auf.
Balicasag hat unregelmäßige Bootsverbindung mit Tagbilaran auf Bohol. Kontakt in Manila: Balicasag Island Dive Resort, Tel. 8121984, Fax: 8121164.
Etwas glückloser hat sich die Entwicklung auf Pamilacan Island südlich von Bohol gestaltet. Zu Beginn der 80er Jahre sah es so aus, als würde dort ein neues regionales Tauchzentrum entstehen. Von den berühmten Mantas von

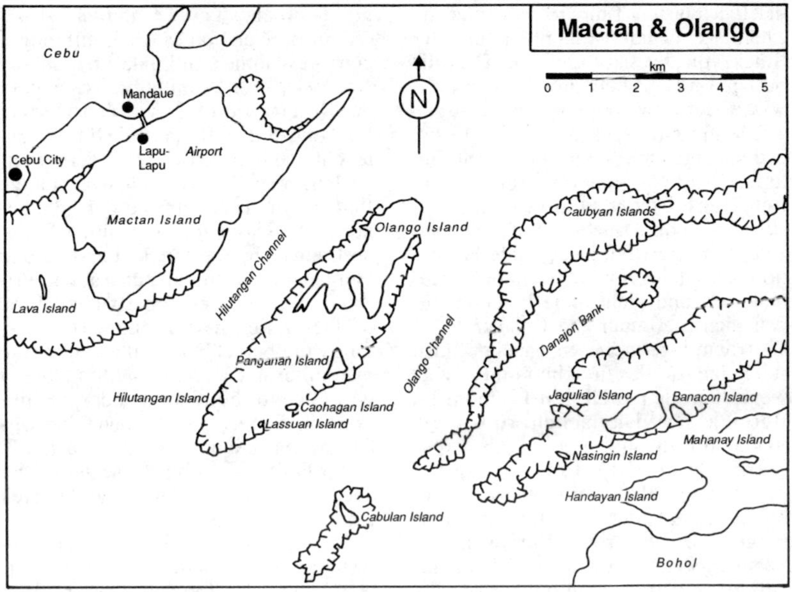

Pamilacan schwärmten Taucher auf den ganzen Philippinen. Doch die Nachfrage reichte für eine kommerzielle Unternehmung nicht aus. Die Mantas sind immer noch da, und um sie zu bestaunen, schließt man sich am besten Tauchresorts am Alona Beach auf Panglao Island an, z.B. Atlantis Dive Center, Sea Quest Scuba Diving Center, Sharky's Diver, 6-Sea Scuba Services.
Für individuelle Trips nach Pamilacan nehme man das tägliche Boot von Baclayon an der Südküste. Auf der Insel gibt es jetzt Cottages, in denen man unterkommen kann.
Beste Monate: Ganzjährig bereisbar. Einiger Regen von 7-9.
Seekarten: 4430 (Balicasag), 4429 (Pamilacan).

20 Um Cebu

Gleich gegenüber von Bohol gibt es schon die erste Enttäuschung. Bis in die 80er Jahre hinein war das Inselchen Sumilon an der Ostküste von Cebu ein geschütztes Reservat, der *Sumilon Marine Park* unter der Ägide des Meeresbiologischen Instituts in Dumaguete gewesen. Dann lief die Pacht aus, und binnen 24 Stunden wurde das Areal von über 200 Fischern aus dem Ort Oslob zur Unkenntlichkeit zerbombt. Heute gibt es nur noch ein paar trübe Reste der einstigen Pracht. Jüngsten Berichten zufolge hat Sumilon aber erneut Schutzstatus, jedenfalls zum Teil, und das Leben baut sich wieder auf. Man darf also hoffen.
Auch im Falle von Cebu City ist Optimismus angebracht. Daß es dort, unmittelbar vor den Toren der zweitwichtigsten Stadt des Landes, Tauchgründe gibt, die im internationalen Vergleich nicht schlecht abschneiden, liegt an einer eigenwilligen geographischen Konfiguration. Die Insel Mactan, auf

der die meisten Tauchresorts (und der Flugplatz) liegen, ist nämlich ein gutes Stück von der City entfernt. Und die besten Tauchgründe, die Cebu eine gewisse Berühmtheit verleihen, liegen wiederum auf Olango Island, Mactan östlich gegenüber - eine weitere Staffelung. Sogar ein vierter Schritt ist möglich. Jenseits der Olango-Rinne erstreckt sich die Danahon-Bank, eine aus zwei Barriereriffen bestehende Formation, als solche von weltweitem Seltenheitswert und nicht ohne Potential für den abenteuerhungrigen Taucher.
Trotzdem läge in diesen Tauchgründen schon längst alles in Schutt und Asche, wenn man den zahllosen Fischern im Bereich der visayischen Metropole (650.000 Einwohner) völlig ihren Willen gelassen hätte. Ein bißchen hat man's schon. Rechtzeitig wurde in Cebu jedoch erkannt, daß der Tauchtourismus dort der große Wurf war, und Schutzmaßnahmen wurden alsbald eingeführt und rigoros durchgesetzt. Einen Haken hat das Tauchen im Bereich Cebu allerdings. Daß die manikürten Resorts entlang der Außenküste von Mactan alle verflixt teuer sind, dazu wollen wir mal gar nichts sagen. Auch darauf, daß die Insel Mactan außerhalb ihrer Goldküste ein bißchen aufgeräumt werden könnte, wollen wir nicht bestehen. Der große Vorteil ist ja, daß man aus dem Flieger steigen und ein paar Minuten später unter Wasser verschwinden kann. Was Tauchgänge im gesamten Bereich jedoch freudlos macht, sind die starken Strömungen, die durch die engen Passagen setzen und schon manchen Neuling in arge Bedrängnis gebracht haben. Die Strömungen sind gleich unterhalb der Mactan-Resorts am heftigsten und fegen auch gemein am Westriff von Olango entlang. Erst im Osten dieser Insel ist etwas mehr Ruhe zu erwarten.
Erfahrene Taucher empfehlen schon der vielen Vergnügungsfahrzeuge wegen überhaupt keine Unterwassertouren im Bereich von Mactan, mit möglicher Ausnahme von Punta Engaño, der Nordostspitze. Unmittelbar gegenüber der Resorts wird viel vor den Dörfern Poo und Santa Rosa auf Olango getaucht - schon besser. Auf dem weitausladenden Riff südlich von Olango finden sich Tauchgründe der gehobenen Mittelklasse im Bereich der Eilande Caohagan, Kansantik, Lassuan und Panganan. Daß nicht nur Tauchtouristen, sondern auch Profifischer diese Riffsektionen heimsuchen, ist allerdings unübersehbar. Erfahrung sollte man mitbringen, wenn man im Norden von Olango, bei Baring oder Mabini Point, in die Fluten steigt, denn dort wirbelt die Strömung besonders tückisch. Dafür hat's auf 30 bis 35 Metern dann aber auch öfter den einen oder anderen Hammerhai.
Im SW-Teil der Insel Cebu gibt es in weiterem Umkreis des Örtchens Moalboal zahlreiche Tauchgründe und -unternehmen, die man vielleicht als angenehme Abwechslung zu Mactan und Olango empfinden wird, weil es dort recht teuer ist und man fast nur Japaner trifft. An Divespots sind Bas Diot und Saavedra auf der Moalboal-Halbinsel, das Eiland Badian südlich des Ortes und das Inselchen Pescador fünf Seemeilen vor der Küste zu nennen. Auf Pescador ist am meisten Unterwasserleben, und dorthin fahren die meisten Operateure aus Moalboal auch, denn an der Küste bei Moalboal sind Strand und Riff weitgehend zerstört (unter anderem Taifunschäden). Wo genau auf dem Inselchen getaucht wird, hängt von den Jahreszeiten, das heißt der Richtung der Monsune ab. Vorsicht vor Steinfischen im Bereich von Pescador!

Tauchunternehmen im Bereich Cebu
Aqua World, 25 Nichols Heights, Cebu City, Tel. 965576, Fax: 219151;

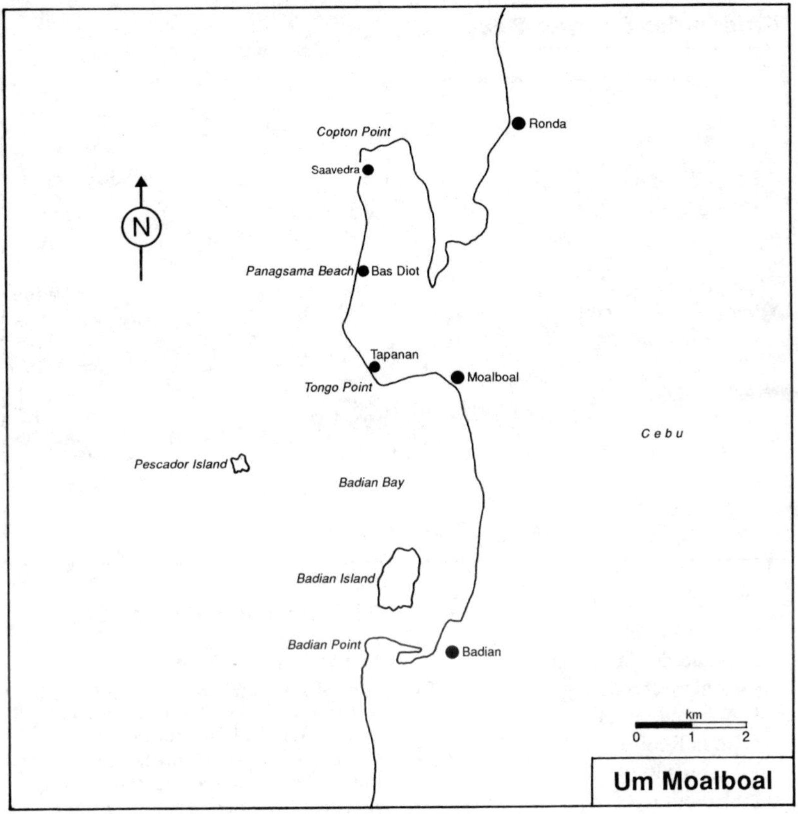

Aquaventure, A. Cortez 2, Mandaue, Tel. 845655, Fax: 8131967;
Cebu Club Pacific, Sogod, Tel. 79147;
Cebu Divers International, 111 Sepulveda Street, Cebu City, Tel. 217139, Fax: 214470;
KonTiki Diving, Lapu-Lapu, Mactan Island, Tel. 400292, Fax: 400306;
Edwin Dive Services, Lapu-Lapu, Mactan Island, Tel. 75538;
Saavedra Diving Center, Moalboal, Tel. 54960, Fax: 212469.
Scuba World, 111 QC Pavillion, Cebu City, Tel. 91792, Fax: 91792;
Sea Quest Dive Center, Moalboal, Tel. 84708;
Seven Seas Aquanaut, Sogod, Tel. 400292, Fax: 400306;
Triple S Divers, Lapu-Lapu, Mactan Island, Tel. 217337, Fax: 217337;
Visaya Divers, Moalboal.
Alle Vorwahlen (international) Cebu City: 006332.

Beste Monate: 11-4. Ganzjähriges Tauchen ist jedoch ohne große Abstriche möglich.
Seekarten: 4447, 4465.

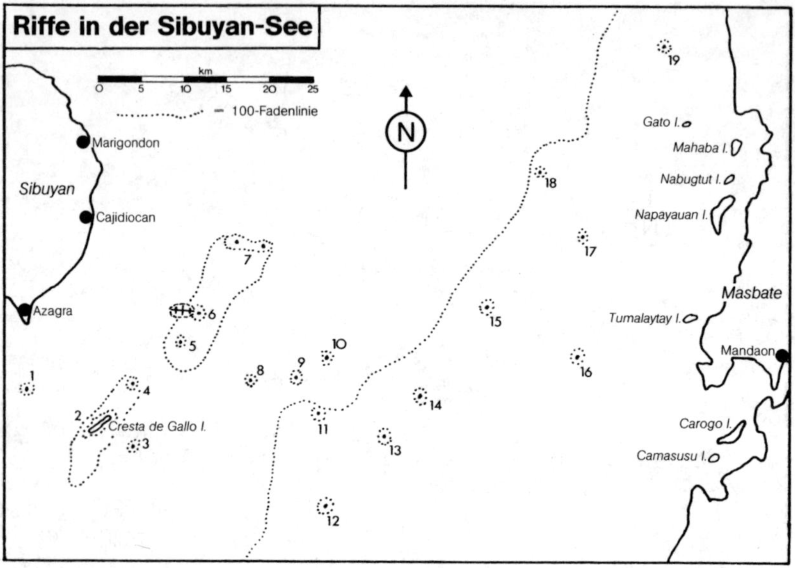

1 Prueba Reef
2 Cresta de Gallo Island
3 Romero Reef
4 Aubarede Reef
5 Roda Reef
6 Perseus Reef
7 Cervera Reef
8 Carrasco Reef
9 Anda Reef
10 Roldan Reef
11 Unbenanntes Riff
12 Reynoso Reef
13 Arana Reef
14 Pineda Reef
15 Montero Reef
16 Tuma Reef
17 Gamma Reef
18 Bennet Reef and Cay
19 Beta Reef

21 Riffe in der Sibuyan Sea

Auf den rund 30 Seemeilen offener See zwischen den Inseln Sibuyan und Masbate erhebt sich aus zum Teil erheblichen Wassertiefen eine Anzahl von Riffen und Bänken, deren Umfeld zu den schönsten (und so gut wie unbekannten) Tauchgründen des philippinischen Archipels gehört. Die meisten Riffe enden unter der Wasseroberfläche und sind deshalb schwierig zu lokalisieren, andere stecken bei Ebbe gerade ein paar Brocken heraus. Das einzige Inselchen ist Cresta de Gallo, gesondert beschrieben in Kapitel »Robinsonade«. Bennet Cay ist nur eine winzige Sandbank.

Natürlich - Cebu ist nah - gibt es auf diesen Riffen auch unübersehbare Zerstörungen. Aber *alles* hat man nicht kaputtgekriegt, und außerdem wächst die Natur machtvoll nach. Ein Gebiet, das man im Auge behalten sollte.

Erreichbarkeit: Nur mit Charterbooten,

vorzugsweise ab Cajidiocan oder San Fernando auf Sibuyan. Siehe auch Marinduque; von dort kann man Trips zu diesen Riffen arrangieren.
Beste Monate: 3-5.
Seekarten: 4411, 4412.

22 Embocadero

Wir wollen dieses alte Wort aus dem Galeonenkapitel einmal beibehalten, denn es umgreift den ganzen Einzugsbereich der San-Bernardino-Straße; den großen Trichter zwischen Samar und Catanduanes. Das Tauchen gestaltet sich dort ganz anders als in den Gebieten, die wir bis jetzt kennengelernt haben. Dort, an der offenen Pazifikküste, gibt es kaum noch verspielte Formen, sondern alles unter Wasser ist wuchtig und gewaltig. Typisch für diese Küste sind auch platte, trockenfallende Riffdächer erheblicher Breite und kilometerweiter Ausdehnung. Auf diesen wiederum gibt es separate Biotope: Tiefe Pools, Spalten und Rinnen, von der immerwährenden Brandung glasklar gefüllt gehalten und kleine Tauchreviere in sich, oft mehr als tief genug für den Gerätetaucher. Auf Biri und Bani Island im Balicuatro-Archipel (NW-Samar) gibt es viele solche Reviere, mittlerweile (vor Ort) gesetzlich geschützt. Sie setzen sich gegenüber in der Provinz Sorsogon mit ihrem unendlichen Saumriff fort; dazwischen liegt die San-Bernardino-Straße mit reißender Strömung, doch nichtsdestoweniger einer Wassergüte wie blauer Kristall. Dort ist das Tauchen nirgendwo mehr eine touristische Vergnügung, sondern Abenteuer im Sinne dieses Buches, oft knallhart.
Beste Monate: 3-8.
Seekarten: 4440 (Balicuatro), 4220.

23 Ostküste Luzon

Die oben genannte Beschreibung trifft für die gesamte Ostküste zu. Schön sind immer wieder weit vorgelagerte Inseln, doch mit ökologischer Intaktheit ist dort nicht zu rechnen; auf den erwähnten Riffdächern gibt es viel mehr zu sehen.
Von Mangrovengestaden halte man sich fern; dort ist für Taucher tote Hose.
Beste Monate: 3-8.
Seekarten: 4222, 4223, 4224, 4227, 4228.

Gefahren in philippinischen Gewässern

Barrakudas

Auf vielen Riffen des Archipels anzutreffen, oft von respektabler Größe und in stattlichen Schwärmen. Attacken auf Taucher sind belegt, wenn auch sehr selten. Behaltet große Burschen im Auge, vermeidet blinkende Provokationen und achtet vor allem auf Rükkendeckung.

Feuerkorallen

Häufig als überwiegendes Erscheinungsbild auf Riffen vertreten. Eine Berührung läßt Nesselgifte in die menschliche Haut dringen, die je nach Empfindlichkeit des Betroffenen Reaktionen von schlichtem Jucken bis zu schweren allergischen Anfällen auslösen können.
Ähnlich reagiert der Körper bei Kontakt mit den (bereiften Farnbüscheln gleichenden) Hydroiden. Im Archipel herrschen die Arten *Lytocarpus philippus* und *Aglaophenia cupressina* vor. Die schweren Wunden, die diese Organismen unter Umständen schlagen können, heilen sehr langsam und lassen böse Narben zurück.
Verhütung: Kleidung (dünner Anzug); Handschuhe. Prüfen, wo man hingreift.
Behandlung: Vorzugweise wie unter »Quallen« beschrieben. Dem Wasser mindestens 24 Stunden fernbleiben.

Stichwort Natriumcyanid

Was für ein Teufelszeug ist das eigentlich, das die philippinische Unterwasserwelt langsam, aber sicher zugrunderichtet?

NaCN wird aus Natriummetall, Kohlenstoff und Ammoniak gewonnen, oder aber aus Blausäure und Natriumhydroxid. Die beiden Alkalicyanide finden wichtige Anwendung in der Cyanidlaugerei zur Gewinnung von Gold und in der Galvanotechnik. Die wäßrigen Lösungen der Alkalicyanide reagieren infolge Hydrolyse stark alkalisch und riechen nach Cyanwasserstoff; ihre große Giftigkeit beruht auf der leichten Abspaltbarkeit der Blausäure. Man verwendet Cyanide zur Härtung von Stahl, für galvanische Bäder und insbesondere das Calciumcyanid zur Vernichtung von Ungeziefer und Pflanzenschädlingen.

So steht's in der Enzyklopädie. Da die sogenannte Wissenschaft, hat sie einen derart reaktionsfreudigen Stoff erst einmal in den Händen, damit auch weiter herumdoktern muß, entdeckte ein Mr. Bridges 1958, daß sich Natriumcyanid herrlich zur Betäubung von Fischen eignete. Unzählige Abhandlungen über Nutz und Frommen der Substanz, über Grenzwerte und Langzeitschäden sind seither erschienen. Keinem der Forscher, die sich mit der Materie befaßten, kam die Idee, daß ein hochpotentes Industriegift und hypersensible aquatische Organismen irgendwie nicht miteinander vereinbar sein könnten, nicht einer sagte: »Laßt das sein.» Wie auch bei anderen schweren Giften, die in den letzten Dekaden über die hilflose Natur geschüttet wurden, dachte man nicht etwa zweimal über etwaige schädliche Effekte nach, sondern hatte nur die (lukrativen) Primärwirkungen im Auge. Natriumcyanid wurde deshalb in großem Umfang für den Fang von Aquariumfischen eingesetzt, nachdem man herausgefunden hatte, daß das Zeug die Beute anästhetisierte. Die benommenen Fische ließen sich dann leicht einsammeln, um einer neuen, tristen Umwelt in den klinischen Überlebenssystemen der Aquaristen zugeführt zu werden.

Die Cyanidfischerei auf den Philippinen begann in den frühen 60er Jahren. Seither hat man gewaltige Mengen von dem Stoff vergossen; die internationale chemische Industrie half natürlich kräftig mit, daß der Nachschub nicht ausging. Obwohl die überaus schädlichen Nebenwirkungen der Substanz bald bekannt waren, wurde unvermindert damit weiterhantiert. Großunternehmer in Manila und Cebu kontrollierten das Gewerbe, korrupte Politiker und Militärs halfen mit, daß auch alles reibungslos lief. Falls, selten genug, mal jemand in flagranti erwischt wurde, sorgte jemand »von oben« schon für eine schmerzlose Beilegung der Sache.

Das Gift, örtlich *sodiúm* oder *kuskus* genannt, kommt in Form von Kristallen, die man in Seewasser auflöst. Diese Hydrocyanlauge wird von Tauchern in die Koralle gespritzt, bis die Fische hinaustaumeln und in Plastiksäcke gepackt werden können. Das heißt, nicht alle. Da sich die Konzentration schwer dosieren läßt, bekommen manche mehr ab als andere. Ungefähr die Hälfte stirbt sofort. Die anderen erholen sich mehr oder weniger und gehen

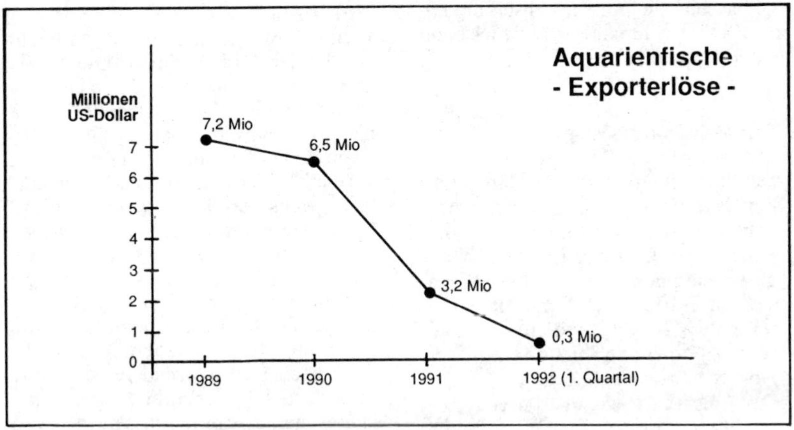

dann in den Export, vornehmlich nach Japan. Bis vor kurzem waren die Philippinen noch mit einem weltweiten Anteil von etwa 80 Prozent an der Lieferung tropischer Aquarienfische aus dem Meer dabei; kein anderes Land der Erde ließ einen Raubbau seiner Ressourcen in solchen Dimensionen zu. In den letzten Jahren ging es steil bergab; siehe Schaubild.
Im Gegensatz zu den *dinamiteros,* die die Fischgründe anderer Insulaner in Powerbooten überfallen, alles in Stücke schmeißen und mit gefüllten Eisboxen weiterfahren, sind die von Giftfischern angerichteten Schäden unsichtbar. Jedenfalls zunächst. Bald zeigt sich, daß die Koralle ein tödliches Weiß annimmt und das Riff sich überalgt. Die letzten Fische verschwinden, und dann ist alles aus. Ein paar Leute sind auf Kosten anderer stinkreich geworden.

Haie
Die elementarste Vorsichtsmaßnahme besteht darin, daß man nicht in tiefem, »blauen« Wasser ohne Bodensicht badet und taucht. Größere Exemplare stets sorgfältig beobachten. Haie nicht provozieren (verletzen). In Gegenwart von Haien keine Beutefische mitführen (siehe unten). Ein »Haistock« (eine etwa halbmeterlange Stange mit oder ohne Spitze) hält die Tiere, wenn es haarig wird, unter Umständen auf Distanz. In bedrohlich erscheinenden Situationen immer den Tauchgang abbrechen.

Kegelschnecken
Siehe Kapitel »Muschelsuche«.

Krokodile
Siehe Kapitel »Trekking«. Nur das Seewasserkrokodil kann dem Taucher eventuell Sorgen bereiten. Nicht in Brackwasserregionen und Mangrovenlagunen tauchen! Dort gibt es wegen mangelnder Sicht ohnehin nichts Interessantes für den Taucher zu entdecken. Im klaren Wasser der Korallenriffe ist die Gefahr vernachlässigbar - bis auf weiteres. Auf Sandbänken der hohen

See hat man die großen Echsen in jüngster Zeit (in Südpalawan) wieder beobachten können.

Der Biß in den Kopf

Am Morgen des 11. April 1980 war Sulpicio Jaranilla an der Südspitze der Insel Caluya im Semirara-Archipel südlich von Mindoro auf die Unterwasserjagd gegangen. Er hatte gute Beute gemacht und dieselbe an seinem Gürtel befestigt. Nur einen oder zwei Fische wollte er noch schießen, dann zu seiner Familie im Dorf Sabang heimkehren.
Der Angriff erfolgte in 15 Meter Tiefe. Etwas Großes, Unnachgiebiges legte sich wie eine eiserne Klammer um Jaranillas Kopf und zog den Taucher in die Tiefe. Mit verzweifelter Anstrengung kämpfte der zur Beute gewordene Jäger um sein Leben. Dann, weit unten kurz vor der Schwelle zum Hades, ließ der Tigerhai unerklärlicherweise von seinem Opfer ab. Eine Zahnreihe hatte sich in die Schläfe des Tauchers gegraben, die andere in seinen Unterkiefer, Blut und Fleischfetzen wirbelten umher. Halbtot, kaum ohne eigenes Zutun gewann Jaranilla die Oberfläche. Hundert Meter noch bis zum Land, Stunden bis zum bescheidenen Inselhospital...
Die Ärzte gaben ihn auf, doch der zähe Insulaner überlebte. Heute taucht er wieder. Doch der schreckliche Zwischenfall ist gleich den Narben in seinem Kopf tief in seine Seele eingegraben.
Auch mir hat sich das Interview mit Sulpicio Jaranilla unvergeßlich eingeprägt. Ganz klar: In unserem technisierten Zeitalter gibt es weiterhin Kreaturen, die mächtiger sind als wir selbst. Obacht also!

Muränen

Weit verbreitet und mitunter von furchterregenden Dimensionen. Die Wolfsmuräne ist an die drei Meter lang und dicker als ein Männerschenkel. Muränen sind zwar keineswegs die aggressiven Monstren, als die sie manchmal verteufelt werden. Sie sind aber auch keineswegs lieb. Der tauchtouristischen Unart, sie »zusammen mit Divemaster Uli am Riff zu füttern«, sollte man keinen Vorschub geben. Klar, manche Muränen sind »handzahm«. Die nehmen auch gleich die ganze Hand mit, wenn sie Hunger haben. Wenn man dann nach Luft ächzend festsitzt, muß man sich Körpereigenes wie einen Handschuh abstreifen lassen. Auf Provokationen reagieren Muränen mit elementarer Wildheit und zerfleischen alles, dessen sie habhaft werden können - einschließlich ihrer selbst. Also keine Experimente!

Quallen

Die meisten Quallen im philippinischen Archipel stellen allenfalls ein irritierendes Moment für den Taucher dar. Anders ist die Sachlage bei der Würfel- oder Kastenqualle *Chiropsalmus quadraticus,* die landesweit, hauptsächlich aber in den Gewässern um Palawan auftritt. Die *salábay* ist dort als Killer gefürchtet, dem alljährlich vor allem eine Anzahl von Kindern zum Opfer fällt.
In der Tat besitzt die Qualle einen würfelförmigen, glasklaren (und deshalb unter Wasser schwer auszumachenden) Körper. An den vier Ecken des Würfels sitzt je ein Bündel violetter Nesselfäden, die beim inaktiven Tier auf nur wenige Zentimeter eingezogen sind. Spürt die Qualle eine Bewegung im Wasser, fährt sie die haarfeinen Fäden auf zwei, drei oder mehr Meter aus. Und nicht nur das. Sie bewegt sich auch unter wütendem Pumpen auf das Objekt zu, ein unwirklicher Anblick.

Und ein beängstigender. Denn jede der hauchdünnen Tentakeln ist potentiell tödlich geladen. Die Berührung eines einzigen Fadens gleicht einem glühenden Peitschenschlag. Wenig später kommt es zu dicken, blaupurpurnen Striemen auf der betroffenen Körperpartie, dann zu schweren Schwellungen, Entzündungen, Fieber. Eine innige »Umarmung« durch die Qualle kann den Tod zur Folge haben! Brustkasten, Hals und Handgelenke sind besonders gefährdet.

Die Qualle tritt nur zu bestimmten Jahreszeiten auf und ist dann in flachem, warmem und relativ unsichtigem Wasser in unmittelbarer Küstennähe häufig, mitunter in geballter Ladung von Tausenden von Exemplaren. (Einen riesigen Schwarm beobachtete ich einmal bei Siruma in der Bikol-Region). Im Bereich von Palawan beginnt diese Saison kurz vor der Regenzeit (Ende Mai) und erreicht in den nächsten ein bis zwei Monaten ihren Höhepunkt.

Verhütung: Der erste und wichtigste Verhütungsschritt ist eine Erkundigung bei den Einheimischen, ob und wo die Qualle präsent ist. Unsichtiges Wasser ist zu meiden, in klarem gut Ausschau zu halten. In gefährdeten Gewässern sollte man nur mit Naß- oder zumindest einem Schutzanzug tauchen. (Allerwenigstes: Ein T-Shirt). Bei Waten in flachem Wasser ist das Tragen dikker Socken anzuraten.

Behandlung: Bei Kontakt sofort das Wasser verlassen. Anhaftende Tentakelreste mit spitzem Finger entfernen. Falls verfügbar, sofort den weißen Milchsaft aufbringen, den die Papayastaude (siehe Kapitel »Kampieren«) in allen grünen Pflanzenteilen einschließlich der unreifen Frucht enthält. Das im Saft enthaltene Papain neutralisiert das toxische Enzym im Quallengift zu völliger Harmlosigkeit. (Papain - »Fleischweichmacher« - kann man auch als Konzentrat mitführen). Große Erleichterung bringt ebenfalls eine freizügige Essigwaschung. Eine Paste aus Backpulver (gegebenenfalls Holzasche) und etwas Wasser wirkt lindernd. Auch hilfreich: Betroffene Stelle in eben tolerierbar heißes Wasser eintauchen oder heiße Kompressen auflegen. Das Gift ist hitzeempfindlich und wird durch diese Behandlung zersetzt. Heißwasserbehandlung 30 bis 60 Minuten lang fortsetzen, dann die Wunden kühlen und dünn verbinden. Bei allergischen Reaktionen Antihistamine verabreichen. Gegen etwaige spätere Sekundärinfektionen Antibiotika einnehmen. Kreislauf stützen (starker Kaffee). Arzt. Mindestens 24 Stunden Bettruhe einlegen.

Die Würfelqualle stellt im ganzen Westpazifik mit Einschluß von Australien die größte Bedrohung für Schwimmer und Taucher dar, viel ernster als alle Haie und Barrakudas zusammen. Also: Augen auf!

Seeigel

Gefährlich ist vor allem die Gattung *Diadema,* deren lange schwarze Stacheln die menschliche Haut mühelos durchdringen, um schließlich tief im Körper steckenzubleiben und abzubrechen. Trotz aller Vorsicht ist ein Kontakt wohl nie ganz zu vermeiden.

Diadem-Seeigel
(Diadema setosum)

Gefährliches Spiel mit einer Seeschlange

Verhütung: Nicht in unsichtigem Wasser waten. Einen Bogen um Großkolonien der Tiere machen; wenn man von der Brandung in solch ein Stachelverhau geworfen wird, sieht man alt aus. In Unterwassergrotten auch an die Decke denken - dort kleben die Igel besonders gerne.
Behandlung: Urin lindert eingängliche Schmerzen. Herausragende Stacheln mit der Pinzette entfernen. Essig- oder limonensaftgetränkte Kompressen auflegen. Und keine übertriebene Sorge: Die Stacheln lösen sich bald ohne nachteilige Wirkungen im Körper auf.

Seeschlangen

An die zwei Meter lang und bis zu handgelenkdick. Alle auf den Philippinen vorkommenden Arten gelten als tödlich giftig.
Obwohl es eine Schlange in freier Wildbahn ausgesprochen schwer hätte, bei einem erwachsenen Menschen einen Biß anzubringen, ist äußerste Vorsicht ratsam. Bei größeren Exemplaren sollte der Taucher Distanz walten lassen. Vor allem während der Paarungszeit sind die Reptilien sehr reizbar. Man halte sich auch von den virtuellen »Schlangengruben« fern, Einzelfelsen auf hoher See, auf denen sich die Tiere zu bestimmten Jahreszeiten ein Stelldichein geben. Bekannt insofern sind Hunter's Rock westlich von Apo (Mindoro), der Horadaba-Felsen bei Catanduanes und das Inselchen Gato im Norden von Cebu. Auf diesen maritimen Außenposten ist die Art *Laticuada* sp. besonders häufig.
Ein Seeschlangenbiß muß (auch bei eingänglich ausbleibenden Symptomen) umgehend behandelt werden. (Siehe Landschlangen in Kapitel »Dschungelexpeditionen«). Auf den Philippinen stehen Todesfälle zu Buch durch *Lapemis hardwickii, Emyhydri-*

nas schistosa und Hydrophis cyanocinctus, die in Fangnetzen herumgrabbelnden Fischern in die Hände bissen - ein wenig selbst schuld, muß man da allerdings schon sagen.

Seesterne

Der vielarmige Dornenkronenseestern *Acanthaster planci* ist auf den Philippinen weit verbreitet. Er gilt als unermüdlich korallenfressender Riffvernichter, dessen Tätigkeit kahle, öde Unterwasserlandschaften hinterläßt - nur die Cyanidfischer sind noch gründlicher. Ganz genau weiß man nicht, wodurch das scharenweise Auftreten des Schädlings bewirkt wird; vielleicht ist die Dezimierung seiner natürlichen Feinde verantwortlich. (Die große Tritonsschnecke, siehe Kapitel »Muschelsuche«, vertilgt eine komplette Dornenkrone in ein paar Minuten). Allerdings hat man auch in anderen Ländern (Australien, Marianen) schlechte Erfahrungen gemacht. Meeresbiologen neigen zu der Ansicht, daß natürliche Zyklen am Werk sein könnten.
Für den Taucher ist *A. planci* nur insofern eine Bedrohung, als er versehentlich einmal in einen hineingreifen kann. Das tut zum Schreien weh, weiß ich aus eigener Erfahrung, und zieht noch lange Zeit Schmerzen, Steifheit und Überempfindlichkeit des betroffenen Körperteils nach. Ich wage nicht, mir die Folgen eines zentral plazierten Fußtritts in diesen waffenstarrenden Bösling einmal auszumalen. Ist es ein Wunder, daß der Seestern von den Südseeinsulanern liebevoll »Schwiegermutters Sitzkissen« genannt wird? Der philippinische Name ist kaum weniger poetisch: *Táeng kalabáw* (»Büffelfladen«).
Verhütung: Jeglichen Körperkontakt mit dem Riff vermeiden.
Behandlung: Heißes Wasser (siehe »Quallen«) ist vielleicht am aussichtsreichsten.

Dornenkronenseestern
(Acantaster planci)

Achtung: Den Seestern nicht voller Haß in Stücke metzeln! Aus jedem Segment wächst - Saat der Hydra - ein neues Tier nach.

Skorpioniden

Verletzungen durch diese Gruppe von giftigen Fischen gehören zu den ernstesten Vorkommnissen, die einem Taucher in tropischen Gewässern widerfahren können. Unfälle sind äußerst selten, doch es hat sie gegeben. Sie gehen gewöhnlich auf das Konto Sorglosigkeit.

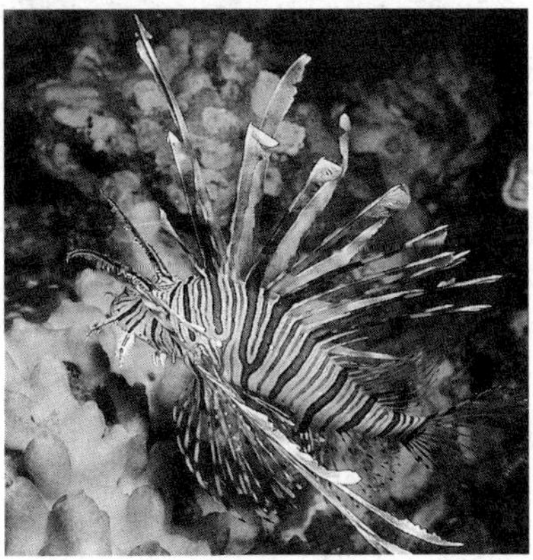

Vorsicht Gift: Rotfeuerfisch

Der *Rotfeuerfisch* ist ein sehr häufiger Bewohner flacher Riffe und ein beliebtes Fotomotiv, weil er so schön stillhält. Das kann er sich leisten, weil er so schön giftig ist. Das Gift sitzt in den Flossenarmierungen. In selbige wird man natürlich nicht absichtlich hineingreifen. Doch der Fisch setzt sie mitunter auch aggressiv ein. Angriffe auf die Hände von Tauchern und Aquarianern sind bekannt. Der Stich tut verteufelt weh.

Er ist aber nichts gegen den des Steinfisches *Synanceja verrucosa.* Dieses liebe Tier liegt regungslos und farblich völlig mit dem Grund verschmolzen auf korallinen Böden. Bei drohender Gefahr klappt der Fisch 14 nadelspitze Injektoren auf, die jeweils in eine Giftblase münden. Bei einem Tritt auf einen Stachel wird das Gift, eines der schwersten aller faunatischen Toxine, tief in den Körper des Opfers injiziert. Resultat: *Sakít na sakít* - »Schmerz aller Schmerzen», sagen philippinische Fischer -, enorme Schwellungen, sehr hohes Fieber, mögliche Todesfolge.

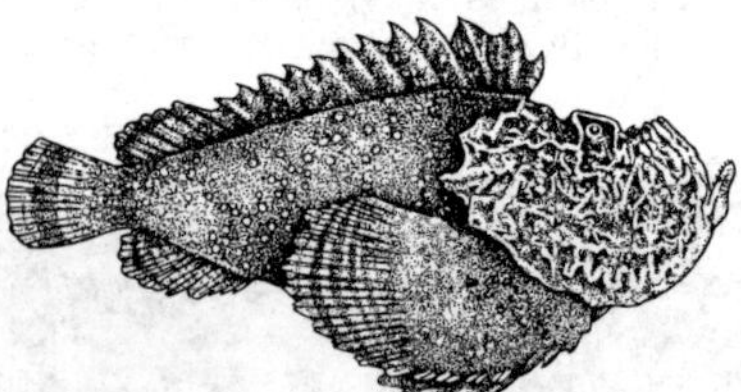

Steinfisch
(Synanceja verrucosa)

Der Tagalog-Name *(gatásan)* kommt von *gátas* = Milch, denn der Giftsaft ist weiß wie diese. Steinfische gibt es überall auf den Philippinen. Nur zwei Unfälle habe ich jedoch in langen Jahren verifizieren können: Einen in der Batangas-Bucht (überlebte dank sofortiger richtiger Behandlung) und einen in Südpalawan (das Opfer starb an Gangräne).

Botong-botong
(Scaevola sericea)

Verhütung: Niemals auf Fels- und Korallenböden waten.

Behandlung: Intensives Heißwasserverfahren. Vielversprechend erscheint laut einer im Zentralpazifik angestellten Studie auch ein Gegenmittel aus der überall vorkommenden Strandpflanze *Scaevola sericea.* Nach Erfahrungen der Fanning-Insulaner (südlich von Hawaii) garantiert ein durch Ausdrücken der Wurzel gewonnener Extrakt, unmittelbar in die erweiterte Wunde eingebracht, innerhalb kürzester Zeit Schmerz- und Symptomfreiheit.

Ich habe *S. sericea,* einen dem Rhododendron (außer der Blüte) nicht unähnlichen Busch, auf den Philippinen allerdings genau untersucht und sah mich außerstande, aus der viel zu trokkenen Wurzel auch nur einen einzigen Tropfen Flüssigkeit zu extrahieren. Vielleicht liegt wie bei der Papaya ein Prinzip »Enzym gegen Enzym« zugrunde.

Stachelrochen

Ein im Sand vergrabener und somit annähernd unsichtbarer Rochen beantwortet einen Fußtritt oder sonstige Störung im ungünstigsten Fall mit

einem nach oben gerichteten Peitschenschlag seines dornenbewehrten »Schwanzes«. Wenn der Hieb trifft, gibt es eine üble, rissige Wunde. Zudem wird manchmal ein alkalisches Gift abgesondert, das dem Gestochenen starke Schmerzen bereitet.
Verhütung: Beim Baden und Waten in flachem Wasser viel Lärm und Geplansche veranstalten. (Besser noch: Mit einem Stecken den Boden abtasten). Beim Tauchen nicht unmittelbar über dem Sandboden dahinschwimmen.
Behandlung: Bei Verletzung die Wunde eingänglich mit Essig oder Limone auswaschen, dann Hitzebehandlung versuchen.

Wrack- und Zackenbarsche

In Höhlen und Wracks hausen mitunter klotzige Exemplare. Normalerweise sind sie harmlos; es gibt sogar ausgesprochen »liebe« Burschen unter ihnen, die man füttern und streicheln kann. Sie können wie bissige Köter aber schon mal eine stürmische Scheinattacke auf einen eindringenden Taucher vornehmen. Wenn Maske und Mundstück dabei weggerissen werden, ist der Notfall da.
Vorsicht deshalb in dunklen, tiefen Unterwasserrevieren.

Natürlicher Stacheldraht: *Acacia farnesiana*

● Auf eine allgegenwärtige Gefahr am Strand sei noch hingewiesen. Der Dornenbusch *Acacia farnesiana* wächst auf vielen philippinischen Inseln unmittelbar am Wasser und bildet dort riesige Verhaue. Tote Zweige liegen im Umkreis dieser Büsche und recken ihre bis zu vier Zentimeter langen Dornen steil nach oben. Sie durchdringen locker eine Sandalensohle! Paßt deshalb auf Eure Füße auf. Stichwunden heilen schlecht und entzünden sich leicht.

Wissenswertes für den Taucher

Dekompressionskammern

Drei Dekokammern gibt es auf den Philippinen. Alle drei sind rund um die Uhr besetzt.
Cavite: Sangley Point Naval Base, Tel. 4322188 App. 4139 und 4190.
Cebu City: Camp Lapu-Lapu, Lahug. Tel. 310709 (Kammer), 312325 (zugehöriges Hospital).
Subic Bay: Olongapo, Subic Bay Freeport Zone, Tel. 384357, 3843751.
Außerdem haben die Bohrinseln im Nordwesten von Palawan alle solch ein Gerät an Bord - was aber nur von Belang ist, wenn man tatsächlich mal im Schatten einer solchen Installation einen Tauchunfall baut. Tauchen in den teuren Resorts hat den Vorteil, daß die Kommunikation dort funktioniert und im Notfall schnell ein Flugzeug oder Hubschrauber angefordert werden kann. Das läßt sich sonst nirgendwo voraussetzen. Taucht deshalb diszipliniert und mit reichlichen Reserven, damit Ihr gar nicht erst in eine mißliche Lage kommt.

Expeditionen

Es gibt eine Anzahl von Spezialschiffen auf den Philippinen, die (überwiegend in den Monaten 3-6) auf Tour zu den entlegensten Tauchgründen gehen. Die Destinationen liegen durchweg im

Westteil des Landes. Abfahrten und Programme unterliegen jedoch ständigen Veränderungen. Deshalb seien hier die Kontaktadressen gegeben, damit Leser sich gegebenenfalls direkt mit den Unternehmen in Verbindung setzen können.
Alle Vorwahlen (international) Manila: 00632.

m/y *Aquastar*
Fiesta Island Leisure
Sarmiento Building II
2316 Pasong Tamo Extension
Makati, Manila
Tel. 8167461, Fax: 8131967

m/y *Blackfin*
Maris Chartering Inc.
Rm. 8, Upper Penthouse
Legaspi Tower 2000
Malate, Manila
Tel. 8105085, Fax: 8191157

m/y *Island Explorer* und m/y *Sea Ray*
Cruise & Island Adventure
714 J. Abad Santos Street
San Juan, Manila
Tel. 780115, Fax: 706501

m/y *Lady of the Sea II*
Buenas Sistemas Adventures
4 San Martin Street
Magallanes Village
Makati, Manila
Tel. 8310457, Fax: 8310466

m/y *Nautika*
PCP Holiday Cruises, Inc.
44 Brixton Hills
Santa Mesa, Manila
Tel. & Fax: 614230

m/y *Tristar*
Tristar Sea Ventures
2038 Kalamansi Street
Dasmariñas Village
Makati, Manila
Tel. 8167088, Fax: 8109180

Wer mit dem eigenen Fahrzeug oder einem gemieteten Fischerboot auf Tauchtour geht, muß für jeden Trip unbedingt die *Clearance* der Coast Guard des jeweiligen Auslaufhafens einholen und mitführen. Fehlt diese, kann das Fahrzeug für einen illegalen Raubfischer gehalten und mit sämtlichem Inventar aufgebracht und beschlagnahmt werden.

Reviergrenzen

Des öfteren ist im vorstehenden Text von Privatinseln und »Hausriffen« die Rede gewesen. Der Taucher braucht sich insofern keine Sorgen zu machen. Die private Sphäre beginnt erst an der Hochwasserlinie des festen Landes; bis dorthin hat der Staat das Sagen. Man kann sich also ohne weiteres unter die Gäste eines Resorts mischen - solange es im Wasser ist. Selbstverständlich wird der Privatbesitzer eines Eilands von seinem »erweiterten Hausrecht« Gebrauch machen und Eindringlingen die Ordnungsmacht auf den Hals hetzen, sofern diese irgend etwas zerstören. Und das ist ja auch gut und richtig, wenn alles heil bleiben soll.

Tauchbasen

Die in diesem Kapitel aufgeführten Tauchbasen entsprechen dem Standard der *Philippine Commission on Sports SCUBA Diving*. Diese Behörde kontrolliert das kommerzielle Tauchwesen im Lande und hat sich zu einer recht rührigen Organisation gemausert. Wer sich in Manila aufhält, kann sich dort viele zusätzliche Informationen und Ratschläge einholen (Zimmer 521 im Department of Tourism, Rizal Park, Tel. 585957 App. 382 und 388).
Tauchern mit knapp bemessener Ferienzeit sei auf alle Fälle empfohlen, schon im Heimatland das komplette Programm zu buchen. Das geht über Clubs, Reisebüros oder indem man sich an die Veranstalter wendet, die

ständig in den Fachzeitschriften *tauchen* und *unterwasser* ihre Dienste annoncieren. Anfängern, die auf den Philippinen zunächst ihren Tauchschein (siehe unten) erwerben wollen, rate ich, auf gut Glück nach Puerto Galera oder Boracay zu reisen; dort kann man sich jederzeit einem entsprechenden Programm anschließen, das zudem den Vorteil deutschsprachiger Instruktion bietet. Einmal vor Ort, ausgebildet und etwas mehr erfahren, besteht dann die Möglichkeit, etwas auf eigene Faust zu unternehmen oder das nächstjährige Ferienprogramm schon vorzubereiten.

Tauchgeräte
Die Tauchbasen sind durchweg mit allem Nötigen ausgerüstet. Die eigene Maske sollte man gegebenenfalls mitbringen; für Brillenträger ist dies unumgänglich. Tankanschlüsse haben vielfach INT-Norm, was aber ja nicht von Belang ist, wenn man darauf verzichtet, seinen eigenen Automaten mitzuschleppen. Preis für einzelne Tauchgänge: um 500 P. Ein Tag in einer Tauchbasis, alles inklusive (einschließlich zweier Tauchgänge): um 1.600 P. Ein Tag auf einem Tauchboot: Ab etwa 2.000 P (mit Tauchen und Verpflegung).

Tauchsaison
Die beste Zeit ist landesweit von Mitte März bis Mitte Mai. Während dieser Monate ist die See am ruhigsten, See- und Wassertemperaturen am höchsten (letztere bis mindestens 28 Grad an der Oberfläche) und die Unterwassersicht am besten.

Tauchscheinerwerb
Bei den meisten kommerziellen Unternehmen möglich; alle Kategorien, alle Klassen. Der Grundschein nimmt durchschnittlich vier Tage in Anspruch und kostet 5.000 bis 6.500 P für das Fußvolk, für Anspruchsvollere - genau das gleiche Programm - ab 9.000 P. Viele Unternehmen bieten weitere Staffelungen bis hin zum *Instructor* an. Manila hat sich nach Drittweltmanier von der internationalen Lobby gut in die Pflicht nehmen lassen. Bis auf weiteres gibt es in diesem Land, in dem man schon tauchte, als Europa noch das Wasser scheute, keinen rein philippinischen - und dem Landesstandard entsprechend billigeren - Tauchschein. Aber das kann sich ja noch ändern...

Tauchvereine
Ich rede jetzt nicht von kommerziellen »Clubs«, sondern von privaten Vereinigungen. Es gibt sie auf den Philippinen in vielen Städten, und ihre Anzahl nimmt zu. Selbstverständlich werden sich offizielle Stellen scheuen, Euch darauf hinzuweisen. Wer eine längere Philippinenreise macht und ab und zu ein wenig »mittauchen« möchte, der wende sich mit einer entsprechenden Frage an Rathäuser oder Behörden wie die Coast Guard. Oft erhaltet Ihr dann Anschluß an Leute, die nur ihren Spaß haben und keine Kohle machen wollen. Zudem ist das ganze Verhältnis zur privaten Taucherei unter Filipinos viel entkrampfter als hier. Man trifft sich zwar auch gern im Verein, aber man meiert weniger.

Tauchzeit
Die beste Zeit zum Tauchen ist auf den Philippinen zwischen zehn und zwölf Uhr. Um 14 Uhr sollte man endgültig Schluß machen. Danach werden die Schatten zu lang, gleichbedeutend mit früher Dunkelheit.

Unterwasserjagd
Mit dem Atemgerät offiziell verboten, in geschützten Gebieten auch ohne. Wer will's kontrollieren? Legt Euch eigene Beschränkungen auf, aber verzichtet nicht aus falschem Fanatismus auf ein köstliches Fischdinner vor Eurer Nase.

Nützliches Vokabular

1. Pflanzen und Tiere in diesem Kapitel

Acacia farnesiana	*aróma*
Barrakuda	*barakúda*
Dornenkronen-seestern	*»táeng kalabáw«*
Feuerkoralle	*gásang*
Hai	*patíng*
Kastenqualle	*salábay*
Krake	*pugíta*
Mangrove	*bakáwan*
Muräne	*pinangítan*
Papaya	*papáya*
Riesenmuschel	*taklóbo*
	manglét (Palawan)
Rotfeuerfisch	*lawág*
Scaevola sericea	*bótong-bótong*
Schildkröte	*pawíkan*
Seeigel	*táyom, tugón*
Seeschlange	*wálo-wálo*
Stachelrochen	*pági*
Steinfisch	*gatásan*
Zackenbarsch	*lápu-lápu*

2. Vokabular für Taucher (englisch)

Wie die Flieger haben auch die Taucher eine gemeinsame internationale Sprache - englisch. Selbst wenn man ausschließlich von deutschen Instruktoren umsorgt wird, sollte man etwas englisches Tauchvokabular draufhaben. Alle Filipinos, die etwas mit der Gerätetaucherei zu tun haben, sprechen ebenfalls gutes Englisch und beherrschen die Fachausdrücke.

Abstieg (Aufstieg)	*descent (ascent)*
Atemgerät	*aqualung*
Atemluft	*compressed air*
Druckeinheit (metrisch)	*kilos* (= Bar)
- (Zoll)	*PSI* (= Bar x 14,22)
Flossen	*flippers*
Gewichtsgürtel	*weight belt*
Kompressor	*compressor*
Luftflasche	*air tank; cylinder*
Luftfüllung	*air fill*
Lungenautomat	*regulator*
Naßanzug	*wetsuit*
Schnorchel	*snorkel*
Tarierweste	*buoyancy compensator, BCD, stab jacket*
Tauchboot	*dive boat*
Taucher	*diver*
Taucherbrille	*dive mask*
Taucherkrankheit	*bends*
Tauchgang	*dive*
Tauchgerät	*scuba gear*
Tauchlehrer	*instructor*
Tauchpartner	*(dive) buddy*
Tauchschein	*C-card*
Tauchscheinerwerb	*certification*
Tiefenmesser	*depth gage*

3. Allgemeines Vokabular

Siehe Kapitel »Reisetips«, »Galeonenwracksuche«, »Robinsonade« und »Wrackexploration«.

Trekking

Wem es in den Sinn käme, die Philippinen einmal in ihren wirklichen Dimensionen kennenzulernen, der könnte - Zeit und Ausdauer vorausgesetzt - die gut 2.000 Kilometer von der Nordspitze Luzons bis Kap Tinaca (Tinaca Point) am Südzipfel Mindanaos zu Fuß zurücklegen, ohne kaum jemals seinen Wanderschuh auf Asphalt oder Beton setzen zu müssen. Selbst Hindernisse wie Dschungel, Sümpfe und Flüsse gäben wenig Anlaß zu Besorgnis. Grund: Der philippinische Archipel wird annähernd in seiner Gesamtheit von einem riesigen Netzwerk kleiner und kleinster Pfade durchzogen, die der ländlichen Bevölkerung als Verbindung untereinander und zur Außenwelt dienen und auf denen das einzige anzutreffende Fahrzeug allenfalls ein Ochsenschlitten ist. Außerhalb der Fernstraßen, auf denen sich der Motorverkehr zwischen den urbanen Zentren zusammendrängt, existieren Hunderte von Kilometern so gut wie unbenutzter Nebenstrecken, durch deren Schlaglochlabyrinth nur gelegentlich ein müder Jeepney dahinholpert oder auch gar nichts. Anderorten lassen die Trails nur Fußgänger zu, dann wieder verlieren sie sich in der Wildnis von Stränden und Gebirgen. Idealbedingungen für den Trekkingfan.

Dieses Kapitel stellt einige Treks vor, die durch die reizvollsten Landschaften des Archipels führen. Womit eines der wichtigsten Kriterien bereits erfüllt ist: Der Wanderer will ja etwas vom Land sehen.

Tagespensen habe ich auf 15 bis 20 Kilometer beschränkt. Mit vollem Marschgepäck in tropischer Hitze und rauhem Gelände ist das schon eine ganz schöne Distanz. Außerdem habe ich die Routen so gewählt, daß zumindest sporadisch die Möglichkeit einer motorisierten An- oder Abfahrt besteht. Generell ist in diesem Kapitel aber die Möglichkeit, mit Kraftverkehr in Berührung zu kommen, so klein wie möglich gehalten und maximaler Naturnähe der Vorrang gegeben worden. Als Resultat wird es nicht immer einfach sein, ein nächtliches Dach über dem Kopf und etwas vernünftiges Eßbares zu finden. Ich hoffe jedoch, im Verlauf der anderen Kapitel genug Anhaltspunkte gegeben zu haben, um dem Hiker diese Probleme zu erleichtern.

Besonders interessant ist der Nachvollzug von Treks europäischer Forschungsreisender des vorigen Jahrhunderts. Schon damals hatten (vornehmlich deutsche) Edeltraveller offenbar eine Vorliebe fürs philippinische Abenteuer. Speziell hingewiesen sei auf de la Gironière, Jagor, Meyer, Schadenberg, Semper und von Drasche (siehe Literaturanhang). Fedor Jagors klassisches Werk *Reisen in den Philippinen* wurde im Verlag Jens Peters Publikationen neu aufgelegt.

Trekking-Vorschläge

Luzon-Ostküstentrek (beste Monate: 3-8)

Eines Tages wird es mir bestimmt gelingen, den äußersten Nordosten Luzons von San Vicente bis Palanan zu erwandern. Die Strecke ist bislang ein weißer Fleck auf meinen Karten, ein ungemein rauher Küstenstrich, den zu »bezwingen« ich noch keine Gelegenheit fand. Aber das Teilstück von Palanan bis Matnog im Süden beinhaltet auch schon einen ganz schönen Spaziergang.

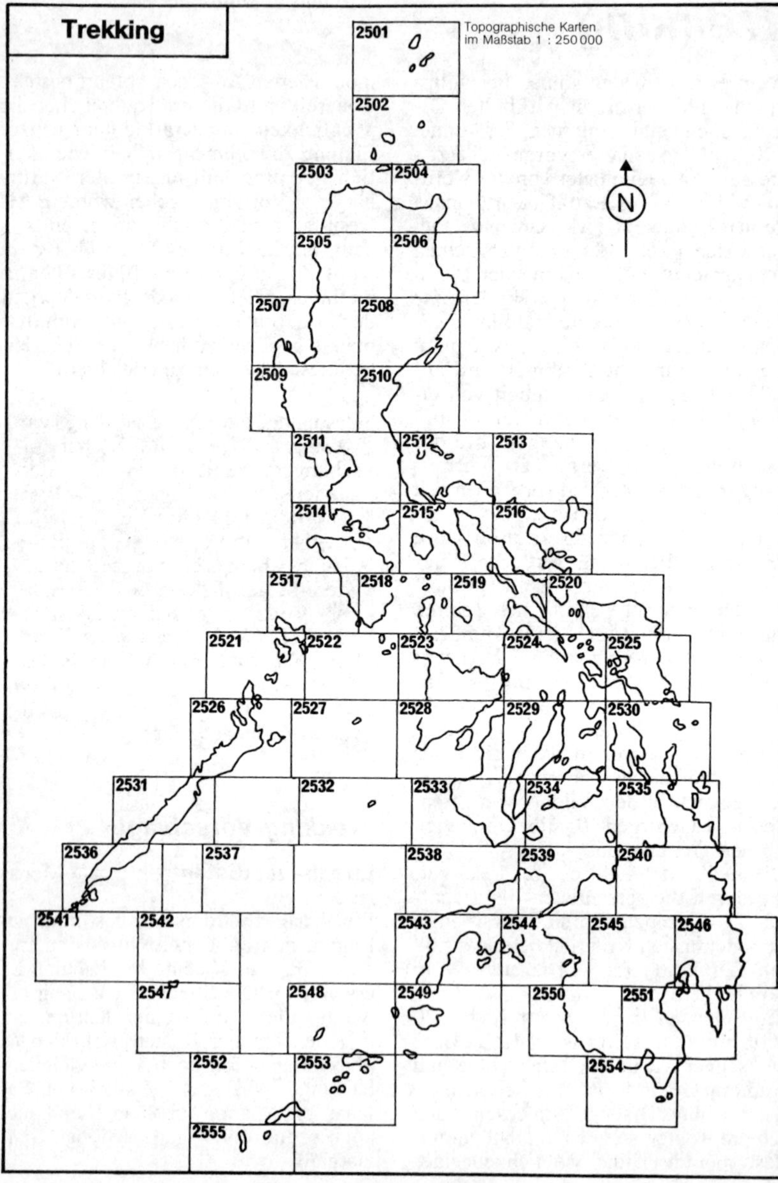
Trekking
Topographische Karten
im Maßstab 1 : 250 000
N
2501
2502
2503
2504
2505
2506
2507
2508
2509
2510
2511
2512
2513
2514
2515
2516
2517
2518
2519
2520
2521
2522
2523
2524
2525
2526
2527
2528
2529
2530
2531
2532
2533
2534
2535
2536
2537
2538
2539
2540
2541
2542
2543
2544
2545
2546
2547
2548
2549
2550
2551
2552
2553
2554
2555

1. Etappe
Palanan-Casiguran (etwa 150 km): Diese Strecke entlang einer Küste, die sich in tausend Jahren kaum verändert hat, ist der richtige Auftakt: Sie ist beinhart. An den östlichen Hängen der Sierra Madre der Etappe steht unglaublich dicker Dschungel, wohl der schönste der gesamten Philippinen. Die Küste ist nur von ein paar Grüppchen pechschwarzer und kleinwüchsiger Agta-Eingeborener bewohnt. Unter diesen sollte man schon in Palanan tunlichst zwei bis drei Guides anheuern, denn der Trek nach Süden folgt keineswegs einem lauschigen Sandstrand, sondern windet sich durch Urwald und Berge oder über gewaltige Steilabbrüche hinweg.
Der erste Weiße, der diese Küste entlangzog, war der amerikanische General Frederick Funston im Jahre 1901. Indem er sich als Gefangener philippinischer Guerillas - in Wahrheit Kollaborateuren - ausgab, gelang es ihm, seinen berühmten Widersacher Emilio Aguinaldo in Palanan zu überwältigen und damit das Ende des damaligen Krieges einzuläuten. Obwohl ausnahmslos lederzähe Abenteurer, verbrauchten Funston und seine vier Kameraden auf dem Trek fast ihre letzten Reserven.
Nichts mehr und nichts weniger erwartet auch den heutigen Hiker. Knüppeldick kommt es schon gleich hinter Palanan, einem Ort, der noch genauso aussieht wie in Funstons Tagen und nur zu Fuß, per Boot oder per Kleinflugzeug erreicht werden kann. Als erstes muß der Palanan River dreimal brusttief durchwatet werden. Es folgen halbwegs kommode 14 Kilometer auf einer alten Logging Road, doch dann geht's im Ernst in weg- und stegloses Gelände. Mit etwa zehn Tagen in demselben muß man rechnen, bevor im Weiler Dinapiqui wieder etwas bescheidene Zivilisation erreicht wird. Von dort führen Trails weiter nach Süden, und in Dilasag beginnt ein richtiges Sträßchen (das allerdings nur äußerst selten befahren wird). Endpunkt ist Casiguran. Dort hat's kleine Klausen und Lokale und das erste kalte Bier.

2. Etappe
Casiguran-Baler (etwa 110 km): Die beiden Orte sind mit einer Holperstraße verbunden, die am oberen und unteren Ende durch Flach- und Kulturland führt und sich im Mittelteil die Sierra-Madre-Hänge entlangzieht, über lange Strecken hinweg durch dichten Dschungel. Ein Hiker kann dieser Straße ohne weiteres folgen, denn der Verkehr auf ihr ist außerordentlich gering - zwei bis drei Jeepneys am Tag. Zur linken Hand laden immer wieder herrliche menschenleere Strände zum Begehen und Verweilen, und in bequemen Tagesetappen finden sich kleine Ansiedlungen, in denen es etwas zu beißen gibt. Übernachten muß man entweder im Zelt oder sich ein Privatquartier suchen, was nicht besonders schwierig ist.
Baler ist ein gemütliches Städtchen mit Restaurants, kleinen Hotels und einem langen, menschenleeren Strand, an dem man vor der nächsten Etappe unbedingt etwas relaxen sollte.

3. Etappe
Baler-Infanta (etwa 150 km): Diese Strecke ist fast so hart wie die erste und ohne Negrito-Guide kaum zu bewältigen. (Für das Arrangement spreche man im Rathaus von Baler vor). Ein schwieriger Abschnitt liegt schon unmittelbar unterhalb von Baler; für die rund 50 Kilometer bis Dingalan braucht man mehrere Tage. Ab dort windet sich ein Stück dürftigster Trasse die Küste hinab bis Pinotpandian, dann ist wieder Schluß. Nach drei bis vier Tagen wilden Trekkens erreicht man jedoch erneut einen Pfad und kann

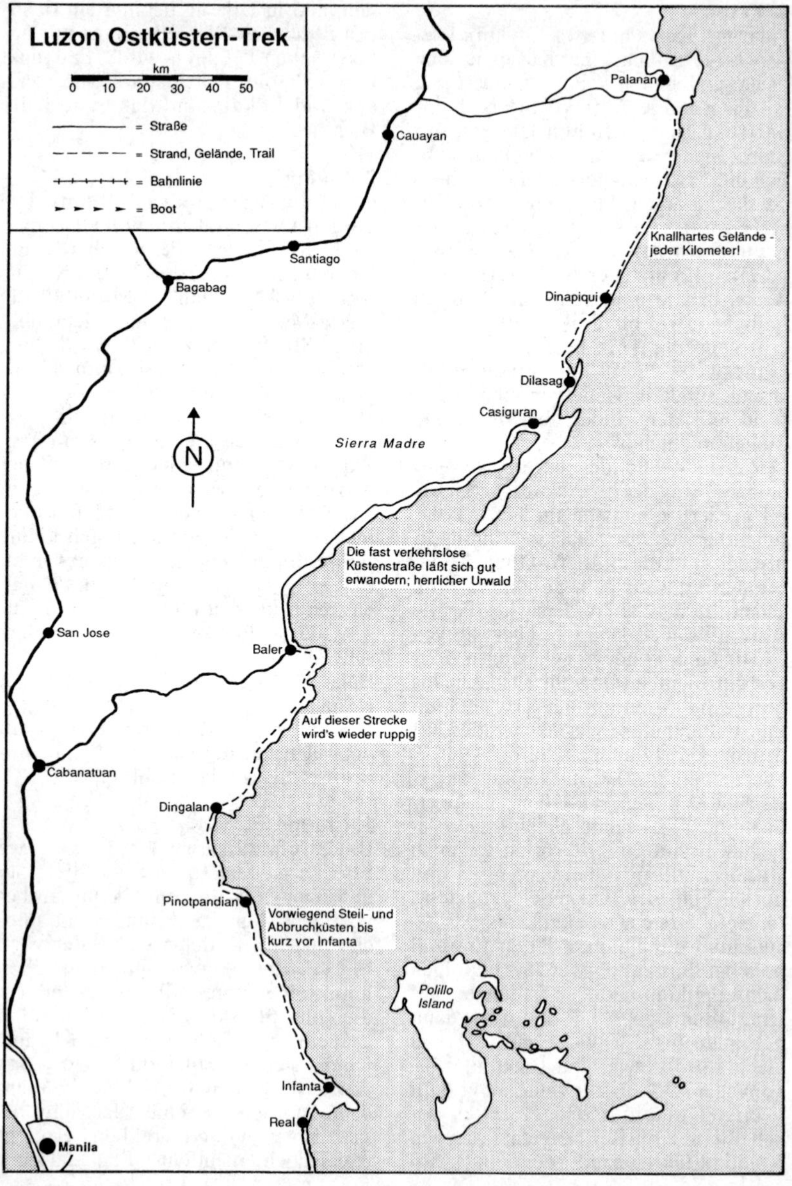
Luzon Ostküsten-Trek
km
0 10 20 30 40 50
= Straße
= Strand, Gelände, Trail
= Bahnlinie
= Boot
Palanan
Cauayan
Knallhartes Gelände - jeder Kilometer!
Santiago
Bagabag
Dinapiqui
Dilasag
Casiguran
N
Sierra Madre
Die fast verkehrslose Küstenstraße läßt sich gut erwandern; herrlicher Urwald
San Jose
Baler
Auf dieser Strecke wird's wieder ruppig
Cabanatuan
Dingalan
Pinotpandian
Vorwiegend Steil- und Abbruchküsten bis kurz vor Infanta
Polillo Island
Infanta
Real
Manila

sich jetzt zügiger voranbewegen. Ein paar Dörfer gibt es auch, wo man gegebenenfalls ins Boot umsteigen kann, wenn man keine Lust mehr zum Marschieren hat.
Infanta ist ein wenig schöner Ort in einer weiten Küstenebene, bietet jedoch einige Annehmlichkeiten, nach denen ein Hiker im Anschluß an seinen harten Trek lechzt.

4. Etappe

Infanta-Atimonan (etwa 100 km): Bis zur Abzweigung nach Siniloan und Manila ist die Infanta-Straße relativ vielbefahren. Man sollte zunächst versuchen, auf der Hypotenuse durch Reisfelder und Bambushaine nach Real hinunterzuwandern. Dort muß man dann ein Stück die Straße lang, kann aber bald zum Strand abbiegen und diesem fast bis zur Abzweigung folgen. Dann zunächst über die Straßenbrücke und nach links die Küste entlang weiter.
Es folgt ein harter Brocken Wildnis und Steilküste von etwa 20 Kilometer, bis Piapi, das erste Dorf erreicht wird. Von da geht's dann ohne Schwierigkeiten weiter eine wenig befahrene Straße entlang bis Mauban, einem Nest mit ein paar einfachen Herbergen und viel gutem Fisch, denn der wird dort massenhaft gelandet.
Von Mauban kann man via Lucban oder Tayabas wieder nach Manila zurückkehren. Man kann aber auch etwa 35 Kilometer bis Atimonan weiterwandern. Darauf sollte man eigentlich nicht verzichten, denn mehr als die Hälfte der Route führt an einem herrlichen Strand entlang. Zwar liegen viermal tiefe Flüsse im Weg, doch es finden sich immer hilfreiche Seelen mit einem Boot. In Villa Ilaya, etwa auf halbem Wege, muß man sich gegebenenfalls ein Privatquartier suchen. Von dort führt eine kleine Straße durch Wald und Kokosland nach Atimonan.
Das Städtchen mit seiner wuchtigen alten Kirche und dem ausgesprochen gemütlichen kleinen »Apothekenhotel« habe ich immer gern gemocht. Restaurants gibt's auch jede Menge und einen überquellenden Markt unten am Hafen.

5. Etappe

Verschiedene Möglichkeiten, insgesamt etwa 200 km: Hinter Atimonan muß man den Highway entlang - nicht zu empfehlen. Man kann folgendes machen: Von Atimonan nach Perez auf der Insel Alabat übersetzen. Dort die ganze Nordküste zu Fuß entlangmarschieren (etwa 30 km), bis man im Städtchen Quezon wieder rauskommt. Von dort läßt man sich zum Festland nahe Calauag zurückfahren.
Jetzt ist man allerdings wieder am Highway angekommen, und außerdem ist die Pazifikküste der folgenden Provinz Camarines Norte für einen Hike zu zerrissen. Wenn man ab Calauag der Bahnlinie folgt, hat man diese Probleme nicht. Von einer Schwelle zur anderen zu hüpfen, ist ebenfalls unnötig, denn es ziehen sich oft genug parallele Pfade am Schienenstrang entlang. Vor dem Zugverkehr braucht man keine Angst zu haben - der »Bicol Express« fährt nur einmal am Tag und gar nicht so expreß.
Dieserart lernt man die schöne Küste des Ragay-Golfs und die Südhänge des Mt. Labo über 80 Kilometer Distanz kennen, bis man in Sipocot wieder den Bahndamm verläßt. Dort kann man jetzt der Uferstraße entlang der San Miguel Bay folgen, die sehr moderaten Verkehr aufweist, bis man Tinambac erreicht. Dort nach Lagonoy weiter. Nicht unbedingt auf der Hauptstraße; es gibt zahlreiche Alternativen, z. B. über Buludan. In Lagonoy am Nordufer des Sabang River weiter bis zur Mündung des Flusses, dort übersetzen nach Sabang (zahlreiche Unterkunftsmöglichkeiten).

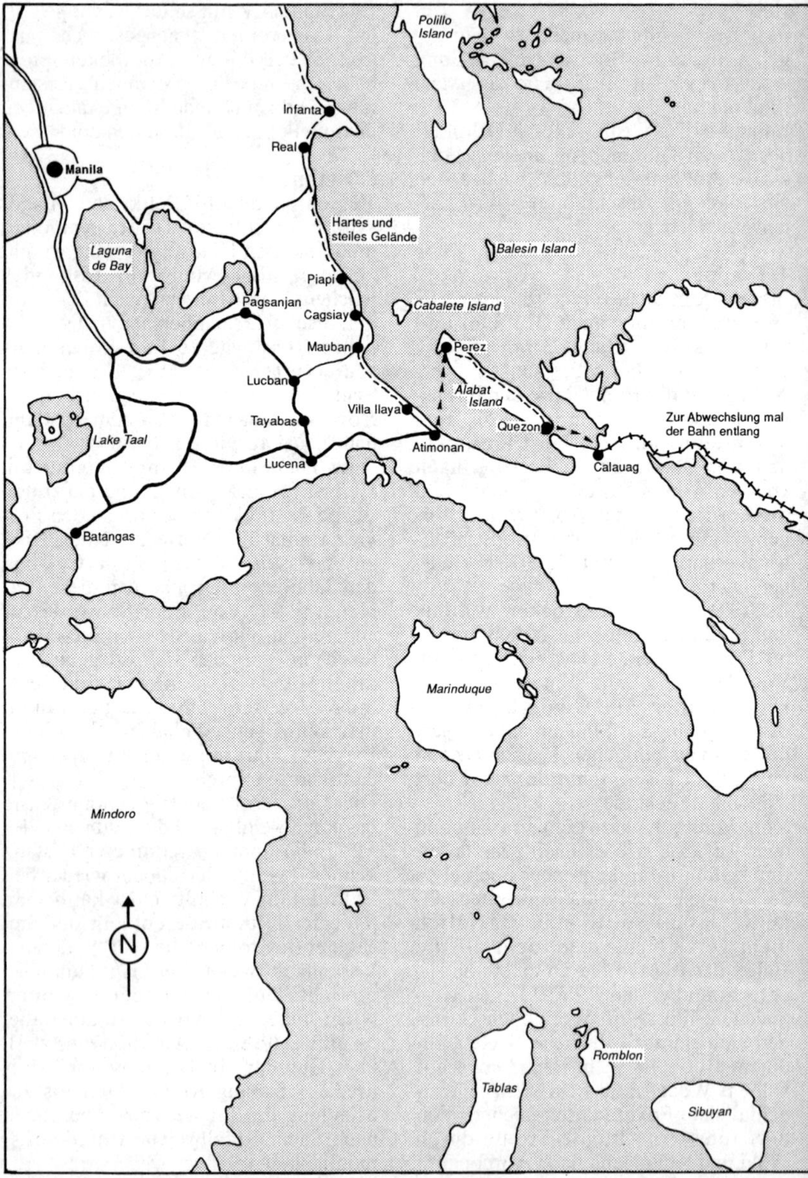
Polillo Island
Infanta
Real
Manila
Laguna de Bay
Hartes und steiles Gelände
Balesin Island
Piapi
Pagsanjan
Cagsiay
Cabalete Island
Mauban
Perez
Lucban
Alabat Island
Villa Ilaya
Tayabas
Quezon
Zur Abwechslung mal der Bahn entlang
Lake Taal
Atimonan
Calauag
Lucena
Batangas
Marinduque
Mindoro
N
Romblon
Tablas
Sibuyan

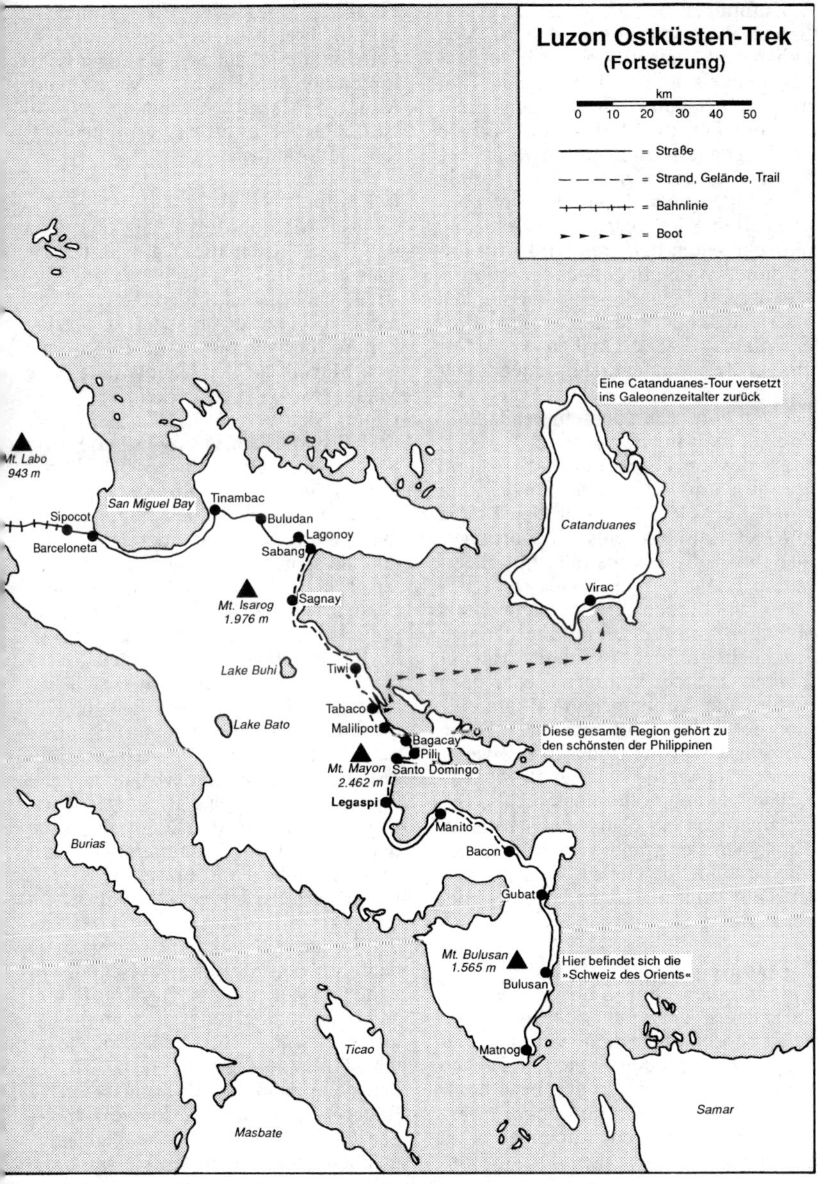
Luzon Ostküsten-Trek
(Fortsetzung)
km
0 10 20 30 40 50
= Straße
= Strand, Gelände, Trail
= Bahnlinie
= Boot
Eine Catanduanes-Tour versetzt ins Galeonenzeitalter zurück
Mt. Labo 943 m
San Miguel Bay
Tinambac
Sipocot
Buludan
Lagonoy
Barceloneta
Sabang
Catanduanes
Virac
Mt. Isarog 1.976 m
Sagnay
Lake Buhi
Tiwi
Tabaco
Lake Bato
Malilipot
Bagacay
Pili
Santo Domingo
Mt. Mayon 2.462 m
Diese gesamte Region gehört zu den schönsten der Philippinen
Legaspi
Manito
Burias
Bacon
Gubat
Mt. Bulusan 1.565 m
Hier befindet sich die »Schweiz des Orients«
Bulusan
Ticao
Matnog
Masbate
Samar

6. Etappe

Sabang-Legaspi (etwa 100 km): Von Sabang bis Sagnay zieht sich ein langer, dunkelsandiger Strand zehn Kilometer am Lagonoy-Golf entlang. Einige Flüßchen im Pfad sind außerhalb der Regenzeit leicht durchwatbar. In Sagnay erreicht man eine schmale Uferstraße, die sich an einem überaus reizvollen Küstenstrich hinzieht und nur sehr selten befahren wird. Am Ende dieser Straße liegt nach 23 Kilometern der Ort Tiwi mit seinen berühmten Thermalquellen und der riesigen Erddampfanlage. (Die Quellen waren vor einiger Zeit versiegt, rinnen jetzt aber wieder).

Die von dort nach Süden führende Straße muß man meiden - zuviel Verkehr. Statt dessen kann man sich inland wenden und auf schmalen Pfaden durch Reisfelder einen großen Bogen mit Ziel Malilipot schlagen. Dort überquert man die Hauptstraße mit Destination Bacacay und Pili. Einen Kilometer vor letzterem Ort nach rechts abbiegen und die Uferstraße entlang. Am höchsten Punkt (wenn der Mayon-Vulkan in Sicht kommt) wieder nach rechts. Die wunderschöne Route entlang des Albay-Golf führt nach Santo Domingo, wo man passable Resorts findet. Der vielgepriesene Beach von Kalayukay taugt allerdings nichts. Dafür zieht sich ein glatter, tiefschwarzer Strand vor der grandiosen Kulisse des Mayon elf Kilometer bis Legaspi weiter. Dort kann man dann erstmals wieder richtiges Citylife genießen.

7. Etappe

Catanduanes-Umrundung (über 200 km): Diese Tour läßt sich als Option zwischenschalten, denn von dem auf Etappe 6 liegenden Seehafen Tabaco kann man nach der großen Insel draußen im Pazifik per täglichem Fährschiff hinüberfahren. Einzelheiten zu Catanduanes in Kapitel »Island Hopping«. Es ist möglich, die gesamte Insel auf ihrer Küstenstraße zu umwandern, auf der es außerhalb einiger Kilometer um den Hauptort Virac kaum Motorisiertes gibt. Besonders reizvoll ist die Ostküste mit ausgedehnten Riffen und Stränden.

8. Etappe

Legaspi-Matnog (etwa 120 km): Von der Rizal Street dicht am Stadtkern nach Puro Beach abbiegen. Der Uferstraße nach rechts folgen; sie wird allmählich immer malerischer. In Maslog kommt Ihr nach insgesamt 15 Kilometern Marsch an der Hauptstraße nach Matnog raus. Kaum Verkehr.

Hinter Manito geht die Trasse weiter nach Osten. Nächstes Tagesziel: Barrio Santo Niño (etwa 18 km). Der Trail wird später immer dünner und verzweigter. An die breiteste Spur halten, die in einigem Abstand der Küste folgt und sie später endgültig erreicht. Weiter nach Bacon; dort beginnt das Straßennetz wieder. Über Trails kann man jedoch hinüberstoßen bis Gubat (16 km). Von dort ist es nur noch ein Stückchen weiter bis zum Rizal Beach, wo sich gute Logis finden lassen. Der Strand ist nicht der beeindruckendste der Philippinen, aber er ist weiß, sauber und kilometerlang. Manchmal sieht man dort nur ein paar Ringnetzfischer. Ihnen kann man den Fang abkaufen und in den Cottages zubereiten - fast schon ein bißchen Robinson.

Die malerische Uferstraße südlich von Gubat ist sehr wenig befahren. An vielen Stellen läßt sich bei Niedrigwasser auch auf den Strand ausweichen, vor dem sich ein riesiges Barriereriff hinzieht. Tagesziel: Bulusan, rund 20 Kilometer weiter. Dort, in der sogenannten »Philippinischen Schweiz« zu Füßen des prächtigen Bulusan-Vulkans, findet man freundliche kleine Herbergen und nette Leute. Unbedingt »mitnehmen« sollte man den kleinen Lake

Bulusan, auf etwa 600 Meter Höhe am Ostabhang des Berges gelegen und eine wahre Naturperle. Am Seeufer kann man auch kampieren und den Tilapia-Anglern zuschauen. Mehr zum Mt. Bulusan im Kapitel »Vulkanerkundung«.
Via San Roque zurück an die Küste bei Talaonga und weiter nach Santa Magdalena und Matnog. Dort gibt es einige Mini-Klausen für die Passagiere der Samarfähren. Und deshalb auch diverse Langfinger - Vorsicht! Nach einem Trek über fast 1.000 Kilometern sollte man sich nicht die Kamera und Filme klauen lassen!

Mindanao-Trek (beste Monate: 4-9)
Auf Mindanao fehlen mir noch ein paar Kilometer zur Komplettierung der Nord-Süd-Achse. Kap Tinaca an der Südspitze habe ich aber immerhin per Schuh erreicht und kann zumindest diesen schönen, südlich von Digos beginnenden Trek im Einzelnen beschreiben.
Eines Tages wird es die Straße bestimmt geben, die auf den meisten heutigen Karten Digos bei Davao und Kap Tinaca verbindet. Bis auf weiteres existiert sie jedenfalls nicht, und selbst der Saumpfad, der die Küste entlangführt, ist über weite Distanzen hinweg eher fragmentarisch zu nennen. Hier und da sind an besonders unzugänglichen und steilen Stellen sogar Leitern angebracht. Freundlicherweise. Gäbe es sie nicht, müßte man vielfach arg kraxeln.
Die Dörfer, die sich entlang des Westufers des Davao-Golf aufreihen, sind nur per Boot zu erreichen. Einen geschützten Hafen gibt es nicht, keinen einzigen. Deshalb läuft in der Amihansaison, beginnend im Dezember, wenn eine gewaltige See auf die Strände platzt, fast überhaupt nichts - und der Monsun weht dort gut in den April hinein!
Also gehe man zu Fuß. Ab Malita, wo die Straße unumstößlich aufhört und die ersten Steilhänge beginnen, bis Glan an der Sarangani-Bucht, wo man wieder in einen Jeepney steigen kann, sind es etwa 120 Kilometer. Wenn man sich dafür etwa zwei Wochen Zeit läßt, hat man das richtige Tempo gewählt.
Oft marschiert man an Stränden entlang, manche südseeweiß, die meisten grau oder braun. Zur Rechten dehnt sich das zentrale Bergland der Halbinsel, links donnert die Brandung. Im Landesinnern wohnt niemand oder ein paar Angehörige der Manobostämme (siehe Kapitel »Naturvolkkontakte«), die sehr »wild« sein sollen - was ich nicht bestätigen kann: Sie waren ausgesprochen freundlich. Der dazwischenliegende Küstenstreifen wird vorwiegend von Kokos- und Sisalplantagen eingenommen. Die Pflanzer, jede Menge bemooste Oldtimer unter ihnen, freuen sich, wenn sie in der Monsunsaison mal einen Gast zu Gesicht bekommen. Der Küstentrail, wo immer es einen solchen gibt, verschwindet oft im Grün oder wird von der Flut überwaschen. Mitunter gilt es auch Flüsse zu überqueren; dann kann man froh sein, wenn ein einziger Palmenstamm, fürchterlich wacklig, eine Brücke bildet. Hier und da mußte ich auch schwimmen.
Es gibt nichts auch nur entfernt Touristisches, wenn man von ein paar *Carinderias* - Mini-Restaurants - in Jose Abad Santos absehen will, der einzigen etwas größeren Ortschaft, etwa in der Mitte des Treks gelegen. Und danach geht es endgültig ins Manoboland... Waffenträger sieht man dann schon öfter, aber sie scheinen andere Feinde als Abenteuerreisende zu haben, falls überhaupt welche.
Die Landschaft entlang der gesamten Route ist lieblich bis dramatisch. Im Süden, bevor Kap Tinaca erreicht wird, gewinnt sie noch an Schönheit. Man

sollte noch ein wenig in ihr schwelgen, das eine oder andere Bad in der Celebes-See nehmen, bevor man die »Zivilisation« wieder erreicht. Das ist spätestens in General Santos (Dadiangas), einer häßlichen, scheinbar aus lauter Zweckbauten bestehenden Stadt, von wo einen der Bus wieder auf glattem Beton nach Norden tragen kann...

Mindoro-Trek (beste Monate: 11-5)
Die Insel Mindoro hat sich in den letzten Jahren gewaltig gemausert. In Schwung geriet die Entwicklung erst richtig 1978, als die 150 Kilometer lange Straße von Calapan nach Roxas in Angriff genommen wurde. Aber alles nach philippinischen Maßstäben natürlich. Nachdem man die existierende alte Trasse mit Bulldozern aufgerissen und den neuen Highway zu bauen begonnen hatte, ging bei km 10 das Geld aus, und für den Straßenverkehr hieß es *rien ne va plus*. Erst 1981 machte man weiter, aber es blieb bei Flickwerk. Die neue Straße sollte ursprünglich 20 Meter breit werden, acht wurden daraus. 1992 gaben amtliche Quellen die Länge des Straßennetzes auf Mindoro zentimetergenau mit 844,3007 Kilometer an, begleitet von einer verschämten Fußnote, daß nur 64 Kilometer davon befestigt waren. Mittlerweile baut man etwas fleißiger, vor allem beiderseits von Puerto Galera. Doch es gibt noch jede Menge Strecken, auf denen man sich unbehelligt von jeglichem Straßenverkehr bequem zu Fuß fortbewegen kann.

1. Etappe
Puerto Galera-Bulalacao (etwa 240 km): Die Küste zwischen Puerto Galera und Calapan im Osten zählt weiterhin zu den schönsten des Landes, auch wenn man sich auf ihr einigen Jeepneyqualm gefallen lassen muß. Nach 15 Kilometern auf der Straße erreicht man den Tamaraw-Wasserfall, nicht gerade überwältigend, doch ganz hübsch anzuschauen und Gott sei Dank nicht touristisch verbaut. Hinter der Brücke über den Baco River muß man sich entscheiden, ob man nach rechts auf Trails durch die unendliche Reisebene trekken oder nach Calapan weiter möchte. Dort wird der Verkehr dann zwar ziemlich dick, aber man kann sich auf dem großen Markt noch einmal gut verproviantieren.
Östlich von Calapan zieht sich in etwa parallel zum Highway eine verfallene Küstenstraße entlang, auf der sich so gut wie nichts bewegt. Dieses Sträßchen führt, teils in Trails übergehend, am zauberhaften Lake Naujan vorbei nach Pola. Südlich von Pinamalayan sollte man am besten bis Bongabong wieder durch die Reisfelder marschieren, weil die Küste von vielen Flüssen unterbrochen ist. Das Delta des Bongabong River kann man hingegen fernab vom Highway auf einigen so gut wie unbefahrenen Straßen bewältigen. In Roxas, Ausgangspunkt für Boracay-Fahrten, bieten sich am Strand in Dangay einige sehr einfache Beach Resorts zur Übernachtung an.
Die 40 Kilometer von Roxas nach Bulalacao lassen sich leicht auf dem Highway packen, denn der Verkehr kommt dort fast zum Erliegen; hinter Mansalay endgültig. Es gibt aber auch diverse Kreuz- und Querverbindungen auf ländlichen Kleinstraßen; man muß sich etwas durchfragen.

2. Etappe
Bulalacao-Mamburao (etwa 180 km): Südlich von Bulalacao kann man zunächst einem unendlich scheinenden, wenn auch nicht gerade blitzweißen Strand folgen, bis man in der Nähe von Guiob die Straße nach San Jose gewinnt. Dieser sollte man folgen, denn die Küste am Südzipfel Mindoros wird zunehmend steil und unwegsam. Verkehr ist so gut wie null, denn der High-

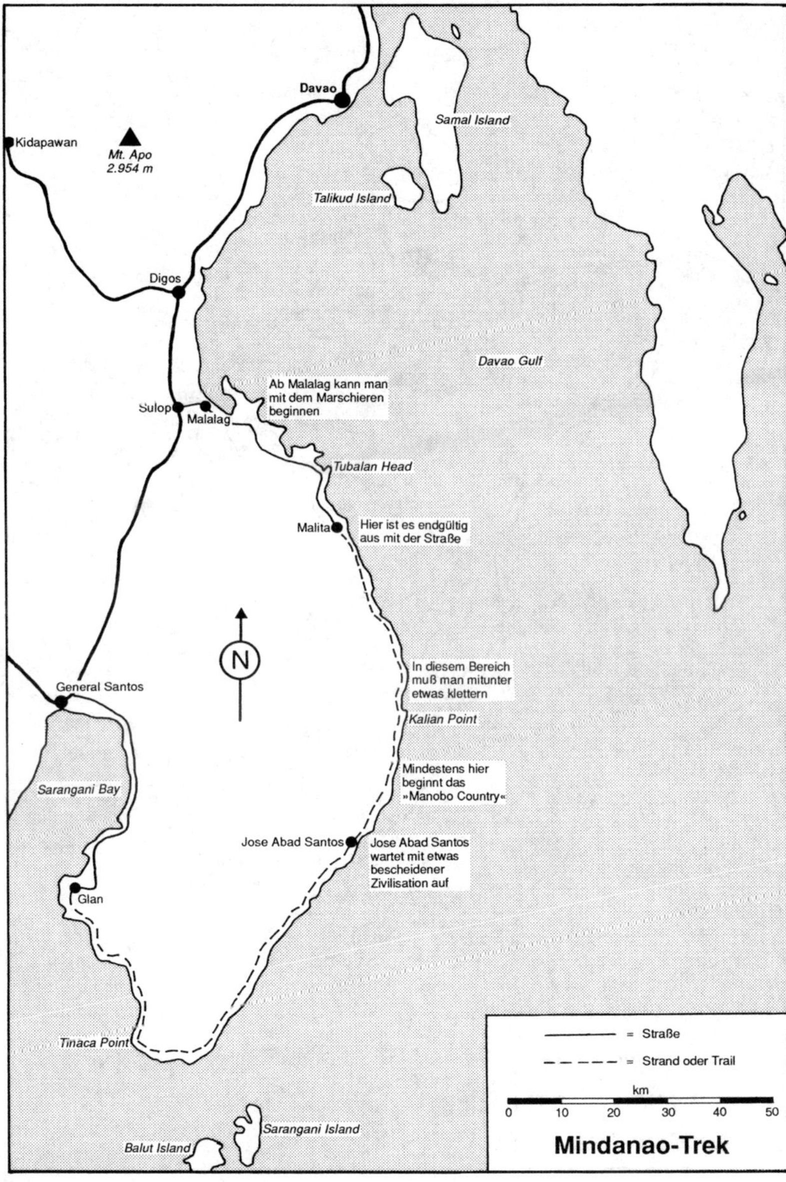
Davao
Samal Island
Kidapawan
Mt. Apo
2.954 m
Talikud Island
Digos
Davao Gulf
Ab Malalag kann man
mit dem Marschieren
beginnen
Sulop
Malalag
Tubalan Head
Malita
Hier ist es endgültig
aus mit der Straße
N
In diesem Bereich
muß man mitunter
etwas klettern
General Santos
Kalian Point
Mindestens hier
beginnt das
»Manobo Country«
Sarangani Bay
Jose Abad Santos
Jose Abad Santos
wartet mit etwas
bescheidener
Zivilisation auf
Glan
Tinaca Point
= Straße
= Strand oder Trail
km
0
10
20
30
40
50
Sarangani Island
Balut Island
Mindanao-Trek

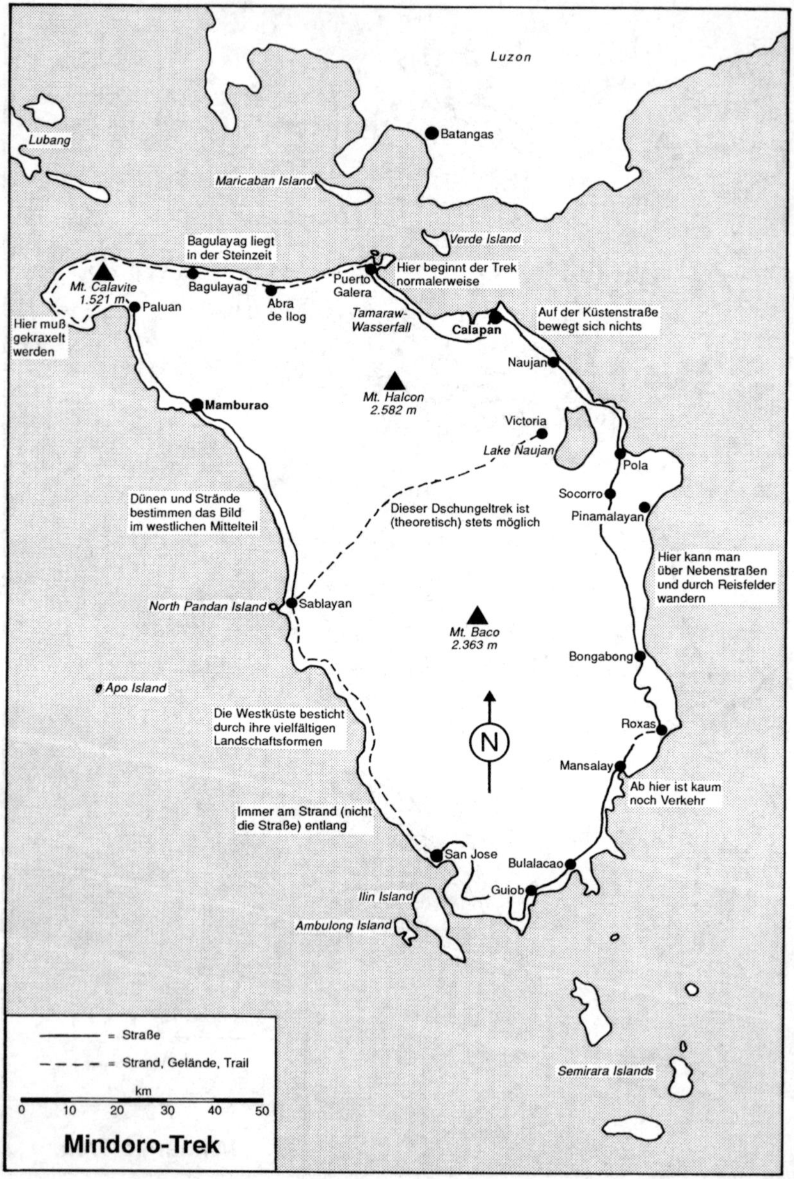
Luzon
Lubang
Batangas
Maricaban Island
Verde Island
Bagulayag liegt in der Steinzeit
Hier beginnt der Trek normalerweise
Mt. Calavite 1.521 m
Bagulayag
Abra de Ilog
Puerto Galera
Paluan
Tamaraw-Wasserfall
Calapan
Auf der Küstenstraße bewegt sich nichts
Hier muß gekraxelt werden
Naujan
Mt. Halcon 2.582 m
Mamburao
Victoria
Lake Naujan
Pola
Socorro
Pinamalayan
Dünen und Strände bestimmen das Bild im westlichen Mittelteil
Dieser Dschungeltrek ist (theoretisch) stets möglich
Hier kann man über Nebenstraßen und durch Reisfelder wandern
North Pandan Island
Sablayan
Mt. Baco 2.363 m
Bongabong
Apo Island
Die Westküste besticht durch ihre vielfältigen Landschaftsformen
Roxas
N
Mansalay
Ab hier ist kaum noch Verkehr
Immer am Strand (nicht die Straße) entlang
San Jose
Bulalacao
Guiob
Ilin Island
Ambulong Island
= Straße
= Strand, Gelände, Trail
km
0 10 20 30 40 50
Mindoro-Trek
Semirara Islands

way ist kaum mehr als eine Dschungelpiste. Die Verbindung zwischen Bulalacao und San Jose wird bis auf weiteres überwiegend mit Booten wahrgenommen.
Fast die gesamte Westküste Mindoros bis Mamburao besteht aus Stränden. Keine »Tourist Beaches« - die meisten sind kiesig bis steinig. Sich diese Küste hinaufzutasten, ist ein echtes Abenteuer. Faszinierend die Vielzahl der Landschaftsformen: Nördlich von San Jose an Afrika erinnernde Savannen, um Sablayan dschungelbestandene Berge, in Richtung auf Santa Cruz Dünenküste. Ganz zuletzt, ein paar Kilometer vor Mamburao, folgt noch ein Streifen Marsch. Dort sollte man trotz einigen Straßenverkehrs auf dem Highway weitergehen, der das kleinere Übel darstellt. Keineswegs auch darf man den Trek um die Jahresmitte herum machen. Dann regnet es dort nämlich gewaltig. (Berüchtigt ist *siyám-siyám,* neun Tage Dauerregen, gefolgt von neun relativ trockenen Tagen). Die zahlreichen Flüsse, die sich ins Südchinesische Meer ergießen, schwellen in der Regensaison stark an und werden zu unüberwindlichen Barrieren. Selbst in der Trockenzeit ist die Überquerung oft schwierig. Meistens muß man warten, bis einmal ein Banka auftaucht. Die Dörfer liegen überwiegend etwas inland, und an der Küste ist es einsam.
Empfehlenswert auch auf dieser Route: Abstecher in die Bergwelt des Innern und Besuche bei Mangyanenstämmen (siehe Kapitel »Naturvolkkontakte«).
In San Jose und Mamburao gibt es zahlreiche Unterkünfte.

3. Etappe
Mamburao-Puerto Galera (etwa 150 km): Man kann jetzt von Mamburao die etwa 30 Kilometer lange Querverbindung nach Abra de Ilog unter die Füße nehmen. Da rollt jedoch einiges an Fahrzeugen, und außerdem entgeht einem eine der eindruckvollsten Teilstrecken des gesamten Mindoro-Treks: Die Umrundung des Mt. Calavite (1.521 m) auf einem urwüchsigen, wenn auch sehr anstrengenden Küstentrail. Der letzte Außenposten ist der Ort Paluan. Allein die Straße dorthin (36 km) führt durch sehenswertes Gelände; danach wird es vollends wild - und das praktisch nur einen Steinwurf von Manila entfernt! Die Küste ist, wo immer überhaupt, nur von ein paar Mangyanen bewohnt. Großenteils läßt sich der Trek an Kiesstränden und Abbrüchen einigermaßen problemlos bewältigen. Doch zwischen Pantocomi Point im Süden und Kap Calavite im Westen der Halbinsel muß ein vertracktes Stück Felswand erklettert werden, wobei ein halber Tag draufgeht. Im Norden folgen dann wieder steinige bis sandige Strecken mit herrlichen Ausblicken auf die Hänge des Berges mit Wäldern, glasklaren Flüssen und Wasserfällen. Interessant ist das Dorf Bagulayag, wo Hunderte von Dörflern Marmorkiesel aus dem Uferkies waschen - selbsterwählte Steinzeit. In Abra de Ilog kann man in einfachen Herbergen übernachten.
Vom inland gelegenen Ortskern führt eine Straße zunächst zur neuen Fährpier östlich von Wawa und endet dort. Von diesem Punkt kann man etwa 30 Kilometer an Stränden und über Dschungeltrails (nicht ganz leicht) bis Puerto Galera zurückmarschieren. Dies ist einer der prächtigsten Küstenstriche der gesamten Philippinen - noch. Wenn ich das Sagen hätte, würde ich ihn zur Gänze unter Naturschutz stellen. Jetzt wird mit dem Bau der Straße zwischen Abra de Ilog und Puerto Galera begonnen, die schon seit Jahren in den meisten Karten verzeichnet war. Dann dürfte es mit der Idylle bald aus sein.

Palawan-Trek (beste Monate: 10-4)
Den Traum, Palawan, die fraglos schönste Großinsel der Philippinen, von einem Ende zum anderen zu Fuß zu durchwandern, habe ich mir erfüllt. Das Abenteuer, in zwei Etappen vollzogen, nahm 52 Tage in Anspruch; dabei wurden, die Umrundung jeder kleinen Bucht mitgerechnet, mindestens 450 Kilometer zurückgelegt.
Zwei Etappen deshalb, weil in den 80er Jahren der Süden der Insel noch unbefriedetes Terrain war, vor dessen Betreten die Militärs mich dringend warnten. Kein Wunder: Es gab da ein Städtchen namens Marcos, das Rebellen jeglicher Couleur ein fürchterlicher Dorn im Auge gewesen sein muß. Nachdem der Namensgeber im Frühjahr 1986 gestürzt und der Ort in Rizal umgetauft worden war, trat nach und nach Ruhe ein. Doch die zweite Etappe (die ich nachstehend der logischen Sequenz wegen die erste nenne) konnte ich aus verschiedenen Gründen erst mehrere Jahre später antreten. Trotzdem war Palawan nach wie vor Palawan geblieben, wie ich erfreut zur Kenntnis nehmen durfte.

1. Etappe
Kap Buliluyan-Quezon (etwa 150 km): Alle Dörfer im südlichen Drittel Palawans sind typische Pioniernester, das heißt, ohne einen eigentlichen Ortskern über viele Kilometer hinweg langgezogen und kaum als Siedlungen zu erkennen. Manche verschwinden annähernd in der Wildnis, und man kann an ihnen vorbeilaufen, wenn nicht gerade einmal ein Hahn kräht.
Der Weiler Buliluyan an der Südspitze Palawans liegt besonders versteckt; hier und dort ein Hüttchen, aber überwiegend gar keine. Von diesem Startpunkt zieht sich ein Gewirr kleiner bis kleinster Trails die Küste hinauf bis Sumbiling, und dort führt eine rauhe Straße nach Rio Tuba, wo die große Nickelmine die Szene beherrscht. Man benötigt keinen Guide, um sich die lückenlos mangrovebestandene Küste emporzutasten, muß aber mehrmals am Tag jemanden nach dem Weg fragen - gar nicht so einfach bei der dünnen Besiedelung! Die Minidörfer am Wege werden vorwiegend von Moslemen bewohnt, freundlichen, unaufdringlichen und überwiegend bitterarmen Menschen. Die vielbeschworenen Probleme mit den bösen »Moslems« - alles Verleumdung! Selten habe ich auf den Philippinen liebere Gastgeber gefunden.
In Rio Tuba kann man mal wieder ein kühles Getränk zu sich nehmen, bevor es entbehrungsreich weitergeht. Den Ort - wo ist er eigentlich außerhalb des bunten Hafens? - mit seinen schweren Erztrucks und dem vielen Staub wird man gern hinter sich lassen, es sei denn, man findet Einlaß in den Compound der Minengesellschaft. Drinnen ist alles wie geleckt, fast schon ein bißchen steril. Sogar eine (eingeflogene) Morgenzeitung gibt es, etwas Unerhörtes in Südpalawan.
Drei Fußstunden den kahlen Highway hinauf zweigt kurz hinter Sandoval eine dünne Straße ins Innere ab und setzt sich mit diversen Unterbrechungen bis Quezon fort. Weiter inland wird es bald immer schöner. Das Örtchen Culandanum mit sattgrünen Reisfeldern zu Füßen des eindrucksvollen Tres-Marias-Massivs ist ein richtiger kleiner Garten Eden. Dann, entlang der Küste, folgen Urwälder, Mangrovendickichte, Strände, selbige manchmal über Stunden hinweg menschenleer. Die Dörfer liegen ungefähr in Tagesetappen auseinander. Bei Ransang kann man die gar nicht so steinzeitlichen Tau't Batu bestaunen (siehe Kapitel »Naturvolkkontakte«), dann kommt wieder ganz dicker Dschungel, in dem allerdings beunruhigend stark gekokelt wird. Im einstigen Marcos, nunmehr Rizal, ge-

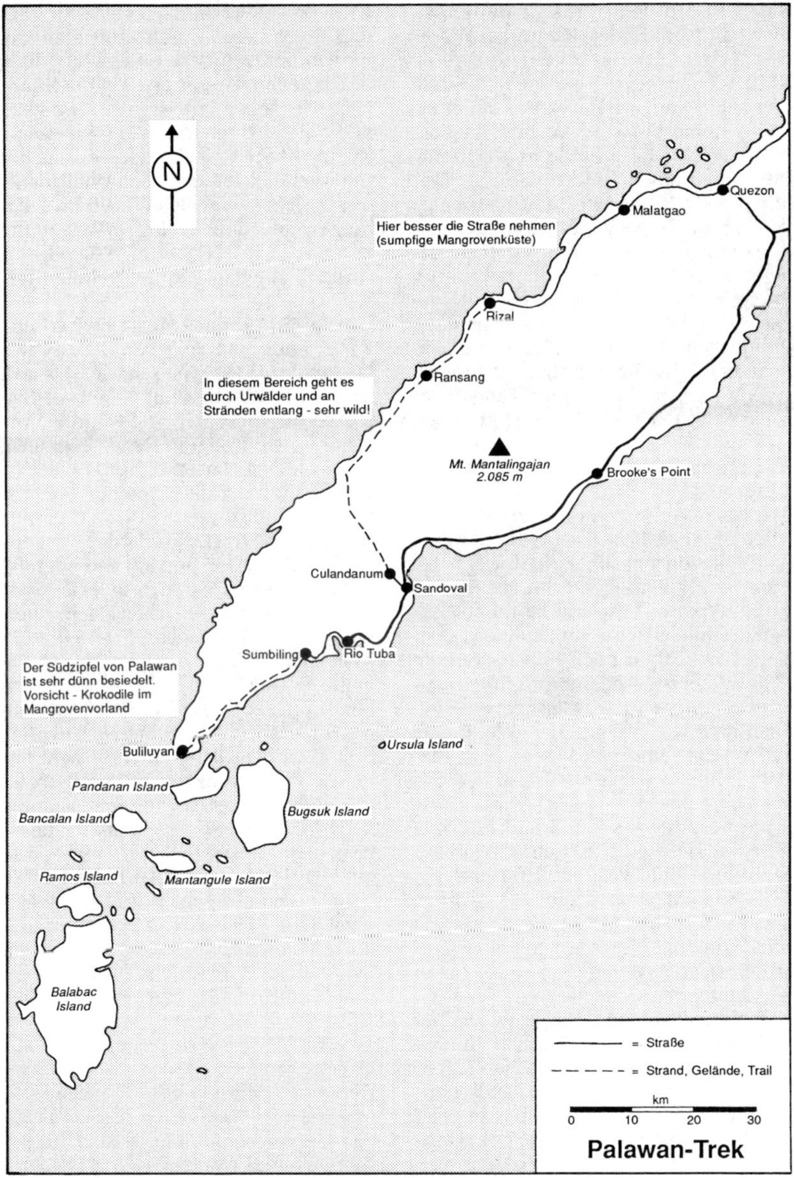
N
Quezon
Malatgao
Hier besser die Straße nehmen
(sumpfige Mangrovenküste)
Rizal
Ransang
In diesem Bereich geht es
durch Urwälder und an
Stränden entlang - sehr wild!
Mt. Mantalingajan
2.085 m
Brooke's Point
Culandanum
Sandoval
Sumbiling
Rio Tuba
Der Südzipfel von Palawan
ist sehr dünn besiedelt.
Vorsicht - Krokodile im
Mangrovenvorland
Buliluyan
Ursula Island
Pandanan Island
Bancalan Island
Bugsuk Island
Ramos Island
Mantangule Island
Balabac
Island
= Straße
= Strand, Gelände, Trail
km
0
10
20
30
Palawan-Trek

rät man ein wenig ins Schwimmen, wie so oft im Süden Palawans. Wo *ist* Rizal? Der Ort ist zweigeteilt, eine Hälfte an der Küste, die andere an dem bescheidenen »Highway«, der nunmehr immerhin von Jeepneys bedient wird. Nicht diese heiße und staubige Straße entlangwandern! Sie ist zwar die direkte Route und führt über lange Strecken hinweg durch schattigen Dschungel, doch die Trails entlang der Küste sind weitaus schöner. Primitiv bleibt's aber bis zum letzten Kilometer.
In Quezon am Ende der Etappe glaubt man in die Hochzivilisation zu geraten. Wenn man nicht so *ganz* genau hinsieht natürlich...

2. Etappe
Quezon-Libro Point (etwa 300 km): Die noch vor kurzem in Karten gestrichelt dargestellte Küstenroute nördlich von Quezon hat einer (halbwegs) festen Straße Platz gemacht, auf der ein paar Jeepneys hin- und herrollen. Zumindest die ersten zehn Kilometer oder so sollte man ihr noch folgen, weil die Küste überwiegend sumpfig und mangrovebestanden ist. Dann jedoch kann man bald auf Strände und Waldpfade ausweichen und hat dort in etwa dieselbe Kulisse wie in der Nordhälfte der ersten Etappe.
Eine besonders schöne und einsame Strecke zieht sich zwischen Aramaywan und Apurawan am Ufer entlang. Bei Napsan, eine Tagestour weiter, macht sich schon die unferne »Großstadt« Puerto Princesa bemerkbar; zumindest an Wochenenden stößt man auf zahlreiche Badegäste aus der City. Auch am Nagtabon Beach gegenüber der Hen & Chicken Islands ist immer einige Action; die dazwischenliegenden 35 Kilometer sind aber landschaftlich besonders prächtig - offenbar zeigt die fortschrittliche »grüne« Lokalpolitik Puerto Princesas dort Wirkung.
Um von Nagtabon nach Baheli im Süden der Ulugan-Bucht zu gelangen, muß man ziemlich rauhes Gelände durchqueren. Besser erst auf der Straße nach Bacungan am Highway wandern und diesen dann entlang bis Salvacion. Ziemlich viel Verkehr, doch es sind nur rund zehn Kilometer, dann hat man's hinter sich. In Salvacion nach links abbiegen und über Baheli und Sabang zum St. Paul-Nationalpark weiter. (Einzelheiten in Kapitel »Höhlenforschen«).
Über die Mündung des Underground River muß man sich per Boot setzen lassen; das Wasser ist sehr tief. Danach folgt eine herrlich wilde Küste, stellenweise mit prächtigen Stränden, bis Caruray, wo Logging Roads beginnen, die nach Port Barton führen. Leider ist um Caruray der einst wundervolle Urwald stark dezimiert; trotzdem gibt es entlang der Strecke großartige Szenerien. In Port Barton und auf den vorgelagerten Eilanden hat sich diverse touristische Infrastruktur angesiedelt, überwiegend sehr gelungen.
Man kann jetzt die Straße nach San Vicente entlangmarschieren, sollte sie aber dort auf alle Fälle verlassen, um den unendlich erscheinenden weißen Strand entlang der Imuruan-Bucht unter die Füße zu nehmen: 15 Kilometer ununterbrochener Strand! Schon spricht man von hochkarätigen Entwicklungsprojekten - hoffentlich wird nichts daraus! In Alimanguan auf die Straße zurück, denn es folgen fünf Kilometer einer teuflisch schwierigen Abbruchküste. Cauban, die letzte Ansiedlung längs dieses Uferstrichs, ist Verarbeitungszentrum für Trockenfisch; dort stinkt's zum Himmel...
Wer nicht dem Reiz erliegt, den Mt. Capoas (1.021 m, einer der schönsten Berge der Philippinen), zu erklimmen, umgehe die bewaldeten Hänge gegen den Uhrzeigersinn, um letztlich an der Mündung des weiten Malampaya-Sun-

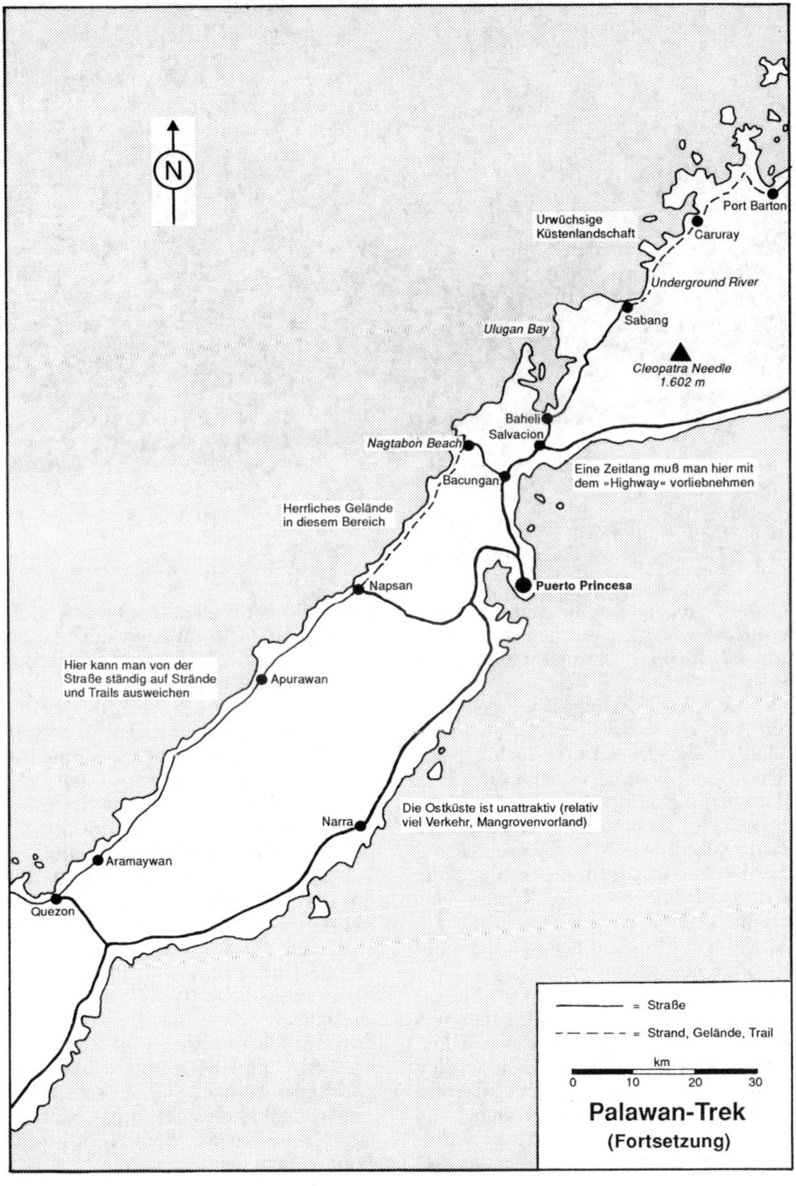
N
Port Barton
Urwüchsige
Küstenlandschaft
Caruray
Underground River
Sabang
Ulugan Bay
Cleopatra Needle
1.602 m
Baheli
Salvacion
Nagtabon Beach
Bacungan
Eine Zeitlang muß man hier mit
dem »Highway« vorliebnehmen
Herrliches Gelände
in diesem Bereich
Puerto Princesa
Napsan
Hier kann man von der
Straße ständig auf Strände
und Trails ausweichen
Apurawan
Die Ostküste ist unattraktiv (relativ
viel Verkehr, Mangrovenvorland)
Narra
Aramaywan
Quezon
= Straße
= Strand, Gelände, Trail
km
0
10
20
30
Palawan-Trek
(Fortsetzung)

Beach-Trek entlang der Imuruan-Bucht

des anzugelangen. Dort muß man auf ein Boot warten, das einen nach Tuluran Island oder Liminangcong übersetzt.

Der letztere Ort ist ein Fischereihafen, hat aber viel mehr Flair als nur Fisch. Man wird zwei oder drei Tage verweilen wollen, weil es so schön ruhig ist und weil die Seafood so gut schmeckt. Schwierige Topographie erwartet den Hiker anschließend. Der Cataaba River nördlich von Liminangcong ist ein richtiger Fjord mit steilen Küsten. Man erkundige sich, wie man am besten zur Straße nach El Nido gelangt, denn auf der muß man weiter.

Nur ein gelegentlicher Jeepney holpert diesen Highway entlang, von dem man großartige Ausblicke auf die faszinierenden Inseln des Bacuit-Archipels hat - ein Südseetraum nach dem anderen! Am Ende wird El Nido erreicht, von der Lage und Atmosphäre her vielleicht der schönste Ort des Landes und vom internationalen Tourismus nicht völlig unbeleckt. Wer es auf seinem Palawan-Trek bis dorthin geschafft und zwischenzeitlich jegliches Anspruchsdenken abgelegt hat, wird in El Nido sein kleines Paradies finden. Man sollte mehrere Tage einplanen, um die Bacuit-Inseln zu besuchen - es lohnt sich! Von El Nido führen Trails bis Libro Point, der Nordspitze der Insel. Man kann von dort auch an der Ostküste bis Taytay zurückmarschieren, muß aber fast über die ganze Distanz hinweg mit Mangrovenvorland rechnen. An einer Stelle des Treks wandert man sogar über Kilometer hinweg auf einem Plankenpfad durch diesen kuriosen Dschungel!

Ein Stückchen weiter, weil's so schön war? Bis Tumarbong und letztlich Roxas kann man noch die Küste auf Trails hinablaufen. Dann hat man gut 600 Kilometer auf dem Buckel, und dann reicht's auch wohl...

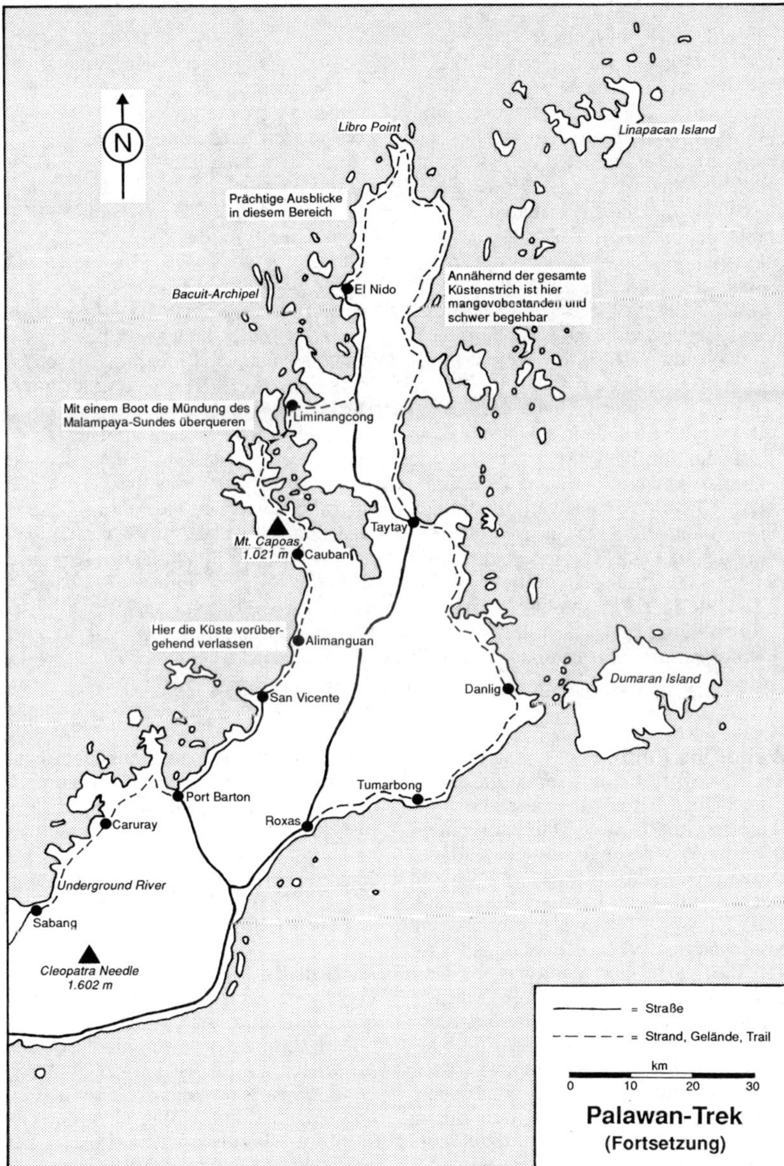
N
Libro Point
Linapacan Island
Prächtige Ausblicke in diesem Bereich
Annähernd der gesamte Küstenstrich ist hier mangovobostanden und schwer begehbar
Bacuit-Archipel
El Nido
Mit einem Boot die Mündung des Malampaya-Sundes überqueren
Liminangcong
Taytay
Mt. Capoas 1.021 m
Cauban
Hier die Küste vorübergehend verlassen
Alimanguan
Danlig
Dumaran Island
San Vicente
Port Barton
Tumarbong
Roxas
Caruray
Underground River
Sabang
Cleopatra Needle 1.602 m
= Straße
= Strand, Gelände, Trail
km
0 10 20 30
Palawan-Trek
(Fortsetzung)

Vorsicht, Krokodile!
Oft genug gilt es, auf einem Trek eine Flußmündung oder einen Buchtabschnitt zu durchschwimmen. Das kann aber verdammt gefährlich sein - der Krokodile wegen. Also lieber in ein Boot umsteigen.
In der Erstauflage dieses Buches wurden die großen Echsen noch ganz klein geschrieben. Sie galten derzeit auch dem Aussterben nahe. Der WWF schätzte ihre Anzahl 1983 auf 500 bis 1.000 Exemplare. Schutzmaßnahmen in jüngster Zeit haben offenbar zu einer fühlbaren Erholung der Bestände geführt. Die Philippinen sind wieder »Crocodile Country«, das *buwáya* (Tagalog) ist wieder wer. (Vorsicht übrigens mit dem Wort *buwáya.* Es bedeutet auch »raffgieriger Polizist«!).
Zwei Arten von Krokodilen gibt es im Archipel: *Crocodylus mindorensis* und *C. porosus.* Das erstere wächst bis auf zwei Meter heran und bewohnt Flüsse und Seen, also Süßwasser. Es wird aus Mindanao (Liguasan-Marsch) gemeldet und vom Pagatban River in Westnegros. 1991 wurde auch ein großes Exemplar im Dipuyai River auf Busuanga gefangen - zweifellos ein Besucher von Calauit Island nebenan, wo es viele davon gibt. Man beabsichtigt auch, im Lake Danao bei Taytay auf Palawan ein Reservat für diese Krokodilart einzurichten, von der kaum jemand etwas zu befürchten hat.
Das *C. porosus* ist weniger lieb. Es lebt im Seewasser, vornehmlich an Flußmündungen und in Mangrovengestaden und wird über fünf Meter lang und nahezu eine Tonne schwer. Attacken auf Menschen in den letzten Jahren stehen zu Buch: Elf tödliche allein im Bereich Surigao und zwei bei Rio Tuba in Südpalawan. Also Vorsicht!
Einen guten Einblick in das Wesen der Krokodile bietet das *Crocodile Farming Institute* in Irawan bei Puerto Princesa auf Palawan.

Weiter ins Feld
Nicht, daß mit den hier gemachten Vorschlägen bereits das ganze Potential ausgeschöpft wäre! Man kann phantastische Wanderungen durch die Berge der Zentralkordilleren von Luzon machen - aber ich habe sie unerwähnt gelassen, weil stellenweise mit Risiken zu rechnen ist. Man sehe sich aber einmal die Karte von Mindoro an. Das ganze Innere ist ein einziger weißer Fleck. Von Victoria im Osten bis Sablayan im Westen kann man hinübertrekken - ein tolles Abenteuer. (Aber mit Guide bitte!). Vieles ist auch noch offen auf Mindanao: Fast der ganze Osten, die südlichen Provinzen von South Cotabato über Sultan Kudarat bis Maguindanao, sowie annähernd der gesamte Westzipfel. Hunderte von Kilometer, prallvoll geladen mit Erlebnissen.

Wissenswertes für den Trekking-Fan

Auskünfte
Die Frage nach dem Woher und Wohin (siehe auch nachstehendes Vokabular) kommt unausweichlich auf den Wanderer zu. Sie ist jedoch überwiegend reines Wortgeplänkel, ähnlich einer artigen Erkundigung nach der Gesundheit *(»How do you do?«)* ohne echtes Interesse an der Antwort.

Dennoch gehört es sich, daß man eine freundliche Kurzinformation gibt und eine höfliche Gegenfrage stellt, die der andere auch beantworten kann (um nicht an Gesicht zu verlieren), so vielleicht nach der Entfernung zum nächsten Ort. Manchmal *muß* man sich aber nach dem Weg erkundigen. Die dabei erhaltenen Auskünfte sollte man dann mit Vorsicht genießen. Auf dem Land sind Distanzen relativ. Für den einen ist bereits ein Kilometer »sehr weit« (wie es meistens heißt), für den anderen sind es dreißig. Außerdem hat man allerorten nur sehr verschwommene Vorstellungen von Längenmaßen. Naturvölker benutzen gern den Begriff der »Rufweite«. Nicht selten auch wird die Frage nach einer Entfernung ernsthaft mit »eine Zigarettenlänge« beantwortet. Weiterhin wird auf den Philippinen begeistert gequalmt.
Schwierig ist's, wenn man am Kreuzweg steht: Rechts, links, geradeaus? Zuvor eingezogene Auskünfte erweisen sich vielfach als wertlos, denn ein Mensch, der tagtäglich den gleichen Weg benutzt, sagt leichthin: »Immer draufzu!« - und dann kommt eine Kreuzung und Gabelung nach der anderen. Unter Umständen erhält man auch eine völlig falsche Information. Gewisse gesellschaftliche Zwänge lassen ein Eingeständnis der Unwissenheit nämlich nicht zu. Andererseits ist es ungehörig, eine Frage nicht zu beantworten. Also faselt man irgend etwas daher oder lächelt freundlich und tut so, als hätte man nichts verstanden.
Das ganze fällt unter den Begriff *hiyá,* welcher Scham, Scheu, Peinlichkeit, Gesichtsverlust usw. in sich vereinigt und das gesamte Spektrum zwischenmenschlicher Beziehungen auf den Philippinen bestimmt. Hiya gliedert sich weiter auf in *nangingíme,* eine Art Minderwertigkeitsgefühl, das eine angesprochene Person unwillkürlich verstummen läßt; *atubilí,* mechanisches Zögern angesichts einer schwierigen Aufgabe (wie eine Frage, die man nicht beantworten kann), und *alinglángan,* Hemmnissen wegen mangelnder Vertrautheit mit dem Fragesteller. Diese fest in der Natur der Filipinos verwurzelten typisch asiatischen Wesenszüge sollten es dem Informationssuchenden erklärlich machen, weshalb man sich manchmal wortlos von ihm abwendet oder ihn nur blöde angrinst - er muß sich mit seiner Frage dann eben an den nächsten wenden. Ein schwieriges Kapitel für uns, zugegeben.
Wenn gar nichts hilft, so wählt den Weg zur nächsten Amtsperson. Mit einem Dorfvorsteher oder Lehrer kann man seine Fragen nutzbringender durchdiskutieren als mit einem lärmenden Haufen, in dem es ebenso viele Meinungen wie Köpfe gibt. Trotzdem: Nehmt nicht alles gar so wörtlich. Letzten Endes sind die Berge nur halb so hoch, der Weg halb so lang. Auch auf den Philippinen wird nur mit Wasser gekocht.

Auf die Frage nach dem weiteren Verlauf des Weges enthält man vielfach eine dieser drei Standardantworten:

puéde	es geht
mahírap	schwierig
hindí puéde	geht nicht

Diese Begriffe kann man ruhig für bare Münze nehmen. Bei *hindí puéde* endet man tatsächlich meist in einer Sackgasse.

Straßen

Wie eingangs hervorgehoben, durchzieht ein engmaschiges Wegenetz den gesamten Archipel. Manchmal muß man, zumindest kurzfristig, aber auch auf Hauptstraßen ausweichen. Vorsicht

dort: Philippinische Kraftfahrer nehmen auf Fußgänger am Straßenrand wenig Rücksicht. Manchmal hilft nur ein Sprung in letzter Sekunde, um dem Unheil zu entgehen.
Die Warnung gilt auch für Radfahrer. Es gibt keine Radwege, und der Kraftverkehr ist auf Radler nicht eingestellt. Für annähernd autofreie Nebenstraßen möchte ich diese Art der Fortbewegung durchaus empfehlen, aber eben nur dort.
Verlaßt Euch auch nicht darauf, per Anhalter weiterzukommen. Die meisten Autofahrer haben zuviel Alinglangan, um Euch mitzunehmen.

Karten

Besonders gut für Trekking eignet sich die sogenannte 25er Serie von Namria im Maßstab 1 : 250.000. Auch Geländekarten des Maßstabes 1 : 50.000 sind heute wieder verfügbar. Beide Kartentypen sind zwar in bezug auf das Straßennetz und neuere Siedlungsstrukturen ziemlich veraltet, doch für die Geländekunde weiterhin aktuell. Siehe Einzelheiten in Kapitel »Reisetips« und Übersicht zu Beginn dieses Kapitels.

Namen

Ein echter Stolperstein ist die geographische Namensgebung. Grundsätzlich und primär wird nämlich in den heutigen Philippinen der Name einer politischen Gemeinde verwendet. Sekundär, falls überhaupt, kommt erst derjenige einer Insel oder eines Dorfes zum Tragen. Das führt mitunter zu unverständlichen Verwirrungen und zum völligen Verlust von traditionellen Orts- und Inselnamen. In einem persönlich erlebten Fall wollte auf Palawan niemand kapieren, weshalb ich ein Boot brauchte, um nach Dumaran zu gelangen. Ich *war* doch in Dumaran! Des Rätsels Lösung: Die Gemeinde Dumaran befindet sich auf dem Festland von Palawan, die große Insel (und der dort befindliche Ort) Dumaran laufen aber (nicht auf Karten) unter dem Namen des Verwaltungssitzes Araceli.

Timing

Ein Trek muß in die Mitte des besten Wettergeschehens hineingelegt werden, sonst bleibt der Genuß auf der Strecke. Regen, vor allem viel davon, macht einen Hike nicht nur ungemütlich, sondern auch gefährlich: Flüsse schwellen drohend an, verschlammte Pfade im Gebirge haben riskante Rutschpartien im Gefolge. Jeder der oben beschriebenen Treks führt auch teilweise an Abbruchküsten entlang, an denen Felsentrümmer von bis zu Hochhausgröße liegen, über die man sich springend fortbewegen muß - bei Nässe ein überaus halsbrecherischer Sport. Da es außerhalb der Regenzeiten aber zumeist sehr heiß ist, muß man sich auch den Tag entsprechend einteilen. Zu welcher Stunde geht man morgens am besten auf Wanderschaft? Darüber gibt es viele Ansichten - und viele Fehlkonzepte. Generell wird gesagt: Möglichst früh. Morgens ist es am kühlsten, und man kann viel Distanz zurücklegen, bevor die Sonne wirklich brennt. Doch das stimmt nicht auf den Philippinen. Denn dort, in relativer Äquatornähe, wuchtet die Sonne ganzjährig gegen sechs Uhr aus dem Meer. Davor ist es zwar noch einigermaßen kühl, kalt sogar in den Bergen, aber stockdunkel.
Schon kurz nach Sonnenaufgang wird es heiß. Um sieben Uhr brütet es meistens schon, und kein Lüftchen rührt sich. Erst wenn das über Nacht ein wenig abgekühlte Land sich erwärmt, kommt eine angenehme Brise auf: so gegen zehn Uhr. Da kann man sich Zeit lassen für ein gutes Frühstück. Durch Sonnenschirme geschützt sollte man erst dann losmarschieren - sofern, versteht sich, das eingeplante Tagwerk den späten Aufbruch zuläßt.

Nützliches Vokabular

Geländeformen

Bach	*sápa*
Berg	*bundók*
Brücke	*tuláy*
Bucht	*loók*
Dorf	*báryo*
-, sehr klein	*sítio*
Fluß	*ílog*
Flußmündung	*bukána (ng ílog)*
Fußpfad	*daáng paá*
Gabelung	*sangá*
Hügel	*buról*
Insel	*puló*
Kap, Vorland	*lóngos*
Kreuzung	*crossing* (engl.)
Küste	*tabíng dágat*
Landstraße	*kalsáda, daán*
Mangrove	*bakáwan*
Ort	*báyan*
Pfad	*daáng paá*
Riff	*batúhan*
Schlucht	*bangín*
See (der)	*láwa*
See (die)	*dágat*
Sumpf	*láti*
Strand	*apláya*
Wald	*gúbat*
Wasserfall	*talón, falls* (engl.)

Woher kommst du? Wohin des Wegs?
Saán ka gáling? Saán ka púpunta?
Ich komme aus ..... Ich bin auf dem Weg nach .....
Gáling akó sa ..... Púpunta akó sa .....
Ist es noch weit? Wie viele Kilometer (Stunden)?
Maláyo pa ba? Mgá iláng kilométro (óras)?
Wie viele Stunden zu Fuß sind es noch bis .....?
Mgá iláng óras pa ang lalakárin ko hanggáng .....?
Kann ich zu Fuß bis ..... weiterwandern?
Maaári ba akóng lumákad hanggáng .....?
Gibt es Hindernisse auf dem Weg?
Mayroón bang mgá lugár doón na mahírap madaánan?
Z.B.: Flüsse? Berge? Rauhes Gelände? »Schlechte Menschen«?
Túlad ng: mgá ílog? Bundók? Lubák-lubák? Mgá masasamáng táo?
Existiert ein Pfad? Ist er schwierig zu begehen?
Mayroón bang daán? Mahírap ba?
Kommt später eine Kreuzung (Gabelung)?
Mayroón ba doóng crossing (sangá)?
Wohin muß ich mich an der Kreuzung (Gabelung) wenden, um ..... zu erreichen?
Pagdatíng ko sa crossing (sangá), saán akó dápat lumikó pára makaratíng sa .....?
Geradeaus? Links oder rechts?
Dirétso ba? Kaliwá o kánan?
Gibt es eine Herberge (Transportmöglichkeit) in .....?
Mayroón bang »resthouse« (sasakyán) sa.....?
Können Sie mich zum Haus des Bürgermeisters (Dorfvorstehers) bringen?
Puéde ba ninyó akóng maihatíd sa báhay ni méyor (barángay captain)?

Vulkanerkundung

Welchen Abenteurer würden nicht die Vulkane, die herrlichen, gefährlichen Feuerberge faszinieren, von denen es auf den Philippinen so viele gibt...! Vulkane entstehen dort, wo sich die in ständiger Bewegung befindlichen kontinentalen und ozeanischen Platten über- und untereinanderschieben. Auf den Philippinen, dort, »wo Asien beginnt«, gibt es sie massenhaft: 18 aktive, 19 »schlummernde«, dutzende potentielle: über 200 registrierte insgesamt. Manche gemütlich vor sich hindampfend, andere ständig auf dem Sprung, Tod und Verderben um sich zu verbreiten. Alle sind von höchstem Reiz für Erlebnisbewußte, die die feurigen Vorgänge im Innern der Erde einmal aus nächster Nähe betrachten möchten.

Die Grenze zwischen tätig und erloschen verwischt sich bei allen Vulkanen der Welt. Manche können jederzeit, eventuell nach Tausenden von Jahren der Ruhe, wieder ausbrechen. Völlig neue mögen unerwartet erscheinen. Um klare Linien zu schaffen, bezeichnet man auf den Philippinen deshalb einen Vulkan als aktiv, wenn er in geschichtlich belegten Zeiten (das heißt ab 1521) mindestens einmal nachweislich ausgebrochen war. Die 18 in diese Kategorie fallenden Berge sind nachstehend im Detail beschrieben. Abgesehen vom Wissen um die Geschichte eines Vulkans ist es für einen Forscher von ausschlaggebender Wichtigkeit, den Eruptionstypus »seines« Berges zu kennen. Die philippinischen Vulkane besitzen insofern relativ uniforme Eigenschaften: Sie sind andesitische oder basaltische und somit chemisch recht zahme Typen. Dieser Umstand hindert sie aber nicht, ein ausgesprochen »saures« Verhalten an den Tag zu legen. Alle Vulkane des Archipels darf man als ziemlich unberechenbar ansehen, die Eruptionscharakteristik der Mehrzahl ist explosiv und somit destruktiv. (Vulkan-Vokabular am Ende dieses Kapitels).

Die Frage, wann sich das grandiose Schauspiel eines vulkanischen Ausbruchs einmal miterleben ließe, kann eben aufgrund der geringen Voraussagespanne nicht beantwortet werden. Es gibt auf den Philippinen keinen strombolischen Vulkantypus, der wie auf Hawaii ständig springbrunnenartig vor sich hinplätschert. Auch gibt es keine eruptiven Zyklen, obwohl diese (wie im Falle des Mayon) von Einheimischen manchmal in das Geschehen hineininterpretiert werden. Zwar ist der größte Teil der philippinischen Feuerberge bereits im Ruhezustand beeindruckend genug. Aber *falls* einmal ein Ausbruch unmittelbar bevorsteht, weiß man das nirgendwo besser als beim Institut für Vulkanologie und Seismologie in Quezon City (Einzelheiten später im Text). Dort sollte man auf alle Fälle einmal anklingeln, um den Status eines Berges zu erfragen, den man besuchen möchte. Diese kleine Zeitinvestition lohnt sich vor allem auch, um zu erfahren, ob und wann ein Vulkan *nicht* ausbricht...!

Die philippinischen Vulkane

(in offizieller Reihenfolge)

▲ aktiv (nachstehend beschrieben)
△ inaktiv (»ruhend«)*

△	1	Iraya	1.008 m	Batan I.
▲	2	Smith	688 m	Babuyan I.
▲	3	Babuyan Claro	837 m	Babuyan I.
▲	4	Didicas	244 m	1905N 12210E

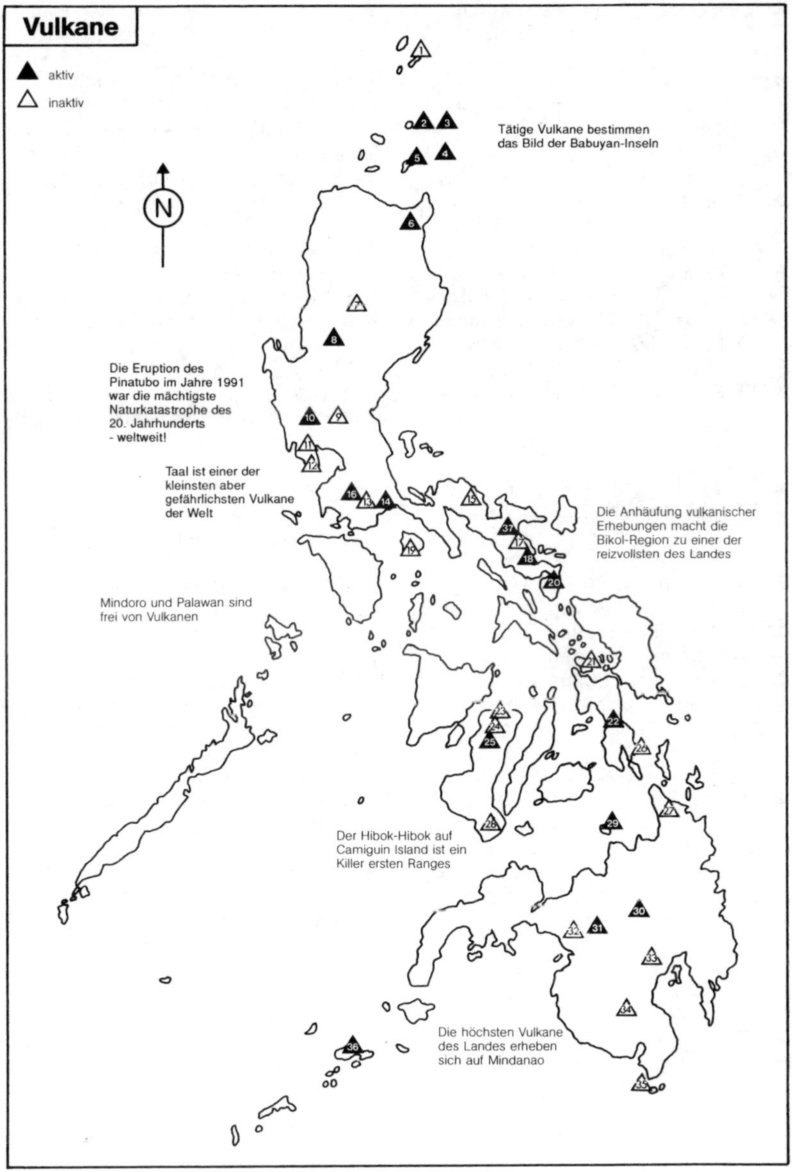
Vulkane
aktiv
inaktiv
N
Tätige Vulkane bestimmen das Bild der Babuyan-Inseln
Die Eruption des Pinatubo im Jahre 1991 war die mächtigste Naturkatastrophe des 20. Jahrhunderts - weltweit!
Taal ist einer der kleinsten aber gefährlichsten Vulkane der Welt
Die Anhäufung vulkanischer Erhebungen macht die Bikol-Region zu einer der reizvollsten des Landes
Mindoro und Palawan sind frei von Vulkanen
Der Hibok-Hibok auf Camiguin Island ist ein Killer ersten Ranges
Die höchsten Vulkane des Landes erheben sich auf Mindanao

▲	5	Camiguin	712 m	Camiguin Island (Babuyanes)
▲	6	Cagua	1.158 m	Cagayan
△	7	Amba-latungan/ Bumabag/ Podokan	2.000 m	Kalinga-Apayao
▲	8	Santo Tomás	2.260 m	Mountain Province
△	9	Arayat	1.020 m	Pampanga
▲	10	Pinatubo	1.450 m	Pampanga/ Zambales
△	11	Natib	1.278 m	Bataan
△	12	Mariveles	1.388 m	Bataan
△	13	Makiling	1.144 m	Laguna
▲	14	Banahaw	2.188 m	Laguna/ Quezon
△	15	Labo	943 m	Camarines Norte
▲	16	Taal	311 m	Batangas
△	17	Malinao	1.548 m	Albay/ Camarines Sur
▲	18	Mayon	2.462 m	Albay
△	19	Malindig	1.157 m	Marinduque
▲	20	Bulusan	1.559 m	Sorsogon
△	21	Biliran	1.187 m	Biliran
▲	22	Mahagnao	800 m	Leyte
△	23	Silay	1.534 m	Negros Occidental
△	24	Manda-lagan	1.880 m	Negros Occidental
▲	25	Kanlaon	2.435 m	Negros Occidental
△	26	Cabalian	945 m	Southern Leyte
△	27	Paco	524 m	Surigao del Norte
△	28	Cuernos de Negros	1.904 m	Negros Oriental
▲	29	Hibok-Hibok	1.332 m	Camiguin
▲	30	Calayo	302 m	Bukidnon
▲	31	Ragang	2.815 m	Lanao del Sur/North Cotabato
△	32	Makatu-ring	1.940 m	Lanao del Sur
△	33	Apo	2.954 m	Davao del Sur/North Cotabato
△	34	Matutum	2.293 m	South Cotabato
△	35	Balut	883 m	Balut Island
▲	36	Bud Dajo	399 m	Jolo Island
▲	37	Iriga	1.143 m	Camarines Sur

*) Dies sind Vulkane, die vor 1521 bereits nachweislich ausgebrochen waren. Mindestens weitere 66 (unwichtigere) Berge gehören zu dieser Kategorie.

2 Smith 688 m

Auch *Babuyan* genannt; auf der gleichnamigen Insel gelegen. Nach einer schweren Eruption im Jahre 1919 und einiger Nachfolgeaktivität bis 1924 schweigt der von einem kleinen Krater gekrönte Basaltkegel.

3 Babuyan Claro 837 m

Mittelteil der Insel Babuyan. Eruptionen wurden aus den Jahren 1831, 1860 und 1913 berichtet. Heute stoßen die zwei Krater, einer (Mt. Pangasun) nur ein paar Meter höher als der andere, lediglich Dampf aus. Wer die schwer erreichbare, 100 Kilometer vom Festland gelegene Insel besucht, sollte auf eine Klettertour an diesem Berg nicht verzichten.

4 Didicas 244 m

19-04-36N 122-12-06E. Der Didicas-Vulkan wuchs aus dem Meer auf und wurde 1856 erstmals gesichtet. Eine schwere Eruption folgte im nächsten Jahr, und die Aktivität setzte sich bis 1860 ununterbrochen fort. In den vier dazwischenliegenden Jahren erreichte der Vulkan eine Höhe von 213 Meter. Dann setzte Schweigen ein, und die berüchtigten Stürme Nordluzons reduzierten den Kegel zu ein paar niedrigen Felsentrümmern.

Wuchs plötzlich aus dem Meer: Vulkan Didicas

Erneute Tätigkeit folgte 1952, und bis 1953 wuchsen die vereinzelten Fragmente, aus denen Didicas bestand, zu einer kompakten, 229 Meter hohen Insel zusammen. Wiederum trat Ruhe ein, bis 1969 ein schlagartiger Ausbruch stattfand. Drei Fischer in der Nähe der Insel kamen bei dieser Konvulsion ums Leben. Eine letzte, ähnliche Eruption wurde aus dem Jahre 1978 gemeldet.
Heute köchelt der Vulkan vor sich hin, tückisch, unberechenbar und inmitten der unruhigsten Gewässer der Philippinen gelegen. Ein ungeheuer schwierig zu erreichender Brocken Land, kahl und abweisend außer, wie man annehmen darf, einer hochinteressanten Vogelwelt.

5 Camiguin 712 m

Im Südteil der zu den Babuyanes gehörigen Insel Camiguin. Die letzte nennenswerte Aktivität des Berges fand 1857 statt, als sich auf seiner Südwestflanke in Seehöhe ein kochender Auslaß öffnete. Heute ist der Vulkan im solfatarischen Stadium und stößt auf einem Areal von etwa acht Hektar ständig Dampf aus.

6 Cagua 1.158 m

Auch *Caua.* Lage: Bei Gonzaga (Cagayan). Schon zu spanischen Zeiten war der Vulkan als »Feuerberg« bekannt. Die Bezeichnung wird noch heute örtlich verwendet. Tätigkeitsberichte kommen aus den Jahren 1860 und 1907. Wer den Berg heute erklimmt, findet über bewaldeten Hängen eine Caldera von 1,5 Kilometer Durchmesser und 60 Meter steil abfallender Tiefe. Auf dem Kraterboden dampft und brodelt es, und kochende Geysire schießen hier und dort bis zu drei Meter in die Höhe. Andernorts, im Nordteil des Kraters, lagert sich Schwefel ab. Ein Besuch - kaum mit Gefahren verbunden - ist für Vulkankundler zweifellos faszinierend.

8 Santo Tomás 2.260 m

Auch *Tonglón,* SO von Baguio. Seit 1641 fand kein bescheinigter Ausbruch mehr statt, obwohl das Gebiet als bedeutendes Zentrum potentieller vulkanischer Aktivität angesehen wird. Die gegenwärtige Tätigkeit ist auf fumarolische Emissionen und heiße Quellen beschränkt.

10 Pinatubo etwa 1.450 m

Zum Thema dieses Vulkans und seiner »Mutter aller Eruptionen« im Jahre 1991 habe ich mir einiges an Häme anhören müssen. Weshalb war denn dieser Teufelsberg noch nicht in der Erstausgabe dieses Buches als tätig verzeichnet, wenn sich nur ein paar Jahre später herausstellen sollte, daß seine Aktivität nicht lediglich auf den Philippinen, sondern sogar weltweit alles insofern Dagewesene dieses Jahrhunderts in den Schatten stellen sollte...?

Nun, in der Einleitung dieses Kapitels steht's, damals wie heute, präzise nachzulesen: Alle nach 1521 ausgebrochenen Vulkane qualifizieren sich als »aktiv«, keiner davor.

Im April 1991 begann der Pinatubo sich erstmals wieder zu rühren. Zaghaft zunächst. Doch über die folgenden Wochen hinweg baute sich das Geschehen zu einem finalen Crescendo ohnegleichen auf. Der erste Donnerschlag ließ am 3. Juni die Provinzen Pampanga, Tarlac und Zambales erzittern, deren Grenzen fast genau am Gipfel des Pinatubo zusammenlaufen. Dann, scheint's, holte der Berg noch einmal tief Luft, um ein paar Tage später erst richtig loszulegen. Innerhalb von 48 Stunden schoß der Vulkan in 20 kataklysmischen Eruptionen aus fünf Kilometer Tiefe Asche, Gase, Gestein und glühendes Magma bis zu 40 Kilometer hoch in die Stratosphäre. Schlag folgte auf Schlag. Ein Teil des Berges fiel in sich zusammen, wodurch die gesamte Region drei Tage lang von schweren Erdbeben gebeutelt wurde. Gleichzeitig preschte Taifun *Yunya* mit Winden bis zu 130 km/h und sintflutartigen Regenfällen über Luzon hinweg. In den genannten Provinzen rauschte klebriger Schlamm, hagelten dicke Steine vom Himmel, zuckten gewaltige elektrische Entladungen durch den nachtschwarzen Tag.

Als alles vorüber war, lagen weite Teile Zentralluzons, eine der blühendsten und fruchtbarsten Regionen des Landes, in Schutt und Asche. Fast 900 Menschen waren tot (vornehmlich durch nachfolgende Mangelkrankheiten und andere Sekundäreffekte), nahezu eine Viertelmillion hatten Haus und Habe verloren; eine weitere Million Menschen war von dem Geschehen anderweitig betroffen. Die beiden einst so betriebsamen amerikanischen Militärstützpunkte Clark und Subic Bay machten dicht, für immer: Sie hatten keinen strategischen Wert mehr. Das Timing war perfekt; der philippinische Senat hatte sich sowieso für das Aus entschieden. Regungslos unter dicken Grabtüchern lagen auch die zuvor rührigen Städte der umliegenden Provinzen. Dörfer, Felder, Straßen, Brücken waren zerstört; grau in grau dehnte es sich von einem Horizont zum anderen. Sieben Kubikkilometer vulkanische Materie im Gewicht von etwa 18 Milliarden Tonnen waren in die Luft geflogen. Von der Dimension freigesetzter Energie her gilt der Ausbruch des Pinatubo weltweit als schwerste Naturkatastrophe dieses Jahrhunderts.

Doch damit nicht genug. Wohl noch bis ins nächste Jahrhundert hinein werden die ungeheuren Materiemassen, rutschbereit auf den Hängen des Berges abgelagert, der gesamten Region furchtbare Probleme aufgeben. Sie wer-

den zu Tal fahren, teils als Lawinen von tödlicher Schnelligkeit, teils als riesige, unaufhaltsame Flüsse von Lahar. Wasser sucht sich neue Wege, findet sie auf der Direttissima durch menschliche Ansiedlungen. Manches Leid noch wird den Bewohnern der betroffenen Region durch den Pinatubo ins Haus stehen.
Das Leben geht indes weiter. Es ist heute schon wieder so quirlig wie eh und je. Und für »Vulkantouristen« ist eine neue Destination geboren worden, eine der faszinierendsten des Landes. Wer sich einmal anschauen möchte, was die entfesselte Natur anzurichten vermag, ist am nunmehr schweigenden Pinatubo genau richtig. In Angeles werden Touren in die bizarren Aschenlandschaften angeboten, zu Fuß, mit dem Geländewagen - mit dem Kleinflugzeug gar!

14 Banahaw 2.188 m

Der Berg ist in Kapitel »Klettern« bereits eingehend beschrieben. Gewaltige Eruptionen ereigneten sich etwa 1730 und 1743, deren Folgen im Bereich des Städtchens Sariaya (Quezon) noch beobachtet werden können. (Der Ort selbst wurde damals größtenteils zerstört und an anderer Stelle wieder aufgebaut). 1909 kam es erneut zu schweren Geländeverschiebungen.
Heute schweigt der Berg, doch er schläft nicht. Besonders die gefürchteten Schlammlawinen, offenbar seine Spezialität, können jederzeit wieder auftreten - angesichts höherer Bevölkerungsdichten vielleicht vernichtender denn je.

16 Taal 311 m

Knapp zwei Busstunden südlich von Manila erstreckt sich in der Provinz Batangas der Lake Taal, eine riesige urzeitliche Caldera. Unter der glatten Oberfläche dieses Sees liegen wahrscheinlich nicht weniger als 35 vulkanische Kegel. Nur ein einziger reckt derzeit sein Haupt ins Freie: der Taal, einer der kleinsten und dennoch gefährlichsten Feuerspeier der Welt. Der tückische Zwerg ist seit 1572, als ein vernichtender Ausbruch stattfand, für 33 teilweise sehr schwere Eruptionen und den Verlust von Tausenden von Menschenleben verantwortlich.
Schreckliche Katastrophen ereigneten sich auch in den Jahren 1754 und 1911. Bei der ersten wurden die Städte Sala, Lipa, Tanauan und Taal (alle auf dem Festland) dem Erdboden gleichgemacht und mußten an anderer (heutiger) Stelle neu errichtet werden. Auf der Insel selbst, die damals kaum besiedelt war, gab es keine oder nur wenige Todesopfer.
Das änderte sich bei der furchtbaren Eruption des Jahres 1911. Inzwischen hatten sich mindestens 500 Menschen unmittelbar an den Hängen des Taal angesiedelt. Als sich die über 400 Kilometer sichtbaren Aschenwolken verzogen, war von diesen kein einziger mehr am Leben. Nur ein Hündchen kam - der Überlieferung nach - davon. Auch auf dem Festland forderte der Ausbruch zahlreiche Opfer. Insgesamt starben in der Peripherie des Vulkans 1.334 Menschen.
Die Wunden der Toten und Verletzten waren schreckenerregend. Sie gaben Kunde von grausigen Verbrühungen durch gesättigten Heißdampf und virtuellen Durchsiebungen oder Enthäutungen der Opfer durch explosiv zerstäubendes Material. Eine Fläche von 230 Quadratkilometern wurde völlig verwüstet.
Man sollte denken, daß nach diesen Geschehnissen niemand gewagt hätte, jemals wieder seinen Fuß in die tödliche Nähe des Taal zu setzen. Weit gefehlt! Die menschliche Natur neigt dazu, Katastrophen schnell zu vergessen oder zumindest zu verdrängen. Und der zunehmende Siedlungsdruck tat

Luftaufnahme von der Taal-Vulkaninsel

ein übriges: Innerhalb kürzester Frist bevölkerte sich die Umgebung des Vulkans erneut und dichter als je zuvor. Der Berg selbst half mit: Er hüllte sich in Schweigen. Und dabei blieb es - 54 Jahre lang.

Ende September 1965 öffnete sich unter schwersten Explosionen nahe des Seeufers an der Südwestspitze der Insel ein neues Eruptionszentrum. Der Vorgang dauerte nur 48 Stunden, war jedoch von extremer Heftigkeit. Eruptionswolken schossen bis in die Stratosphäre, und laterale Ausbrüche von Dampf und Gasen vernichteten bis zu sechs Kilometer Radius um den neuen Krater alles Leben. Wieder senkte sich ein Aschenregen auf die Ufer des Sees und erstickte die Vegetation. Lava wucherte fächerförmig aus und brachte an den Berührungspunkten den See zum Kochen. Trotz großangelegter Evakuierungsmaßnahmen starben 190 Menschen.

Die vulkanische Tätigkeit des Taal setzte sich bis 1970 fort. Ein weiterer, mittelheftiger Ausbruch fand 1976 statt, schreckte jedoch niemanden mehr. Heute leben mindestens 3.000 Menschen auf der Vulkaninsel, manche direkt neben dem leise dampfenden neuen Hauptkrater. Etwa 47 Schlote münden in das höllische Eiland, da ist für jeden Insulaner etwas dabei. *Bahala na* - es wird schon gutgehen...

Die Launen des Taal schwanken zwischen mild-strombolisch bis hochexplosiv; der Berg wird rund um die Uhr von Vulkanologen überwacht. Als der Pinatubo ausbrach, wurde auch der Taal unruhig, aber es ging noch einmal gut. Prompt sackten jedoch die Grundstückspreise in Tagaytay, wo sich am Oberrand des Sees auf 600 Meter Höhe allerlei Geldadel angesiedelt hat, mächtig in den Keller.

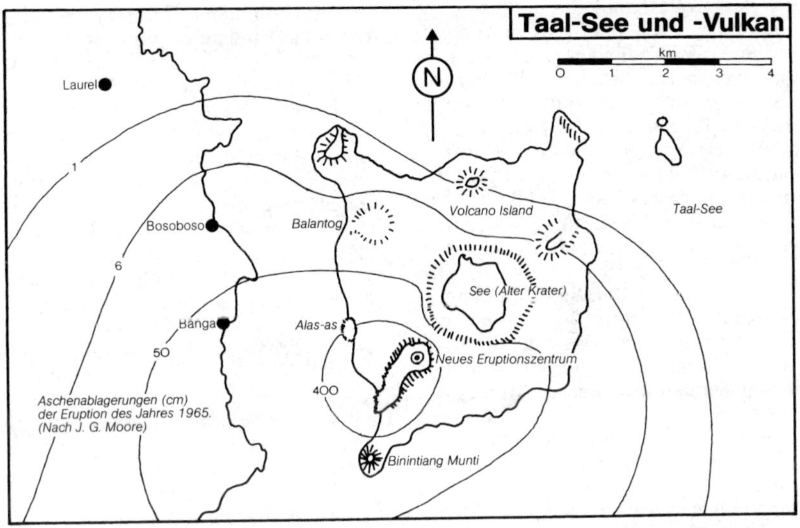

Dort, in Mendez Crossing kurz vor der Stadt, muß man den (aus Manila kommenden) Bus verlassen, um den unbeschreiblich schönen Rundblick über See und Vulkan zu genießen. Zwei Fußtrails *(bitín)* führen den Berg hinab. Den schmäleren (linken) einschlagen. Auf ihm gelangt man nach zwei bis drei Stunden Wanderung durch herrliches Gelände zum Städtchen Laurel am Westufer des Sees. Von dort und dem nächsten Ort Bosoboso fahren immer Boote zur Vulkaninsel hinüber. Ein teurer *special ride* ist unnötig.

Die Menschen auf Volcano Island sind bitterarm, heute ärmer denn je, aber von rührender Gastfreundlichkeit. Nur aus dem Bewußtsein ständiger Gefahr erwächst vielleicht eine solch selbstlose Haltung, bei uns so gut wie ausgestorben. Trinkbares mitnehmen, das Wasser im See ist nicht sauber. Und vergeßt auch nicht ein kleines Gastgeschenk!

Am frühen Morgen fährt ein Direktbus von Laurel nach Manila zurück.

18 Mayon 2.462 m

Die eleganten Konturen des bereits in Kapitel »Klettern« ausführlich beschriebenen Kompositkegels in der Provinz Albay gelten unter Ästheten als ideale Verkörperung des Bildes, das man sich gemeinhin von einem perfekten tropischen Vulkan macht. Als solcher wird er auf den Philippinen auch vermarktet. Daß er allerdings der »am perfektesten geformte Vulkan auf Erden« ist, entbehrt jeder Grundlage. Es gibt mehrere andere, die im Gegensatz zum Mayon eine völlig symmetrische Silhouette besitzen.

Wie dem auch sei: Der Mayon ist mit Abstand der aktivste und gefährlichste Feuerberg der Philippinen und läuft insofern selbst dem Pinatubo den Rang ab. Denn selbiger hat es in historisch belegten Zeiten ja nur zu einer einzigen Eruption gebracht, der Mayon jedoch zu vielen, vielen mehr.

Der erste (dürftig dokumentierte) Ausbruch geht auf das Jahr 1616 zurück. Ausführlich beschrieben wurde erstmalig der große Knall des Jahres 1776, und danach schepperte es in unregelmäßigen Zeitabständen, aber unaufhörlich weiter. Der bislang nicht übertroffene *Big Bang* des Mayon ereignete sich am 1. Februar 1814. Eine Eruption von beispielloser Gewalt erschütterte an diesem Schicksalstag die Bikol-Region und verwandelte den überwiegenden Teil der Ortschaften im Umkreis des Berges in rauchende Trümmer. Die Ansiedlungen im Südwesten des Vulkans (Budiao, Camalig, Guinobatan) wurden großenteils ausradiert, das Dorf Cagsawa zur Gänze durch gigantische Lahars unter heißem vulkanischen Schlamm begraben. Mindestens 1.200 Menschen kamen um. Weit vom dräuenden Krater, inmitten friedlicher Reisfelder, ragt das Oberteil des Kirchturms von Cagsawa heute einsam aus dem Gelände hervor - stummes Mahnmal an vulkanische Gewalten und natürlich beliebtes touristisches Ausflugsziel.

Nach diesem Höhepunkt köchelte der Mayon jahrzehntelang leise vor sich hin und rann nur gelegentlich einmal ein wenig über. Ein sehr schwerer Ausbruch ereignete sich erneut im Juni 1897. Das dazugehörige Erdbeben wurde sogar in Europa verspürt. Dieses Mal konzentrierte sich die Hauptaktivität auf die Ostflanke, und Teile von Santo Domingo und Legaspi wurden ernstlich betroffen. Bei Lidong erreichte erstmalig glühende Lava die See, nachdem sich im oberen Drittel des Berges eine Spalte aufgetan hatte und vulkanisches Material in Richtung auf den Albay-Golf ausstieß. Etwa 300 Menschen starben.

Nach zwei kleineren Eruptionen in den Jahren 1900 und 1902 verfiel der Mayon in einen Dornröschenschlaf von 26 Jahren. 1928 brach er mit erneuter Wut aus. Bei diesem Geschehnis wurden wiederum die Dörfer am östlichen Fuß des Berges in Mitleidenschaft gezogen, doch die Zahl der Todesopfer war relativ gering. Mildere Eruptionen ereigneten sich danach in den Jahren 1938, 1939, 1941, 1943 und 1947.

Ich hatte erstmals Gelegenheit, dem Ausbruch des Jahres 1968 persönlich beizuwohnen, als der Mayon nach längerer Ruhepause wieder einmal zum Leben erwachte. Der Ablauf begann harmlos genug mit einem leichten Glühen in der Kraterregion am 20. April, schaukelte sich jedoch rasch hoch. Schon wenige Tage später schossen senkrechte Säulen in den Himmel, und *nuées ardentes* huschten die Hänge hinab, tödlich für Mensch und Tier. Glücklicherweise war früh genug Alarm gegeben worden, und »nur« ein junges Mädchen fiel dem Berg diesmal zum Opfer. Erst gegen Ende Juni verebbten die Eruptionen letztlich, und der Berg beruhigte sich kurz darauf endgültig. Die angerichteten Schäden beliefen sich auf viele Millionen Pesos.

Seither ist der Mayon mehrfach erneut ausgebrochen: 1978, 1984 und - bis auf weiteres - 1993, dieses Mal wieder ganz schön happig. Vulkanologen sind hinsichtlich des unberechenbaren Berges sehr pessimistisch. Es gibt Anzeichen, sagte mir ein amerikanischer Fachmann, daß es dort einmal zum ganz großen Knall kommen könnte, einschließlich einer komplett kollabierenden Osthälfte. Dort, in rauhem Terrain, haben sich unter anderem einige Deutsche angesiedelt. Glück, viel Glück für langes Leben ist ihnen zu wünschen. Vielleicht läßt der Zufall ein paar Jahre Gnade walten...

Auch im Ruhezustand sondert der Mayon ständig eine dicke Wolke von Dampf und Gasen ab; 745 *Tonnen* Schwefel allein pro Tag, haben Forscher errechnet, werden von ihm abgelagert. Entsprechende Vorsicht ist bei Annäherung an den Krater geboten.

Bester Beobachtungsposten zu Zeiten einer Eruption des Mayon ist die Stadt

Üppige Schwefelablagerungen zeichnen den Kraterbereich des Mahagnao aus

Legaspi in rund elf Kilometer Luftlinie vom Krater. Dort ist man relativ ungefährdet. (Ich benutze die Einschränkung »relativ« ganz bewußt, weil sie für alles im Bannkreis plutonischer Gewalten Geschehende zutrifft). Während einer aktiven Phase des Vulkans tummeln sich in der Stadt Vulkanologen und Geologen aus aller Welt - stets höchst interessante Gesprächspartner. Siehe auch Karte in Kapitel »Klettern«.

20 Bulusan 1.559 m

Der in der Provinz Sorsogon gelegene Mt. Bulusan gleicht seinem großen Bruder Mayon in der Nachbarprovinz Albay in vieler Beziehung: Er ist schön gelegen und geformt und von erheblicher, wenn auch weniger zerstörerischer Aktivität. Eruptionen fanden 1852, 1886, 1894, 1916, 1919-22 (17mal), 1928 und 1933 statt. Dann legte der Berg eine lange Ruhepause von 45 Jahren ein. 1978 wurde der Vulkan wieder lebendig. Eine Anzahl von relativ milden Ausbrüchen folgte bis 1981. Zwei Jahre später begann eine neue unruhige Phase, die bis heute andauert, aber keine Elemente der Gefahr zu beinhalten scheint.
Der deutsche Forschungsreisende Fedor Jagor verglich den Bulusan im vorigen Jahrhundert hinsichtlich seiner Einlagerung in eine prächtige Landschaft mit dem Vesuv. Insofern hat sich seither nichts geändert. Der Bulusan überragt nach wie vor die sogenannte »Philippinische Schweiz«, einen wunderschönen Küstenstrich mit dem gleichnamigen Ort als Zentrum. Auf 600 Meter Höhe lädt ein zauberhafter See, leicht erreichbar, zum Verweilen ein. Von dort aus führen dann Trails in Richtung auf den Krater.

22 Mahagnao 800 m

Zwölf Kilometer westlich von La Paz (Nordleyte). Bis vor ein paar Jahren

galt der Berg noch nicht als aktiv. Dann wurden Berichte über eine wahrscheinliche Eruption im Jahre 1895 gefunden und der Vulkan entsprechend eingeordnet.
Der Mahagnao hat einen tiefen Krater, der auf der Nordseite steil abfällt und im Süden in einen tiefen Canyon übergeht. Aus der Kraterregion fließt heißes Wasser (77 Grad) den Canyon abwärts und sammelt sich weiter unten in einem kleinen See, dem Lake Mahagnao. Das Wasser ist angenehme 28 Grad warm, doch smaragdgrün und säurehaltig. Also lieber kein Bad nehmen.
Auch an vielen anderen Stellen entwickelt der Berg kräftige fumarolische Tätigkeit. Es zischt, dampft und brodelt, und über allem liegt der Geruch von Schwefel. Bestimmt werden diese Erddämpfe eines Tages zur Gewinnung geothermaler Energie herangezogen, wie es schon bei Tangonon in der Nähe von Ormoc der Fall ist.

25 Kanlaon 2.435 m

Eine gründliche Beschreibung des Kanlaon findet sich bereits in Kapitel »Klettern«. Wie dort erwähnt, besteht der Vulkan aus zwei dominierenden Kegeln, deren höchster den derzeit aktiven Krater enthält.
Eruptionen des Kanlaon fanden 1866, 1893, 1894, 1902, 1904-06, 1927, 1932-33 und 1969 statt. Keine besonders heftig, alle spektakulär. Immerhin verteilte der »Riese von Negros« beim Ausbruch des Jahres 1969 seinen Aschenauswurf über ein Gebiet von 55 Quadratkilometer und schleuderte schwere Gesteinsbrocken bis zu 3,7 Kilometer weit nach Südwesten. Mildere Konvulsionen in jüngerer Zeit fanden 1978, 1985 und 1993 statt.
Im Normalzustand stößt der eindrucksvolle Krater des Berges ständig Schwefeldioxid aus und deponiert riesige Mengen von Schwefel. Bis zu 500 Meter unterhalb des Gipfels ist das Gelände deshalb ohne Vegetation.

29 Hibok-Hibok 1.332 m

Camiguin Island (Mindanao-See). Auch *Catarman* (alter Name). Das Wort *hibok-hibok* bezeichnet einen Auswurfvorgang, sehr passend für diesen bösartigen, gefährlichen Berg.
Der Vulkan ist der einzige auf den Philippinen mit peléischer Eruptionscharakteristik, die sich vor allem durch ihre tödlichen glühenden Gasentladungen auszeichnet. (Ein solcher Gasausbruch vernichtete bei der klassischen Eruption des Mt. Pelée im Jahre 1902 innerhalb von zwei Minuten bis auf einen Überlebenden die gesamte Bevölkerung der Stadt St. Pierre auf Martinique).
Der erste bescheinigte Ausbruch fand 1827 statt, der nächste folgte 1862. Im Januar 1871 ereignete sich nordwestlich des Kraters eine schwere Eruption, und ein neuer Vulkan wurde »geboren«, der in vier Jahren steil auf 457 Meter aufwuchs. *Vulcan,* wie der Ableger genannt wurde, strömt bis auf den heutigen Tag jedoch nur dünnen Dampf aus und läßt sich auch von der gelegentlichen schweren Aktivität der nahen Mutter nicht erschüttern.
Von 1897 bis 1902 regte sich der Berg erneut, doch es kam zu keiner größeren Eruption. Dann trat eine lange Pause ein. Im August 1948 ging eine Kette von schweren Erdbeben einer neuen aktiven Phase voraus, die in tragischen Ereignissen gipfelte. Am 1. September 1948 öffnete sich oberhalb des Inselhauptortes Mambajao der Berghang, und eine Wolke aus Dampf und Asche schoß hervor, die den Ort und seine Umgebung in erstickende Schwärze legte und Angst und Schrecken verbreitete. Schlimmeres sollte indes noch kommen.
Die Tätigkeit setzte sich in milderem Maße monatelang fort; fast achtete man

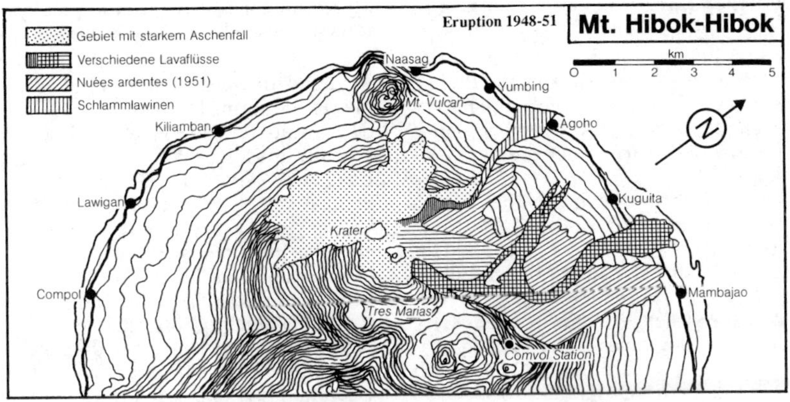

ihrer nicht mehr. Am 4. Dezember 1951 kam es indes zu einem phänomenalen Paukenschlag. An diesem Tag fegte eine *nuée ardente* enormer Fluidität und Geschwindigkeit die Hänge hinab und löschte innerhalb von Sekunden alles Leben in ihrem Pfad aus. Die grausige glühende Lawine war 160 Kilometer weit sichtbar und kostete 500 (manche Quellen sprechen von bis zu 2.000) Menschen das Leben. Mambajao selbst blieb knapp verschont. Doch das Ereignis versetzte der Nation einen furchtbaren Schock und führte zur Bildung der *Commission on Volcanology* und Überwachung der gefährlichsten Vulkane des Landes.

Während seiner langen Ruhepausen sieht der Hibok-Hibok aus, als könne er kein Wässerchen trüben. Eingebettet in die schöne Natur verleiht er Camiguin eines der beeindruckendsten Inselpanoramen der Philippinen. Und zu fruchtbarer Erde trägt er bei. Überall am Hibok-Hibok werden Felder bewirtschaftet, selbst ganz oben in Kraternähe wohnen noch Menschen.

Kletterer mit Ambitionen auf diesen Berg sollten dem friedlichen Bild aber nicht trauen, sondern immer einen Check bei der vulkanologischen Station (auf etwa 400 Meter Höhe) machen. Von dort aus führt eine Art Wirtschaftsweg fast bis ganz nach oben und auf der anderen Seite wieder hinab - leicht zu verfolgen, so daß man ohne weiteres auf einen Guide verzichten kann.

Siehe auch Camiguin in Kapitel »Island Hopping«.

30 Calayo 302 m

Auch als *Musuan* bekannt. Ein unscheinbarer Tuffkegel in relativ flachem Gelände, etwa fünf Kilometer südlich von Valencia in Bukidnon auf Mindanao.

Der Jesuit Eusebio Barado beschrieb 1891 einen vier Jahre zurückliegenden Ausbruch des Calayo, bei dem ständig Gase emittiert wurden, die alles im Umfeld des Berges verbrannten. Auch später noch stieß der Vulkan eine Dampfsäule mit einem derart hohen Gehalt an schwefligen Gasen aus, daß eine Annäherung so gut wie unmöglich war.

Heute bewegt sich am Calayo nichts mehr. 1976 machte der Berg zwar als Ausgangspunkt einer Serie schwerer Erdbeben von sich reden, doch es kam zu keiner Eruption.

31 Ragang 2.815 m
Dieser höchste aller tätigen philippinischen Feuerberge ist Teil einer erloschenen, jedoch relativ neuzeitlichen Kette vulkanischer Kegel entlang der Grenze zwischen den Provinzen Lanao del Sur und North Cotabato auf Mindanao.
Bekannte Eruptionen ereigneten sich in den Jahren 1756, 1834, 1840 und sporadisch von 1856 bis 1873. Der letzte Ausbruch fand wahrscheinlich 1915 statt und richtete große Verwüstungen in den Wäldern um den Berg an. Das Bild, welches der Vulkan heute bietet, sind drei Spitzen, die den Rand eines tiefen Kraters formen, an dessen Boden Schwefeldämpfe emittiert werden. Ein breiter Strom erstarrter Lava bildet im Südwesten einen Zugang zum Zentrum des Vulkans. Ein faszinierender Berg, doch das Gelände ist schwierig.

36 Bud Dajo 399 m
Dieser kleine Vulkan im Zentrum der Insel Jolo ist ein vollkommen symmetrischer Aschenkegel jüngster geologischer Abkömmlichkeit. Die letzte Eruption fand 1641 statt, und der Berg schweigt seitdem.

37 Iriga 1.143 m
Auch *Asóg* (= »Rauch«); nahe der Stadt Iriga in der Provinz Camarines Sur. Laut Überlieferung war der Iriga noch zu Beginn des 17. Jahrhunderts ein perfekt geformter, scheinbar zahmer vulkanischer Kegel. Das Wort »Rauch« hat aber gewiß seine Berechtigung, denn schwere Aschen- und Lavaablagerungen deuten auf erhebliche frühgeschichtliche Tätigkeit hin. Der Iriga wurde jedoch erst in die Liste der aktiven Vulkane aufgenommen (und steht daher an letzter Stelle), nachdem sich in jüngerer Zeit herausstellte, daß irgendwann zwischen 1628 und 1641 dort eine gewaltige Naturkatastrophe stattgefunden haben mußte. Das Geschehnis ließ die gesamte südöstliche Hälfte des Iriga zusammenfallen und verlieh dem Berg seine heutige asymmetrische Form. Die zu Tal rauschende enorme Trümmerlawine führte zur Aufdämmung und Entstehung des Lake Buhi östlich des Berges. Der See ist heute das wohl schönste Binnengewässer der Bikol-Region.
Der einstige Kraterschlot existiert weiterhin, ein tiefes Loch, das sich mangels vulkanischer Aktivität allmählich auffüllt. Anfang 1986 erlitt der junge Schweizer Marc Hubacher dort wahrscheinlich einen tödlichen Bergunfall. Obwohl das Unglück rekonstruiert und somit weitgehend geklärt werden konnte, bittet der Autor Iriga-Besteiger um Nachricht, falls dort etwas dahingehend Neues gefunden werden sollte.

Verhalten bei vulkanischen Eruptionen

Wie eingangs vermerkt, geben die philippinischen Vulkane im Falle einer bevorstehenden Eruption häufig nur geringe Hinweise auf die veränderten Verhältnisse in ihrem Innern. Typische Vorzeichen sind örtliche, mitunter sehr heftige Erdbeben, »Kraterglühen« und zunehmende Dampfentwicklung oder -verfärbung. Im allgemeinen sollte jede vom Normalzustand abweichende Erscheinung prospektiven Kletterern Veranlassung geben, sich von den Hängen des Berges fernzuhalten.
Alle gefährlicheren Vulkane werden ständig vom *Philippine Institute of Volcanology and Seismology (PHIVOLCS)* überwacht. Dieses sehr tüchtige und befähigte Team von Wissenschaftlern ist im Hizon-Haus in Quezon City zu finden (29 Quezon Avenue, Tel. 7126110 bis 15). Dort, bzw. spätestens bei den Mannschaften im Feld sollte man vor einer Kratertour immer Rücksprache halten.

Wer in einen vulkanischen Ausbruch gerät, hat nicht gerade die besten Chancen, unversehrt davonzukommen. Wichtig ist vor allem: Raus aus Canyons, Rinnen und Vertiefungen, die von abwärtsfließender Materie ganz zuerst ausgefüllt werden, zudem den Überblick verbauen. Die Windseite zu gewinnen suchen, um einem etwaigen Aschenregen zu entgehen. Glatte, abschüssige Flanken meiden. (Einen Aschen- oder Sandabhang kann man jedoch mit Siebenmeilenschritten hinunterrennen, um Distanz zu gewinnen). Keine Pause machen, wenn der Vulkan »Luft holt« - die nächste Phase kann viel schlimmer sein! Einem Magmastrom aus dem Weg gehen! (Wem sage ich das? werdet Ihr fragen. Manche Leute haben aber schon Lavaschollen als »Surfbretter« benutzt, nur so zum Spaß). Vorsicht auch: Unterhalb der bereits kühlen und erstarrten Lava ist das Magma noch glühend heiß - *jahrelang!* Und tut es nicht den studierten Vulkanologen nach, die im Iso-Anzug in einen dräuenden Krater klettern und dabei - es gibt weltweit eine lange Liste - ums Leben kommen.

Müssen sie unbedingt solche Wagnisse eingehen? Keineswegs - sie wollen nur etwas bieten fürs Geld, die gut bezahlte abenteuerliche Existenz ist ihnen vielleicht ohne riskante Gegenleistung etwas peinlich. Auch möchte man unter Kollegen immer der erste sein; das ist gut für den Ruf. Auf den Philippinen, wo nicht so dick verdient wird, sind unter Fachleuten bislang keine Todesopfer zu beklagen.

Nützliches Vokabular: »Fachvulkanisch«

Es gibt einiges an Wortgut, auf das man in Verbindung mit Vulkanen immer wieder stößt, so auch vorstehend in diesem Kapitel. Man sollte ein gewisses Minimum davon intus haben, um zumindest verstehen zu können, wovon im dampfenden und schnaubenden Terrain die Rede ist. Tagalog-Vokabular in Kapitel »Klettern«.

Caldera (span.) - Krater(see) von einem Kilometer und mehr Durchmesser.

Eruption - Ausbruch. Fachleute unterscheiden je nach Art und Heftigkeit des Ausbruchs verschiedene Donnertypen:

Krakatauische Eruption - Die schwerste von allen, gekennzeichnet durch Explosionen enormer Heftigkeit (Krakatau 1883: entsprechend etwa zwei Millionen Tonnen TNT).

Peléische Eruption - Charakterisiert durch vehemente Entladungen glühender Gase. Namensgeberin ist die hawaiische Vulkangöttin Pele.

Plinische Eruption - Ausbruch mit riesigen Aschenentladungen. So genannt nach dem römischen Historiker Plinius d. Ä., der bei der Eruption des Vesuv im Jahre 79 n. Chr. im Aschenregen erstickte.

Strombolische Eruption - Entladungen von Gasen und sehr dünnflüssigem Magma. Spektakulär, jedoch nicht explosiv und deshalb eher harmlos. Vorbild ist der italienische Stromboli; sehr ähnlich sind hawaiische Eruptionen.

Vesuvische Eruption - Hochexplosiv, doch um einige Abstufungen weniger heftig als der krakatauische Grad.

Fumarole (ital.) - Aus vulkanischem Gelände aufsteigender Schlot mit Dampfaushauchungen.

Fumarolisches Stadium - Aktivitätszustand eines Vulkans, in dem lediglich milde Dampfentladungen stattfinden.

Kompositkegel - Durch aufeinanderfolgende Eruptionen schichtweise aufgeworfener Vulkankegel, oft von schöner symmetrischer Form.

Lahar (indon.) - Schlammlawine, entweder als Folge direkten Ausstoßes (heiß) oder sekundär (kalt) im Pfad von Wasseremissionen und Regenfällen.

Aufgrund hoher Fluidität oft überaus destruktiv.
Lateraler Ausbruch - Eruption an der Flanke eines Vulkans, also nicht vom Krater aus.
Lava - Austretendes oder ausgetretenes Magma.
Magma - Vulkanisches Rohmaterial aus feuerflüssigen Silikatgesteinen in den oberen Bereichen der Erdmantelzone. Man unterscheidet vier Haupttypen von Magma, die (vereinfacht) von basisch bis sauer reichen und zum oberen Ende, immer zähflüssiger werdend, zu jeweils explosiveren Ausbrüchen führen:
Basaltisches Magma - Silizium-Gehalt von etwa 23 Prozent.
Andesitisches Magma - Si-Gehalt von etwa 25 Prozent. Diese beiden Typen herrschen auf den Philippinen vor, doch eine Vielzahl von Mischformen existiert.
Trachytisches Magma - Si-Gehalt von etwa 27 Prozent.
Rhyolitisches Magma - Si-Gehalt von etwa 35 Prozent.
Nuée ardente (frz. »heiße Wolke«) - Zu Hochglut (bis 1.000 Grad) aufgeheiztes Gas, manchmal mit glühender Materie angereichert; seitlich vom Hang auspuffend oder mit Geschwindigkeiten von über 500 km/h zu Tal fahrend, immer tödlich destruktiv.
Solfatara (ital.) - Schwefeldämpfe ausströmender Schlot oder Schwefelwasserstoff emittierendes Becken.
Solfatarisches Stadium - Aktivitätszustand eines Vulkans, in dem nur Schwefeldämpfe ausgestoßen werden.

Wrackexploration

Auf einer meiner zahlreichen Wracksuchexpeditionen begegnete mir in der Straße von San Bernardino in 42 Meter Tiefe vor Bulan einmal ein seltsames Wesen: Ein brauner Frosch, der mühsam auf mich zupaddelte und mich dann, trotz hinderlichen Schlauches im Mund, breit angrinste. Ein schweißerbrillenartiger Augenschutz vervollständigte seine Ausrüstung, und an den Füßen hatte er bleibeschwerte Sperrholzplatten, auf die man schlicht Gummilatschen genagelt hatte: seine Schwimmflossen.
Taucher wie er kämmen auf den Philippinen ständig den Seeboden nach Brauchbarem ab. Und trotz ihrer erbärmlichen Ausrüstung sind die Leute bemerkenswert effizient: Manches Wrack wurde von ihnen unter unsäglichen Mühen Stück für Stück zerlegt

Philippinischer Wracktaucher: Effizient, trotz kläglicher Ausrüstung

und aufs Trockene gehievt, wo man die Beute dann mit kärglichem Profit an den Mann brachte. Dieses Treiben, abgesehen von der Tätigkeit kommerzieller Großberger, macht erklärlich, weshalb von vielen in den Seekarten eingezeichneten Wracks heute nicht mehr viel zu finden ist. Und während sich die Aktivität vorwiegend auf neuzeitliche Wracks und ihren Schrottwert beschränkt, treten mitunter auch Antiquitäten aus uralten Unterwassergräbern ans Tageslicht, von der Scharfäugigkeit der Taucher zeugend...
Unter Gerätetauchern gilt die Exploration moderner, möglichst unversehrter Wracks als hochkarätiges Abenteuer, das Gefahren, Aufgaben und intensives Erleben beinhaltet. Manche kommerziellen Tauchbasen haben schon absichtlich Schiffe für eben diesen Zweck auf ihren Spielplätzen versenkt. Aber das hat man auf den Philippinen nicht nötig. Jahrhundertelanger Seehandel, Taifune, Korallenriffe, Piraten, Kriege (vor allem der letzte) - diese Kombination hat den Archipel mit Schiffswracks sozusagen bepflastert. Manche von ihnen bieten dem Taucher die verlockendsten Ziele.
Wrack ist nicht gleich Wrack. Manche sind lediglich Schrotthaufen, keiner Mühe wert. Dieses Kapitel bemüht sich, die *interessantesten* Schiffswracks des philippinischen Archipels aufzuzählen, solche mit Geschichte und vielleicht auch der einen oder anderen Schatulle an Bord. Sie zu erreichen, bleibt Euch überlassen. Ihr könnt Euch kommerziell aufgezogenen Aktionen anschließen, oder es auf eigene Faust versuchen.
Grollt mir aber nicht, Leute, wenn ein Wrack mal auf Anhieb nicht zu finden ist. Eine jährliche Inspektionstour ist einfach nicht machbar!

Die Wracks

Nur ein paar Dutzend versunkener Schiffe beschreibend zu Papier zu bringen, ist eine wahre Sisyphusaufgabe. Einige Wracks ertauchte ich selber, entdeckte sie sogar. Andere Daten beruhen auf den Informationen philippinischer, amerikanischer, australischer, japanischer und europäischer Taucher, ein quecksilbriges Völkchen, das sich nur mühsam für ein Interview fassen ließ. Zu Rate gezogen wurden außerdem internationale Seekarten und Seehandbücher, Literatur und Pressemeldungen aller Art. Bergungsfirmen, ein verschwiegener Haufen, öffneten zumindest ihre Archive, wenn es galt, das *Nicht*vorhandensein eines Wracks nachzuweisen. Andere, so der vormalige *Philippine Coast & Geodetic Survey,* stellten vorbehaltlos alles greifbare Material zur Verfügung. Als nützlich erwies sich auch die Kenntnis der japanischen Sprache. Über Marinebehörden in Japan ließen sich manche Neuigkeiten erfahren und Fehlkonzeptionen korrigieren.
Dennoch: Die wenigen Wracks, die dieses Kapitel schildert, sind lediglich ein verschwindend kleiner Prozentsatz des Gesamtpotentials. In den letzten 3.000 Jahren, schätzen Seefahrtshistoriker, ist im Durchschnitt - weltweit und rein rechnerisch - jeden Tag ein Schiff gesunken. Das macht insgesamt über eine Million.
Einen großen Anteil an dieser riesigen Zahl haben die Gewässer Südostasiens mit ihren Tausenden von Inseln und zahllosen Kreuz- und Querverbindungen. Dort, gar nicht weit von den Philippinen entfernt, nämlich in der Straße von Malakka, liegt auch immer noch das Wrack mit dem größten Schatz aller Zeiten: Die portugiesische Karacke *Flor do Mar.* Geschätzter Wert der versunkenen Ladung: 120 Milliarden (!) Mark.

1 Batanes

Die Batanes sind ein einziger riesiger Schiffsfriedhof mit Wracks aus mehreren Jahrhunderten und aller möglichen Nationalitäten. Allein an der Nordküste der Hauptinsel Batan liegen allenthalben bizarr zerknüllte Eisentrümmer. Noch ungeheuer viel zu explorieren, aber das Revier ist fast ganzjährig sehr rauh!
Seekarten: 4205, 4280.

2 Guinapac Rocks

Diese Felsengruppe erhebt sich ungefähr mittig (acht Seemeilen nach beiden Seiten) zwischen der Insel Camiguin und dem Vulkan Didicas (siehe Kapitel »Vulkanerkundung«) nördlich von Luzon aus dem fast stets heftig bewegten Meer. Sie wurde im Jahre 1899 dem amerikanischen schweren Kreuzer *Charleston* zum Verhängnis.
Die *Charleston* patrouillierte im US-philippinischen Krieg die Nordostküste Luzons, um die Anlandung von Waffen an die Aufständischen zu unterbinden. In einer dunklen Nacht krachte sie auf die Guinipacs - Totalverlust.
Es dauerte annähernd 100 Jahre, bis das Wrack (zufällig) gefunden wurde. Im April 1993 stießen zunächst Fischer aus Cagayan, dann Gerätetaucher aus dem philippinischen Norden auf die Reste der *Charleston* - und machten von Anfang an fette Beute. Es war in kolonialen Kriegen offenbar Usus, für den Feind Saures (in Gestalt von Granaten) und für den Freund Süßes (in Gestalt von Gold- und Silbermünzen) mitzuführen. Beides, darunter Hunderte von Münzen aus dem 19. Jahrhundert, wurde im Umfeld der *Charleston* gefunden und zum Teil geborgen.
Das Wrack liegt in etwa 15 Meter tiefem, sehr klarem, doch ständig schwer brandendem Wasser. Das meiste ist zerfetzt und in Koralle und Sedimente eingebacken, doch der Rumpf und alles Schwere (Maschinen, Geschütze)

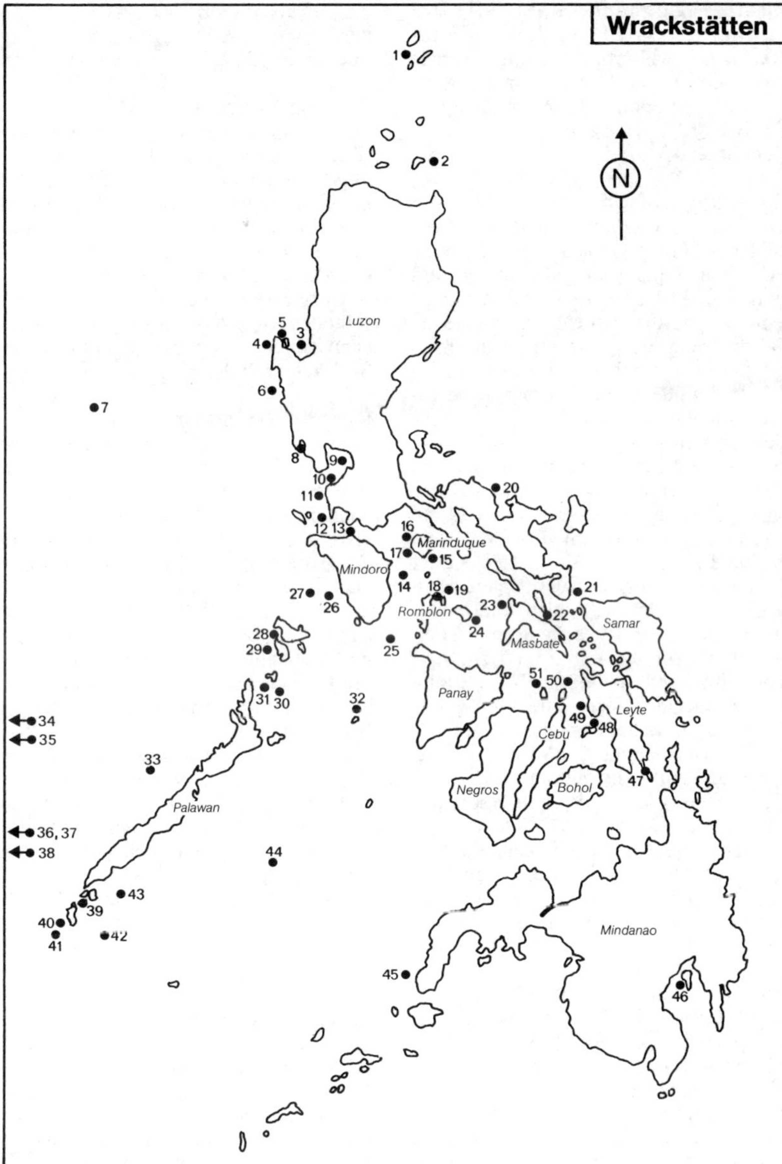
Wrackstätten
N
Luzon
Marinduque
Mindoro
Romblon
Masbate
Samar
Panay
Leyte
Cebu
Negros
Bohol
Palawan
Mindanao
1
2
3
4
5
6
7
8
9
10
11
12
13
14
15
16
17
18
19
20
21
22
23
24
25
26
27
28
29
30
31
32
33
34
35
36, 37
38
39
40
41
42
43
44
45
46
47
48
49
50
51

ist durchaus noch intakt. Mit Bestimmtheit wird im Umfeld der *Charleston* weiterhin viel Interessantes zu sehen und zu finden sein. Basis ist der Ort Claveria an der Nordküste von Luzon.
Seekarte: 4229.

3 Lingayen-Golf

Dort existierte schon im Mittelalter ein rühriges Handelszentrum, in dem sich vor allem Japaner ein Stelldichein gaben. Der Ort Lingayen selbst wurde von den Spaniern deshalb Puerto de Japon genannt. Später übernahmen Chinesen weitgehend diese Rolle. Im 16. Jahrhundert gab der notorische Pirat Limahong dort ein Gastspiel. Nachdem er sich an der chinesischen Küste schwerreich geplündert und Kaiser Wan Li einen Kopfpreis auf ihn ausgesetzt hatte, segelte er mit seiner Flotte nach den Philippinen, um dort eine Kolonie zu gründen. Ende 1574 geriet er sich in Manila mit den Spaniern in die Haare, verlor die Schlacht und mußte fliehen - ohne seine gewaltigen Schätze. Nur ein winziger Bruchteil von Limahongs einst mächtiger Flotte und Streitmacht erreichte viel später die Pescadores bei Formosa.
Wo sind Limahongs Schiffe mit ihren goldenen Millionen geblieben?
Einiges davon grub man nach der Schlacht um Manila in Cavite aus, wo der Pirat auf seinem Rückzug Station gemacht hatte. In der Nähe von Lingayen legte er ebenfalls eine mehrmonatige Pause ein, bis die Spanier ihn im August 1575 auch von dort vertrieben.
Im Südwesten der weiten Bucht kam es (in diesem Jahrhundert) wiederholt zu spektakulären Zufallsfunden. Doch die Masse des Limahong-Schatzes bleibt verschollen. Vielleicht wartet sie - zusammen mit vielen anderen Wracks, vornehmlich aus dem Zweiten Weltkrieg - in den flachen Wassern des Lingayen-Golfs noch auf ihren Finder.
Seekarte: 4209.

4 Cape Bolinao

Das ausgedehnte Riff westlich und südlich des Kaps muß voller Wracks liegen. Jeder nördlich der Philippinen hinwegziehende Taifun hinterließ dort im Lauf der Jahrhunderte seine Spuren. Insbesondere chinesische Dschunken dürfte es dort viele geben - massenweise Porzellanscherben aus verschiedenen Dynastien deuten in manchen Teilen der Lagune darauf hin.
Seekarte: 4209.

5 Bolinao Harbor

Immer noch vergeblich gesucht wird dort die berühmte *Glocke von San Agustín,* ein für die Kathedrale dieses Namens (in Manila) bestimmtes Läutwerk, das in Bolinao ausgeladen und in die Hauptstadt geschafft werden sollte. Das Transportschiff ging im Taifun unter - womöglich in der schmalen Bucht zwischen den Inseln Santiago und Cabarruyan. Taucher behaupten, die Glocke bereits gesehen und dann wieder aus den Augen verloren zu haben. Sehr glaubhaft ist das nicht. Wie auch immer: Dem Finder dürfte eine dicke Belohnung winken, denn das Suchobjekt hat für die Philippinen fast den Charakter eines nationalen Heiligtums und ist selbst für den Vatikan von größtem Interesse.
Im Bereich von Bolinao Harbor gibt es auch noch zahlreiche Wracks aus dem Zweiten Weltkrieg.
Seekarte: 4238.

6 Hermana Mayor Island

Am 6.11.1944 wurde der japanische schwere Kreuzer *Kumano* (12.000 tdw) westlich von Luzon durch Luftangriff schwer beschädigt. Er schleppte sich tödlich angeschlagen in Richtung auf Santa Cruz (Zambales) und sank

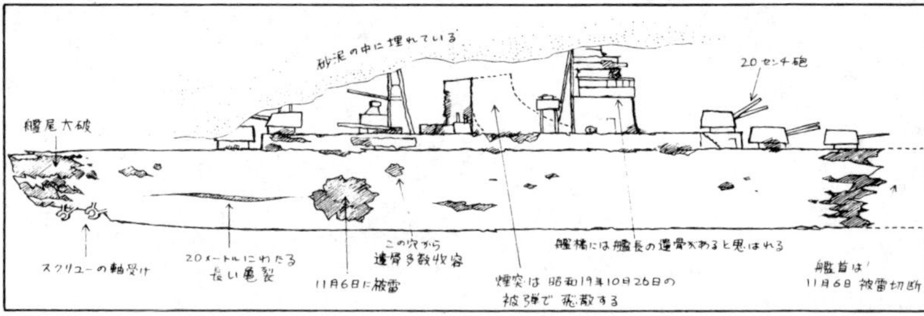

schließlich zwischen den Inseln Hermana Mayor und Hermana Menor in weniger als 30 Meter Wassertiefe. Japanische Taucher orteten das an einem Abhang fast kieloben liegende Wrack im Jahre 1969 und fertigten eine grobe Skizze an.

Die japanischen Inschriften beziehen sich auf Gefechtsschäden und das Ausmaß der Versandung des Wracks. Die Aufbauten sind seither fast verschwunden. Ein Eindringen in die *Kumano* ist nur durch die großen Öffnungen im Rumpf möglich. Gefährlich, zumal die Sicht ausgesprochen mies ist! Im Innern des Schlachtschiffs gibt es noch die Überreste vieler Toter.

Erreichbarkeit: Kommerzielle Touren ab Subic Bay (siehe unten). Oder mit Fischern ab Santa Cruz. Die an der Brücke am Südausgang des Ortes wissen am besten Bescheid.

Seekarten: 4210, 4211.

7 Scarborough Shoal

Diese weit ausgedehnte Untiefe liegt dicht an der viel befahrenen Dampferroute zwischen Japan (bzw. dem Pazifik-Großkreis) und der Straße von Malakka und scheint immer wieder Schiffe geradezu magnetisch anzuziehen. In den nautischen Meldungen häufen sich die Wrackeintragungen. Zudem müssen im Lauf von Jahrhunderten des Handels zwischen China und den Philippinen dort ungezählte Dschunken auf die Koralle geknallt sein. Weitere Einzelheiten zu diesem Riff in Kapitel »Tauchen«.

8 Subic Bay

Die ausgedehnte Bucht an der Küste von Zambales war Schauplatz heftiger Kampfhandlungen im Zweiten Weltkrieg, und eine stattliche Anzahl von Marinefahrzeugen beider austragender Nationen wurde dort in die Tiefe geschickt.

Die Ufer der Subic Bay sind in der Tat von Schiffswracks wie mit einem Kranz umzogen. Viele von ihnen sind außerordentlich ertauchenswert. Seit Abzug der Amerikaner, die dort jahrzehntelang einen riesigen Marinestützpunkt besaßen und einen großen Teil der Bucht gesperrt hielten, kann man dort auch endlich wieder tauchen.

Das wohl interessanteste unter den zahlreichen dort ruhenden Wracks ist das des Schlachtkreuzers *USS New York*. 1891 wurde das Schiff unter dem Namen *Rochester* erbaut, dann in *Saratoga* und schließlich *New York* umgetauft. Beim Einmarsch der Japaner in die Philippinen (1941) lag der Veteran in Subic vor Anker und mußte versenkt werden, um dem Feind nicht in die Hände zu fallen. Das Wrack liegt heute auf seiner Backbordseite in 27 Meter Tiefe zwischen der Alava-Pier und dem Runway von Cubi Point. Es ist noch erstaunlich intakt und bildet

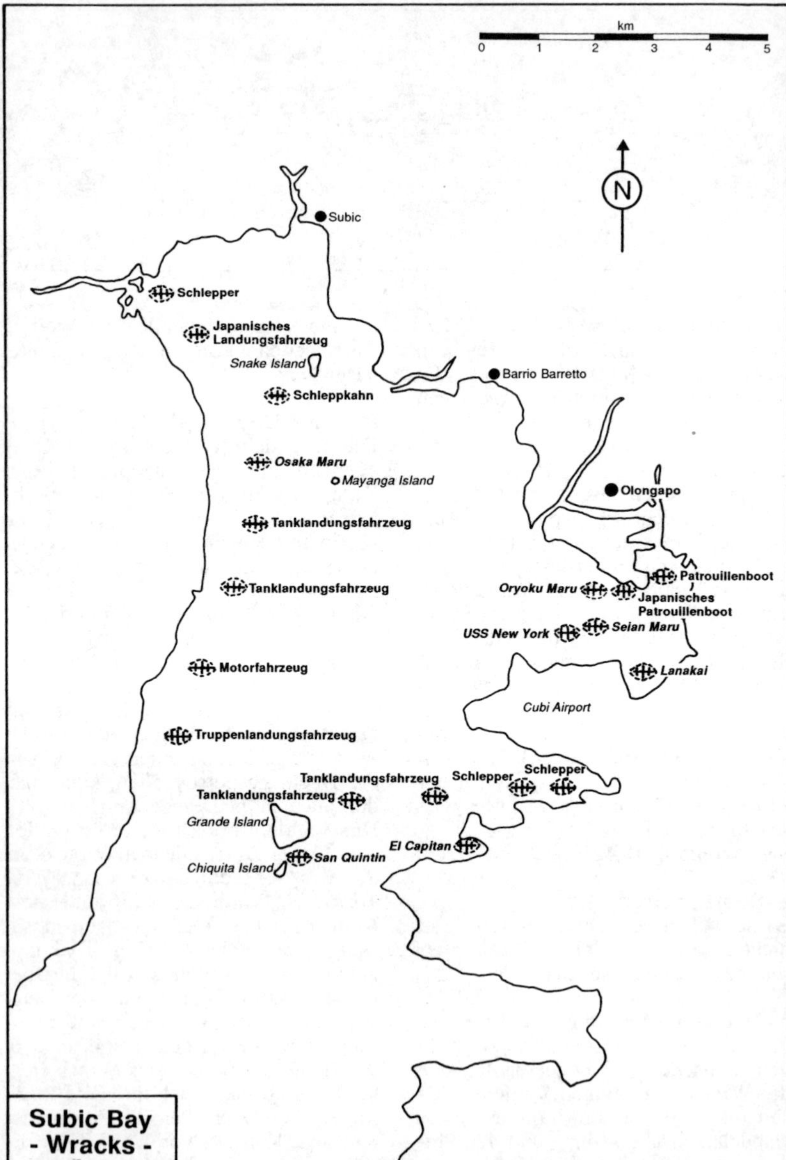
km
0
1
2
3
4
5
N
Subic
Schlepper
Japanisches
Landungsfahrzeug
Snake Island
Barrio Barretto
Schleppkahn
Osaka Maru
Mayanga Island
Olongapo
Tanklandungsfahrzeug
Tanklandungsfahrzeug
Patrouillenboot
Oryoku Maru
Japanisches
Patrouillenboot
USS New York
Seian Maru
Motorfahrzeug
Lanakai
Cubi Airport
Truppenlandungsfahrzeug
Tanklandungsfahrzeug
Schlepper
Schlepper
Tanklandungsfahrzeug
Grande Island
El Capitan
San Quintin
Chiquita Island
Subic Bay
- Wracks -

deshalb eine überaus anziehende Tauchdestination.
Ganz in der Nähe dieses Wracks befindet sich das der *Seian Maru,* eines 1945 von der US Navy versenkten japanischen Frachters von etwa 30.000 Tonnen, ebenfalls in 27 Meter Tiefe und ebenfalls auf der Backbordseite. Schon wegen der Größe der *Seian Maru* ist Tauchen auf diesem Wrack ausgesprochen abenteuerlich.
Nur 400 Meter westlich der Alava-Pier bilden die Reste der *Oryoku Maru,* gesunken 1944, ein lebendiges Riff in 20 Metern. Das Wrack war nach dem Krieg gesprengt worden, um die Schifffahrt nicht zu behindern.
In der Nebenbucht Ilanin Bay, wo früher Munition verladen wurde, liegt die *El Capitan,* ein kleiner Frachter, mit dem Bug auf 20 und dem Heck auf fünf Metern. Schon wegen ihrer leichten Erreichbarkeit wird diese Wrackstätte von Tauchern in Subic gern besucht.
Das gleiche gilt für das Wrack eines LST *(Landing Ship, Tank* = Panzerlandungsfahrzeug) östlich von Grande Island. Obwohl die Tiefe dort größer ist (32 m), macht das erheblich klarere Wasser und schöner Bewuchs Tauchgänge auf diesem Wrack besonders reizvoll.
Generell beträgt die Sicht in der Subic Bay, je nach Örtlichkeit und Jahreszeit, fünf bis 15 Meter. Siehe auch Kapitel »Tauchen«.
Weitere Wracks: Siehe nebenstehende Karte »Subic Bay«.
Seekarte: 4255.

9 Manila Bay

Im Gefolge jedes größeren Taifuns gehen dort regelmäßig mehrere Schiffe zu Bruch und verschwinden in den trüben Fluten der Bucht. Es wird jedoch immer ziemlich rasch aufgeräumt, um den Hafen freizuhalten. Außerdem ist das Wasser derart verschmutzt, daß niemand dort freiwillig selbst nach der *Flor do Mar* tauchen wollte.
Oder doch? Der philippinische Nationalschatz, bestehend aus 5,5 Tonnen Goldbarren und 2.632 Holzkisten mit Silbermünzen, wurde zu Beginn der japanischen Invasion im Jahre 1941 auf die befestigte Insel Corregidor am Eingang der Bucht geschafft. Dort war er indes bald auch nicht mehr sicher. Anfang 1942 holte die *USS Detroit* das Gold ab und schaffte es in die Staaten. Doch zum Verladen des Silbers war die Zeit zu knapp. Der Minenleger *USS Harrison* versenkte die Kisten Ende April 1942 nahe der Insel hastig in 18 Faden Wassertiefe.
Die Japaner bekamen die Sache schnell spitz und rekrutierten amerikanische Kriegsgefangene zum Heben des Schatzes. Aber die Amitaucher sabotierten die Aktion, indem sie nach Vorschrift arbeiteten. Die Bergung verlief schleppend; lediglich 2,25 Millionen Pesos fielen in japanische Hände. Der Krieg war noch nicht ganz vorüber, als schatzsuchende Insider aus den Staaten in der Bucht zu tauchen begannen. Sie erbeuteten etwa eine halbe Million Pesos, bevor der Krieg endgültig aus war und ihr Tun amtlich unterbunden wurde. Offizielle Bergungsarbeiten förderten danach den größten Teil des Schatzes zutage, doch etwa eine Million Münzen liegen immer noch auf dem Grund der Bucht. Nicht weit von Corregidor wahrscheinlich - und dort ist das Wasser ohnehin recht sauber.
Seekarte: 4243.

10 Cavite

Am 13.6.1647 griff der holländische Admiral Martin Gertzen frohen Mutes die Festung Cavite an, von der die spanischen Galeonen gewöhnlich absegelten. Doch die Spanier waren gut vorbereitet: Im Feuerhagel ihrer Küstenbatterien wurde Gertzen tödlich verwundet und sein Flaggschiff versenkt.

Vielleicht liegt es noch heute ganz gut erhalten im Schlamm der Bucht. Ob westlich oder östlich des Cavite-»Fingers« - das ist allerdings die Frage.
Seekarte: 4236.

11 Fuego Point
An diesem weit vorspringenden Kap oberhalb der Nasugbu Bay (Provinz Batangas/Südchinesisches Meer) entdeckten Taucher 1981 das Wrack eines alten Kriegsschiffs. Eine Kanone wurde geborgen, die man jetzt am Eingang des Ayala-Museums in Makati bewundern kann. Es gibt kaum noch Zweifel, daß es sich bei dem Wrack um jenes der *San Antonio* handelt, einer spanischen Fregatte, die im Jahre 1600 gegen die Holländer antrat, dabei selbst zu Schaden kam und auf Grund gesetzt werden mußte. Weiterhin viel zu explorieren. Wassertiefe: um sechs Meter, unsauber.
Seekarte: 4257.

12 Maricaban Strait
Ungefähr auf halbem Wege zwischen den Inseln Caban und Sombrero liegt das Wrack der (einst) schwimmenden Tauchbasis (»Floatel«) *Dari-Laut,* 1981 im Taifun gesunken. Womöglich auch versenkt. Um einem naheliegenden Versicherungsschwindel nachzuspüren, drang ein junger Schweizer Taucher später in das Wrack ein, verirrte sich aber darin und kam elend ums Leben. Tiefe der *Dari-Laut:* etwa 50 Meter.
Seekarte: 4257.

13 Puerto Galera
Dicht unterhalb von Verdadero Point im Tauchgrund *The Boulders* liegt in etwa 40 Meter Tiefe das Wrack eines japanischen Patrouillenbootes, 1944 versenkt. Viel ist nicht mehr davon erhalten, denn Andenkenjäger sind kräftig am Werk gewesen. Doch die Unterwasserwelt ist dort sehr lebendig und bietet sich schon deshalb für einen schönen Tauchgang an.
Bereits in vorspanischen Zeiten war Puerto Galera ein lebendiger Handelshafen, in dem unter anderem viel chinesisches Porzellan zum Umschlag kam. Einige Unterwasserfunde sind bereits gemacht worden, darunter ein Wrack aus dem 14. Jahrhundert im Manila Channel, viel mehr harrt fraglos noch der Entdeckung. Laßt Euch aber auf keine teuren Schatzsuchexpeditionen mit Basis Puerto Galera ein, die Euch ausländische Glücksritter immer wieder andrehen wollen. Wenn die wirklich den todsicheren Tip hätten, wären sie auf solche Geschäftchen gar nicht mehr angewiesen.
Seekarte: 4344.

14 Maestre de Campo Island
Seriöse Tauchunternehmen in Puerto Galera haben Expeditionen nach diesem freundlichen Eiland östlich von Mindoro im Programm, um dort das Wrack der 1980 gesunkenen *Magdan Ferry* zu besuchen. Die etwa 150 Meter lange Fähre liegt in 25 Meter Tiefe. Da sind natürlich keine Schätze zu holen, dafür aber spannende Tauchgänge. Der einheimische Name der Insel ist *Sibali.*
Seekarte: 4453.

15 Marinduque
Nach historischen Berichten gingen in einem Supertaifun im Oktober 1617 »sechs große Schiffe« bei dieser Insel verloren. Vielleicht auch eine Schatzgaleone? Nichts Genaueres ist bekannt, doch Tauchen im Umfeld von Marinduque führt immer wieder zu Überraschungen, wie wir gleich sehen werden.
Seekarte: 4218.

16 Port Balanacan
Unmittelbar vor dieser schönen Bucht im Nordwesten von Marinduque liegt in 25 Meter Tiefe, allmählich abfal-

Keramik aus dem Dschunkenwrack von Marinduque

lend, das Wrack eines kleineren japanischen Kriegsschiffes. Fragt im Ort nach der genauen Position.
Seekarte: 4453.

17 Gaspar Island

Etwa 100 Meter nördlich dieses Robinson-Inselchens im Westen von Marinduque wurde 1980 in 40 Meter Tiefe das Wrack einer chinesischen Dschunke mit außerordentlich reicher Porzellanladung entdeckt. Es gelang einer international gemischten Gruppe von Tauchern, die tief im Sand vergrabene Fracht großenteils zu bergen und von ihren schweren Verkrustungen zu befreien. Zutage trat edles Ming-Porzellan aus dem frühen 16. Jahrhundert. (Ein unscheinbarer »Korallenblock« entpuppte sich als Kiste mit 50 prächtigen Tellern!) Der Verkauf der Beute brachte den Tauchern ein Mehrfaches ihrer Expeditionskosten ein, selbst nachdem sich das Nationalmuseum einen Löwenanteil gesichert hatte.
Vielleicht liegt dort immer noch ein Teil der Ladung, vielleicht liegt aber das nächste Dschunkenwrack nur ein Stückchen weiter. Wer suchet, der findet - rund um Marinduque ganz bestimmt!
Seekarte: 4218.

18 Tablas

Im Januar 1985 wurde bei Mahabangbaybay (»langer Strand«) am östlichen Ausgang der Carmen Bay (zwischen San Agustin und Cobrador Island/ Romblon) das Wrack eines hölzernen Schiffes entdeckt. Der Fund löste eine förmliche Stampede aus. Scharen von Tauchern machten sich an der Wrackstätte zu schaffen und karrten ab, was sich greifen ließ. Viel war es wohl nicht, denn der Wirbel legte sich alsbald. Wie in der Presse verlautete, wurde von den Behörden aber immerhin ein Kompaß mit der Inschrift »London 1621« sichergestellt; auch sollen Goldmünzen und Porzellane gefunden worden sein. Ein erneuter Check wäre bestimmt ganz aufschlußreich.
Seekarte: 4410.

19 Sibuyan Sea

Immer wieder werden interessierte Wracktaucher auf das 1944 durch Luftangriff versenkte Schlachtschiff *Musashi* als großartige Tauchdestination hingewiesen. Das Wrack existiert auch wirklich. Es liegt jedoch (nördlich von Romblon) auf mindestens 200 Meter Tiefe und ist für den konventionellen Taucher somit unerreichbar.
Seekarte: 4218

20 Quinamanuca Island

Auf der Flucht vor den Japanern soll 1943 der Schlepper *Luzon II* (20 t) auf das Außenriff dieser Insel gelaufen und im tiefen Wasser (20 bis 30 m) gesunken sein. Was das Wrack interes-

sant macht, ist seine (angebliche) Ladung. Zum Zeitpunkt des Untergangs, heißt es, waren vier Kanister Goldstaub und mehrere Goldbarren aus den Minen von Paracale an Bord.
Die Skizze gibt eine grobe Kreuzpeilung wieder, die ein damaliges Besatzungsmitglied kurz vor dem Untergang des Schleppers angefertigt haben will. Viel Vages an der Sache - aber wer weiß...?
Inselbeschreibung in Kapitel »Robinsonade«.
Seekarte: 4223.

21 Straße von San Bernardino

Wie schon in Kapitel »Galeonenwracksuche« geschildert, liegen die Wracks in dieser gefährlichen Passage dicht an dicht. Auch die eine oder andere Silbergaleone befindet sich darunter. Besonders viele Schiffstrümmer liegen auf der Calantas-Untiefe und im Umfeld des Leuchtturm-Inselchens San Bernardino.
Alles in der Meerenge Gesunkene ist allerdings von den reißenden Strömungen weitgehend eingeebnet. Manchmal ist aber das Gegenteil der Fall. Ein Schlenker in der Strömung genügt mitunter, um ein verschwundenes Wrack wieder freizulegen, wie es mit der *Taurida* (Kapitel »Galeonenwracksuche«) geschah.
Auch von dem britischen Frachter *Silverhazel* (5.300 t), der im November 1935 dort auf ein Riff krachte, sind noch größere Teile zu sehen.
Vorsicht vor den Strömungen! Taucher können dort im Nu aufs offene Meer getragen werden!
Seekarten: 4220, 4258.

22 Mobo Bay

Anfang der 80er Jahre wurden in dieser Bucht auf Masbate die Reste eines Handelsseglers aus vorspanischer Zeit entdeckt. Einige Bronzegeschütze kamen ans Licht, die das Fahrzeug als bruneïsch identifizierten, dann brachten mangelnde Geldmittel die Bergungsarbeiten zum Erliegen. Das Wrack liegt heute noch da, unbekannten Inhalts.
Seekarte: 4219.

23 NW-Küste Masbate

1968 fand ich in der flachen Bucht S von Bagupantao Point verstreute Wrackteile, die auf ein altes, vielleicht sogar spanisches Fahrzeug hindeuten könnten. Es handelte sich unter anderem um ein religiöses Medaillon und mehrere Münzen, die ich dem Nationalmuseum übergab. Mangel an Gelegenheit verbot es mir, die Sache weiter zu verfolgen. Eine Neuerkundung der vorgelagerten Riffe sowie der Inselchen Gato, Mahaba und Nabugtut mag etwas Interessantes ergeben.
Seekarte: 4412.

24 Perseus Reef

Die amerikanische Karte HO 14706 zeigt auf diesem Riff in der Sibuyan Sea (NO von Cresta de Gallo Island)

Wrackeintragungen, die man vielleicht einmal unter die Lupe nehmen sollte. *Perseus* klingt stark nach altem englischem Segler.
Seekarten: 4411, HO 14706.

25 Semirara Island

Nach Auskünften von Tauchern aus Manila liegt in der Ansteuerung zur Semirara Anchorage im Westen der Insel das Wrack eines japanischen (?) Frachters. Tiefe: etwa 20 Meter. Vorsicht: Die Ansteuerung ist stark befahren. Auf Semirara befindet sich die größte Kohlenmine der Philippinen; große Schiffe pendeln ständig zwischen der Insel und Batangas hin und her.
Seekarte: 4337.

26 Discovery Bank

Auf diesem etwa 16 Meter tief gelegenen Riff auf halbem Wege zwischen Mindoro und Apo Reef zeigt die Karte zahlreiche Wrackeintragungen. Wer bei ruhigem Wetter auf der Reise nach Apo ist, sollte dort vielleicht mal einen neugierigen Blick unter Wasser werfen.
Seekarte: 4305.

27 Apo Reef

Auf Apo-Karten findet man gewöhnlich drei Wracks eingetragen: Eines an der Nordspitze des Riff und je ein weiteres im S und SW (siehe Detailkarte in Kapitel »Tauchen«).
Das nördliche kann man vergessen. Nicht nur hat die Brandung es fast völlig zerschlagen, sondern die exponierte Lage macht eine Annäherung auch kaum einmal möglich. Das Wrack an der Südspitze ist hingegen nach wie vor sehr attraktiv. Es handelt sich um einen gut erhaltenen Trawler, aufrecht stehend in 15 Meter Tiefe und zu lustigen Fotos einladend. Das Wrack im SW ist diesem nicht unähnlich, doch wegen eines Riffgewirrs etwas schwieriger erreichbar.
Apo liegt mitten im Meer, von den Elementen umbraust. Da kommt es schon mal vor, daß sich ein neues Wrack zu den existierenden gesellt und in diesem Buch demnach nicht erfaßt ist.
Auch Wracks mittelalterlicher chinesischer Dschunken gibt es im Apo-Bereich mit Gewißheit in großer Zahl.
Seekarte: 4337.

28 Busuanga

Das faszinierendste Wracktauchrevier der Philippinen liegt in der Nähe der Insel Tangat im Süden von Busuanga. Dort wurde am 24. September 1944 ein kompletter japanischer Flottenverband von Jagdfliegern der US-Navy versenkt. Obwohl philippinische Wracktaucher im Laufe der Jahre schon so manches abmontiert haben, sind die Schiffe größtenteils noch ziemlich intakt. Alle liegen in Tiefen bis zu maximal 40 Meter und bieten sich somit als prächtige Tauchdestinationen an.
Lange Zeit herrschte Unklarheit, um welche Schiffe es sich genau handelte. Über Auskünfte japanischer Marinebehörden konnte ich die Wracks jedoch zu Beginn der 90er Jahre sicher als die folgenden identifizieren:

(1) *Kamii (A191),* Tanker (17.000 t)
(2) *Akitsushima,* Flugboottender (4.650 t)
(3) *Irako,* Kühlschiff (9.570 t)
(4) *Kyokuzan Maru,* Frachter (6.492 t)
(5) *Kogyo Maru,* Truppentransporter (6.352 t)
(6) *Taiei Maru,* Frachter (2.939 t)
(7) Schlepper
(8) Schlepper oder kleiner Versorger

Die *Kamii* (»Göttliche Majestät«) wird wegen ihrer Nähe zum gleichnamigen Ort auch das *Concepcion Wreck* genannt und ist am einfachsten zu lokalisieren. Der Tanker liegt auf ebenem Kiel (größte Tiefe: 28 Meter achtern,

das Heck ist abgesprengt), und ein Maststummel ragt aus dem Wasser. Zwar ist aufgrund der relativ leichten Erreichbarkeit dieses Wracks schon alles Wertvolle entfernt worden. Doch allein der gewaltige Bewuchs mit farbenfrohen Meereslebewesen macht die *Kamii* immer wieder einen Tauchgang wert.
Auch die beiden Hilfsfahrzeuge sind leicht zu finden. Eines liegt an der Südostspitze von Lusong Island. Nur der Rumpf ist noch vorhanden und gibt mit seinem fast völlig zerstörten Deck auf Nullniveau eine Art Swimmingpool ab. Das andere, ein noch ziemlich intakter Schlepper, befindet sich an der Ostküste von Tangat in herrlicher Lage sowohl über als auch unter Wasser (maximal zehn Meter im Winkel von 45 Grad, Heck unten). Dieses Wrack läßt sich auch ohne weiteres zur Gänze erschnorcheln.
Die Wracks der anderen Schiffe liegen in größeren Tiefen und sind entsprechend schwieriger zu finden. Das am nächsten zur Busuangaküste gelegene Wrack dürfte das der *Taiei Maru* sein, deren Deck auf etwa 15 Meter beginnt. Bezüglich der anderen drei Frachter besteht noch keine vollendete Klarheit, welches Wrack zu welchem Namen gehört, obwohl das südlichste wahrscheinlich der *Irako* zuzuordnen ist. Der Autor bittet Taucher, ihm Auskünfte zukommen zu lassen, falls japanische Inschriften entdeckt werden, die zur Identifizierung führen könnten. Die vier fraglichen Namen schreiben sich folgendermaßen:

大栄丸 = *Taiei Maru*
伊良湖 = *Irako*
旭山丸 = *Kyokuzan Maru*
興業丸 = *Kogyo Maru*

Die *Akitsushima* ist als einziges wirkliches Kriegsschiff der Gruppe auch das faszinierendste Wrack. Es liegt genau in der Mitte zwischen den beiden kahlen Eilanden Darab und Manglet auf maximal etwa 35 Meter und ist mit einem enorm dicken Pelz von Gorgonien und Schwämmen bewachsen. Von allen Wracks ist dieses auch am schwierigsten aufzuspüren. Hector, ein an der einsamen Westküste von Tangat lebender Fischer, erweist sich, was dieses und die anderen Schiffe angeht, aber als erstklassiger Pfadfinder, auf dessen Dienste selbst kommerzielle Tauchunternehmen, die Touren zu den Wracks veranstalten, nicht verzichten können.
Jedes Jahr von etwa April bis Juni unternimmt *Asia Divers* von Puerto Galera aus Bootsexpeditionen nach den Wracks.
Vor Ort hat sich eine Tauchbasis in Concepcion angesiedelt. Weitere Diveshops: Siehe Kapitel »Tauchen«: *Busuanga*.
Seekarte: 4350.

29 Saddle Rock
An der SW-Spitze des Saumriffs um dieses Inselchen W von Culion Island liegen vielleicht noch die Reste des Schoners *Viscosia.* Ein hochinteressantes Tauchrevier, doch Vorsicht vor Tigerhaien!
Seekarte: 4342.

30 Benito Shoal
Detailkarten zeigen ein Wrack auf etwa zehn Metern in der Nähe dieser Untiefe 3,5 Seemeilen SSO von Linapacan Island, womöglich ein Kriegsandenken.
Seekarte: 4315.

31 Linapacan Strait
1974 wurde ein Wrack in Position 11-35-12N 120-16-00E gemeldet. Wassertiefe: 60 Meter oder weniger.
Seekarte: 4315

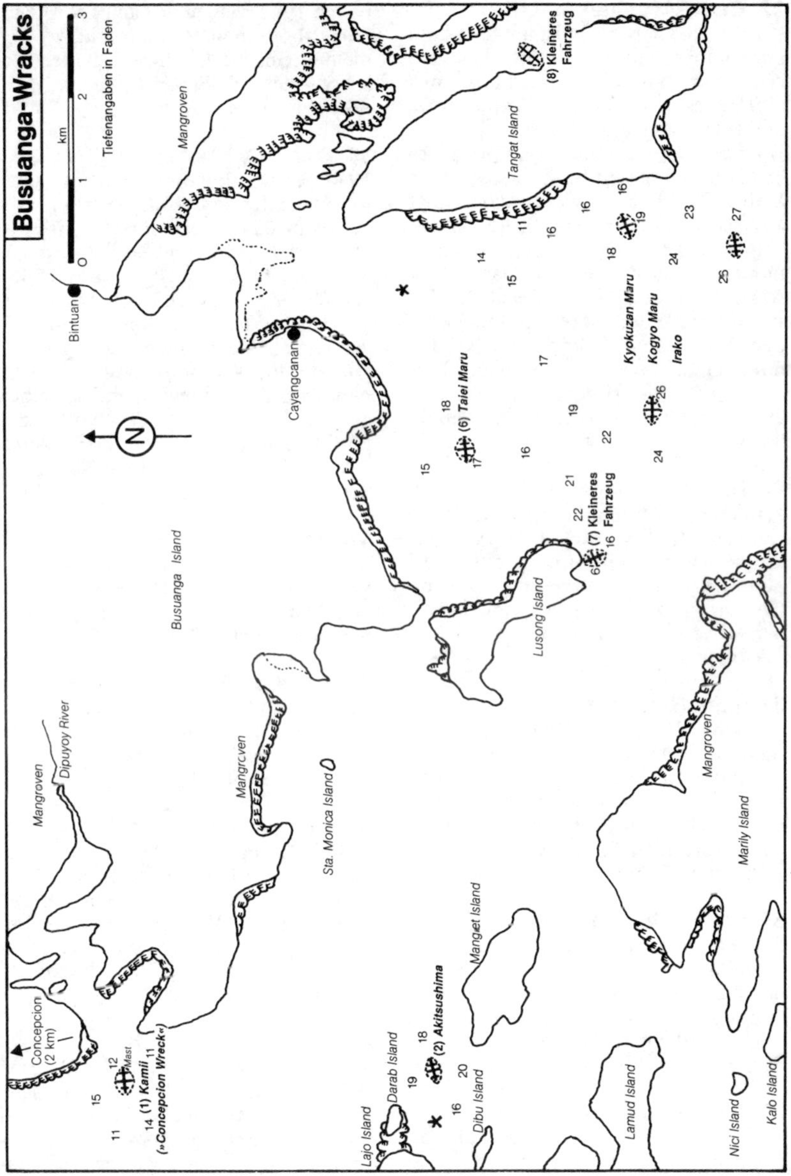
Busuanga-Wracks
km
0 1 2 3
Tiefenangaben in Faden
Bintuan
Mangroven
Cayangcanan
Tangat Island
(8) Kleineres Fahrzeug
Kyokuzan Maru
Kogyo Maru
Irako
(6) Taiei Maru
(7) Kleineres Fahrzeug
Busuanga Island
Lusong Island
Mangroven
Dipuyoy River
Mangroven
Sta. Monica Island
Mangroven
Marily Island
Manget Island
(2) Akitsushima
Darab Island
Dibu Island
Lajo Island
Lamud Island
Nici Island
Kalo Island
Concepcion (2 km)
Mast
(1) Kamil
(»Concepcion Wreck«)

32 Cuyo-Archipel

An der Nordküste der Hauptinsel liegt unmittelbar unterhalb des Mt. Bombon ein amerikanisches Landungsboot (LST) aus dem Zweiten Weltkrieg in neun bis 24 Meter Wassertiefe. Das Boot war an der Schlacht um Mindoro beteiligt und erhielt bei San Jose einen Volltreffer. Die Crew zog das Schiff aus der Kampfzone ab und ließ es auf Cuyo stranden. Dort sank es dann in tieferes Wasser. Vorsicht: Das Wrack soll noch scharfe Munition enthalten!
Anfang der 90er Jahre wurde südlich der Quinawanan-Gruppe (im Norden des Archipels; siehe auch Kapitel »Tauchen«: *Cuyo-Archipel*) das Wrack eines japanischen U-Boots in ertauchbarer Tiefe geortet. Leider war die Meldung, für die ein Taucher namens Porfirio Castañeda verantwortlich zeichnete, von keiner präzisen Positionsangabe begleitet. Interessenten können Einzelheiten aber eventuell beim *Bureau of Fisheries* in Quezon City erfragen, bei dem Castañeda seinerzeit beschäftigt war.
Seekarte: 4312.

33 York Breakers

Auf dieser steil abfallenden Untiefe rund 25 Seemeilen W von Bluff Point auf Palawan ging 1816 der englische Segler *Countess of London* zu Bruch. Übersicht: Siehe Kapitel »Tauchen«: *Dangerous Ground*.
Seekarte: 4716.

34 Itu Aba Island

Drei Dampferwracks liegen jeweils zwei Kabellängen N, zwei Kabellängen O und elf Kabellängen SSW der Ostspitze dieses Inselchens im Dangerous Ground. (eine Kabellänge = 1/10 Seemeile).
Seekarte: Engl. 1201.

35 Fiery Cross Reef

Auf diesem weit westlich von Palawan gelegenen Riff des Dangerous Ground wurde 1982 das halbversunkene Wrack eines modernen Handelsschiffes gemeldet. Genaue Position: vier Seemeilen SW der NW-Spitze.
Seekarte: Engl. 1201.

36 Bombay Shoal

1944 lief auf diesem bei Niedrigwasser trockenfallenden Atoll westlich von Palawan das amerikanische U-Boot *Darter* auf Grund und wurde zum Totalverlust. Das Boot ist - einschließlich verklemmter Einstiegluke - noch einigermaßen erhalten und sieht von weitem wie ein kleiner Flugzeugträger aus. Die Bombay-Untiefe mißt eine Seemeile im Durchmesser und ist eines der sehr wenigen echten Atolle der Philippinen. Besucher melden phantastisches Tauchen.
Seekarte: Engl. 1201.

37 Royal Captain Shoal

Zwei Wracks liegen auf der NW- bzw. SW-Seite dieses Riffatolls westlich von Palawan.
Seekarte: Engl. 1201.

38 Pearson Reef

Das Seehandbuch vermerkt das Wrack eines Frachters von 2.280 Tonnen am NW-Ende des Riffs.
Seekarte: Engl. 1201.

39 Ramos Island

In der Passage zwischen dieser Insel und Balabac befindet sich ein unbekanntes Wrack, wahrscheinlich aus dem Zweiten Weltkrieg. Fischer berichteten mir, daß sie an den Aufbauten immer wieder ihre Netze verlören.
Seekarte: 4347.

40 Gnat Reef

Auf dem »Stechmückenriff« SW von Balabac Island ging 1895 der britische (?) Dampfer *Melville* verloren. Viel ist nicht mehr übrig, da das Wrack in relativ flachem Wasser liegt und zerschla-

gen wurde. Genaue Lage: 07-50-02N 116-57-23E oder eine halbe Seemeile SSW vom Gnat Cay.
Direkt unterhalb des schönen alten Leuchtturms auf Cape Melville an der Südspitze Balabacs ziehen sich zahlreiche sandige Untiefen die Küste entlang. Auf einer dieser Bänke wurde im Oktober 1989 in hüfttiefem Wasser ein Silberschatz von Hunderten von bestens erhaltenen Münzen aus der Epoche Karls III., datiert 1801, gefunden. Die Balabac-Straße ist jahrhundertelang eine der wichtigsten Passagen für den Handel und Wandel der südostasiatischen Archipele gewesen. Dort dürfte es noch jede Menge andere Wracks geben, auch mit wertvoller Ladung.
Seekarte: 4347.

41 Southwestern Bank
Diese Untiefe liegt weitere drei Seemeilen SW des Gnat Reef. 1932 lief der japanische Frachter *Kawa Maru* auf dieses Riff und wurde zum Totalverlust. Die Überreste sind heute in weniger als zehn Metern Tiefe zu finden. Genaue Lage: 07-47-42N 116-55-27E.
Seekarte: 4326.

42 Lumbucan Shoal
Auf dieser Untiefe östlich von Balabac Island liegt das Wrack des amerikanischen U-Bootes *Flier,* das 1944 dort auf eine Mine lief und sank. Nur drei Mann überlebten das Unglück. Lange Jahre lag das Boot genau mittschiffs auf einer Riffkante ausbalanciert und bewegte sich sogar mit der Strömung. Nach jüngsten Meldungen hat dieser Sägeeffekt jetzt dazu geführt, daß die *Flier* in der Mitte auseinanderbrach und die beiden Hälften in tieferes Wasser sanken als die ursprünglichen zwölf Meter. Gerüchten zufolge soll das Wrack auch noch 20.000 den damaligen philippinischen Guerillas zugedachte Silberpesos enthalten.
Örtlich ist Lumbucan fast nur unter dem Gemeindenamen Mangsi bekannt.
Seekarte: 4326.

43 Argyll Shoal
Diese Untiefe vier Seemeilen östlich von Ursula Island in Südpalawan wurde 1892 dem britischen Segler *Argyll* zum Verhängnis. Da das Riff steil abfällt, könnte das Wrack in ziemlich tiefem (doch noch ertauchbarem) Wasser liegen und so intakt geblieben sein, wie es für ein Holzschiff eben geht.
Seekarte: 4324.

44 Tubbataha Reef
Insgesamt drei Wracks sind auf der Karte der beiden Riffe von Tubbataha eingetragen (siehe Kapitel »Tauchen«). Das »Nordwrack« hat sich praktisch aufgelöst - offenbar Schicksal aller Nordwracks. Seit Beginn der 80er Jahre erleichtert der philippinische Frachter *Delsan II,* hoch und trocken gelegen, die Ansteuerung auf das niedrige Riff und dient gleichzeitig der Vogelwelt als willkommene Niststätte. (Nicht stören!). Das dritte Wrack ist das eines großen Landungsbootes (LCT) im Nordteil des Südriffs, bei ruhigem Wetter ein prächtiger Tauchgang.
Seekarte: Keine.

45 Zamboanga
Unmittelbar unterhalb der Küste bei Tinubo etwa 15 Kilometer NW von der City liegt auf 30 Meter in klarem, strömungsreichem Wasser das Wrack eines (wahrscheinlich japanischen) Frachters: Ein Tauchziel par excellence. Einzelheiten über das Tourist Office in der Stadt.
Seekarte: 4511.

46 Samal Island
In der Nähe des Pearl Farm Beach Resorts bei dem Inselchen Malipano an der Westküste von Samal liegen in et-

wa 30 Meter Tiefe die Wracks von zwei Kriegsschiffen aus dem Zweiten Weltkrieg.
Seekarte: 4608.

47 Panaon Strait
In der engen Passage zwischen Leyte und Panaon Island ging 1967 der philippinische Frachter *Paraluman* verloren. Das Wrack liegt etwa 200 Meter östlich der von einer modernen Brücke überspannten Enge in 14 Meter Tiefe.
Vorsicht: Teuflische Strömung!
Seekarte: 4424.

48 Ponson Island
Die amerikanische Karte HO 14706 zeigt unmittelbar unterhalb der NO-Spitze dieser Insel im Camotes-Archipel mehrere Wrackeintragungen in schnell abfallenden Wassertiefen, fraglos sämtlich Kriegsandenken.
Seekarten: 4426, HO 14706.

49 San Isidro Bay
Mehrere Kriegswracks liegen in dieser kleinen Bucht im relativ abgeschiedenen Nordwesten von Leyte; fünf allein im Radius von 200 bis 400 Meter um die bescheidene Anlegestelle des gleichnamigen Ortes. Ein weiteres befindet sich unmittelbar westlich von Sangabon Point, der südlichen Ansteuerung der Bucht. Alle Wracks sind japanisch.
Seekarte: 4405 (großer Maßstab); keine kleinformatigen Übersichten.

50 Malapascua Island
Drei japanische Wracks wurden 1962 aus dem Seegebiet W und NW dieses Inselchens an der Nordspitze von Cebu gemeldet:
1. 11-21-00N 124-01-48E, Tiefe: 32 m.
2. 11-22-12N 124-05-00E, Tiefe: 38 m.
3. 11-25-00N 124-03-12E, Tiefe: 31 m.

Seekarte: Engl. 3823.

51 Bantayan Island
1979 wurde ein neues Wrack in die Karten aufgenommen: 10,5 Seemeilen W der Nordspitze von Bantayan, Wassertiefe etwa 35 Meter. Genaue Position: 11-19-00N 123-33-01E.
Seekarte: Engl. 3823.

Nützliches Vokabular

Wrack
Lumubóg na barkó = »gesunkenes Schiff«
Gibt es irgendwelche Schiffswracks in dieser Gegend?
Mayroón bang mgá lumubóg na barkó sa poók na itó?
Wo? Können Sie mir die Stelle zeigen?
Saán? Maaári bang itúro ninyó sa ákin ang lugár?
Um was für eine Art von Schiff handelt es sich?
Anóng kláseng barkó iyón?
Alt oder neu (modern)? Sehr alt? Holz oder Eisen? Segel oder Maschine?
Lúma o bágo? Lúmang-lumá ba? Káhoy o bákal? Láyag o mákina?
Ist es ein Kriegsschiff? Ein Japaner (Amerikaner)?
Pang-gyéra ba iyón? Hapón (kanó)?
Kennen Sie den Namen des Schiffes? Die Nationalität?
Alám ba ninyó ang pangálan ng barkóng iyón? Ang nasyonalidád?
Wie viele Meter (Fuß) beträgt die geringste Tiefe darüber?
Mgá iláng métro (piyé) ang pinakámabábaw na lálim doón?
Ist es noch intakt?
Iyón ba'y buó pa?
Wird manchmal danach getaucht?
Mayroón bang mgá táong paminsanminsang sumisísid doón?
Kann mich jemand dort hinbegleiten?
Mayroón ba dítong maaáring makasáma sa ákin sa lúgar na iyón?

Literatur

Schon zu einem frühen Zeitpunkt fanden (überwiegend klerikale) Schreiber des spanischen Kolonialregimes viel Aufzeichnenswertes in einem so faszinierenden Land, wie die Philippinen es sind. Aus dem 16. bis 19. Jahrhundert stammt umfangreiche spanischsprachige Literatur, vieles davon weiterhin in ausgezeichneter Erhaltung und abgelegt vor allem in den Archiven des Mutterlandes. Manches, relativ Neugedrucktes, ist auch in der Nationalbibliothek (am Rizal Park in Manila) einsehbar oder in so kleinen und feinen Lesestuben wie der Bücherei des Ayala-Museums in Makati.

In der zweiten Hälfte des 19. Jahrhunderts betätigten sich, wie in der Einführung bereits erwähnt, an vorderster Front *deutsche* Forscher auf den Philippinen. Einer von ihnen, Ferdinand Blumentritt, Österreicher damaligen Politverständnisses, betrat nie das Land seiner Begeisterung, sondern setzte in Europa wie bei einem Puzzlespiel geduldig die vielen Teilinformationen zusammen, die aus dem fernen Orient bei ihm einliefen. Was dabei heraus kam, ergab ein überaus positives Bild. Die Filipinos lieben ihren Blumentritt noch heute für seine freundschaftliche Gesinnung und haben (in Quezon City) einen ganzen Stadtteil nach ihm benannt. Sehr lesenwert ist auch der Klassiker *Reisen in den Philippinen* von Fedor Jagor. Die (etwas gekürzte) Version der Originalausgabe von 1873 ist bei Jens Peters Publikationen neu aufgelegt worden und im Buchhandel erhältlich. Andere Werke deutscher Philippinenforscher sind zum Teil als Neudrucke bei der sogenannten Filipiniana-Gilde in Manila erschienen. Diese »blauen Bände« kann man jedoch nur noch in Büchereien einsehen oder eventuell antiquarisch kaufen.

Im Jahre 1896 erschienen die Amerikaner auf dem Plan, um sich der neokolonialen Belange anzunehmen. Ihnen zu verdanken ist unter anderem, daß das sehr umfangreiche und wertvolle, doch teilweise stark religiös und ethnisch verzerrte Geschichtsmaterial der Spanier übernommen und streng wissenschaftlich aufgearbeitet wurde. Aus jener Zeit, die etwa bis zum Beginn des Zweiten Weltkrieges dauerte, stammen einige der wichtigsten Werke zum Thema Philippinen, vor allem das 14bändige Geschichtsepos *The Philippine Islands* von Blair und Robinson, absolut unverzichtbarer Bestandteil jeder wohlfundierten Philippinenstudie.

Eine neue Welle von Sachliteratur geriet etwa in den 70er Jahren ins Rollen. Auf diesem Material basiert ein großer Teil der in dieses Buch eingeflossenen Informationen; vieles, das später erschien, sagte kaum noch Neues zur Sache aus. Lohnend ist aber immer ein Gang durch die gutbestückten Buchgeschäfte Manilas und anderer Großstädte, um das eine oder andere literarische Juwel dort zutagezufördern, und sei es »nur« ein Neudruck eines vergilbten Klassikers.

Buchtitel mit besonders hohem Aussagewert zu den jeweiligen Themen sind mit einem Stern gekennzeichnet. Der Leser wird dafür um Verständnis gebeten, daß es sich überwiegend um englische Titel handelt. Englisch ist halt die erste Buchsprache der Philippinen.

Birdwatching

Bruce, M. D.: *A field list of the birds of the Philippines.* Sydney 1980

Delacour, J. und Mayr, E.: *Birds of the Philippines.* New York 1946

DuPont, J. E.: *Philippine Birds.* Greenville (Delaware) 1971

Gonzales, P. C.: *Birds of Catanduanes.* Manila 1983
Kennedy, R. S.: *The air's noblest flier.* In: The Filipinas Journal. Makati 1981
Kennedy, R. S. und Rabor, D.: *A Field Guide to the Birds of the Philippines.** Manila 1985
King, B. F. und Dickinson, E. C.: *A field guide to the birds of Southeast Asia.** London 1975
King, W. B.: *Red Data Book. Vol. 2: Aves.* Gland 1979

Dschungelexpeditionen

Basio, R. G.: *The Mosquito Fauna of the Philippines (Diptera culicidae).* Manila 1971
Bureau of Forest Development: *What you should now about our forests.* Quezon City 1980
Dickerson, R. E.: *Distribution of Life in the Philippines.** Manila 1928
Flenley, J. R.: *The Equatorial Rain Forest: a geological history.* London 1979
Leviton, A. E.: *Keys to the dangerously venomous terrestrial snakes of the Philippine Islands.* In: Silliman Journal. Dumaguete 1961
Parker, H. W. und Grandison, A. G. C.: *Snakes - a natural history.* London 1977
Richards, P. W.: *The Tropical Rain Forest: An ecological study.** London 1952
Taylor, E. H.: *The Snakes of the Philippine Islands.* Manila 1922
Whatt-Smith, J.: *Philippines: a look inside. Management research of Philippine Dipterocarp Forest.* (FAO-Bericht). Rom 1979
Whitmore, T. C.: *Tropical Rain Forests of the Far East.* Oxford 1975

Fliegen

Bureau of Air Transportation: *Aeronautical Information Publication, Philippines.** Manila, monatlich aktualisiert
Philippine Aviation Safety Council: *Flight Manual for Pilots. VFR/IFR.* 2 Bde. Manila, regelmäßig aktualisiert
U.S. Department of Commerce: *Catalog of Aeronautical Charts and Related Publications.* Washington, laufend aktualisiert

Galeonenwracksuche

Artes des Mexico: *El Galeón de Manila.* Ciudad de Mexico 1971
Blair, E. H. und Robertson, J. A.: *The Philippine Islands, 1493-1898.** 14 Bde. Cleveland 1903-09
Concepción, J. de la: *Historia General de Philippinas.* 14 Bde. Manila 1788-92
Concerned Citizens for the National Museum (Hrsg.): *Saga of the San Diego.* Manila 1993
Martinez de Zuñiga, J.: *Estadismo de las islas Filipinas, ó mis viajes por este país.* 2 Bde. Madrid 1893
Navas, F.: *Catálogo de los documentos relativos a las Islas Filipinas.* Bd. V. Madrid 1923
Pires, T.: *Travel Accounts of the Islands.* Neudruck. Manila 1971
San Agustín, G. de: *Conquístas de las islas Filipinas.* Madrid 1698
Schurz, W. L.: *The Manila Galleon.** New York 1959
Tabacalera de Filipinas (Hrsg.): *Colección General de Documentos relativos a las Filipinas (existentes en el archivo de Indias en Sevilla).** 5 Bde. Barcelona 1918-23
Torres y Lanzas, P.: *Catálogo de los documentos relativos a las Islas Filipinas.* Bd. II und IV. Madrid 1923
Zaide, G. F.: *Documented Sources of Philippine History.* Bd. 3. Manila 1990

Goldsuche

Black, J.: *Handbook for Underwater Prospectors.** Tarzana 1975
Bundesamt für Geowissenschaften und

Rohstoffwirtschafliche Länderberichte: *XV Philippinen.* Hannover 1990
Bureau of Mines and Geo-Sciences:
Data on Philippine Mineral Resources. Manila 1975, aktualisiert
Geology and Mineral Resources of Benguet Province. Manila 1974, aktualisiert
Geology and Mineral Resources of Camarines Norte and Part of Quezon Province. Manila 1979, aktualisiert
Geology and Mineral Resources of Camarines Sur. Manila 1981, aktualisiert
Geology and Mineral Resources of Mindoro Province. Manila 1974, aktualisiert
Geology and Mineral Resources of Negros Island. Manila 1978, aktualisiert
Geology and Mineral Resources of Surigao del Norte. Manila 1980, aktualisiert
Mining Fact Book of the Bicol Region. Daet 1975
Loviny, C. und Jules, J.: *Exodus in den Goldberg von Diwalwal.* In: GEO 4/86

Hochseefischen

Bureau of Fisheries and Acquatic Resources: *1993 Philippines Fisheries Profile.* Quezon City 1993
Doogue, R.: *Hook, Line and Sinker.* Sydney, Auckland, Wellington 1967
Goadby, P.: *Big Fish and Blue Water.* London, Melbourne, Singapore, Sydney 1979
Heilner, V. C.: *Salt Water Fishing.* New York 1953
Mather, C. O.: *Billfish.* Sidney, B. C. (Kanada) 1976
Scharff, R.: *Standard Handbook of Salt-Water Fishing.** New York 1966

Höhlenforschen

Bruce, M. D.: *The Palawan Expedition.* Sydney 1981
Fox, R. B.: *The Tabon Caves.* Manila 1970

Island Hopping

Onoda, H.: *No Surrender.* Tokyo 1974

Kampieren

Peace Corps Philippines: *Nutrition Handbook.* Manila 1977
Villacorta-Alvarez, H.: *Philippine Cookery and Household Hints.* Manila 1980
Yoshida, Y.: *Tropical Cookery.** Quezon City 1981

Mineraliensuche

Beyer, H. O.: *Philippine Tektites.** Quezon City, keine Jahresangabe
Bureau of Mines and Geo-Sciences: Siehe Literaturhinweis Kapitel »Goldsuche«.
Drasche, R. von: *Fragmente zu einer Geologie der Insel Luzon.* Wien 1878
Hurlbut, C. S.: *Dara's Manual of Mineralogy.* Quezon City 1971

Muschelsuche

Abbott, R. T.: *Seashells of the World.* Racine 1962
Allan, J.: *Cowry Shells of World Seas.* Adelaide 1956
Cernohorsky, W. O.: *Marine Shells of the Pacific.* 2 Bde. Sydney 1971
Cernohorsky, W. O.: *Tropical Pacific Marine Shells.* Sydney 1978
Coleman, R.: *What Shell is that?* Sydney 1975
Dance, S. P.: *Rare Shells.* Berkeley und Los Angeles 1969
Gorsky, B.: *Moana.* Wiesbaden 1959
Habe, T.: *Shells of the Western Pacific in Color.* Vol. I. Osaka 1964
Kira, T.: *Shells of the Western Pacific in Color.* Vol. II. Osaka 1965
Leobrera, C. B.: *Shells of the Philippines.** Manila 1985
Lindner, G.: *Muscheln & Schnecken der Weltmeere.* München 1975

Melvin, A. G.: *Sea Shells of the World.* Tokyo 1966
Radwyn, G. E. und d'Attilio, A.: *Murex Shells of the World.* Stanford (Cal.) 1976
Rogers, G.: *The Shell Book.* Boston 1951
Scase, R. und Storey, E.: *The World of Shells.* New York 1975
Tinker, S. W.: *Pacific Sea Shells.* Osaka 1974
Walls, J. G.: *Cone Shells: a synopsis of the living conidea.* Hongkong, keine Jahresangabe
Zeigler, R. F. und Perreca, H. C.: *Olive Shells of the World.* New York 1969

Naturvolkkontakte

Anima, N.: *The Mountain Province Tribes.* Quezon City 1977
Cawed, D.: *The Culture of the Bontoc Igorot.* Manila 1972
Dumia, M. A.: *The Ifugao World.* Quezon City 1979
Fox, R. B. und Elizalde, M.: *The Cultural Minorities of the Philippines.** Manila 1969
Gagelonia, P.: *The Filipinos of Yesteryears.* Manila 1973
Kohnen, N.: *Igorot.* Düsseldorf 1986
Lindbergh, C. A.: *Lessons from the Primitive.* In: Reader's Digest. Pleasantville 1972
Lopez, V. B.: *The Mangyans of Mindoro.* Quezon City 1976
Madale, A. T.: *The Remarkable Maranaws.* Quezon City 1976
Nance, J.: *Tasaday -Steinzeitmenschen im philippinischen Regenwald.* München 1977
Noval-Morales, D. Y. und Monan, J.: *A Primer on the Negritos of the Philippines.* Manila 1979
Peralta, J. T.: *The I'wak.* Manila 1978
Peralta, J. T.: *Tau't Batu.* Manila 1979
Postma, A.: *Treasure of a Minority.* Manila 1972
Reyes, D. R.: *My Brothers, your Brothers.* Manila 1981
Saber, M. und Madale, A. T.: *The Maranao.* Manila 1975
Scott, W. H.: *The Discovery of the Igorots.* Quezon City 1974
Sherfan, A. D.: *The Yakans of Basilan Island.* Cebu City 1976
Yen, D. E. und Nance, J.: *Further Studies on the Tasaday.* Makati 1979

Segeln

Blelloch, J. W. und Brand, S.: *Typhoon Havens Handbook for the Western Pacific and Indian Ocean.* Monterey 1979
Brand, S., DeAngeles, D. und Douglas, J.: *Manila as a Typhoon Haven.* In: Mariners Weather Log. Washington 1979
Deutsches Hydrogaphishes Institut: *Nautischer Funkdienst.* Bd. III. Hamburg 1994, laufend berichtigt
Philippine Coast & Geodetic Survey: *Philippine Coast Pilot.* 2 Bde. Manila 1988, laufend berichtigt
Scott, W. H.: *Boat Building and Seamanship in Classic Philippine Society.* Manila 1981

Survival

Brown, W. H.: *Useful Plants of the Philippines.** Manila 1957
Cordero, P. A.: *Taxonomy and Distribution of the Philippine Useful Seaweeds.* Manila 1981
Cribb, A. B. und J. W.: *Wild Food in Australia.* Sydney 1975
Henry, E. E.: *Harmful Plants of Papua New Guinea.* Lae 1980
Hermano, A. J. und Sepulveda, G.: *The vitamin contents of Philippine foods.* Manila 1935
Lugod, G. D.: *Wild plants used as a vegetable.* Laguna 1970
Lugod, G. C. und de Padua, L. S.: *Wild Food Plants in the Philippines.** Los Baños 1979
Madulid, D. R.: *A Dictionary of Philippine Plant-Names.* 2 Bde. Manila 1985-86

Marañon, J.: *Nutritive Mineral Value of Philippine Food Plants.* Manila 1935
Merrill, E. D.: *An Enumeration of Philippine Flowering Plants.** Manila 1923
Merrill, E. D.: *Emergency food plants and poisonous plants of the islands.** Manila 1943
Monsalud, S. R.: *Edible Wild Plants in the Philippine Forest.* Manila 1966
Quisumbing, E.: *Medicinal Plants of the Philippines.** Quezon City 1978
U.S. Army: *FM 21-76: Survival, Evasion, and Escape.* Washington 1969

Tauchen

Lobel, P. S.: *Folk Remedies for Tropical Fish Poisoning in the Pacific.* In: Sea Frontiers. Miami 1979
Smith, D., Westlake, M. und Castañeda, P.: *The Divers Guide to the Philippines.** Hongkong 1982
White, A.: *Marine Park Management in the Philippines.* In: Likas-Yaman. Quezon City 1979
Ziliox, M.: *Dangerous Animals of the Sea.* New York 1977

Trekking

Gironière, P. P. de la: *Adventures of a Frenchman in the Philippines.* Manila 1853/1972
Jagor, F.: *Reisen in den Philippinen.** Berlin 1873/1982
Scott, W. M. (Hrsg.): *German Travelers in the Cordillera (1860-1890).* Manila 1975

Vulkanerkundung

Abad, L. F.: *A Report on the Geology and Volcanism of Camiguin Island.* Manila 1949
Blumentritt, F.: *Erdbeben und Vulcanausbrüche auf den Philippinen.* Prag 1880
Commission on Volcanolgy: *Taal Volcano.* Broschüre. Quezon City 1968
Commission on Volcanolgy: *Mayon Volcano.* Broschüre. Quezon City 1969
Commission on Volcanolgy: *Catalogue of Philippine Volcanoes and Solfataric Areas.** Quezon City 1981
Drasche, R. von: *Ausflüge in die Vulcangebiete der Umgegend von Manila.* Wien 1876
Newhall, C. G.: *Geology and Petrology of Mayon Volcano.* Dissertation. Davies 1977
PHIVOLCS: *Pinatubo Volcano Wakes from 450 Years Slumber.** Broschüre. Quezon City 1991
PHIVOLCS: *Volcanoes and Philippine Volcanology.** Broschüre. Quezon City 1991

Wrackexploration

Anderson, G. R.: *Subic Bay - From Magellan to Mt. Pinatubo.* Keine Ortsangabe, 1992
Fleming, R. M.: *A Primer on Shipwreck Research and Records for Skin Divers.* Milwaukee 1971
Great Britain Admiralty: *British Merchant Vessels Lost or Damaged by Enemy Action During the Second World War, 3rd September 1939 - 2nd September 1945.* London 1947
Hydrographer of the Navy: *Eastern Archipelago Pilot.* 2 Bde. Taunton 1975, regelmäßig aktualisiert
Hydrographer of the Navy: *China Sea Pilot Vol. II.* Taunton 1975, regelmäßig aktualisiert
Marine Diving: *Jujun yokan kumano o saguru.* Magazinartikel. Tokyo 1969
U.S. Coast Guard Headquarters: *U.S. Merchant Ship Losses, December 7, 1941 - August 14, 1945 (1000 Gross Tons or over).* Washington 1945
U.S. Naval Institute: *United States Submarine Operations in World War II.* Washington 1949
Watts, A. J.: *Japanese Warships of WW II.* London 1966.

Index

Ortsregister

A
Abra 51
Abra de Ilog 100, 213, 353
Abukot 204
Acapulco 71, 74, 75
Agco, Lake 187
Agirangan 258
Agno River 204
Aguado, Mt. 155
Aguilar 213
Agusan 95
Agusan River 52
Alabat I. 150, 212, 345
Albay-Golf 348
Alibatan I. 253
Aligway I. 165
Alimanguan 356
Alto-Riff 257
Ambangeg 204
Ambil I. 212
Ambuklao 205
Ambulong I. 310
Ambulong-Bank 310
Angeles 369
Angelo, Mt. 98
Anilao 306
Anini-y 317
Antipolo 213
Aplaya 194
Apo I. (Mindoro) 38, 165, 254, 308
Apo I. (Negros) 165
Apo Reef 308, 389
Apo, Mt. 43, 184
Apulit I. 313
Apurawan 356
Araceli 156, 254, 362
Aramaywan 356
Arena I. 317
Argyll Shoal 393
Ariara I. 158
Aroroy 98
Aslom I. 254
Asog 376
Atimonan 51, 150, 212, 345
Aurora (Provinz) 102
Ayen Bekeg 194
Azagra 257

B
Babadac Lake 204
Babuyan Claro I. 366
Babuyan Claro, Mt. 366
Babuyan I. 366
Babuyan, Mt. 366
Babuyanes 51, 82
Bacacay 348
Baclayan 187
Baclayon 325
Baco 100, 194
Baco River 195, 350
Baco, Mt. 51
Bacolod 197
Bacon 143, 348
Bacuit Bay 276
Bacuit-Archipel 52, 126, 165, 314
Bacungan 356
Bacuyongan River 99
Badian I. 326
Bagalangit, Kap 306
Bagamanoc 81
Baguio 32, 104, 202
Bagulayag 353
Bagupantao Point 388
Baheli 356
Bajora Cinco 309
Balabac I. 54, 113, 165, 321, 392
Balanacan 275
Balanacan, Port 386
Balatero Cove 165
Balayan-Bucht 306
Baler 103, 212, 343
Balicasag I. 165, 324
Balicuatro-Archipel 329
Balikias 83
Balingoan 153
Balintang Channel 126
Baltasar I. 308
Balut I. 224
Banahaw, Mt. 41, 51, 188, 369
Bancalan I. 321
Bangued 131
Bani I. 329
Baniaga Rock 310
Bantac I. 312
Bantayan I. 394
Bantique 210
Banton I. 132
Banuan Daan 155
Banuan Lagi 155
Baracatan 43
Bararin I. 315
Baras 34, 81
Baring 326
Bas Diot 326
Basey 142
Basey River 142
Basilan I. 246
Batalan Rock 306
Batalay 83
Batan I. (Albay) 132, 212, 274
Batanes 39, 51, 56, 82, 213, 380
Batangas 82, 162, 306
Bataraza 52
Bathala Cave 137
Bato 81, 153
Bato Cave 143
Bato River 153
Bauang 304
Bayagnan 150
Bayombong 212
Benito Shoal 390
Bennet Cay 328
Biaknabato 213
Bical 136
Bicobian 274
Bikol-Region 96
Binalabag I. 158
Binangaan I. 309
Binaybay 100
Binone 153
Biri I. 329
Bislig 52
Bitaugan 150
Black Mountains 102
Blue Lake 187
Bluff Point 392
Boac 308
Bocana-Bucht 81
Bogo 257
Bolinao 276, 382
Bolinao, Harbor 382
Bolinao, Kap 382
Bombay Shoal 321, 392
Bombon, Mt. 392
Bongabong 100, 213, 350
Bongabong River 350
Boning 104
Bonito I. 306
Boquete I. 266, 307
Boracay I. 165, 193, 310
Boringot 102
Borongan 84
Bosoboso 371

Botang Point 310
Bote 76, 81
Botot 131
Brooke's Point 52, 232
Buang 202
Bucas Grande I. 143
Bud Dajo, Mt. 376
Budiao 372
Budlungan 194
Buenavista Cave 143
Bugasan Cave 142
Bugsuk I. 321
Buhi, Lake 376
Bulalacao 51, 165, 350
Bulan 84, 87, 379
Bulatukan 187
Bulbook Cave 137
Buliluyan 354
Buliluyan, Kap 354
Bulod Spring 193
Buludan 345
Bulusan 348
Bulusan, Lake 348
Bulusan, Mt. 51, 348, 373
Bungaio 102
Burabod Cave 136
Burias I. 274
Buruanga 213
Busin 274
Busuanga I. 51, 152, 165. 312, 389
Butuan 52, 112, 157, 264
Butulan Rocks 312
Buyong Beach 165

C
Caban I. 165, 386
Cabarisan 187
Cabarraguis 212
Cabarruyan I. 382
Cabayugan River 140
Cabilao I. 165
Cabugao 155
Cabugao, Lake 154
Cadlao I. 315
Cagayan 56, 83
Cagayan de Oro 153
Cagayan I. 317
Cagayancillo 317
Cagraray I. 131, 212, 274
Cagsawa 372
Cagua, Mt. 367
Cajidiocan 163, 192, 329
Calabidongan 131
Calamba 200
Calamianes 32, 51
Calanhayauan I. 312
Calantas Shoal 87, 388
Calapadan Bay 81
Calapan 194, 350
Calauag 150, 345
Calauit I. 51, 150
Calavite, Kap 353
Calavite, Mt. 100, 353
Calayo, Mt. 375
Calbayog 159, 162
Callao Cave 132
Calotoco Rock 312
Calusa I. 317
Caluya I. 124, 261, 310, 332
Camago I. 255
Camalig 131, 201, 372
Camanga I. 312
Camarines Norte 33, 51, 92, 109
Camarines Sur 51, 136
Camasusu I. 152
Cambari I. 254
Camiguin 38, 152, 165, 374
Camiguin I. (Cagayan) 366, 380
Camiguin, Mt. 366
Camp Angelo 98
Campalanas 163
Canaron I. 165
Candulom I. 224
Canipo I. 315, 316
Canlubang 60
Canton Cave 135
Caohagan I. 326
Caohagan Reef 165
Capitancillo I. 255
Capoas, Mt. 101, 356
Caramoan-Halbinsel 51, 83, 136, 212
Carit-an 199
Carlota I. 308
Carmen 131
Carmen Bay 387
Caruray 356
Casiguran 343
Casiguran-Sund 102, 274
Cataaba 276
Cataaba River 358
Catamban 81
Catanduanes 51, 76, 136, 153, 212, 348
Catarman, Mt. 153
Catingas River 163
Cauban 356
Caubian I. 165
Cavil I. 317
Cavite 87, 382, 385
Cayangan, Lake 155
Cebu 153, 265, 325
Clark 368
Claveria 83, 382
Cleopatra Needle 101, 191
Coal Harbor 274
Cobrador I. 387
Cocok Cave 136
Cocoro I. 316
Comiran I. 321
Concepcion 160
Conwap River 210
Cook Cave 137
Corcuera 132
Coron I. 42, 51, 154, 165, 206, 242, 257
Coron Town 136, 152, 155, 158
Corong Corong Bay 276
Corregidor I. 80, 385
Cotabato 52
Cotad I. 254
Cotmun Cave 131
Cresta de Gallo I. 257, 328, 388
Cubi Point 383
Culandanum 354
Culapnitan Cave 136
Culasi 198
Culebra I. 306
Culion I. 51, 122, 151
Curuan 102
Cuyo I. 32, 155, 315, 392
Cuyo Town 155

D
Dadiangas 350
Daet 98
Dahikan Bay 274
Damunpalit I. 312
Danahon-Bank 326
Danao, Lake 360
Dangay 350
Dangerous Ground 317
Danlig 156
Dapitan 52
Darab I. 390
Dasol 210, 212
Dauis 132
Davao 52, 101, 126, 184
Debogso I. 158
Diapitan Bay 274

Dibalo River 212
Dicapululan I. 158
Didicas, Mt. 366, 380
Diduyon River 104
Digos 187, 349
Dilasag 343
Dimancal I. 158
Dimanglet I. 158
Dimipac I. 312
Dinagat I. 143
Dinapiqui 343
Dinaran I. 312
Dingalan 343
Diniwid Point 311
Dipuyai River 360
Discovery Bank 389
Dolores 190
Dongon-Riff 310
Dulangan 194
Dulangan River 194
Dumaguete 163
Dumaran 362
Dumaran I. 156, 254

E
El Nido 276, 315, 358
El Nido Cave 141
Elefante I. 308
Ellet 204
Embocadero 74, 81, 88, 329
Escarceo Point 307
España 192

F
Fiery Cross Reef 392
Flores 199
Fortune I. 80, 165
Freedomland 318
Fuego Point 386

G
Ganaba 204
Garza I. 254
Gaspar I. 308, 387
Gato I. 388
General Luna 257
General Santos 350
Genitligan 299
Gigaquit 143
Gigmoto River 83
Glan 349
Gnat Reef 392
Gonting, Mt. 158
Gonzaga 367
Gosong Dangers 315
Gosong Rock 315
Grande I. 304, 385
Guam 74
Gubat 348
Guimaras I. 56
Guinapac Rocks 380
Guintubdan 196
Guiob 350
Guiting-Guiting, Mt. 54, 162, 168, 192
Guiuan 157, 165
Gumaca 150
Gumatdang 104
Guyam I. 257
Guyangan 132

H
Habana 212
Halcon, Mt. 41, 51, 194, 207
Halsey Harbor 151, 276
Hamilo Cove 276
Hantik 212
Hen & Chicken Is. 356
Hermana Mayor I. 382
Hermana Menor I. 383
Hibok-Hibok, Mt. 153, 374
Higatangan I. 156, 165
Hikdop I. 143
Hilutangan I. 165
Hinagdaan Cave 132
Hinoba-an 99
Hologan Cave 131
Homonhon I. 159
Hook Bay 274
Horadaba 80
Hoyop-Hoyopan Cave 131

I
Igang Beach 153
Iglit, Mt. 240
Ilanin Bay 385
Ilin I. 310
Ilomavis 187
Imuruan-Bucht 356
Inapupan I. 158
Inatao 137
Inawayan 187
Indagamy I. 315
Infanta 160, 345
Irawan 360
Iraya, Mt. 39
Iriga 376
Iriga, Mt. 376
Isabel 210
Isabel I. 308
Isla Rosa 257
Itu Aba I. 320, 392

J
Jabonga 95
Japanese Cave 142
Jessie Beazley I. 321
Jolo I. 246, 376
Jose Abad Santos 349
Jose Panganiban 210
Jubay 156

K
Kabayan 204
Kabul-An I. 223
Kalanay Cave 137
Kalayaan 318
Kalibo 238
Kalinga-Apayao 51, 56
Kamantik I. 326
Kanlaon, Mt. 40, 196, 374
Kapatagan 187
Kasibu River 104
Kawayan 159
Kidapawan 187
Kinabuhayan 189
Kiriag Cave 137
Kulaman-Plateau 137
Kuwamin I. 223

L
La Laguna 307
La Paz 373
Labangan 143
Labo, Mt. 345
Labo River 261
Lagangilang 213
Lagat I. 312
Lagayan 131
Lagonoy 136, 345
Lagonoy-Golf 121, 348
Laguna 51
Lamit Bay 274
Lamon Bay 150
Lanao, Lake 245
Langoy I. 254
Larena 163
Lassuan I. 165, 326
Laurel 371
Lazi 163
Lebak 137
Lebang Lake 204
Legaspi 131, 161, 200, 213, 274, 348, 372
Legaspi, Mt. 96

Lepanto 104
Libertad 212
Libmanan Caves 136
Libro Point 358
Lidong 203, 372
Ligao 202
Ligig I. 165
Ligpo I. 165, 306
Liguasan-Marsch 360
Limasawa I. 157
Limbones-Bucht 80
Liminangcong 255, 298, 358
Linapacan I. 51, 157, 313, 390
Linapacan Strait 390
Lingay 212
Lingayen 382
Lion's Cave 141
Lipa 369
Lipata 162
Lipuun Point 141
Locot-Bucht 76
Looc Bay 275
Los Baños 200
Lubang I. 59, 80, 100, 158
Lubuagan 131
Lucban 345
Lucena 51, 161
Lumbucan I. 321
Lumbucan Shoal 393
Lusong I. 390
Luy-a Cave 143
Luyang Cave 136

M
Maangas 258
Maasin 212
Mabini (Batangas) 306
Mabini (Pang.) 213
Mabini (Surigao) 95
Mabini Point 326
Macadac, Lake 187
Macalanhag I. 83
Macatunao 159
Mactan I. 71, 165, 325
Maddela 210
Madja-as, Mt. 198
Maestre de Campo I. 386
Magasawan Tubig 100
Magdiwang 163, 192
Magsaysay I. 153
Magtaranem 213
Maguindanao 52
Mahaba I. 388
Mahabangbaybay 387
Mahagnao, Lake 374
Mahagnao, Mt. 373
Mahayag 102
Mahinog I. 153
Mainit 104
Mainit, Lake 95
Makalangit 187
Makiling, Mt. 188, 199, 213
Malabahog, Mt. 163
Malahibomanok I. 165, 258
Malampaya Sound 165, 276, 356
Malanut Bay 141
Malapascua I. 394
Malatgao 53
Malay 199
Malilipot 348
Malipano I. 393
Maliputo I. 165
Malita 349
Maltanobong I. 312
Malunao Lange Cave 137
Mambajao 153, 374
Mambulao 96
Mamburao 353
Mandaon 137, 152
Manglet I. 390
Mangsi 321, 393
Manila 17, 32, 41, 72, 265
Manila Bay 385
Manito 348
Mansalay 213, 350
Mantangule I. 321
Manticao 212
Mantigue I. 153
Mantulali I. 254
Mapating Rock 306
Mapawa 95
Mapawa Cave 143
Maragat 8751
Maraquit I. 254
Marawi 245
Marbel River 187
Marcos 354
Margaha-Tal 196
Marianen 71, 78, 81, 85
Maricaban I. 165, 258, 306
Maricaban Strait 386
Marilima Cave 136
Marinduque 308, 386
Maripipi I. 159
Mariveles 276
Maroran Complex 132
Masao I. 157
Masbate 54, 98
Masinloc 212
Maslog 348
Masulog 196
Mat-i 95
Matalingahan, Mt. 100
Matalvi 276
Mataya I. 312
Matinloc I. 315
Matnog 87, 341, 349
Matulin Rock 80
Mauban 345
Mayabig 194
Mayantoc 210. 212
Mayon, Mt. 51, 183, 200, 371
Medio I. 165, 307
Melchior I. 308
Melville, Cape 393
Mercedes 135
Merriel's Rock 306
Mesecoy 261
Minasawa Cay 41
Mindanao 349
Mindoro 350
Mischief Reef 320
Moalboal 326
Mobo Bay 388
Moncayo 101
Montalban 142
Musang Cave 132
Musuan, Mt. 375

N
Nabas 212
Nabugtut I. 388
Nabungcagan Point 81
Naga 136
Nagtabon 356
Nagubat I. 259
Nagumbuaya, Kap 83
Nanga I. 312
Napsan 356
Naranjos 87
Narra 42, 52
Narvacan 131
Nasubata I. 321
Nasugbu Bay 386
Nauhang 99
Naujan, Lake 41, 121, 350
Naval 159
Negros 33, 52, 83, 99
New Israel 187
Nonoc 212
North Guntao I. 315
North Rock 321
Northwest Rock 312

O
Olango I. 165, 326
Olongapo 304
Oreng-Oreng 232
Ormoc 374
Oslob 325

P
Paday 205
Padcal 104
Padre Burgos 157
Pagadian 143
Pagasa I. 318
Pagatban River 360
Pagatpat Ridge 196
Paglubatan 126
Pakiling 131
Palanan 51, 341, 343
Palanan River 343
Palapag 83
Palaui I. 83
Palawan 17, 32, 41, 51, 55, 165, 354
Paluan 353
Paluan Bay 267
Pamalican I. 316, 324
Pan de Azucar I. 159
Panagatan I. 259, 310
Panaon I. 394
Panaon Strait 394
Panay 33, 52
Panga I. 165
Pangaldauan I. 158
Panganan I. 326
Panganiban I. 320
Pangasun, Mt. 366
Panglao I. 132, 165, 324
Panhulugan I Cave 142
Panlabao, Mt. 95
Panlaitan 164
Pantocomi Point 353
Pantukan 10
Paracale 96, 210, 388
Parola I. 318
Patoyo I. 158
Pawala River 193
Pearson Reef 392
Pelée, Mt. 374
Pennings Cave 140
Peñablanca 135
Peñaranda 210
Perez 150, 345
Perseus Reef 388
Pescador I. 326
Piapi 345
Pilar 131
Pili (Albay) 348
Pili (Marinduque) 137
Pinamalayan 350
Pinatubo, Mt. 41, 51, 238, 368
Pinnacle Rock 312
Pinotpandian 343
Pinta 76, 81
Pisa 258
Placer 95, 143
Pola 350
Polarican 261
Polillo I. 160, 274
Ponson I. 394
Poo 326
Port Barton 165, 356
Puerto Galera 41, 51, 83, 99, 112, 165, 266, 276, 307, 350, 386

Puerto Princesa 37, 42, 52, 62, 114, 165, 323
Pugad-Babuy 216
Pugad-Hangin Cave 137
Pulog, Mt. 203
Punta Bonga 2 311
Punta Engaño 326
Python Cave 137

Q
Quezon (Alabat) 150, 345
Quezon (Palawan) 52, 141, 243, 354
Quezon (Provinz) 51, 57
Quinamanuca I. 261, 387
Quinawanan I. 315, 392

R
Rabel Cave 132
Ragang, Mt. 376
Ragay-Golf 345
Ramos I. 321, 392
Ransang 242, 354
Rapu Rapu I. 160
Real 85, 160, 345
Ren-Pa Cave 141
Rio Tuba 100, 212, 354, 360
Rizal (Palawan) 243, 354
Rizal Beach 348
Romblon I. 161, 163, 274
Roughton I. 321
Roxas (Mindoro) 51, 213, 350
Roxas (Palawan) 101, 358
Royal Captain Shoal 321, 392

S
Saavedra 326
Sabang (Cam. Sur) 121, 258, 345
Sabang (Mindoro) 82, 307
Sabang (Palawan) 141, 356
Sabang River 345
Sablayan 353, 360
Saddle I. 255
Saddle Rock 122, 390
Sagnay 348
Sail Rock 312
Sala 369
Salangsang 137
Salvacion (Busuanga) 164
Salvacion (Palawan) 356
Samal I. 165, 393
San Agustin (Tablas) 387
San Agustin (Verde) 164
San Antonio 163
San Bernardino I. 388
San Dionisio 160
San Fernando (La Union) 304
San Fernando (Sibuyan) 163, 257, 329
San Ildefonso 102, 274
San Isidro Bay 394
San Jose (Dinagat) 143
San Jose (Mindoro) 137, 162, 310, 353
San Jose de Buenavista 199
San Mauricio 212
San Miguel 112
San Miguel Bay 135, 345
San Pablo 188
San Pedro 100
San Rafael 191
San Remigio 212
San Roque 349
San Teodoro 100
San Vicente (Antique) 299
San Vicente (Cagayan) 274, 341
San Vicente (Palawan) 356
San Vicente, Kap 120
Sandawa 184
Sandoval 354
Sangabon Point 394
Sangillo 104
Santa Cruz (Laguna) 200
Santa Cruz (Marinduque) 137
Santa Cruz (Mindoro) 353
Santa Cruz (Zamb.) 210, 382
Santa Ines 98
Santa Magdalena 349

Santa Rosa 326
Santiago I. 382
Santo Domingo 87, 201, 348, 372
Santo Niño 348
Santo Niño I. 161, 274
Santo Tomas, Mt. 368
Sarangani-Bucht 349
Sardines-Riff 310
Sariaya 190, 369
Scarborough Shoal 306, 383
Sebu, Lake 243
Selinog I. 165
Semirara I. 162, 213, 389
Sepok Point 306
Sevilla 71
Shark Ridge 310
Siana 95
Siargao I. 257
Sibali 386
Sibalon I. 212
Sibay I. 310
Sibul 210
Sibuyan I. 54, 162
Sibuyan Sea 328, 387
Sicogon I. 159
Sierra Madre 49, 51, 57, 99, 343
Sigamot 136
Siirin 82
Silat I. 254
Silop Cave 143
Simara I. 32
Simbahan Cave 137
Singnapan-Tal 243
Siniglan 131
Siniloan 160, 345
Sion 76
Sion, Rio de 76
Sioron 83
Sipalay 213
Sipocot 345
Siquijor I. 163, 165
Siruma 333
Sisiran 83
Sison 95
Smith, Mt. 366
Sogod I. 165
Soguicay Bay 275
Sohoton Cave 142
Sohoton NP 142
Solitario I. 165
Sombrero I. 165, 261, 306, 386
Song Tu Tay I. 318
Sorsogon 51, 84, 87
Sorsogon Bay 274
South Guntao I. 315
South Islet 321
Southwestern Bank 393
St. Paul Cave 137
St. Pierre 374
Subi Reef 318
Subic Bay 51, 53, 266, 276, 304, 368, 383
Suhoton Cave 143
Sulangan 224
Sulpa I. 165
Sulu-Archipel 122, 324
Sumbiling 354
Sumilon I. 325
Sungi Point 224
Surigao 34, 95,143, 150, 360
Suyok 104
Syaldang 194

T
Taal 369
Taal, Mt. 369
Tabaco 154, 201, 348
Tablas 161, 267, 387
Tabon Caves 141
Tacloban 142
Taclobo 163
Tagauayan I. 316
Tagaytay 370
Tagbac 85
Tagbilaran 324
Tago I. 160
Tagum River 101
Talacanen I. 261
Talampulan I. 164
Talaonga 349
Talicud I. 165
Talinas 84
Taloto-an 159
Tamaraw Falls 350
Tambaliza 159
Tamlagun I. 259
Tanabong River 191
Tanauan 369
Tanay River 98
Tandag 96, 112
Tangat I. 312, 389
Tanobon I. 312
Tapiutan I. 315
Tara I. 312
Target I. 253
Tarus-Taros Cave 136
Tayabas 345
Taytay 101, 313, 358
Thi Tu I. 318
Tiaong 190
Tibiao River 199
Ticao I. 86
Tilic 84, 276
Timpoong, Mt. 153
Tinabingan 95
Tinaca, Kap 341, 349
Tinambac 345
Tinubo 393
Tiruray Highlands 243
Tiwi 348
Togonan 95
Tonglon, Mt. 368
Toril 187
Tres Marias 153
Tres-Marias-Massiv 354
Triana 157
Tuba 104
Tubbataha-Riff 40, 321, 393
Tublay 104
Tudaya 187
Tuguegarao 135
Tuluran I. 358
Tumalaytay 98
Tumarbong 358
Turtle Point 324
Tuwasan Falls 153

U
Ugong-Ugong 137
Umang Cave 136
Umayan River 212
Umiray River 98
Underground River 137, 356
Ursula I. 38, 41, 393

V
Valencia 375
Venado, Lake 186, 187
Verdadero Point 386
Verde I. 82, 164
Victoria 360
Viga 153
Villa Ilaya 345
Villa Norte 150
Vinapor Cave 131
Vinzons 261
Virac 81, 136, 153, 348
Volcano I. 371
Vulcan, Mt. 374

W
Wawa (Mindoro) 353
Wawa (Rizal) 142
White I. 153

Y
Yapak 311
Yog Point 153
York Breakers 392

Z
Zambales 32, 51
Zamboanga 102, 165, 213, 393
Zamora I. 318

Sachwortverzeichnis

A
Abrin 57
Achat 210
Adler 38, 42
Adobo 176
Aeta 53, 238
Agta 238, 343
Agta-Negrito 150
Alangan 240
Algen 296
Alugbati 280
Amarant 287
Amethyst 210
Ananas 170
Anschovis 172
Antiarin 56
Apatit 210
Ata 238
Ati 238
Atsara 170
Atta 238
Auster 298
Azurit 210

B
Badjao 246
Bambus 286, 300
Banane 171
Bananenherz 172
Banka 24
Bankoro 280
Barrakuda 117, 329
Baßtölpel 322
Batak 191, 238, 242
Batangan 240
Batholith 99, 105
Bayabas 280
Beerentang 155, 177, 297
Beryll 210
Bilharziose 18
Bischofsmütze 226
Bittermelone 173
Blaubeere 290
Blauhai 122
Blutegel 55
Bonito 117
Bontok 239
Botong-botong 336
Brillenschlange 58
Bromelin 170
Brotfrucht 176, 292
Buhid 240
Busse 26

C
CAA 65, 67
Cephalopoden 221
Chalzedon 210
Chimichurri 16
Cholera 18
Chromgranat 212
Ciguatera 300
Coleto 37
Crysocolla 210

D
Dampalit 281
Diamant 210
Dias 20
Dorade 118
Dornen 55
Dornenkronenseestern 220, 224, 310
Dörrfleisch 16
Drückerfisch 299
Dumagat 160, 238

E
Eagle Camp 43
Eckmundschnecke 229
Eendracht 80
Eisvogel 37
Elefantenohr 282
Encarnacion I (Galeone) 83
Encarnacion II (Galeone) 84
Enstasit 212
Eosinophilie 18
Epidot 212
Ernährung 14
Eruptivgang 105
Espiritu Santo (Galeone) 75, 88

F
Farn 290
Feldspat 212
Feuerkoralle 329
Feuertopas 210
Filme 20
Filmentwicklung 20
Fingerschnecke 227
Fischvergiftung 300
Flash flood 168, 192
Fleckmakrele 116
Fossilien 213
Froschschnecke 221
Fugu 299

G
Gabi 281
Galena 212
Galiang 282
Gangstock 105
Garnelen 298
Gastropoden 220
Gazpacho 178
Golasiman 282
Golddrossel 37
Goldpfanne 108
Granat 212
Grauhai 123
Grossularit 212
Grubenotter 59
Guave 280

H
Haferflocken 16
Hagimit 282
Hai 121, 331
Haimakrele 125
Hammerhai 122
Hanunoo 240
Harfenschnecke 225
Haribon Society 40, 43
Haubenschnecke 227
Helmschnecke 222
Hepatitis 18
Himbaba-o 283
Himbeere 290

Hitzeäquator 66
Hydroid 329

I
Ifugao 239
Igoroten 103, 239
Ipil-Ipil 283
Iraya 240

J
Jackfisch 125
Jackfrucht 171
Jaspis 212
Jeepney 26
Jesus Maria (Galeone) 81

K
Kaingineros 46, 48
Kakawati 284
Kalinga 239
Kamera 19
Kandikandi-laan 284
Kangkong 285
Kannenpflanze 192, 300
Kastenqualle 298, 332
Katanda 285
Katuray 286
Kaurischnecke 224
Kawayan 286
Kegelschnecke 222
Kimchi 15
Klappmuschel 298
Klaustrophobie 56
Kleidung 13
Kobra 58
Kokosmilch 289
Kokosöl 19
Kokospalme 288
Kokoswasser 289
Kolis 287
Kolitis 287
Koloquinte 173
Königskobra 58
Konserven 15
Kontaktgifte 56
Kontaktzone 105
Koralle 213
Korallenschlange 59
Korumbot 287
Korund 210
Krake 298
Krebse 298
Kreiselschnecke 229
Krokodile 57, 331, 360
Kugelfisch 299

L
Labradorit 212
Langusten 298
Lantana 287
Lato 297
Leihwagen 29
Lianen 300
Limahong 113, 382

M
Madre de cacao 284
Magallanes (Galeone) 87
Makohai 124
Makrele 116
Makrele, Span. 116, 125
Makrelenhai 124
Malachit 212
Malaria 17, 58
Mananawa 238
Mandaya 243
Mango 171, 176
Mangyanen 51, 100, 240, 353
Maniok 179
Manobo 137, 243, 349
Mansaka 243
Maranao 245
Marlin 120
Mauritius 80
Meerrettichbaum 173, 174
Miesmuschel 298
Mikrolin 212
Milchfisch 178
MNLF 22
Moos 301
Moosachat 210
Moskitos 17, 57
Muräne 332
Murexschnecke 226

N
Nami 288
Narrengold 109
Natriumcyanid 114, 302, 330
Negrito 161, 238
Nephrit 212
Nido 42
Niyog 288
NPA 22, 43, 48, 51, 168, 186, 189, 194, 241
Nuestra Señora de Buena Esperanza (Gal.) 83
Nuestra Señora de la Vida (Galeone) 82, 165
Nuestra Señora de los Remedios (Galeone) 82

O
Obsidian 213, 214
Oligaklas 212
Olivenschnecke 227
Ong Choy 285
Opal 213
Orthoklas 212

P
Pak Bun 285
Pako 290
Pala'wan 242
Palanan 290
Palawanvölker 241
Palomaria 283
Pandan 291
Panibungan 150
Pantog-pantugan 291
Papaya 169, 333
Paternoster-Erbse 57
Pelecypoden 221
Pferdemakrele 117
PHIVOLCS 376
Pi don 15
Pilar (Galeone) 87
Placer Mining 107
Portulak 282
Potholing 108
Pukinggan 292
Pyrit 213
Python 59

Q
Quallen 298, 332
Quarz 213
Quecksilber 109

R
Ratagnon 240
Rattanpalme 56, 300
Regenwald 52
Reis 175
Reiseapotheke 18
Rhodochrosit 213
Rhodonit 213
Riesenegel 55
Riesenmuschel 298
Rimas 292
Rohrweihe 41
Rollschnecke 229
Rotfeuerfisch 336
Rubin 210

S
Salangane 42
Saluyot 293
Samal 246
San Ambrosio (Galeone) 83
San Andres I (Galeone) 87
San Andres II (Galeone) 87, 88
San Antonio (Galeone) 81
San Antonio de Padua (Galeone) 84
San Bartolome 80
San Cristobal (Galeone) 87
San Diego (Galeone) 80
San Francisco Xavier I (Galeone) 85
San Francisco Xavier II (Galeone) 86
San Geronimo (Galeone) 78
San Jose (Galeone) 84
San Juanillo (Galeone) 78
San Luis (Galeone) 83
San Nicolas (Galeone) 82
San Pablo (Galeone) 73
San Pedro (Galeone) 87
Santa Elena 283
Santa Margarita (Galeone) 78, 81
Santa Rosa de Lima (Galeone) 85
Santisima Trinidad (Galeone) 73
Santo Cristo de Burgos I (Galeone) 85
Santo Cristo de Burgos II (Galeone) 86
Santo Tomas (Galeone) 81
Sashimi 127, 176
Sauersack 171
Schistosomiasis 18
Schlangen 58
Schraubenpalme 291
Schraubenschnecke 228
Schwertfisch 119
Seegurke 297
Seeigel 297, 333
Seeigelfett 156
Segelfisch 120
Sittich 37
Skorpione 57
Sphalerit 212
Stachelannone 171
Stachelrochen 337
Stachelschnecke 226
Stalagmit 144, 213
Stalaktit 144, 213
Stegodon 45
Steinfisch 336
Strandläufer 37
Strombusschnecke 227
Sumpfkohl 285
Susuhan 297
Süßkartoffel 174

T
T'boli 243
Tadyawan 240
Tagalog 21
Tagbak 293
Tagbanua 42, 154, 241, 313
Taifun 34, 75, 168, 271
Takip-kohol 294
Tange 296
Taro 175, 281
Tarpon 118
Tasaday 243
Tau't Batu 242, 354
Taurida 84
Tausendfüßer 57
Tausug 246
Tektite 213
Tetanus 18
Thunfisch 126
Tigerhai 122, 124, 332
Tintenfisch 299
Tiruray 137
Tollwut 18
Tomatillo 292
Topas 210
Trepang 297
Tridacna 298
Tritonshorn 220, 224
Trockenfisch 15
Trockenmangos 15
Trockensquid 15
Trompetenschnecke 224
Tsunami 168
Tugi 294
Tungaw-tungaw 295
Turbanschnecke 229, 298
Turmschnecke 229
Typhus 18

U
Ubi 295
Ulasiman-bato 295
Upasbaum 56
Uvarovit 212

W
Wahoo 126
Walhai 122
Waling-Waling 184
Wasser 16
Wasserspinat 285
Wechselkurse 24
Wellhornschnecke 221
Wildschweine 56
Wildtaube 37
Wrackbarsch 337

Y
Yakan 246
Yams 54
Yautia 282

Z
Zackenbarsch 337
Zamboangenita 296
Zirkon 210
Zuckerrohr 179

Fedor Jagor

Reisen in den Philippinen

Gekürzte Neuausgabe
ISBN 3-9800154-8-3

228 Seiten
4 Karten
70 Illustrationen

19,80 DM

Ein Klassiker für die Freunde der Philippinen

Dieses Buch ist die gekürzte Wiedergabe der inzwischen schon klassischen Originalausgabe aus dem Jahr 1873. Es enthält Beschreibungen von Reisen, die auch heute noch machbar sind und dürfte sich somit als idealer Begleiter für Unternehmungslustige erweisen, die abseits gelegene Wege den üblichen Routen vorziehen.

Und das steht drin:

Zum Vulkan Majaijai. Seereise nach Albay. Büffelfahrt. Reise nach Bulusan und Sorsogon. Tropfsteinhöhlen im Yamtik. Bei Goldwäschern. Reise längs der Küste von Camarines. Schlechte Straßen um Pascao. Ersteigung des Yriga und des Mazaraga. Die kleine Insel Lauang. Von Catarman nach Catbalogan. Südsee-Insulaner durch Stürme verschlagen. Zur Sogoton Tropfsteinhöhle. Krokodile im Bitosee... sowie über 50 weitere spannende und amüsante Berichte.

»...da sind Wege beschrieben zu Plätzen in den Philippinen, die bis auf diesen Tag nichts verloren haben von ihrer Ursprünglichkeit und Fremdartigkeit...«
Abenteuer & Reisen

JENS PETERS PUBLIKATIONEN

INFORMATIONEN AUS ERSTER HAND